LA TIERRA ES PLANA

THOMAS FRIEDMAN

LA TIERRA ES PLANA

BREVE HISTORIA
DEL MUNDO GLOBALIZADO DEL SIGLO XXI

mr · ediciones

Publicado por primera vez en Estados Unidos por Farrar, Straus & Giroux en 2005

Publicado por primera vez en el Reino Unido por Allen Lane en 2005

Queda reconocido el derecho moral del autor

Agradecemos el permiso de reproducción de extractos a las siguientes publicaciones y medios de comunicación: *Business Monthly*; *Business Week*; *City Journal*; Discovery Channel / Discovery Times Channel; *Education Week*; Editorial Proyects in Education; *Forbes*; *New Perspectives Quarterly*; The International Finance Corporation / Banco Mundial; *YaleGlobal Online Magazine* (http://yaleglobal.yale.ed/).
Los fragmentos extraídos de *The Washington Post* se han reproducido bajo autorización © 2004

Primera edición: enero de 2006
Segunda impresión: febrero de 2006

© Título original: *The World is Flat*
© 2005, Thomas L. Friedman
© 2006, Inés Belaustegui, por la traducción
© 2006, Ediciones Martínez Roca, S.A.
Paseo de Recoletos, 4. 28001 Madrid
www.mrediciones.com
ISBN: 84-270-3222-6
Depósito legal: B. 11.527-2006
Fotocomposición: J. A. Diseño Editorial, S.L.
Impresión: Book Print Digital, S.A.

Impreso en España-Printed in Spain

ÍNDICE

CÓMO SE VOLVIÓ PLANA LA TIERRA

1. MIENTRAS DORMÍA 13
2. LAS DIEZ FUERZAS QUE APLANARON LA TIERRA 57
   *Aplanador 1. 9/11/89. Los muros se derrumban
   y las ventanas se levantan* 57
   Aplanador 2. 9/8/95. Netscape sale a Bolsa 64
   *Aplanador 3. Aplicaciones informáticas para el flujo
   del trabajo (Workflow software)* 80
   *Aplanador 4. El acceso libre a los códigos fuente
   (Open-Sourcing)* 90
   Aplanador 5. Subcontratación (Outsourcing) 113
   *Aplanador 6. Traslado de fábricas para abaratar
   costes (Offshoring)* 124
   Aplanador 7. Cadena de suministros (Supply-Chaining) 139
   *Aplanador 8. Intromisión de los subcontratistas
   en las empresas contratantes (Insourcing)* 153
   *Aplanador 9. Acceso libre a la información
   (In-forming)* 162
   Aplanador 10. Los esteroides 172
3. LA TRIPLE CONVERGENCIA 185
4. LA GRAN REORGANIZACIÓN 214

ESTADOS UNIDOS Y LA TIERRA PLANA

5. ESTADOS UNIDOS Y EL LIBRE MERCADO. ¿SIGUE TENIENDO
   RAZÓN RICARDO? 239
6. LOS INTOCABLES 252

7. LA CRISIS SILENCIOSA 265
8. ESTO NO ES UNA PRUEBA 292

LOS PAÍSES EN VÍAS DE DESARROLLO Y LA TIERRA PLANA

9. LA VIRGEN DE GUADALUPE 325

LAS EMPRESAS Y LA TIERRA PLANA

10. CÓMO SE LAS APAÑAN LAS EMPRESAS 355

GEOPOLÍTICA Y LA TIERRA PLANA

11. LA TIERRA NO ES PLANA. PROHIBIDO ENTRAR CON ARMAS
    Y MÓVILES 387
12. LA TEORÍA DELL DE PREVENCIÓN DE CONFLICTOS.
    «VIEJOS TIEMPOS» FRENTE A «JUSTO A TIEMPO» 430

CONCLUSIÓN: LA IMAGINACIÓN

13. 9/11 FRENTE A 11/9 457

AGRADECIMIENTOS 487
ÍNDICE ONOMÁSTICO 491

A Matt y Kay,
y a Ron

CÓMO SE VOLVIÓ
PLANA LA TIERRA

I

MIENTRAS DORMÍA

Sus Majestades, como Cristianos Católicos que sois y como príncipes que amáis y favorecéis la santa fe cristiana, y que enemigos sois de la doctrina de Mahoma, y de toda idolatría y de toda herejía, habéis determinado enviarme a mí, Cristóbal Colón, a los susodichos países de la India, para ver a los dichos príncipes, gentes y territorios y para conocer su disposición y el método idóneo para convertirlos a nuestra santa fe; y además habéis establecido que no proceda hacia Oriente por tierra, como es la costumbre, sino por una ruta occidental, en cuya dirección no sabemos a ciencia cierta, hasta el presente, que haya ido nadie jamás.

Anotación del diario de Cristóbal Colón sobre su viaje de 1492

Jamás me habían orientado de esta manera en un campo de golf: «Apunta a Microsoft o a IBM». Me encontraba en el tramo de salida del Club de Golf KGA en el centro de Bangalore, en el sur de la India, y mi compañero de juego señaló dos relucientes edificios de cristal y acero que se veían a lo lejos, justo detrás del primer *green*. Todavía no habían construido el edificio de Goldman Sachs; de lo contrario, mi colega habría podido señalarlo también y convertir el golpe en un *threesome*. Las oficinas de HP y Texas Instruments daban a la segunda mitad del campo de 18 hoyos, en el recorrido del hoyo 10. Y ahí no acababa la cosa. Los banderines de los puntos de salida lucían logo de Epson, la empresa de impresoras, y uno de nuestros *caddies* llevaba un gorro de 3M. En el exterior, parte de las señales de tráfico estaban patrocinadas también por Texas Instruments, y al otro lado la valla publicitaria contratada por Pizza Hut mostraba una humeante pizza bajo el eslogan: «¡Gigas de sabor!».

No, sin lugar a dudas esto no era Kansas. Ni siquiera parecía la India. ¿Era el Nuevo Mundo, el Viejo Mundo, o el Próximo Mundo?

Mi presencia en Bangalore, el Silicon Valley de la India, formaba parte de mi particular viaje de explorador estilo Colón. Cristóbal Colón zarpó con la *Niña*, la *Pinta* y la *Santa María* con la intención de descubrir una ruta más corta y directa hacia la India rumbo oeste, cruzando el Atlántico, iniciando lo que él suponía sería una travesía por mar abierto hacia las Indias Orientales, en vez de poner rumbo al sur y luego al este, bordeando África, como estaban tratando de hacer los exploradores portugueses de aquellos tiempos. La India y las mágicas Islas Orientales de las Especias eran famosas en esa época por su oro, perlas, gemas y seda, o sea, como fuente de incalculables riquezas. Hallar este atajo por mar hasta la India, en una época en que las potencias musulmanas del momento habían bloqueado las rutas por tierra desde Europa, era tanto para Colón como para la monarquía española una manera de hacerse ricos y poderosos. Al parecer, cuando zarpó, Colón asumía que la Tierra era redonda, razón por la cual estaba convencido de poder llegar a la India navegando hacia el oeste. Pero calculó mal las distancias. Él creía que la Tierra era una esfera más pequeña de lo que es en realidad. Tampoco contó con toparse con una masa de tierra firme antes de llegar a las Indias Orientales. Aun así, a los pueblos aborígenes que encontró en el nuevo mundo los llamó «indios». Sin embargo, al regresar a casa Colón pudo explicar a sus patrocinadores, los reyes Isabel y Fernando, que aunque no había conseguido llegar a la India, sí podía confirmar que la Tierra era redonda.

Partí hacia la India en un vuelo rumbo al este, vía Frankfurt. Volaba en *business* con Lufthansa. Sabía exactamente en qué dirección iba gracias al mapa GPS de la pantalla que se podía sacar del brazo de mi asiento. Aterricé sin percances y a la hora prevista. También yo encontré allí a personas denominadas indios. Y también yo iba en busca de la fuente de las riquezas de la India. Colón fue a buscar *hardware*: metales preciosos, seda y especias, o sea, la fuente de riqueza de su época. Yo fui a buscar *software*: lumbreras, algoritmos complejos, trabajadores de tecnologías de la información, centros de atención telefónica, protocolos de transmisión, avances en ingeniería óptica, o sea, las fuentes de riqueza de nuestra época. Colón estuvo encantado de convertir a los indios que se encontró allí en esclavos, en una reserva de mano de obra gratis.

Lo que yo quería entender era por qué los indios que yo me encontraba estaban apoderándose de nuestro trabajo, por qué se habían convertido en una reserva tan importante para la subcontratación de servicios y tecnologías de la información por parte de EE. UU. y de otros países industrializados. Colón llevaba a más de un centenar de hombres en sus tres carabelas; yo contaba con un pequeño equipo del canal Discovery Times que cabía cómodamente en dos furgonetas abolladas, conducidas por sendos conductores indios que iban descalzos. Cuando zarpé, por así decir, también yo daba por hecho que la Tierra era redonda, pero lo que me encontré en la auténtica India hizo tambalearse profundamente mi fe en esa idea. Colón se topó con América de manera accidental, pero creyó que había descubierto una parte de la India. Yo llegué a la verdadera India y creí que muchas de las personas que me encontré allí eran norteamericanas. De hecho, algunas habían adoptado nombres americanos, y otras, en los centros de atención telefónica, hablaban imitando de maravilla los acentos norteamericanos o, en los laboratorios de *software*, aplicaban perfectamente las técnicas empresariales norteamericanas.

Colón informó a su rey y a su reina de la redondez de la Tierra y pasó a la historia como el primer descubridor de dicho fenómeno. Yo volví a casa y sólo le conté mi descubrimiento a mi esposa, en voz baja. «Cariño —le dije, en tono de confidencia—, me parece que la Tierra es plana».

¿Cómo llegué a esta conclusión? Supongo que podría decir que todo empezó en la sala de juntas de Nandan Nilekani en la sede de Infosys Technologies Limited. Infosys es una de las joyas del mundo de la tecnología de la información de la India, y Nilekani, el presidente de la empresa, es uno de los capitanes más serios y respetados de la industria india. En compañía del equipo de Discovery Times, acudí al recinto de Infosys, a unos cuarenta minutos en coche desde el centro de Bangalore, para visitar las instalaciones y entrevistar a Nilekani. Al recinto de Infosys se llega por una carretera llena de baches, y con nuestras furgonetas íbamos adelantando vacas sagradas, carretas tiradas por caballos y los típicos motocarros indios. Pero en cuanto cruzas la verja de Infosys, entras en otro mundo. Hay una inmensa piscina tamaño club de vacaciones, rodeada de pedruscos y de praderas de césped pulcramente cuidadas, y junto a ella un *green* gigantesco. Hay infinidad de restaurantes y un gimnasio de fábula. Los edificios de cristal y acero parecen brotar como la maleza cada semana. En algunos de esos edificios los empleados de Infosys están escribiendo programas informáticos específicos para empresas norteamericanas o europeas; en otros se ocupan de la trastienda de las grandes multinacionales radicadas en EE. UU. o en Europa, haciendo de todo: desde mantenimiento de equipos informáticos hasta proyectos específicos de investigación, pasando por atender las llamadas de los clientes que se reciben allí procedentes de cualquier rincón del planeta. Las medidas de seguridad son estrictas, con cámaras que vigilan las puertas, y si trabajas para American Express no puedes entrar en el edificio que gestiona servicios e investigación para General Electric. De un edificio a otro cruzan a paso ligero jóvenes ingenieros indios, tanto hombres como mujeres, con sus tarjetas identificativas prendidas. Uno de ellos tenía toda la pinta de poder encargarse de mi declaración de la renta. Una joven tenía aspecto de poder desarmar mi ordenador. ¡Y la de más allá podría perfectamente haberlo diseñado!

Después de la entrevista, Nilekani llevó a nuestro equipo de televisión a ver el centro de conferencias internacionales de Infosys, o sea, la planta baja de la industria india de la subcontratación. Estaba montado en una cavernosa sala con las paredes forradas de madera. Parecía la típica aula con gradas de las facultades de Derecho de las universidades más elitistas de EE. UU. Una inmensa pantalla cubría toda una pared y por encima de nuestras cabezas, colgando del techo, estaban las cámaras para las videoconferencias. «Pues ésta es nuestra sala de conferencias, con la que probablemente sea la pantalla más grande de toda Asia: son cuarenta pantallas digitales [juntas]», nos explicó un orgulloso Nilekani, señalando la pantalla plana de televisión más grande que había visto en mi vida. También nos contó que gracias a esa pantalla gigante Infosys es capaz de organizar, en cualquier momento y para cualquier proyecto, una reunión virtual de los participantes más importantes de toda su cadena mundial de suministros. De este modo, sus diseñadores estadounidenses pueden hablar al mismo tiempo con sus programadores indios y con sus fabricantes asiáticos, viéndose todos en la pantalla. «Podemos montar la reunión aquí, con uno en Nueva York, otro en Londres, otro en Boston y otro en San Francisco, todos en vivo y en directo. Si por lo que sea el proyecto se ejecuta en Singapur, la persona de Singapur también puede estar aquí en vivo y en directo... Eso es la globalización», dijo Nilekani. Encima de la pantalla había ocho relojes, el símbolo perfecto del horario de trabajo de Infosys: 24 horas al día, 7 días a la semana, los 365 días del año. Cada reloj tenía su letrero correspondiente: EE. UU. Oeste, EE. UU. Este, GMT, India, Singapur, Hong Kong, Japón y Australia.

«La subcontratación no es más que una de las dimensiones de un fenómeno mucho más profundo que se está produciendo en el mundo hoy en día», siguió diciendo Nilekani. «Lo que ha pasado en los últimos años es que se ha invertido muchísimo en tecnología, sobre todo en la era de la burbuja de las puntocom, durante la cual se invirtieron cientos de millones de dólares en ampliar la conexión por banda ancha al mundo entero, con cableado submarino y todas esas cosas.» Y añadió que al mismo tiempo los ordenadores se abarataron y llegaron a todas partes, y se produjo una explosión de programas informáticos, como los de correo electrónico, o los motores de búsqueda como Google, o programas patentados capaces de descomponerse en varios fragmentos, de los que uno se envía a Boston, otro a Bangalore y otro a Pekín, facilitando así que cualquier persona pueda desarrollarlos en los lugares más alejados entre sí del planeta. «Cuando hacia el año 2000 confluyeron todas estas circunstancias —añadió Nilekani—, creamos una plataforma a la que podía llegar el trabajo intelectual, el capital intelectual, desde cualquier punto. Se podía descomponer, entregar, distribuir, producir y recomponer de nuevo, confiriendo un nuevo grado de libertad a nuestra forma de hacer el trabajo, especialmente el trabajo de índole intelectual... Y lo que hoy podéis ver en Bangalore viene a ser la culminación de todas estas cosas juntas».

Nilekani y yo estábamos sentados en el sofá que tiene al lado de su despacho, mientras esperábamos a que el equipo de televisión montase las cámaras. En un momento dado, como resumiendo las implicaciones de todo aquello, Nilekani dijo algo que resonó en mis oídos: «Tom, se está nivelando el terreno de juego.» Quería decir que hoy por hoy países como la India tienen capacidad para competir por el conocimiento global como nunca en la historia, y que más le valía a EE. UU. prepararse. Todo esto iba a suponer un desafío para EE. UU., «pero —insistió— ese desafío iba a ser bueno para los americanos porque nosotros siempre rendimos más cuando se nos desafía». Esa noche, al salir del recinto de Infosys y volver a Bangalore por aquella carretera llena de baches, no podía dejar de rumiar aquella frase: «Se está nivelando el terreno de juego».

«Lo que dice Nandan —pensé— es que se está allanando el terreno de juego... ¿Allanando? ¿Aplanando? ¡Dios mío, me está diciendo que la Tierra es plana!».

Allí estaba yo, en Bangalore, más de quinientos años después de que Colón surcase el horizonte valiéndose de la rudimentaria tecnología de navegación de su época y demostrase de una vez por todas, al regresar sano y salvo, que la Tierra era redonda... Y uno de los ingenieros más listos de la India, formado en la mejor escuela técnica de su país y con el respaldo de los medios tecnológicos más modernos del momento, me estaba diciendo, en esencia, que la Tierra es *plana*, tan plana como esa pantalla en la que es capaz de organizar una reunión con todos los integrantes de su cadena mundial de suministros. Y, lo que resulta aún más interesante, estaba tildando de positivo, de nueva piedra miliar del progreso humano, de magnífica oportunidad para la India y para el mundo entero ¡el haber hecho plana la Tierra!

Sentado en la parte trasera de aquella furgoneta, garabateé en mi cuaderno cuatro palabras: «La Tierra es plana». Nada más escribirlas me di cuenta de que ése era el mensaje subyacente a todo lo que había visto y oído en Bangalore a lo largo de las dos semanas de rodaje. El terreno de juego de la competencia a escala global se estaba nivelando. El mundo entero se estaba nivelando.

Al darme cuenta de ello, me invadieron a la vez el entusiasmo y el miedo. Como periodista, estaba entusiasmado por haber descubierto unas coordenadas que harían más comprensibles los titulares de la mañana y que contribuirían a explicar lo que estaba pasando en el mundo. Sin duda, hoy es posible que colaboren más personas que nunca y que compitan en tiempo real con otra gente, en más variedad de proyectos, desde más rincones del planeta y en igualdad de condiciones que en ningún otro momento de la historia del mundo, gracias a los ordenadores, al correo electrónico, a las redes de comunicación, a las videoconferencias y a nuevos y dinámicos programas informáticos. Eso era lo que Nandan me estaba diciendo. Eso fue lo que descubrí en mi viaje a la India y a otros países. Y eso es de lo que trata este libro. Cuando uno se para a pensar que la Tierra es plana, un montón de cosas cobran un sentido diferente. Pero también en el plano personal estaba entusiasmado, porque el aplanamiento del mundo quiere decir que actualmente estamos conectando todos los centros de conocimiento del planeta para crear una única red global, una red que (siempre que la política y el terrorismo no se interpongan en el camino) podría dar lugar a una asombrosa era de prosperidad e innovación.

Pero, al mismo tiempo, imaginar la Tierra plana me llenaba de temor, tanto en el plano profesional como en el personal. Mi miedo en lo personal procedía del hecho evidente de que en un mundo plano no sólo tienen capacidad para colaborar los programadores informáticos y los cerebritos de la informática. También pueden hacerlo Al Qaeda y otras tramas terroristas. La nivelación del terreno de juego no sólo implica la unión y la fuerza de todo un nuevo conjunto de innovadores, sino también la unión y la fuerza de todo un nuevo conjunto de hombres y mujeres enfadados, frustrados y humillados.

Desde el punto de vista profesional, asumir que la Tierra era plana me desazonaba porque me daba cuenta de que dicho aplanamiento se había estado produciendo mientras yo dormía, y que me lo había perdido. En realidad no estaba durmiendo, sino ocupado con otras cuestiones. Antes del 11-S todo mi interés se centraba en seguir la pista a la globalización y en explorar la tensión existente entre las fuerzas «Lexus» de integración económica y las fuerzas «Olivo» de identidad y nacionalismo. (De ahí el libro que publiqué en 1999 *The Lexus and the Olive Tree.*) Pero a raíz del 11-S las guerras del olivo me absorbieron por completo. Me pasé casi todo el tiempo viajando por los mundos árabe y musulmán. Y durante esos años perdí el hilo de la globalización.

Volví a encontrar ese hilo con mi viaje a Bangalore en febrero de 2004. Y en cuanto lo recuperé, me di cuenta de que mientras yo andaba concentrado en los olivares de Kabul y de Bagdad, había pasado algo realmente importante: la globalización había alcanzado un grado totalmente nuevo. Si se ponen juntos *The Lexus and the Olive Tree* y este libro, la conclusión histórica general a la que se llega es que a lo largo de la historia ha habido tres grandes eras de globalización. La primera abarcó desde 1492 (cuando zarpó Colón y se abrió el comercio entre el Viejo y el Nuevo Mundo) hasta 1800 aproximadamente. A esa era yo la llamaría Globalización 1.0. Lo que hizo fue encoger la Tierra desde la talla grande hasta la talla mediana. La Globalización 1.0 iba de países y músculos. Es decir, en la Globalización 1.0 el principal agente de la transformación, la fuerza dinámica que impulsó el proceso de integración global, era la cantidad de fuerza (músculo, caballos, fuerza eólica y, después, de vapor) que tenía tu país y cuánta se podía desplegar de manera creativa. En esa era los países y los gobiernos (motivados en muchos casos por la religión o por el imperialismo o por ambas cosas a la vez) empezaron a derribar muros y a aglutinar el mundo, impulsando así la integración global. En la era de la Globalización 1.0 los interrogantes básicos eran: ¿cómo encaja mi país en la competencia y en las oportunidades globales? ¿Cómo puedo globalizarme y colaborar con otros a través de mi país?

La segunda gran era, la Globalización 2.0, se prolongó desde 1800 hasta 2000 más o menos, con interrupciones debidas a la Gran Depresión y a la Primera y Segunda Guerra Mundial. Esta era encogió la talla del mundo de mediana a pequeña. En la Globalización 2.0 el principal agente de la transformación, la fuerza dinámica que impulsó la integración global, fue la empresa multinacional. Precedidas por la expansión de las sociedades anónimas holandesas e inglesas y por la Revolución Industrial, las multinacionales se globalizaron en mercado y en mano de obra. La integración global se vio impulsada, durante la primera mitad de dicha era, por la caída de los costes del transporte, motivada a su vez por la irrupción de la máquina de vapor y del ferrocarril, y durante la segunda mitad por la caída de los costes de las telecomunicaciones, gracias a la expansión del telégrafo, de los teléfonos, de los ordenadores personales, de los satélites, del cable de fibra óptica y de la primera versión de la World Wide Web. Fue en esta era cuando presenciamos el nacimiento y la maduración de una economía globalizada, en el sentido de que había suficiente movimiento de bienes y de información entre los continentes como para que existiese un mercado globalizado, con su arbitraje globalizado en cuanto a productos y mano de obra. Las fuerzas dinámicas que se hallaban en el trasfondo de esta era de globalización eran los avances que se producían en el terreno de los soportes físicos (desde barcos de vapor y vías de ferrocarril, en su fase inicial, hasta los teléfonos y los ordenadores centrales, al final). Y los grandes interrogantes de dicha era fueron: ¿cómo encaja mi empresa en la economía globalizada? ¿Cómo saca partido a las oportunidades? ¿Cómo puedo globalizarme y colaborar con otros a través de mi empresa? *The Lexus and the Olive Tree* trataba en primer lugar del apogeo de dicha era, una era en la que habían empezado a derrumbarse muros por todo el mundo y en que la integración (y las reacciones violentas contra ella) alcanzó un grado totalmente nuevo. Pero incluso con los muros derrumbándose, seguían quedando muchas barreras que impedían una integración global sin fisuras. No hay más que recordar que cuando en 1992 Bill Clinton fue elegido presidente, prácticamente nadie tenía correo electrónico aparte de los integrantes del gobierno y del mundo universitario. Internet y el comercio electrónico apenas empezaban a despegar mientras yo escribía *The Lexus and the Olive Tree* en 1998.

En fin, ambos despegaron y con ellos un montón de cosas más que iban de la mano, mientras yo dormía. Por eso en este libro sostengo que hacia el año 2000 entramos en una nueva era, la Globalización 3.0, que está encogiendo la talla del mundo de pequeña a diminuta, y aplanando el terreno de juego al mismo tiempo. Y si la fuerza dinámica de la Globalización 1.0 eran los países en proceso globalizador, y la de la Globalización 2.0 eran las empresas en proceso globalizador, la fuerza dinámica de la Globalización 3.0, o sea, el rasgo que le confiere su carácter único, es el recién hallado poder de los *individuos* para colaborar y competir a escala global. Y la palanca que está posibilitando que individuos y grupos se globalicen con tanta facilidad y homogeneidad no son ni los caballos de potencia ni los soportes físicos, sino los programas informáticos (toda clase de aplicaciones nuevas) unidos a la creación de una red global de fibra óptica que nos ha puesto a todos puerta con puerta. Hoy el individuo debe, y puede, preguntar: ¿dónde encajo *yo* en la competencia y en las oportunidades de mi tiempo? ¿Y cómo puedo *yo* solito colaborar con otros individuos a escala global?

Pero la Globalización 3.0 no sólo se diferencia de las eras anteriores en el grado de encogimiento y de aplanamiento del planeta, o en el poder del que se está dotando al individuo. Además se diferencia de ellas en que tanto la Globalización 1.0 como la 2.0 estuvieron impulsadas en primer lugar por individuos y empresas europeos y norteamericanos. (Por mucho que en el siglo XVIII China tuviese la economía más grande del mundo, los que llevaron a cabo la mayor parte del proceso globalizador y moldeador del sistema fueron los países, las compañías y los exploradores occidentales.) Pero, en adelante, esto será cada vez menos cierto. Precisamente porque la Globalización 3.0 aplana y encoge el mundo, cada vez más estará impulsada no ya por individuos en general, sino por un conjunto mucho más variopinto (no sólo blancos, no sólo occidentales) de individuos de todos los rincones de esta Tierra plana, que ya están dotándose de poder. La Globalización 3.0 hace posible que mucha más gente se conecte y entre en la partida, y vamos a ver todos los colores del arco iris humano participar en ella.

(Si bien este aumento de la capacidad individual de actuar a escala global es el rasgo nuevo más importante de la Globalización 3.0, también las empresas, tanto grandes como pequeñas, han visto aumentar sus posibilidades. En el libro trataré ambos aspectos detalladamente.)

Huelga decir que, cuando me marché del despacho de Nandan aquel día en Bangalore, mi percepción de todo esto era de lo más difusa. Pero esa noche, mientras meditaba sobre estos cambios en la terraza de la habitación del hotel, sí tenía clara una cosa: que quería dejarlo todo para escribir un libro que me permitiese comprender cómo se había producido este proceso de aplanamiento y cuáles podrían ser sus consecuencias para los países, para las empresas y para los individuos. Así que cogí el teléfono y llamé a mi mujer, Ann, y le dije: «Voy a escribir un libro que se va a titular *La Tierra es plana*». A ella le hizo gracia y le generó curiosidad. Bueno, tal vez le causó más gracia que curiosidad. Al final conseguí convencerla, como espero poder hacer contigo, querido lector. Permíteme que empiece por llevarte otra vez al inicio de mi viaje a la India, y a otros lugares más al este, y compartir contigo algunos de los encuentros que me llevaron a concluir que la Tierra ya no era redonda... sino plana.

Jaithirth «Jerry» Rao fue una de las primeras personas que conocí en Bangalore. No llevaba más que unos minutos con él en el hotel Leela

Palace cuando se ofreció a ocuparse de mi declaración de la renta y de cualquier otro asunto de contabilidad que necesitase, todo ello desde Bangalore nada menos. «No, gracias —dije yo—. Ya tengo un contable en Chicago». Jerry se limitó a sonreír. Era demasiado cortés para decirlo, para decirme que posiblemente mi verdadero contable, o más bien el contable de mi contable, era él, gracias a la explosión de la subcontratación en el sector de la gestoría fiscal.

—Está pasando mientras charlamos —me explicó Rao, nativo de Mumbai (la antigua Bombay), cuya empresa india, MphasiS, cuenta con un equipo de contables indios preparados para ocuparse de la contabilidad de cualquier Estado de EE. UU. y del gobierno federal—. Hemos cerrado el trato con muchas gestorías fiscales homologadas, pequeñas y medianas, de EE. UU.

—¿Quieres decir como mi contable? —repuse.

—Exacto, como tu contable —contestó Rao con una sonrisa. La empresa de Rao es pionera en el uso de un programa informático de transmisión de datos mediante un formato tipificado que hace más fácil y reduce los costes de la subcontratación de la elaboración de declaraciones de la renta. Jerry me explicó que el proceso empieza con un contable en EE. UU. que coge mi declaración del ejercicio previo, mi información oficial de ingresos del trabajo por cuenta propia y por cuenta ajena, retenciones y pagos a cuenta, bonificaciones, valores... (vamos, todo), y lo pasa a un servidor informático, con sede física en California o en Texas—. Así, si tu contable va a encargar fuera tu declaración y sabe que preferirías que no se conociese tu apellido o tu número de la Seguridad Social, puede elegir suprimir dicha información —me explicó Rao—. Los contables que están en la India reciben toda la información en bruto directamente del servidor que está en EE. UU. [utilizando una contraseña], y te hacen la declaración sin saber en ningún momento tu identidad. Para cumplir con la normativa sobre privacidad, todos los datos se quedan en EE. UU... Nos tomamos muy en serio la protección de datos y la privacidad. El contable de la India puede ver los datos en su pantalla, pero no puede bajarlos ni imprimirlos. Nuestro programa no lo permite. Como mucho, podría intentar memorizarlos, si tuviese mala intención. A los contables no se les permite siquiera meter un lápiz y un papel en la sala cuando están trabajando con las declaraciones de la renta.

Me picaba la curiosidad: ¿a qué extremo habría llegado esta variante de subcontratación de servicios?

—Nosotros hacemos varios miles de declaraciones —dijo Rao, y añadió—: Tu gestor fiscal ni siquiera tiene que estar en el despacho, en

EE. UU. Puede estar sentado en una playa californiana y mandarnos un mensaje electrónico diciendo: «Oye, Jerry, como se te dan muy bien las declaraciones fiscales del Estado de Nueva York, encárgate de la declaración de Tom. Y que Sonia, tú y tu gente de Delhi se encarguen de las declaraciones de Washington y Florida». Por cierto, Sonia traba-ja en el jardín de su casa, en India, sin gastos estructurales [para la empresa]. «Y luego están estas otras, que son muy complicadas, así que las haré yo mismo.»

En 2003 se hicieron en la India unas 25.000 declaraciones de la ren-ta estadounidenses. En 2004 el número fue de 100.000. En 2005 se cal-cula que serán 400.000. Dentro de diez años darás por hecho que tu gestor ha subcontratado, como mínimo, la preparación básica de tu decla-ración de la renta.

—¿Cómo te metiste en este negocio? —pregunté a Rao.

—Un amigo mío, Jeroen Tas, holandés, y yo estábamos trabajando en Citigroup, en California —me explicó Rao—. Yo era su jefe. Un día, volviendo juntos de Nueva York en avión, le dije que estaba pensando mar-charme de la empresa. Y él me dijo: «Pues yo también». Y nos plantea-mos montar nuestro propio negocio juntos. Así que entre 1997 y 1998 creamos un plan de empresa que ofrecía soluciones de internet de máxi-ma calidad para grandes empresas... Pero hace dos años, en un congreso de tecnología en Las Vegas, se me acercaron los delegados de varias empre-sas medianas [norteamericanas] de contabilidad y me contaron que ellos no podían permitirse la subcontratación en la India de grandes operacio-nes fiscales, que las empresas grandes sí podían y que ellos [los de las empre-sas medianas] querían ponerse por delante. Así que desarrollamos un pro-ducto de *software*, la VTR, Virtual Tax Room [Sala de Impuestos Virtuales], para que estas empresas medianas de contabilidad pudiesen sub-contratar fácilmente la elaboración de las declaraciones de la renta.

Jerry me dijo también que estas empresas medianas «están accedien-do a un terreno de juego más nivelado, que tenían vedado hasta ahora. De repente pueden acceder a las mismas ventajas de escala de las que han gozado siempre las grandes empresas».

—¿El mensaje para los estadounidenses sería algo así como: «Mami, procura que de mayores tus hijos no se hagan contables»? —quise saber.

—En realidad, no —dijo Rao—. Lo que hemos hecho es ocuparnos nosotros del trabajo engorroso. ¿Sabes lo que hace falta para preparar una declaración de la renta? Pues muy poco trabajo creativo. Eso se coce-rá fuera.

—¿Quieres decir lo que se quedará en EE. UU.? —pregunté.

—En EE. UU. el contable que quiera mantenerse dentro del negocio tendrá que dedicarse a diseñar estrategias complejas y creativas, como formas de evitar impuestos o de encontrar refugios fiscales, tratar con los clientes —me explicó—. Dirá a sus clientes: «El trabajo pesado me lo hacen eficazmente lejos de aquí. Mientras, hablemos de cómo podemos gestionar su patrimonio y de lo que puede hacer para sus hijos. ¿Desea dejar parte del dinero en sus fondos?». Es decir, contar con tiempo de calidad para este tipo de conversación con los clientes, en lugar de ir con la lengua fuera de febrero a abril, muchas veces pidiendo prórrogas hasta agosto, porque carecen de un tiempo de calidad que ofrecer a sus clientes.

A juzgar por un estudio publicado en la revista *Accounting Today* (del 7 de junio de 2004), lo cierto es que parece la tendencia del futuro. L. Gary Boomer, asesor fiscal homologado y presidente de Boomer Consulting (Manhattan, Kansas), escribía: «La pasada temporada [fiscal] produjo más de 100.000 declaraciones [subcontratadas] y actualmente se ha ampliado a fondos de inversión, sociedades y corporaciones [...] La principal razón por la que en los últimos tres años la industria ha podido crecer como lo ha hecho es la inversión que han realizado estas empresas [con sede en el extranjero] en sistemas, procesos y formación». Boomer añadía que en la India se gradúan al año unos setenta mil contables, muchos de los cuales entran a trabajar en empresas indias, cobrando 100 dólares mensuales como salario inicial. Con ayuda de las comunicaciones de alta velocidad, de una formación rigurosa y de unos formularios tipificados, estos jóvenes indios logran convertirse con bastante rapidez en contables básicos de clientes occidentales, por una fracción del coste habitual. Hay empresas indias de contabilidad que incluso se presentan a las empresas norteamericanas mediante videoconferencias y así se ahorran el viaje. Boomer concluía: «La profesión del gestor contable está en plena transformación. Los que se queden atascados en el pasado y se resistan al cambio se hundirán cada vez más en la mera labor de comercialización. Aquellos que sean capaces de crear valor a través del liderazgo, de las relaciones y de la creatividad transformarán la industria, además de fortalecer su trato con su cartera de clientes actual».

—Lo que me estás diciendo —comenté a Rao— es que al margen de la profesión que tengas, ya seas médico, abogado, arquitecto o contable, si eres estadounidense más te vale tener maña con el trato personal y directo, porque todo lo que pueda digitalizarse podrá subcontratarse con el postor más listo, con el más barato, o con el que reúna ambas condiciones.

—Cada quien tiene que saber cuál es exactamente su valor añadido —zanjó Rao.

Pero ¿qué pasa si soy un gestor fiscal mondo y lirondo? He ido a la universidad de un Estado. Saqué notable alto de media. Al final obtuve mi licencia de gestor fiscal. Trabajo en una gran consultora, haciendo un montón de tareas normalitas. Casi nunca veo a los clientes. Me mantienen al margen. Pero me gano bien la vida y en general la empresa está contenta conmigo. ¿Qué va a pasar conmigo en este sistema?

—Buena pregunta —dijo Rao—. Hay que ser sinceros. Nos encontramos en mitad de un profundo cambio tecnológico, y cuando vives en una sociedad que está en la cúspide de dicho cambio [como EE. UU.], es difícil hacer predicciones. Es fácil hacerlas en el caso de la gente que vive en la India. Dentro de diez años vamos a estar haciendo gran parte de lo que hoy se está haciendo en Norteamérica. Nosotros podemos predecir nuestro futuro. Pero aquí os vamos a la zaga. Vosotros estáis definiendo el futuro. América siempre está en la cresta de la siguiente ola creativa... Por eso, cuesta mirar a ese contable a los ojos y decirle que las cosas serán así. No deberíamos tomarlo a la ligera. Debemos enfrentarnos a ello y hablarlo con sinceridad... Cualquier actividad en la que nosotros podamos digitalizar y descomponer la cadena de creación de valor, y que permita trasladar el trabajo a otro sitio, se trasladará a otro sitio. Habrá gente que diga: «Sí, pero no me puedes servir un filete». Cierto, pero sí puedo ocuparme de reservarte mesa en cualquier sitio del mundo, si el restaurante no cuenta con su propio operador. Nosotros podemos decirte: «Sí, señor Friedman, podemos ofrecerle una mesa al lado de la ventana». Dicho de otro modo, en el proceso entero que supone ir a cenar fuera hay partes que nosotros podemos descomponer y subcontratar. Si echas la vista atrás y lees los manuales básicos de economía, verás que todos dicen que los bienes se compran en un sitio y se venden en otro, pero que los servicios se consumen y se producen en el mismo lugar. Un corte de pelo no se puede exportar. Pero nosotros casi estamos exportando un corte de pelo, que sería la fase del encargo: ¿qué clase de corte deseas? ¿Qué peluquero quieres? Todas esas cosas las puede hacer y las hará un centro de atención al cliente a kilómetros de distancia.

Al término de nuestra conversación pregunté a Rao qué planes tenía para el futuro próximo. El hombre estaba exultante. Me contó que había hablado con una empresa israelí que estaba haciendo importantes progresos en tecnología de compresión pensada para facilitar y mejorar las transferencias de escáneres TAC a través de internet, de modo que la persona puede obtener enseguida una segunda opinión de un médico en la otra punta del globo.

Unas semanas después de hablar con Rao recibí el siguiente correo electrónico de Bill Brody, presidente de la Universidad Johns Hopkins, al que acababa de entrevistar para este libro:

> Querido Tom: voy a dar una ponencia en unas jornadas de forma-ción médica continua para radiólogos (yo antes era radiólogo) [...] Me he topado con algo fascinante que pensé que podría interesarte. Acabo de enterarme de que en muchos hospitales pequeños y en algunos media-nos de EE. UU. los radiólogos están subcontratando la lectura de escá-neres TAC ¡¡¡con médicos de la India y Australia!!! Evidentemente, esta actividad se realiza en su mayor parte por la noche (y tal vez también los fines de semana), que es cuando no hay personal suficiente para cubrir dentro del propio hospital las necesidades del radiólogo. Si bien algunos usan telerradiología para enviar imágenes del hospital a sus domicilios particulares (o a Vail o a Cape Code, supongo yo) para poder interpre-tarlas y ofrecer diagnósticos 24 horas al día, 7 días a la semana, al pare-cer hay hospitales más pequeños que envían las imágenes de las TAC a radiólogos de otros países. La ventaja es que cuando aquí es de noche, en Australia o en la India es de día, con lo que al enviar las imágenes al otro lado del globo la cobertura fuera del horario de trabajo se hace con más diligencia. Dado que las imágenes de las tomografías (y de las reso-nancias magnéticas) están ya en formato digital y disponibles en una red con un protocolo tipificado, se pueden ver en cualquier sitio del mundo sin ningún problema... Supongo que los radiólogos del otro lado [...] habrán recibido formación en EE. UU. y habrán obtenido las adecuadas licencias y credenciales... Los radiólogos americanos llaman «Halcones Nocturnos» a los equipos que emplean para realizar este servicio en el extranjero fuera de su horario laboral.
>
> Con afecto,
> BILL

Afortunadamente, yo soy periodista y no contable o radiólogo. Para mí no habrá subcontratación que valga (por mucho que algunos de mis lectores estuviesen encantados de ver mi columna deportada a Corea del Norte). O por lo menos eso creía yo. Pero entonces llegó a mis oídos la operación de Reuters en la India. No me daba tiempo a pasarme por las oficinas de Reuters en Bangalore, pero sí conseguí contactar con Tom Glocer, el presidente de la agencia de noticias, y así pude enterarme de lo que se traía entre manos. Glocer es un pionero en la subcontratación de elementos de la cadena de suministro de noticias.

Con 2.300 periodistas en 197 delegaciones repartidas por el mundo entero, dando servicio a una clientela formada, entre otros, por bancos de inversión, operadores de derivados, agentes de Bolsa, periódicos, radios, televisiones y marcas que comercializan a través de internet, Reuters ha tenido desde siempre un complejo mercado al que abastecer. Pero después de la explosión de las empresas puntocom, cuando muchos de sus clientes empezaron a vigilar los costes, Reuters se planteó una serie de cuestiones, tanto por motivos de coste como de eficiencia: ¿dónde tenemos que ubicar realmente a nuestra gente para que alimenten nuestra cadena globalizada de suministro de noticias? ¿Es posible desagregar la tarea del periodista, conservar una parte en Londres y en Nueva York y enviar otra a la India?

Glocer empezó por considerar la función más básica y primordial que aporta Reuters, esto es, la comunicación de noticias sobre ganancias empresariales y sobre novedades de negocio relacionadas, a cada segundo y día tras día. «Exxon sale con sus ganancias y nosotros tenemos que poner ese dato en pantalla lo más rápido posible y en el mundo entero: "Este último cuarto de hora Exxon ha subido 39 centavos, frente a los 36 del cuarto anterior". El elemento clave aquí es la celeridad y la precisión», me explicó Glocer. «No hace falta un análisis en profundidad. Lo único que necesitamos es sacar el dato básico lo más deprisa posible. El avance informativo tiene que salir a los pocos segundos del comunicado de la empresa, y la tabla [que recoge la historia reciente de los resultados trimestrales] unos segundos después.»

Esta clase de avance informativo es al negocio de las noticias como la vainilla al negocio de la heladería: un producto básico que de hecho se puede fabricar en cualquier lugar de esta Tierra plana. La auténtica labor informativa que añade valor se produce a lo largo de los siguientes cinco minutos, cuando necesitas a un periodista de verdad que sepa conseguir un comentario de la empresa o de los dos máximos analistas en la materia, y hasta unas palabritas de la competencia, para poner en su contexto la cuenta de resultados. «Para eso hace falta una pericia periodística más elevada, la de alguien de dentro del mercado que tenga contactos, que sepa quiénes son los mejores analistas del sector y que haya invitado a comer a las personas adecuadas», me dijo Glocer.

Entre la explosión del puntocom y el aplanamiento de la Tierra, Glocer se vio obligado a replantearse el método de difusión que aplicaba Reuters, a preguntarse si era posible desagregar las funciones que desempeña el periodista y trasladar a la India las de menor valor añadido. Su meta principal era reducir el número de puestos de plantilla que se solapaban, conservando a la vez el máximo posible de empleos de periodismo de calidad. «Así pues, lo primero que hicimos fue contratar a seis reporteros en Bangalore, a modo de experimento, con la idea de que se dedicasen a elaborar los titulares de los avances informativos, las tablas y todo lo que pudiesen hacer sin moverse de Bangalore.»

Estos nuevos contratados indios tenían experiencia en contabilidad y recibieron formación dentro de Reuters, pero su sueldo y sus condiciones en cuanto a vacaciones y seguro médico eran los típicos del país. «La India es un lugar increíblemente rico para reclutar gente, no sólo con capacitación técnica sino también financiera», me explicó Glocer. Cuando una empresa publica sus ganancias, una de las primeras cosas que hace es comunicarlas a los teletipos (Reuters, Dow Jones y Bloomberg) para que difundan el dato. «Nosotros recibimos esos datos en bruto —decía Glocer— y empieza entonces la carrera por ponerlos en circulación lo más rápido posible. Bangalore es uno de los lugares mejor conectados del mundo, y aunque siempre hay una ligera demora (de un segundo o menos), resulta igual de fácil recibir la versión electrónica de un comunicado de prensa y convertirla en un artículo sin moverte de tu silla en Bangalore, que si estás en Londres o Nueva York».

La diferencia es que los sueldos y los alquileres en Bangalore son menos de un quinto de su coste en esas capitales occidentales.

Mientras la economía y el aplanamiento del mundo han obligado a Reuters a seguir este camino, Glocer ha intentado hacer de la necesidad virtud. «Consideramos que se puede aligerar la tarea de elaborar artículos destinados a ser vendidos, encargándola de manera eficiente en otro punto del planeta», me dijo. De este modo pueden dar a los periodistas convencionales de Reuters, que la empresa puede conservar en plantilla, la oportunidad de dedicarse a tareas de mucho mayor valor añadido y a desempeñar personalmente labores de puro periodismo y de análisis. «Por ejemplo, pongamos que eres un periodista de Reuters en Nueva York. ¿Cómo te realizas más plenamente: convirtiendo comunicados de prensa en unas cajitas en la pantalla, o haciendo análisis?», me preguntó Glocer. La respuesta, sin duda, recae en lo segundo. Además, la subcontratación de boletines informativos en la India permite a Reuters ampliar su seguimiento periodístico a empresas menos relevantes, a las que antes no le resultaba rentable seguir, teniendo en cuenta los más elevados sueldos del periodista en Nueva York. Pero con unos corresponsales indios que cobran sueldos más bajos y que se pueden contratar en cantidad por lo mismo que cuesta un corresponsal en Nueva York, Reuters puede ocuparse de eso desde Bangalore. En el verano de 2004 Reuters había aumentado en trescientos empleados su servicio de elaboración de contenidos, y aspira a un total de mil quinientos puestos. Algunos son veteranos de Reuters a los que la empresa ha enviado a formar a los equipos indios; otros son corresponsales encargados de archivar los teletipos sobre ganancias empresariales. Pero la mayoría son periodistas dedicados a análisis de datos algo más especializados (procesamiento de datos) para ofertas de valores.

«Muchos de nuestros clientes hacen lo mismo», siguió diciendo Glocer. «El análisis de mercado ha tenido que pasar por recortes drásticos de capital, así que muchas firmas están usando a contratados en Bangalore para que se ocupen del análisis rutinario de empresas.» Hasta hace poco las grandes firmas de Wall Street habían llevado a cabo el análisis de mercado gastándose millones de dólares en analistas de prestigio y cargando a continuación una parte de sus honorarios a sus departamentos de corretaje de Bolsa, que daba a conocer el análisis a sus mejores clientes, y otra a su negocio de banca de inversión, que en ocasiones utilizaba los rutilantes análisis de una empresa para atraer clientes del sector de la banca. Tras las investigaciones del fiscal general del Estado de Nueva York, Eliot Spitzer, sobre las prácticas de Wall Street, a raíz de una serie de escándalos, la banca de inversiones y las agencias de corredores de Bolsa han tenido que quedar nítidamente separadas (para que los analistas dejen de dar bombo a empresas con el propósito de ganarse a su banca de inversiones). Pero, como consecuencia, las grandes firmas inversoras de Wall Street han tenido que reducir drásticamente el coste de sus estudios de mercado, que ahora tienen que pagar sus departamentos de corretaje de Bolsa y nadie más. Y esto los incitó a subcontratar parte de sus tareas de análisis a sitios como Bangalore. Además de poder pagar unos 15.000 dólares a un analista en Bangalore como compensación total, frente a los 80.000 dólares que les costaría en Nueva York y Londres, Reuters ha descubierto que sus empleados en la India suelen tener una formación en finanzas y estar también muy motivados. Por otra parte, Reuters ha abierto hace poco un centro de desarrollo informático en Bangkok, dado que ha resultado ser un lugar estupendo para reclutar desarrolladores, a los que las compañías occidentales, entretenidas en disputarse talentos en Bangalore, habían pasado por alto.

Esta tendencia me parte el alma. Yo, que empecé como redactor del servicio de teletipos de United Press International, me siento muy cerca de los reporteros de teletipos y de las presiones, tanto financieras como profesionales, bajo las que desempeñan su ardua labor. Pero tal vez UPI podría seguir siendo hoy un servicio de teletipos (cosa que no es) si hubie-

se sido capaz de subcontratar parte de su negocio de base cuando yo empecé a trabajar para ellos en Londres hace veinticinco años.

«Para el personal es un asunto delicado», dijo Glocer, que ha reducido la plantilla total de Reuters en aproximadamente una cuarta parte,
sin necesidad de profundos recortes entre los corresponsales. Según me
decía, el personal de Reuters entiende que esto se está haciendo para
que la empresa pueda sobrevivir y después volver a crecer. Por otra parte, decía Glocer, «nuestros corresponsales son gente de mundo y ven que
nuestros clientes están haciendo exactamente lo mismo. Saben de qué va
la película... Lo fundamental es ser francos con la gente sobre lo que estamos haciendo y sobre el porqué, y no edulcorar el mensaje. Yo creo firmemente en la lección de los economistas clásicos de trasladar el trabajo allí donde se puede hacer de la manera óptima. Sin embargo, no
podemos pasar por alto que habrá trabajadores que no encontrarán fácilmente un nuevo empleo. Pensando en ellos, hay que hacer cursos de
reciclaje y dotarlos de herramientas con las que puedan arreglárselas en
la sociedad».

En su afán de ser franco y directo con la plantilla de Reuters, David
Schlesinger, director de Reuters America, envió una circular a todos los
empleados de la rama editorial. El siguiente texto es un fragmento de dicha
nota:

El deber de cerrar fábricas

Me crié en New London, Connecticut, una ciudad que en el siglo XIX
había sido un importante puerto ballenero. En los años sesenta y setenta
del siglo XX las ballenas habían desaparecido hacía mucho tiempo y los
grandes empleadores de la región eran empresas relacionadas con lo militar (lógicamente, teniendo en cuenta que era la época de la guerra del Vietnam). Los padres de mis compañeros de clase trabajaban en Electric Boat,
en la Armada y en la Guardia Costera. Como consecuencia de la paz, la
economía de la región volvió a cambiar y hoy por lo que más se la conoce es por los inmensos casinos de Mohegan Sun y Foxwoods, así como
por la planta de investigación farmacéutica de Pfizer. Hubo empleos que
desaparecieron, y se crearon otros. Hubo oficios que dejaron de ser útiles
y otros nuevos que se hicieron necesarios. La región se transformó, la gente cambió. New London no es un caso único, claro está. ¿Cuántas ciudades vieron cerrarse sus fábricas, cuántas ciudades que vivían de la industria del calzado vieron cómo ésta se trasladaba a otro lugar; cuántas

ciudades que en su día fueron puntales de la industria textil compran hoy todas sus telas a China? El cambio cuesta esfuerzo. Y más si pilla por sorpresa. Sobre todo cuesta a los reacios al cambio. Pero el cambio es algo natural. No es nada nuevo. Y es importante. La controversia actual sobre el cierre de fábricas está peligrosamente candente. Pero esta controversia sobre el traslado de la manufacturación a la India, China o México no es tan diferente en realidad de la que se produjo en torno al cierre de los astilleros de New London en los que se fabricaban submarinos o de fábricas de calzado de Massachusetts o de las textiles de Carolina del Norte. El trabajo se hace donde más eficientemente pueda hacerse, lo cual a la larga favorece a los habitantes de New London, de New Bedford o de Nueva York, más incluso de lo que ayuda a los de Bangalore y Shenzhen. Porque libera a la gente y al capital, que pueden dedicarse a trabajos más sofisticados, y también porque ofrece la oportunidad de elaborar el producto final de forma más barata, beneficiando así a los clientes al mismo tiempo que beneficia a la empresa. No cabe duda de que a nivel individual cuesta mucho aceptar que «tu» trabajo se marche a otra parte, que otra persona lo haga a miles de kilómetros de distancia por miles de dólares menos al año. Pero es hora de pensar no sólo en el dolor, sino en la oportunidad que representa, y no sólo en la oportunidad sino en el deber de llevar a cabo este proceso de deslocalización... Cada uno de nosotros, como cada una de las empresas, debe propender hacia su propio destino económico, igual que hicieron nuestros padres y abuelos en los tiempos de las acerías, de las fábricas de calzado y de la industria textil.

¿Se está quemando el monitor?

¿Tienes idea de cómo suena un servicio telefónico indio de atención al cliente?

Mientras rodábamos el documental sobre la subcontratación, pasé una tarde-noche junto al equipo de televisión en el centro de atención telefónica 24/7 Customer de Bangalore, de propiedad india. Este servicio telefónico de atención al cliente es un híbrido entre elitismo de escuela universitaria mixta y banca telefónica en plena campaña de recaudación de fondos para el canal local de televisión pública. Ocupa varias plantas y en cada una hay salas con un montón de veinteañeros (unos 2.500 en total) colgados del teléfono. Unos son lo que se conoce como operadores «hacia fuera», es decir, venden todo tipo de cosas, desde tarjetas de crédito hasta minutos de llamadas. Otros se ocupan de las llamadas «hacia dentro», o sea, desde buscar maletas perdidas de pasajeros de aerolíneas estadounidenses y europeas, hasta solucionar problemas de informática a consumidores americanos hechos un lío. Las llamadas se transfieren hasta aquí por satélite y por cable submarino de fibra óptica. Las inmensas plantas de todo servicio telefónico de atención al cliente están organizadas por grupos de cubículos. Los jóvenes trabajan por equipos, debajo de una banderola que indica a qué empresa están dando servicio. Así pues, en un rincón puede estar el grupo Dell, otro enarbola la bandera de Microsoft, etc. Sus condiciones laborales son semejantes a las de la típica empresa de seguros occidental. Estoy convencido de que habrá centros de atención telefónica en los que se exprime a los chavales, pero el 24/7 Customer no es uno de ellos.

La mayoría de los jóvenes a los que entrevisté dan en casa todo su sueldo o al menos una parte. De hecho, muchos ganan un sueldo inicial superior a la pensión de jubilación de sus padres. Como empleos de ingreso en la economía globalizada, son de lo mejor que se pueda uno encontrar.

Hacia las seis de la tarde (hora de Bangalore), que es la hora de inicio de jornada de la mayoría de estos jóvenes, para que coincida con el amanecer en Norteamérica, me di una vuelta por la sección de Microsoft y le pregunté a un experto informático indio algo sencillo: ¿cuál había sido el récord de esa planta en cuanto a duración de llamada de socorro de un cliente americano perdido en el laberinto de un programa de ordenador?

—Once horas —respondió él sin pensárselo ni un segundo.

—¡Once horas! —exclamé.

—Once horas —repitió él.

No tengo ningún modo de confirmar la veracidad del dato, pero si te paseas por la planta de 24/7 y te paras a escuchar lo que dicen los operadores del centro de atención telefónica mientras están a lo suyo, puedes oír retazos de conversaciones que, curiosamente, te resultarán conocidas. He aquí un pequeño muestrario de lo que oí esa noche durante el rodaje para Discovery Times. Habría que leerlo como si tuvieses acento indio y tratases de imitar a un americano o a un británico (si fueses capaz de imaginarte la combinación). Figúrate, además, que por muy maleducadas, desgraciadas, irritadas o de malas pulgas que suenen las voces del otro lado del hilo telefónico, estos jóvenes indios son amabilísimos todo el tiempo.

Operadora del centro de atención al cliente: «Buenas tardes, ¿podría ponerme con...?». (Pero al otro lado de la línea la persona acaba de colgar de malos modos.)

Operador del centro de atención al cliente: «Servicios mercantiles, me llamo Jerry, ¿en qué puedo ayudarle?». (Los operadores del centro indio de llamadas adoptan nombres occidentales elegidos por ellos mismos. La idea, claro, es que sus clientes americanos o europeos se sientan a gusto. A la mayoría de los jóvenes indios con los que hablé no les parecía ofensivo. Para ellos era más una forma de pasárselo bien. Unos cuantos eligen nombres como Susan o Bob, pero hay algunos que realmente le echan mucha imaginación al tema.)

Operadora en Bangalore hablando con un norteamericano: «Soy Ivy Timberwoods y le llamo sobre...».

Operadora en Bangalore obteniendo el número identificativo de un americano: «¿Sería tan amable de facilitarme los cuatro últimos dígitos de su tarjeta de la Seguridad Social?».

Operadora en Bangalore dando indicaciones como si estuviese echando un vistazo a Manhattan desde su ventana: «Sí, tenemos una oficina en la 74 con la Segunda Avenida, una oficina en la 54 con Lexington...».

Operador en Bangalore vendiendo una tarjeta de crédito que él mismo no podría permitirse: «Esta tarjeta tiene una de las TAE más bajas del mercado...».

Operadora en Bangalore explicando a una americana que la ha pifiado con su cuenta corriente: «Número de talón seis-seis-cinco, por importe de ochenta y un dólares y cincuenta y cinco centavos. Aun así se le cobrará el cargo de treinta dólares. ¿Me explico?».

Operadora en Bangalore después de ayudar a un americano a resolver un problema técnico con el ordenador: «No hay de qué, señor Jassup. Gracias por su tiempo. Cuídese. Adiós».

Operadora en Bangalore disculpándose por telefonear demasiado temprano a alguien en EE. UU.: «Sólo es una llamada de cortesía. Puedo llamarle después, por la tarde...».

Operador en Bangalore tratando desesperadamente de vender una tarjeta de crédito de una compañía aérea a una mujer en EE. UU. que no parece muy interesada en adquirir una: «¿Es porque tiene usted ya demasiadas tarjetas de crédito, señora Bell, o porque no le gusta volar?».

Operadora en Bangalore tratando de sacar a una norteamericana de un fallo del ordenador: «Empiece por pasar de memoria okey a comprobación de memoria...».

Operador en Bangalore haciendo lo mismo: «Muy bien. Ahora marque tres y pulse Intro...».

Operadora en Bangalore intentando ayudar a una señora americana que no soporta pasar ni un segundo más en la línea de asistencia: «Sí, señora, comprendo que tenga mucha prisa. Sólo estoy intentando ayudarla...».

Operadora en Bangalore a la que cuelgan otra vez de malos modos nada más decir ella: «Sí, bueno, entonces ¿a qué hora le vendría bien que...?».

Misma operadora en Bangalore a la que cuelgan otra vez de malos modos nada más decir ella: «Pero, señora Kent, no se trata de un...».

Misma operadora en Bangalore a la que cuelgan otra vez de malos modos nada más decir ella: «Como un colchón de seguridad... ¿Hola?».

Misma operadora en Bangalore, levantando la vista de su teléfono: «¡Está claro que hoy no es mi día!».

Operadora en Bangalore tratando de ayudar a una mujer americana que tiene un problema de ordenador, del que la operadora no había tenido noticia en su vida: «¿Qué dice que le pasa a su ordenador, señora? ¿Que se está quemando el monitor?».

En la actualidad hay unos 245.000 indios atendiendo llamadas de todo el mundo o marcando números para ofrecerle a la gente tarjetas de crédito y gangas en tarifas telefónicas, o bien para reclamar el pago de recibos vencidos. En EE. UU. estos trabajos en centros de atención telefónica se consideran mal pagados y de escaso prestigio, pero en India se convierten en empleos bien pagados y que dan prestigio. La moral de la tropa en el centro de 24/7 y en otros centros que visité parecía bastante alta, y todos los jóvenes estaban encantados de hablarme sobre las estrambóticas conversaciones telefónicas que, por poner un ejemplo, habían mantenido con americanos que marcaban el teléfono gratuito de asistencia nacional, creyendo que estaban hablando con un tipo de la manzana de al lado, y no de la otra punta del mundo.

C. M. Meghna, una operadora del centro de atención telefónica 24/7, me contó: «Yo he atendido a cientos de clientes que llaman [para preguntar algo] que ni siquiera tiene que ver con el producto que manejamos nosotros. Llaman porque han perdido la cartera o sencillamente para hablar con alguien. Y yo les digo: "Bueno, tranquila, pruebe a mirar debajo de la cama [a ver si está ahí la cartera] o donde tenga usted costumbre de guardarla", y la mujer contesta cosas como: "Muy bien, muchas gracias por su ayuda"».

Nitu Somaiah: «Un cliente me pidió que me casara con él».

Sophie Sunder trabajó en el departamento de maletas perdidas de Delta. «Me acuerdo de una señora que llamaba desde Texas —me contó— y que se echó a llorar. Había tenido que coger dos aviones y se le había perdido el bolso de viaje, y dentro iba el vestido de novia de su hija y el anillo de boda, y a mí me dio mucha lástima, pero es que no podía hacer nada. Yo no tenía información.

»Casi todos los clientes estaban furibundos. Lo primero que decían era: "¿Y mi maleta? ¡Quiero mi maleta ahora mismo!". Se supone que nosotros teníamos que decir: "Disculpe, ¿me puede dar su nombre y apellido?". "¡Pero ¿y mi maleta?!" Algunos me preguntaban de qué país era. Se supone que tenemos que decir la verdad, [así que] decimos que somos de la India. ¡Algunos creían que me refería a Indiana, no a la India! Otros no sabían dónde queda la India, y yo les contestaba que era el país que estaba al lado de Paquistán».

La inmensa mayoría de las llamadas son más bien rutinarias y aburridas. Aun así, hay tortas por conseguir uno de estos empleos, no ya porque estén bien pagados, sino porque te ofrecen la posibilidad de trabajar por las noches e ir a clase por el día. En este sentido, son peldaños hacia un mejor nivel de vida. P. V. Kannan, presidente y cofundador de 24/7, me explicó cómo funcionaba la historia: «En la actualidad contamos con más de 4.000 colaboradores repartidos por Bangalore, Hyderabad y Chennai. Nuestros colaboradores empiezan con un sueldo neto de aproximadamente 200 dólares al mes, que a los seis meses sube hasta 300 o 400 dólares mensuales. Además, les ofrecemos transporte, comida y cena sin coste extra. Ofrecemos seguro de vida, seguro médico para toda la familia... y otras ventajas».

Por tanto, el coste total de cada operador de un servicio telefónico de atención al cliente ronda los 500 dólares mensuales al principio, y entre 600 y 700 dólares mensuales al cabo de seis meses. Además, se les ofrece primas por rendimiento que en algunos casos les permiten ganar el equivalente al cien por cien de su salario base. «Aproximadamente entre el 10 y el 20 por ciento de nuestros colaboradores estudian una diplomatura en economía o en informática durante el día», me contó Kannan, y añadió que más de un tercio de ellos hace algún curso más sobre informática o negocios, aun sin estar encaminado a la consecución de un título. «En la India es bastante habitual que la gente siga estudiando casi hasta los treinta años, pues la mejora personal es una cuestión muy importante y los padres y las empresas animan mucho a los jóvenes a que se formen. Nosotros patrocinamos un programa de máster en administración de empresas para colaboradores con buenos rendimientos constantes, [de] fines de semana enteros. Aquí todo el mundo trabaja ocho horas al día, cinco días a la semana, con dos descansos de quince minutos y una hora para comer o cenar.»

No es de extrañar que el centro de atención telefónica de 24/7 Customer reciba al día unas 700 solicitudes de empleo. Pero sólo se contrata al 6 por ciento de los que piden empleo. He aquí un fragmento de una sesión de reclutamiento de operadoras de atención telefónica en una escuela universitaria de chicas en Bangalore.

Reclutadora 1: «Buenos días, chicas».

Clase, al unísono: «Buenos días, señorita».

Reclutadora 1: «Algunas de las multinacionales que hay aquí nos han formado para que busquemos gente para que trabajen para ellas. Los clientes para los que hoy estamos buscando gente son Honeywell y America Online».

Las jóvenes (varias docenas) hicieron cola con sus impresos de solicitud y esperaron su turno de entrevista con una reclutadora en una mesa de madera. Así sonaban algunas de las entrevistas:

Reclutadora 1: «¿Qué tipo de empleo está buscando?».

Aspirante 1: «Uno que tenga que ver con contabilidad y que me ofrezca posibilidades de mejorar, de mejorar profesionalmente».

Reclutadora 1: «Tienes que mostrarte más segura cuando hables. Estás muy nerviosa. Me gustaría que trabajases ese aspecto tuyo, y después vuelves a ponerte en contacto con nosotros».

Reclutadora 2, a otra aspirante: «Háblame de ti».

Aspirante 2: «Aprobé el SSC con mención especial, y el Second P también con mención especial. Y además saqué media de notable en los dos cursos anteriores». (Es la jerga india para los diplomas de bachillerato.)

Reclutadora 2: «No te aturulles, habla más despacio. Relájate».

El siguiente paso para las aspirantes que son contratadas por un servicio telefónico de atención al cliente es el programa de formación, por el que les pagan por asistir. En él se combina la enseñanza de determinados procesos específicos de la empresa cuyas llamadas van a atender o realizar, con la asistencia a unas «clases de neutralización del acento». Se trata de sesiones que duran el día entero, con un profesor de idiomas que enseña a los recién contratados indios a disimular su acento indio cuando hablan en inglés y a hablarlo con acento americano, canadiense o británico, según la parte del mundo con la que hablarán. Choca bastante: al grupo con el que me senté le estaban enseñando a hablar con un acento neutro norteamericano de clase media. Los estudiantes tenían que leer una y otra vez un párrafo de fonética pensado para enseñarles a suavizar las tes y a hacer vibrar las erres.

Su profesora, una encantadora joven embarazada de ocho meses y ataviada con el tradicional sari indio, pasaba como si tal cosa del acento británico al americano o al canadiense, conforme leía un párrafo pensado para incidir en la fonética. «¿Os acordáis de que el primer día os expliqué que los americanos suavizan mucho el sonido de la te? —dijo—. Ya sabéis, suena casi como una de, es decir, nada que ver con la te nítida y cortante de los británicos. Por eso, no diría —y pronunció la frase siguiente al estilo fonético nítido y cortante—: *"Betty bought a bit of better butter"* ni *"Insert a quarter in the meter"*, sino... —y repitió ambas frases con el monótono acento norteamericano—. Os lo voy a leer una vez y después lo leeremos todos juntos. ¿Entendido? *"Thirty little turtles in a bottle of bottled water. A bottle of bottled water held thirty little turtles. It didn't matter that each turtle had to rattle a metal ladle in order to get a little bit of noodles."*

»Muy bien, ¿quién quiere empezar?», preguntó la profesora. Las alumnas fueron turnándose con la declamación de semejante trabalenguas con acento americano. Algunas lo consiguieron a la primera, y otras, bueno, digamos simplemente que nadie hubiera dicho que estaban en Kansas City si contestaban a una llamada del servicio telefónico de maletas perdidas de Delta.

Después de media hora presenciando aquella lucha con la fonética, pregunté a la profesora si no le importaría darles una versión buena de verdad (aprovechando que soy natural de Minnesota, en pleno Midwest, y todavía hablo como un personaje sacado de *Fargo*). «Encantada», replicó ella. Y éste es el párrafo que me dio a leer: «*A bottle of bottled water held thirty little turtles. It didn't matter that each turtle had to rattle a metal ladle in order to get a little bit of noodles, a total turtle delicacy... The problem was that there were many turtle battles for less than oodles of noodles. Every time they thought about grappling with the haggler turtles their little turtle minds boggled and they only caught a little bit of noodles*».

La clase reaccionó entusiasmada. Era la primera vez en mi vida que me ovacionaban por hablar con acento de Minnesota. De buenas a primeras, la idea de inducir a otras personas a aplanar el acento con el fin de competir en un mundo más plano resulta un tanto fea. Pero antes de que la menosprecies, deberías tener en cuenta lo deseosos que están estos muchachos de escapar de los sótanos de la clase media y subir un poco. Si una ligera modificación del acento es el precio que tienen que pagar para saltar un peldaño de la escalera, así sea, dicen ellos.

«Se trata de un entorno de mucha presión», me explicó Nilekani, el presidente de Infosys, que dirige también un gran centro de atención telefónica. «Aquí se trabaja veinticuatro horas al día, siete días a la semana. Trabajas de día, de noche y a la mañana siguiente.» Pero el ambiente de trabajo, insistió él, «no posee la tensión de la alienación, sino la tensión del éxito. Están enfrentándose a los desafíos del éxito, de una vida de presión elevada, no al reto que supone la angustia de saber si algún día se les planteará un reto o no».

Sin duda, ésa es la impresión que me llevé cuando hablé con muchos de los operadores del servicio telefónico. La subcontratación está poniendo a prueba las normas y los estilos de vida tradicionales, como ocurre con cualquier explosión de modernidad. Pero la pobreza y una burocracia socialista han impedido durante tantos años el avance de los indios que gozan de formación superior, que muchos de ellos dan la sensación de estar más que dispuestos a aguantar esos horarios de trabajo. Y huelga decir que para ellos es mucho más fácil y satisfactorio trabajar a destajo en Bangalore que hacer las maletas y probar suerte en América. En la Tierra plana, pueden quedarse en la India, ganar un salario aceptable y no tener que estar lejos de la familia, de los amigos, de su comida y de su cultura. En definitiva, estos nuevos empleos les permiten realmente ser más indios. Anney Unnikrishnan, jefa de personal de 24/7, me dijo: «Acabé un MBA, hice el examen de ingreso para la escuela de dirección de empresas y me admitieron en la Universidad de Purdue. Pero no pude ir porque no me lo podía pagar. No tenía dinero para pagármelo. Ahora sí, [pero] veo que un montón de empresas americanas están viniendo a Bangalore, y en realidad no necesito ir allí. Puedo trabajar para una multinacional sin moverme de aquí. De este modo, puedo seguir comiendo arroz y sambar [un plato típico indio], que me encantan. No tengo por qué acostumbrarme a comer ensalada de repollo, zanahoria, cebolla y mayonesa, y filetes fríos de carne asada. Yo trabajo para una multinacional, pero no tengo que renunciar a mi alimentación india. ¿Para qué iba a tener que irme a América?».

El nivel de vida relativamente alto del que puede gozar —y que le da para pagarse un apartamento pequeño y un coche en Bangalore— es aceptable también en América. Si echas un vistazo al centro de atención telefónica 24/7, todos los ordenadores que ves tienen el Windows de Microsoft. Los chips los diseña Intel. Los teléfonos son de Lucent. El aire acondicionado es de Carrier, y hasta el agua embotellada es de Coke. Además, el 90 por ciento de las acciones de 24/7 son propiedad de inversores estadounidenses. Todo ello explica por qué el volumen total de exportaciones de empresas con sede en EE. UU. (mercancías y servicios) a la India ha pasado de 2.500 millones de dólares en 1990 a 5.000 millones en 2003, a pesar de que en los últimos años los empleos en el sector servicios hayan aumentado en la India en detrimento de EE. UU. Es decir, aun cuando se hayan trasladado a la India algunos empleos que antes se desempeñaban en EE. UU., la creciente economía india está generando una demanda de muchos más bienes y servicios norteamericanos.

Nada se pierde, todo se transforma.

Hace nueve años, cuando Japón le estaba partiendo la crisma a EE. UU. en la industria automovilística, escribí una columna sobre jugar al juego de ordenador de *¿Dónde cae Carmen Sandiego en el mundo?* con mi hija de nueve años, Orly. Yo estaba intentando ayudarla proporcionándole una pista con la que quería darle a entender que Carmen se había ido a Detroit, y le pregunté:

—¿Dónde se fabrican los coches?

—En Japón —contestó ella sin pensárselo dos veces.

¡Tocado!

En fin, aquello me recordó la historia que me contaron durante mi visita a Global Edge, una empresa india de diseño de programas informáticos, sita en Bangalore. El director de marketing de la empresa, Rajesh Rao, me contó que acababa de telefonear al vicepresidente de ingeniería de una empresa estadounidense, a ver si conseguía ganárselo como cliente. Nada más presentarse y decir que llamaba desde una empresa de programas informáticos de la India, el ejecutivo americano le soltó: «*Namaste*», un saludo coloquial en hindi. El señor Rao me dijo: «Hace unos años nadie en Norteamérica quería hablar con nosotros. Y ahora están encantados». Algunos hasta saben decir hola al más puro estilo hindi. Así que ahora yo me pregunto: si algún día tengo una nieta y le digo que me voy de viaje a la India, ¿ella me dirá: «Abuelito, ¿de allí es de donde vienen los programas informáticos?».

No, aún no, cariño. Cada producto nuevo (desde programas informáticos a todo tipo de artilugios) pasa por un proceso que empieza con investigación básica, sigue con investigación aplicada, después se incuba, se desarrolla, se pone a prueba, se manufactura, se distribuye, se dota de apoyo técnico y es objeto de un seguimiento para añadir las mejoras oportunas. Cada una de estas fases está especializada y es única, y ni la India ni Rusia cuentan con una masa crítica de talento capaz de llevar a cabo todo este proceso para una gran multinacional norteamericana. Pero esos países están progresando a un ritmo constante en investigación y desarrollo y cada vez pueden ocuparse de más fases del proceso. Si esta tendencia continúa, seremos testigos de lo que Satyam Cherukuri, de Sarnoff (una empresa americana de I+D), denomina «la globalización de la innovación», y del fin del viejo modelo según el cual una única multinacional americana o europea se encarga de todos los elementos del proceso de creación de un producto con sus propios recursos. Está aumentando el número de empresas americanas y europeas que subcontratan tareas importantes de I+D en la India, Rusia y China.

Según la oficina gubernamental de tecnología de la información de Karnataka, el Estado en el que se encuentra Bangalore, las unidades indias de Cisco Systems, Intel, IBM, Texas Instruments y GE llevan registradas 1.000 solicitudes de patentes en la Oficina de Patentes de EE. UU. Sólo Texas Instruments ha conseguido 225 licencias estadounidenses para su negocio en la India. «El equipo que tiene Intel en Bangalore está desarrollando chips de microprocesador para tecnología inalámbrica de banda ancha y alta velocidad, que saldrán al mercado en 2006», se afirmaba desde la sede de IT en Karnataka en un informe publicado a finales de 2004, y añadía que «los ingenieros del Centro Tecnológico John F. Welch de GE en Bangalore están desarrollando nuevas ideas para motores de avión, sistemas de transporte y plásticos». De hecho, a lo largo de estos años GE ha trasladado a la India a muchos ingenieros indios de su plantilla que trabajaban en EE. UU., para reforzar sus proyectos de investigación de repercusión global. En la actualidad GE está enviando a Bangalore incluso a ingenieros no indios. Vivek Paul es el presidente de Wipro Technologies, otra de las empresas tecnológicas indias más importantes, pero él trabaja en Silicon Valley porque quiere estar cerca de los clientes americanos de Wipro. Antes de entrar en esta empresa, Paul era el director comercial de escáneres para tomografías computerizadas de GE a las afueras de Milwaukee. En esa época un compañero suyo francés era el director comercial de generadores eléctricos de GE que se usaban en los escáneres fuera de Francia.

«Hace poco me lo encontré en un avión —me dijo Paul— y me contó que se había trasladado a la India para dirigir los proyectos de investigación sobre hiperenergía que está llevando a cabo GE allí».

Comenté a Vivek que me parecía fenomenal que un indio que antes llevaba el negocio de TC de GE en Milwaukee y que ahora lleva la consultoría de Wipro en Silicon Valley me hablase de un antiguo compañero suyo francés que se ha trasladado a Bangalore para trabajar para GE. Eso es una Tierra plana.

Cada vez que me convenzo de haber encontrado el último trabajo, el más insólito, que se pueda subcontratar en Bangalore, va y aparece otro ante mis narices. Mi amigo Vivek Kulkarni había sido el director de la oficina gubernamental de Bangalore encargada de atraer inversores de todo el mundo para la industria de la tecnología punta. Después de renunciar al cargo en 2003, montó una empresa llamada B2K, que cuenta con una división llamada Brickwork, que ofrece asistentes personales en la India a los ajetreados ejecutivos del mundo globalizado. Por ejemplo, pongamos que diriges una empresa y que te piden que hagas una presentación de PowerPoint y des una charla dentro de dos días. Tu «teleasistente ejecutivo», sito en la India y proporcionado por Brickwork, se ocupará de hacer todo el trabajo de investigación, crear la presentación de PowerPoint y enviarte todo por correo electrónico mientras es de noche en tu país, para que lo tengas encima de la mesa el día en que tienes que dar la charla.

«Puedes encargar la tarea que sea a tu teleasistente personal cuando vas a salir de tu oficina al terminar la jornada en la ciudad de Nueva York, y a la mañana siguiente la tendrás lista para ti —me explicó Kulkarni—. Debido a la diferencia horaria con la India, pueden hacer el encargo mientras tú duermes, y entregártelo cuando para ti es por la mañana». Kulkarni me sugirió que podía contratar a un teleasistente en la India que hiciese por mí todo el trabajo de documentación para este libro. «También podría ayudarte con todo lo que quieras leer. Al despertar, encontrarás en tu carpeta de entrada el resumen completo.» (Le dije que en mi caso nadie podría superar a mi ayudante desde hace tanto tiempo, Maya Gorman, ¡a la que tengo sentada a dos metros de mí!)

Disponer de tu propio teleasistente ejecutivo cuesta entre 1.500 y 2.000 dólares al mes, y si tenemos en cuenta la reserva de licenciados universitarios indios de la que puede tirar Brickwork, la fuerza intelectual que puedes contratar es mucha. Como reza la publicidad de Brickwork: «Gracias a la nutrida reserva de talento existente en la India, las empresas pueden proveerse de personal altamente cualificado. Además de los recién licenciados, que rondan los 2,5 millones al año, muchas amas de casa cualificadas están accediendo al mercado laboral». La publicidad añade que las escuelas de economía de la India generan al año unos 89.000 especialistas con su correspondiente MBA.

«Hemos tenido muy buena acogida», me explicó Kulkarni. Sus clientes pertenecen a dos áreas principalmente: consultorías estadounidenses del sector sanitario (que normalmente tienen que procesar muchos datos y elaborar muchas presentaciones en PowerPoint) y bancos de inversión y empresas de servicios financieros (que muchas veces tienen que preparar folletos vistosos llenos de gráficos que ilustran los beneficios de las OPV o de un plan de fusión). En el caso de las fusiones, Brickwork se encargará de preparar toda la información referente a condiciones y tendencias generales del mercado, pues casi toda la labor de documentación puede hacerse con internet y resumirse en un formato estandarizado. «Los propios bancos de inversión establecen el precio del trato», me explicó Kulkarni. «Nosotros hacemos el trabajo pesado y ellos se dedicarán a las tareas que no pueden hacerse sin análisis crítico o sin experiencia, siguiendo de cerca la coyuntura del mercado.» Cuantos más proyectos acomete su equipo de teleasistentes ejecutivos, más conocimientos atesora. Ambicionan también dedicarse a la resolución de problemas de mayor envergadura, como me dijo Kulkarni. «La idea es aprender constantemente. Uno está examinándose en todo momento. El aprendizaje no acaba nunca... En realidad, hay infinitas tareas para infinitas personas.»

No me detuve en la India (no como Colón). Cuando volví a casa, decidí que debía seguir explorando Oriente en busca de otras señales de que la Tierra era plana. Así, poco después de volver de la India ya estaba volando a Tokio, donde tuve la oportunidad de entrevistar a Kenichi Ohmae, el legendario ex asesor de McKinsey & Company en Japón. Ohmae ha dejado McKinsey y ha montado su propio negocio, Ohmae & Associates. ¿Y a qué se dedican? A no hacer más labores de consultoría, dijo Ohmae. Ahora se dedica a capitanear una tendencia a la subcontratación en China de puestos japoneses de menor categoría, con centros de atención telefónica y proveedores de servicios de habla japonesa.

—¿Cómo has dicho? —pregunté yo—. ¿En China? ¿Pero Japón no colonizó China en su día y dejó muy mal sabor de boca entre los chinos?

—Bueno, sí —respondió Ohmae.

Y me explicó que también dejaron tras de sí gran número de hablantes de japonés que han conservado en el noreste de China ciertos elementos de la cultura nipona, como el sushi o el karaoke, sobre todo alrededor de la ciudad portuaria de Dalian. Para Japón, Dalian se ha convertido en lo mismo que Bangalore para EE. UU. y para los demás países angloparlantes: la central de la subcontratación. Puede que China no olvide nunca lo que le hizo Japón el siglo pasado, pero los chinos están tan empeñados en convertirse en la primera potencia mundial del próximo que están dispuestos a darle un repasito a su japonés para hacerse con todo el trabajo que Japón pueda subcontratar en China.

«El reclutamiento es bastante fácil», me contaba Ohmae a principios de 2004. «Alrededor de un tercio de los habitantes de esa región [de

Dalian] ha elegido japonés como segundo idioma en el colegio. Por eso están entrando tantas empresas japonesas.» La de Ohmae se dedica sobre todo a teclear datos en China, donde los empleados chinos cogen documentos manuscritos en japonés (que llegan escaneados a Dalian desde Japón, ya sea por fax o por correo electrónico) y los meten en una base de datos digital usando los caracteres japoneses. La empresa de Ohmae ha creado un programa informático que coge los datos que hay que introducir y los descompone en paquetes. Estos paquetes se pueden enviar entonces a cualquier sitio de China o de Japón (según la especialidad), para teclearse, y después se reagrupan en la base de datos del cuartel general de la empresa en Tokio. «Tenemos la capacidad de enviar el trabajo a la persona que mejor conoce la materia.» La empresa de Ohmae ha firmado contratos hasta con más de setenta mil amas de casa, algunas de las cuales son expertas en terminología médica o legal, para que tecleen datos sin salir de su domicilio. Hace poco la empresa ha ampliado el negocio, creando un departamento de diseño asistido por ordenador para una constructora japonesa. «En Japón, cuando se negocia la construcción de una casa con el cliente, se dibuja el plano de una planta y la mayoría de esas empresas no usan ordenadores.» Así pues, se envían electrónicamente a China los planos dibujados a mano alzada, y allí se convierten en diseños digitales que a continuación se envían por correo electrónico a la constructora japonesa, la cual a su vez los transforma en bocetos industriales. «Contratamos a los mejores manipuladores de datos de China y hoy están procesando setenta casas al día», me dijo Ohmae.

Chinos que hacen dibujos por ordenador para casas de Japón, casi setenta años después de que un voraz ejército japonés ocupase China, arrasando por el camino muchos hogares. Igual hay esperanza para este mundo aplanado...

Tenía que ver Dalian con mis propios ojos, ver esa Bangalore de China. Así que proseguí con mi periplo por Oriente. Dalian no sólo es impresionante en comparación con otras ciudades chinas: con sus amplios bulevares, sus preciosas zonas ajardinadas y su entramado de universidades, escuelas técnicas superiores y un inmenso parque de empresas informáticas, Dalian podría pasar por una localidad de Silicon Valley. La había visitado en 1998, pero desde entonces se había construido tanto que el sitio estaba irreconocible. Dalian, al noreste de Pekín (a una hora de vuelo aproximadamente), viene a ser un símbolo de la rapidez con que la mayoría de las ciudades modernas de China (en contraste con la gran cantidad de ciudades pobres y atrasadas que quedan aún en el país) están atrayendo negocios, no sólo como focos industriales sino también como centros empresariales del sector de las tecnologías de la información. Los letreros de los edificios hablan por sí solos: GE, Microsoft, Dell, SAP, HP, Sony, Accenture (por mencionar sólo unos pocos). Todas esas firmas llevan a cabo aquí las tareas rutinarias de apoyo a sus negocios en Asia, así como investigación y desarrollo en el campo de los programas informáticos.

Gracias a su proximidad con Japón y Corea (que quedan a una hora de vuelo cada una, aproximadamente), a la gran cantidad de personas que hablan japonés, a la rapidez de sus conexiones de internet y a la abundancia de parques y campos de golf de primera (todo lo cual supone un aliciente para los trabajadores cualificados del sector), Dalian se ha convertido en un atractivo centro de subcontratación para Japón. Las empresas japonesas pueden contratar a tres ingenieros informáticos chinos por el precio de uno japonés, y todavía les queda calderilla para pagar a una sala entera de operadores telefónicos (que perciben 90 dólares al mes como sueldo inicial). No me extraña que unas 2.800 empresas japonesas hayan abierto oficinas (o se hayan asociado con empresas chinas) aquí.

«He llevado a muchos americanos a Dalian y se han quedado asombrados de lo rápido que está creciendo la economía china en el área de la tecnología punta», me contó Win Liu, director de proyectos de EE. UU. y la Unión Europea para DHC, una de las empresas chinas de *software* más grandes del país, que ha pasado de 30 a 1.200 empleados en seis años. «Los estadounidenses no son conscientes como deberían del reto que esto representa.»

El dinámico alcalde de Dalian, Xia Deren (49), dirigía antes una escuela superior. (Para ser un régimen autoritario comunista, China hace las cosas bastante bien en cuanto a promocionar a la gente en función de sus méritos. En este aspecto, la mentalidad meritocrática mandarina sigue muy arraigada.) Durante una cena de gastronomía tradicional china (nos sirvieron hasta diez platos) en un hotel de la ciudad, el alcalde me habló de todo lo que Dalian habían conseguido y de sus proyectos futuros. «Contamos con 22 universidades y escuelas superiores, con más de 200.000 estudiantes», me explicó. Más de la mitad de esos estudiantes se licencian en ingeniería o en ciencia, y a los que no, es decir, a los que se licencian en historia o literatura, se les encamina igualmente a estudiar un año de japonés o de inglés, además de informática, para que puedan entrar en el mercado. El alcalde calculó que más de la mitad de los residentes en Dalian tiene acceso a internet en su despacho, en su casa o en la escuela.

«En un principio, las empresas japonesas establecieron sucursales aquí dedicadas al procesamiento de datos —añadió el alcalde—, y sobre esa base han ido montando servicios de I+D y de desarrollo de programas informáticos. En el último par de años las empresas estadounidenses de *software* también han hecho intención de subcontratar en nuestra ciudad servicios informáticos. Nos estamos acercando a los indios, y les estamos dando alcance. Las exportaciones de productos informáticos [desde Dalian] han estado registrando un aumento del 50 por ciento anual. Y en estos momentos China es el país que más licenciados universitarios genera. Aunque en general nuestro dominio del inglés no es tan competente como el de los indios, nosotros tenemos más habitantes [así que] podemos seleccionar a los estudiantes más inteligentes que mejor sepan hablar inglés».

¿Molesta a los habitantes de Dalian tener que trabajar para los japoneses, cuyo gobierno aún no ha pedido disculpas formalmente por lo que el gobierno japonés de la guerra hizo a China?

«Nunca olvidaremos que entre nuestras dos naciones hubo una guerra histórica —contestó—, pero cuando entramos en el terreno de la economía, nos centramos exclusivamente en las cuestiones económicas, sobre todo si hablamos del negocio de la subcontratación en el sector del *software*. Para nosotros es buena cosa que las empresas estadounidenses y japonesas fabriquen sus productos en nuestra ciudad. Nuestros jóvenes están intentando aprender japonés, dominar esa herramienta, para poder competir con sus homólogos japoneses y poner el pie en el tramo salarial superior en el futuro».

Por si acaso, el alcalde añadió: «Tengo la sensación de que en los últimos años los jóvenes chinos se han vuelto más ambiciosos que los japoneses o los americanos, pero me parece que no lo suficiente, porque no son tan ambiciosos como la gente de mi generación. Porque, antes de ir a la universidad o a la escuela superior, los de mi generación íbamos a remotas zonas rurales, fábricas o destacamentos militares, y pasábamos una etapa muy dura, por lo que en términos de actitud para superar y para hacer frente a las dificultades [los de nuestra generación teníamos que tener más ambición] que los jóvenes de hoy».

El alcalde Xia tenía un estilo encantadoramente diáfano de describir el mundo, y aunque algunas de las cosas que quería decir se pierden en la traducción, lo tiene todo muy claro (como deberían tenerlo también los americanos). Aquel oficial comunista me explicó que «la regla de oro de la economía de mercado es que si un lugar posee los mejores recursos humanos y la mano de obra más barata, sin duda las empresas y los negocios irán allí de forma natural». En manufacturación, «primero el pueblo chino abastecía de mano de obra a los grandes fabricantes extranjeros, pero ahora, pasados muchos años, cuando ya hemos aprendido todos los procesos y todos los pasos, podemos montar nuestras propias empresas. Lo mismo pasará con la industria de programas informáticos... Primero los extranjeros darán empleo a nuestros jóvenes y después ellos mismos montarán sus propias empresas. Es como construir un edificio. Hoy EE. UU. es el diseñador, el arquitecto, y los países en vías de desarrollo son los obreros de la construcción. Pero yo espero que algún día nosotros seamos los arquitectos».

Seguí indagando, por Oriente y por Occidente. En el verano de 2004, estando de vacaciones en Colorado, tuve que buscar un vuelo entre Washington y Atlanta y me estaba costando encontrar billete en el horario que me interesaba. Me había enterado de la existencia de una nueva compañía aérea, JetBlue, inaugurada en 1999 y que ofrecía vuelos a precios muy económicos. No tenía ni idea de los trayectos que cubría, pero decidí llamar a ver qué ofrecían exactamente. Confieso que también me impulsaba otra razón: me habían dicho que JetBlue había subcontratado todo su servicio telefónico de reservas con amas de casa de Utah, y quise comprobar si era cierto. Así pues, marqué el número de reservas de JetBlue y ésta fue la conversación que mantuve:

—Hola, mi nombre es Dolly, ¿en qué puedo ayudarle? —contestó una voz de abuelita.

—Pues verá, quisiera un vuelo de Washington a Atlanta —dije yo—. ¿Cubren esa ruta?

—No, lo lamento. Tenemos vuelos entre Washington y Ft. Lauderdale —respondió Dolly.

—¿Y entre Washington y la ciudad de Nueva York? —pregunté.

—Lo siento, no hacemos esa ruta. Pero sí tenemos vuelos de Washington a Oakland y Long Beach —dijo Dolly.

—Dígame, ¿puedo hacerle una pregunta? ¿Es verdad que está usted en casa? He leído que los agentes de JetBlue trabajan desde casa.

—Pues sí, estoy en casa —repuso Dolly en un tono de voz de lo más alegre. (Después JetBlue me facilitaría su nombre completo: Dolly Baker.)—. Estoy sentada en la planta de arriba de mi casa, y por la ventana puedo ver un precioso día de sol. Hace cinco minutos otra persona que llamó me preguntó lo mismo que usted. Yo les digo que sí, y la gente dice: «Menos mal. Pensé que me iba a decir que estaba en Nueva Delhi».

—¿Y dónde vive? —pregunté.

—En Salt Lake City, Utah —dijo Dolly—. Nuestra casa es de dos plantas y me encanta trabajar aquí, sobre todo en invierno. Mientras fuera cae una nevada y sopla el viento, yo estoy aquí, en mi oficina, en casa.

—¿Cómo consiguió el empleo? —pregunté.

—Pues mire, no ponen anuncios —me explicó Dolly con toda dulzura—. Funciona de boca a boca. Yo trabajaba para el gobierno del Estado y me jubilé, y [pasado un tiempo] pensé que debía hacer algo. Esto me encanta.

David Neeleman, fundador y presidente de JetBlue Airways Corp., tiene un nombre para todo esto. Lo llama «*homesourcing*» [subcontratación doméstica]. JetBlue cuenta en estos momentos con 400 agentes del servicio de reservas que, como Dolly, trabajan desde casa en la zona de Salt Lake City, cuando no están cuidando de los niños, haciendo gimnasia, escribiendo relatos o preparando la cena.

Unos meses después visité a Neeleman en las oficinas centrales de JetBlue, en Nueva York, y él me explicó las virtudes del *homesourcing*, una práctica que en realidad inauguró estando en Morris Air, su primera empresa del sector de las aerolíneas (antes de vendérsela a Southwest). «Teníamos a 250 personas atendiendo en su casa las reservas de vuelos de Morris Air», me contó Neeleman. «Eran un 30 por ciento más productivas, es decir, sólo por sentirse más a gusto hacen un 30 por ciento más de reservas. Eran más leales a la empresa y no se quemaban. Por eso, cuando monté JetBlue, decidí que el cien por cien del servicio de reservas se hiciese desde casa.»

Neeleman tiene motivos personales para querer algo así. Es mormón, y cree que a la sociedad le iría bastante mejor si más madres pudiesen quedarse en casa con sus pequeños y, al mismo tiempo, tienen la oportunidad de ganarse un sueldo. Por esta razón estableció su servicio doméstico de reservas de vuelos en Salt Lake City, donde la mayoría de las mujeres son mormonas y madres que no trabajan fuera de casa. Las agentes de este servicio doméstico de reservas trabajan veinticinco horas a la semana y tienen que pasar cuatro horas al mes en la oficina regional de JetBlue, en Salt Lake City, para aprender técnicas nuevas y ponerse al día de los cambios o novedades de la empresa.

«Jamás desplazaremos estos servicios a la India. La calidad que podemos obtener aquí es mucho más alta. [...] No entiendo cómo [las empresas] pueden preferir subcontratar servicios en la India en vez de en su propia casa, y eso que cada vez lo hacen más. Deben de creer que tienen que tener a la gente sentada delante de sus narices o de algún jefe nombrado por ellos. La productividad que conseguimos aquí compensa con creces el factor de [los bajos salarios de] la India.»

Un reportaje de *Los Angeles Times* del 9 de mayo de 2004 dedicado a JetBlue señalaba que «en 1997 11,6 millones de empleados de empresas estadounidenses trabajaba desde casa, al menos parte del tiempo. En la actualidad esa cifra ha aumentado vertiginosamente hasta los 23,5 millones, un 16 por ciento de la mano de obra del país. (Por otra parte, las filas de los trabajadores por cuenta propia, que suelen trabajar desde casa, han pasado de los 18 hasta los 23,4 millones en ese mismo período.) Hay quien considera que la subcontratación doméstica y la subcontratación en el extranjero no son dos estrategias rivales, sino más bien dos manifestaciones diferentes del mismo fenómeno: el empeño incesante del mundo empresarial norteamericano por abaratar costes y aumentar la eficiencia, lleve ello a donde tenga que llevar».

Eso es exactamente lo que estaba aprendiendo de mis viajes: que la subcontratación doméstica en Salt Lake City y la subcontratación exterior en Bangalore eran las dos caras de la misma moneda, la de las fuentes de suministro de servicios. Y lo más novedoso de todo lo que estaba aprendiendo era que hoy empresas y particulares pueden, en un grado muy considerable, abastecerse en cualquier parte.

Seguí viajando. En el otoño de 2004 acompañé al jefe del Estado Mayor Conjunto, el general Richard Myers, de gira por varios puntos calientes de Irak. Visitamos Bagdad, el cuartel general del ejército de EE. UU. en Falluya y el campamento de la 24.ª Unidad Expedicionaria de los marines en Babil, en el corazón del llamado Triángulo Suní de Irak. La improvisada base de la 24.ª MEU es una especie de Fort Apache, rodeada por una población iraquí musulmana suní bastante hostil. Mientras el general Myers se reunía con los oficiales y soldados desplazados allí, yo pude pasearme por la base con total libertad. Fui a parar al centro de mando, donde al instante me llamó la atención una enorme pantalla plana de televisión en la que se retransmitían unas imágenes que parecían provenir de una especie de cámara aérea. Se veía a unas personas moviéndose detrás de una casa. También, en la parte derecha de la imagen, había una sala de *chat* en la que no paraban de recibirse mensajes instantáneos que parecían estar dedicados a lo que se veía en la pantalla.

«¿Qué es eso?», pregunté al soldado que visionaba atentamente las imágenes desde un ordenador portátil. Él me explicó que había un Predator (un pequeño avión teledirigido de la flota del ejército de EE. UU., provisto de una cámara de televisión muy potente) sobrevolando una aldea iraquí sita en el área de operaciones de la 24.ª MEU, enviando imágenes de espionaje en tiempo real a su ordenador portátil y a esa pantalla plana. En realidad, quien «pilotaba» y dirigía el avión era un experto que se hallaba en la base de las Fuerzas Aéreas de Nellis, en Las Vegas, Nevada. Como lo oyen: el avión teledirigido estaba siendo pilotado desde Las Vegas. Por otra parte, las imágenes de vídeo que retransmitía se estaban viendo al mismo tiempo en la 24.ª MEU, en el cuartel general del Mando Central de los Estados Unidos en Tampa, en el cuartel general regional del mismo en Qatar, en el Pentágono y probablemente también en la CIA. Mientras, los diferentes analistas repartidos por el mundo estaban participando en un *chat* en directo sobre cómo interpretar lo que estaba pasando y qué hacer al respecto. Era la conversación que se veía en la parte derecha de la pantalla.

No me había dado tiempo siquiera de expresar mi perplejidad, cuando otro oficial que nos acompañaba en el viaje me dejó atónito al decirme que esa tecnología había «aplanado» la jerarquía militar, pues ponía gran cantidad de información al alcance del oficial de rango menor (y hasta del recluta) que manejaba el ordenador y le capacitaba, por tanto, para tomar decisiones sobre la información que estaba recabando. Estoy seguro de que ni un solo teniente va a tener permiso para iniciar un tiroteo sin consultarlo antes con sus superiores, pero lo cierto es que los tiempos en que únicamente los oficiales de máximo rango conocían la situación general han pasado a la historia. Se está nivelando el terreno de juego militar.

Le conté lo que había visto a mi amigo Nick Burns, embajador de EE. UU. en la OTAN y leal miembro de la Nación de los Red Sox. Nick me dijo que había estado en el cuartel general del Mando Central en Qatar en abril de aquel mismo año, donde el general John Abizaid y su personal le pusieron al corriente de las novedades. El equipo de Abizaid estaba sentado al otro lado de la mesa, delante de Nick, con cuatro pantallas planas de televisión a sus espaldas. Las tres primeras emitían imágenes tomadas desde el aire y transmitidas en tiempo real desde diferentes sectores de Irak por aviones Predator. La cuarta, a la que Nick prestaba toda su atención, retransmitía un partido de los Yankees contra los Red Sox.

En una pantalla era Pedro Martínez contra Derek Jeter, y en las otras tres eran los yihadistas contra el Primero de Caballería.

PLANOBURGUESAS CON PATATAS

Y seguí viajando, esta vez derecho a mi casa, en Bethesda, Maryland. Cuando hube deshecho las maletas tras aquel viaje a los confines de la Tierra, la cabeza me daba vueltas. Pero nada más pisar el hogar, más signos del aplanamiento empezaron a llamar a mi puerta. Algunos llegaban en forma de titulares que pondrían de los nervios a cualquier padre preocupado por el futuro de sus hijos en edad escolar. Por ejemplo, Forrester Research, Inc. pronosticaba que para 2015 se habrían trasladado fuera del país más de 3 millones de puestos de trabajo de profesionales y del sector servicios. Pero cuando de verdad me quedé patidifuso fue al leer un artículo en el *International Herald Tribune* del 19 de julio de 2004 titulado: «Want Fries With Outsourcing?» [¿Desea patatas fritas con subcontratación?].

El artículo decía: «Salga de la autopista interestatal 55 en las cercanías de Cape Girardeau, Missouri, y métase por la vía de servicio del McDonald's que hay junto a la autopista. Le atenderán rápido y bien, aunque la persona que coja su pedido no se encuentre en el restaurante. Ni siquiera está en Missouri. Quien coge su pedido es un servicio telefónico de Colorado Springs, a 1.450 kilómetros de allí, que se comunica a través de unas líneas de transmisión de alta velocidad con el cliente y con los trabajadores que preparan la comida. Al parecer, también hay puestos de trabajo de restaurantes que no son inmunes a la deslocalización.

»El dueño del restaurante de Cape Girardeau, Shannon Davis, tiene esta y otras 3 más de sus 12 franquicias de McDonald's conectadas con la empresa de atención telefónica de Colorado, de la que es director otro franquiciado de McDonald's, Steven Bigari. Y éste lo hizo por las mismas razones por las que otros propietarios habían subcontratado servicios con empresas de atención telefónica: porque los costes son más bajos, porque la velocidad es mayor y porque se cometen menos errores.

»Mediante estas baratas, rápidas y fiables líneas de telecomunicaciones las personas que toman el pedido en Colorado Springs pueden hablar con los clientes de Missouri, hacerles una instantánea con una cámara electrónica, mostrar el pedido en una pantalla para cerciorarse de que está todo bien, y pasar el pedido y la foto a las cocinas del restaurante. Una vez el pedido está listo, la foto se destruye, explicó Bigari. La gente que pasa por allí a comprar su hamburguesa no se entera en ningún momento de que, antes siquiera de acercarse a la ventanilla de recogida de la comida con el coche, su pedido ha cruzado dos Estados y ha vuelto.

»Davis comentó que llevaba más de diez años soñando con algo así. "Estábamos deseando tenerlo", añadió. Bigari, que creó la empresa de atención telefónica para sus propios restaurantes, estuvo encantado de hacerle el favor... a cambio de una pequeña tasa por cada transacción».

El artículo señalaba que a la Corporación McDonald's la idea del centro telefónico le parecía lo bastante interesante como para hacer una prueba con tres establecimientos próximos a su central, en Oak Brook, Illinois, con un programa informático diferente del que usaba Bigari. «Jim Sappington, uno de los vicepresidentes de tecnologías de la información de la empresa, comentó que era "demasiado pronto" para saber si la idea del centro de atención telefónica funcionaría en los otros 1.300 restaurantes que McDonald's tiene en EE. UU... Aun así, los dueños de otras dos franquicias de McDonald's, aparte de Davis, han subcontratado el servicio de pedidos de McAuto con Bigari, en Colorado Springs. (Se trata de un restaurante de Brainerd, Minnesota, y otro en Norwood, Massachusetts.) Bigari comenta que un factor fundamental del éxito de este sistema es el hecho de adjuntar al pedido la foto del cliente, pues de este modo se consigue una mayor precisión y el sistema reduce el número de quejas, por lo que el servicio en conjunto resulta más rápido. En el negocio de la comida rápida, el tiempo realmente es oro: una reducción de hasta 5 segundos en el procesamiento de un pedido representa un diferencia significativa», apuntaba el artículo. «Bigari dijo que había reducido el tiempo de espera del pedido en su doble carril de McAuto en algo más de 30 segundos, bajando hasta 1 minuto y 5 segundos aproximadamente, de media. Eso supone menos de la mitad de los 2 minutos y 36 segundos de media de todos los McDonald's, convirtiéndose en una de las franquicias más rápidas del país, según QSRweb.com, una empresa que se dedica a estudiar este tipo de datos. Sus McAutos atienden ahora a 260 coches cada hora, según dijo Bigari, es decir, 30 más que antes de empezar con el servicio de atención telefónica [...] Sus vendedores ganan un promedio de 40 centavos a la hora más que sus empleados de tienda, pero Bigari ha reducido el coste laboral total en un punto porcentual, por mucho que hayan aumentado sus ventas en McAutos [...] Una serie de comprobaciones realizadas por terceros han puesto de manifiesto que los McAutos de Bigari cometen errores en menos del 2 por ciento del total de pedidos, en comparación con el 4 por ciento de antes de que empezase a utilizar el servicio de atención telefónica, dijo el propio Bigari.»

Bigari «está tan entusiasmado con la idea del centro de atención telefónica —señalaba el artículo—, que no se ha limitado a utilizarlo con la ventanilla del McAuto, sino que lo ha implantado dentro de los siete restaurantes que tiene y que usan ya dicho sistema. Así, aun ofreciendo todavía atención de mostrador, la mayoría de sus clientes hacen ahora el pedido a través del servicio telefónico, utilizando unos teléfonos provistos de lectores de tarjeta de crédito, colocados en las mesas».

Pero algunos de los signos de este aplanamiento, que me encontré al volver a casa, no tenían nada que ver con la economía. El 3 de octubre de 2004 salí en *Face the Nation*, el programa de los domingos por la mañana de CBS News, presentado por el veterano corresponsal de CBS Bob Schieffer. A lo largo de las semanas anteriores se había mencionado mucho a CBS en los telediarios a raíz del reportaje de *60 Minutes* realizado por Dan Rather, sobre el servicio de la Guardia Nacional Aérea del presidente George W. Bush, que resultó estar basado en documentos falsos. Aquel domingo, al terminar el programa, Schieffer comentó que la semana anterior le había pasado una cosa de lo más extraña. A la salida del estudio de CBS estaba esperándolo en la acera un joven periodista. Esto no tiene nada de extraño, puesto que, como pasa con todos los programas de los domingos por la mañana, las cadenas principales (CBS, NBC, ABC, CNN y Fox) tienen la costumbre de enviar a sus periodistas a la puerta de los estudios de la competencia para obtener declaraciones de los invitados. Pero, tal como me explicó Schieffer, aquel joven no trabajaba para ningún canal importante. Se presentó educadamente como periodista de un sitio de internet llamado InDC Journal y le preguntó si podía hacerle unas preguntas. Schieffer, que también es un tipo educado, le dijo que sí. El joven le entrevistó usando un aparato que Schieffer no fue capaz de identificar y a continuación le preguntó si no le importaba que le hiciese una foto. ¿Una foto? Schieffer se fijó en que el chico no llevaba ninguna cámara. Ni falta que le hacía. Giró el teléfono móvil y le sacó una foto.

«Vengo a la mañana siguiente y miro en la página web, y ahí estaban mi foto y la entrevista, junto con trescientos comentarios sobre mis declaraciones», dijo Schieffer, quien, aun sabiendo que existe el periodismo cibernético, no pudo evitar quedarse patidifuso ante el método increíblemente veloz, barato y autónomo con que aquel joven le había puesto bajo los focos.

Aquella historia me despertó curiosidad, así que busqué al joven de InDC Journal. Se llama Bill Ardolino, y es un chico que se toma su trabajo muy en serio. Le entrevisté por internet —¿de qué otro modo, si no?—. Empecé por preguntarle por el equipamiento que utilizaba como hombre-orquesta (él solo lleva su propio canal y su periódico).

«Para grabar utilicé un minúsculo reproductor MP3 (8,90 cm x 5 cm) que también graba en formato digital, y para hacerle la foto utilicé un pequeño teléfono con cámara digital —me explicó Ardolino—. No es tan sexy como un móvil con cámara y grabadora incorporadas (que existen), pero no deja de ser un buen representante de la ubicuidad y miniaturización de la tecnología. Yo llevo siempre encima mi equipo y me muevo con él por todo D. C., porque, oye, nunca se sabe. Pero tal vez lo más asombroso sea lo bien que razonaba el señor Schieffer ahí plantado, nada más ser asaltado por un extraño avasallándolo a preguntas. Me dejó pasmado».

Ardolino me contó que el reproductor de MP3 le había costado unos 125 dólares.

«Está pensado más que nada para reproducir música —me explicó—, pero también viene preparado como grabadora digital: crea un archivo WAV de sonido que se puede descargar en el ordenador... Básicamente, yo diría que el precio para entrar en el periodismo que requiere equipamiento portátil y específico para grabar ronda [en estos momentos] los 100 o 200 dólares, 300 si añades una cámara, y entre 400 y 500 dólares si lo que quieres es una grabadora buena y una cámara buena. [Pero] con 200 dólares te apañas para poder hacer el trabajo».

¿Cómo se te ocurrió montar tu propia cadena de noticias?

«Mi hobby del periodismo independiente surgió de la frustración que sentía recopilando información sesgada, incompleta, selectiva y/o incompetente de los grandes medios de comunicación —me explicó Ardolino, que se describe a sí mismo como un "libertario de centro-derecha"—. El periodismo independiente y su primo, el *blogging*, son manifestaciones de fuerzas de mercado, pues hay una necesidad que las actuales fuentes de información no cubren. Yo empecé haciendo fotos y entrevistas en las concentraciones antibélicas en D. C., porque los medios estaban dando una imagen burda y engañosa de los grupos que organizaban esos encuentros, pintándolos como marxistas impenitentes, defensores tácitos o confesos del terror, etc. En un principio opté por recurrir al humor, pero desde entonces me he diversificado. Y así tengo más poder, poder para comunicar un mensaje. Por cierto, la entrevista a Schieffer me procuró 25.000 visitas en 24 horas. El máximo de visitas diarias desde que empecé fue de 55.000, cuando contribuí a descubrir el "Rathergate"... Entrevisté al primer forense del caso de Dan Rather y la Guardia Nacional, y 48 horas después lo eligieron *The Washington Post*, *Chicago Sun-Times*, *Globe*, *NYT*, etc.».

«Era alucinante el ritmo con que CBS recabó información y la corrigió en su reportaje de falsedades —siguió diciendo—. No fue sólo que CBS

News "se saliese por la tangente" en relación con los hechos, sino que podría decirse que no pudo mantenerse a la altura de un ejército de entregados profesionales en busca de la verdad. La velocidad y la apertura del medio dan mil vueltas al antiguo modo de hacer las cosas... Yo tengo veintinueve años, soy director de marketing y siempre he querido ganarme la vida escribiendo, pero aborrecía el libro de estilo de AP. Como le gusta decir al *überblogger* Glenn Reynolds, los *blogs* han dado a la gente la oportunidad de dejar de gritarle al televisor y de tener voz en toda esta historia. Para mí, son una especie de "quinto poder" que actúa en conjunción con los medios de comunicación de la corriente dominante (muchas veces vigilándolos o suministrándoles información en bruto), podrían llegar a actuar como una planta de producción agrícola pero de periodismo y comentarios, que ofrezca una nueva manera de medir el éxito.

»Como sucede con muchas facetas del tema que tratas en tu libro, el desarrollo tiene sus cosas buenas y sus cosas malas. La multiplicación de medios de comunicación compensa la incoherencia o la cognición selectiva (no hay más que ver la polarización de este país), pero es que además descentraliza el poder y ofrece una garantía mejor de que *toda* la verdad *está* ahí fuera... en algún lugar... en trocitos».

Cualquier día de la vida cotidiana uno puede toparse con infinidad de anécdotas, como ese encuentro entre Bob Schieffer y Bill Ardolino, que vienen a decir que se están aplanando las viejas jerarquías y que el terreno de juego se está nivelando. Como tan bien lo expresó Micah L. Sifry en la revista *The Nation* (22 de noviembre de 2004): «Ha pasado la era de la política de arriba abajo, caracterizada por que un capital amasado con mucho esfuerzo pone en funcionamiento una serie de elementos estancos: campañas, instituciones, prensa. Junto al viejo orden está emergiendo algo más salvaje, más atractivo e infinitamente más satisfactorio para los participantes individuales».

Pongo el ejemplo del encuentro entre Schieffer y Ardolino como una muestra más de la inesperada velocidad con que se está aplanando el mundo y están cambiando las reglas, los papeles y las relaciones. Y... sé que es una frase manida, pero tengo que decirla: *Aún no has visto nada*. Estamos entrando en una época en que vamos a presenciar la digitalización, virtualización y automatización de prácticamente todas las cosas. (De ello me ocupo en detalle en el capítulo siguiente.) Aquellos países, empresas y particulares que sean capaces de asimilar las nuevas herramientas tecnológicas experimentarán un asombroso aumento de la productividad. Además, estamos entrando en una fase en que la cantidad de gente que va a tener acceso a dichas herramientas alcanzará niveles desconocidos en la historia de la humanidad (y me refiero a innovadores, colaboradores y, ¡ay!, hasta terroristas). ¿Dices que quieres una revolución? Bueno, pues está a punto de empezar la auténtica revolución de la información. A esta nueva fase la llamo Globalización 3.0, porque sigue a Globalización 2.0, pero creo que esta nueva era de la mundialización alcanzará un grado tan inaudito que, con el tiempo, se verá como un fenómeno de un tipo totalmente diferente. Por eso es por lo que he empezado planteando la idea de que la Tierra ha pasado de ser redonda a ser plana. Mires a donde mires, se están poniendo en entredicho las antiguas jerarquías, desde abajo, o bien están pasando de ser unas estructuras verticales a ser más horizontales y de colaboración.

«Se nos ocurrió la palabra "globalización" para describir el cambio que se estaba produciendo en las relaciones entre gobiernos y grandes empresas», me comentó David Rothkopf, ex alto cargo del Departamento de Comercio de la Administración Clinton y actualmente asesor estratégico particular. «Pero lo que está pasando hoy es un fenómeno de mucha mayor envergadura y profundidad.» No se trata sólo de cómo se comunican los gobiernos, las empresas y la gente; no se trata sólo de cómo interactúan las diferentes organizaciones, sino de la emergencia de modelos sociales, políticos y empresariales completamente nuevos. «Se trata de cosas que tienen un impacto en algunos de los aspectos más profundos y arraigados de la sociedad, que afectan a la naturaleza misma del contrato social —añadía Rothkopf—. ¿Qué ocurre si la entidad política en la que te encuentras ya no tiene nada que ver con unos empleos que se desempeñan en el ciberespacio, o deja de representar a unos trabajadores que en realidad están colaborando con otros trabajadores ubicados en diversos puntos del planeta, o deja de equipararse con una producción debido a que ésta tiene lugar en varios sitios a la vez? ¿Quién regula el trabajo? ¿Quién lo grava? ¿Quién tendría que beneficiarse de los impuestos?»

Si estoy en lo cierto en relación con el aplanamiento del mundo, el fenómeno será recordado como uno de esos cambios fundamentales, como el nacimiento del Estado-nación o la Revolución Industrial, que, como señalaba Rothkopf, en su momento generaron cambios en el papel del individuo, en el papel y la forma de los gobiernos, en nuestra manera de innovar, en nuestra manera de llevar negocios, en el papel de la mujer, en nuestra forma de hacer la guerra, en la manera de educarnos, en la manera de responder de la religión, en cómo se expresaba el arte, en el método científico y en la manera de investigar, por no hablar de los cambios en las etiquetas políticas que nos asignábamos y que asignábamos a nuestros oponentes. «En la historia ha habido determinados puntos axiales o hitos que han sido más importantes que los demás, por la magnitud, variedad e imprevisibilidad de los cambios que generaron», dijo Rothkopf.

Si la perspectiva de este aplanamiento (y de todas las presiones, dislocaciones y oportunidades que lo acompañan) te provoca desazón por el futuro, que sepas que no estás solo ni equivocado. Cada vez que la civilización ha pasado por una de estas revoluciones tecnológicas perturbadoras y trastornadoras (como la invención de la imprenta por Guttenberg), el mundo entero ha experimentado cambios profundos. Pero en el caso del aplanamiento del mundo, hay algo que será cualitativamente diferente en comparación con ese tipo de cambios profundos: la velocidad y la amplitud con que se está produciendo el fenómeno. La implantación de la imprenta tuvo lugar a lo largo de varias décadas, y durante mucho tiempo sólo afectó a una parte relativamente pequeña del planeta. Lo mismo sucedió con la Revolución Industrial. Pero el actual proceso de aplanamiento se está produciendo a velocidad de curvatura y, de forma directa o indirecta, afecta a muchas más personas a la vez. Cuanto más rápida y más amplia sea esta transición a una nueva era, más perturbadora y menos ordenada será la transferencia de poder de los antiguos vencedores a los nuevos.

Por decirlo de otro modo, la experiencia de las empresas de tecnología punta en los últimos decenios, cuando no supieron manejarse en medio de las rápidas transformaciones que este tipo de fuerzas generaron en el mercado, pueden servir de aviso a todas las empresas, instituciones y Estados-nación que hoy se enfrentan a estos cambios inevitables —y hasta predecibles—, pero que carecen del liderazgo o de la flexibilidad o de la imaginación necesarias para adaptarse. Y no porque no sean listos ni conscientes, sino porque la velocidad del cambio es, sencillamente, abrumadora para ellos.

Por eso, el gran reto de nuestro tiempo será asimilar esas transformaciones de tal manera que no abrumen a la gente, pero que tampoco la dejen atrás. Nada de todo esto será fácil. Pero es nuestra labor. Y es inevitable. Este libro pretende ofrecer formas de pensar en ello y de gestionarlo de manera que podamos sacarle el mejor partido.

En este capítulo he narrado cómo descubrí, en primera persona, que la Tierra es plana. En el siguiente describo cómo se ha producido esta situación.

2
LAS DIEZ FUERZAS
QUE APLANARON LA TIERRA

La Biblia nos cuenta que Dios creó el mundo en seis días y que el séptimo descansó. El aplanamiento de la Tierra llevó un poco más de tiempo. El mundo ha sido aplanado por la combinación de diez grandes acontecimientos, innovaciones y empresas. Desde entonces nadie ha descansado, y quizá nunca volverá a descansar. Este capítulo analiza las fuerzas que han aplanado el mundo y las nuevas formas e instrumentos para la colaboración que dicho aplanamiento ha generado.

Aplanador 1
9/11/1989
LOS MUROS SE DERRUMBAN Y LAS VENTANAS SE LEVANTAN

La primera vez que vi el Muro de Berlín, lucía ya un boquete.

Fue en diciembre de 1990, durante mi viaje a Berlín con los periodistas que cubrían la visita del Secretario de Estado, James A. Baker III. El Muro de Berlín se había resquebrajado un año antes, el 9 de noviembre de 1989. Sí, en un maravilloso accidente cabalístico de fechas, el Muro de Berlín cayó el 9 del 11. El muro, aun estando ya perforado y roto, seguía siendo una fea cicatriz que recorría Berlín. El secretario Baker visitaba por primera vez aquel desmoronado monumento al comunismo soviético. Yo me encontraba cerca de él, en compañía de un reducido grupo de periodistas. Así lo recordaba Baker en su libro de memorias, *The Politics of Diplomacy*: «Hacía un día nublado y neblinoso. Con mi gabardina puesta, me sentía como un personaje de alguna novela de John Le Carré. Pero al mirar por una grieta del Muro [cerca del Reichstag] y contemplar el insulso aunque nítido aspecto que caracteriza al Berlín Oriental, caí en la cuenta de que los hombres y mujeres corrientes de

Alemania del Este habían cogido las riendas, en un proceso pacífico pero implacable. Ésa era su revolución». Cuando Baker terminó de mirar por el Muro y se apartó, los periodistas fuimos turnándonos para escudriñar por el mismo agujero recortado abierto en el hormigón. Compré un par de pedazos del Muro para llevárselos a mis hijas. Recuerdo la sensación de extrañeza que me causaba. Qué cosa más rara era ese muro de cemento que serpenteaba por una ciudad moderna con el único propósito de impedir que las gentes del otro lado pudiesen disfrutar, o siquiera atisbar, la libertad.

La caída del Muro de Berlín el 9 de noviembre de 1989 desató unas fuerzas que liberaron, en última instancia, a todos los pueblos cautivos del Imperio Soviético. Pero en realidad hizo mucho más que eso. Inclinó la balanza del poder en el mundo entero a favor de quienes defienden un gobierno democrático, consensuado y orientado al libre mercado, y en detrimento de quienes defienden el régimen autoritario y las economías dirigidas desde un poder central. La Guerra Fría había sido una lucha entre dos sistemas económicos (el capitalismo y el comunismo), y con la caída del Muro sólo uno quedaba en pie y todas las personas debían orientarse hacia él de una u otra forma. Desde aquel momento cada vez más economías se organizarían de abajo arriba, siguiendo las demandas y las aspiraciones de las personas, y no de arriba abajo, siguiendo los intereses de una reducida camarilla gobernante. En cuestión de dos años dejó de haber un Imperio Soviético tras el que esconderse o con el que sostener regímenes autocráticos en Asia, en Oriente Medio, en África o en Latinoamérica. Si no eras una democracia o una sociedad en proceso de democratización, si seguías empeñado en agarrarte a un sistema económico altamente regulado o planificado desde el poder central, se te consideraba metido en el lado equivocado de la historia.

Para algunas personas, sobre todo entre las generaciones mayores, se trató de una transformación poco grata. El sistema comunista fue estupendo a la hora de crear igualdad de pobreza entre la gente. De hecho, no hay en el mundo mejor sistema que el comunismo para conseguirlo. El capitalismo hacía a la gente desigualmente rica, y la caída del Muro de Berlín desestabilizó profundamente a un tipo de persona acostumbrada al estilo de vida paquidérmico y limitado, pero seguro, del socialismo, en el que tenías garantizado el empleo, la vivienda, la educación y una pensión, por magros que fuesen. Pero para muchas otras fue como recibir permiso para salir libres de la cárcel. Es por ello que la caída del Muro se notó en muchos más lugares además de Berlín, y que su caída constituyó un acontecimiento tan aplanador del mundo.

De hecho, para apreciar los efectos aplanadores de largo alcance que tuvo la caída del Muro de Berlín, lo mejor es hablar con personas que no sean ni alemanas ni rusas. Tarun Das presidía la Confederación de Industrias Indias en el momento de la caída del Muro, y pudo ver cómo la ola expansiva llegaba hasta su país. «Nosotros teníamos una montaña de regulaciones, controles y burocracia. Nehru había accedido al poder [tras el fin del gobierno colonial británico] y se encontró con que debía administrar un país inmenso, sin tener ninguna experiencia. EE. UU. estaba muy ocupado con Europa, Japón y el Plan Marshall. Así que Nehru miró al norte, al otro lado del Himalaya, y mandó a Moscú a su equipo de economistas. Cuando volvieron, le dijeron que aquel país [la Unión Soviética] era asombroso. Asignan los recursos, otorgan licencias, hay una comisión de planificación que lo decide todo, y el país funciona. Así pues, nosotros cogimos aquel modelo y nos olvidamos de que teníamos un sector privado... El sector privado quedó atrapado bajo este muro de regulaciones. En 1991 había sector privado, pero soterrado, y se recelaba del mundo de los negocios. ¡Obtenían beneficios! Entre 1947 y 1991 todas las infraestructuras pertenecían al gobierno... [El peso de la propiedad estatal] estuvo a punto de provocar la bancarrota del país. No podíamos pagar nuestras deudas. Como pueblo, no teníamos confianza en nosotros mismos. Claro, habíamos podido ganar un par de guerras con Paquistán, pero eso no daba confianza a la nación.»

En 1991 la India estaba quedándose sin una divisa fuerte y Manmohan Singh, el ministro de Finanzas del momento (y actual primer ministro), decidió que la India tenía que abrir su economía. «Cayó nuestro Muro de Berlín —dijo Das—, y fue como si se hubiese soltado un tigre enjaulado. Se abolieron los controles comerciales. Siempre estábamos en un crecimiento del 3 por ciento, la llamada tasa hindú de crecimiento: lenta, cautelosa y conservadora. Para conseguir [mejores resultados], había que ir a América. En fin, tres años después [de las reformas de 1991] teníamos una tasa de crecimiento del 7 por ciento. ¡Al cuerno con la pobreza! Para ganar dinero, ya te podías quedar en la India, y hasta podías entrar en la lista de *Forbe's* de las personas más ricas del mundo... Todos esos años de socialismo y de controles nos habían hecho rodar pendiente abajo, hasta no tener más que mil millones de dólares en divisas extranjeras. Hoy tenemos 118.000 millones de dólares... En diez años pasamos de una modesta confianza en nosotros mismos, a una ambición salvaje».

La caída del Muro de Berlín no sólo contribuyó a allanar el terreno para que otros países accediesen al capitalismo de libre mercado, y a liberar la ingente energía acumulada de cientos de millones de personas en sitios como la India, China y el antiguo Imperio Soviético. Además nos sirvió para pensar de otra manera en el mundo, para verlo más como un todo sin fisuras. Porque el Muro de Berlín no estaba obstaculizando únicamente nuestro avance, sino también nuestra visión, es decir, nuestra capacidad para ver el mundo como un mercado único, un ecosistema único y una comunidad única. Hasta 1989 se podía tener una política del Este o una política occidental, pero costaba mucho pensar en tener una política «global». Amartya Sen, economista indio ganador del Premio Nobel y actualmente profesor en Harvard, me comentó una vez que «el Muro de Berlín no sólo simbolizaba que había gente que no podía salir de Alemania del Este, sino que era además una manera de impedir que nos formásemos una visión global de nuestro futuro. Mientras estaba ahí el Muro de Berlín, no podíamos reflexionar sobre el mundo desde un punto de vista global. No podíamos pensar en él como un todo». Sen me dijo que había una historia preciosa en sánscrito sobre una rana que nace en un pozo y que nunca en su vida sale de él. «Su visión del mundo es el pozo», me decía. «Antes de la caída del Muro, así era el mundo para muchas personas del planeta. Cuando cayó, fue como si de repente la rana del pozo pudiese comunicarse con las ranas de todos los demás pozos... Si yo celebro la caída del Muro, es porque estoy convencido de que podemos aprender mucho los unos de los otros. La mayor parte del conocimiento deriva de aprender de los que están al otro lado de nuestras fronteras.»

Sí, a partir de aquel 9 de noviembre el mundo se transformó en un sitio mejor en el que vivir, porque cada brote estimulaba otros brotes. Y ese proceso, en sí y por sí mismo, tuvo un efecto aplanador en todas las sociedades, fortaleciendo a los que estaban debajo y debilitando a los que estaban arriba. «La liberación de la mujer —apuntó Sen, por poner sólo un ejemplo—, que promueve la alfabetización de las mujeres, tiende a reducir la fertilidad y la mortalidad infantil y aumenta las oportunidades de las mujeres de encontrar empleo, lo que a su vez influye en el diálogo político y otorga a la mujer la oportunidad de desempeñar un papel más importante en el autogobierno de su comunidad».

Por último, la caída del Muro no sólo permitió que más personas pudiesen entrar en contacto con las reservas de conocimientos de los otros, y viceversa. Además, preparó el terreno para la adopción de unos patrones comunes a todos, patrones sobre cómo organizar la economía, cómo tendría que hacerse la contabilidad, cómo debería dirigirse la banca, cómo tendrían que calcularse las cotizaciones en Bolsa y cómo deberían redactarse los informes sobre economía. Más adelante ahondo en la cuestión, pero baste de momento con señalar que los patrones comunes generan un terreno de juego más llano, más nivelado. Por decirlo de otro modo, la caída del Muro estimuló el movimiento libre de prácticas óptimas. Tras la desaparición del Muro, cuando surgía un patrón económico o tecnológico y demostraba su valía en el escenario mundial, se adoptaba mucho más rápidamente que antes. Sólo en Europa la caída del Muro propició la formación de la Unión Europea y su ampliación de 15 a 25 países. Este hecho, unido a la adopción del euro como moneda común, ha creado una zona económica única en lo que antaño fue una región dividida por un Telón de Acero.

Si bien los efectos positivos de la caída del Muro se hicieron evidentes de forma inmediata, la causa de su derrumbe no estaba tan clara. Porque además no había sólo una causa. Hasta cierto punto, las termitas carcomieron los cimientos de la Unión Soviética, ya de por sí debilitados por las propias contradicciones internas y por la falta de eficiencia del sistema; hasta cierto punto la concentración militar de la Administración Reagan en Europa forzó la bancarrota soviética al obligar al Kremlin a gastar en cabezas de misiles; y hasta cierto punto los desafortunados esfuerzos de Mijaíl Gorbachov por reformar algo imposible de reformar desencadenó el final del comunismo. Pero si tuviera que señalar un factor de entre los más importantes, sería la revolución de la información que comenzó a principios o mediados de los años 80. Los sistemas totalitarios dependen de un monopolio de la información y de la fuerza, y gracias a la difusión de los faxes, teléfonos y otras modernas herramientas de comunicación, empezó a colarse demasiada información por el Telón de Acero.

Más o menos en la época en que cayó el Muro se alcanzó una masa crítica de ordenadores personales IBM y del sistema operativo Windows que los dotaba de vida, y su difusión dio la puntilla al comunismo, ya que mejoraron inmensamente la comunicación horizontal en detrimento de la variante exclusivamente vertical, de arriba abajo, en que se basaba el comunismo. Además, gracias a ellos, el individuo pudo recopilar información por sí solo y ganar poder. (Cada componente de esta revolución de la información surgió de una evolución diferente. Así, la red telefónica evolucionó a partir del deseo de las personas de hablar entre sí estando en puntos muy distantes unas de otras. El fax evolucionó del deseo de transmitir comunicación escrita por la red telefónica. El ordenador personal se extendió gracias a las aplicaciones que arrasaron en un primer momento, como fueron las hojas de cálculo y los procesadores de texto. Y Windows evolucionó a partir de la necesidad de que las masas pudiesen utilizar, y programar, todo esto.)

El primer ordenador personal IBM llegó al mercado en 1981. Al mismo tiempo, muchos científicos informáticos de todo el mundo habían empezado a usar esas cosas llamadas internet y correo electrónico. La primera versión del sistema operativo Windows soltó amarras en 1985, y la versión rompedora de verdad, que hizo que los PC fuesen realmente fáciles de utilizar por el consumidor (Windows 3.0) salió el 22 de mayo de 1990, sólo seis meses después de la caída del Muro. En ese mismo período, algunas personas aparte de los científicos empezaron a descubrir que si se compraban un PC y un módem podrían, conectar sus ordenadores al teléfono y mandar mensajes electrónicos a través de proveedores privados de conexión a internet, tales como CompuServe o America Online.

«La difusión de los ordenadores personales, de los faxes, de Windows y de los módems conectados a una red telefónica mundial confluyeron a finales de los años 80 y principios de los 90 en la creación de una plataforma básica desde la que se inició la revolución global de la información», afirmaba Craig J. Mundie, director de tecnologías de Microsoft. La clave fue la combinación de todos esos productos, de la que surgió un único sistema interoperativo. Y esto ocurrió, decía Mundie, en cuanto tuvimos en crudo una plataforma informática tipificada (el PC de IBM), una interfaz gráfica de usuario también tipificada para procesar textos y hacer hojas de cálculo (Windows), así como una herramienta tipificada para las comunicaciones (los módems y la red telefónica mundial). En cuanto dispusimos de esta plataforma interoperativa básica, las aplicaciones bomba se propagaron por el ancho mundo.

«La gente descubrió que en el fondo le encantaba hacer todas esas cosas en el ordenador, que además mejoraron mucho la productividad», decía Mundie. «Todas tenían mucho atractivo a nivel individual, por lo que la gente se sintió impulsada a ir a la tienda a comprarse su PC con su Windows, que lo hacía funcionar, y a ponerlo en la mesa, y esto a su vez forzó aún más la difusión de esta nueva plataforma en el mundo de la informática empresarial. La gente dijo: "Madre mía, esto es un activo, y deberíamos aprovecharlo bien"».

Cuanto más se asentaba Windows como sistema operativo principal, añadía Mundie, «más programadores aparecían y se ponían a elaborar aplicaciones para que los negocios del mundo rico las instalasen en sus ordenadores, para que pudiesen hacer un montón de tareas nuevas y diferentes, que empezaron a mejorar aún más la productividad. Decenas de millones de personas de todo el mundo se hicieron programadores, para que el PC hiciese lo que ellos quisieran en su propio idioma. Windows acabó traduciéndose a treinta y ocho idiomas. La gente pudo familiarizarse con el PC en su propio idioma».

Todo aquello era nuevo y excitante, pero no deberíamos olvidar lo limitada que resultaba esa primera plataforma PC-Windows-módem. «Había demasiadas limitaciones arquitectónicas para aquella plataforma», decía Mundie. «Faltaban infraestructuras.» Todavía no había aparecido el internet tal como lo conocemos hoy (con unos protocolos de transmisión aparentemente mágicos que pueden conectarlo todo y a todos). En aquellos días, las redes contaban con unos protocolos muy básicos de intercambio de archivos y de mensajes electrónicos. Por eso, la gente que usaba ordenadores que tenían el mismo tipo de sistema operativo y de *software* podían intercambiarse documentos a través del correo electrónico y de transferencias de archivos, pero ya sólo hacer eso era tan complicado que los únicos que se molestaban en hacerlo eran los informáticos de élite. Uno no podía sentarse tan ricamente, y mandar un mensaje electrónico o un archivo a cualquier persona en cualquier lugar (sobre todo, fuera de su empresa o fuera de su servicio de internet), como hacemos hoy. Sí, claro, los usuarios de AOL podían comunicarse con los de CompuServe, pero no era sencillo ni fiable. Como consecuencia, decía Mundie, en todos esos ordenadores se estaban acumulando cantidades ingentes de datos y creatividad, pero no había una manera fácil e interoperativa de compartirlos y moldearlos. La gente podía escribir aplicaciones nuevas que permitían trabajar juntos a varios sistemas escogidos, pero en general sus funciones se limitaban a intercambios planificados entre PC dentro de la red de una misma empresa.

Aun así, el período entre aquel 9 del 11 y mediados de los 90 desencadenó un avance impresionante en lo relativo a adquisición personal de poder y autonomía, por muy limitadas que estuviesen las redes. Era la época de «Mi máquina y yo podemos comunicarnos mejor y más deprisa, por lo que yo, personalmente, puedo realizar más tareas», y la época de «Mi máquina y yo podemos hablar mejor y más deprisa con amigos nuevos y con algunas otras personas de mi empresa, por lo que podemos hacernos más productivos». Se habían derrumbado los muros y las Windows [Ventanas] se habían abierto, allanando el mundo como nunca en la historia. Pero aún no había amanecido la era de las comunicaciones globales de una pieza.

Aunque no nos dimos cuenta, lo cierto es que en esa fascinante nueva era hubo una nota discordante. No sólo fue que americanos y europeos se sumaron a las gentes del Imperio Soviético en sus celebraciones de la caída del Muro (y se arrogaron los méritos). Hubo otra persona que alzó su copa, no exactamente de champán, sino de espeso café turco. Se llamaba Osama Bin Laden y su versión de los hechos era muy diferente. Según su punto de vista, habían sido los combatientes de la yihad en Afganistán, entre los que se contaba él, los que habían derrocado al Imperio Soviético al forzar al Ejército Rojo a retirarse de Afganistán (con un poco de ayuda de las fuerzas estadounidenses y paquistaníes). Una vez cumplida la misión (los soviéticos finalizaron su retirada de Afganistán el 15 de febrero de 1989, apenas nueve meses antes de la caída del Muro de Berlín), Bin Laden miró en derredor y se dio cuenta de que la otra superpotencia, EE. UU., tenía una enorme presencia en su propio país de origen, Arabia Saudí, en el que se encuentran las dos ciudades más santas del islam. Y aquello no le gustó nada.

Así pues, mientras nosotros bailábamos encima del Muro y abríamos nuestras ventanas y proclamábamos que ya no quedaba ninguna alternativa ideológica al capitalismo de libre mercado, Bin Laden desplazaba las miras de sus armas hacia América. Tanto Bin Laden como Ronald Reagan veían la Unión Soviética como el «imperio malo», pero el primero había empezado a ver a América también así. Él sí tenía una alternativa ideológica al capitalismo de mercado libre: el islam político. No se sintió vencido al contemplar el fin de la Unión Soviética, sino envalentonado. No se sintió atraído por la ampliación del terreno de juego, sino repelido por ella. Y no era el único. Unos atribuían a Ronald Reagan la caída del Muro al provocar la bancarrota de la Unión Soviética con su carrera de armamentos; otros se lo atribuían a IBM, a Steve Jobs y a Bill Gates por haber posibilitado que el individuo adquiriese la capacidad de descargarse el futuro en su ordenador. Pero a un mundo de distancia, en tierras musulmanas, muchos atribuían a Bin Laden y a sus camaradas el hundimiento del Imperio Soviético y la caída del Muro, gracias a su fervor religioso, y millones de personas se sintieron impulsadas a actualizar el pasado.

En resumen, mientras nosotros celebrábamos el 9 del 11, se estaban sembrando las semillas de otra memorable fecha, el 11 del 9. Pero ya nos ocuparemos de eso un poco más adelante. De momento, dejemos que prosiga el aplanamiento.

Aplanador 2
9/8/1995
NETSCAPE SALE A BOLSA

A mediados de los años 90 la revolución de la red PC-Windows había alcanzado su techo. Para que el mundo realmente se interconectase y de verdad empezase a aplanarse, la revolución tenía que pasar a la fase siguiente. Y la fase siguiente, señala Mundie de Microsoft, «consistía en pasar de una plataforma basada en el PC a una basada en internet». Las aplicaciones bomba que propiciaron esta nueva fase fueron el correo electrónico y los buscadores de internet. El correo electrónico estaba siendo difundido gracias a portales comerciales como AOL, CompuServe y, finalmente, MSM, que se expandieron a gran velocidad. Pero fue la nueva aplicación bomba —el navegador de la web, capaz de bajar documentos o páginas web almacenadas en sitios de internet, y de mostrarlos en la pantalla de cualquier ordenador— lo que realmente conquistó la imaginación de la gente. El concepto actual de la World Wide Web, un sistema para crear, organizar y enlazar documentos de modo que puedan verse fácilmente, se debe al informático británico Tim Berners-Lee, que creó el primer sitio web en 1991 en su empeño por promover una red informática que permitiese a los científicos compartir sus investigaciones de una manera sencilla. Otros científicos y profesores universitarios habían creado una serie de navegadores para moverse por esa red inicial, pero el primer navegador de uso generalizado (y con él toda la cultura de navegación por la red al alcance del gran público) fue creación de una minúscula empresa recién fundada en Mountain View, California, llamada Netscape. Netscape empezó a cotizar en la Bolsa el 9 de agosto de 1995, y desde aquel día el mundo no ha vuelto a ser el mismo.

Como dijo John Doerr, el legendario socio capitalista cuya empresa, Kleiner Perkins Caulfield & Byers, había respaldado a Netscape: «La OPV de Netscape fue un toque a rebato para que el mundo entero despertase a la era internet. Hasta entonces había sido territorio de los primeros que la habían adoptado y de los chiflados de los ordenadores».

Esta fase espoleada por Netscape impulsó el proceso de aplanamiento de varias maneras fundamentales: nos proporcionó el primer navegador comercial ampliamente popular para surfear por internet. El navegador Netscape no sólo dio vida a internet, sino que además la hizo accesible a toda clase de personas de entre cinco y ochenta y cinco años. Cuanto más viva se tornaba internet, más consumidores deseaban hacer cosas diferentes en la web, por lo que aumentó la demanda de ordenadores, programas y redes de telecomunicaciones que pudiesen digitalizar fácilmente textos, música, datos y fotos y transportarlos por internet hasta el ordenador de cualquier otra persona. A esta demanda respondió otro acontecimiento catalizador: la aparición de Windows 95, que salió al mercado una semana después de que Netscape empezase a cotizar en Bolsa. En poco tiempo Windows 95 se convertiría en el sistema operativo utilizado por la mayoría de la gente en todo el mundo, y a diferencia de las versiones anteriores de Windows, llevaba incorporado un servicio de apoyo en internet, de manera que no sólo los navegadores sino todas las aplicaciones del PC pudiesen «saber de la existencia de internet» e interactuar con ella.

Echando la vista atrás, lo que permitió que Netscape alzara el vuelo fue la existencia, desde la fase anterior, de millones de ordenadores personales, muchos de ellos equipados con módems. Ésos fueron los hombros en los que se sostuvo Netscape. Lo que hizo Netscape fue aportar a esa base asentada de PC una nueva aplicación que arrasó (el navegador), haciendo que el ordenador y su capacidad de conexión resultasen más útiles, de manera inherente, para millones de personas. Esto a su vez generó una explosión en la demanda de todo lo digital y encendió la chispa de internet, dado que todo inversor que se fijase en internet llegaba a la conclusión de que si todo (datos, inventarios, comercio, libros, música, fotos y entretenimiento) se iba a digitalizar, a transportar y a venderse por internet, entonces la demanda de productos y servicios basados en internet iba a ser masiva. Esto llevó a la burbuja bursátil de las empresas puntocom y a un gigantesco movimiento inversor en el cable de fibra óptica que se necesitaba para transportar toda la nueva información digital. A su vez, este avance conectó el mundo entero y, sin que nadie lo planeara realmente, convirtió a Bangalore en un barrio residencial de Boston.

Echemos un vistazo a cada uno de esos avances.

Entrevisté para este libro a Jim Barksdale, ex director general de Netscape. Cuando nos sentamos a hablar, le expliqué que uno de los primeros capítulos versaba sobre las diez innovaciones, hechos y tendencias que habían aplanado la Tierra. El primer acontecimiento, le dije, era el 9/11, y le expliqué la importancia de esa fecha. Entonces le dije: «A ver si adivinas el significado de la segunda fecha: 9/8». Eso fue lo único que le dije: 9/8. Barksdale sólo tardó un segundo en pensarlo, antes de contestar con la respuesta correcta: «¡Ese día Netscape salió a Bolsa!».

Pocas personas pondrían en duda que Barksdale es uno de los grandes emprendedores americanos. Ayudó a Federal Express a desarrollar su sistema de seguimiento y localización de paquetes, luego pasó a la empresa de telefonía móvil McCaw Cellular, la levantó y supervisó su fusión con AT&T en 1994. Justo antes de que se cerrase la venta, un cazatalentos se puso en contacto con él para ofrecerle el puesto de director general de una nueva empresa llamada Mosaic Communications, creada por dos innovadores hoy legendarios: Jim Clark y Marc Andreessen. A mediados de 1994 Clark, fundador de Silicon Graphics, había unido sus fuerzas a las de Andreessen para fundar Mosaic, que rápidamente cambiaría su nombre por Netscape Communications. Andreessen, un joven y brillante informático, acababa de lanzar un pequeño proyecto de *software* en el Centro Nacional de Aplicaciones Superinformáticas (NCSA en sus siglas en inglés), con sede en la Universidad de Illinois, que desarrolló el primer navegador de la web realmente efectivo, también llamado Mosaic. Clark y Andreessen comprendieron enseguida el gigantesco potencial de los programas informáticos de navegación de la red, y decidieron asociarse para comercializarlos. Cuando Netscape empezó a crecer, pidieron ayuda a Barksdale para que los guiase y les dijese cuál era la mejor manera de salir a Bolsa.

Hoy esta tecnología de navegación nos parece lo más normal del mundo, pero en realidad fue uno de los inventos más importantes de la historia contemporánea. Mientras Andreessen trabajaba en el laboratorio del NCSA de la Universidad de Illinois, se dio cuenta de que tenía a su disposición PC, terminales y unas conexiones básicas de red para transportar archivos por internet, pero tampoco era nada del otro jueves, porque no tenía forma de navegar, no podía tirar de ninguna interfaz de usuario con la que ver el contenido de los sitios web de otras personas. Así pues, Andreessen y su equipo crearon el navegador Mosaic, con el que cualquier hijo de vecino, cualquier científico, estudiante o abuelita podía ver los sitios de la red. Marc Andreessen no inventó internet, pero fue la persona que le dio vida y que lo popularizó.

«El navegador Mosaic empezó a funcionar en 1993 con doce usuarios, y yo conocía a los doce», me contó Andreessen. En esos momentos sólo había unos cincuenta sitios en la red y la mayoría eran simples páginas. «Mosaic se financió gracias a la National Science Foundation. En realidad los fondos no estaban destinados a desarrollar Mosaic. Nuestro grupo de trabajo tenía que crear programas informáticos con los que los científicos pudiesen utilizar supercomputadoras situadas en puntos muy distantes entre sí, y conectarse a ellas a través de la red de NSF. Así pues, nosotros creamos [el primer navegador como] herramientas de *software* para que los investigadores pudiesen "visualizar" los trabajos de los demás. Yo me lo tomé como un proyecto que tendría contrapartidas muy positivas, ya que cuanta más gente tuviese el navegador, más gente querría estar interconectada, y más incentivos habría para crear contenidos, aplicaciones y herramientas. Cuando una cosa así se pone en marcha, sencillamente despega, y no hay prácticamente nada que pueda frenarla. Mientras lo estás desarrollando, no estás seguro de si alguien lo va a usar, pero en cuanto la cosa empezó, vimos que con que alguien quisiese utilizarlo, entonces *todo el mundo lo iba a usar*, y entonces la única incógnita consistía en saber lo rápido que se difundiría y qué obstáculos encontraríamos por el camino.»

De hecho, todo el que probó el navegador (incluido Barksdale) reaccionó de la misma manera: soltando un «¡Madre mía!». «Cada verano la revista *Fortune* publicaba un artículo sobre las veinticinco empresas más interesantes del país», rememoraba Barksdale. «Aquel año [1994] Mosaic fue una de ellas. Yo no sólo había leído cosas sobre Clark y Andreessen, sino que me volví a mi mujer y le dije: "Cariño, esta idea es genial". Y entonces, apenas unas semanas después, recibo la llamada de aquel cazatalentos. Así pues, fui para allá y hablé con Doerr y con Jim Clark, y empecé a utilizar la versión beta del navegador Mosaic. Cuanto más lo utilizaba, más intrigado estaba.» Desde finales de los años 80 la gente había estado subiendo bases de datos a las que se podía acceder por internet. Barksdale me dijo que después de hablar con Doerr y Clark, volvió a casa, reunió a sus tres hijos delante del ordenador y les fue pidiendo que le sugiriesen algún tema para buscarlo por internet... y los dejó anonadados al mostrarles a cada uno un resultado sobre el asunto elegido. «Aquello me convenció», dijo Barksdale. «Así que llamé al cazatalentos y le dije: "Aquí me tienes para lo que quieras"».

El primer navegador comercial de Netscape, que podía funcionar con un ordenador personal IBM, con un Apple Macintosh o con un ordenador Unix, salió a la venta en diciembre de 1994 y en el transcurso de un año dominó el mercado por completo. Si trabajabas en enseñanza o eras una asociación sin ánimo de lucro, podías descargarte Netscape gratis. Si eras un particular, podías probar gratis el programa para convencerte de su funcionalidad y luego lo comprabas en disco si te interesaba. Si eras una empresa, tenías noventa días de prueba. Andreessen me explicó que «la lógica subyacente era: "Si puede usted permitirse el gasto, tenga la amabilidad. Si no, utilícelo igualmente"». ¿Por qué? Porque todo el uso gratis estimulaba un crecimiento tremendo de la red, lo cual era de gran valor para todos los consumidores de pago. Y funcionó.

«Sacamos el navegador Netscape —dijo Barksdale— y la gente empezó a descargar el programa de prueba de tres meses. Jamás he visto un volumen semejante. A las grandes empresas y a los organismos estatales les permitía conectarse y poner a disposición toda su información, mientras que el sistema de "pinchar y hacer click" que Andreessen inventó permitió que cualquier mortal lo utilizase, no sólo los científicos. Eso lo convirtió en una auténtica revolución. Y nosotros pensamos: "Este invento no va a parar de crecer"».

Nada lo frenó, razón por la cual Netscape se convirtió en otro de los descomunales e importantísimos factores del aplanamiento, al contribuir a que internet fuese verdaderamente interoperativa. Como recordarás, en la fase «Muro de Berlín/PC/Windows» las personas que tenían correo electrónico y las empresas que disponían de correo electrónico interno no podían conectarse muy lejos. De hecho, el primer *router* Cisco para internet fue obra de un matrimonio de Stanford que quería escribirse por correo electrónico: ella trabajaba en una unidad central y él en un PC, y no podían comunicarse entre sí. «En esa época las redes de empresa eran como un producto de marca y no se podían conectar con otras», me explicó Andreessen. «Cada una tenía su formato, sus protocolos de datos y formas diferentes de crear contenido. Es decir, existían un montón de islas de información, sin conexión unas con otras. Y al surgir internet como una operación pública y comercial, corría un grave peligro de acabar igual de inconexo.»

Fulanito el del departamento de contabilidad se ponía en el ordenador de su despacho y trataba de obtener las últimas cifras sobre ventas de 1995, pero le era imposible porque el departamento de ventas tenía un sistema diferente del que usaba contabilidad. Era como si uno hablase alemán y el otro francés. Entonces Fulanito decía: «Consígueme la información más reciente sobre los envíos de neumáticos que nos ha hecho Goodyear», y se encontraba con que Goodyear usaba otro sistema totalmente diferente, y que el concesionario de Topeka usaba otro más. Fulanito se iba a casa y se encontraba a su hijo, que estaba en séptimo, buscando información por la World Wide Web para el trabajo de evaluación, utilizando protocolos abiertos y echando un vistazo al catálogo de algún museo de Francia. Entonces Fulanito decía: «Esto es de locos. Tiene que haber una sola red totalmente interconectada».

Andreessen me explicó que en los años en que internet aún no se comercializaba los científicos desarrollaron una serie de «protocolos abiertos», pensados para que el sistema de correo electrónico de cualquier persona o la red de ordenadores de una universidad estuviesen conectados con los demás de manera homogénea, con el fin de que nadie gozase de ventaja sobre el resto. Estos protocolos son una especie de lenguaje basado en las matemáticas con el que los diferentes dispositivos digitales pueden entenderse. Fueron algo así como unas cañerías mágicas que, una vez acopladas a tu red, te hacían compatible con los demás usuarios, sin que importase el tipo de ordenador que estuviesen usando ellos. Estos protocolos se conocían (y siguen conociéndose) por unos nombres que parecen sacados de una sopa de letras: FTP, HTTP, SSL, SMTP, POP y

TCP/IP, principalmente. Juntos forman un sistema para transmitir datos por internet de una forma relativamente segura, sea cual sea la red que tenga tu casa o tu empresa, o el tipo de ordenador, teléfono móvil o dispositivo portátil que utilices. Cada protocolo tenía su función: TCP/IP era la cañería básica de internet o, por decirlo de otro modo, la vía férrea básica, ya que sobre él se montaba y se ponía en circulación todo lo demás. FTP movía archivos; SMTP y POP hacían circular mensajes de correo electrónico, que a su vez se tipificaron, de modo que se podían escribir y leer en diferentes sistemas de correo electrónico. HTML era un lenguaje con el que cualquier persona normal y corriente podía crear páginas web, que cualquier otra persona que tuviese un navegador podía ver en su pantalla. Pero fue la aparición de HTTP (para trasladar documentos HTML por la red) lo que alumbró la World Wide Web tal como la conocemos hoy. Por último, cuando la gente empezó a usar estas páginas web para el comercio electrónico, se creó el SSL para que las transacciones basadas en la web fuesen seguras.

Al ver cómo aumentaban la navegación e internet en general, Netscape quiso cerciorarse de que Microsoft, con su inmenso dominio del mercado, no pudiese pasar esos protocolos web (que eran abiertos) a unas referencias patentadas que sólo los servidores de su marca fuesen capaces de utilizar. «Al comercializarlos para el gran público, Netscape contribuyó a garantizar que estos protocolos abiertos no fuesen patentados», me explicó Andreessen. «Netscape no sólo venía con el navegador, sino también con una familia de productos de *software* que aplicaban todas esas referencias disponibles de forma gratuita, de manera que los científicos podían comunicarse entre sí, fuese cual fuese el sistema que estaban usando (una supercomputadora Cray, un Macintosh o un PC). Netscape logró dar buenos motivos a la gente para decir: "Quiero usar unas referencias abiertas en todo lo que hago y con todos los sistemas con los que trabajo". En cuanto inventamos una manera de navegar por internet, la gente quiso acceder de una forma universal a todo lo que había esperándoles ahí fuera. Por eso, todo el que deseaba trabajar con referencias libres acudía a Netscape, donde nosotros le dábamos apoyo, o bien salía al mundo de las fuentes libres y gratuitas y obtenía gratis las mismas referencias pero sin apoyo técnico, o bien acudían a su proveedor particular y le decían: "Mira, no pienso seguir comprándote material patentado... No pienso seguir abonado a tu jardín privado. Sólo me quedaré si me conectas a internet con estos protocolos abiertos"».

Netscape empezó a impulsar el uso de estas referencias libres a través de la venta de sus navegadores, con una magnífica acogida por parte de los usuarios. Sun empezó a hacer lo mismo con sus servidores, y Microsoft con Windows 95, que llevaba incorporado su propio navegador, internet Explorer, demostrando así hasta qué punto le parecía fundamental la navegación cibernética. Las tres se dieron cuenta de que los consumidores, que de repente se revelaban como insaciables usuarios de correo electrónico y de la navegación, deseaban que las empresas de internet trabajasen conjuntamente y creasen una única red interoperativa. La gente quería que las empresas compitiesen entre sí en relación con las diferentes aplicaciones, es decir, con lo que los usuarios podían hacer *una vez dentro* de internet, pero que no compitiesen en relación con *cómo entrar* en internet. Como consecuencia, y después de una nutrida serie de «guerras por el formato» entre las grandes empresas, a finales de los 90 la plataforma informática de internet quedó convertida en un todo integrado, sin fisuras. Y enseguida cualquier persona pudo conectarse con cualquier otra, en cualquier sitio y con cualquier ordenador. Resultó que a la gente le importaba muchísimo más la compatibilidad, que el mantener a toda costa su pequeña red amurallada. Esta integración fue un aplanador descomunal, pues gracias a ella mucha más gente pudo conectarse con mucha más gente.

Andreessen recuerda que en aquel momento no faltaron los escépticos que decían que nada de todo eso funcionaría, que era demasiado complicado. «Había que salir a por un PC y un módem, y todos los escépticos decían: "La gente tarda mucho en cambiar costumbres y en aprender a usar una tecnología nueva". [Pero] la gente lo hizo muy rápido, y diez años después había ochocientos millones de personas en internet.» ¿Por qué razón? «La gente cambiará sus hábitos rápidamente si tiene poderosos motivos para hacerlo, y resulta que las personas tenemos un afán innato por comunicarnos con otras personas», dijo Andreessen. «Y si ofreces a la gente una forma nueva de comunicarse con los demás, superarán cualquier barrera técnica, aprenderán idiomas nuevos... La gente nace mentalmente preparada para querer comunicarse, y les parecerá inaceptable no poder hacerlo. Esto es lo que Netscape desbloqueó.» Como dijo Joel Cawley, vicepresidente de estrategia corporativa de IBM, «Netscape creó una norma para la transmisión y visualización de datos en pantalla, tan simple y convincente que cualquiera podía innovar basándose en ella. Rápidamente se expandió al mundo entero, y a todos los segmentos de la población, desde los niños hasta las grandes empresas».

En el verano de 1995 Barksdale y sus colegas de Netscape, acompañados por sus asesores de inversión de Morgan Stanley, hicieron una gira por todo el país, al estilo antiguo, para animar a la gente a comprar acciones de Netscape en cuanto saliese a Bolsa. «Cuando nos echamos a la carretera —comentó Barksdale—, Morgan Stanley nos dijo que las acciones se venderían como mucho a 14 dólares cada una. Pero a lo largo de la campaña, estaban recibiendo tal cantidad de peticiones de acciones, que decidieron duplicar el precio de lanzamiento, pasando a 28 dólares. La última tarde antes de la salida a Bolsa estábamos todos en Maryland. Era nuestra última parada. Parecíamos una banda de mafiosos, con nuestra caravana de limusinas negras. Teníamos que contactar con [la oficina central de] Morgan Stanley pero estábamos en una zona en la que no funcionaban nuestros móviles. Así pues, hicimos un alto en un par de gasolineras, una a cada lado de la carretera, con todas esas limusinas negras, y bajamos a usar sus teléfonos. Llamamos a Morgan Stanley y nos dijeron: "Estamos pensando en subirlo a 31 dólares". Yo dije: "No, vamos a dejarlo en 28". Porque yo quería que la gente se quedase con la idea de que eran acciones de veintitantos dólares, no de treinta y tantos, por si las cosas no salían tan bien. Total, a la mañana siguiente vuelvo a hacer la llamada interestatal y me dicen que había abierto en 71 dólares. Ese día cerró en 56 dólares, exactamente el doble del precio que yo había fijado».

Netscape acabaría sucumbiendo a la abrumadora (y —tal como sentenciaron los jueces— monopolística) presión de la competencia que le hizo Microsoft. La decisión de esta última de regalar su navegador, Internet Explorer, como un componente más de su dominante sistema operativo Windows, unida a su capacidad de tener más programadores que Netscape dedicados a la navegación de la red, provocó un descenso cada vez mayor del valor de las acciones de Netscape en la Bolsa. Al final Netscape se vendió por 10.000 millones de dólares a AOL, que nunca hizo gran cosa con ella. Puede que Netscape sólo haya sido una estrella fugaz en términos comerciales... pero menuda estrella, y menudo el rastro que dejó.

«Fuimos rentables casi desde el principio», me comentó Barksdale. «Netscape no fue una puntocom. Nosotros no entramos en la burbuja de las puntocom. Nosotros *empezamos* la burbuja de las puntocom.»

Y menuda burbuja.

«El que Netscape saliese a Bolsa estimuló un montón de cosas», dijo Barksdale. «A los tecnólogos les encantaban las nuevas tareas tecnológicas que podía hacer, y la gente de negocios y las personas de a pie estaban entusiasmadas con la cantidad de dinero que podían amasar. Veían a todos esos chavales ganando dinero con esto y pensaban: "Si esos niños pueden hacer esto y ganar todo ese dinero, yo también puedo". La codicia puede ser bastante mala... La gente pensaba que podía hacer un montón de dinero sin tener que hacer un montón de trabajo. Y lo cierto es que se generó un exceso enorme de inversión, por decirlo suavemente. Hasta las ideas más estúpidas conseguían financiación.»

¿Qué fue lo que animó a los inversores a creer que la demanda de uso de internet y de productos relacionados con internet sería infinita? La respuesta, en una palabra, es la digitalización. En cuanto la revolución PC-Windows demostró ante todo el mundo lo valioso que era poder digitalizar información y manipularla con el ordenador y con el procesador de textos, en cuanto el navegador dotó de vida a internet e hizo que las páginas web cantasen, bailasen y se desplegasen en la pantalla, todo el mundo quiso digitalizar el máximo posible de cosas, para poder enviárselas a los demás por las cañerías de internet. Así empezó la revolución de la digitalización. La digitalización es ese proceso mágico por el que palabras, música, datos, películas, archivos y fotos se transforman en bits y bytes (combinaciones de unos y ceros), que a su vez pueden manipularse en la pantalla del ordenador, almacenarse en un microprocesador o transmitirse por satélite o por el tendido de fibra óptica. Antes la oficina de correos era el sitio al que iba a mandar mis cartas, pero cuando internet cobró vida, quise ver digitalizado mi correo para poder enviarlo por vía electrónica. La fotografía era antes un proceso farragoso que implicaba bañar el carrete con plata extraída de unas minas en la otra punta del planeta. Yo hacía unas fotos con mi máquina, llevaba el carrete a la tienda y ésta lo enviaba a una enorme planta en algún lugar de la zona, donde se procesaba. Pero en cuanto internet hizo posible enviar fotos al mundo entero, adjuntándolas al correo electrónico o dentro del propio mensaje, ya no quise utilizar carretes bañados en plata. Lo que quería era hacer fotos en el formato digital, que se pudiesen cargar en la red, no ser reveladas. (De paso, tampoco quería verme obligado a utilizar una cámara para hacerlas. Quería poder usar el móvil para sacar fotos.) Antes iba a Barnes & Noble a comprar u hojear libros, pero en cuanto internet cobró vida, quise también visualizar los libros de manera digital, en Amazon.com. Antes iba a la biblioteca a documentarme, pero a partir de entonces quería hacerlo también de manera digital, usando Google o Yahoo!, no limitarme a rebuscar por los rimeros. Antes me compraba un CD para oír a Simon y Garfunkel (los CD habían sustituido ya a los vinilos, como formato digital de música), pero en cuanto internet cobró vida, quise que esos bits de música fuesen aún más maleables y transportables. Quise descargarlos en un iPod. En los últimos años la tecnología de la digitalización ha evolucionado tanto que ahora puedo hacer precisamente eso.

En fin, cuando los inversores vieron esa locura por digitalizarlo todo, se dijeron: «¡La leche! Si la gente quiere tener digitalizadas todas estas cosas, convertirlas en bits y transmitirlas por internet, ¡la demanda de empresas de servicios web y la demanda de cables de fibra óptica necesarios para manejar a escala mundial todas estas cosas digitalizadas van a ser ilimitadas! ¡Imposible perder dinero si invertimos ahí!».

Y así nació la burbuja.

El exceso de inversión no es necesariamente perjudicial, siempre que acabe corrigiéndose. Siempre recordaré la rueda de prensa que ofreció el presidente de Microsoft, Bill Gates, en el Foro Económico Mundial de Davos en 1999, en la cresta de la burbuja tecnológica. Una y otra vez los periodistas asediaban a Gates con variantes de la misma pregunta: «Señor Gates, estos valores bursátiles relacionados con internet, son una burbuja, ¿no? Seguramente son una burbuja. Deben de ser una burbuja, ¿eh?». Al final, exasperado, Gates dijo a los periodistas algo así como: «Vamos a ver, chicos: claro que es una burbuja. Pero ésa no es la cuestión. Esta burbuja está atrayendo tanto capital al sector de internet, que va a impulsar la innovación a un ritmo cada vez más rápido». Gates comparó lo que estaba pasando con internet con la fiebre del oro, en el sentido de que se había ganado más dinero vendiendo Levi's, piolets, palas y plazas hoteleras a los buscadores de oro, que sacando el mineral precioso de la tierra. Y Gates llevaba razón: Los *booms* y las burbujas pueden resultar peligrosos para la economía, pues pueden hacer que mucha gente pierda dinero y que quiebren un montón de empresas. Pero muchas veces incrementan el ritmo de la innovación, y el puro exceso productivo que alientan estas burbujas (ya sea de líneas de ferrocarril como de automóviles) es capaz de provocar unas consecuencias positivas e inesperadas.

Y eso fue lo que pasó con el *boom* de los valores de internet. Desató un gigantesco esfuerzo inversor en las empresas de cable de fibra óptica, lo cual a su vez facilitó una impresionante extensión del tendido de fibra óptica por tierra y bajo los océanos, lo cual a su vez redujo drásticamente el coste de las llamadas telefónicas o de la transmisión de datos a cualquier punto del planeta.

La primera instalación comercial de un sistema de fibra óptica tuvo lugar en 1977, tras lo cual la fibra fue reemplazando poco a poco a los tendidos telefónicos de cobre, porque con ella se podía transmitir datos y voces digitalizadas a mucha mayor distancia y velocidad, y en mayor cantidad. Según Howstuffworks.com, la fibra óptica está hecha de hebras de vidrio ópticamente puro. Cada hebra es «tan fina como un cabello humano», y se disponen en manojos —llamados «cables ópticos»— que transportan a grandes distancias paquetes digitalizados de información. Debido a que la fibra óptica es mucho más fina que el alambre de cobre, en un diámetro de cable caben más fibras que alambres de cobre, lo que significa que con la misma longitud de cable se pueden enviar muchos más datos o muchas más voces, con un coste menor. Pero la ventaja más importante de la fibra radica en la anchura de banda (muchísimo mayor) de las señales que puede transportar a grandes distancias. El alambre de cobre puede transportar también frecuencias muy elevadas, pero sólo a escasos metros; después decae la fuerza de la señal debido a ciertos efectos parasitarios. Por el contrario, una sola fibra óptica puede transportar pulsaciones ópticas de alta frecuencia a lo largo de muchos kilómetros sin que decaiga de manera sustancial la calidad de la señal.

En el sitio web de uno de los fabricantes, ARC Electronics, se nos explica cómo funcionan los cables de fibra óptica: convirtiendo datos o voces en pulsaciones luminosas y transmitiéndolas a continuación a lo largo de las líneas de fibras, en lugar de transformarlos en pulsaciones electrónicas para transmitirlas por líneas de cobre. En un extremo del sistema de fibra óptica hay un transmisor. Este transmisor recibe información (textos o datos) codificada en forma de pulsaciones electrónicas, que le llegan a través del cable de cobre que sale del teléfono de casa o del ordenador del despacho. A continuación el transmisor procesa y traduce esas palabras o esos datos digitalizados y codificados electrónicamente a sus correspondientes pulsaciones luminosas codificadas. Se puede utilizar un diodo emisor de luz (LED) o un diodo de inyección láser (ILD) para generar las pulsaciones luminosas, que pasan entonces por el cable de fibra óptica. El cable funciona como una especie de guía de las pulsaciones luminosas desde un extremo del cable hasta el otro, donde un receptor fotosensible las convierte otra vez en los unos y ceros digitales electrónicos de la señal original, para que puedan aparecer en la pantalla de tu ordenador en forma de mensaje de correo electrónico o en el móvil en forma de voz. Además, el cable de fibra óptica es idóneo si se quieren comunicaciones seguras, ya que es muy difícil de «pinchar».

En realidad, fue la coincidencia del *boom* de las puntocom con la aprobación de la Ley de las Telecomunicaciones en EE. UU. en 1996 lo que desató la burbuja de la fibra óptica. La ley permitía que empresas de telefonía local se metiesen en el negocio de las comunicaciones a largas distancias, y viceversa, facilitando así que toda clase de recién creadas compañías de comunicaciones locales compitiesen frente a frente con las Baby Bells y con AT&T en el suministro tanto de servicios como de infraestructuras de telefonía. Al anunciarse en internet, ofreciendo sus propios servicios de llamadas locales, de largas distancias e internacionales, así como servicios de transmisión de datos y servicios de internet, estas nuevas empresas telefónicas quisieron, cada una, contar con su propia infraestructura. ¿Y por qué no? La explosión de internet hizo que todo el mundo diese por hecho que la demanda de anchura de banda para transmitir todo ese tráfico cibernético se duplicaría cada tres meses... *indefinidamente.* Y durante dos años eso fue así. Pero entonces se dejó sentir la ley de los grandes números, y el ritmo de duplicación se ralentizó. Por desgracia, las empresas de telecomunicaciones no prestaron mucha atención al creciente desequilibrio entre la demanda y la realidad. El mercado había sucumbido a la fiebre de internet, y las empresas sencillamente siguieron creando más y más producto. Y aquella explosión bursátil venía a decir: *¡El dinero es libre! ¡Menuda fiesta!* Así pues, se invirtió en absolutamente todos aquellos proyectos increíblemente optimistas, surgidos de absolutamente todas esas nuevas empresas de telecomunicaciones. En un período de unos cinco o seis años, dichas empresas invirtieron alrededor de un billón de dólares en cablear el mundo. Y prácticamente nadie se preguntó por las perspectivas de demanda.

Pocas empresas enloquecieron tanto como Global Crossing, una de las empresas contratadas por todas esas nuevas compañías de telecomunicaciones para que les pusiese el cable de fibra óptica por todo el mundo. Gary Winnick fundó Global Crossing en 1997 y al año siguiente salió a Bolsa. Nell Minow, de The Corporate Library, señaló en su día el contrato de Robert Annunziata (que duró solamente un año como director general) como el peor de Estados Unidos desde el punto de vista de los accionistas. Entre otras cosas, contemplaba los gastos de avión en primera clase para que la madre de Annunziata pudiese ir a verle una vez al mes. Además, al firmar el contrato recibió una prima de 2 millones de títulos convertibles en acciones, a 10 dólares el título por debajo del valor de mercado.

Henry Schacht, veterano industrial que actualmente trabaja con E. M. Warburg, Pincus & Co., entró en Global Crossing a través de Lucent, sucesora de Western Electric. Su cometido era ayudarla en medio de aquella locura. Así recuerda el ambiente reinante: «La liberalización del sector de las telecomunicaciones tuvo una importancia inmensa. Gracias a ella, las operadoras locales competitivas podían crear sus propias capacidades y hacerse la competencia entre sí y con las Baby Bells. Estas nuevas empresas de telecomunicaciones acudían a firmas como Global Crossing para que les instalasen redes de fibra, para poder competir también en lo tocante a la capacidad de transmisión con empresas como AT&T o MCI, sobre todo en relación con el tráfico transoceánico... La gente pensaba que era como un nuevo mundo, y que no acabaría nunca. [Podías ver] a compañías competitivas usando capital libre. La gente pensaba que el pastel no tenía límites. Por eso [cada empresa se decía:] "Voy a poner mi red de fibra antes que tú, y así conseguiré un trozo más grande que el tuyo". Se suponía que el gráfico iba a tener siempre una línea ascendente, una línea recta hacia arriba, y todos y cada uno de nosotros pensábamos que obtendríamos nuestra porción, por lo que todo el mundo invirtió pensando en las máximas proyecciones, dando por hecho que sacarían su porción».

Resultó que el comercio electrónico entre empresas y de empresa a particular se desarrolló según lo previsto, y hubo una explosión de sitios web cuya aparición nadie se esperaba (como eBay, Amazon o Google), pero aun así sólo absorbían una fracción de la capacidad de transmisión que se estaba generando. Por eso, cuando se produjo el descalabro de las puntocom, la cantidad de cable de fibra óptica que quedó instalado era inmensa. El precio de las llamadas telefónicas de larga distancia cayó de 2 dólares el minuto, a 10 centavos. Y la transmisión de datos era prácticamente gratis. En junio de 2001 Mike McCue, jefe de operaciones de Tellme Networks (un servicio de internet que funciona por medio de la voz), declaró a CNET News.com: «Se ha invertido tanto en la industria de las telecomunicaciones, que se ha quedado fuera del negocio ella sola. Estas empresas han instalado tanta fibra óptica en la tierra, que básicamente han pasado al sector de materias primas. Ahora entablarán unas guerras tremendas por los precios. Va a ser un desastre».

Fue un desastre para muchas de aquellas empresas y para sus inversores (Global Crossing se declaró en bancarrota en enero de 2002, con una deuda de 12.400 millones de dólares), pero para los consumidores resultó ser muy beneficioso. Igual que el sistema nacional de autopistas que se creó en los años 50 aplanó Estados Unidos, acabando con las desigualdades entre regiones y facilitando enormemente la reubicación de empresas en las zonas donde la mano de obra era más barata (como en el sur), gracias a que el traslado de personas y de bienes a grandes distancias fue mucho más fácil, así también el tendido de las autopistas mundiales de fibra aplanó el planeta: contribuyó a acabar con el regionalismo mundial, creó una red comercial global más homogénea y simplificó y casi hizo gratis el traslado de tareas digitalizadas (puestos de trabajo dedicados a servicios y al sector de las tecnologías de la información) a aquellos países en los que los costes eran menores.

(De todos modos, hay que señalar que en EE. UU. dichas autopistas de fibra óptica se detuvieron, por lo general, en el último kilómetro, es decir, justo antes de conectarse con los hogares. Por un lado, se instaló una cantidad ingente de cable de fibra entre puntos muy distantes entre sí, conectando la India con EE. UU., pero, por otro, prácticamente ninguna de esas nuevas empresas estadounidenses de telecomunicaciones creó una infraestructura considerable de bucles locales, debido a que la ley de 1996 de liberalización de las telecomunicaciones no posibilitaba la competencia real en el bucle local entre las empresas de cable y las telefónicas. Donde sí se instaló la banda ancha local fue en los edificios de oficinas, bastante bien servidos ya de antes por las antiguas compañías. Esto empujó a la baja los precios que se cobraban a las empresas —y a los indios que deseaban conectarse a internet desde Bangalore para hacer negocios con dichas empresas—, pero no generó el tipo de competencia que podía llevar la conexión por banda ancha a precios bajos hasta los hogares estadounidenses. Esto sólo ha empezado a ocurrir últimamente.)

Las virtudes y maravillas del gran exceso inversor en cable de fibra óptica son infinitas, gracias a la naturaleza única de este material. A diferencia de otras formas de inversión excesiva en el ámbito de internet, ésta era para siempre: una vez instalados los cables de fibra óptica, no iba a ir nadie a desenterrarlos y a anular así aquella riqueza de capacidad de transmisión. Por eso, cuando se produjo la bancarrota de las empresas de telecomunicaciones, los bancos se las quedaron y vendieron sus cables de fibra óptica por 10 centavos de dólar a las nuevas empresas, que siguieron dándoles uso, cosa que podían hacer de manera muy rentable por haberlos adquirido en un momento en que las cotizaciones estaban tocando fondo. Lo que pasa con la fibra óptica es que en cada cable caben muchas hebras de fibra, y que cada una tiene una capacidad potencial de transmisión de muchos terabits por segundo. En un primer momento, cuando se instalaron estos cables, los interruptores ópticos (los transmisores y receptores) de cada extremo no podían aprovechar al máximo la capacidad que ofrecía la fibra. Pero desde entonces, los interruptores de cada extremo del cable de fibra han ido mejorando con los años, de manera que ahora se pueden transmitir por cada una de esas fibras muchos más datos y señales de voz. Así pues, a medida que mejoran los interruptores, aumenta la capacidad de todos esos cables de fibra óptica que teníamos instalados, con lo que a su vez la transmisión de datos y voz a cualquier parte del mundo resulta cada año más barata. Es como si hubiésemos creado un sistema nacional de autopistas en el que a los conductores primero se les permitiera circular a 50 kms/h, después a 60, a 70, a 80 y al final a 150 kms/h por las mismas autopistas sin ningún miedo a que se produzcan accidentes. Sólo que en este caso la autopista no era nacional, sino internacional.

«Cada capa de innovación se construye sobre la anterior», comentó Andreessen, que al dejar Netscape montó otra empresa de alta tecnología, Opsware Inc. «Y lo que hoy me parece más profundo de todo es el hecho de que un chaval de catorce años en Rumania, Bangalore, la extinguida Unión Soviética o Vietnam puede acceder fácilmente a toda la información, a todas las herramientas, a todo el *software*, para aplicar sus conocimientos como desee. Por eso estoy seguro de que el próximo Napster nos pillará desprevenidos. Y, en vista de que la biociencia cada vez se informatiza más y tiene menos que ver con el laboratorio en sí, llegará un momento en que uno mismo podrá diseñar vacunas en el portátil.»

Me parece que Andreessen pone el dedo en la llaga, esto es, en lo que caracteriza de manera especial el mundo plano y la era de la Globalización 3.0: que los van a impulsar grupos e individuos procedentes de entornos mucho más variados que aquellos doce científicos que componían el mundo de Andreessen cuando creó Mosaic. A partir de ahora vamos a presenciar la auténtica aparición del mosaico humano, formado por personas del mundo entero, de uno y otro lado, del este, oeste, norte y sur, que impulsarán la próxima generación de innovación. De hecho, unos días después de hablar con Andreessen, el *New York Times* del 15 de julio de 2004 publicaba una noticia con este titular: «EE. UU. permite la comercialización de tres medicamentos contra el cáncer procedentes de Cuba». La noticia decía: «El gobierno federal ha permitido que una empresa de biotecnología de California comercialice tres medicamentos experimentales contra el cáncer fabricados en Cuba, haciendo así una excepción en la política de severa restricción del comercio con dicho país». Ejecutivos de la empresa (CancerVex) declaraban que «era la primera vez que una empresa estadounidense de biotecnología había obtenido permiso para comercializar un medicamento de Cuba, que, para ser un país en vías de desarrollo, es sorprendentemente fuerte en biotecnología, en opinión de algunos científicos y ejecutivos del sector. [...] En estos años se ha gastado más de 1.000 millones de dólares en la creación y puesta en funcionamiento de institutos de investigación en la zona occidental de La Habana, en los que trabajan científicos cubanos, muchos de los cuales se han formado en Europa».

Por resumir de nuevo: la fase aplanadora «PC/Windows» me permitió interactuar con mi ordenador y con mi propia, pero limitada, red informática dentro de mi empresa. Después vino la fase «internet/correo elec-

trónico/navegador», que aplanó la Tierra un poquito más, permitiéndo-
me a mí y a mi ordenador interactuar con cualquier persona que estuviese trabajando en cualquier sitio con cualquier tipo de aparato (en eso
consiste el correo electrónico), y a mí y a mi ordenador con el sitio web
de cualquiera a través de internet (en eso consiste la navegación). En
pocas palabras: la fase «PC/Windows» engendró la fase «navegador Nets-
cape/correo electrónico», y las dos juntas hicieron posible que más personas que nunca se comunicasen e interactuasen con más personas que
nunca en cualquier punto del planeta.

Pero la diversión no había hecho más que empezar. Esta fase era sencillamente la base para el siguiente paso en el aplanamiento del mundo.

Aplanador 3
APLICACIONES INFORMÁTICAS PARA EL FLUJO DEL TRABAJO
(*WORKFLOW SOFTWARE*)
Vamos a hacer la comida: pon a tu aplicación informática
en comunicación con la mía

Conocí a Scott Hyten, director general de Wild Brain (un modernísimo
estudio de animación con sede en San Francisco, que produce películas y
dibujos animados para Disney y otros estudios importantes) en una reunión en Silicon Valley en el invierno de 2004. John Doerr, el capitalista
de riesgo, me había invitado para que pudiese contrastar las ideas que recoge este libro con un puñado de empresas en las que había invertido. Hyten
y yo nos entendimos de maravilla, tal vez porque después de escuchar
mis tesis, me mandó un mensaje electrónico en el que me decía: «Estoy
seguro de que en los tiempos de Magallanes hubo muchos teólogos, geó-
grafos y sabios que querían que la Tierra volviese a ser plana. Yo sé que
es plana, y por eso te agradezco tu apoyo».

Evidentemente, éramos de la misma cuerda.

Cuando le pedí que se explicase, Hyten me describió a grandes rasgos
cómo se produce hoy una película de animación: a través de una cadena
de suministros a escala planetaria. Entendí al instante por qué también él
había llegado a la conclusión de que el mundo es plano. Hyten me decía:
«En Wild Brain creamos algo a partir de la nada. Aprendemos a sacar partido de la Tierra plana. No estamos en contra. Estamos aprovechándolo».

Hyten me invitó a ver con mis propios ojos cómo producen un segmento de una serie de dibujos animados, para que pudiese apreciar de
verdad lo plana que era la Tierra. Y así lo hice. La serie que tenían entre

manos cuando aparecí por allí era para el Canal Disney y se titulaba *Higglytown Heroes*. Se inspiraba en todas las personas comunes y corrientes que respondieron al desafío que supuso el 11-S. Higglytown «es la típica población pequeña de los años 50», me explicó Hyten. «Es como Pleasantville. Y nosotros estamos exportando al mundo entero la producción de esta pequeña ciudad estadounidense, literal y figuradamente. La esencia del argumento es que cada persona, todas las personas corrientes que viven su vida corriente, son los héroes de esta ciudad, desde el maestro de escuela hasta el repartidor de pizza.»

Este programa genuinamente americano se está produciendo gracias a una cadena de suministros genuinamente mundial. Hyten me lo explicó así: «El rodaje se hace en algún sitio que quede cerca del actor, normalmente en Nueva York o en Los Ángeles; el diseño y la dirección se llevan a cabo en San Francisco; los guionistas envían sus textos desde casa (Florida, Londres, Nueva York, Chicago, L.A. y San Francisco) a través de la red informática, y la animación de los personajes se hace en Bangalore acoplándola a los cortes que se les envía desde San Francisco. Para esta serie en concreto contamos con ocho equipos en Bangalore que trabajan con ocho guionistas diferentes. Gracias a este eficaz sistema de trabajo, podemos contratar a cincuenta "estrellas" para los veintiséis capítulos. Es decir, gracias a estas sesiones interactivas de rodaje/escritura/animación, podemos grabar toda la participación de un actor en menos de medio día, incluidas todas las tomas y modificaciones de guión que sean necesarias. Grabamos a dos actores cada semana. Por ejemplo, la semana pasada rodamos con Anne Heche y Smokey Robinson. Técnicamente, lo hacemos en internet: contamos con una VPN [red privada virtual, en sus siglas en inglés] configurada en los ordenadores de nuestros despachos y en lo que denominamos "zipizapes" de los guionistas, que son unos ordenadores portátiles especiales que se conectan a cualquier conexión de Ethernet con cable cat-5 o a cualquier conexión inalámbrica de banda ancha que hay en el "campo". Gracias a esta VPN, con sólo teclear tu contraseña, estés donde estés, puedes acceder a todo el material que han grabado los micrófonos, a todas las imágenes de la grabación, al guión actualizado, y a todos los diseños de animación. Así pues, una manera de observar los progresos es mediante uno de estos "zipizapes". Lo puedes conectar en casa o en el despacho, o en casi cualquier habitación de hotel, o te lo bajas al Starbucks que tengas más cerca [que tienen acceso inalámbrico a internet de banda ancha], metes la contraseña, te pones unos auriculares Bose con reductor de ruido y escuchas, ves, lees y haces tus comentarios. "Sharon, ¿puedes decir esa frase de una manera un poco más convincente?" Después, a lo largo de las once semanas de producción que se han planificado, puedes entrar en cualquier momento del día o de la noche y ver cómo va progresando la producción, siguiendo el recorrido del sol alrededor del planeta. Técnicamente, sólo necesitas el "zipizape" para la sesión. Para seguir los "diarios" y los "cortes" a lo largo del proceso de producción puedes usar un portátil normal».

Quise ver Wild Brain con mis propios ojos porque era un ejemplo gráfico de la capa de innovación (y del aplanador) que siguió de forma generalizada a las fases «Muro de Berlín/Windows» y «Netscape». A esta nueva fase la denomino «fase del flujo de trabajo gracias a aplicaciones informáticas específicas». Cuando cayeron los muros y el PC, Windows y el navegador Netscape hicieron posible que la gente se conectase con otras personas como nunca, tuvo que pasar poco tiempo para que toda esa gente que se estaba conectando empezase a querer algo más que navegar y enviar correos electrónicos, mensajes instantáneos, fotos y música mediante esta plataforma cibernética. La gente quiso moldear, diseñar, crear, vender y comprar cosas, hacer seguimientos de inventarios, hacerle la declaración de la renta a otra gente o ver la radiografía de otra persona a medio mundo de distancia. Y quiso poder hacer cualquiera de estas cosas entre dos puntos cualesquiera del planeta, y entre dos ordenadores cualesquiera, sin cortes, a la perfección. Las fases del Muro, Windows y Netscape habían preparado el terreno al tipificar la manera de digitalizar y transportar por internet palabras, música, fotos y datos, transformando el correo electrónico y la navegación en tareas variadas e interesantes.

Pero para que todos pasásemos a la fase siguiente, para sacar mayor partido a internet, el proceso del aplanamiento tenía que dar un paso más. Necesitábamos dos cosas. Necesitábamos que los programadores se pusiesen a escribir nuevas aplicaciones (nuevos programas informáticos) que nos permitiesen realmente sacar el máximo provecho de nuestros ordenadores mientras trabajábamos con esos datos, textos, músicas y fotos digitalizados y les dábamos forma de productos comercializables. Por otra parte, necesitábamos más de esas cañerías mágicas (más protocolos de transmisión) que garantizasen que las aplicaciones informáticas de una persona pudiesen conectarse con las de otra. Por decirlo con pocas palabras: teníamos que pasar de un internet que simplemente conectaba a las personas entre sí y con sus propias aplicaciones, a un internet que pudiese conectar cualquiera de mis programas informáticos a cualquiera de los tuyos. Sólo entonces podríamos trabajar verdaderamente codo con codo.

Míralo así: al principio, la coordinación de los procesos de trabajo consistía en que tu departamento de ventas anotaba un pedido en una hoja de papel, se acercaba con ella a tu departamento de envíos, éste enviaba el producto y alguien del departamento se acercaba con otra hoja de papel al de facturación y le decía a alguien que preparase un albarán para el cliente. Una consecuencia de las fases «Muro de Berlín/Windows/Netscape» fue que la coordinación de los procesos de trabajo dio un paso de gigante. A partir de entonces tu departamento de ventas podía coger el pedido electrónicamente, enviarlo por correo electrónico al departamento de envíos dentro de la empresa, y hacer que éste llevase el producto al cliente y sacase una factura al mismo tiempo. El que todos los departamentos de tu empresa fuesen impecablemente interoperativos y que el trabajo pudiese circular de unos a otros supuso un empuje fenomenal para la productividad. Pero eso sólo podía ser así si todos los departamentos de la empresa estaban usando los mismos sistemas de *software* y *hardware*. Allá por los años 80 y 90 la mayoría de las veces te encontrabas con que el departamento de ventas usaba Microsoft y el de facturación usaba Novell, así que no podían comunicarse entre sí. Por eso, el trabajo no circulaba con la facilidad con que hubiera debido.

A menudo nos olvidamos de que la industria del *software* empezó como un nefasto servicio contra incendios. Imagínate una ciudad en la que cada barrio contase con una interfaz diferente para conectar la manguera a la boca de riego. Todo iría bien siempre y cuando el servicio de bomberos del barrio pudiese controlar vuestro incendio. Pero si las llamas se extendiesen y hubiese que llamar a los coches de bomberos del barrio de al lado, no servirían de nada porque no podrían conectar sus mangueras a vuestras bocas de riego.

Para que el mundo se alisase, todos los departamentos internos de la empresa (ventas, marketing, manufacturación, facturas e inventario) tenían que ser interoperativos, fueran cuales fuesen los ordenadores o los programas informáticos que estuviesen utilizando. Y para que el mundo llegase a *alisarse de verdad*, tenían que ser interoperativos todos tus sistemas y todos los de cualquier otra empresa. Es decir, tu departamento de ventas tenía que estar conectado con el departamento de inventarios de tu proveedor, y éste a su vez tenía que estar impecablemente conectado con el de su proveedor, que resultaba ser una fábrica de China. De esta manera, cuando tú hicieses una venta, automáticamente saldría un artículo del almacén de tu proveedor, y el proveedor de éste manufacturaría automáticamente otro, y tu departamento de facturación generaría una factura. Para que los procesos de trabajo pudiesen circular entre tres empresas claramente diferentes, había que hacer perfectamente interoperativos los diversos sistemas existentes tanto de ordenadores físicos como de programas y herramientas informáticas.

A finales de los años 90 la industria de las aplicaciones informáticas empezó a responder a lo que pedían los consumidores. Tras un montón de disputas en la trastienda y de intentonas frustradas, las empresas de tecnología empezaron a crear más referencias y patrones comunes basados en la web (más cañerías y protocolos digitales integrados), para que cualquiera pudiese enchufar su manguera (sus aplicaciones y programas informáticos) en la boca de riego de cualquier otra persona.

Fue una revolución silenciosa. Desde el punto de vista técnico, fue posible gracias al desarrollo de un nuevo lenguaje de descripción de datos, el XML, y de su correspondiente protocolo de transporte, el SOAP. IBM, Microsoft y un montón de empresas más contribuyeron al desarrollo de XML y de SOAP, por lo que ambos fueron ratificados y popularizados como la norma para internet. XML y SOAP aportaron los cimientos técnicos de la interacción entre programas informáticos, la cual a su vez constituyó el cimiento sobre el que se erigió el flujo de trabajo a través de la web. XML y SOAP hicieron posible el intercambio de datos, textos, músicas y fotos digitalizados entre programas informáticos dispares, de modo que se los pudo moldear, diseñar, manipular, editar, reeditar, almacenar, publicar y transportar... sin tener que preocuparse por el lugar en el que se encontraban físicamente los usuarios ni por los aparatos informáticos con los que estaban conectados.

En cuanto se sentaron estas bases técnicas, empezó a crecer el número de personas que se dedicaban a escribir programas para flujo de trabajo (*workflow software*) para tareas cada vez más variopintas. Wild Brain quería programas para crear películas de animación con un equipo de producción desperdigado por todo el planeta. Boeing quería programas para que sus fábricas de aviones en EE. UU. pudiesen suministrar recambios ininterrumpidamente a diferentes clientes (compañías aéreas) a través de sus sistemas informáticos de pedidos, sin preocuparse por saber de qué país procediesen dichos pedidos. Los médicos querían programas para poder ver en un hospital de Bangalore las radiografías tomadas en Bangor, sin que el doctor (que estaba en Maine) tuviese que pensar en ningún momento qué clase de ordenadores usaba ese hospital indio. Y los papás y mamás querían programas con los que poder gestionar desde casa, desde el portátil, sus aplicaciones de banca electrónica, de inversión bursátil electrónica, de correo electrónico de la oficina y de hojas de cálculo, y comunicarse con su ordenador de mesa del despacho. Y en cuanto las aplicaciones de un individuo empezaron a conectarse con las de cualquier otro (cosa que llevó sus años y que requirió un montón de tecnología y de ingenio), los procesos de trabajo no sólo pudieron circular como nunca, sino que además se podían trocear y repartir como nunca y enviarse a cualquier rincón del planeta. Esto supuso que el trabajo podía trasladarse a cualquier parte. De hecho, fue la capacidad para permitir que las aplicaciones informáticas se pusiesen en comunicación entre sí, y no sólo el que las personas pudiesen ponerse en contacto, lo que pronto hizo posible la subcontratación informática. Gracias a diferentes tipos de aplicaciones para el flujo de trabajo basadas en la web, «la industria creó una plataforma global para una plantilla global de personas y ordenadores», como dijo Craig Mundie, director de tecnología de Microsoft.

La vasta red de cañerías subterráneas que ha hecho posible todo este flujo de trabajo ha adquirido unas proporciones importantes. Está formada por todos los protocolos de internet de la era anterior (los TCP/IP y demás), que hicieron posible la navegación, el correo electrónico y los sitios web. También la forman herramientas más recientes (como el XML y el SOAP), con las que las aplicaciones basadas en la web pudieron comunicarse entre sí de manera más homogénea, y unos agentes de *software* que se engloban en una categoría llamada *middleware*, que sirven como intermediarios entre aplicaciones de lo más variado. La interconexión entre todas estas tecnologías ha representado un impulso gigantesco de la innovación y un factor tremendo de reducción de la fricción entre empresas y aplicaciones. En lugar de luchar cada cual por hacerse con el control de la boca de riego, las bocas y las mangueras se hicieron iguales, creando así un mercado mucho más grande que se extendió por todos los barrios del mundo entero. A continuación, las empresas empezaron a competir más bien por la calidad de la manguera, de la bomba y del camión de bomberos. Es decir, compitieron por ver quién podía fabricar las aplicaciones más útiles y con más virguerías. Joel Cawley, director de la unidad de planificación estratégica de IBM, me dijo: «La norma no elimina la innovación. Simplemente, te permite acotarla mejor, centrarte en los aspectos en los que radica el auténtico valor, que en general es todo aquello que puedes añadir por encima y alrededor de la norma».

Lo descubrí mientras escribía mi último libro. En cuanto el programa Word de Microsoft quedó establecido como la norma global, el trabajo pudo circular mucho más fácilmente entre personas de diferentes continentes, porque todas ellas usaban la misma plantilla y la misma barra de herramientas para escribir sus textos. Mientras trabajaba en mi primer libro, *From Beirut to Jerusalem*, en 1988, pasé en Oriente Medio buena parte de mi año de excedencia y tuve que tomar notas con lápiz y papel, pues estábamos aún en la era previa a los portátiles y al uso extendido de Microsoft Word. Cuando escribí mi segundo libro, *The Lexus and the Olive Tree*, en 1998, me vi haciendo retoques de última hora en el ordenador de la recepción de un hotel de Davos (Suiza), con una versión alemana de Microsoft Word. No entendía ni jota, ni una sola función de la barra de herramientas de la versión alemana de Word. Pero ese año estaba ya tan familiarizado con el programa de procesamiento de textos de Windows, y con el lugar que ocupaban los diferentes iconos en la pantalla, que fui capaz de hacer las correcciones colocando el cursor y haciendo click con el ratón por aquella versión alemana, y escribirlas en inglés a pesar de estar usando un teclado alemán. Estas referencias comunes son un aplanador impresionante, porque impulsan la comunicación y la innovación mediante plataformas mucho más amplias, y al mismo tiempo capacitan a más gente a hacerlo.

Otro de mis ejemplos preferidos de esta situación es el PayPal, gracias al cual el bazar electrónico de eBay ha podido llegar a ser lo que es hoy. PayPal es un sistema de transferencia de dinero creado en 1998 con el fin de facilitar las transacciones C2C, es decir, cliente a cliente (en este caso, un comprador y un vendedor puestos en contacto a través de eBay). Según el sitio web ecommerce-guide.com, usando PayPal, cualquiera que tenga una dirección de correo electrónico puede enviar dinero a cualquier otra que tenga también su correspondiente dirección electrónica, tanto si el receptor dispone de una cuenta PayPal como si no. Para que PayPal funcione ni siquiera hace falta que tenga lugar una transacción comercial: si un compañero de la oficina está organizando una fiesta para otro, con la participación de todos los demás, pueden aportar el dinero usando PayPal. Es más: el organizador puede enviarles un recordatorio PayPal por correo electrónico, que les explicará claramente cómo hacer sus aportaciones. Tal como señala ecommerce-guide.com, PayPal ofrece tres maneras de hacer efectivo el pago: mediante cargos en la tarjeta de crédito del comprador por el importe de cada transacción (o pago), mediante cargos en la cuenta corriente, o bien deduciéndolos de una cuenta PayPal creada con un talón personal. Los receptores del pago pueden utilizar el dinero disponible en su cuenta para hacer compras o pagos *online*, o pueden recibir el dinero desde PayPal en forma de talón, o bien PayPal puede ingresárselo directamente en una cuenta corriente. Crear una cuenta PayPal es muy fácil. Si eres el pagador, lo único que tienes que hacer es dar tu nombre, tu dirección electrónica, los datos de tu tarjeta de crédito y decir dónde te pasan al cobro las compras que haces con la tarjeta de crédito.

Todas estas funciones interoperativas bancarias y de comercio electrónico aplanaron el mercado de internet de una forma tan drástica, que pillaron por sorpresa hasta a eBay. Antes de la invención del PayPal —me explicó Meg Whitman, directora general de eBay—, «si compraba algo de eBay en 1999, la única manera que tenía de pagarte como compradora era mediante talón o transferencia bancaria, es decir, recurriendo a un sistema basado en el papel. No había modo electrónico de enviar dinero, y tú eras un comerciante demasiado pequeño como para que te concediesen una cuenta de crédito. Lo que hizo PayPal fue permitir que la gente, *a título personal*, aceptase tarjetas de crédito. Yo podía pagarte a ti, que eras el vendedor *particular* de eBay, mediante tarjeta de crédito. Este hecho niveló verdaderamente el terreno de juego y eliminó muchas fricciones propias del comercio». De hecho, resultó tan beneficioso que eBay compró PayPal, pero no porque se lo recomendasen sus agentes de inversión de Wall Street, sino sus propios usuarios.

Whitman me lo contó así: «Un día nos despertamos y nos encontramos con que el 20 por ciento de la gente que usaba eBay ponía: "Acepto PayPal, sea tan amable de usar esta forma de pago". Y nosotros pensamos: "¿Quién es esta gente, y qué están haciendo?". Al principio intentamos contrarrestarlos y lanzar nuestro propio servicio, al que llamamos Billpoint. Pero al final, en julio de 2002, estando en [una convención] eBay Live, el son de los tambores resultaba ensordecedor. Nuestra comunidad de usuarios nos estaba diciendo: "¿Es que no vais a dejar de pelearos, chicos? Queremos una herramienta tipificada... y, por cierto, *ya hemos escogido una* y se llama PayPal. Sabemos que en eBay os encantaría que usásemos la vuestra, pero resulta que queremos la de ellos". Y entonces nos dimos cuenta de que teníamos que comprar esa empresa, porque ésa era la herramienta tipo y no era nuestra... Es la mejor adquisición que hemos hecho nunca».

Ahora te explicaré cómo escribí los párrafos que acabas de leer: transferí los apuntes que había tomado de la entrevista telefónica con Meg Whitman desde mi portátil Dell a mi ordenador de mesa Dell, a continuación conecté mi DSL e hice doble click en el icono de AOL, desde el que usé Google para encontrar una página web que pudiese explicarme cómo funcionaba PayPal, y el buscador me remitió a ecommerce-guide.com. Bajé la definición que aparecía en el sitio web de ecommerce-guide.com, que estaba redactada con un tipo de letra de internet y formaba un archivo de texto. Entonces lo abrí con Microsoft Word, que automáticamente lo transformó en un documento de Word, que pude usar a continuación para redactar estos párrafos en mi ordenador de mesa. ¡Eso también es flujo de trabajo! Y lo más importante del asunto no es que yo disponga de estas herramientas de *workflow*, sino la cantidad de gente que ahora las tiene también en la India, Rusia, China, Brasil y Tombuctú, junto con todos los conductos y protocolos de transmisión que les permite enchufarse y jugar desde cualquier sitio del mundo.

¿Adónde nos lleva todo esto? A que cada vez se automatizarán más procesos. En la próxima fase de «programas para el flujo de trabajo basados en la web», así es como pedirás cita con el dentista: darás a tu ordenador, hablándole de viva voz, la orden de concertar una cita. Tu ordenador traducirá automáticamente la señal de voz en una orden digital. Comprobará automáticamente cómo tienes la agenda, la contrastará con las fechas disponibles en la del dentista y te ofrecerá tres posibles fechas. Tú harás click en la fecha y hora que más te convengan. La semana antes de la cita, la agenda del dentista te enviará automáticamente un mensaje electrónico para recordártela. La noche antes, recibirás por teléfono un mensaje de voz generado por ordenador, que también te recordará que al día siguiente tienes la cita.

Para que el flujo de trabajo alcance esa fase (y el estímulo que provocará en la productividad), «necesitamos disponer de más estándares», me dijo Cawley, de planificación estratégica de IBM. «La primera tanda que apareció con internet tenía que ver con los datos básicos: cómo representar una cifra, cómo organizar archivos, cómo desplegar y almacenar contenidos, y cómo compartir e intercambiar información. Ésa fue la fase Netscape. Ahora está apareciendo toda una nueva tanda de estándares que hacen posible el flujo de trabajo. Se trata de estándares que establecen cómo dos o más personas pueden hacer negocios. Por ejemplo, cuando solicitas un préstamo hipotecario, o vas a la firma ante el notario, o compras una casa, se producen literalmente docenas de procesos y flujos de datos entre muchas empresas diferentes. Un banco se puede encargar de garantizarte la concesión de la hipoteca, comprobar tu crédito, establecer los tipos de interés de tu préstamo y llevar todo el papeleo de la firma..., tras lo cual, casi inmediatamente, el préstamo se vende a otro banco.»

El siguiente tipo de estándares, añadía Cawley, tendrá que ver con la automatización de todos estos procesos, de modo que puedan fluir aún más homogéneamente y estimular el establecimiento de aún más estándares. De hecho, nos encontramos ya ante la aparición de estándares para el pago de nóminas, transacciones de comercio electrónico, análisis de riesgos, edición digital de música y fotografía, y, lo más importante de todo, para los métodos de conexión de las cadenas de suministros. Todos estos estándares, sumados a los programas informáticos de flujo de trabajo, facilitan que éste se reparta, se reagrupe y circule sin fricciones entre los productores más eficientes. La diversidad de aplicaciones informáticas que podrán interactuar automáticamente será tanta como nos lo permita nuestra imaginación. Y el aumento de la productividad que todo esto generará será mayor de lo que hayamos visto nunca.

«Las plataformas de flujo de trabajo nos están permitiendo hacer en el sector de las industrias de servicios lo que Henry Ford hizo con el de las manufacturas», comentó Jerry Rao, el empresario que se dedica a hacer la contabilidad a clientes estadounidenses desde la India. «Estamos descomponiendo cada tarea y enviándola a quien mejor pueda hacerla, y gracias a que lo estamos haciendo en un entorno virtual, las personas no tienen por qué estar pegadas las unas a las otras; y después reagrupamos todos los elementos en las sedes centrales [o en cualquier otro lugar remoto]. No es una revolución baladí. Es una revolución importantísima, gracias a la cual el jefe puede estar en un sitio y sus empleados en otro.» Jerry añadió: «Estas plataformas de programas informáticos que automatizan procesos te permiten crear oficinas globales virtuales, o sea, no constreñidas a los límites ni de tu oficina ni de tu país, y acceder a reservas de talento que se encuentran en otras partes del mundo, para que desempeñen en tiempo real las labores que necesites tener hechas en ese plazo. Por eso estamos todos trabajando las veinticuatro horas del día, los siete días de la semana y los trescientos sesenta y cinco días del año. Y todo esto ha llegado en un abrir y cerrar de ojos... en los últimos dos o tres años».

Génesis: aparece la plataforma de la Tierra plana

Tenemos que parar aquí y hacer balance, porque en este punto (a mediados de los años 90) ha empezado a emerger la plataforma para el aplanamiento de la Tierra. En primer lugar, la caída de los muros, la apertura de las ventanas, la digitalización del contenido y la propagación del navegador de internet conectaron, sin fisura alguna, a las personas entre sí como nunca en la historia. A continuación los programas de flujo de trabajo conectaron, sin fisura alguna, las aplicaciones informáticas entre sí, de modo que la gente pudo manipular todo su contenido digitalizado y usar sus ordenadores e internet como nunca en la historia.

Si coges todos estos programas de flujo de trabajo basado en el uso de la web que conectan aplicaciones informáticas entre sí, y los añades a ese grado sin precedentes de comunicación entre las personas, el resultado es una plataforma global absolutamente nueva gracias a la cual pueden surgir infinidad de maneras de colaborar. Este instante viene a ser la

Génesis del aplanamiento del mundo. Es el momento en que el aplanamiento empezó a generarse. Aún tardará tiempo en converger y en aplanarse de verdad, pero éste es el instante en que la gente empezó a notar que algo estaba cambiando. De pronto más personas de más lugares diferentes descubrieron que podían colaborar con más personas en mayor variedad de tareas y compartir más formas diferentes de conocimientos que nunca. «La creación de esta plataforma, con estos atributos únicos, constituye el adelanto sostenible verdaderamente importante que ha hecho posible lo que tú denominas el aplanamiento del mundo», me dijo Craig Mundie, de Microsoft.

De hecho, gracias a esta plataforma que surgió a partir de los tres primeros aplanadores, no sólo fuimos capaces de hablar unos con otros, sino también de hacer más cosas juntos. Éste es el aspecto crucial, como me dijo Joel Cawley, el estratega de IBM: «No sólo nos estábamos comunicando unos con otros como nunca. Además podíamos colaborar (crear juntos coaliciones, proyectos y productos) como nunca».

Los seis aplanadores siguientes representan las nuevas formas de colaboración que ha posibilitado esta nueva plataforma. Como verás, unos la utilizarán para el acceso libre a los códigos fuente (open-sourcing), otros para subcontratar servicios o procesos (outsourcing), otros para trasladar fábricas con el fin de abaratar costes (offshoring), otros para conectar sus sistemas de planificación con sus proveedores (supply-chaining), otros para generar economías de escala externas (insourcing) y otros para acceder a toda la información posible (in-forming). La nueva plataforma ha hecho posible la aparición de estas variantes de cooperación, o bien ha impulsado de una manera tremenda las ya existentes. Y conforme más personas aprendemos a colaborar mediante alguna de estas variantes, más aplanamos el mundo.

Aplanador 4
EL ACCESO LIBRE A LOS CÓDIGOS FUENTE (OPEN-SOURCING)
*Grupos humanos creados de manera autónoma
con el fin de colaborar*

Alan Cohen todavía recuerda la primera vez que, siendo ya adulto, oyó hablar del «Apache», y no precisamente mientras veía una peli de indios y vaqueros. Corría la década de los 90, el mercado de las puntocom había estallado y él trabajaba como directivo de IBM, en la supervisión de su incipiente rama empresarial de comercio electrónico. «Tenía a mi cargo a un nutrido equipo de personas y contaba con un presupuesto de unos 8 millones de dólares», rememoraba Cohen. «Estábamos compitiendo a brazo partido con Microsoft, Netscape, Oracle, Sun… con todos los grandes, jugando a ese juego de elevadísimas apuestas que era el comercio electrónico. En IBM disponíamos de una inmensa plantilla dedicada a la venta de todos esos programas informáticos para el comercio electrónico. Un día le dije al director de desarrollo que trabajaba para mí: "Oye, Jeff, aclárame cómo funciona el proceso de desarrollo de estos sistemas de comercio electrónico. ¿Cuál es el servidor web que está detrás de todo esto?". Y él me contestó: "El proceso se basa en el Apache". Lo primero que se me vino a la mente fue John Wayne. "¿Qué es el Apache?", pregunté. Y entonces él me dice que es un programa *shareware* para tecnología de servidores web. Me contó también que lo proveía gratis un puñado de locos de la informática que trabajaban *online* en una especie de sala de *chat* abierta. Me quedé pasmado. "¿Pero cómo lo compras?" Y me dice: "Te lo descargas gratis de un sitio web". Y yo le digo: "Ya, pero ¿quién te da servicio técnico si algo falla?". Y me contesta: "No sé… ¡Simplemente, funciona!". Ése fue mi primer contacto con el Apache…

»Bueno, recuerda que en esa época todos (Microsoft, IBM, Oracle, Netscape…) estábamos intentando montar servidores web comerciales. Estamos hablando de las empresas más grandes. ¡Y mi director de desarrollo va y me dice que ha obtenido nuestro servidor bajándoselo de internet, gratis! Es como si tuvieses a todos esos jerifaltes diseñando estrategias, y de pronto te enteras de que los chavales de la sala de correo son los que tienen la sartén por el mango. Yo no paraba de preguntar: "¿Pero quién dirige Apache? ¿Quiénes son esos tipos?"».

Pues sí, los chiflados de la informática que trabajan en la sala de correo son los que deciden qué programas utilizarán ellos y también los que utilizarás tú. Forman el llamado movimiento de acceso libre al código fuente, y en él participan miles de personas de todo el mundo que colaboran *online* en la escritura de toda clase de programas, desde su propio *software* hasta sus propios sistemas operativos, pasando por su propio diccionario y por su propia receta de cola, acumulando conocimientos siempre de abajo arriba en lugar de aceptar los formatos y los contenidos que vienen impuestos por las jerarquías corporativas (es decir, de arriba abajo). La expresión «código fuente libre» surge de la idea de que ciertas empresas o grupos creados expresamente para estos cometidos ofrecían en internet el código fuente (las instrucciones de programación subyacentes que hacen que funcione determinado programa informático) y después permitían añadir las mejoras que pudiese hacer cualquier persona que tuviese algo que aportar, y al mismo tiempo permitían que otros millones de personas lo descargasen sencillamente para utilizarlo gratis. Mientras que los programas informáticos que se comercializan están protegidos por el derecho de copia y se venden, guardándose las empresas el código fuente como si se tratase de las joyas de su corona —de modo que pueden cobrar a todo el que desee utilizarlo, generando así ingresos para desarrollar nuevas versiones—, el *software* libre del código fuente se comparte gratuitamente, sus usuarios lo mejoran constantemente y está disponible gratis para cualquier persona. A cambio, se anima a los usuarios a que descubran alguna mejora (cualquier remiendo que haga cantar o bailar mejor al programa), a ponerla a disposición de todos los demás usuarios, gratis.

Yo no soy ningún experto informático y nunca me había parado a pensar en el movimiento del libre código fuente, pero cuando así lo hice, descubrí que se trataba de un asombroso universo propio, poblado por comunidades cibernéticas, por voluntarios absolutamente tolerantes y despreocupados que comparten sus hallazgos con los demás y a continuación los brindan al público a cambio de nada. Lo hacen porque quieren algo que el mercado no les ofrece; lo hacen por ese hormigueo psicológico que te entra cuando creas un producto colectivo que puede batir al producto fabricado por unos gigantes como Microsoft o IBM, y (más importante aún) para ganarse el respeto de sus pares intelectuales. De hecho, estos mozos y mozas representan una de las formas nuevas más interesantes y polémicas de colaboración, facilitadas por el aplanamiento del mundo y que están aplanándolo aún más.

Con el fin de explicar cómo funciona esta forma de colaboración, por qué es un aplanador y por qué, de paso, ha levantado tanta polémica y seguirá haciéndolo en el futuro (más profusamente aún), me propongo centrarme únicamente en dos vertientes básicas del acceso libre al código fuente: el movimiento de los comunes intelectuales y el movimiento del *software* libre.

La variante de *open-sourcing* (libre acceso a las fuentes) denominada de los comunes intelectuales hunde sus raíces en el mundo universitario y científico, donde durante mucho tiempo han existido grupos independientes de científicos que se han organizado ellos solos a través de redes privadas, primero, y de internet, después, para colaborar y poner en común sus conocimientos o para compartir hallazgos sobre determinada cuestión científica o matemática. El servidor web Apache tiene su origen en esta forma de acceso a fuentes. Pedí a un amigo mío, Mike Arguello, arquitecto de sistemas informáticos, que me explicase por qué la gente comparte conocimientos o tareas de esta guisa, y él me dijo: «En el mundillo de la informática la gente suele ser muy brillante y quieren que todos los demás se enteren de lo brillantes que son». Marc Andreessen, el inventor del primer navegador web, estaba de acuerdo: «El acceso libre a las fuentes no se diferencia mucho de la práctica de publicar hallazgos científicos para someterlos a la revisión de tus iguales. A veces la gente participa en estas cosas porque se dedica a la ciencia y descubre cosas, pero otras lo único que desea es aumentar los conocimientos disponibles en el mundo. Y la revisión por parte de tus iguales es un componente fundamental. El acceso libre a las fuentes equivale a la revisión por parte de tus iguales, ya que se revisa hasta el último fallo informático, grieta en la seguridad y desviación».

Esta variante del acceso libre a los códigos fuente, la de los comunes intelectuales, me pareció tan curiosa que decidí indagar. Quería saber quiénes eran los mozos y mozas que trabajaban en la sala de correo, y conseguí llegar hasta uno de sus pioneros: Brian Behlendorf. Si Apache (y me refiero a la comunidad creada en torno al servidor web con libre acceso al código fuente) fuese una tribu india, Behlendorf sería el patriarca de la tribu. Lo localicé en su despacho de vidrio y acero, cerca del aeropuerto de San Francisco, ciudad en la que trabaja actualmente como fundador y director de tecnologías de CollabNet, una empresa de reciente creación dedicada a crear programas informáticos para compañías que desean aplicar en la innovación el método del libre acceso al código fuente. Empecé la entrevista con dos preguntas básicas: ¿de dónde has salido?, y ¿cómo te las ingeniaste para formar una comunidad cibernética de expertos informáticos dedicada al libre acceso al código fuente y que pudiese vérselas con un gigante como IBM?

«Mis padres se conocieron trabajando en IBM, en el sur de California, y me crié en una ciudad que queda justo al norte de Pasadena, La Canada», me contó Behlendorf, tirando del hilo de los recuerdos. «El colegio público al que fui era muy competitivo desde el punto de vista académico, porque muchos de los padres de los alumnos trabajaban en el Laboratorio del Reactor a Propulsión de la Universidad de Caltech, con sede en la ciudad. Por eso, desde mi más tierna infancia estuve rodeado de ciencia, en un sitio en el que era normal ser un poco bicho raro. En casa siempre había ordenadores. Solíamos usar las tarjetas perforadas de los primeros ordenadores centrales de IBM para escribir la lista de la compra. Ya en el cole empecé con programación básica, y en el instituto me metí bastante en los ordenadores... Me gradué en 1991, pero en 1989, en los primeros tiempos de internet, un amigo me regaló una copia de un programa que se había descargado en un disquete, llamado "Frac-tint". No era pirata, porque se trataba de un programa que no se comer-cializaba. Lo había creado un grupo de programadores, y era para dibu-jar fractales. [Las fractales son bellas imágenes generadas a partir de la intersección entre arte y matemáticas]. Al iniciar el programa, en la pan-talla aparecía la lista de las direcciones de correo electrónico de todos los científicos y matemáticos que habían colaborado en su creación. Me fijé en que el programa incluía también el código fuente. Ésa fue mi prime-ra toma de contacto con el concepto del libre código fuente. Ahí tenía ese programa, que podías descargar gratis, que encima te daba el código fuente, y que había sido creado por un grupo de gente, por una comu-nidad. Aquello empezó a generar en mi mente una idea de la programa-ción totalmente diferente. Empecé a pensar que había una curiosa diná-mica social en relación con cómo se escribían o cómo podían escribirse ciertos tipos de *software*, opuesta a la imagen que yo tenía del desarro-llador profesional de programas informáticos, el clásico experto que tra-baja en la trastienda ocupándose de la computadora central, introdu-ciéndole información y luego retirándola de la vista por el bien del negocio, algo que para mí era meramente una tarea más por encima de la conta-bilidad, no muy amena que digamos.»

Tras graduarse en 1991, Behlendorf fue a Berkeley a estudiar física, pero la desconexión entre las generalidades abstractas que aprendía en cla-se y la fascinación que empezaba a nacer en torno a internet pronto le produjo una sensación de frustración.

«En esa época, cuando entrabas en la universidad, nos daban a todos una dirección electrónica, y yo empecé a usarla para hablar con otros estu-diantes y recorrer los foros de debate sobre música que comenzaban a apa-recer», me contaba Behlendorf. «En 1992 creé mi propia lista de correo en internet, dedicada al mundillo de la música electrónica que había en la zona, en la Bay Area. La gente podía enviar sus mensajes al foro de debate y así la cosa empezó a crecer. Hablábamos sobre diversos aconte-cimientos musicales y DJ. Entonces dijimos: "Eh, ¿qué tal si invitamos a nuestros propios DJ y montamos nosotros nuestra propia movida?". La cosa se convirtió en algo colectivo. Uno decía: "Yo tengo unos cuantos discos", y otro replicaba: "Yo, un equipo de sonido", y otro más decía: "Yo conozco bien la playa, y si nos presentamos a medianoche, podría-mos montar una fiesta". En 1993 internet se reducía aún a listas de correo y a correo electrónico y a sitios FTP [depósitos para almacenar cosas, siguiendo un protocolo de transferencia de archivos]. Así pues, me puse a recopilar música electrónica y a guardarla en un archivo. Lo que me interesaba era averiguar cómo podíamos ponerlo en la red, a disposición de un público más numeroso. Y entonces fue cuando oí hablar de Mosaic [el navegador web desarrollado por Marc Andreessen]. Entré a trabajar en el laboratorio de informática de la facultad de Empresariales de Berkeley, y me pasaba los ratos libres indagando sobre Mosaic y sobre otras tecnologías relacionadas con la web. Eso me llevó a un foro de debate en el que estaban muchas de las personas que escribieron la primera generación de navegadores y de servidores de la web.»

(Un servidor web es un programa informático que hace posible que cualquier persona utilice su ordenador, en casa o en el trabajo, para alojar su propio sitio web en la World Wide Web. Por ejemplo, Amazon.com ha administrado durante mucho tiempo su sitio web usando el programa informático de Apache. Cuando tu navegador web va a www.amazon.com, con lo primero que «habla» es con Apache: el navegador pide a Apache que abra la página web de Amazon y Apache envía al navegador el contenido de la página web de Amazon. Surfear por la red consiste en realidad en las interacciones entre tu navegador web y los diferentes servidores web.)

Behlendorf siguió haciendo memoria: «Un día, mientras participaba en este foro, me encontré con que se había iniciado un debate entre Tim Berners-Lee y Marc Andreessen sobre cómo deberían funcionar todos esos inventos. Era fascinante, la verdad, y te daba la sensación de que no se ponía trabas a nadie. Yo no necesitaba tener el doctorado ni ninguna credencial especial, y empecé a ver ciertos paralelismos entre mi grupo sobre música y esos científicos, unidos por un mismo interés en la construcción del primer *software* para la web. Seguí [aquel debate] durante un tiempo y un día le hablé de ello a un amigo mío. Era uno de los primeros empleados de la revista *Wired*, y me dijo que a la revista le interesaría contar conmigo para que les montase un sitio web. Así pues, empecé a trabajar con *Wired* por diez dólares la hora, montándoles el correo electrónico y su primer sitio web: HotWired... Fue una de las primeras revistas cibernéticas financiadas con publicidad».

HotWired decidió empezar por tener un sistema de registro mediante contraseñas, un concepto polémico en su momento. Andrew Leonard, que en 1997 se encargó de escribir la biografía de Apache para Salon.com, decía: «En aquellos días la mayoría de los Webmasters dependían de un programa de servidor web desarrollado en el Centro Nacional de Aplicaciones Superinformáticas de la Universidad de Illinois (cuna, asimismo, de Mosaic, el innovador navegador web). Pero el servidor web del NCSA no era capaz de verificar contraseñas a la esca-

la que necesitaba HotWired. Por suerte, el servidor del NCSA estaba
en el dominio público, es decir, el código fuente estaba disponible gratis para todo el que llegase. Así pues, Behlendorf aplicó la prerrogativa
de todo pirata informático: escribió un código nuevo (un "remiendo"
al servidor web del NCSA), capaz de resolver el problema». Leonard
comentaba que Behlendorf «no era el único programador listo que andu-
vo rompiéndose la cabeza con el código del NCSA aquel invierno. Por
toda la efervescente web, multitud de webmasters decidieron ocuparse
del asunto personalmente, es decir, con sus teclados. El código original
había empezado a criar polvo virtual desde que a su programador inicial, el estudiante de la Universidad de Illinois Rob McCool, se lo llevase (junto con Marc Andreessen y Lynx Eric Bina) una empresa poco
conocida de Silicon Valley llamada Netscape. Pero entretanto la web se
negó a dejar de crecer, y siguió generando problemas nuevos con los
que tenían que vérselas los servidores web». Así pues, empezaron a proliferar parches, remiendos y tiritas de toda clase, taponando un aguje-
rito aquí y abriendo una grieta acullá.

Mientras esto sucedía, aquellos remiendos fueron poco a poco generando un nuevo y moderno servidor web, siguiendo un método específico de acceso al código fuente. Pero cada cual tenía su propia versión, a
partir de los remiendos que se intercambiaban con los demás, porque el
laboratorio del NCSA no podía seguir el paso.

«Yo casi era ya un fracasado académico», me explicó Behlendorf.
«Pero me lo estaba pasando pipa creando ese sitio web para *Wired* y
aprendiendo más de lo que aprendía en Berkeley. Entonces un día empezó un debate en nuestro pequeño grupo de trabajo, sobre el hecho de
que la gente del NCSA no estaba respondiendo a nuestros correos electrónicos. Les estábamos enviando parches para el sistema, y ellos no decían nada. Y pensamos: "Si el NCSA no responde a nuestros parches, ¿qué
pasará el día de mañana?". Nosotros estábamos encantados de añadir
mejoras al sistema, pero nos preocupaba no recibir ninguna respuesta
mientras veíamos que se estaban integrando nuestros parches. Así que
empecé a contactar con otras personas que yo sabía que estaban inter-
cambiándose parches... La mayoría formaba parte de los grupos que trabajaban en la mejora de estándares [el Grupo de Trabajo de Ingeniería
para internet], que estaban estableciendo los primeros patrones y referencias para la interconexión entre máquinas y aplicaciones a través de
internet... Y dijimos: "¿Por qué no tomamos las riendas de nuestro futuro y sacamos nuestra propia versión [de servidor web], que incorporaba
todos nuestros parches?".

»Echamos un vistazo al derecho de copia del código del NCSA y vimos que, básicamente, venía a decir: "Reconoced a los de la 'Uni' de Illinois el mérito del invento, si lo mejoráis..., y no nos echéis las culpas si se escacharra"», recordaba Behlendorf. «Así pues, empezamos a crear nuestra propia versión a partir de todos nuestros parches. Ninguno de nosotros disponía del día entero para dedicarse a tiempo completo a desarrollar el servidor web, pero pensamos que si nos organizábamos y lo hacíamos público, de alguna manera, podríamos crear algo mejor que lo que podíamos adquirir en las tiendas. Además, de todos modos, en esa época ni siquiera se podía comprar nada en una tienda. Todo esto ocurría antes de que Netscape hubiese sacado su primer servidor web comercial. Y así empezó el proyecto Apache.»

En febrero de 1999 habían reescrito totalmente el programa original del NCSA y formalizado su cooperación bajo el sello «Apache».

«Elegí ese nombre porque quería que tuviese la connotación positiva de algo que es firme y enérgico, pero no agresivo», me decía Behlendorf. «La tribu apache fue la última en rendirse al que pronto se convertiría en el gobierno de EE. UU., y en esos momentos nuestra preocupación era que llegasen las grandes empresas y "civilizasen" el paisaje que habían construido los primeros ingenieros de internet. Por eso, el nombre "Apache" me pareció un buen nombre en clave. Luego, otros me dijeron que además formaba una expresión muy graciosa: servidor *APAtCHy*». En efecto, aquellos tipos se dedicaban a poner *patches* (remiendos, parches).

Así pues, en muchos sentidos Behlendorf y sus colegas del código fuente gratuito (a muchos de los cuales no había visto en su vida, sino que únicamente los conocía por comunicarse con ellos a través del correo electrónico, en su sala de *chat* sobre el libre código fuente) habían creado una fábrica virtual de programas informáticos, *online* y de abajo arriba, que no era propiedad de nadie y que nadie supervisaba. «Teníamos esta empresa de *software*, pero su coordinación y dirección eran tareas puntuales, emergentes, que asumía cualquiera que apareciese y quisiese escribir un código», dijo.

Pero ¿quién hace realmente el trabajo? Se lo pregunté a Behlendorf. Porque no se puede tener a un puñado de personas trabajando sin supervisión, escupiendo códigos, ¿no?

«Casi todo el trabajo de desarrollo de programas implica la existencia de un depósito de códigos fuente y su administración se lleva a cabo con herramientas como el Sistema de Versiones Coincidentes [el CVS]», me explicó. «Así pues, está el servidor CVS ahí, y yo tengo en el ordenador un programa con CVS, que me permite conectarme al servidor y extraer una copia del código para ponerme a trabajar con él y hacer modificaciones. Si considero que quiero compartir mi parche con otras personas, abro un programa llamado Patch, con el que puedo crear un archivo nuevo, una colección compacta de todas las modificaciones, que recibe el nombre de archivo parche. Entonces, puedo dárselo a otras personas, y ellas pueden introducirlo en su copia del código para ver el efecto que tiene el parche. Si dispongo de privilegios en el derecho de acceso al servidor [restringidos a un plantel de supervisores estrictamente controlado], puedo coger mi parche e incluirlo en el depósito, con lo que entra a formar parte del código fuente. El servidor CVS registra todas las novedades, su origen, quién ha enviado qué... Es decir, podrías tener "acceso de lectura" al depósito, pero no "acceso de inclusión" para modificarlo. Cuando alguien introduce algo en el depósito, ese archivo parche se envía por correo electrónico a los demás desarrolladores, y así se aplica el sistema de revisión por los pares, a cosa hecha, y si algo no funcionase, arreglas el problema.»

Entonces, ¿cómo decide esta comunidad qué personas van a ser sus miembros de confianza?

Behlendorf me lo explicó: «En Apache empezamos siendo ocho personas que de verdad nos fiábamos las unas de las otras, y a medida que en el foro de debate aparecía gente enviando archivos parche, fuimos confiando en más personas, y de aquellos ocho pasamos a ser un millar. Fuimos el primer proyecto de libre acceso a códigos fuente en recibir atención por parte de la comunidad empresarial, y en conseguir el respaldo de IBM».

Debido al grado de competencia de Apache a la hora de facilitar que un ordenador con un único servidor alojase miles de sitios web virtuales diferentes (música, datos, texto, pornografía...), empezó a gozar de «una posición dominante en el mercado de proveedores de servicios de internet», como dijo Leonard en su crónica de Salon. IBM estaba intentando comercializar su propio servidor web, llamado GO, pero apenas consiguió hacerse con un pequeño gajo del mercado. Apache demostró ser no sólo un soporte tecnológico mejor, sino además gratuito. Así pues, IBM acabó optando por unirse a Apache, ya que no podía vencerlo. Ahora deberíamos hacer un alto para visualizar bien la situación. La empresa de ordenadores más grande del mundo llegó a la conclusión de que sus ingenieros no podían mejorar el trabajo de un puñado de expertos informáticos agrupados expresamente para trabajar en el acceso libre a códigos fuente, ¡así que tiró por la borda su propia tecnología y decidió irse con aquellos chiflados de la informática!

IBM «se puso en contacto conmigo, dado que yo hacía un poco el papel de portavoz de Apache», me contó Behlendorf. «IBM me dijo: "Nos gustaría saber cómo podemos usar [Apache] sin que la comunidad de internet nos eche los perros, [cómo podemos] hacerlo sostenible, sin estafar a nadie sino contribuyendo al proceso...". IBM me estaba diciendo que este nuevo modelo de desarrollo de *software* era fiable y valioso, y que querían invertir en él y olvidarse del que estaban tratando de montar ellos, que no era tan bueno».

John Swainson era el directivo de IBM que encabezó el equipo que contactó con Apache (actualmente es presidente de Computer Associates). Así me contó la historia: «En aquella época había toda una polémica con el tema del acceso libre a los códigos fuente, pero lo cierto es que se estaba haciendo por doquier. Decidimos que podríamos pactar con los chicos de Apache, porque estaban dando respuesta a nuestros interrogantes. Pudimos entablar diálogo con aquellos tipos, y conseguimos crear la Fundación de Programas Informáticos Apache [sin ánimo de lucro] y resolver todos los asuntos».

A expensas de IBM, sus abogados trabajaron con el grupo de Apache para crear un marco legal para evitar que empresas como IBM, que deseaban construir aplicaciones usando Apache como base y cobrar dinero por ellas, se encontrasen con problemas de derecho de copia o de responsabilidad. IBM era consciente de lo valioso que era contar con una arquitectura de servidor web tipificada (con la que diferentes sistemas y aparatos informáticos podían comunicarse entre sí, abriendo programas de correo electrónico y páginas web con un formato tipificado), mejorada constante y gratuitamente por una comunidad de expertos en libre código fuente. Los colaboradores de Apache no se habían puesto manos a la obra para fabricar *software* gratis, sino para resolver un problema común (el de cómo hacer funcionar un servidor web). Pero descubrieron que esta forma de colaboración gratis era la mejor manera de reunir los mejores cerebros para el cometido que querían cumplir.

«Cuando empezamos a trabajar con Apache, había un sitio web llamado apache.org, pero no había ninguna estructura legal formal. Los negocios y las estructuras informales no se llevan bien», dijo Swainson. «Hace falta poder investigar el código, firmar un acuerdo y ocuparse de las cuestiones de responsabilidad. [Hoy] cualquiera se puede bajar el código Apache. La única obligación consiste en reconocer que procede de ese sitio web, y si la persona lo modifica de algún modo, tiene que compartir esos cambios con ellos.» Existe un proceso de desarrollo de Apache que dirige el tráfico, y tú puedes ganarte el derecho a intervenir en dicho proceso, añadió Swainson. Es algo así como un sistema de meritocracia en estado puro. Cuando IBM empezó a usar Apache, entró a formar parte de la comunidad y a hacer sus aportaciones.

De hecho, una de las cosas que la gente de Apache pidió a cambio de su colaboración con IBM fue que ésta asignase a sus mejores ingenieros al grupo del libre código fuente y que colaborasen gratis, como todos los demás. «A la gente de Apache no le interesaba una contraprestación monetaria», dijo Swainson. «Lo que querían era *aportación* a la base. Nuestros ingenieros vinieron y nos dijeron: "Esos tipos de Apache son muy buenos, e insisten en que nosotros aportemos gente buena". Al principio rechazaron algunas de nuestras aportaciones. ¡Dijeron que no estaban a la altura de sus estándares! La compensación que esperaba la comunidad era una óptima contribución por nuestra parte.»

El 22 de junio de 1998 IBM anunció sus planes de incorporar Apache a su nuevo producto, el servidor WebSphere. Según el sistema de colaboración con que se organizaba Apache, si cogías algo del código Apache y lo mejorabas, tenías que dárselo después a todos los integrantes de la comunidad. Pero también eras libre de crear un producto patentado, usando el código Apache como base (como hizo IBM), siempre que incluyeses en tu patente la mención a Apache como propietaria del derecho de copia. Dicho de otro modo: el método de trabajo con el libre acceso a códigos fuente que aplicaba este grupo de comunes intelectuales alentaba a la gente a fabricar productos comerciales usando su código como base. Por una parte, querían que los cimientos fuesen gratuitos y abiertos a todos, pero al mismo tiempo reconocían que dichos cimientos conservarían su fuerza y su frescura si se incentivaba la participación de ingenieros tanto comerciales como no comerciales.

En la actualidad, Apache es una de las herramientas de código fuente libre con más éxito del mundo, pues hace funcionar dos tercios de los sitios web de todo el planeta. Y gracias a que se puede descargar gratis en cualquier sitio del mundo, la gente lo usa para crear sitios web desde Rusia hasta Sudáfrica, pasando por Vietnam. Todo aquel que necesite o quiera añadir posibilidades a sus servidores web puede comprar productos como WebSphere, construidos directamente sobre el Apache.

En esa época, vender un producto basado en un programa de libre código fuente suponía un paso arriesgado para IBM. Pero hay que alabar la confianza que demostró el gigante informático en su capacidad para producir diversas aplicaciones basándose en el Apache, el ingrediente básico de la receta (algo así como la vainilla). Desde entonces, el modelo se ha extendido a todas partes, en cuanto todo el mundo vio cómo propulsó el negocio de servidores web de IBM hasta llevarla al liderazgo comercial en esa categoría de *software*, generando unos beneficios empresariales inmensos.

Como diré más de una vez a lo largo de este libro, en un mundo plano la mayoría de las empresas no tendrán futuro si se dedican a fabricar vainilla. Gran parte de la fabricación de la vainilla del *software* y de otros sectores va a pasar a manos de comunidades de libre código fuente. Para la mayoría de las empresas, el futuro pertenece a los que sepan elaborar la crema de chocolate más rica, la nata montada más dulce y liviana, y las guindas más jugosas para poner encima, o bien que sepan cómo combinarlo todo para obtener un postre helado. Jack Messman, presidente de la empresa de programas informáticos Novell, que actualmente es una gran distribuidora de Linux (el sistema operativo que usa el libre código fuente, sobre el cual Novell construye chismes personalizados, que hacen virguerías con el sistema operativo sólo para tu empresa), lo expresó mejor: «Las empresas de *software* comercial tienen que empezar en niveles superiores al del programa informático si quieren diferenciarse de las demás. La comunidad del libre código fuente se dedica básicamente a la infraestructura» (*Financial Times*, 14 de junio de 2004).

El pacto con IBM supuso un verdadero hito. Big Blue empezó a declarar su fe en el modelo del libre código fuente y a decir que, con el servidor web de Apache, esta comunidad de ingenieros había creado algo que no es que únicamente fuese útil y valioso, sino que era «lo mejor de su clase». Por eso el movimiento del libre código fuente se ha convertido en un poderoso aplanador, cuyos efectos estamos empezando a ver. «Está brindando unas posibilidades increíbles al ciudadano particular», dijo Brian Behlendorf. «Da igual de dónde seas o dónde estés; una persona en la India y otra en Sudamérica pueden ser igual de eficaces en el uso de este programa informático o hacer sus aportaciones igual de bien que otra que esté en Silicon Valley.» El modelo antiguo consistía en que el ganador se lo llevaba todo. Era el modelo de comercialización de programas tipificados que respondía al lema «yo lo escribo-yo me convierto en el dueño». «La única manera de competir con eso es hacernos todos ganadores», concluyó Behlendorf.

Behlendorf, por su parte, se está apostando su carrera profesional a que cada vez más individuos y empresas querrán aprovechar las ventajas que ofrece la nueva plataforma del mundo plano para innovar el código fuente. En 2004 montó una empresa llamada CollabNet dedicada a promover el uso del libre código fuente como herramienta para impulsar la innovación de los programas informáticos dentro de las empresas. «Nuestra premisa es que el *software* no es oro, sino lechugas, es decir, es un bien perecedero», me explicó Behlendorf. «Si el *software* no se deja en un lugar en el que pueda ir mejorándose, se pudrirá.» Lo que ha estado haciendo la comunidad del libre código fuente, como me dijo Behlendorf, es un desarrollo de programas informáticos coordinado y distribuido a escala mundial, de modo que la lechuga se renueva una y otra vez y nunca se pudre. La premisa de Behlendorf consiste en que la comunidad del libre código fuente desarrolle un método mejor para la creación y actualización constantes de los programas informáticos. CollabNet es una empresa creada para ofrecer las mejores técnicas de libre acceso al código fuente a una comunidad cerrada, es decir, a una empresa de *software* comercial.

«CollabNet es un suministrador de armamento para las fuerzas que están aplanando el mundo», me dijo Behlendorf. «Nuestro cometido en este mundo es construir las herramientas y las infraestructuras que permitan colaborar al individuo (esté en la India, en China o donde sea), en su calidad de asesor, empleado o simplemente usuario doméstico. Estamos brindándole la caja de herramientas que necesita para el desarrollo en colaboración y descentralizado. Estamos posibilitando el desarrollo de abajo arriba, y no sólo en el ciberespacio... Hoy en día tenemos grandes empresas interesadas en crear un entorno para el diseño de programas informáticos de abajo arriba. El modelo del silo, es decir, de arriba abajo, ha quebrado. Ese sistema decía: "Yo desarrollo algo y luego te lo lanzo desde mi lado del muro. Tú encuentras los errores y me lo devuelves. Yo lo remiendo y luego vendo la nueva versión". Obtener un programa informático que siempre presenta fallos produce una frustración constante, ya que puede que tenga arreglo o puede que no. Por eso, nosotros dijimos: ¿no sería interesante poder coger las ventajas que ofrece el libre acceso al código fuente en cuanto a velocidad de innovación y a creación de programas de mayor calidad, unirlas a ese sentimiento de compañerismo que se crea entre todos los interesados, y hacer con todo ello un modelo de negocio para que las empresas cooperen más tanto dentro como fuera de ellas?»

Me gusta cómo resume el asunto del libre acceso al código fuente Irving Wladawksy-Berger, cubano de nacimiento y actual vicepresidente de estrategias técnicas e innovación de IBM: «Esta era emergente se caracteriza por la colaboración, en el ámbito de la innovación, entre muchas personas que trabajan en comunidades de gran talento, del mismo modo que en la era de la industrialización la innovación se caracterizó por el ingenio individual».

Lo llamativo de esta vertiente del movimiento del acceso al código fuente, la de los comunes intelectuales, es lo deprisa que se ha reproducido en otros ámbitos y dado lugar a toda una prole de comunidades de cooperación con organización propia, que están aplanando las jerarquías dentro de sus dominios. Lo percibo con especial fuerza en la profesión periodística, en la que los *bloggers* (comentaristas individuales *online*) suelen ofrecer enlaces en sus páginas web con otros *bloggers* en función de su ideología compartida, creando así una especie de sala de prensa de acceso libre. Hoy en día tengo por costumbre leer lo que escriben los *bloggers* (el término procede de la palabra «*Weblog*» [diario digital]) como una tarea más de mi recopilación diaria de informaciones. El 20 de septiembre de 2004, en un artículo publicado en *The Washington Post* sobre cómo un pequeño grupo de *bloggers* periodísticos relativamente desconocidos hicieron saltar las alarmas en relación con los documentos falsos que utilizó Dan Rather, de CBS News, en su infame reportaje sobre el servicio de la Guardia Aérea Nacional del presidente George W. Bush, Howard Kurtz decía: «Fue como echar una cerilla encendida en unos maderos empapados en queroseno. El incendio subsiguiente causó destrozos en todo el sistema mediático, cuando unos *bloggers* previamente desconocidos se las ingeniaron para poner a la defensiva a la cadena de Murrow y Cronkite. El secreto, según dice Charles Johnson, consiste en la "recopilación de informaciones secretas por la vía del acceso libre a las fuentes". Lo que quiere decir: "Hay un montón de gente muy motivada que sale a buscar material con las herramientas disponibles. Ahí fuera hay un ejército de civiles periodistas"».

A menudo las únicas armas con que cuenta ese ejército se reducen a una grabadora, un móvil con cámara incorporada y un sitio web, pero en un mundo plano este colectivo es capaz de hacer oír su voz en estrados tan importantes como CBS o *The New York Times*. Estos *bloggers* han creado su propia cámara de los comunes *online*, sin ninguna barrera para entrar en ella. Muchas veces por esta cámara de los comunes abierta circulan rumores e imputaciones descabelladas. Ello se debe a la inexistencia de un presidente, a la variedad inmensa de modelos que rigen sus prácticas informativas y al hecho de que en ocasiones es meridianamente irresponsable. Pero como no hay ninguna persona al mando, la información fluye con total libertad. Y cuando esta comunidad se involucra en algo importante, como el episodio Rather, es capaz de generar tanta energía, tanto revuelo y tantas noticias rigurosas como cualquier cadena o periódico de peso.

Otra versión de esta colaboración al estilo de los comunes intelectuales que utilicé de manera regular mientras escribía este libro es Wikipedia, la enciclopedia *online* que va construyéndose gracias a las aportaciones de sus usuarios, también conocida como «la enciclopedia popular». La palabra «wikis» procede del vocablo hawaiano que significa «rápido». Los wikis son sitios web en los que los usuarios pueden editar directamente cualquier página web ellos solos en el ordenador de casa. En un estudio publicado el 5 de mayo de 2004 en YaleGlobal, Andrew Lih, profesor adjunto del Centro de Estudios Periodísticos y Mediáticos de la Universidad de Hong Kong, explicaba el funcionamiento de Wikipedia y las causas de su naturaleza revolucionaria.

«El proyecto Wikipedia empezó con Jimmy Wales, director de Bomis.com, una empresa de nueva creación dedicada a internet. Wales había creado un proyecto de enciclopedia libre formada con aportaciones voluntarias pero estrictamente controlada, que al cabo de dos años se quedó sin dinero ni recursos», escribía Lih. «En esa época, los editores que llevaban las riendas del proyecto eran gente con doctorado, pero lo cierto es que sólo generaron unos cientos de artículos. Como Wales no quería que todos esos contenidos se pudriesen, en enero de 2001 puso las páginas en un sitio web wiki e invitó a los visitantes a editar o a añadir sus aportaciones al conjunto. En su primer año el sitio se convirtió en un éxito arrollador, respaldado por unos fieles seguidores, que generó más de 20.000 artículos y dio lugar a más de una docena de versiones en otros idiomas. Al cabo de dos años contaba con 100.000 entradas y en abril de 2004 había superado las 250.000 en inglés y las 600.000 en otros cincuenta idiomas más. Según la clasificación de sitios web que publica Alexa.com, ha ganado en popularidad a las enciclopedias *online* tradicionales como Britannica.com.»

¿Cómo —podrías preguntar— se las apaña uno para montar una enciclopedia creíble y equilibrada a través de un movimiento de acceso libre a fuentes y de edición abierta, específicamente creado para ello? Al fin y al cabo, todos los artículos que aparecen en Wikipedia tienen un botón en el que dice «edita este artículo», de modo que cualquiera que navegue por allí puede añadir o borrar contenido.

Lih explicaba que todo reside en el hecho de que «los wikis brindan la posibilidad de rastrear el estatus de los artículos, revisar los cambios individuales y debatir temas, es decir, funcionan como programas informáticos sociales. Los sitios web wiki rastrean y almacenan también cualquier modificación hecha a un artículo, de modo que ninguna operación destruye nada de manera permanente. Wikipedia funciona por consenso: los usuarios añaden y modifican el contenido, pero en ningún momento dejan de buscar un entendimiento entre todos.

»Sin embargo, la tecnología no basta por sí sola», seguía diciendo Lih en su estudio. «Wales creó una política editorial para el mantenimiento de un «punto de vista neutral» (NPOV en sus siglas en inglés) como principio rector... Según reza en las pautas de Wikipedia: «El punto de vista neutro persigue presentar ideas y hechos de tal modo que tanto los que estén a favor como los que estén en contra puedan ponerse de acuerdo [...]». Como resultado, los artículos que versan sobre temas polémicos como la globalización se han beneficiado de la naturaleza cooperativa y global de Wikipedia. En los últimos dos años esta entrada ha tenido más de noventa añadidos y modificaciones procedentes de personas que enviaban sus aportaciones desde Holanda, Bélgica, Suecia, Reino Unido, Australia, Brasil, Estados Unidos, Malasia, Japón y China. Ofrece multitud de enfoques sobre temas tan variados como la Organización Mundial del Comercio, las empresas multinacionales, el movimiento antiglobalización o las amenazas a la diversidad cultural. Al mismo tiempo, se mantiene a raya a todo aquel que pretenda hacer aportaciones malintencionadas, ya que es muy fácil desmontar el gamberrismo. Los usuarios que se encargan de vigilar este tipo de conducta vándala examinan la lista de las últimas modificaciones y arreglan cualquier problema en cuestión de minutos, si no de segundos. Con sólo pulsar un botón se puede restaurar la versión aceptada de un artículo que haya sido desfigurado. Esta asimetría crucial inclina la balanza a favor de los miembros productivos y cooperativos de la comunidad wiki, lo que permite que prevalezca una buena calidad de contenidos. «Una enciclopedia que se basa en la colaboración puede parecer una idea de locos, pero ella sola se controla», decía Angela Beesley, contribuyente voluntaria de Essex (Inglaterra) y adicta confesa a Wikipedia, que se encarga de revisar la veracidad de más de mil entradas, entrevistada para un artículo dedicado a Wikipedia que apareció en el ejemplar del 1 de noviembre de 2004 de *Newsweek*.

Mientras tanto, Jimmy Wales no ha hecho más que empezar su aventura. Como dijo a *Newsweek*, está creando a la vez un Wiktionary (un diccionario terminológico combinado con uno ideológico), Wikibooks (libros de texto y manuales) y un Wikiquote (un libro de citas). Su única meta es, tal como él mismo dijo, hacer que «cada persona, cada individuo, pueda acceder libremente a la suma de todo el saber humano».

Este principio ético que preconiza Wales, de poner el saber a disposición de todo el mundo, es sin duda sincero, pero nos lleva también al aspecto más polémico del *open-sourcing*. Si todo el mundo aporta gratuitamente su capital intelectual, ¿de dónde provendrán los recursos necesarios para seguir innovando? ¿No acabaremos enzarzados en interminables pleitos sobre qué parcela de cualquier innovación se debe a la generosa aportación de la comunidad, pensada para que siga siendo así, gratuita, y qué parcela se debe a la aportación de una empresa a cambio de un beneficio económico, y por tanto debe pagarse por ella para que dicha empresa pueda ganar un dinero que impulsará innovaciones venideras? Todos estos interrogantes vienen motivados por otra vertiente, cada vez más popular, de colaboración auto-organizada: el movimiento del *software* libre. Según el sitio web openknowledge.org, «el movimiento del libre o abierto acceso al código fuente de los programas informáticos nació en los años 60 y 70 en la cultura del "pirateo" de los laboratorios de ciencia informática estadounidenses (de universidades como Stanford, Berkeley, Carnegie Mellon y el MIT). Los programadores formaban una comunidad reducida y aglutinada, en la que se intercambiaban códigos fuente. Es decir, si alguien hacía una mejora, se esperaba de esa persona que entregase el nuevo código a la comunidad de programadores. No compartir un código se consideraba una torpeza, pues al fin y al cabo también tú te beneficiabas del trabajo de tus amigos, así que tenías que devolver el favor».

Sin embargo, el movimiento del *software* libre se inspiró y sigue inspirándose en el ideal ético de que los programas informáticos deberían ser gratuitos y estar disponibles para todos, y se basa en la puesta en común de los códigos fuente para crear el mejor *software* posible, que debería distribuirse gratuitamente. Se trata de un enfoque ligeramente diferente del de la cámara de los comunes intelectuales, como Apache. Para éstos, el *open-sourcing* es un medio técnicamente superior para crear *software* y otras innovaciones, y aunque cualquier persona puede acceder gratis a Apache, sus creadores no tienen ningún inconveniente en que se construyan sobre él nuevos programas comercializables. El grupo Apache permitía que cualquiera que crease una obra derivada de su programa fuese propietario de dicha innovación, siempre que reconociese la aportación de Apache.

Por el contrario, el objetivo fundamental del movimiento del *software* libre es que cada vez más gente escriba, mejore y distribuya programas informáticos gratuitamente. Esta idea surge de su convencimiento de que así los individuos podrán emanciparse, liberarse de las tenazas de las empresas mundiales. En términos generales, la estructura de licencias del movimiento del *software* libre consiste en que si tu programa informático se basa directamente en su derecho de copia libre, tu programa informático también debería ser libre.

Según Wikipedia, en 1984 un investigador del MIT, que era uno de esos ex piratas informáticos, Richard Stallman, lanzó el «movimiento del *software* libre» junto con su plan de crear un sistema operativo libre llamado GNU. Para promover el *software* libre y garantizar que cualquiera pudiese modificar o acceder libremente a su código fuente, Stallman creó la Fundación del Software Libre y una cosa llamada licencia GPL (licencia para el gran público). La GPL especificaba que los usuarios del código fuente podrían copiar, modificar o mejorar el código, siempre y cuando pusiesen a disposición de todos esas modificaciones, bajo la misma patente del código original. En 1991 un estudiante de la Universidad de Helsinki llamado Linus Torvalds, aprovechando la iniciativa de Stallman, envió al foro el Linux, su sistema operativo, con el que pretendía hacerle la competencia al Windows de Microsoft e invitaba a otros ingenieros y expertos informáticos a aportar mejoras a través de internet, gratuitamente. Desde la presentación inicial de Torvald, los programadores del mundo entero han manipulado, ampliado, parcheado y mejorado el sistema operativo GNU/Linux, cuya patente dice que cualquier persona puede descargarse el código fuente y mejorarlo, pero después tiene que poner a disposición de todo el mundo, gratis, la versión actualizada. Torvald insiste en que Linux debe ser siempre gratuito. Las empresas que venden avances informáticos para mejorar el rendimiento de Linux o para adaptarlo a determinadas funciones tienen que tener mucho cuidado de no tocar su derecho de copia en estos productos comerciales.

De una manera muy similar a Microsoft Windows, Linux ofrece toda una gama de sistemas operativos que se pueden adaptar para ejecutarse tanto en los ordenadores de mesa más pequeños, en portátiles, PalmPilots y hasta en relojes de muñeca, como en las supercomputadoras y ordenadores centrales más grandes. De este modo, un chaval en la India que use un PC barato puede aprender los entresijos del mismo sistema operativo que se ejecuta en algunos de los centros de datos más grandes de los gigantes empresariales de EE. UU. Linux cuenta con un ejército de desarrolladores repartido por todo el planeta, dedicados a mejorarlo constantemente. Una tarde, mientras trabajaba en la preparación de este capítulo, fui a una comida campestre en la casa que Pamela y Malcolm Baldwin tienen en Virginia. Mi mujer los había conocido a raíz de hacerse voluntaria de World Learning, una ONG dedicada a la enseñanza. Mientras comíamos, comenté que me estaba planteando viajar a Mali para ver lo plano que se veía el mundo desde su rincón más alejado, la ciudad de Tombuctú. Casualmente, el hijo de los Baldwin, Peter, estaba trabajando en Mali dentro de un proyecto llamado GeekCorps, dedicado a llevar la tecnología a países en vías de desarrollo. Unos días después de aquella comida recibí un mensaje por correo electrónico de Pamela, en el que me decía que había hablado con Peter para ver si podía acompañarme a Tombuctú, y a continuación añadía lo siguiente (lo cual me dijo todo lo que necesitaba saber y me ahorró el viaje entero): «Dice Peter que los de su proyecto están montando cadenas de televisión inalámbrica, con conexión por satélite, ¡fabricando las antenas con botellas de plástico de refrescos y las mallas metálicas con contraventanas! Al parecer en Mali todo el mundo usa Linux...»

«En Mali todo el mundo usa Linux.» Sin duda, es un poco exagerado, pero sólo en un mundo plano podría oírse una frase así.

El movimiento del *software* libre se ha convertido en un auténtico desafío para Microsoft y otros gigantes de la informática. Como informaba la revista *Fortune* en su número del 23 de febrero de 2004: «La aparición de estos programas informáticos básicos y potentes, que trabajan con los ubicuos microprocesadores de Intel, coincidió con el explosivo crecimiento de internet. En poco tiempo Linux empezó a ganarse muchos seguidores en todo el mundo, tanto programadores como usuarios de empresas [...] La revolución va mucho más allá del pequeño Linux [...] [Actualmente] cualquier clase de *software* se puede conseguir en su variante de libre acceso a códigos fuente. El sitio web SourceForge.net, un punto de encuentro para programadores, presenta una asombrosa lista de 86.000 programas en marcha. La mayoría son proyectos de poca monta hechos por y para expertos informáticos, pero cientos de estos programas poseen valor real [...] Si te da rabia tener que pagar 350 dólares por Microsoft Office o 600 por Adobe Photoshop, OpenSource.org y Gimp son unas alternativas gratuitas con una calidad pasmosa». Combinando componentes comercializados para servidor basados en el microprocesador de Intel, con el sistema operativo Linux, grandes empresas como Google, E*Trade o Amazon han conseguido recortar drásticamente sus gastos en tecnología (y tener más control sobre su *software*).

¿Por qué hay tanta gente dispuesta a escribir programas informáticos que después se van a distribuir gratis? En parte es por el puro reto científico, que no debería subestimarse nunca. En parte es porque todos detestan a Microsoft por su forma de dominar el mercado y, según muchos expertos informáticos, de echar a todos los demás del terreno de juego. En parte, también, se debe a su creencia de que el *software* de acceso libre al código fuente se puede mantener más fresco y libre de fallos que cualquier programa informático comercializado, porque hay una tropa de programadores actualizándolo y mejorándolo constantemente (y por amor al arte). Y, por último, porque algunas grandes empresas de tecnología están pagando a ingenieros para que trabajen en la mejora de Linux y de otros programas, con la esperanza de colarse en la porción de mercado de Microsoft y convertirlo en un competidor más débil. Hay muchos motivos subyacentes, y no todos son altruistas. Pero todos juntos forman un movimiento muy poderoso que seguirá planteando un desafío difícil al modelo de *software* comercializado por el cual uno se compra el programa y después tiene que descargarse los parches que subsanan los errores y comprarse las actualizaciones.

De todos los proyectos de *software* con libre acceso al código fuente, que están planteando este reto a Microsoft, el sistema operativo Linux ha sido el éxito más renombrado hasta la fecha. Pero quienes más usan Linux son los grandes centros de datos empresariales, no usuarios particulares. Sin embargo, en noviembre de 2004 la Fundación Mozilla, una asociación sin ánimo de lucro que apoya el *software* con libre acceso al código fuente, lanzó Firefox, un navegador gratuito que el experto en tecnología del *New York Times*, Randall Stross (en un artículo del 19 de diciembre de 2004) describió como veloz y repleto de opciones que no tiene el Internet Explorer de Microsoft. Firefox 1.0, con una instalación muy sencilla, salió el 9 de noviembre. «Sólo un mes después —informaba Stross— la fundación celebró un hito considerable: 10 millones de descargas». Con las donaciones de los encantados adeptos a Firefox se compró un anuncio a doble página en *The New York Times*. «Con Firefox —añadía Stross—, el *software* con libre acceso al código fuente sale de la oscuridad de la trastienda para llegar a tu propia casa, y a la de los papás también. (Tus hijos en edad escolar lo están utilizando ya.) Es nítido, tan fácil de usar como internet Explorer y, lo más atractivo de todo, mucho mejor defendido de virus, gusanos y fisgones. Para Microsoft, la incorporación e integración de internet Explorer en su Windows siempre ha sido una característica atractiva. Sin embargo, eso era antes de que los problemas con la seguridad se convirtiesen en el pan nuestro de cada día. Firefox se ejecuta sobre Windows pero sin resultar una carga para él, en una parte separada del sistema operativo subyacente que el presidente de la Fundación Mozilla, Mitchell Baker, denomina "una defensa natural". Por primera vez, internet Explorer ha perdido presencia en el mercado. Según una encuesta mundial llevada a cabo a finales de noviembre por parte de OneStat.com (una empresa con sede en Amsterdam que se dedica a analizar la web), la participación de internet Explorer en el mercado ha caído a menos del 89 por ciento, es decir, 5 puntos porcentuales menos que en mayo. Firefox tiene ahora casi el 5 por ciento del mercado, y sigue creciendo».

No sorprenderá a nadie que los altos cargos de Microsoft no crean en la viabilidad ni en las virtudes de esta variante del *open-source*, la del *software* libre. De todos los temas que toqué para elaborar este libro, ninguno desató tantas pasiones entre los defensores y los detractores como el *open-source*. Después de pasar un tiempo con la comunidad del libre acceso al código fuente, quise escuchar lo que Microsoft tenía que decir, dado que éste va a ser un debate importante que determinará exactamente hasta qué punto el *open-source* será un aplanador.

El primer argumento de Microsoft tiene que ver con la siguiente pregunta: ¿cómo se impulsa la innovación si todo el mundo trabaja gratis y regala su trabajo? Sí —dice Microsoft—, suena muy bonito y muy solidario todo eso de encontrarnos en la red y escribir programas gratis, por y para la gente. Pero si a los innovadores no se les va a pagar ni un centavo por sus innovaciones, dejará de haber incentivos para la innovación, que al fin y al cabo es creadora de caminos, y dejará de haber dinero para invertir en I+D, realmente profunda, necesaria para impulsar el progreso en un ámbito cada vez más complejo como es éste. El hecho de que Microsoft crease el sistema operativo estándar para PC que se hizo con la posición predominante en el mercado —alega la empresa— generó los fondos que permitieron a Microsoft gastar miles de millones de dólares en I+D para desarrollar Microsoft Office, todo un paquete de programas que hoy puede comprarse por algo más de 100 dólares.

«Microsoft estaría dispuesto a reconocer que hay una serie de aspectos del movimiento del libre acceso al código fuente que resultan curiosos, sobre todo en relación con su escala, con la colaboración en comunidad, o con la comunicación», me dijo Craig Mundie, el director de tecnologías de Microsoft. «Pero nosotros creemos fundamentalmente en una industria de *software* comercial, y ciertas variantes del modelo de *open-source* atacan el modelo económico que permite a las empresas crear negocio con los programas informáticos. El círculo virtuoso de innovación, compensación, reinversión y más innovación es lo que ha impulsado todos los grandes avances de nuestra industria. El negocio de programas informáticos tal como lo hemos conocido es un negocio de economías de escala. Gastas un montón de dinero en desarrollar un producto informático, y después el coste marginal de producir cada uno de ellos es muy pequeño, pero si vendes muchos, recuperas la inversión y reinviertes los beneficios en desarrollar la siguiente generación. Pero si te empeñas en no cobrar por los programas informáticos, en que lo único que puedes hacer es regalarlos, entonces el negocio del *software* deja de ser un negocio de economías de escala.»

Bill Gates añadió: «[Para impulsar la innovación] necesitas el capitalismo. Que [un movimiento] diga que la innovación no merece compensación económica es contrario al rumbo del mundo. Cuando hablo con los chinos, me dicen que su sueño es montar una empresa. No están pensando: "De día seré peluquero y de noche haré programas informáticos gratis". [...] Cuando te encuentras con un problema de seguridad en tu sistema [informático], no te hace ninguna gracia decir: "¿Dónde está el de la peluquería?"».

A medida que entramos en este mundo plano y te encuentras con esta ingente mano de obra global que funciona gracias a la red, con todas esas herramientas de cooperación, hasta el más mínimo proyecto encontrará quien quiera encargarse de él, copiarlo, modificarlo... gratis. Habrá quien se dedique a intentar crear las versiones gratuitas de todos los programas, de todos los medicamentos, de toda la música. «Entonces, ¿cómo conservarán su valor los productos?», preguntaba Mundie. «Y si las empresas no pueden extraer un valor justo a cambio de sus productos, ¿avanzará la innovación en esta o en otras áreas a la velocidad con que debería evolucionar?» ¿Acaso podremos contar siempre con un movimiento independiente de acceso libre al código fuente que se ocupe de impulsar las cosas gratuitamente?

Desde mi punto de vista, nos encontramos aún en los albores del aplanamiento del mundo y es demasiado pronto para responder estas preguntas. Pero necesitarán una respuesta, y no sólo para Microsoft. Hasta ahora (y tal vez esto forme parte de la respuesta a largo plazo) Microsoft ha sido capaz de aprovechar el hecho de que lo único que resulta más caro que el *software* comercial es el *software* gratuito. Pocas grandes empresas pueden descargarse fácilmente Linux de la web y esperar que funcione para todos sus cometidos. Hay que hacerle muchas adaptaciones de diseño y de ingeniería de sistemas para ajustarlo a las necesidades específicas de una empresa, sobre todo para operaciones complejas, a gran escala y cruciales para lograr un objetivo. Por eso, si sumas todos los gastos de adaptar el sistema operativo Linux a las necesidades de tu empresa, así como a su plataforma de *hardware* y a sus aplicaciones concretas —alega Microsoft—, al final puede costar tanto o más que Windows.

El segundo argumento que plantea Microsoft en contra de todo este movimiento de acceso libre al código fuente tiene que ver con cómo podemos saber a quién pertenece cada pequeña o gran innovación en un mundo plano en el que unas cosas se hacen gratis y otras se crean para obtener beneficios. ¿De verdad respetarán los programadores chinos las reglas de la Fundación del Software Libre? ¿Quién gobernará todo esto?

«En cuanto familiarices a la población del planeta con la idea de que los programas informáticos o cualquier otra innovación deben ser gratuitos, mucha gente no hará distinciones entre programas, medicamentos, música o patentes de diseños de coches», argüía Mundie. Y lleva parte de razón. Yo trabajo para un periódico, de él cobro mi nómina cada mes. Pero considero que los periódicos digitales deberían ser gratuitos, y me niego por principio a pagar una suscripción para ver la versión digital de *The Wall Street Journal*. Llevo dos años sin leer la versión impresa de *The New York Times* con regularidad. Lo leo en su versión digital. Pero ¿y si la generación de mis hijas, a la que se está educando para creer que los periódicos son algo a lo que se debe acceder gratis en internet, llega a la edad adulta y se niega a pagar por adquirir la versión en papel? Mmmm. A mí me encantaba Amazon.com hasta que empezó a ofrecer una plataforma global que no sólo vendía mis libros nuevos, sino también ejemplares de segunda mano. Y todavía no tengo muy claro lo que siento cuando veo que Amazon está ofreciendo extractos de este mismo libro para que la gente pueda leerlos gratis en la red.

Mundie señaló que hace poco una gran empresa automovilística estadounidense ha descubierto que ciertos fabricantes chinos están usando nuevas herramientas tecnológicas, como escáneres digitales, para escanear un coche entero y producir como churros y en muy poco tiempo modelos de cada una de sus partes diseñados por ordenador. A continuación pueden introducir esos diseños en unos robots industriales que en un plazo brevísimo pueden fabricar una copia exacta de un coche de la GM, sin tener que gastarse ni un centavo en I+D. Los fabricantes de coches estadounidenses jamás pensaron que tendrían que preocuparse por la clonación de sus automóviles a gran escala. Pero en el mundo plano, dadas las tecnologías que están ahí, a disposición de todos, esto ha dejado de ser así.

A lo que voy es a lo siguiente: el movimiento de acceso libre a códigos es un aplanador importante porque hace que muchas herramientas (desde programas informáticos hasta enciclopedias) se puedan adquirir gratis, en lugar de obligar a millones de personas de todo el mundo a comprarlas para utilizarlas, y porque las asociaciones de redes de libre acceso a códigos fuente (con sus fronteras abiertas y su enfoque de «donde caben dos, cabemos todos») pueden plantear un serio desafío a las estructuras jerarquizadas gracias a su modelo horizontal de innovación, que sin duda está funcionando cada vez más en más áreas. Apache y Linux han contribuido por separado a reducir los gastos relacionados con el uso de los ordenadores y de internet, y lo han hecho de una manera que resulta profundamente niveladora. Este movimiento no va a desaparecer. De hecho, es posible que no haya hecho más que empezar, con un voraz y creciente apetito que podría aplicarse a muchas industrias. Como cavilaba *The Economist* en su ejemplar del 10 de junio de 2004, «algunos fanáticos alegan incluso que el enfoque del libre acceso a los códigos fuente representa un modelo nuevo, poscapitalista, de producción».

Es posible que así sea. Pero si resulta ser cierto, entonces vamos a tener que aclarar unos cuantos puntos descomunales relacionados con el gobierno global: quién es propietario de qué y cómo se beneficiarán particulares y empresas de sus creaciones.

Aplanador 5
SUBCONTRATACIÓN (OUTSOURCING)
Y2K

Desde que logró la independencia el 15 de agosto de 1947, la India ha tenido sus altibajos, pero en ciertos aspectos podría pasar a la historia como el país más afortunado de finales del siglo XX.

Hasta hace poco la India era lo que en jerga bancaria se conoce como el «segundo comprador». Al hacer negocios, te interesa siempre ser el segundo comprador, o sea, comprar el hotel, el campo de golf o el centro comercial después de que el primer comprador haya quebrado, pues entonces el banco vende sus bienes por diez centavos. Pues bien, los primeros compradores de todo el cable que instalaron todas esas empresas del sector de la fibra óptica (que creían que se iban a hacer eternamente ricas en un universo digital en eterna expansión) fueron sus accionistas estadounidenses. Cuando se rompió la burbuja, se quedaron con unos fondos sin valor alguno o tremendamente depreciados en las manos. Y los indios pudieron convertirse en segundos compradores de las empresas de fibra óptica.

En realidad no compraron las acciones. Simplemente se beneficiaron del exceso de tendido de fibra óptica, que implicaba que tanto ellos como sus clientes estadounidenses podían usar todo ese cable prácticamente gratis. Aquello supuso un gran golpe de suerte para la India (y, en menor medida, para China, la antigua Unión Soviética y Europa oriental). En

efecto, ¿qué caracteriza la historia de la India contemporánea? Por decirlo brevemente, se trata de un país casi sin recursos naturales, pero efica-
císimo en una cosa: explotar el intelecto de su propio pueblo, formando
a una parte relativamente grande de sus élites en ramas científicas, de
ingeniería y de medicina. En 1951 Jawaharlal Nehru, el primer ministro
indio, tomó una admirable y sabia decisión al fundar los siete primeros
Institutos Indios de Tecnología (IIT en sus siglas en inglés) en la ciudad
de Kharagpur, al este del país. En los cincuenta años que han transcurri-
do desde entonces, cientos de miles de indios han competido por ingresar y licenciarse en alguno de estos IIT o en sus equivalentes privados (o
en alguno de los seis Institutos Indios de Dirección de Empresas, dedicados a la docencia de la administración empresarial). Si tenemos en cuenta que la población india suma más de mil millones de habitantes, esta
competitividad da lugar a una espectacular meritocracia de las tecnologías de la información. Es como una fábrica, que produce en cantidad y
exporta después a los ingenieros, informáticos y programadores con más
talento y mejor preparados del mundo.

Aquello (¡albricias!) fue una de las pocas cosas que hizo bien la
India. Porque su sistema político, a menudo disfuncional, unido a la
preferencia de Nehru por una política económica pro-soviética y socialista, garantizó que hasta mediados de los 90 la India no pudiese ofrecer un buen empleo a la mayoría de aquellos magníficos ingenieros.
¡Así fue como EE. UU. se convirtió en segundo comprador del capital
intelectual indio! Si eras un indio inteligente y con estudios superiores,
la única manera de realizar tu potencial era marcharte del país. Lo idóneo era ir a Norteamérica. Allí se han establecido desde 1953 unos
25.000 titulados de las mejores escuelas superiores de ingeniería de la
India, nutriendo así las reservas de mano de obra de las tecnologías de
la información gracias a su nivel de preparación, sufragada por los contribuyentes indios.

«Los IIT se convirtieron en islas de excelencia, al impedir que la
degradación generalizada del sistema indio mermase tan rigurosos niveles de excelencia», señalaba *The Wall Street Journal* (16 de abril de 2003).
«Para ingresar en un IIT no valían sobornos de ningún tipo [...] Sólo se
admite a los aspirantes que aprueben un complicadísimo examen de ingreso. El gobierno no interfiere en el plan de estudios, y el nivel de exigencia es muy alto. [...] Al parecer, cuesta más entrar en un IIT que en
Harvard o en el Instituto de Tecnología de Massachusetts (el MIT) [...]
Vinod Khosla, antiguo alumno de un IIT y cofundador de Sun Micros-
ystems, dijo: "Después del IIT en Delhi, fui a estudiar un máster en Car-

negie Mellon, y todo ese tiempo me pareció que estaba de crucero, por lo fácil que me pareció en comparación con la preparación que me dieron en el IIT"».

Durante casi todos estos cincuenta primeros años de existencia, los IIT han sido una de las mejores gangas que se ha encontrado EE. UU. en su historia. Era como si alguien hubiese puesto un desagüe en Nueva Delhi por el que se colaba todo aquel capital intelectual e iba a parar a Palo Alto.

Y entonces llegaron Netscape, la liberalización del mercado de las telecomunicaciones en 1996 y Global Crossing con sus colegas los de la fibra óptica. El mundo se había aplanado y todo se puso patas arriba. «La India no tenía recursos ni infraestructura», dijo Dinakar Singh, uno de los jóvenes gestores de *hedge funds** más respetados de Wall Street, cuyos padres estudiaron en un IIT y después emigraron a Estados Unidos, donde nació él. «Producía profesionales de calidad y en cantidad. Pero muchos de ellos se pudrían en los muelles de la India como las verduras. Sólo unos cuantos, relativamente pocos, pudieron subir al barco y salir. Pero ya no hace falta, gracias a que hemos construido este puente transoceánico llamado cable de fibra óptica... Durante décadas, para ejercer una profesión así tenías que irte de la India... Ahora te puedes conectar con el mundo entero sin moverte de allí. No hace falta que vayas a Yale ni trabajes después en Goldman Sachs (como hice yo).»

Como la India no habría podido permitirse nunca la anchura de banda necesaria para conectar a su mentalmente capacitada población con la Norteamérica de la tecnología punta, los accionistas estadounidenses corrieron con el gasto. Por supuesto, el exceso inversor puede ser beneficioso. El exceso inversor en vías de tren acabó siendo de gran ayuda para la economía estadounidense. «Pero el exceso inversor en vías férreas se limitaba a tu propio país, lo mismo que los beneficios resultantes», dijo Singh. En el caso de las vías digitales, «los que se beneficiaron fueron los extranjeros». La India pudo circular gratis.

Es interesante hablar con indios que estuvieron ahí justo cuando las empresas estadounidenses empezaron a descubrir que podían aprovechar el potencial intelectual de la India. Uno de ellos es Vivek Paul, actual presidente de Wipro, el gigante indio de programas informáticos. «En muchos

---

* Fondos de inversión alternativos que aprovechan las deficiencias del mercado. (*N. de la T.*)

aspectos la revolución india de la [subcontratación de] tecnología de la información se inició con la llegada de General Electric. Estamos hablando de finales de los 80 y principios de los 90. En esa época, Texas Instruments había contratado en la India unos diseños de bajo precio. Algunos de sus diseñadores clave [en EE. UU.] eran indios, y lo que básicamente hicieron fue dejarles volver a casa para trabajar desde allí [usando, para mantenerse en contacto, las más bien rudimentarias redes de comunicaciones que había en la época]. En esos tiempos yo dirigía las operaciones del Sistema Médico de GE en Bangalore. Jack Welch [el presidente de GE] vino a la India en 1989 y no podía creerse que la India fuese una fuente de ventajas intelectuales para GE. Jack solía decir que la India era un país en vías de desarrollo con una desarrollada capacidad intelectual. Él vio que había allí unas reservas de talento que se podían aprovechar al máximo. Así que dijo: "Ya que nos gastamos un montón de dinero en fabricar *software*, ¿no podríamos trasladar aquí parte de las tareas de nuestro departamento de tecnologías de la información?"». Dado que la India había cerrado su mercado a las empresas extranjeras de tecnología, como IBM, las empresas indias habían creado sus propias fábricas para hacer PC y servidores, y Welch consideró que si eran capaces de hacerlo para ellas mismas, también podrían hacerlo para GE.

Para llevar a cabo este proyecto, Welch envió a la India a un equipo encabezado por el jefe de información de GE, para que comprobasen qué posibilidades de éxito tenía. En esa época Paul también estaba sustituyendo al director de desarrollo de negocio de GE para la India. «Así pues, tuve que ocuparme de acompañar al jefe de información de la empresa en su primer viaje, a principios de 1990», recordaba. «Habían venido con unos cuantos proyectos pilotos para poner en marcha toda la operación. Me acuerdo de ir a recogerlos al aeropuerto de Delhi en plena noche con una comitiva de coches indios, marca Ambassador, cuyo diseño se inspiraba en un modelo muy anticuado de Morris Minor de los años 50. Todos los miembros del gobierno usaban un coche de éstos. Total, íbamos con nuestra caravana de cinco automóviles del aeropuerto a la ciudad. Yo iba en el último coche, y en un momento dado se oyó un estrépito tremendo y pensé: "¿Qué ha pasado?". Salí pitando hacia la cabeza de la comitiva y me encontré con que el capó del primer coche se había abierto de golpe y había destrozado el parabrisas, ¡con todos esos tipos de GE dentro! La caravana entera, llena de jefazos de GE, tuvo que apartarse a un lado. Lo único que les oía decirse unos a otros era: "¿Pero aquí vamos a encargar la fabricación de nuestros programas?"».

Por suerte para la India, la penosa calidad de los coches indios no desalentó al equipo de GE. General Electric decidió echar raíces, iniciando un proyecto conjunto de desarrollo con Wipro. Había otras empresas probando diferentes modelos. Pero todavía no había empezado la era de la fibra óptica. Así, por ejemplo, la editorial Simon & Schuster enviaba sus libros a la India y pagaba 50 dólares de sueldo mensual (frente a los 1.000 dólares mensuales que tenía que pagar en EE. UU.) para que los indios los pasasen a mano al ordenador y convirtiesen los libros en archivos electrónicos digitalizados que después podrían editarse o corregirse fácilmente, sobre todo los diccionarios, que requieren revisión constante. En 1991 Manmohan Singh, a la sazón ministro de Finanzas de la India, empezó a abrir la economía india a la inversión extranjera y a propiciar la libre competencia en la industria de las telecomunicaciones para bajar los precios. Con el fin de atraer más inversiones extranjeras, Singh dio muchas facilidades a las empresas para montar estaciones terrestres de señal de satélite en Bangalore, de modo que pudiesen saltarse el sistema telefónico indio y conectarse con sus bases de Norteamérica, Europa o Asia. Hasta entonces, sólo Texas Instruments había estado por la labor de tratar con la burocracia india, convirtiéndose así en la primera multinacional que estableció un diseño de circuito y un centro de desarrollo en la India, en 1985. El centro de tecnologías de la información de Bangalore contaba con su propia estación terrestre de satélite, pero tenía que soportar que un funcionario del gobierno indio la supervisase (teniendo derecho a examinar hasta lo último que entraba o salía). Singh aflojó las riendas a partir de 1991. Poco después, en 1994, se creó en Bangalore la HealthScribe India, una subcontratación financiada en su origen por médicos indios y americanos, cuyo cometido era hacer transcripciones médicas para médicos y hospitales estadounidenses. En aquellos tiempos esos médicos tenían que tomar notas a mano y grabarlas de viva voz en un dictáfono para que una secretaria u otra persona las transcribiese a continuación, lo cual solía llevar varios días o semanas. HealthScribe creó un sistema que transformaba el teléfono por pulsos de un médico en una máquina de dictado. El médico marcaba un número y simplemente dictaba sus notas a un PC provisto de una tarjeta de voz, que digitalizaba sus palabras. El médico podía hacerlo desde cualquier sitio. Gracias al satélite, un ama de casa o un estudiante de Bangalore podían sentarse delante de un ordenador y descargarse la voz digitalizada del médico para transcribirla... no en un par de semanas, sino en dos horas. Entonces esta persona reenviaba el documento por satélite en forma de archivo de texto, que podía entrar en el sistema informático del hospital y pasar a integrar el archivo de facturación, por ejemplo. Debido a la diferencia horaria entre EE. UU. y la India, los indios podían hacer la transcripción mientras los médicos estadounidenses dormían, con lo que éstos tenían el archivo a la mañana siguiente en su mesa. Aquello supuso un avance muy importante para las empresas, dado que si desde Bangalore podías transcribir bien, sin percances y dentro de la ley (en una de las industrias más proclives del mundo a los litigios), partes médicos, informes de laboratorio y diagnósticos, otras muchas industrias podrían plantearse trasladar también a la India algunas de sus tareas de trastienda. Y así lo hicieron. Pero todo quedaba limitado a las capacidades de transmisión por satélite, en la que la voz llegaba con retardo. (Gurujot Singh Khalsa, uno de los fundadores de HealthScribe, me contó que, irónicamente, al principio se plantearon encargar esta tarea a indios de Maine, es decir, a indios americanos, aprovechando que el gobierno federal destinaba fondos para impulsar la recuperación económica de las tribus indias, pero nunca lograron que se interesasen lo bastante como para cerrar el trato.) Encargar las transcripciones en la India costaba alrededor de una quinta parte de lo que costaba en EE. UU. por cada renglón, una diferencia que llamó la atención de mucha gente.

Con todo, a finales de los 90 doña Buena Fortuna empezó a brillar sobre la India desde dos puntos diferentes. Por una parte, comenzaba a inflarse la burbuja de la fibra óptica, ligando a la India con Estados Unidos. Y, por otra, empezó a divisarse en el horizonte la crisis informática del Y2K (el denominado efecto milenio o efecto 2000). Como recordarás, el efecto 2000 fue un resultado de la presencia del reloj interno que se instalaba en el ordenador en el momento de su fabricación. Con el fin de ahorrar espacio en la memoria, ese reloj mostraba la fecha sólo con seis dígitos (dos para el día, dos para el mes y —¡premio!— dos para el año). Eso quería decir que sólo podría llegar al 31/12/99. Por eso, cuando el calendario llegase al 1 de enero de 2000, muchos ordenadores antiguos se verían obligados a registrar la fecha no como 01/01/2000 sino como 01/01/00, y podrían pensar que estaban en 1900 de golpe y porrazo. Aquello implicaba ajustar el reloj interno y los sistemas asociados a él en una ingente cantidad de los ordenadores existentes (los nuevos ya se hacían con un reloj mejorado). De lo contrario, se temía que dejasen de funcionar, dando lugar a una crisis a escala planetaria, dada la gran cantidad y diversidad de sistemas de gestión que estaban computerizados, desde el suministro de agua hasta el control del tráfico aéreo.

Esta labor de ajuste informático representaba un trabajo monumental y pesado. ¿Quién disponía de suficientes ingenieros informáticos para ocuparse de semejante embolado? Respuesta: la India, con todos sus expertos en tecnología salidos de todos esos IIT, escuelas técnicas privadas y academias de informática.

Y así, con el efecto 2000 que se nos venía encima, Estados Unidos y la India empezaron a salir juntos y su relación se convirtió en un enorme aplanador, porque demostró a gran cantidad de empresas y negocios que la combinación formada por PC, internet y cable de fibra óptica hacía posible una nueva forma de cooperar y de crear valor horizontalmente: el *outsourcing*.

Cualquier servicio, cualquier centro telefónico de atención al cliente, cualquier operación de apoyo empresarial y cualquier tarea relacionada con las tecnologías de la información que pudiese digitalizarse era susceptible de ser subcontratada en cualquier punto del planeta con el suministrador más barato, más rápido o más eficiente. Al usar terminales conectados entre sí por cable de fibra óptica, los técnicos de la India podían asomarse al capó informático de tu empresa y hacer todos los ajustes necesarios, aun estando en la otra punta del mundo.

«[La solución al efecto 2000] fue una labor fastidiosa que no iba a proporcionar ninguna gran ventaja competitiva», dijo Vivek Paul, el ejecutivo de Wipro cuya empresa fue una de las subcontratadas para hacer el pesado trabajo de arreglo del efecto 2000. «Por eso, todas esas empresas occidentales se enfrentaron al difícil desafío de encontrar quien lo hiciese, y al mínimo precio posible. "¡Lo único que queremos es pasar el dichoso año 2000!", decían. Así que empezaron a trabajar con empresas indias [de tecnología] con las que, de no haber sido por aquello, posiblemente nunca habrían trabajado.»

Por seguir con mi metáfora, aceptaron una cita a ciegas con la India. Estaban dispuestas a que les encontrasen novio. «El efecto 2000 —siguió diciéndome Jerry Rao— no significó lo mismo para todo el mundo. Para la industria india representó la oportunidad más grande de su historia. La India estaba considerada una nación atrasada. De pronto, el problema del efecto 2000 obligó a revisar hasta el último ordenador existente en el mundo. Y precisamente la cantidad de personas que hacía falta para revisar líneas de código se encontraba en la India. Gracias al efecto 2000 la industria india de tecnologías de la información llegó hasta el último rincón del planeta. El efecto 2000 se convirtió en nuestro motor de crecimiento, en el motor que nos dio a conocer en todo el mundo. Después de lo del efecto 2000 se nos dejó de ver como una nación atrasada».

La tarea de arreglo del efecto milenio empezó a perder peso a principios del año 2000, pero entonces surgió otro incentivo totalmente nuevo para el crecimiento empresarial: el comercio electrónico. Todavía no había estallado la burbuja de las puntocom, no había suficientes ingenieros lumbreras y las puntocom estaban tremendamente necesitadas de ellos. Paul me dijo: «La gente quería lo que consideraban que eran aplicaciones cruciales para sus objetivos, unas aplicaciones sin las cuales no podrían siquiera existir, sin las que no podrían ir a ninguna parte. Así que acudieron a las empresas indias, y al hacerlo se encontraron con que éstas les suministraban sistemas complejos de alta calidad, a veces incluso mejores que lo que conseguían de otros proveedores. Esto generó un respeto enorme por los suministradores indios de tecnologías de la información [...] Y si [la tarea del efecto 2000] simbolizó la primera toma de contacto y el conocimiento mutuo, esto otro fue el enamoramiento».

De este modo estalló el movimiento de subcontratación de servicios de empresas estadounidenses con empresas indias como nueva forma de colaboración. Sólo con tender cable de fibra óptica entre un terminal de Bangalore y la computadora central de mi empresa, podría tener a empresas indias de tecnología de la información como Wipro, Infosys y Tata Consulting Services gestionando mi comercio electrónico y las aplicaciones centrales.

«En cuanto pasamos al ámbito de los ordenadores centrales y del comercio electrónico... ya estamos casados», me decía Paul. Pero una vez más la India tuvo la fortuna de poder explotar toda aquella cantidad de cable de fibra óptica que había instalada bajo el mar. «Yo tenía una oficina pegada al hotel Leela Palace de Bangalore», añadió Paul. «Estaba trabajando con una fábrica situada en el parque de tecnologías de la información de Whitefield, una zona residencial de Bangalore, *y no había manera de tener línea telefónica local entre nuestras oficinas y la fábrica*. A no ser que sobornases a alguien, no podías conseguir línea. Y nosotros no queríamos pagar ningún soborno. Así que mi llamada telefónica a Whitefield iba de mi despacho de Bangalore a Kentucky, donde había un ordenador central de GE con el que estábamos trabajando, y de Kentucky llegaba a Whitefield. Utilizábamos nuestra propia línea contratada de fibra óptica, que recorría todo el océano... pero para usar la que cruzaba la ciudad había que pagar un soborno.»

No fue sólo que la India se beneficiase con el *boom* de las puntocom... ¡Es que aún se benefició más con su descalabro! Ésa es la verdadera ironía del asunto. La explosión significó la instalación del cable que conectó a la India con el mundo entero, y el descalabro propició que su uso resultase prácticamente gratuito y además incrementó el número de empresas estadounidenses que decidieron usar el cable de fibra óptica para subcontratar en la India tareas relacionadas con las tecnologías de la información.

El asunto del efecto 2000 desembocó en este movimiento desesperado por conseguir expertos indios que se encargasen de tareas relacionadas con la programación. Las empresas indias eran buenas y baratas, pero los clientes no pensaban tanto en el coste como en que alguien hiciese el trabajo, y la India era el único sitio que contaba con suficiente volumen de trabajadores para ello. Una vez salvado el efecto 2000, se produce la explosión de las puntocom. Y la India es uno de los pocos lugares en los que puedes encontrar superávit de ingenieros angloparlantes, y a cualquier precio, porque todos los que estaban en EE. UU. habían sido absorbidos por las empresas de comercio electrónico. Entonces se rompe la burbuja de las puntocom, se hunde la Bolsa y las reservas de capital inversor se secan. Las empresas estadounidenses del sector de las tecnologías de la información que sobrevivieron al *boom* y las firmas de capital de riesgo que todavía quieren financiar empresas de nueva creación tenían mucho menos líquidez para gastar. Ahora necesitaban a los ingenieros indios no sólo porque eran muchos, sino precisamente porque eran baratos. De este modo, la relación entre la India y la comunidad empresarial norteamericana se intensificó un grado más.

Uno de los errores más grandes de muchos analistas a principios del nuevo milenio fue confundir la explosión de las puntocom con la globalización, dando a entender que ambas eran modas pasajeras, puro humo. Cuando se produjo el descalabro de las puntocom, estos mismos analistas equivocados dieron por hecho que también la globalización había llegado a su fin. Pero en realidad pasó todo lo contrario. La burbuja de las puntocom no sólo era un aspecto de la globalización, y cuando implosionó, en lugar de hundir la globalización lo que en realidad hizo fue ponerle el turbo.

El indoamericano Promod Haque, uno de los inversores de capital de riesgo más destacados de Silicon Valley gracias a su empresa Norwest Venture Partners, se vio en mitad de aquella transición. «Cuando se produjo el descalabro, se despidió a muchos de estos ingenieros indios que estaban trabajando en EE. UU. [con visados temporales de trabajo], y tuvieron que volver a la India», me explicó Haque. Pero como consecuencia del hundimiento, todas las grandes empresas estadounidenses congelaron las partidas presupuestarias destinadas a tecnologías de la información. «Se dio orden a todos los directores de tecnologías de la información de llevar a cabo el mismo volumen de trabajo o más, con menos dinero. Entonces, adivina qué hacen. Se dicen: "¡Hombre!, ¿te acuerdas de aquel indio, Vijay, que trabajaba aquí cuando el *boom* y que luego tuvo que volverse a casa? Voy a llamarle a Bangalore a ver si quiere trabajar para mí por menos dinero de lo que tendría que pagar a un ingeniero de EE. UU."». Y gracias a todo ese cable de fibra óptica que se había instalado durante el *boom*, encontrar a Vijay y ponerle a trabajar resultó pan comido.

Haque me explicó que quienes llevaron a cabo la labor de reajuste informático del efecto 2000 fueron, en gran parte, programadores indios con formación básica, recién salidos de la academia de informática. «Pero los tipos con visado que venían a Estados Unidos no eran estudiantes de academia. Tenían titulación superior en carreras de ingeniería. Muchas de nuestras empresas vieron que dominaban Java y C++ y que sabían hacer labores de arquitectura informática. Por eso, cuando los despidieron y tuvieron que marcharse a casa, y al director de tecnologías de la información de aquí le dijeron: "Mira, no me importa cómo te las ingenies para sacar adelante el trabajo. Tú hazlo, y por menos dinero", el hombre llama a Vijay.» En cuanto América y la India empezaron a salir, las pujantes empresas indias de tecnologías de la información con sede en Bangalore empezaron a hacer sus contraofertas. La misión del efecto 2000 les había brindado la oportunidad de entrar en contacto con algunas empresas bastante grandes de Estados Unidos, y gracias a eso empezaron a entender cuáles eran los puntos delicados y cómo implementar procesos de negocio y mejorarlos. Así pues, los indios, que ya estaban encargándose de labores muy específicas relacionadas con mantenimiento de códigos particulares para compañías de mayor valor añadido, empezaron a crear sus propios productos y, de ser empresas de mantenimiento, pasaron a ofrecer sus propios productos y a ofrecer gran variedad de servicios de *software* y de consultoría. Estas empresas indias se metieron aún más de lleno en las americanas, y la subcontratación de procesos de negocio (es decir, la decisión de permitir que los indios se encargasen de tu trastienda) alcanzó un nivel sin precedentes. «En nuestra empresa tenemos un departamento de cuentas a pagar, y yo podría trasladarlo por completo a la India, subcontratándolo con Wipro o con Infosys, y reducir así a la mitad mis costes», me contó Haque. En todo Estados Unidos los directores generales repetían lo mismo: «Que funcione por menos». Y las empresas indias les decían: «Yo ya te he echado un vistazo al capó y te puedo ofrecer una solución total al precio más bajo». Dicho de otro modo, las subcontrataciones indias les venían a decir: «¿Te acuerdas de que te arreglé los neumáticos y los pistones cuando lo del efecto 2000? Bueno, pues si te interesa, podría ocuparme de lubricarlo. Además, ahora que me conoces y que hay confianza, ya sabes que lo puedo hacer». Hay que decir en su honor que los indios no sólo eran baratos, sino que además estaban ávidos y dispuestos a aprender lo que fuese.

La escasez de capital tras el descalabro de las puntocom forzó a las firmas de capital de riesgo a procurar que las empresas en las que invertían encontrasen la manera más eficiente de innovar a bajo precio y con elevada calidad. Haque me dijo que en los tiempos de la explosión bursátil no era raro que una inversión de 50 millones de dólares en una empresa de nueva creación reportase 500 millones de dólares de ganancia en cuanto salía a Bolsa. Después del hundimiento, la acción de esa misma empresa podría dar ganancias de sólo 100 millones de dólares. Así pues, las firmas de capital de riesgo sólo estaban dispuestas a arriesgar 20 millones de dólares por que dicha empresa saliese a Bolsa.

«Para las firmas de capital de riesgo la gran pregunta era: "¿Cómo hago para que mis empresarios y sus nuevas empresas alcancen una situación en la que sus acciones no bajen o den beneficios pronto, para que dejen de resultar un lastre para mi capital y las pueda vender, de modo que mi firma pueda *generar buena liquidez y buenos intereses?*"», me decía Haque. «La respuesta que encontraron muchas de estas firmas fue: «Mejor subcontrato todas las funciones que pueda, desde el principio. Tengo que hacer dinero para mis inversores más deprisa, así que lo que se pueda subcontratar debe subcontratarse».

Henry Schacht, que, como dijimos antes, fue el director de Lucent durante parte de este período, presenció todo el proceso desde el lado de la gestión de una gran empresa. La economía empresarial, me dijo, se puso «muy fea» para todo el mundo. Todos veían que los precios no se movían o bajaban y que los mercados se paralizaban, pero que ellos seguían gastando muchísimo dinero para llevar a cabo las tareas de trastienda de la empresa, cosa que ya no podían permitirse. «La presión de los costes era tremenda —rememora— y como el mundo plano ya estaba a su alcance, la economía obligó a la gente a hacer cosas inimaginables antes... La globalización recibió una recarga brutal», tanto en lo tocante a las labores relacionadas con tecnologías de la información, como en todo lo relacionado con las manufacturas. Las empresas se dieron cuenta de que podían acudir al MIT y encontrar cuatro ingenieros chinos increíblemente listos, dispuestos a volver a China y trabajar desde allí para ellos por lo mismo que les costaría contratar a un solo ingeniero en Estados Unidos. Los laboratorios Bell contaban con unas instalaciones en Tsingdao dedicadas a investigación, que podían conectar con los ordenadores de Lucent en Estados Unidos. «Utilizaban nuestros ordenadores por la noche», me contó Schacht. «Casi era nulo no sólo el incremento en el gasto, sino también el coste de transmisión, y [por la noche] el ordenador descansaba.»

Por todas estas razones, creo que en la India deberían crear una festividad dedicada al efecto 2000, algo así como un segundo Día de la Independencia India, además del 15 de agosto. Como dijo Michael Mandelbaum, experto en política internacional de la Universidad Johns Hopkins y que de joven vivió en la India, «el 1 de enero de 2000 debería considerarse el Día de la Independencia India», porque fue la capacidad de la India de colaborar con empresas occidentales, gracias a la interdependencia creada por las redes de fibra óptica, lo que realmente impulsó al país y otorgó a más indios que nunca auténtica libertad para elegir cómo, para quién y dónde querían trabajar.

Por decirlo de otro modo, si el 15 de agosto celebra la libertad a medianoche, el 1 de enero de 2000 hizo posible el *empleo* a medianoche. Pero no cualquier empleo, sino el de los mejores trabajadores indios de las tecnologías de la información. El 15 de agosto *la India* ganó la independencia. El 1 de enero de 2000 ganaron la independencia *los indios* (no todos, ni mucho menos, pero sí muchos más que hace cincuenta años, y muchos de ellos procedentes del segmento más productivo de la población). En este sentido, sí, India tuvo suerte, pero también cosechó lo que había sembrado a base de trabajo duro y formación, y de la sabiduría de sus mayores, que crearon todos esos IIT.

Hace mucho tiempo Louis Pasteur dijo: «La fortuna favorece a la mente preparada».

Aplanador 6
TRASLADO DE FÁBRICAS PARA ABARATAR COSTES (*OFFSHORING*)
Correr con las gacelas, comer con los leones

El 11 de diciembre de 2001 China ingresó formalmente en la Organización Mundial del Comercio, lo que significó que Pekín accedía a observar las mismas normas mundiales que regulaban las importaciones, exportaciones e inversiones extranjeras que aplicaba la mayoría de los países del mundo. Significó que China accedía, en principio, a dejar su propio terreno de juego competitivo igual de llano que el resto del mundo. Unos días después el director chino (formado en EE. UU.) de una fábrica de Pekín que produce bombas de carburante, cuyo propietario era un amigo mío, Jack Perkowski, presidente y director general de ASIMCO Technologies (fabricante estadounidense en China de componentes para automóvil), puso en la planta de su fábrica un cartel con el siguiente proverbio africano:

> *Cada mañana en África se despierta una gacela.*
> *Sabe que tiene que correr más rápido que el león más veloz si no quiere que la mate.*
> *Cada mañana se despierta un león.*
> *Sabe que tiene que ganar a la gacela más lenta si no quiere morir de hambre.*
> *Da igual que seas león o gacela.*
> *Cuando salga el sol, más te vale empezar a correr.*

Yo no sé quién es el león y quién la gacela, pero sí sé una cosa: desde que los chinos entraron en la OMC, tanto ellos como el resto del mundo han tenido que correr cada vez más deprisa. Ello se debe a que el ingreso de China en la OMC propulsó otra forma más de colaboración: el *offshoring*, o el traslado de fábricas allí donde los costes sean menores. Esta práctica, que lleva décadas haciéndose, no es lo mismo que el *outsourcing* (la subcontratación). *Outsourcing* significa coger unas cuantas (y limitadas) funciones que tu empresa realizaba dentro de casa, tales como investigación, atención telefónica o facturas al cobro, y encargárselas a otra empresa para que haga exactamente esas mismas funciones por ti y reinserte el resultado de su trabajo en el conjunto de tu negocio. Por el contrario, el *offshoring* se produce cuando una empresa coge una de sus fábricas, que está en Canton (Ohio), y se la lleva entera a Cantón (China). Allí esta nueva instalación fabrica exactamente el mismo producto y exactamente de la misma manera, sólo que con una mano de obra más barata, impuestos más bajos, energía subvencionada y seguros sociales más baratos. Del mismo modo que el efecto 2000 catapultó a la India y al mundo entero a un nivel totalmente nuevo de *outsourcing*, el ingreso de China en la OMC catapultó a Pekín y al mundo entero hasta un grado totalmente nuevo de *offshoring*, ya que muchas más empresas trasladaron su producción a otros lugares y a continuación los integraron en sus cadenas mundiales de suministros.

En 1977 el dirigente chino Deng Xiaoping puso a China en el camino hacia el capitalismo. Tiempo después proclamaría que «hacerse rico es glorioso». Cuando China abrió por primera vez su economía, hasta entonces firmemente cerrada, para las empresas de los países industrializados supuso la aparición de un increíble mercado para sus exportaciones. Todo fabricante occidental o asiático soñó con vender el equivalente a 1.000 millones de prendas de ropa interior a un solo mercado. Algunas empresas extranjeras pusieron tienda allí con esa idea. Pero como China no estaba sujeta a las normas comerciales internacionales, pudo restringir la penetración de estas compañías occidentales en su mercado, imponiendo una serie de barreras al comercio y a la inversión. Cuando no lo hacía deliberadamente, los escollos burocráticos y las diferencias culturales a la hora de hacer negocios en China se ocuparon de surtir el mismo efecto. Muchos de los inversores pioneros en China se dejaron la camisa, los pantalones *y la ropa interior* en el intento... y con el sistema legal chino estilo Salvaje Oeste no había mucho que hacer.

A principios de los años 80 muchos inversores, sobre todo chinos emigrados que sabían cómo funcionaban las cosas en China, empezaron a decir: «Bueno, si de momento no podemos vender toda esta mercancía a los chinos, ¿por qué no nos valemos de su disciplinada mano de obra para fabricarla allí y venderla fuera?». Esta idea encajaba a las mil maravillas con los intereses de los líderes chinos. China quería atraer a fabricantes extranjeros y a sus tecnologías, no ya por manufacturar mil millones de prendas de ropa interior para venderlas en su mercado doméstico, sino además para aprovechar la barata mano de obra china con el fin de vender también 6.000 millones de prendas de ropa interior al mundo entero, y a precios que eran mucho menos de lo que cobraban las empresas de ropa interior de Europa, EE. UU. o incluso México.

Una vez hubo comenzado este proceso de traslado de fábricas en una gran variedad de sectores industriales (desde el textil hasta la electrónica, pasando por el sector de manufacturas de muebles, de monturas de gafas y de componentes de automóvil), la única manera que tenían las empresas para poder competir era trasladarse también a China (aprovechando esa base obrera barata y altamente cualificada) o buscando centros alternativos de manufactura en Europa del Este, la zona del Caribe o en algún otro país del mundo en vías de desarrollo.

Al ingresar en la Organización Mundial del Comercio en 2001, China se comprometía a que las empresas extranjeras que trasladasen fábricas a su territorio quedarían bajo protección del derecho internacional y de las prácticas empresariales tipificadas. Este compromiso convirtió a China en una plataforma muy atractiva en la que llevar a cabo el proceso de fabricación. En virtud de las normas establecidas por la OMC, Pekín accedía (con un período de demora para poder adaptarse) a tratar a los ciudadanos y empresas extranjeros como si fuesen chinos, en términos de derechos y obligaciones económicos recogidos en la ley china. Esto quería decir que las empresas extranjeras podían vender prácticamente de todo en cualquier rincón de China. Por otra parte, el estatus de miembro de la OMC implicaba que Pekín se comprometía a dar igual trato a todas las naciones integrantes de la Organización, es decir, a aplicar a todas, sin distinciones, las mismas tarifas y las mismas regulaciones. Por último, accedía a someterse al arbitrio internacional en caso de conflicto mercantil con otro país o con una empresa extranjera. Al mismo tiempo, la burocracia gubernamental adoptó una actitud más benevolente y los procedimientos requeridos para las inversiones se hicieron más fluidos. Además, empezaron a proliferar sitios web en diferentes ministerios con el fin de ayudar a los extranjeros a navegar por las regulaciones comerciales chinas. Yo no sé cuántos chinos se comprarían el *Libro Rojo de Mao*, pero sí sé (de boca de varios funcionarios de la embajada estadounidense en China) que en las semanas inmediatamente posteriores al ingreso del gigante asiático en la OMC se vendieron dos millones de ejemplares de la edición en chino del libro de normas de la Organización. Dicho de otro modo, la China de Mao estuvo cerrada y aislada de las demás fuerzas aplanadoras de su tiempo, y como consecuencia de ello Mao representaba un auténtico reto sólo para su propio pueblo. Deng Xiaoping abrió China a la asimilación de muchos de los diez aplanadores y, con ello, la convirtió en un desafío para el mundo entero.

Antes de que China firmase su ingreso en la OMC se tenía la sensación de que, si bien se había abierto a las ventajas que le ofrecería el comercio con el mundo occidental, el gobierno y los bancos protegerían los negocios chinos frente a cualquier competencia extranjera aplastante, como me dijo Jack Perkowski, de ASIMCO. «La entrada de China en la OMC fue una señal para todos los demás, que venía a decir que China se pasaba a la vía del capitalismo de una vez por todas», añadió. «Hasta ese momento en algún rincón de nuestra mente pervivía la idea de que podría producirse un retorno al comunismo de Estado. Pero con la entrada en la OMC China nos estaba diciendo: "Estamos todos en la misma cancha"».

Dado que China cuenta con una inmensa mano de obra barata, tanto no cualificada, como con preparación media o altamente cualificada; dado que tiene un apetito tan voraz de fábricas, equipos y empleos relacionados con las tecnologías de la información, para contener el desempleo; y dado que cuenta con un mercado de consumidores tan inmenso y floreciente, se ha convertido en una zona sin parangón para el *offshoring*. China tiene más de 160 ciudades con un millón de habitantes o más. Hoy puedes viajar a ciudades de la costa este de China de las que no habías oído hablar en tu vida, y descubrir que en tal ciudad se fabrica la mayoría de las monturas de gafas de todo el mundo, y que en la de al lado se fabrica la mayoría de los encendedores del mundo entero, y que en la de más allá se hace la mayoría de las pantallas de ordenador para Dell, mientras que otra se ha especializado en teléfonos móviles. Kenichi Ohmae, el asesor empresarial japonés, estima (en su libro *The United States of China*) que sólo en el área del delta del Zhu Jiang, al norte de Hong Kong, hay 50.000 fabricantes de componentes electrónicos chinos.

«China es una amenaza, un cliente y una oportunidad», me comentó Ohmae un día en Tokio. «Para tener éxito, tienes que asimilar que China está ahí. No puedes desdeñarla.» En vez de competir con China como si fuese un adversario —arguye Ohmae—, descompones tu negocio y piensas qué parte de él te gustaría llevar a cabo en China, cuál te gustaría vender a China y cuál quieres comprar en China.

Así llegamos al aspecto verdaderamente aplanador de la apertura de China al mercado mundial. Cuanto más atractiva se muestre como destino ideal para las fábricas extranjeras, más atractivos tendrán que tornarse otros países desarrollados o en vías de desarrollo que compiten con ella, como Malasia, Tailandia, Irlanda, México, Brasil o Vietnam. Todos ellos ven lo que está pasando en China y la cantidad de empleos que se están creando allí y se dicen para sus adentros: «¡Madre de mi vida! Más nos valdría empezar a ofrecer nosotros también esos incentivos». Y esto ha generado un proceso de aplanamiento competitivo, en el que los países luchan entre ellos para ver quién puede brindar a las empresas las mejores reducciones fiscales, los mejores incentivos para la formación, y las mejores subvenciones, añadido a su mano de obra barata, para alentar el traslado a su territorio de fábricas extranjeras.

Oded Shenkar, profesor de empresariales de la Universidad del Estado de Ohio y autor de *The Chinese Century*, en declaraciones a *Business Week* (6 de diciembre de 2004), se lo dejó bien clarito a las empresas estadounidenses: «Si todavía estáis con cosas que requieren mucha mano de obra, mejor iros a otra parte ya mismo si no queréis morir desangradas. Recortar un 5 por ciento por aquí y por allá no servirá de nada». Los fabricantes chinos pueden aplicar esos mismos ajustes. «Para competir, necesitáis un modelo empresarial totalmente nuevo», añadía. La potencia apisonadora de China se nutre también del hecho de ser, en sí, un mercado doméstico inmenso en pleno desarrollo. Ese mismo artículo del *Business Week* señalaba que esta circunstancia entraña economías de escala, intensas rivalidades internas que hacen que los precios se mantengan bajos, un ejército de ingenieros al que cada año se suman 350.000

más, jóvenes operarios y gerentes dispuestos a trabajar doce horas al día, una base incomparable de fabricación de componentes electrónicos y de industria ligera, «y un afán, por parte de los empresarios, de hacer lo que haga falta con tal de agradar a grandes minoristas como Wal-Mart Stores, Target, Best Buy o J. C. Penney».

Quienes critican las prácticas empresariales chinas alegan que su envergadura y su poder económico significan que en poco tiempo China estará preparando el terreno mundial no sólo para que bajen los salarios sino también para que se relajen las normativas laborales y no se cumplan las exigencias en cuanto a condiciones en el lugar de trabajo. En el mundillo empresarial esto se conoce como «el precio China».

Pero lo realmente espeluznante es que China no está atrayendo tanta inversión mundial simplemente arruinando a toda la competencia. Eso no es más que una estrategia a corto plazo. El mayor error que puede cometer una empresa cuando llega a China es creer que sólo está ganando en lo que respecta a salarios, mucho más bajos, pero que no está mejorando en calidad o en productividad. En el sector privado de la industria china, es decir, en el sector que no está en manos del Estado, la productividad registró un incremento anual del 17 por ciento (repito: 17 por ciento anual) entre 1995 y 2002, según un estudio realizado por el U.S. Conference Board.* Ello se debe a la asimilación en China de las nuevas tecnologías y de las modernas prácticas empresariales, partiendo de una base muy baja. El estudio del Conference Board señalaba que, casualmente, en ese mismo período China perdió 15 millones de empleos en manufacturas, frente a los 2 millones registrados en Estados Unidos. «A medida que se acelera la productividad de su manufacturación, China pierde empleos en dicho sector, muchos más de los que pierde Estados Unidos, y los gana en el sector servicios, una pauta que viene observándose desde hace años en el mundo desarrollado», decía el estudio.

La auténtica estrategia de China a largo plazo es ponerse en primera posición, superando a Estados Unidos y a los países de la Unión Europea. Y los chinos han empezado la carrera con buen pie. Los líderes chinos conceden mucha más importancia que muchos de sus contrincantes

---

* Organización sin ánimo de lucro dedicada a la divulgación de información sobre gestión empresarial y sobre el mercado en general. Constituye una importante fuente privada de información sobre el mundo de los negocios, citada muy a menudo. Especialmente conocida por sus informes sobre indicadores económicos, en particular el Consumer Confidence Index. (N. de la T.)

occidentales a la formación de su población joven en materias como matemáticas, ciencias e informática, necesarias para el éxito en el mundo plano, así como en construir una infraestructura física y de telecomunicaciones que permita al pueblo chino participar en el juego más rápida y
fácilmente que los demás, y en crear incentivos que atraigan a los inversores de todo el mundo. Lo que de verdad pretenden los líderes chinos
es que la próxima generación de ropa interior o de alas de avión *se dise-
ñe* también en China. A eso se llegará en cuestión de una década más.
Por tanto, en un lapso de treinta años habremos pasado del «vendido en
China» al «fabricado en China» y de ahí al «diseñado en China», hasta
terminar en el «soñado en China». Es decir, en treinta años China habrá
pasado de no colaborar en nada con los fabricantes del mundo entero, a
colaborar *en todo* con ellos, como participante barato, de alta calidad e
hipereficiente. Esto debería permitir a China seguir ejerciendo su papel
de gran fuerza aplanadora, siempre que el proceso no se vea interrumpi-
do por la inestabilidad política. De hecho, mientras recababa información para elaborar este capítulo, me encontré con una gaceta digital de
Silicon Valley llamada *Inquirer*, que sigue atentamente las novedades
de la industria de los semiconductores. Lo que me llamó la atención fue
un artículo del 5 de noviembre de 2001 que llevaba el siguiente titular:
«China será el centro de todas las cosas». Citaba un artículo publicado
en el *China People's Daily* en el que se aseguraba que cuatrocientas de
las quinientas empresas de la lista Forbes han invertido en más de dos
mil proyectos empresariales ubicados en la China continental. Y eso fue
hace cuatro años.

Japón, vecino de puerta de China, ha adoptado una posición muy
agresiva para responder al desafío planteado por ésta. Osamu Watanabe,
presidente de la Organización para el Comercio Externo de Japón (JETRO
en sus siglas en inglés), que es el organismo oficial japonés para la promoción de las exportaciones, me dijo en Tokio: «China se está desarrollando muy deprisa, dejando atrás la producción de artículos de baja calidad para producir artículos de primera y de tecnología punta». Como
consecuencia, añadía Watanabe, las empresas japonesas que pretenden
conservar su posición competitiva en el mundo globalizado han tenido que
trasladar algo de su proceso de producción y gran parte de su proceso
de montaje de productos de rango medio a China, y plantearse hacer en
casa «productos de mayor valor añadido». Así, China y Japón «han pasado a formar parte de una misma cadena de suministros». Después de una
prolongada recesión, la economía japonesa empezó a recuperarse en 2003
gracias a la venta a China de miles de toneladas de maquinaria, robots

de montaje y otros componentes cruciales. En 2003 China desbancó a Estados Unidos como mayor importador de productos japoneses. Aun así, el gobierno japonés insta a su empresariado a no invertir excesivamente en China y lo anima a practicar lo que Watanabe denomina una estrategia «China+1», es decir, mantener una parte de la producción en China y otra en otro país asiático... por si un día China deja de ser plana por culpa de una crisis política.

Para bastantes operarios del sector de las manufacturas de todo el mundo esta fuerza aplanadora china ha sido demoledora, pero para los consumidores ha sido como un regalo de los dioses. La revista *Fortune* (4 de octubre de 2004) citaba un estudio de Morgan Stanley que calculaba que sólo a mediados de los 90 las baratas importaciones de productos chinos habían ahorrado a los consumidores estadounidenses aproximadamente 600.000 millones de dólares, y a los fabricantes estadounidenses muchos miles de millones en componentes más baratos para sus productos. A su vez —señalaba *Fortune*—, este ahorro ayudó a la Reserva Federal a mantener bajos los intereses durante más tiempo, propiciando así que más ciudadanos de EE. UU. pudiesen comprar o refinanciar su casa, y que los empresarios dispusiesen de más capital para invertir en innovación.

En un intento por comprender mejor cómo funciona este proceso de traslado de fábricas a China, quedé en Pekín con Jack Perkowski, de ASIMCO, pionero en esta nueva forma de colaboración. Si alguna vez los organizadores de los juegos olímpicos creasen una categoría llamada «capitalismo extremo», puedes apostar a que Perkowski ganaría el oro. En 1988 dejó su trabajo en la banca de negocios Paine Webber, en la que era un fuera de serie, para dedicarse a una empresa especializada en compras con financiación garantizada por el activo del bien adquirido. Pero dos años después, a los cuarenta y dos, decidió que había llegado el momento de lanzarse a por un nuevo reto. Así pues, reunió 150 millones de dólares junto con otros socios para comprar empresas en China y emprendió la aventura de su vida. Desde entonces ha perdido y ha vuelto a ganar millones de dólares, ha aprendido cada lección por la vía más dura, pero ha superado los escollos y se ha convertido en un poderoso ejemplo de lo que supone el *offshoring* con China y el instrumento tan potente para la colaboración que dicha práctica puede llegar a ser.

«Cuando empecé de nuevo entre 1992 y 1993, todo el mundo pensaba que lo más difícil sería encontrar de verdad la manera de acceder a oportunidades de negocio en China», me contó Perkowski. Lo que pasaba era que abundaban las oportunidades, pero escaseaban de manera preocupante los gerentes chinos que supiesen dirigir una fábrica de componentes para automóvil aplicando los preceptos capitalistas, haciendo hincapié en las exportaciones y fabricando productos de calidad para el mercado chino. Como dijo Perkowski, la parte fácil era abrir tienda en China; la difícil era encontrar allí a los gerentes adecuados para llevarla como debe ser. Por eso, cuando Perkowski empezó a hacerse accionista mayoritario de empresas chinas de fabricación de componentes automovilísticos, optó por llevarse gerentes de fuera de China. Lo cual fue una mala idea. Resultaba demasiado caro y, además, China era demasiado extraña para los extraños. A la papelera, entonces, con el plan A.

«Así pues, mandamos a casa a todos estos gerentes extranjeros, cosa que no hizo ninguna gracia a mis inversores, y pasamos al plan B», me dijo. «Intentamos convertir a los gerentes de la "Vieja China", que venían con las fábricas que comprábamos. Pero eso tampoco funcionó. Simplemente, estaban demasiado acostumbrados a trabajar en una economía planificada en la que nunca tenían que enfrentarse con la realidad del mercado y que se limitaban a cumplir con su cuota asignada de producción. Los que sí tenían espíritu empresarial se emborracharon al primer sorbito de capitalismo, pero nosotros estábamos dispuestos a probarlo todo.»

«Los chinos son muy emprendedores», me decía Perkowski, «pero en esos tiempos, antes del ingreso de China en la OMC, no había ni imperio de la ley ni mercado bursátil que contuviesen este carácter emprendedor. Lo único con lo que podías contar era con gerentes procedentes del sector público, que eran muy burocráticos, o con gerentes de la primera ola de empresas privadas, que practicaban un capitalismo de vaqueros. Ninguna de las cosas es conveniente. Si tus gerentes son excesivamente burocráticos, no hay manera de hacer nada y se limitan a poner la excusa de que China es diferente. Y si son excesivamente emprendedores, no pegas ojo por las noches, porque ignoras por completo qué tienen en mente hacer». Perkowski pasó muchas noches en vela.

Una de sus primeras compras en China surgió de su interés por una empresa que se dedicaba a la fabricación de componentes de caucho. Cuando llegó a un acuerdo con su socio chino para comprarle las acciones de la empresa, éste firmó, como parte de la transacción, una cláusula de exclusividad por la que se comprometía a no hacerle la competencia. Sin embargo, una vez cerrado el trato, el socio chino abrió otra fábrica. «No competencia» es una expresión sin traducción al mandarín. A la papelera, pues, con el plan B.

Entre tanto, los socios de mi amigo estaban invirtiendo dinero a raudales (algo así como los gastos del aprendizaje de Perkowski sobre la forma de hacer negocios en China) y él se encontró un día con que tenía toda una colección de fábricas de componentes automovilísticos en China. «Tocamos fondo más o menos en 1997. Nuestra empresa en conjunto estaba mermando y no daba beneficios. Algunas de nuestras compañías marchaban pasablemente, pero en general estábamos mal. Aunque éramos los accionistas mayoritarios y en teoría podíamos poner al mando a quien quisiéramos, yo eché un vistazo a nuestro plantel [de gerentes] y vi que no podía meter a nadie en la partida.» Había llegado el momento de poner en marcha el plan C.

«En esencia, llegamos a la conclusión de que aunque nos gustaba China, no nos interesaba nada la "Vieja China", y que lo que queríamos era apostar por los gerentes estilo "Nueva China"», me contó Perkowski. «Nos pusimos a buscar una hornada nueva de gerentes chinos que tuviesen amplitud de miras y algún tipo de formación en administración de empresas. Buscábamos personas con experiencia en la manera de trabajar china pero que al mismo tiempo estuviesen familiarizadas con la manera de trabajar del resto del mundo y que supiesen el rumbo que debía tomar su país. Así pues, entre 1997 y 1999 reclutamos a un equipo entero de gerentes de la "Nueva China", cuyo perfil típico era el de una persona de la China continental que había trabajado con multinacionales. A medida que iban llegando, fuimos sustituyendo, uno por uno, a los gerentes de la "Vieja China" de nuestras compañías.»

En cuanto colocaron a esta nueva generación de gerentes chinos, que entendían los mercados y a los clientes del mundo globalizado y que eran capaces de unir fuerzas en torno a una misma idea del negocio *(y que conocían China)*, ASIMCO empezó a dar beneficios. En la actualidad ASIMCO tiene un volumen de ventas de aproximadamente 350 millones de dólares al año en componentes automovilísticos fabricados en trece factorías chinas repartidas en nueve provincias. La empresa vende a clientes de EE. UU., y además cuenta con 36 puntos de venta en toda China que dan servicio a fabricantes de coches del propio país.

Partiendo de ahí, Perkowski dio su siguiente gran paso: trasladar a Norteamérica los beneficios de esta operación de *offshoring*. «En abril de 2003 compramos el negocio estadounidense de árboles de levas de Federal-Mogul Corporation, una empresa de componentes a la antigua usanza que ahora está en bancarrota», me explicó Perkowski. «En un principio compramos su negocio para tener acceso a sus clientes, que eran sobre todo las Tres Grandes de la empresa automovilística, además de Caterpillar y Cummins. Nosotros teníamos tratos desde hacía tiempo con Cat y Cummins (y esta adquisición benefició mucho nuestra posición con ellos), pero era la primera vez que nos metíamos en la venta de árboles de levas a las Tres Grandes. En segundo lugar, hicimos esta adquisición con el fin de obtener una tecnología que pudiésemos llevarnos a China. Como la mayor parte de la tecnología que se usa en la fabricación de turismos y camiones de hoy, la gente da por hecho los árboles de levas. Sin embargo, estos mecanismos [la parte del motor que controla cómo suben y bajan los pistones] son unos artículos que requieren una ingeniería de muy alto nivel y que son fundamentales para el rendimiento del motor. La adquisición de este negocio, en esencia, nos proporcionó el *know-how* y la tecnología que podríamos aprovechar para convertirnos en el líder de ventas de árboles de levas en China. Como resultado, hoy contamos con la mejor tecnología para árboles de levas y con una nutrida clientela tanto en China como en EE. UU.»

Este punto es muy importante, ya que la impresión generalizada en relación con el *offshoring* es que se trata de un perjuicio para los trabajadores norteamericanos, algo así como: «Esto, que estaba aquí, ahora se lo han llevado allí, y sanseacabó». La realidad es más compleja.

La mayoría de las empresas trasladan sus fábricas no sólo para obtener una mano de obra más barata que haga los productos que desean vender en América o en Europa. Otra motivación es dar servicio a ese mercado extranjero sin tener que preocuparse por las barreras comerciales y ganar una presencia dominante en él, sobre todo si se trata de un mercado gigante como el de China. Según el Departamento de Comercio de Estados Unidos, casi el 90 por ciento de lo que producen las fábricas de propiedad estadounidense ubicadas fuera de EE. UU. se vende a consumidores extranjeros. Pero en realidad esto estimula las exportaciones estadounidenses. Se han hecho muchos estudios que demuestran que cada dólar que invierte una empresa en el extranjero, en una fábrica suya abierta en otro país, genera más exportaciones para su país de origen, porque casi un tercio del comercio mundial de hoy está en manos de las empresas multinacionales. Este hecho puede verse también a la inversa. Incluso cuando la producción se traslada a otro país con el único objeto de ahorrar en salarios, en general no todo se traslada fuera. Según el *Job Creation and the Taxation of Foreign-Source Income*, un estudio publicado el 26 de enero de 2004 y realizado por la Heritage Foundation, las empresas estadounidenses que fabrican en casa y en el extranjero, tanto para el mercado americano como para el chino, generan más del 21 por ciento de la producción económica de EE. UU., producen el 56 por ciento de las exportaciones y emplean a tres quintos de toda la mano de obra del sector de las manufacturas (unos 9 millones de trabajadores). Así, si General Motors se lleva una fábrica a Shanghai, también termina creando empleos en EE. UU. al exportar muchos de los bienes y servicios de su propia fábrica de China y beneficiándose de los costes en componentes —más bajos en China— que irán destinados a sus fábricas de EE. UU. Por último, América también está siendo escenario de este mismo fenómeno. Se está prestando mucha atención a las empresas americanas que trasladan a China sus fábricas, pero poca gente se está fijando en el inmenso volumen de inversiones extranjeras que cada año llega a América, debido a que los extranjeros quieren acceder a los mercados y a la mano de obra estadounidenses, igual que nosotros queremos acceder a los suyos. El 25 de septiembre de 2003 DaimlerChrysler celebró el décimo aniversario de su decisión de montar la primera fábrica de turismos Mercedes-Benz fuera de Alemania, en Tuscaloosa, Alabama, anunciando que pensaba destinar 600 millones de dólares a la expansión de la planta. «Con nuestro traslado a Tuscaloosa hemos demostrado de manera aplastante que podemos crear otra serie de producción con otra mano de obra en otra fábrica, y además hemos demostrado que es posible fabricar Mercedes fuera de Alemania de manera plenamente satisfactoria», anunció durante la fiesta de aniversario el profesor Jürgen Hubbert, responsable del Mercedes Car Group, ante el consejo de administración de DaimlerChrysler.

No es ninguna sorpresa que ASIMCO vaya a aprovechar su nuevo negocio de árboles de levas de China para los de material en bruto y maquinaria básica, con el fin de exportar productos semiacabados a su planta de árboles de leva de Norteamérica, donde operarios estadounidenses más cualificados se encargarán de las operaciones finales de maquinaria. De este modo, los clientes americanos de ASIMCO disfrutan de las ventajas de una cadena de suministros china y, a la vez, de la tranquilidad de tratar con un proveedor conocido, norteamericano.

El salario medio de un operario de maquinaria altamente cualificado en EE. UU. ronda los 3.000 o 4.000 dólares al mes. El salario medio de un obrero de fábrica en China es de unos 150 dólares al mes. Además, ASIMCO debe participar en un plan de pensiones patrocinado por el gobierno chino que ofrece cobertura sanitaria, vivienda y prestaciones por jubilación. El que en China los seguros médicos sean tan baratos (debido a los bajos salarios, así como a una oferta mucho más reducida de servicios sanitarios y a la inexistencia de pleitos por negligencias), «sin duda hace de China un lugar atractivo en el que expandirse y contratar más gente», me decía Perkowski. «Cualquier cosa que pueda hacerse para reducir los costes del seguro médico obligatorio en una empresa estadounidense sería un factor más a favor de la conservación de puestos de trabajo en EE. UU.»

Aprovechando así las posibilidades que ofrece un mundo plano para colaborar de esta manera (entre fábricas en suelo nacional y fábricas abier-

tas en otros países, y entre trabajadores americanos con sueldos elevados, alta cualificación y cercanía a su mercado, y trabajadores chinos con
sueldos bajos y cercanía al suyo), «nuestra empresa norteamericana se
vuelve más competitiva», me dijo Perkowski, «y así recibe más pedidos
y nuestro negocio en realidad está creciendo. Por eso muchos en EE. UU.
se equivocan cuando hablan del *offshoring*. Por ejemplo, desde aquella
compra, hemos duplicado nuestro negocio con Cummins y el que tenemos con Caterpillar ha crecido de manera significativa. Todos nuestros
clientes están expuestos a la competencia mundial y realmente necesitan
que su base de suministros haga las cosas bien en lo tocante a competitividad de costes. Quieren trabajar con suministradores que entiendan de
qué va este mundo plano. Cuando fui a visitar a nuestros clientes estadounidenses para explicarles nuestra estrategia para el negocio de árboles de levas, acogieron lo que les decíamos de manera muy positiva, porque veían que estábamos adaptando nuestra empresa de una forma que
les iba a permitir a ellos ser más competitivos después».

Este grado de colaboración sólo ha sido posible en los últimos dos
o tres años. «En 1983 o en 1993 no habríamos podido hacer lo que hemos
hecho en China», me contó Perkowski. «A partir de 1993 han ido enca-
jando una serie de piezas. Por ejemplo, la gente siempre habla de cuánto ha beneficiado internet a Estados Unidos. Pero lo que yo siempre digo
es que China se ha beneficiado aún más. Lo que en el pasado frenó a
China fue la incapacidad de obtener información sobre el país desde el
exterior, y la imposibilidad de obtener información sobre el resto del mundo desde dentro de China. Antes de internet la única manera de salvar
ese escollo era viajando. Hoy puedes hacerlo sin salir de casa, con internet. Sin eso no se podría mantener en funcionamiento la cadena global
de suministros. Hoy simplemente enviamos bocetos por correo electrónico. Ni siquiera necesitamos a FedEx.»

Para determinadas industrias las ventajas que ofrece manufacturar en
China están tornándose abrumadoras, añadió Perkowski, y no se las puede pasar por alto. O te haces plano, o China te aplanará. «Si te quedas
tan pancho en EE. UU. sin plantearte qué hacer para entrar en China, es
imposible que dentro de diez o de quince años seas un líder en el mundo globalizado», me dijo.

Con China ya en la OMC, muchos de los sectores tradicionales, lentos,
ineficientes y protegidos de la economía china se están viendo expuestos
a una competencia global aplastante, cosa que se ha recibido igual de calu-

rosamente en Cantón (China) que en Canton (Ohio). Si el gobierno chino hubiese sometido a votación popular el ingreso en la OMC, «jamás habrían entrado», me dijo Pat Powers, que presidió la oficina del Consejo Empresarial de EE. UU. y China en Pekín durante el proceso de entrada en la OMC. Una razón fundamental por la que los dirigentes chinos querían entrar en la OMC era para utilizarlo como una porra que forzase la modernización de la burocracia china y demolición de los muros reguladores internos, así como la desaparición de reductos de arbitrariedad en el proceso de toma de decisiones. Los dirigentes chinos «sabían que China tenía que integrarse globalmente y que muchas de sus instituciones no cambiarían ni se reformarían porque sí, así que utilizaron la OMC como palanca contra su propia burocracia. Y durante los dos últimos años y medio han estado liándose a mamporros para conseguirlo».

Con el tiempo, la aplicación de las normas de la OMC hará que la economía de China se vuelva aún más plana y se convierta en una fuerza aún más aplanadora en todo el mundo. Pero esta transición no será fácil, y el riesgo de graves baches políticos o económicos, que interrumpirían o ralentizarían el proceso, no es insignificante. Pero incluso si China lleva a cabo todas las reformas impuestas por la OMC, tampoco podrá descansar. Pronto alcanzará un punto en el que sus ambiciones de crecimiento económico requerirán más reformas políticas. China nunca extirpará la corrupción si no implanta la libertad de prensa y crea unas instituciones activas dedicadas a la sociedad civil. Jamás podrá ser realmente eficiente sin unos códigos en los que se recoja detalladamente el imperio de la ley. Nunca podrá enfrentarse a los inevitables retrocesos de su economía sin un sistema político más abierto a través del cual la gente pueda desahogarse de sus penas. Dicho de otro modo, China nunca será verdaderamente plana mientras no supere ese escollo que la frena y que se llama «reforma política».

Parece que se encamina en esa dirección, pero todavía tiene un largo camino por recorrer. Me gusta la manera en que un diplomático estadounidense en China me lo explicó, en la primavera de 2004: «Ahora mismo China lo que está haciendo es un juego de excitación, más que una labor de privatización. Aquí la reforma es una cosa traslúcida (y a veces resulta bastante excitante, pues puedes ver siluetas moviéndose detrás de las pantallas), pero no transparente. [El gobierno sigue dando sólo] información [sobre la economía] a unas cuantas empresas y grupos de interés escogidos». ¿Por qué sólo traslúcida?, pregunté. Y él contestó: «Porque si eres del todo transparente, ¿qué haces con la reacción? Ellos no saben qué hacer con esa cuestión. [Todavía] no son capaces de manejar los resultados de la transparencia».

Cuando China supere ese escollo político —si algún día lo consigue—, pienso que no sólo se convertirá en una mayor plataforma para el *offshoring*, sino también en una versión del mercado libre de EE. UU. Aunque a muchas personas esto pueda parecerles una amenaza, en mi opinión sería un avance increíblemente positivo para el mundo entero. No hay más que pensar en la cantidad de productos, ideas, empleos y consumidores que surgieron de los esfuerzos de Europa occidental y de Japón para convertirse en economías de mercado libre tras la Segunda Guerra Mundial. Aquel proceso desembocó en un período sin precedentes de prosperidad a escala global. Y en esa época el mundo ni siquiera era plano aún. Tenía un muro en el medio. Si la India y China avanzan en esa dirección, el mundo no sólo se volverá más plano que nunca, sino también —estoy convencido de ello— más próspero que nunca. Tres Estados Unidos son mejores que uno, y cinco serían aún mejor que tres.

Pero incluso formando parte de la economía de libre mercado, me preocupa el desafío que todo esto supondrá para los salarios y las ventajas de algunos trabajadores de Estados Unidos, por lo menos a corto plazo. Con China ya es demasiado tarde para el proteccionismo. Su economía está totalmente conectada con las economías del mundo desarrollado, y tratar de desligarla de ellas provocaría tal caos económico y geopolítico, que la economía global se iría a pique. Americanos y europeos tendrán que desarrollar nuevos modelos empresariales que les permitan obtener lo mejor de China y protegerse de cara a lo peor. Como decía la revista *Business Week* en su alarmante artículo de portada del 6 de diciembre de 2004 (titulado «The China Price», «El precio "China"»): «¿Puede dominarlo todo China? No, por supuesto. Estados Unidos sigue siendo el mayor fabricante del mundo, con una producción del 75 por ciento de lo que consume, si bien esa cifra es menor que el 90 por ciento de mediados de los 90. Las industrias que necesitan inmensos presupuestos para I+D e inversión de capital, tales como la aeroespacial, la farmacéutica y la automovilística, siguen contando con una fuerte base en EE. UU. [...] Con certeza, Estados Unidos seguirá beneficiándose de la expansión de China». Dicho esto, a no ser que EE. UU. pueda vérselas con el reto industrial a largo plazo que plantea el precio «China» en tantos ámbitos, «sufrirá una pérdida de poder económico y de influencia».

O, para expresarlo de otra manera, si los estadounidenses y los europeos quieren beneficiarse del aplanamiento del mundo y de la conexión entre todos los mercados y centros de conocimientos, tendrán que correr al menos tan deprisa como el león más veloz... Sospecho que ese león será China, y sospecho que va a ser endiabladamente veloz.

Aplanador 7
CADENA DE SUMINISTROS (*SUPPLY-CHAINING*)
Sushi en Arkansas

Nunca había visto una cadena de suministros en acción, hasta que visité la sede central de Wal-Mart en Bentonville, Arkansas. Mis anfitriones me llevaron a ver el centro de distribución, que ocupa más de 100.000 m^2, y allí, subidos a una pasarela, contemplamos el espectáculo. En un costado del edificio, cientos de tráilers blancos de Wal-Mart descargaban cajas de mercancía enviadas por miles de proveedores diferentes. En cada muelle de carga iban depositándose las cajas, de todos los tamaños y pesos, en cintas transportadoras. Éstas, pequeñas, confluían en una cinta transportadora más grande; eran como afluentes que alimentasen el caudal de un poderoso río. Veinticuatro horas al día, siete días a la semana, los camiones de los proveedores alimentan los casi veinte kilómetros de lenguas transportadoras, y estos arroyos alimentan un gigantesco río Wal-Mart de productos empaquetados. Pero eso no es más que la mitad del espectáculo. En su avance hacia la otra punta del edificio, cada una de las cajas que forman el caudal de este río Wal-Mart pasa por delante de un detector eléctrico que lee sus códigos de barras. Al llegar al otro extremo, el río se bifurca de nuevo, formando cientos de arroyos. Cada uno dispone de unos brazos eléctricos que se alargan para coger y guiar las cajas (que son los pedidos de cada tienda concreta de la cadena Wal-Mart) desde el río principal hacia su arroyo correspondiente, es decir, a otra cinta transportadora que los dirige a las camionetas Wal-Mart que las están esperando y que transportarán rápidamente estos artículos concretos a las estanterías de una tienda concreta de la cadena Wal-Mart en algún rincón del país. Una vez allí, un cliente cogerá del estante uno de estos artículos y el cajero lo pasará por el lector electrónico. En ese preciso instante se generará una señal, que recorrerá la red Wal-Mart hasta llegar al proveedor de ese artículo. Ya puede estar su fábrica en la costa de China o en la costa de Maine, que la señal parpadeará en la pantalla del ordenador del suministrador, avisándole de que tiene que fabricar otro artículo como ése y enviarlo a Wal-Mart por su cadena de suministros. Y el ciclo volverá a empezar. Cuando tu brazo se estira para coger un artículo del estante de tu tienda Wal-Mart más próxima y después lo pasa por caja, otro brazo —mecánico— se pone a fabricar otro artículo igual en alguna parte del planeta. Llámalo «la Sinfonía Wal-Mart» en múltiples movimientos... pero sin movimiento final: la melodía suena y suena todas las horas de todos los días de todas las semanas del año, con su sucesión de entrega, clasificación, carga, distribución, compra, manufacturación, pedido, entrega, clasificación, carga...

Durante las fiestas navideñas una sola empresa, Hewlett-Packard, vende *en un solo día* 400.000 ordenadores en el total de 4.000 puntos de venta Wal-Mart del mundo. Esto obliga a HP a tener perfectamente coordinadas y comunicadas con Wal-Mart todas las fases de su cadena de suministros para cerciorarse de que esos ordenadores fluirán suavemente hacia el río Wal-Mart, y de él a los arroyos Wal-Mart, y de éstos a las tiendas Wal-Mart.

La capacidad de Wal-Mart para interpretar esta sinfonía a escala global (esto es, para orquestar la circulación de 2.300 millones de cajas de mercancías a lo largo de toda su cadena de suministros hasta acabar en sus tiendas) la ha convertido en el ejemplo más relevante del siguiente aplanador que quisiera tratar aquí, que denomino *«supply-chaining»* y que en el fondo es un método de colaboración horizontal (proveedores-minoristas-clientes) para crear valor. Esta conexión entre los sistemas de planificación de la empresa y sus proveedores se ve facilitado por el aplanamiento del mundo, pero él mismo es a su vez un aplanador importantísimo, dado que cuanto más crecen y proliferan las cadenas de suministros, más se ven obligadas las empresas a adoptar mecanismos tipificados y compartidos por todas (de manera que cada eslabón de cada cadena de suministros pueda estar en contacto con el siguiente), más tienden a eliminar puntos de fricción en las demarcaciones, más adoptan unas y otras las herramientas eficaces de las demás, y más alientan la colaboración a escala planetaria.

Como consumidores, nos chiflan las cadenas de suministros, porque gracias a ellas llegan a nuestras manos toda clase de productos, desde zapatillas de deporte hasta ordenadores portátiles, a precios cada vez más bajos. Así fue como Wal-Mart se convirtió en el minorista más grande del mundo. Pero como trabajadores, a veces experimentamos sentimientos ambivalentes u hostiles en relación con estas cadenas de suministros, porque nos exponen a una presión cada vez más elevada por competir, por recortar gastos e incluso, en ocasiones, salarios y beneficios. Así fue como Wal-Mart se convirtió en una de las empresas más polémicas del mundo. Ninguna ha sido tan eficaz como Wal-Mart a la hora de mejorar su cadena de suministros (y, por tanto, de aplanar el mundo), y ninguna empresa es mejor ejemplo que ella de la contradicción que nos provocan las cadenas de suministros en nuestra dicotomía consumidor/trabajador. Un artículo del 30 de septiembre de 2002 publicado en *Computerworld* resumía así el papel fundamental que representa Wal-Mart: «Ser proveedor de Wal-Mart es un arma de doble filo», declara Joseph R. Eckroth hijo, presidente de Mattel Inc. «Son un cauce fabuloso, pero a la vez un cliente durísimo. Exigen la excelencia.» Es una lección que aprendieron este fabricante de juguetes de El Segundo, California, y miles de proveedores más cuando el minorista más grande del mundo, Wal-Mart Stores Inc., creó un sistema específico para la gestión del inventario y de la cadena de suministro que transformó el negocio por completo. En efecto, al invertir desde muy pronto y en gran cantidad en tecnología punta pensada para encontrar e identificar operaciones de venta de cada artículo, el gigante minorista de Bentonville, Arkansas, convirtió su infraestructura de tecnologías de la información en una ventaja competitiva crucial que ha sido objeto de estudio y de plagio en miles de empresas del mundo. «Para nosotros, Wal-Mart tiene el mejor sistema de suministro de todos los tiempos», dice Pete Abell, director de investigaciones sobre comercio minorista de la consultora de alta tecnología AMR Research Inc. de Boston.

Mientras se las ingeniaba para dotarse de la mejor cadena de suministros del mundo, a lo largo de los años Wal-Mart ha acumulado una lista de conflictos empresariales que le ha procurado un montón de puñetazos y que ahora, tras cierto retraso, empieza a afrontar de una manera sensata. Pero su función como una de las diez fuerzas que han aplanado el mundo es innegable, y fue precisamente para captar mejor todo esto por lo que decidí hacer mi propia peregrinación a Bentonville. No sé por qué, pero en el vuelo desde La Guardia me entró antojo de cenar sushi. Pero ¿dónde iba a encontrar un sitio que sirviese sushi en el noroeste de Arkansas? Además, aunque lo encontrase, ¿realmente querría cenarlo? ¿Se podía confiar en la calidad de la anguila de Arkansas?

Cuando llegué al Hilton que queda cerca del cuartel general de Wal-Mart, me quedé atónito al ver justo al lado, cual espejismo, un restaurante japonés enorme de carnes y sushi. Comenté al recepcionista que me atendió al llegar al hotel que por nada del mundo hubiera imaginado que iba a poder cenar sushi en Bentonville. Y él me dijo: «Pues dentro de poco van a abrir aquí otros tres japoneses más».

¿Una multitud de restaurantes japoneses en Bentonville?

La demanda de sushi en Arkansas no es casualidad. Tiene que ver con el hecho de que alrededor de las oficinas de Wal-Mart se han establecido un montón de vendedores para estar cerca de la nave nodriza. De hecho, la zona se conoce ahora como «Vendorville». Lo asombroso de la sede central de Wal-Mart es que sea tan..., bueno, tan Wal-Mart.

Las oficinas de la empresa están apelotonadas en una nave reconvertida. Mientras pasábamos por delante de un enorme edificio de metal ondulado, supuse que sería el equivalente a su caseta de mantenimiento. «Mira, ahí tenemos las oficinas del departamento internacional», me explicó mi cicerone, William Wertz, el portavoz de la empresa. Los mandos de la empresa ocupan unas instalaciones que vendrían a estar un nivel por debajo de los despachos del director, subdirector y jefe de estudios del instituto público de enseñanza media en el que estudia una de mis hijas... *antes de su remodelación.* Y pasado el vestíbulo, ves una infinidad de pequeños cubículos en los que los proveedores potenciales se dedican a describir las virtudes de sus productos a los compradores de Wal-Mart. Uno tiene la mesa llena de máquinas de coser, otro, muñecos, y el de más allá, camisetas de mujer. Aquello parece una mezcla entre el Sam's Club* y el bazar techado de Damasco. Atención, accionistas de Wal-Mart: definitivamente, la empresa no malgasta el dinero de ustedes en ceremonias.

Pero ¿cómo es posible que de semejante páramo haya salido tanto proyecto innovador (proyectos que, para colmo, han remodelado el paisaje empresarial del mundo en muchos aspectos)? En realidad, se trata de un ejemplo clásico de un fenómeno al que hago referencia a menudo a lo largo de este libro: el coeficiente de aplanamiento. Cuantos menos recursos naturales tenga tu país o tu empresa, más buscarás dentro de ti para idear innovaciones que te permitan sobrevivir. Wal-Mart ha llegado a ser el minorista más grande del mundo gracias a que ha sido un negociador magnífico con absolutamente todos los agentes con los que ha entrado en contacto. Pero que nadie se confunda en un punto: Wal-Mart ha llegado a lo más alto debido, también, a que esta pequeña empresa de un pueblo del noroeste de Arkansas ha sido más lista y más rápida que cualquiera de sus competidores a la hora de adoptar nuevas tecnologías. Y sigue siéndolo.

David Glass, quien fuera presidente de la empresa entre 1988 y 2000, supervisó muchas de las innovaciones que convirtieron a Wal-Mart en el minorista más grande y más fiable del planeta. En su día la revista *For-*

---

* Almacén para minoristas, de Wal-Mart Stores, Inc. El nombre de estos establecimientos, en los que sólo pueden comprar los miembros del club y donde los artículos suelen estar sin desembalar ni descargar de los palés, hace referencia al nombre del fundador de la cadena, Sam Walton. *(N. de la T.)*

tune lo describió como «el presidente general peor aprovechado de la historia», por su manera discreta y modesta de poner en práctica las ideas del empresario Sam Walton. David Glass es a la conexión entre el sistema de planificación y los proveedores lo que Bill Gates a los procesadores de textos. Glass me explicó que Wal-Mart nació allá por los años 60 en este rincón del norte de Arkansas como un economato. Pero en esa época todos los baratillos compraban sus artículos en los mismos mayoristas, por lo que no había forma de aventajar a la competencia. La única solución que vio Wal-Mart para distinguirse fue, según me dijo, comprar sus artículos en cantidades industriales *directamente de los fabricantes*. Pero como a éstos no les resultaba eficiente repartir productos al ramillete de tiendas Wal-Mart repartidas por todo el territorio, la empresa montó un centro de distribución al que todos los fabricantes pudiesen llevar sus mercancías, que después la propia Wal-Mart distribuiría a sus tiendas a través de su flota de tráilers. Ésta era la cuenta: mantener su propio centro de distribución costaba a Wal-Mart, de promedio, un 3 por ciento más aproximadamente. Pero —me contó Glass— como no compraba a los mayoristas sino directamente a los fabricantes, la empresa se ahorraba un 5 por ciento de promedio, y esto le permitió reducir costes en un 2 por ciento de promedio y comprar más volumen de mercancías.

En cuanto estableció este método básico de compra directa a los fabricantes para conseguir los mayores descuentos posibles, Wal-Mart pasó a centrar toda su atención en tres aspectos. El primero fue lograr que los fabricantes consintiesen en reducir sus costes al máximo. El segundo fue mejorar su cadena de suministros, con origen en cada uno de dichos fabricantes (estuviesen donde estuviesen) y destino en los centros de distribución de Wal-Mart, con el objetivo de hacerla lo más económica y fluida posible. El tercero fue mejorar constantemente los sistemas de información de Wal-Mart, para saber con exactitud qué estaban comprando sus clientes y poder así transmitir esta información a todos los fabricantes, de tal modo que las estanterías de las tiendas estuviesen siempre abastecidas de los productos adecuados en el momento adecuado.

Wal-Mart se percató enseguida de que si era capaz de ahorrar dinero al comprar directamente de los fabricantes, al innovar en todo momento para reducir el coste de su cadena de suministros y al mantener niveles mínimos de existencias gracias a un seguimiento del comportamiento de la clientela, podría batir siempre a la competencia en cuestión de precios. Además, por estar en Bentonville, Arkansas, no le quedaba otra.

«Si nosotros mismos creamos nuestra logística y nuestros sistemas fue porque estamos en mitad de la nada», me explicó Jay Allen, vicepresidente primero de asuntos empresariales de Wal-Mart. «Era una población realmente pequeña. Era imposible encargar la logística a un tercero. Se trató de pura supervivencia. Ahora, con toda la atención que se nos dedica, la gente da por hecho que nuestros precios bajos se derivan de nuestro tamaño o de que traemos artículos de China o que estamos en situación de imponernos a los proveedores. Pero la realidad es que nuestros precios bajos se deben a las eficiencias en las que Wal-Mart ha invertido..., a nuestro sistema y a nuestra cultura empresarial. Es una cultura de costes bajísimos.» A lo que Glass añadió: «Me gustaría poder decir que fuimos brillantes y unos visionarios, [pero] todo surgió de la necesidad».

Conforme crecía la cadena de suministros, Walton y Glass fueron dándose cuenta de que la escala y la eficiencia eran los factores clave de todo su negocio. Por decirlo llanamente: cuanto mayores se volvían la escala y el alcance de su cadena de suministros, más cosas pudieron vender ellos por menos dinero y a más clientes, más capacidad persuasiva tenían con sus proveedores para conseguir reducir los precios aún más, más vendían a más consumidores, más escala y alcance tenía su cadena de suministradores, más beneficios cosechaban para sus accionistas...

Sam Walton fue el padre de esta cultura de empresa, pero la madre fue la necesidad, y la criatura que nació se ha convertido en una máquina excelente y precisa de abastecimiento. En 2004 Wal-Mart compró mercancías por un valor aproximado de 260.000 millones de dólares y las distribuyó por una cadena de suministros compuesta por 108 centros de distribución repartidos por todo Estados Unidos, que dan servicio a las casi 3.000 tiendas Wal-Mart existentes en el país.

En los primeros años «éramos pequeños, equivalíamos a un 4 o 5 por ciento de Sears o Kmart», me dijo Glass. «Siendo así de pequeño, eres vulnerable. Por eso, lo que más queríamos, por encima de todo, era incrementar nuestra cuota de mercado. Teníamos que vender más que los demás. Y si podía rebajar del 3 al 2 por ciento el coste de mis centros de distribución, podría bajar los precios de venta al cliente y aumentar mi cuota de mercado, y no ser vulnerable frente a nadie. De este modo, cualquier eficiencia que generásemos la trasladábamos al cliente.»

Por ejemplo, una vez que los fabricantes dejaban sus artículos en el centro de distribución de Wal-Mart, la empresa tenía que entregar dichos artículos, en pequeños lotes, a cada una de sus tiendas. Eso quería decir que Wal-Mart tenía camiones circulando por todo Estados Unidos. A Walton se le ocurrió que si conectaba a los conductores de su flota mediante radio y satélite, después de dejar una carga en algún establecimiento

Wal-Mart podían acercarse a recoger artículos de un fabricante que quedase a unos kilómetros, para no volver con las manos vacías y que Wal-Mart pudiese así ahorrarse los gastos de entrega de dicho fabricante. Tacita a tacita... Y el resultado era más volumen, más alcance y más dimensión.

En la mejora de su cadena de suministros, Wal-Mart no deja ningún cabo suelto. Mientras visitaba el centro de distribución Wal-Mart de Bentonville, me fijé en que algunas cajas eran demasiado grandes para la cinta transportadora. Unos empleados de Wal-Mart, con auriculares puestos, a los mandos de unas camionetas especiales de minicarga las llevaban de un lado a otro apiladas en palés. Un ordenador controla la cantidad de palés que recoge cada empleado a la hora para ponerlos en los camiones que irán a los diferentes puntos de venta, y una voz computerizada les va diciendo si van por detrás o por delante de la cantidad que tienen asignada. «Tú eliges si la voz computerizada que te habla es de hombre o de mujer, y el idioma: inglés o español», me explicó Rollin Ford, vicepresidente ejecutivo de Wal-Mart, que supervisa la cadena de suministros y que fue quien me guió en la visita.

Hace unos años estos conductores de los palés recibían indicaciones por escrito sobre dónde recoger determinado palé y a qué camión debía llevarlo, pero Wal-Mart descubrió que si les daba unos auriculares en los que una suave voz computerizada les iba dando las indicaciones, los conductores podían utilizar ambas manos y no tener que llevar hojas de papel. Y como la voz les recuerda constantemente si están por delante o por detrás de lo que se espera de ellos, «obtuvimos un repunte en la productividad», dijo Ford. Son las miríadas de pequeñas innovaciones técnicas como ésta lo que diferencia la cadena de suministros de Wal-Mart.

Pero el verdadero salto se produjo, tal como me explicó Glass, cuando Wal-Mart se dio cuenta de que, si bien tenía que ser buen negociador con sus fabricantes para conseguir buenos precios, a la vez ambas partes debían colaborar para crear valor para cada uno horizontalmente si Wal-Mart pretendía seguir reduciendo costes. Wal-Mart fue una de las primeras empresas en usar la informática para hacer un seguimiento de las ventas y de las existencias de cada establecimiento, y fue la primera en desarrollar una red informatizada con el fin de compartir esta información con los proveedores. La teoría de Wal-Mart era: cuanta más información tengan todos sobre lo que los clientes cogen de las estanterías, más eficientes serán las compras de Wal-Mart y más deprisa podrán adaptarse los proveedores a la cambiante demanda del mercado.

En 1983 Wal-Mart invirtió en terminales en caja, que iban pasando la compra del cliente y, simultáneamente, descontaban el artículo del inventario para acelerar todo el proceso de reposición. Cuatro años después, instaló un sistema de satélite de largo alcance que ponía en comunicación a todos los establecimientos con la sede central de la empresa, para transmitir al sistema de la computadora central de Wal-Mart, en tiempo real, los datos relativos a sus existencias. De este modo, preparó el terreno para una cadena de suministros perfectamente engrasada gracias al intercambio de información, que funcionaba con absoluta eficiencia. Hoy un proveedor importante puede meterse en el sistema de extranet privada de Wal-Mart (Retail Link) y ver exactamente qué tal se están vendiendo sus productos y cuándo podría ser necesario incrementar su producción.

«Dar acceso a los proveedores a sus bases de datos sobre las ventas y las existencias es lo que hizo de Wal-Mart la potente máquina que es hoy», dice Rena Granofsky, socia de J. C. Williams Group Ltd., una consultora de minoristas con sede en Toronto, en el artículo de *Computerworld* dedicado a Wal-Mart en 2002. «Mientras que la competencia mantenía la confidencialidad sobre los datos de ventas, Wal-Mart trataba a sus proveedores como si fuesen socios en vez de adversarios», dice Granofsky. Wal-Mart puso en funcionamiento un programa de colaboración en la planificación, en las predicciones y en la reposición (programa CPFR en sus siglas en inglés), con lo que inició un programa de seguimiento puntual de las existencias que redujo los gastos de transporte tanto del minorista como de sus proveedores. «Por eso en su cadena de suministros hay mucho menos exceso de existencias», dice Granofsky. Gracias a la eficiencia de su cadena de suministros solamente, se calcula que el coste de los artículos de Wal-Mart es entre el 5 y el 10 por ciento menos que el de la mayoría de sus competidores.

Como última innovación de su cadena de suministros, Wal-Mart ha introducido el uso de RFID (microchips de identificación por radiofrecuencia), que se pegan en cada palé y caja de mercancías que llega a Wal-Mart. Estos microchips sustituyen a los códigos de barras, que deben escanearse uno por uno y se pueden arañar o manchar. En junio de 2003 Wal-Mart informó a sus cien proveedores más importantes de que el 1 de enero de 2005 todos los palés y cajas que enviasen a los centros de distribución Wal-Mart tenían que ir equipados con estas etiquetas RFID. (Según la publicación *RFID Journal*, «RFID es un término que se emplea en general para designar tecnologías que usan ondas de radio para identificar automáticamente personas y objetos. Hay varios métodos de identificación, pero lo más corriente es almacenar un número de serie que identifica a la persona o al objeto, y quizá también otras informaciones, en un microchip que se anexa a una antena. El chip y la antena juntos forman lo que se denomina un transpondedor RFID o una etiqueta RFID. La antena hace posible que el chip transmita a un lector la información de identificación. El lector convierte las ondas de radio emitidas por la etiqueta RFID en información digital que a continuación se puede trasladar al ordenador para que la use».) Con estos RFID Wal-Mart podrá seguir cada palé y cada caja en cada fase de su cadena de suministros, y saber exactamente qué producto de qué fabricante va dentro, y qué fecha de caducidad tiene. Si un producto lácteo debe almacenarse a una temperatura concreta, la etiqueta RFID dirá a Wal-Mart si la temperatura es demasiado elevada o demasiado baja. Teniendo en cuenta que cada una de estas etiquetas cuesta veinte centavos, Wal-Mart las usa de momento sólo con cajas y palés grandes, con los artículos sueltos. Pero, evidentemente, ésta es la onda del porvenir.

«Cuando cuentas con RFID», me dijo Rollin Ford, vicepresidente de logística de Wal-Mart, «puedes ser más». Puedes saber aún más rápidamente qué establecimientos venderán más champús de un tipo determinado los viernes, y cuáles los domingos, y si a los hispanos les gusta más hacer la compra los sábados por la tarde en lugar de los lunes en los establecimientos de su barrio. «Cuando toda esta información se incluye en nuestros patrones de demanda, estamos en condiciones de ser más eficientes a la hora de saber cuándo producimos [un artículo] y cuándo lo enviamos. De este modo, los metemos en los camiones, colocándolos en el sitio más adecuado, para que todo fluya de la forma más eficaz», añadió Ford. «Antes teníamos que contar cada artículo, y escanearlo en [el punto de destino] era un engorro. Ahora [con los RFID] sólo tenemos que escanear el palé entero sin quitarle el plástico protector, y el chip te dice que tienes los treinta artículos que habías pedido y cada caja te dice: "Yo soy tal cosa y me siento de tal manera, soy de tal color y estoy en perfecto estado". De este modo la recepción de los pedidos es infinitamente más sencilla». La portavoz de Procter&Gamble, Jeannie Tharrington, habló con Salon.com (20 de septiembre de 2004) sobre la adopción de los RFID por Wal-Mart: «En nuestra opinión, se trata de un beneficio para toda la cadena de suministros. Ahora mismo nuestros niveles de falta de existencias son más elevados de lo que nos gustaría y, sin duda, más elevados de lo que le gustaría al consumidor, y pensamos que esta tecnología nos puede ayudar a mantener nuestros productos en las estanterías con más frecuencia». Además, los RFID permitirán a la cadena de suministros responder a los imprevistos con una adaptación más rápida.

Cuando hay huracanes —me dijeron los jefes de Wal-Mart—, la empresa sabe que la gente come más cosas como Pop-Tarts (es decir, productos no perecederos fáciles de almacenar) y que además sus establecimientos venden un montón de juegos infantiles que no requieren electricidad y que son buenos sustitutos de la televisión. También sabe que cuando se acerca un huracán, la gente tiende a beber más cerveza. Así, en el instante en que los meteorólogos de Wal-Mart comunican a la base central que se acerca un huracán a las costas de Florida, automáticamente su cadena de suministros de los establecimientos de dicho Estado se ajusta al modo huracán, a saber: primero más cerveza, después más Pop-Tarts.

Wal-Mart busca incesantemente nuevas maneras de colaborar con sus clientes. Últimamente se ha metido en banca, pues vio que en determinadas zonas que tienen mucha población hispana, mucha gente no estaba afiliada a ningún banco y que los estaban timando en el cobro de cheques. Así pues, Wal-Mart les ofreció cobro de cheques de nómina, giros, transferencias e incluso servicios para pagar recibos concretos, como el de la luz, y todo ello con unas tarifas muy económicas. Wal-Mart contaba con un sistema así dentro de la empresa, para sus empleados, y simplemente lo convirtió en un negocio hacia fuera.

ES BUENO, PERO ES DEMASIADO

Por desgracia para Wal-Mart, los mismos factores que generaron su instinto de innovación constante (su aislamiento del resto del mundo, su necesidad de buscar dentro de sí y su necesidad de poner en contacto con una cadena de suministro global a localidades muy distantes) también la metieron en líos. Es difícil exagerar cuando se habla de lo aislada que está Bentonville, Arkansas, de las corrientes del debate general sobre los derechos del trabajador y sobre los derechos humanos, y resulta fácil ver cómo esta empresa aislada, obsesionada con bajar los precios, podría haber sobrepasado los límites en algunas de sus prácticas.

Sam Walton no sólo engendró una especie de carrera inmisericorde en pos de la eficiencia al mejorar la cadena de suministro de Wal-Mart, sino también cierta inmisericordia. Estoy hablando de todo un cúmulo de cosas, desde las recientes revelaciones sobre la costumbre de Wal-Mart de encerrar toda la noche a los empleados en sus establecimientos, hasta permitir que los contratistas del mantenimiento de la empresa usasen a inmigrantes ilegales como porteros, pasando por su papel de acusado en el litigio más multitudinario de la historia por una demanda colectiva de su violación de derechos civiles, o su negativa a poner determinadas revistas (como *Playboy*) en sus estanterías, incluso en ciudades pequeñas que no tienen otra gran superficie aparte de Wal-Mart. Todo esto dejando al margen el hecho de que algunos de los principales competidores de Wal-Mart se quejan de haberse visto obligados a reducir sus prestaciones de cobertura médica y a crear un nivel salarial más bajo parar competir con Wal-Mart, que paga menos y ofrece menos prestaciones que la mayoría de las grandes empresas. (Volveré a este punto más adelante.) Sólo cabe esperar que toda la mala prensa de que ha sido objeto Wal-Mart en los últimos años la obligue a entender que existe una delgada línea entre una cadena de suministro global hipereficiente que ayuda a la gente a ahorrar dinero y a mejorar su vida, y una que ha perseguido reducir gastos y conseguir más márgenes de beneficio hasta el punto de que cualquier beneficio social que ofrece con una mano, con la otra lo está quitando.

Wal-Mart es la China de las empresas. Tiene tanto peso que es capaz de sacarle a cualquier proveedor hasta el último medio penique de rebaja. Y no vacila a la hora de usar su capacidad para que sus proveedores, tanto extranjeros como nacionales, se dejen el pellejo luchando por desbancar al contrario.

Algunos proveedores han encontrado la manera de medrar a pesar de la presión, y de mejorar su rendimiento. Si todos los proveedores de Wal-Mart quedasen totalmente exprimidos por esta empresa, Wal-Mart se quedaría sin proveedores. Por tanto, es evidente que muchos están sacando partido a su papel de socios de Wal-Mart. Pero sin duda otros han traducido la presión incesante de Wal-Mart por reventar precios en unos salarios más bajos y menos beneficios para sus empleados, o bien han visto cómo sus negocios se trasladaban a China, de donde la cadena de suministros de Wal-Mart obtuvo artículos por valor de 18.000 millones de dólares en 2004, comprados a 5.000 proveedores chinos. «Si Wal-Mart fuese una economía nacional, ocuparía el puesto número uno en la clasificación de los socios comerciales más grandes de China, por delante de Rusia, Australia y Canadá», declaró Xu Jun, portavoz de Wal-Mart China, al *China Business Weekly* (29 de noviembre de 2004).

La generación siguiente al liderazgo de Sam Walton parece darse cuenta de que tienen una imagen y una realidad que mejorar. Falta por ver hasta dónde llegarán los reajustes que haga Wal-Mart. Pero cuando pregunté por estas cuestiones, sin andarme por las ramas, al presidente de Wal-Mart, H. Lee Scott hijo, él no se escabulló. De hecho, quería hablarme de ello. «Lo que creo que tengo que hacer es institucionalizar este sentido de deber para con la sociedad en la misma medida en que hemos institucionalizado nuestro compromiso con el cliente», dijo Scott. «El mundo ha cambiado y nosotros nos lo hemos perdido. Creemos que las buenas intenciones, los buenos establecimientos y los buenos precios harán que la gente perdone nuestros fallos en otros aspectos, y sepa perdonar nuestro error.» En determinadas áreas, añadió, «no somos todo lo buenos que debiéramos ser. Sólo tenemos que mejorar».

Una tendencia de la que Wal-Mart afirma una y otra vez no ser responsable es el traslado de fábricas a otros lugares. «A nosotros nos gusta mucho más poder comprar mercancías fabricadas en Estados Unidos», me dijo Glass. «Yo me pasé dos años recorriéndome el país para intentar convencer a la gente de que fabricase aquí. Nosotros pagaríamos más por comprarla porque las instalaciones y las fábricas en esas ciudades [crearían puestos de trabajo para] todas esas personas que compraban en nuestros establecimientos. Sanyo tenía aquí [en Arkansas] una fábrica que hacía televisores para Sears, pero Sears dejó de comprarlas y ellos decidieron cerrar la fábrica y llevarse una parte a México y otra a Asia. Nuestro gobernador nos preguntó si podíamos echar una mano. Y decidimos comprar televisores de Sanyo [si no se llevaban la fábrica de Arkansas], pero ellos no quisieron. Se habían empeñado en llevársela, y [el gobernador] hasta habló con la familia [propietaria, de nacionalidad japonesa] para tratar de disuadirlos. Entre sus esfuerzos y los nuestros, logramos convencerlos. Hoy son el mayor fabricante de televisores del mundo. Acabamos de comprarles el pedido número 50 millones. Pero en su mayor parte la gente de este país se ha salido del proceso de fabricación. Dicen: "Si yo quiero venderte... pero lo que no quiero es responsabilizarme de las naves y de los empleados [y de la cobertura médica]. Lo que quiero es encontrar otras fuentes donde fabricar". Por eso, nos vimos obligados a recurrir a otras fuentes de mercancías, en otros rincones del mundo.» Y Glass añadió: «Una de mis preocupaciones es que, viendo cómo se están marchando las fábricas de este país, un día nos vamos a ver todos vendiéndonos hamburguesas los unos a los otros».

La mejor manera de hacerse una idea del poderío de Wal-Mart como aplanador global es visitar Japón.

El 8 de julio de 1853, cuando el comodoro Matthew Calbraith Perry llegó a la Bahía de Edo (Tokio) con cuatro grandes buques negros de vapor ornado de cañones, en realidad abrió al mundo occidental a la sociedad japonesa, que había permanecido cerrada durante mucho tiempo a él. Según el sitio web del Naval Historical Center, los japoneses, que desconocían la existencia de buques de vapor, se quedaron petrificados al divisarlos y creyeron que eran «dragones gigantes que escupían humo». El comodoro Perry regresó un año después y el 31 de marzo de 1854 firmó el Tratado de Kanagawa con las autoridades japonesas, por el que los navíos estadounidenses ganaban acceso a los puertos de Shimoda y Hakodate y se establecía un consulado de EE. UU. en el primero. Este tratado propició una explosión comercial entre Japón y Estados Unidos, contribuyó a abrir a Japón al mundo occidental en general, y se le suele atribuir el mérito de haber dado el pistoletazo de salida hacia la modernización del Estado japonés, al constatar sus súbditos cuán atrasados se encontraban, por lo que se apresuraron a recuperarse. Y se recuperaron. En muchos ámbitos (desde la industria del automóvil hasta la electrónica personal o herramientas y maquinaria, desde el Walkman de Sony hasta el Lexus) los japoneses aprendieron todas y cada una de las lecciones que pudieron aprender de las naciones occidentales y procedieron a derrotarnos en nuestro propio juego... excepto en una cosa: en la venta al por menor, especialmente en las ventas de baratillo. Ya podía Japón fabricar esos Sonys como nadie, que cuando se trataba de venderlos en baratillo, en fin, era otro cantar.

Así pues, exactamente 150 años después de que el comodoro Perry firmase aquel tratado, se firmó otro no tan conocido, que de hecho era una asociación mercantil. Se podría bautizar como el Tratado Seiyu-Wal-Mart de 2003. A diferencia del comodoro Perry, Wal-Mart no tuvo que abrirse camino hasta Japón a bordo de unos buques de vapor. Su fama lo precedía, razón por la cual recibió una invitación de Seiyu, una esforzada cadena japonesa de tiendas minoristas desesperada por adaptar la fórmula Wal-Mart en Japón, un país célebre por resistirse a las tiendas baratas donde la gente puede comprar todo en tamaño familiar. En el tren bala de Tokio a Numazu, Japón, sede de la primera tienda Seiyu que estaba aplicando los métodos Wal-Mart, leí, gracias al traductor del *New York Times*, que esta tienda se hallaba a unos 160 kilómetros de Shimoda y de aquel primer consulado de Estados Unidos. Probablemente al comodoro Perry le hubiera chiflado comprar en la nueva tienda de Seiyu, donde toda la música que se escucha está formada por melodías occidentales escogidas para alentar a los clientes a llenar sus carros hasta los topes, y en la que se puede comprar un traje de hombre (hecho en China) por 65 dólares y una camisa blanca a juego por 5 dólares. Por eso en Wal-Mart la llaman la TDPB («Todos los Días Precios Bajos») y ésa fue una de las primeras frases que los chicos de Wal-Mart aprendieron a decir en japonés.

Los efectos aplanadores de Wal-Mart pueden verse en toda su amplitud en la tienda de Seiyu de Numazu. Y no sólo por los precios bajos todos los días, sino también por esos amplios pasillos, los grandes palés repletos de productos domésticos, los cartelones que anuncian los precios más bajos en cada sección, y el sistema informático copiado de la cadena de suministros de Wal-Mart, de modo que los gerentes de la tienda pueden reponer con precisión y celeridad las existencias.

Pregunté al presidente de Seiyu, Masao Kiuchi, por qué había recurrido a Wal-Mart. «Oí hablar de Wal-Mart por primera vez hace unos quince años», me explicó Kiuchi. «Fui a Dallas para ver las tiendas de Wal-Mart y me pareció que era un método muy racional. Tenía dos cosas: por una parte, los carteles que mostraban los precios, algo muy fácil de entender para nosotros.» Y por otra, me dijo, los japoneses creían que una tienda de productos a precios reventados significaba que había que vender producto malo a poco precio. Sin embargo, al comprar en Wal-Mart (y encontrar allí de todo, desde televisores de plasma hasta artículos de primera calidad para mascotas) se dio cuenta de que Wal-Mart vendía productos de calidad a precios bajos.

«Hice fotos en la tienda de Dallas, y luego se las enseñé a mis compañeros de Seiyu. Les dije: "Oíd, tenemos que averiguar qué está haciendo Wal-Mart al otro lado del globo". Pero no bastó con enseñarles las fotos, porque ¿cómo se puede entender nada sólo enseñándolo en foto?», rememoraba Kiuchi. Al final, Kiuchi se puso en contacto con Wal-Mart y el 31 de diciembre de 2003 firmaron un acuerdo comercial. Wal-Mart compraba una parte de Seiyu y, a cambio, accedía a enseñar a Seiyu su estilo único de colaboración: engranaje perfecto de la cadena global de suministros con el objeto de llevar hasta los consumidores los mejores artículos a los precios más bajos.

Pero Seiyu también tenía algo importante que enseñar a Wal-Mart, según me explicó Kiuchi: cómo vender pescado crudo. En Japón los establecimientos de precios bajos y las grandes superficies tienen, todas ellas, sus correspondientes secciones de alimentación, y todas ellas tienen pescado para consumidores japoneses muy exigentes. Seiyu va rebajando los precios del pescado varias veces al día, conforme el producto pierde frescura.

«Wal-Mart no sabe nada de pescado crudo», me dijo Kiuchi. «Y nosotros esperamos de ellos su ayuda en lo tocante a mercancías en general.»

Dale tiempo a Wal-Mart. Calculo que en un futuro no muy lejano veremos sushi Wal-Mart.

Más vale que alguien vaya avisando a los atunes.

Aplanador 8
INTROMISIÓN DE LOS SUBCONTRATISTAS
EN LAS EMPRESAS CONTRATANTES (*INSOURCING*)
*Qué están haciendo exactamente esos chicos
de los pantaloncillos marrones*

Una de las partes más bonitas del proceso de recopilación de información para este libro ha sido descubrir la cantidad inmensa de cosas que ocurren a mi alrededor y de las que no tenía ni la menor idea. Y nada tan sorprendentemente interesante como meter las narices en UPS, United Parcel Service. Sí, sí, la de los chicos esos que llevan de uniforme unos pantaloncillos marrones como de andar por casa, y que conducen esas horrendas camionetas marrones. Pues resulta que mientras yo dormía, la sosa y vieja UPS se convirtió en una fuerza brutal de aplanamiento del mundo.

Una vez más, fue uno de mis mentores indios, Nandan Nilekani, el presidente de Infosys, quien me puso sobre la pista. «Deberías mencionar a FedEx o a UPS como uno de los aplanadores de tu libro. Porque no se limitan únicamente a entregar paquetes, sino que también hacen labores de logística», me contó un día por teléfono desde Bangalore. Naturalmente, archivé la sugerencia y apunté en una notita que debía comprobar su verosimilitud, pero no tenía ni idea de lo que Nilekani quería darme a entender. Unos meses después viajé a China. Una noche, todavía sin haberme adaptado a la diferencia horaria, estaba viendo CNN International para matar el rato en plena madrugada. En un momento dado apareció un anuncio de UPS. La coletilla era su nuevo eslogan: «Su mundo, sincronizado».

Entonces caí: ¡eso debía de ser lo que me quería decir Nilekani! Así me enteré de que UPS ya no se limitaba a entregar paquetes, sino que se dedicaba también a sincronizar cadenas globales de suministros para toda clase de empresas. Al día siguiente concerté una cita para visitar el cuartel general de UPS en Atlanta. Después di una vuelta por la central de distribución de UPS Worldport, junto al aeropuerto internacional de Louisville, que por la noche prácticamente está tomado por la flota de aviones de carga de UPS, pues llegan paquetes de todo el mundo, que se clasifican y vuelven a salir rumbo a su destino unas horas después. (La flota de UPS, compuesta por 270 aeronaves, es la decimoprimera más grande del mundo.) Lo que descubrí gracias a esas visitas fue que esta UPS ya no es la que conocieron nuestros padres. Sí, UPS obtiene la mayor parte de sus 36.000 millones de dólares del envío de 13,5 millones de paquetes al día desde el punto A al punto B. Pero detrás de esa inofensiva fachada, la empresa fundada en Seattle en 1907 como un servicio de mensajería se ha reinventado a sí misma hasta transformarse en una gestora dinámica de la cadena de suministro.

Veamos un ejemplo: imagina que tienes un portátil Toshiba y que, teniendo la garantía aún en vigor, se te estropea y llamas a Toshiba para que te lo arreglen. Ellos te dicen que dejes el portátil en un establecimiento de UPS para que éstos lo envíen a Toshiba, que te lo arreglarán y después te lo enviarán. Pero lo que no te dicen es que UPS no se limita simplemente a recoger y a devolverte el portátil Toshiba. Es UPS el que de verdad te lo repara en el taller que tiene para reparaciones de ordenadores e impresoras en su central de Louisville. Cuando fui a ver este centro, esperaba encontrarme con un montón de paquetes yendo de un lado para otro, pero no verme vestido con un mono azul en una prístina sala especial ni ver allí a unos empleados de UPS dedicados a sustituir placas madre de portátiles Toshiba estropeados. Desde hace bastantes años Toshiba venía viéndose afectada por un problema de imagen, pues algunos clientes opinaban que su proceso de reparación de aparatos estropeados duraba demasiado tiempo. Por eso, Toshiba acudió a UPS y le pidió que le diseñase un sistema mejor. Y UPS le dijo: «Oye, en lugar de recoger nosotros el aparato de manos de vuestros clientes, traerlo a nuestra central y enviarlo a vuestro centro de reparaciones y luego recibirlo otra vez en nuestra central y enviarlo al final a casa de vuestro cliente, vamos a eliminar todos los pasos intermedios. Nosotros, UPS, lo recogeremos, lo arreglaremos y lo devolveremos a vuestro cliente». Hoy es posible enviar tu portátil Toshiba un día y tenerlo arreglado al día siguiente, y en casa al tercer día. Toshiba expidió un certificado de calidad a todos los componentes de equipo de reparaciones de UPS y las quejas de sus clientes se redujeron de manera increíble.

Pero esto no es más que un botón de muestra de lo que UPS está haciendo hoy en día. ¿Has comido una pizza de Papa John's últimamente? Pues si ves pasar una camioneta de Papa John's, pregúntate quién se está encargando de organizar a los conductores y de planificar las recogidas de suministros (tomates, salsa, cebollas, etc.). Respuesta: UPS. Hoy UPS interviene en un montón de empresas y se ocupa de sus flotas de reparto para garantizar que éste se haga en el tiempo previsto, lo cual en el caso de Papa John's implica llevar la masa desde la tahona hasta el punto de venta exactamente a la misma hora todos los días. ¿Te has hartado de ir a comprar las zapatillas de deporte al centro comercial? Pues entra en internet y encarga un par de Nike de su página, Nike.com.

Curiosamente, tu pedido en realidad se desvía hacia UPS, y entonces un empleado de UPS recoge, revisa, empaqueta y entrega tus zapatillas por Nike desde un almacén de Kentucky que la propia UPS administra. Lo mismo pasa si haces un pedido de ropa interior en Jockey.com. Unos empleados de UPS, que se encargan de productos de la marca Jockey en otro almacén de UPS, se ocuparán de preparar tu pedido, meterlo en una bolsa, ponerle una etiqueta y enviártelo a casa. ¿Que se te rompe la Hewlett-Packard y estás en Europa o en Latinoamérica? Pues el técnico de la zona que acude a tu puerta para arreglarte la impresora trabaja en realidad para UPS, ya que esta empresa se ocupa de las divisiones de recambios y reparaciones de HP en esos mercados. ¿Que has encargado unos peces tropicales de las Segrest Farms de Florida para que UPS te los lleve a casa, a Canadá? Pues que sepas que UPS pactó con la empresa el diseño y fabricación de un embalaje especial para los peces, con el fin de que no sufriesen daños durante su viaje por la red de clasificación de UPS. Incluso se les da a los animalillos una leve sedación para que viajen bien (como cuando se da Dramamine a los críos). «Queríamos que tuviesen un viaje agradable», me dijo el portavoz de UPS, Steve Holmes.

¿Qué está pasando aquí? Se trata de un proceso que ha dado en llamarse «*insourcing*», una forma nueva de colaborar y de crear valor horizontalmente, posible gracias al mundo plano, y que lo está aplanando a su vez. En el apartado anterior quise dar respuesta a por qué es tan importante en el mundo plano la conexión entre los sistemas de planificación de las empresas y sus proveedores. Sin embargo, no todas las empresas pueden permitirse desarrollar y sostener una compleja cadena global de suministro de la envergadura y del alcance de la de Wal-Mart. De hecho, son muy pocas las que pueden. Pues bien, precisamente esta situación ha generado el *insourcing*. Este fenómeno nació porque en cuanto el mundo se volvió plano, los pequeños pudieron empezar a comportarse como gigantes, es decir, pequeñas empresas pudieron de repente asomarse al ancho mundo. Y al hacerlo, vieron un montón de sitios en los que podrían vender sus artículos o fabricarlos o comprar materias primas de una manera más eficiente. Pero muchas no sabían cómo ponerse a ello o no podían permitirse una compleja cadena global de suministro para ellas solas. Por otra parte, muchas de las grandes no querían ocuparse de un elemento tan complejo, al que veían como ajeno a sus competencias fundamentales. Por ejemplo, Nike prefería gastar su líquidez y sus energías en el diseño de mejores zapatillas de deporte que en una cadena de suministro.

Esta situación dio lugar a toda una oportunidad de negocio global para empresas tradicionales de reparto de paquetes como UPS. En 1996 UPS entró en el negocio de las «soluciones sincronizadas». Desde ese año ha gastado 1.000 millones de dólares en la compra de 25 empresas de logística global y de portes para poder dar servicio a prácticamente cualquier proceso de suministro desde una punta a otra de esta Tierra plana. El negocio despegó en torno al año 2000. Personalmente, me agrada el término «*insourcing*», porque realmente los ingenieros de UPS intervienen en el funcionamiento de tu empresa, analizan su proceso de manufacturación, empaquetado y reparto, y luego diseñan, vuelven a diseñar y gestionan toda tu cadena de suministro. Y, si fuera necesario, incluso financian algunos segmentos de la misma, como las facturas al cobro o los envíos contra reembolso. En la actualidad hay muchas empresas que han dejado de ocuparse directamente de sus productos (muchas de ellas prefieren que no se sepa su nombre). UPS supervisa todo el recorrido, desde la fábrica hasta el almacén, desde el cliente hasta el servicio de reparación. Incluso cobra al cliente, en caso necesario. Esta forma de colaboración profunda, que implica mucha confianza y buen entendimiento entre UPS, su cliente y los clientes de éste, es un aplanador único.

«¿Sabes quiénes son la mayoría de nuestros clientes y socios? Pequeñas empresas», me contó el presidente y director general de UPS Mike Eskew. «En efecto... Los pequeños negocios nos están pidiendo que los saquemos al mundo. Y nosotros ayudamos a estas empresas a conseguir la paridad con los tipos más grandes.»

Ciertamente, cuando eres un negocio pequeño o un particular que trabaja en casa, y puedes incorporar a UPS en tu actividad, usándolo como gestor de su red global de suministro, puedes hacer como si fueses mucho más grande de lo que eres en realidad. Y al permitir al pequeño empresario actuar a lo grande, el terreno de la competencia se nivela aún más. UPS compró Mail Boxes Etc. (actualmente llamada The UPS Store en Estados Unidos), para poder ofrecer a particulares y a pequeños negocios el poder de sus servicios de suministro global. Pero además UPS puede ayudar a los grandes a trabajar como si fuesen pequeños. Si eres un gran conglomerado como HP y cuentas con la posibilidad de entregar pedidos o reparar artículos rápidamente en cualquier rincón del mundo, en realidad estás trabajando a muy pequeña escala.

A esto hay que añadir que al ofrecer un servicio técnico y de reparto supereficiente y superrápido en todo el mundo (y en cantidades ingentes), UPS está facilitando la nivelación de las barreras aduaneras y la armonización del comercio, pues cada vez más gente adopta las mismas normas, etiquetas y sistemas de seguimiento en el transporte de bienes. UPS pone una pequeña etiqueta en todos sus envíos, de modo que pueden localizarse y rastrearse en cualquier punto de su red.

Al trabajar con el Servicio de Aduanas de Estados Unidos, UPS diseñó un programa informático gracias al cual los aduaneros pueden decirle: «Deseo ver todos los paquetes que pasen por vuestra central de Worldport, que tengan su origen en Cali, Colombia, y destino en Miami, donde los recoge un tal Carlos». O bien: «Quiero ver todos los paquetes que se envían de Alemania a Estados Unidos con el nombre Osama en el remite». Entonces, al recibir el paquete para que lo clasifiquen, los ordenadores de UPS lo dirigen automáticamente a un funcionario de aduanas que está allí mismo, en la central. Un brazo computerizado lo aparta literalmente de la cinta transportadora y lo deja caer en un cesto para que lo puedan inspeccionar de cerca. Esto incrementa la eficacia del proceso de inspección, sin interrumpir el flujo general de paquetes. Estas eficiencias en tiempo y en escala suponen un ahorro de dinero para los clientes de UPS, que de este modo pueden reciclar su capital e invertir en más innovación. Pero el grado de colaboración entre UPS y sus clientes que todo esto exige se sale de lo normal.

Plow & Hearth es un inmenso minorista nacional de venta por catálogo y por internet, especializado en «Artículos para la casa de campo». P&H acudió un día a UPS y le contó que la cantidad de entregas de muebles que llegaban con desperfectos a los clientes era excesiva, y le preguntó si se le ocurría alguna idea para subsanar la situación. UPS envió entonces a sus «ingenieros de embalajes» a P&H a dar un seminario al grupo encargado de las adquisiciones. También les enseñó una serie de líneas de actuación a la hora de seleccionar a sus proveedores. El objetivo era ayudar a P&H a entender que las decisiones de compras a sus proveedores deberían estar condicionadas no sólo por la calidad de los artículos que les ofrecían, sino también por los métodos de embalaje y reparto de dichos artículos. UPS no podía ayudar a su cliente P&H sin inmiscuirse del todo en su negocio y después en el de sus proveedores (para averiguar qué cajas y materiales de embalaje estaban utilizando). Eso es el *insourcing*.

Pensemos en la colaboración que se da hoy en día entre los vendedores de eBay, UPS, PayPal y los compradores de eBay. Digamos que pongo a la venta un palo de golf en eBay y que tú decides comprarlo. Te mando por correo electrónico una hoja de pedido de PayPal, que lleva tu nombre y tu dirección electrónica. Al mismo tiempo, eBay me ofrece usar un icono de su página web para imprimirte una etiqueta de envío de UPS. Imprimo esta etiqueta con mi impresora y sale con un código de barras UPS cuyo objetivo es facilitar el seguimiento del paquete. A la vez, UPS, a través de su sistema informático, genera un número de referencia que se corresponde con dicha etiqueta, que te llega a ti (que eres quien compra mi palo de golf) automáticamente a través del correo electrónico, para que tú mismo puedas saber en todo momento, por internet, dónde está el paquete, y saber exactamente cuándo lo recibirás.

Si UPS no se hubiese metido en este negocio, alguien habría tenido que inventarlo. Habiendo como hay tanta gente que usa desde su recóndito domicilio particular estas cadenas globales y horizontales de suministro, alguien tenía que llenar los inevitables huecos y fortalecer los puntos débiles. Como me explicó Kurt Kuehn, vicepresidente primero de ventas y marketing de UPS, «al chaval de Texas que trabaja con recambios de maquinaria le preocupa que su cliente de Malasia no sea de fiar a la hora de concederle financiación. Entonces intervenimos nosotros como intermediario de confianza. Si ese envío está bajo nuestro control, podemos cobrar importes sujetos a aceptación y eliminar así las letras de crédito. Se puede generar confianza tanto entre personas como entre sistemas y controles. Si no te fías de alguien, puedes confiar en un repartidor que no entregue [tu envío] hasta que se le pague el importe. Nosotros tenemos más posibilidades de hacerlo que los bancos, porque el envío está en nuestro poder y porque la relación con el cliente es colateral, de modo que contamos con dos puntos para hacer fuerza».

Desde 1997 más de sesenta empresas han abierto sucursales cerca de la central de UPS en Louisville, para poder hacer y enviar artículos directamente desde la central sin necesidad de tenerlos almacenados. Pero los pequeñines no son los únicos que se benefician de la logística mejorada y de las cadenas de suministro más eficientes que puede aportar el *insourcing*. En 2001 Ford Motor Co. pasó a UPS su enmarañada y lenta red de distribución. En efecto, permitió que UPS se inmiscuyese en el funcionamiento de Ford para averiguar qué problemas tenían y cómo engrasar mejor su cadena de suministro.

«Durante años y años la cruz de la mayoría de los concesionarios Ford era el sistema (estilo Rube Goldberg)* que usaba el fabricante para llevarles los automóviles desde fábrica», informaba *Business Week* en el

---

* Pseudónimo de Reuben Lucius Goldberg (1883-1970), dibujante de cómics y escultor estadounidense, conocido por sus dibujos de máquinas disparatadamente complicadas para hacer las tareas más simples de la manera más enrevesada. (*N. de la T.*)

número del 19 de julio de 2004. Los coches tardaban hasta un mes en llegar..., siempre, claro está, que no se perdiesen por el camino. Además, Ford Motor Co. no podía decir a sus concesionarios la fecha exacta en que los recibirían, o incluso qué existencias tenía la fábrica más cercana. «Hemos llegado a perder de vista camiones enteros cargados de coches», cuenta Jerry Reynolds, propietario de Prestige Ford, en Garland, Texas. "Era de locos"». Pero desde que UPS husmeó en el capó de Ford, «los ingenieros de UPS [...] rediseñaron la red entera de entregas de Ford en Norteamérica, racionalizando todo el proceso, desde la recogida de automóviles que se envían por carretera desde la fábrica, hasta el tratamiento que reciben en los centros territoriales de clasificación», incluyendo también el pegado de códigos de barras en los parabrisas de los 4 millones de coches que salen de las plantas de Ford en EE. UU. para poder seguirles la pista como se hace con cualquier otro paquete. Como resultado, UPS recortó en un 40 por ciento el tiempo que tardan los coches en llegar al concesionario (hasta 10 días de promedio). *Business Week* decía en su reportaje: «Esto ahorra millones de dólares a Ford al año en capital y pone las cosas fáciles para que sus 6.500 concesionarios puedan seguir el rastro de los modelos más demandados [...]». «Fue el cambio más asombroso que he visto en mi vida», se maravilla Reynolds. «Mi último comentario a UPS fue: "¿Podéis hacer lo mismo con nuestros recambios?"».

UPS cuenta con su propia materia gris, la División de Investigación para Operaciones, sita en Timonium, Maryland, que trabaja con algoritmos aplicados a cadenas de suministro. Esta «rama» de las matemáticas se denomina «tecnología de flujo de pedidos», y está diseñada para ajustar constantemente el despliegue de camiones, barcos, aviones e instalaciones de clasificación de UPS con el flujo diario de envíos de todo el mundo. «Ahora estamos en condiciones de operar cambios en nuestra red en cuestión de horas para ajustarnos a cualquier variación de volumen», dice el presidente de UPS, Eskew. «El punto clave de estas matemáticas es saber optimizar el conjunto de la cadena de suministro.» El equipo de UPS que trabaja en Timonium está formado por sesenta personas, que en su mayor parte tienen una licenciatura en ingeniería o en matemáticas, entre las cuales hay también algún que otro doctorado.

Además, UPS cuenta con sus propios meteorólogos y analistas de peligros estratégicos que rastrean cualquier tormenta, tanto atmosférica como geopolítica, con la que deba enfrentarse en una fecha determinada. Para engranar aún mejor sus cadenas de suministro, UPS utiliza tecnología inalámbrica, siendo el usuario privado más grande del mundo; sólo sus conductores realizan más de un millón de llamadas telefónicas al día durante su labor de recogida y entrega de paquetes con su flota de 88.000 furgonetas, camionetas, tractores y motocicletas. Según UPS, si miramos cualquier día cogido al azar, podemos encontrar el 2 por ciento del PIB mundial metido en los camiones o furgonetas de reparto de UPS. Ah, se me olvidaba: UPS también tiene su propio brazo financiero (UPS Capital), que aporta el dinero necesario para la transformación de tu cadena de suministro, en especial si eres un negocio pequeño y no dispones del capital.

Por ejemplo, me contó Eskew que UPS entró en negociaciones con una pequeña empresa de biotecnología de Canadá, dedicada a la venta de adhesivos de sangre, una alternativa altamente perecedera en comparación con los puntos de sutura. La empresa tenía una clientela cada vez mayor formada por las grandes cadenas de hospitales, pero tenía problemas para dar abasto con la demanda y no conseguía financiación. Contaba con centros de distribución tanto en la Costa Este como en la Costa Oeste. UPS rediseñó el sistema de la empresa, en torno a una central de refrigeración ubicada en Dallas, y lo amplió con financiación concedida a través de UPS Capital. El resultado, como me dijo Eskew, fue menos inventario, mejor liquidez, mejor atención al cliente... y un cliente fidelizado para UPS. Un fabricante de tocas y velos de novia de Montreal quería mejorar la fluidez de sus transacciones con Estados Unidos. Eskew recordaba cómo fue la cosa: «Diseñamos un sistema para obtener licencias [aduaneras] conjuntas, de modo que sus velos y sus tocas no tuviesen que pasar [por la frontera] una por una. Y después dejamos [la mercancía] en un almacén del [Estado de] Nueva York. Recibíamos los pedidos por internet, etiquetábamos los paquetes, los repartíamos y cobrábamos el importe, y metíamos en sus respectivos bancos todo el dinero de forma electrónica a través de UPS Capital, para que recibiesen el dinero contante y sonante. Esto les permite abrir nuevos mercados y reducir el volumen del inventario».

Eskew me explicó también que «cuando nuestros abuelos tenían comercios, las existencias de inventario era lo que guardaba uno en la trastienda. Hoy es una caja a dos horas de distancia, que va en una furgoneta de reparto, o bien centenares de cajas que están cruzando el país en tren o avión, mientras otras mil más cruzan el océano. Y dado que todos podemos ver lo que pasa en esta cadena de suministro, somos capaces de coordinar todos estos medios de transporte».

De hecho, conforme los consumidores han ido accediendo a la posibilidad de ofrecer sus productos a través de internet y de personalizarlos por sí solos, UPS se ha encontrado en la interesante situación de una empresa que no sólo recibe los pedidos de los clientes, sino también, como servicio de reparto, es la que lleva los artículos a la puerta del comprador. Como consecuencia de ello, las empresas se dijeron: «Tratemos de introducir el máximo de rasgos distintivos en el extremo final de la cadena de suministro, y no tanto en el comienzo». Y como UPS era el último eslabón de la cadena antes de que dichos artículos subiesen al avión, al tren o al camión, asumió muchas de estas funciones y creó así todo un nuevo negocio llamado End of Runaway Services. El día de mi visita a Louisville dos jóvenes empleadas de UPS estaban armando unas cámaras Nikon, con tarjetas especiales de memoria y estuches de cuero, que unos grandes almacenes habían encargado como oferta especial fin de semana. Hasta las estaban metiendo en unas cajas especiales sólo para esos grandes almacenes. Al asumir esta función, UPS brinda a las empresas más posibilidades de personalizar los artículos en el último momento.

UPS también ha aprovechado plenamente dos aplanadores: Netscape y los programas de automatización de procesos. Hasta 1995 toda la labor de localización y seguimiento de paquetes de UPS se hacía a través de un centro de atención al cliente. Llamabas al equivalente del número 902 de UPS y preguntabas a un operador dónde estaba el paquete que esperabas. En la semana previa a las Navidades, los teleoperadores de UPS devolvían seis mil llamadas en los días punta. Cada una de esas llamadas costaba a UPS 2,10 dólares. Pero ya en los años 90, cuando cada vez más clientes de UPS accedieron a internet y empezaron a usarlo con confianza, y mientras su propio sistema de localización y seguimiento se veía mejorado gracias a avances en tecnología inalámbrica, UPS invitó a sus clientes a seguir ellos mismos el rastro de sus envíos por internet, con un coste para la empresa de entre 5 y 10 centavos por petición.

«Así pues, redujimos drásticamente los costes e incrementamos el servicio», dijo el vicepresidente de UPS, Ken Sternad. Sobre todo ahora que UPS atiende 7 millones de solicitudes de seguimiento de envíos, como media diaria, o la pasmosa cantidad de 12 millones los días punta. A la vez, sus conductores tienen más capacidad de maniobra gracias a sus DIAD (dispositivos para recabar información relativa al reparto del conductor). Son esos pequeños teclados electrónicos de color marrón que los conductores de UPS siempre llevan encima. La última generación de estos aparatitos es capaz de informar a cada conductor sobre el lugar del camión en el que deben cargar cada paquete, y exactamente en qué sitio de la estantería. También les dice dónde queda su siguiente parada y, si el conductor se equivoca de dirección, el sistema GPS incorporado al DIAD no le permitirá entregar el paquete. También sirve para que la mamá entre en internet y averigüe cuándo llegará el repartidor a su barrio para entregarle el envío.

Esta intromisión de los subcontratistas en las empresas contratantes se diferencia de la conexión entre los sistemas de planificación y los proveedores en que va mucho más allá de la mera gestión de la cadena de suministro. Dado que es un sistema de logística gestionado por un tercero, implica un tipo de colaboración mucho más íntima y extensa entre UPS, sus clientes y los clientes de sus clientes. Hoy en muchos casos UPS y sus empleados están tan metidos en la infraestructura de sus clientes que es casi imposible determinar dónde empieza uno y dónde acaba el otro. Los de UPS no se limitan a sincronizar tus envíos, sino que están sincronizando también toda tu empresa y su interacción tanto con los clientes como con los proveedores.

«Esto ha dejado de ser una relación vendedor-comprador», me dijo Eskew. «Nosotros contestamos tu teléfono, hablamos con tus clientes, guardamos tus existencias y te decimos qué se vende y qué no se vende. Tenemos acceso a tu información y tú tienes que confiar en nosotros. Nos ocupamos de la competencia, y la única manera de hacer este trabajo es decirte, como nuestros fundadores dijeron a Gimbel's y a Macy's: "Confía en nosotros". Yo no me voy a aprovechar de tu confianza. Porque lo que estamos haciendo es pedir a la gente que suelte parte de su negocio, y eso realmente requiere confianza.»

UPS está generando unas bases sobre las cuales cualquier persona puede sacar al mundo su negocio o mejorar de una manera impresionante la eficiencia de su cadena mundial de suministro. Se trata de un negocio totalmente nuevo. En UPS están convencidos de que le aguarda un ascenso prácticamente ilimitado. El tiempo lo dirá. Aunque en este tipo de trabajo los márgenes siguen siendo magros, en 2003 sólo el *insourcing* reportó a UPS 2.400 de millones de beneficios. Mi nariz me dice que estos chicos de los pantaloncillos marrones, que van en esas extrañas furgonetas a juego, se han metido en una buena, en algo que sólo ha sido posible gracias al aplanamiento del mundo, y que a su vez lo va a aplanar bastante más.

Aplanador 9
ACCESO LIBRE A LA INFORMACIÓN (*IN-FORMING*)
Buscadores de la web: Google, Yahoo!, MSN

Una amiga y yo conocimos a un tipo en un restaurante. Mi amiga se quedó prendada, pero yo no terminaba de fiarme de él. Me puse a buscarlo con Google y en cuestión de minutos me enteré de que tenía antecedentes por un delito grave de violación. Una vez más, me llevé un chasco con la calidad del «mercado», pero por lo menos pude avisar a mi amiga del turbio pasado de aquel tío.

Agradecimiento de una usuaria de Google

Estoy absolutamente encantado con el servicio de traducción. Mi compañera había quedado con dos albañiles para que nos ayudasen con una demolición. Pero hubo un equívoco: ella les había pedido que se presentasen a las 11 de la mañana y la empresa de obras los mandó a las 8:30. Los hombres sólo hablaban español y yo hablo inglés y un poco de francés. Nuestros vecinos hispanos no estaban en casa. Con ayuda del servicio de traducción, logré entenderme con los obreros, disculparme por el malentendido, explicarles lo que necesitábamos y pedirles que volviesen a las 11. Gracias por ofrecer esta conexión... Gracias, Google.

Agradecimiento de un usuario de Google

Quisiera simplemente dar las gracias a Google por enseñarme a encontrar el amor. Hacía mucho que no sabía nada de mi hermano y me puse a buscarlo por la red. ¡Me quedé de piedra! Lo encontré en una página web mexicana de *boys*. ¡Mi hermano trabajando de prostituto! En cuanto pude, cogí un avión con destino a la ciudad en la que trabajaba, con la intención de sacarlo de una profesión tan degradante. Fui al club donde estaba trabajando y así encontré a mi hermano. Pero, además, conocí a uno de sus compañeros de trabajo... Nos casamos la semana pasada [en México] y estoy segura de que sin los servicios de Google jamás habría encontrado a mi hermano, ni a mi marido, ¡¡ni hubiera sabido lo asombrosamente lucrativa que es la industria de *boys* en México!! ¡Gracias, Google!

Agradecimiento de una usuaria de Google

La sede central de Google en Mountain View, California, tiene un cierto toque Epcot Center: infinidad de juguetitos de la era espacial con los que jugar, y tan poco tiempo para usarlos todos. En un rincón hay un globo giratorio que emite rayos de luz en función del volumen de gente que está buscando información en Google. Como imaginarás, la mayoría de los haces de luz salen de Norteamérica, Europa, Corea, Japón y la costa de China. Oriente Medio y África permanecen bastante oscuros. En otro rincón hay una pantalla que recoge una muestra de lo que la gente busca en cada momento, en el mundo entero. Cuando visité las instalaciones en 2001, pregunté a mis anfitriones por las búsquedas más frecuentes del momento. Una, por supuesto, era «sexo», uno de los eternos favoritos de los usuarios de Google. Otra era «Dios». Un montón de gente anda buscándolo (o buscándola). Una tercera era «empleos» (algo que nunca sobra). ¿Y la cuarta cosa más buscada en la época de mi visita? Pues no supe si echarme a reír o a llorar: «Lucha profesional». Pero la búsqueda más estrambótica es el libro de recetas de Google: ¡la gente abre la nevera, echa un vistazo a lo que tiene, teclea en Google unos cuantos alimentos preparados y se entera de su composición!

Por suerte, no hay una sola palabra o un solo tema que llegue al 1 o 2 por ciento del total de búsquedas de Google en un momento dado, así que nadie debería preocuparse demasiado por el destino de la humanidad basándose en las cosas más buscadas en Google un día cualquiera. De hecho, es precisamente la llamativa diversidad de búsquedas que se realizan a través de Google, en tantísimas lenguas diferentes, lo que hace del motor de búsqueda Google —o de los buscadores en general— un aplanador tan potente. Jamás en la historia del planeta tanta gente ha tenido la posibilidad de buscar *por sí misma* tanta información acerca de tantos temas o acerca de tanta otra gente.

Como me dijo uno de los fundadores de Google, Sergey Brin (de origen ruso), «teniendo banda ancha, módem o acceso a un cibercafé, cualquiera, ya sea un chaval de Camboya, un profesor universitario o yo mismo, que dirijo este motor de búsqueda, disponemos del mismo acceso básico que cualquier otra persona a toda la información necesaria para hacer un estudio o una investigación. Es un igualador total. Lo de ahora no tiene nada que ver con cómo eran las cosas antiguamente. A lo más a lo que podía acceder era a una biblioteca, que, encima, no tenía ni mucho menos todo este material, por lo que o bien había que cruzar los dedos o bien tenías que buscar algo muy sencillo o muy reciente». Brin añadió que cuando apareció Google, de repente ese chiquillo tuvo «acceso universal» a la información existente en las bibliotecas del mundo entero.

Sin duda, ésa es la meta de Google: conseguir que cualquiera pueda acceder fácilmente a todo el saber mundial en cualquier idioma. Y Google espera que, con el tiempo, usando una PalmPilot o un móvil, cualquier persona en cualquier rincón del mundo pueda llevar en el bolsillo la posibilidad de acceder a todo el saber mundial. «Toda la gente» y «todas las cosas» son las expresiones clave que uno oye constantemente cuando se habla de Google. De hecho, la historia oficial de Google que aparece en su página de inicio señala que el nombre procede de la palabra «*goo-gol*», que designa el número representado por el numeral 1 seguido de 100 ceros. La utilización de este término por parte de Google refleja la misión que se ha marcado la empresa de organizar la inmensa (o aparentemente infinita) cantidad de información disponible en la web» directamente para ti. Lo que refleja el éxito de Google es la gran cantidad de personas que está interesada en disponer precisamente de eso: del saber existente en el mundo entero, al alcance de su mano, con sólo teclear. No hay aplanador más potente que la idea de poner a disposición de todos y cada uno de nosotros todo el saber del mundo, o siquiera un buen pedazo de él, en todo momento y en todo lugar.

«La única discriminación que hacemos consiste en que si no sabes o no puedes usar un ordenador, entonces no puedes usar Google, pero aparte de eso, si sabes escribir en un teclado, ya puedes usar Google», me dijo su director general, Eric Schmidt. Y, desde luego, si el aplanamiento del mundo tiene algún sentido —añadió—, es el de que «no hay discriminación alguna para acceder a los conocimientos. En la actualidad Google se puede usar en un centenar de idiomas, y en cuanto encontramos otro, aumentamos esa cifra. Imagínate que un día la gente empieza a usar un iPod con Google, y que se le puede decir de viva voz que busque algo, con lo que así podrán buscar también todos aquellos que no puedan o no sepan usar el ordenador... Entonces [el acceso vía Google] crecerá, sencillamente, al mismo ritmo al que podamos hacer que la gente disponga de dispositivos baratos».

¿Qué tiene que ver la búsqueda en la web con el concepto de colaboración? Pues la respuesta es lo que he dado en llamar *in-forming*. El *in-forming* sería el equivalente, a escala personal, del *open-sourcing, outsourcing, insourcing, supply-chaining* y *offshoring*. El *in-forming* es la capacidad de crear y desplegar tu propia cadena de suministro, una cadena de suministro de información, de conocimientos y de entretenimiento. El *in-forming* tendría que ver con una colaboración individual: tú mismo eres el que investiga, edita o elige el entretenimiento, siguiendo tus propias pautas y valiéndote de tu propia capacidad y medios, sin necesidad de acudir a la biblioteca o al cine o a una cadena de televisión. El *in-forming* es búsqueda de conocimiento. Es buscar personas y comunidades afines a ti. La fabulosa popularidad planetaria de Google, que ha espoleado también a Yahoo! y a Microsoft (a través de su nuevo motor MSN

Search) a hacer de la herramienta de búsqueda y del *in-forming* dos funciones muy importantes de sus sitios web, demuestra hasta qué punto la gente está ávida de esta clase de colaboración. En la actualidad Google procesa aproximadamente 1.000 millones de búsquedas al día, frente a los 150 millones de hace sólo tres años.

Larry Page, el otro fundador de Google, me contó que cuanto más fácil y más precisa se vuelve la búsqueda, más global se vuelve la base de usuarios de Google, y más potente se vuelve éste como aplanador del mundo. Todos los días crece el número de personas que son capaces de informarse por sí mismas en su propio idioma. Page añadió que «sólo un tercio de nuestras búsquedas se hacen desde Estados Unidos, y menos de la mitad son en inglés». Además, «conforme la gente busca cosas cada vez más insólitas, aparecen publicadas cada vez más cosas insólitas», lo que acrecienta aún más el efecto aplanador del *in-forming*. Por otra parte, todos los grandes motores de búsqueda han añadido recientemente la posibilidad de que el usuario no sólo rastree la web en busca de información, sino que también el disco duro de su ordenador pueda buscar palabras, datos o mensajes de correo electrónico que sabe que están ahí, en algún lugar, pero ha olvidado dónde. Realmente, poder rastrear tu propia memoria con mayor eficacia es *in-forming*. A finales de 2004 Google anunció varios planes para escanear el contenido completo de las bibliotecas de la Universidad de Michigan y de la de Stanford, con lo que decenas de miles de libros quedarán a disposición del usuario *online*.

Cuando aparecieron los motores de búsqueda, la gente se quedaba perpleja y encantada si podía encontrar la información que buscaba. Como me dijo uno de los fundadores de Yahoo!, Jerry Yang, lo raro era que uno diese exactamente con lo que quería. «Hoy la gente da mucho más las cosas por hecho. Asumen que la información que están buscando está, sin duda, ahí y que todo se reduce a que los expertos en tecnología vayan simplificando la manera de acceder a ella, cada vez con menos pasos», me dijo. «La democratización de la información está teniendo un impacto profundo en la sociedad. Los consumidores de hoy son mucho más eficientes: saben encontrar información, productos o servicios más rápidamente [a través de los motores de búsqueda] que a través de los medios tradicionales. Están mejor informados sobre asuntos relacionados con el empleo, la salud, el ocio, etc. Las pequeñas poblaciones ya no están en una situación de desventaja frente a las que tienen mejor acceso a la información. Y la gente tiene la posibilidad de establecer mejores contactos con aquello que les interesa, de convertirse rápida y fácilmente en especialistas en un tema en concreto y de conectar con otras personas que comparten sus intereses».

Los fundadores de Google vieron que a finales de los 90 aparecían en internet cientos de miles de páginas web nuevas cada día, y que los motores de búsqueda existentes, que tendían a buscar palabras clave, no podían seguir ese ritmo de crecimiento. Brin y Page, que se conocieron en 1995 cuando estudiaban informática en la Universidad de Stanford, desarrollaron una fórmula matemática que clasificaba un página web según la cantidad de páginas web vinculadas a ella, partiendo de la hipótesis de que cuantas más personas creasen un vínculo con determinada página, más importante debía de ser ésta. El avance crucial que permitió que Google se convirtiese en el primero de todos los motores de búsqueda fue su capacidad para combinar esta tecnología PageRank con un análisis del contenido de la página, que determina qué páginas son más relevantes para la búsqueda concreta que el usuario está haciendo. Google entró en el mercado tiempo después de que lo hubieran hecho otros gigantes, pero la gente percibió que sus resultados eran más precisos y tenían más que ver con lo que andaban buscando. El mero hecho de que un motor de búsqueda fuese una pizca mejor que los demás provocó que una avalancha de usuarios optasen por aquél. (Hoy Google tiene en plantilla a decenas de matemáticos dedicados a sus algoritmos de búsqueda, en un esfuerzo por mantener siempre a Google un paso por delante de la competencia en cuestión de relevancia.)

Brin me dijo que, por alguna razón, «la gente subestimaba la tarea de hallar información, frente a otras cosas que podían hacerse *online*. Pero estás buscando algo, como un tema de salud, por ejemplo, lo que quieres es saber, y en determinados casos se trata de una cuestión de vida o muerte. Sabemos de gente que busca en Google los síntomas de un ataque al corazón y a continuación marca el teléfono de urgencias». Pero a veces quieres *in-formarte* sobre una cuestión mucho más sencilla.

En junio de 2004 estuve en Pekín junto a mi mujer, Ann, y mi hija de dieciséis años, Natalie. Una mañana, bajando en el ascensor, mi hija llevaba un montón de postales que había escrito para sus amigas y Ann le dijo:

—¿Te has traído sus direcciones?

Natalie la miró como si fuese una señora del siglo XIX.

—¡No! —replicó con ese tono que quiere decir: «Pero qué fuera de onda estás, mamá»—. He *gugleado* sus números de teléfono y en un segundo tenía los teléfonos de sus casas.

¿La libreta de las direcciones? Pero, mami, qué cosas tienes...

Lo único que Natalie había hecho era in-formarse, usando Google de una manera que yo desconocía y que ni siquiera sabía que era posi-

ble. Por otra parte, mi hija llevaba también su iPod encima, que le permitía in-formarse de otro modo: con entretenimiento en vez de conocimiento. Ella misma se había convertido en su propia editora musical y
había descargado todas sus canciones favoritas en el iPod para tenerlas
mientras viajábamos por China. Párate a pensarlo: durante décadas la
industria de la radiotelevisión ha girado en torno a la idea de emitir anuncios y esperar que haya alguien viendo la tele u oyendo la radio en ese
instante. Pero gracias a las tecnologías aplanadoras aplicadas al entretenimiento, ese universo está desapareciendo a toda velocidad. Ahora, con
la TiVo, puedes ser tu propio editor de televisión. TiVo permite a los televidentes grabar en formato digital sus programas favoritos y saltarse los
anuncios, excepto aquellos que deseen ver. Así, ves lo que quieres cuando quieres. No tienes que quedar con una cadena de televisión a la hora
y en el lugar que otra persona ha fijado, y ver los anuncios que te endil-
gan. Con TiVo puedes ver únicamente tus programas preferidos y la publicidad que deseas ver, la de aquellos productos en los que podrías estar
interesado.

Igual que Google puede rastrear lo que andas buscando, también
puede hacerlo TiVo, que sabe qué programas y qué anuncios congelas,
guardas y rebobinas en tu televisor particular. Pues bien, ahí va una pregunta de concurso de actualidad: a ver si adivinas cuál ha sido el momento más rebobinado de la historia de la televisión. Respuesta: el instante
del pecho al aire de Janet Jackson (o, como se dijo de forma eufemísti-
ca: su «fallo de vestuario») durante la Super Copa de 2004. Pregúntase-
lo a TiVo. En un comunicado de prensa emitido el 2 de febrero de 2004
TiVo dijo: «Justin Timberlake y Janet Jackson acapararon toda la atención durante la Super Copa del domingo, atrayendo a más del doble de
telespectadores de los momentos más apasionantes del juego, según una
medición anual de cuota de pantalla en hogares con TiVo, computada
segundo a segundo. El momento Jackson-Timberlake provocó el mayor
repunte de cuota que haya medido TiVo jamás. TiVo informó de que el
número de televidentes subió a un 180 por cien cuando cientos de miles
de hogares aprovecharon la función especial de TiVo de detener y reproducir imágenes en vivo, para ver una y otra vez el incidente».

Así pues, si cada vez más gente puede ver lo que quiera como quiera y todas las veces que quiera, cuando quiera, entonces el concepto de
la televisión retransmitida (que consiste en emitir un programa a una hora
determinada, junto con su publicidad, y después tratar de averiguar
mediante una encuesta quién está viendo la tele en ese momento) irá
teniendo cada vez menos sentido. Las empresas que seguro que ganan la

apuesta son aquellas que, como Google, Yahoo! o TiVo, aprenden a colaborar con sus usuarios para ofrecerles programas y anuncios hechos a su medida. Puedo imaginar fácilmente que dentro de no mucho tiempo los anunciantes no van a querer pagar otra cosa que no sea eso.

Las empresas como Google, Yahoo!, Amazon.com y TiVo han aprendido a medrar no a base de acribillar a sus clientes con productos y servicios, sino más bien creando sistemas de colaboración que permiten escoger a los consumidores aquellos productos y servicios que les interesen, y respondiendo a continuación, a la velocidad del rayo, a sus elecciones. Este método es mucho más eficiente.

«La búsqueda es una tarea tan personal que revierte en una emancipación sin igual del ser humano», me dijo el director general de Google, Eric Schmidt. «Es lo contrario de que te digan o te enseñen. Se trata de dotarse de medios que te emancipan, es la atribución de poder al individuo, para que haga lo que considere mejor con la información que desee. Es muy diferente de cualquier otra cosa existente hasta ahora. La radio era de uno a muchos. La tele era de uno a muchos. El teléfono era de uno a uno. La búsqueda es la expresión última del poder del individuo, que valiéndose de un ordenador para mirar al mundo puede encontrar exactamente lo que quiere... y cada cual es muy suyo cuando se trata de eso.»

Por supuesto, lo que ha convertido a Google no ya en un motor de búsqueda, sino en un negocio de muchísimos beneficios, fue la toma de conciencia por parte de sus fundadores de que podrían crear un modelo de publicidad específicamente dirigida, que te mostraría los anuncios que te interesasen mientras buscabas información sobre algún tema en concreto, y después ellos cobrarían a los anunciantes por el número de veces que los usuarios de Google pinchaban en su anuncio. Mientras la CBS emite una película y tiene una idea menos precisa de quién está viéndola o viendo los anuncios, tú la buscas... y puedes entrar en las páginas de los anunciantes que están conectados directa o indirectamente con tus búsquedas. A finales de 2004 Google puso en marcha un servicio mediante el cual puedes estar dándote un garbeo por Bethesda, Maryland, de repente te entra antojo de sushi, y lo único que tienes que hacer es mandar un mensaje SMS a Google desde tu móvil diciendo «Sushi 20817» (que es el código postal de Bethesda) y entonces ellos te contestan con otro mensaje con las sugerencias de restaurantes. Sólo el Señor sabe adónde llegará todo esto.

Sin embargo, el *in-forming* implica también buscar amigos, aliados y colaboradores. En efecto, está propulsando la formación de comunidades a escala global, por encima de fronteras nacionales y culturales, que es otra función importantísima de aplanamiento. Hoy la gente puede buscar colaboradores para cualquier trabajo, proyecto o tema, sobre todo a través de portales como Yahoo! Groups. Yahoo! cuenta con unos 300 millones de usuarios y 4 millones de grupos activos. Al mes acceden a estos grupos 13 millones de personas desde todos los rincones del mundo.

«Internet está creciendo en el área de los autoservicios, y Yahoo! Groups es un ejemplo de esta tendencia», me dijo Jerry Yang. «Ofrece un foro, una plataforma, un conjunto de herramientas para que la gente organice encuentros privados, semiprivados o públicos en internet sin importar desde dónde se conecten ni a qué hora. Capacita a los consumidores a reunirse en torno a temas que para ellos son importantes, de una manera que, sin conexión, les sería poco práctica o imposible. Estos grupos pueden funcionar como grupos de apoyo para personas que no se conocen de nada pero que se unen por efecto de un tema compartido (enfermos que padecen enfermedades raras, padres primerizos, esposas de personal militar en servicio activo, etc.) o que buscan a otras con las que compartir intereses similares (aficiones tan esotéricas como los trineos tirados por perros, el *blackjack* o el bronceado sin salir de casa tienen muchos adeptos). Las comunidades ya existentes (liguillas de fútbol infantil, grupos de jóvenes de la parroquia, organizaciones de antiguos alumnos) pueden pasarse a la red y enriquecerse en un entorno interactivo, ofreciendo así una sede virtual a grupos interesados en compartir, organizar y comunicar información valiosa para comunidades vibrantes y activas. Hay grupos que sólo existen *online* y que no podrían tener el mismo éxito de no ser así, mientras que otros son el equivalente en internet de consolidadas comunidades del mundo real. Los grupos pueden crearse instantáneamente y disolverse, los temas pueden variar o mantenerse invariables... Esta tendencia no hará sino crecer, conforme los usuarios vayan publicando cada vez más sus ideas e intereses, y puedan buscar la afinidad y la comunidad que *ellos* decidan... cuando, donde y como lo decidan.»

El *in-forming* entraña otro elemento al que la gente va a tener que acostumbrarse, y es la capacidad de otras personas de in-formarse sobre ti desde tu más tierna infancia. Los motores de búsqueda aplanan el mundo al eliminar los valles y los riscos, todos los paredones y rocas, que la gente usaba para esconderse dentro, encima, detrás o debajo con el fin de enmascarar su reputación o partes de su vida pasada. En un mundo plano no puedes huir, no puedes esconderte, y cada vez van derribándose rocas más y más pequeñas. Vive honradamente, porque cualquier cosa que hagas, cualquier error que cometas, podrá rastrearse algún día. Cuanto más plano se vuelve el mundo, más gente corriente se vuelve transparente (y visible). Antes de que mi hija Orly se marchase a la universidad en otoño de 2003, ya me estaba hablando de algunos de sus compañeros de residencia. Cuando le pregunté cómo sabía ciertas cosas que sabía (¿había hablado con ellos?, ¿había recibido algún correo electrónico?), me dijo que no había hecho ni lo uno ni lo otro. Sencillamente los había buscado en Google. Y había encontrado de todo, desde recortes de periódicos escolares, gacetas, etc., y afortunadamente ningún informe policial. ¡Y estamos hablando de chavales de instituto!

«En este mundo más vale que hagas las cosas bien... Ahora uno no recoge sus bártulos y se va a otra ciudad tan fácilmente», me dijo Dov Seidman, el dueño de LRN, una consultora dedicada a velar por el cumplimiento de la legalidad y la ética empresarial. «En el mundo de Google, tu fama te seguirá y te precederá en tu siguiente parada. Llega allí antes que tú... Hoy por hoy la reputación empieza pronto. No te da tiempo a pasarte cuatro años bebiendo como un cosaco. Tu reputación queda establecida mucho antes en la vida. "Di siempre la verdad", decía Mark Twain, "así no tendrás que recordar lo que has dicho"». Ahora muchas más personas pueden hacer de investigadores privados y husmear en tu vida, y además pueden compartir sus hallazgos con mucha más gente.

En la era de la búsqueda superpropulsada, todo el mundo es un famoso. Google nivela la información: carece de límites de clase o de límites culturales. «Si puedo manejar Google, puedo encontrar lo que sea», dijo Alan Cohen, vicepresidente de Airespace, una empresa de venta de tecnología inalámbrica. «Google sería como Dios. Dios es inalámbrico, Dios está en todas partes y Dios lo ve todo. Cualquier pregunta que se te ocurra se la puedes hacer a Google.»

Unos meses después de que Cohen me hiciese este comentario, me encontré con el siguiente artículo en la sección de negocios de CNET News.com: «Google, el gigante de las búsquedas, informó este miércoles de la compra de Keyhole, una empresa especializada en *software* basado en la web que permite a la gente ver imágenes de satélite de todo el planeta. [...] Este programa informático ofrece a los usuarios la capacidad de ampliar la imagen desde el espacio; en algunos casos, puede ampliarla hasta mostrar calles con todo detalle. La empresa no dispone de imágenes de alta resolución para el planeta entero, pero su sitio web ofrece la lista de ciudades disponibles que pueden verse al detalle. La empresa se ha centrado especialmente en cubrir grandes áreas metropolitanas de Estados Unidos y está trabajando para ampliar su cobertura».

Aplanador 10
LOS ESTEROIDES
Digital, móvil, personal y virtual

Pero lo que de verdad diferencia a este iPaq son sus características de naturaleza inalámbrica. Se trata del primer portátil de mano
capaz de conectarse a internet y a otros dispositivos de cuatro maneras distintas, todas inalámbricas. El iPaq puede irradiar información
(como los datos de tu tarjeta de visita electrónica) a otro portátil de
mano a una distancia de hasta 76 centímetros, usando un transmisor
de infrarrojos. Para distancias de hasta 9 metros cuenta con un circuito Bluetooth incorporado [...]. Para distancias de hasta 45 metros dispone de una antena Wi-Fi. Y para las transmisiones a escala planetaria, el iPaq tiene guardado otro as en la manga, porque además es un
teléfono móvil. Si ni así consigue encontrarle su empresa, entonces es
que debe de estar usted en la Estación Espacial Internacional.

Extraído de un artículo publicado en el New York Times
el 29 de julio de 2004 acerca del nuevo PocketPC de HP

Me encuentro en el tren bala viajando a toda velocidad en dirección
suroeste de Tokio a Mishima. Las vistas son espectaculares: a mi izquierda, aldeas de pescadores y, a mi derecha, la cumbre nevada del monte Fuji.
Mi colega, Jim Brooke, jefe de la delegación del *New York Times* en Tokio,
está sentado al otro lado del pasillo, sin prestar ni pizca de atención a
las vistas. Está enfrascado en su ordenador. Yo también, de hecho, pero
él está trabajando *online* con una conexión inalámbrica, y yo simplemente estoy tecleando una columna en mi portátil sin conexión. Desde que
hace unos días cogimos juntos un taxi en el centro de Tokio y Jim sacó
su portátil de conexión sin cables en el asiento de atrás y me mandó un
mensaje a través de Yahoo!, no he parado de admirarme ante el asombroso grado de penetración y conectividad inalámbrica existente en Japón.
Salvo por unas cuantas islas remotas y unas aldeas perdidas en las montañas, si dispones de tarjeta inalámbrica en tu ordenador, o de cualquier
móvil japonés, puedes entrar en internet en cualquier lugar, desde las pro-
fundidades de las estaciones de metro hasta los trenes bala que viajan a
la velocidad del rayo entre las ciudades. Jim sabe que estoy algo obse-
sionado con el hecho de que Japón, por no hablar de la mayor parte del
mundo, cuente con una conectividad inalámbrica mucho mejor que la de
Estados Unidos. En fin, a Jim le gusta restregármelo.

—¿Ves, Tom? Ahora mismo estoy conectado —me dice, mientras el paisaje japonés se desliza emborronado por la ventanilla—. Un amigo mío, que es el corresponsal del *Times* en Alma Ata, acaba de tener un bebé y le estoy felicitando. Ha sido niña, nació anoche —prosigue Jim con su comunicado de novedades—. ¡Ahora estoy leyendo las portadas! —me anuncia, en referencia al resumen de titulares del día del *New York Times*. Al final pido a Jim, que habla japonés bien, que le diga al revisor del tren que se acerque. El hombre camina hasta nosotros. Pido a Jim que le pregunte a qué velocidad vamos. Parlotean un ratito en japonés y al final Jim me traduce sus palabras—: A 240 kilómetros por hora.

Meneo la cabeza. Vamos en un tren bala que viaja a 240 kilómetros por hora y mi colega está respondiendo un correo electrónico enviado desde Kazajistán, y yo soy incapaz de ir en coche desde mi domicilio, en un núcleo residencial de las afueras de Washington, hasta la capital del distrito, sin que se me corte el móvil dos veces como poco. El día anterior estaba en Tokio esperando una cita con Todd Zaun, un compañero de Jim, y el hombre estaba entretenido con su móvil japonés, capaz de conectarse a internet desde cualquier sitio. «Soy surfero», me contó Todd, sin dejar de pulsar el teclado con el dedo pulgar. «Por 3 dólares al mes, estoy suscrito a este sitio [japonés] que todas las mañanas me dice lo altas que están las olas en las mejores playas que quedan cerca de mi casa. Yo lo consulto y así decido cuál será el mejor sitio para surfear ese día.»

(Cuantas más vueltas le doy, más ganas me entran de presentarme a presidente apoyándome en un único mensaje: «Si salgo elegido, os prometo que dentro de cuatro años América tendrá una cobertura para móviles tan buena como la de Ghana, y dentro de ocho una como la de Japón, siempre y cuando Japón firme un pacto de detención temporal y no innove en los próximos ocho años para que podamos darle alcance». Mi pegatina de campaña luciría un lema de lo más sencillo: «¿Me oyes ahora?».)

Sé que tarde o temprano Estados Unidos se pondrá al nivel del resto del mundo en lo tocante a tecnología inalámbrica. Ya está pasando. Pero este apartado del décimo aplanador no sólo tiene que ver con lo inalámbrico. Tiene que ver con lo que denomino «los esteroides». Llamo esteroides a determinadas nuevas tecnologías porque están amplificando y metiendo el turbo a todos los demás aplanadores. Afectan a todas las variantes de colaboración que he destacado en esta parte del libro (*outsourcing, offshoring, open-sourcing, supply-chaining, insourcing* e *in-forming*) y hacen posible aplicarlas todas y cada una de ellas de una forma «digital, móvil, virtual y personal», como decía en sus discursos la ex directora general de HP, Carly Fiorina. De este modo, están realzando cada una de esas variantes y aplanando más el mundo cada día que pasa.

Al decir «digital», Fiorina se refiere a que gracias a las revoluciones del PC, Windows, Netscape y automatización de procesos, todo el contenido y todos los procesos analógicos (cualquier cosa, desde fotos hasta entretenimiento, pasando por comunicación, procesamiento de textos y diseño arquitectónico, y hasta la programación del sistema de riego por aspersores del jardín de mi casa) se están digitalizando y, por ende, pueden moldearse, manejarse y transmitirse a través de ordenadores, de internet, de satélites o de cable de fibra óptica. Al decir «virtual», se refiere a que el proceso de modelado, manejo y transmisión de este contenido digitalizado se puede llevar a cabo a una velocidad elevadísima, con total facilidad, de modo que ni siquiera tienes que pensar en ello, gracias a todas esas tuberías digitales subterráneas, a todos esos protocolos y referencias que están instalados ya. Al decir «móvil» se refiere a que gracias a la tecnología inalámbrica, todo esto se puede hacer desde cualquier sitio, con cualquiera, a través de cualquier dispositivo, y llevarse a donde se quiera. Y al decir «personal», quiere decir que lo puedes hacer tú mismo, exactamente como tú lo quieres y en tu dispositivo personal.

¿Qué aspecto tiene el mundo plano cuando coges todas estas nuevas formas de colaboración y les metes el turbo de esta manera? Permíteme que te ponga sólo un ejemplo. Bill Brody, presidente de la Johns Hopkins, me contó esta historia en el verano de 2004: «Estoy en un congreso médico en Vail y el [doctor] ponente cita un estudio hecho en la Universidad Johns Hopkins. Este señor está haciendo propaganda de un nuevo método para tratar el cáncer de próstata que contradecía por completo el método quirúrgico vigente. Consistía en un tratamiento mínimamente invasivo. Bueno, pues de repente cita un estudio realizado por el doctor Patrick Walsh, que había establecido las normas más nuevas de cuidados en caso de cirugía por cáncer de próstata. El tipo aquel que hablaba propone un método alternativo (que levantaba polémica), pero va y cita el estudio de Walsh para la Hopkins de una forma que venía a respaldar su método. Cuando le oí decir aquello, pensé para mis adentros: "Pues no se parece en nada a lo que dice el estudio del doctor Walsh". Tenía encima una PDA [asistente digital personal] e inmediatamente me metí en internet [mediante la conectividad inalámbrica] y entré en el portal de la Johns Hopkins, de ahí entré en Medline e hice unas indagaciones sin moverme de mi asiento. En un periquete tuve ante mí todos los extractos del estudio de Walsh. Desplegué uno y lo leí, y no tenía absolutamente nada que ver con lo que aquel tipo estaba diciendo. Así que levanté la mano en el turno de preguntas y leí un par de renglones del extracto, y el tipo se puso como un tomate».

La digitalización y almacenamiento de todos los trabajos de investigación realizados por el profesorado de la Johns Hopkins en los últimos años hizo posible que Brody los registrase instantánea y virtualmente sin pensárselo dos veces. Los avances en tecnología inalámbrica le permitieron llevar a cabo estas pesquisas desde cualquier lugar con cualquier dispositivo. Y su ordenador personal de mano le permitió hacerlo personalmente, es decir, por él y sólo para él.

¿En qué consisten los esteroides que han hecho posible todo esto?

Una manera sencilla de entender la informática, a cualquier escala, es pensar que está formada por tres elementos: capacidad de tratamiento automático de la información, capacidad de almacenamiento de la misma, y capacidad de *input/output* [entrada/salida], que es la velocidad con que la información entra y sale de los circuitos de tratamiento automático y de almacenamiento. Pues bien, desde los tiempos de las primeras y descomunales computadoras centrales, todo esto ha ido incrementándose a un ritmo constante. Este progreso, que se retroalimenta y se refuerza a sí mismo, es un esteroide significativo y ha propiciado que año tras año hayamos podido digitalizar, moldear, comprimir y transmitir más palabras, música, datos y entretenimiento que nunca.

Por ejemplo, se usa el término MIPS («millones de instrucciones por segundo») como una unidad de medida de la capacidad de tratamiento automático de los microchips de un ordenador. En 1971 el microprocesador Intel 4004 producía 0,06 MIPS, esto es: 60.000 instrucciones por segundo. Hoy el Intel Pentium 4 Extreme Edition tiene una capacidad teórica máxima de 10.800 millones de instrucciones por segundo. En 1971 el microprocesador Intel 4004 contenía 2.300 transistores. Hoy el Itanium 2 lleva 410 millones de transistores. Por otra parte, la capacidad de introducir y extraer datos ha aumentado a pasos de gigante. A la velocidad con que funcionaban las unidades de disco allá por la época de los 286 y 386 chips, habría tardado aproximadamente un minuto en descargar sólo una foto desde mi cámara digital último modelo. Hoy lo puedo hacer en menos de un segundo con una unidad USB 2.0 y un procesador Pentium. La cantidad de cosas que hoy puedes almacenar, extraer e introducir en el ordenador «no cabe en ningún gráfico, gracias a los incesantes avances en materia de dispositivos de almacenamiento», como me dijo Craig Mundie, director de tecnologías de Microsoft. «El almacenamiento está incrementándose a un ritmo exponencial, y realmente constituye uno de los factores más importantes de toda esta revolución.» Es gracias a ello que hoy se puede digitalizar toda clase de contenidos y, hasta cierto punto, hacerlos portátiles. Además, cada vez es más barato, con lo que se puede introducir ingentes cantidades de información hasta en los dispositivos personales que la gente lleva encima. Hace cinco años nadie habría creído que saliesen al mercado iPods con 40 gigas de almacenamiento, capaces de guardar miles de canciones, al alcance hasta de los bolsillos de los adolescentes. Hoy, sin embargo, parece lo más normal del mundo. En cuanto a la posibilidad de trasladar todos estos bits de un lado para otro, hemos asistido a una verdadera turbopropulsión informática. Dentro de poco, los avances experimentados en el terreno de la fibra óptica permitirán que una sola fibra transporte 1 terabit por segundo. Si en cada cable hay 48 fibras, eso quiere decir 48 terabits por segundo. Henry Schacht, ex director general de Lucent, empresa especializada en este tipo de tecnología, señaló que con toda esa capacidad, «en cuestión de minutos, a través de un único cable, se podría transmitir absolutamente todo el material impreso existente en el mundo. Esto implica una capacidad de transmisión ilimitada, con un incremento cero en los costes». Aunque las velocidades de las que hablaba Schacht se aplican solamente a la columna vertebral de la red de fibra y no a ese último kilómetro que resta hasta tu domicilio y tu ordenador, lo cierto es que se trata de un salto adelante enorme.

En *The Lexus and the Olive Tree* mencioné un anuncio que la firma Qwest lanzó en 1999: aparecía un hombre de negocios, agotado y embadurnado de polvo, entrando en la recepción de un motel de carretera perdido en mitad de la nada. El hombre pregunta a la recepcionista, que parece estar aburrida como una ostra, si tienen servicio de habitaciones y demás. Ella le dice que sí. Luego le pregunta si se pueden ver programas de entretenimiento en el televisor de la habitación, y ella le responde monótonamente, como dándole a entender que parece idiota de remate: «En todas las habitaciones se pueden ver todas las películas que uno desee, en cualquier idioma, a cualquier hora del día o de la noche». En aquel entonces puse este anuncio de televisión como ejemplo de lo que ocurre cuando estás conectado a internet. Hoy sería un ejemplo de lo *desconectado* que puedes estar de internet, porque en los próximos años, con los progresos que seguirán haciéndose en la capacidad de almacenamiento y en la reducción del tamaño de los dispositivos, podrás comprar suficiente memoria para guardar muchas de dichas películas y, además, llevarlas en el bolsillo.

Ahora añade otro esteroide de *hardware* a nuestra receta: los componentes para compartir archivos. Todo empezó con Napster, que hizo posible que dos personas se intercambiasen las canciones que tenían almacenadas en sus respectivos ordenadores. Según se recoge en Howstuffworks.com, «en su momento álgido Napster fue, probablemente, el sitio web más popular creado jamás. En menos de un año pasó de 0 a 60 millones de visitas al mes. Pero entonces fue clausurado por mandato judicial, porque violaba derechos de propiedad intelectual, y hasta 2003 no volvió a aparecer, ya como sitio de descarga legal de música. Si el Napster original se volvió tan popular tan rápidamente fue porque ofrecía un producto único: música gratis que podías obtener casi sin esfuerzo a partir de un base de datos descomunal». En realidad, esa base de datos era una red para el intercambio de archivos, mediante la cual Napster facilitaba una conexión entre mi ordenador y el tuyo para que pudiésemos pasarnos archivos de música. El Napster original ha muerto, pero la tecnología de intercambio de archivos sigue viva y cada día es más sofisticada, y está potenciando considerablemente la colaboración.

Por último, añade el esteroide final de *hardware*, el que agrupa todos estos avances tecnológicos y los pone, aglutinados, en manos del consumidor. Me estoy refiriendo a los incesantes progresos que se están haciendo en materia de dispositivos multifunción: portátiles cada vez más pequeños y potentes, teléfonos móviles, agendas electrónicas que te recuerdan citas, hacen llamadas, envían correos electrónicos, hacen fotos e incluso funcionan como cámaras de vídeo.

El intercambio de todos estos datos digitalizados va a simplificarse y abaratarse aún más gracias a otro floreciente esteroide: la transmisión de voz por los protocolos de internet, o, lo que es lo mismo, el VoIP. Este avance te permite hacer llamadas telefónicas por internet, pues convierte la voz en paquetes de datos que se envían por las redes y, al llegar a destino, se transforman en voz nuevamente. El VoIP permite que la persona que se suscribe al servicio a través de su compañía telefónica o de un operador privado reciba en su ordenador de mesa, en su portátil o en su PDA un número ilimitado de llamadas telefónicas locales y de larga distancia, a través de internet, con sólo instalar un pequeño micrófono. Es personal y se servirá de manera virtual (las cañerías subyacentes se encargarán de ello sin que tengas que preocuparte por nada). Esta tecnología hará que todas las llamadas, de trabajo o personales, a cualquier punto del planeta sean tan baratas como una llamada local, es decir, casi gratuitas. Si esto no potencia todas las variantes de colaboración, yo no sé qué otra cosa podría hacerlo.

Piensa en esta noticia publicada el 1 de noviembre de 2004 en *Business Week*, sobre la empresa pionera de la VoIP, Skype: «Eriksen Translations Inc. es un pequeño negocio de Brooklyn (Nueva York) que tiene una huella enorme. Trabaja con 5.000 traductores autónomos repartidos por todo el mundo, que se ocupan de la traducción de documentos de negocios para clientes estadounidenses, escritos en 75 idiomas diferentes. Eso implica unas facturas mensuales de teléfono de unos 1.000 dólares. Por eso, cuando la directora de desarrollo de la empresa, Claudia Waitman, oyó hablar de una nueva compañía llamada Skype Technologies que ofrecía llamadas gratuitas por internet entre usuarios de Skype, sin importar en qué rincón del mundo se encuentren, la buena mujer dio un respingo. Seis meses después de suscribirse, los gastos de Eriksen en teléfono ya se han reducido un 10 por ciento. Mejor aún, sus empleados y sus colaboradores externos hablan más que antes, con lo que trabajan más deprisa y con más eficiencia. "Esto ha cambiado por completo nuestra forma de trabajar", dice Waitman».

La VoIP va a revolucionar la industria de las telecomunicaciones, la cual, desde sus inicios, se ha basado en la sencilla idea de que las empresas te cobran en función del tiempo que hablas y de la distancia de la llamada. A medida que los consumidores vayan teniendo a su disposición más opciones de VoIP, la competencia será tal que las empresas de telecomunicaciones no podrán cobrar durante mucho más tiempo por la duración y la distancia de la llamada. La voz será gratis y las compañías competirán (y cobrarán) por los extras. La vieja plataforma de voz no se prestó bien a la innovación. Pero cuando pones voz en una plataforma de internet, se torna posible todo tipo de opciones innovadoras. Tendremos nuestro listín de amigos y lo único que habrá que hacer es pinchar en un nombre y se realizará la llamada. ¿Que quieres conocer la identidad de quien te llama? Pues aparecerá la foto de la persona en tu pantalla. Las empresas competirán por los SoIP (servicios a través de protocolos de internet), es decir, por ver quién puede ofrecerte la mejor videoconferencia mientras tú hablas a través del ordenador, de la PDA o del portátil; por ver quién puede hacer que hables con alguien mientras invitas fácilmente a una tercera o a una cuarta persona a entrar en la conversación; por ver quién puede hacer que hables y te pases documentos con otra persona y envíes mensajes de texto a la vez, de modo que puedas verdaderamente hablar y trabajar con un documento mientras conversas. Podrás dejarle a alguien un mensaje de voz que puede convertirse en texto, junto con un documento anexo con el que en esos momentos estéis trabajando los dos. Como me dijo Mike Volpi, vicepresidente primero de Cisco para tecnologías de *routing*, «todo esto ya no tendrá que ver con la distancia de la llamada ni con la duración, sino con cómo crear valor en torno a la comunicación de voz. La voz será gratis, y lo que diferenciará a las empresas serán las posibilidades extra que ofrezcamos a nuestros clientes».

Los habitantes de Bangalore o de Pekín podrán aparecer en las Páginas Amarillas de Nueva York. ¿Andas buscando un contable? Pues no tienes más que hacer doble click en Hang Zhou, de Pekín, o en Vladimir Tolstoi, de Moscú, o en Ernst & Young, de Nueva York. Tú eliges dónde quieres que se ocupen de tus cuentas: en la Plaza de Tiananmen, en la Plaza Roja o en Union Square. Estarán encantados de colaborar contigo para elaborar tu declaración de la renta.

Existe otro esteroide, relacionado con la VoIP, que turbopropulsará este turbopropulsor: los avances revolucionarios en materia de videoconferencias. HP y la empresa cinematográfica DreamWorks SKG colaboraron en el diseño de una sala de videoconferencias. DreamWorks aportó su experiencia en cine y sonido y HP aportó su tecnología informática y de compresión. El resultado es pasmoso. Cada participante de la videoconferencia se sienta ante una larga mesa que tiene delante una pared con pantallas planas de televisión y cámaras que enfocan hacia él. En las pantallas planas se ve a las personas que están al otro lado, que puede ser cualquier sitio del mundo. La sensación que se consigue es la de tener a todos los participantes sentados en torno a una misma mesa de reuniones y, al parecer, es una experiencia cualitativamente diferente de cualquier otra cosa existente en el mercado hasta la fecha. Tuve ocasión de participar en una demostración de su uso. El efecto es tan real que prácticamente podías notar la respiración de los otros participantes de la videoconferencia, cuando lo cierto era que la mitad estábamos en Santa Bárbara y la otra mitad se encontraba a 800 kilómetros de allí. Teniendo en cuenta que DreamWorks está haciendo películas y trabajos de animación en todo el mundo, lo lógico era disponer de una técnica de videoconferencias con la que sus creativos pudiesen intercambiar opiniones, expresiones faciales, sentimientos, ira, entusiasmo y perplejidad. El director de estrategia y tecnología de HP, Shane Robison, me contó que HP está planeando poner a la venta estas salas de videoconferencia en 2005, a un precio de aproximadamente 250.000 dólares cada unidad, lo cual no es nada comparado con los billetes de avión y la paliza que se tienen que pegar los directivos que deben viajar asiduamente a Londres o a Tokio para poder reunirse cara a cara. En un año las empresas podrían rentabilizar fácilmente estas salas. En cuanto prolifere, esta tecnología de videoconferencia hará que el desarrollo a distancia, la subcontratación de servicios y el traslado de fábricas resulte mucho más sencillo y eficiente.

Y ahora pongamos la guinda al pastel, el superesteroide que consigue que todo esto sea móvil: la tecnología inalámbrica. Sin cables, podrás coger todo lo digitalizado, virtual y personal, y trabajar con ello donde quieras.

«El estado natural de las comunicaciones es inalámbrico», arguyó Alan Cohen, vicepresidente primero de Airespace. Todo empezó con la voz, porque la gente quería tener la posibilidad de hacer una llamada telefónica en cualquier momento del día, desde cualquier sitio y a cualquier lugar. Por eso para muchas personas el teléfono más importante que tienen es el móvil. A principios del siglo XXI la gente empezó a desarrollar esta misma expectativa en relación con la comunicación de datos y con la expectativa surgió el deseo. Querían poder acceder a internet, usar su correo electrónico o manejar cualquier archivo de trabajo, en cualquier momento, en cualquier sitio, mediante un móvil, una PalmPilot o cualquier otro dispositivo personal. (Hoy está entrando en escena un tercer elemento, que incrementa aún más la demanda de tecnología inalámbrica y potencia el aplanamiento de la Tierra: máquinas que hablen con máquinas sin necesidad de cable alguno, como los chips RFID de Wal-Mart, unos minúsculos dispositivos inalámbricos que transmiten información automáticamente a los ordenadores de los proveedores, con lo que éstos pueden hacer un seguimiento preciso de las necesidades de inventario.)

En los comienzos de la informática (la Globalización 2.0) uno trabajaba en el despacho. Había una enorme computadora central y tú tenías que acercarte, literalmente, y pedir a los empleados que se ocupaban de la mole que extrajeran o introdujeran por ti la información. Era como un oráculo. Después, gracias a los ordenadores personales y a internet, al correo electrónico, a los portátiles, a los navegadores, a los servidores de pago..., pudimos acceder desde nuestro monitor particular a toda clase de datos e información que estuviesen almacenados en la red. En esa era nos desvinculamos del despacho y pudimos trabajar desde nuestro domicilio, desde la casa de la playa o desde un hotel. Ahora estamos en la Globalización 3.0, en la que gracias a la digitalización, miniaturización, virtualización, personalización y «descableación», podemos procesar, recibir o transmitir voz o datos entre dos puntos cualesquiera del planeta, tanto entre personas como entre máquinas.

«Hoy tu mesa de trabajo está allí donde estés tú», me decía Cohen. Y cuanta más gente tenga la posibilidad de extraer e introducir información más rápidamente desde un sitio cualquiera a otro, más obstáculos para la competencia y para la comunicación desaparecerán. De golpe y porrazo me encuentro con que mi empresa dispone de una red de distribución increíble. Da igual si estás en Bangalore o en Bangor, porque ahora puedo llegar a ti y tú a mí. Cada vez más, la gente quiere y espera la presencia incuestionable de esta movilidad inalámbrica, igual que la electricidad. Estamos entrando a toda velocidad en la era del «yo móvil», dijo Padmasree Warrior, director de tecnología de Motorola. Si los consumidores tienen que pagar por cualquier clase de contenido, ya sea información, entretenimiento, datos, juegos o índices bursátiles, ahora y cada vez más quieren poder acceder a ello en cualquier momento y en cualquier lugar.

En estos momentos los consumidores están atrapados en una maraña de ofertas y estándares de tecnología inalámbrica que aún no son totalmente operativos. Como todos sabemos, hay tecnología inalámbrica que sólo funciona en un barrio, en un Estado o en un país, pero no en otro.

La revolución del «yo móvil» culminará cuando puedas moverte sin interrupciones por toda la ciudad, el país o el mundo con el dispositivo que tú elijas. La tecnología está llegando a ese punto. Cuando se difunda plenamente, el «yo móvil» alcanzará su máximo efecto aplanador, pues dará total libertad a las personas para trabajar y comunicarse desde cualquier lugar, con cualquier otro lugar, mediante cualquier dispositivo.

La mañana que pasé en la sede central de Tokio de NTT DoCoMo pude hacerme una ligera idea de lo que se nos viene encima. NTT DoCoMo es el gigante japonés de los móviles, y está precisamente en la cresta de la ola de este proceso, muy por delante de América, pues ofrece interoperatividad total dentro de las fronteras de Japón. DoCoMo es la abreviatura de Do Communications Over the Mobile Network. Pero también significa «en cualquier lugar» en japonés. Mi visita a la sede central de DoCoMo empezó con un recorrido guiado por un robot, que me saludó con una ligera reverencia, imitando a la perfección la costumbre japonesa, y después me llevó a ver la sala de exposición y ventas de DoCoMo, que actualmente expone móviles con vídeo incorporado (con los que puedes ver a la persona con la que estás hablando).

«Los jóvenes usan nuestros móviles como videófonos de ida y vuelta», me explicó Tamon Mitsuishi, vicepresidente primero del Departamento de Negocio Ubicuo de DoCoMo. «Todo el mundo saca el móvil, marca el número del otro y mantiene conversaciones visuales. Por supuesto, también hay quien prefiere no ver la cara de la persona con la que habla.» Gracias a la tecnología de DoCoMo, si no quieres que te vean, tú mismo puedes sustituir tu imagen por un personaje de dibujos animados y manejar el teclado de tal modo que no sólo hable por ti, sino que también se enoje si tú te enojas o se alegre si tú te alegras. «Así pues, es un móvil y una cámara de vídeo, pero además se ha perfeccionado al punto de disponer de funciones parecidas a las de un PC», añadió Mitsuishi. «Tienes que pulsar los botones con agilidad [valiéndote del pulgar]. Nos llamamos a nosotros mismos "gente pulgar". En los institutos las niñas son capaces de mover el pulgar más deprisa que escribir en un teclado de un PC.»

Por cierto, ¿a qué se dedica el «Departamento Ubicuo»? Se lo pregunté.

«Ya hemos visto cuánto se ha extendido el uso de internet en el mundo entero —contestó Mitsuishi—, y pensamos que lo que tenemos que ofrecer es el paso siguiente. Hasta ahora la comunicación vía internet ha sido, mayoritariamente, individual: correos electrónicos y demás información. Pero lo que estamos empezando a presenciar es la comunicación entre individuo y máquina, y entre máquinas. Estamos entrando en este fenómeno porque la gente quiere tener un estilo de vida más rico, y porque los negocios quieren prácticas más eficientes... Así pues, la gente joven está usando el PC en el despacho para su vida de trabajo, y en casa basan su estilo de vida en el móvil. Hoy cada vez se amplía más la posibilidad de hacer pagos a través del móvil. [Con] una tarjeta electrónica podrás hacer compras en tiendas virtuales y en tiendas electrónicas. Así pues, junto a la caja registradora habrá un lector de tarjeta. Sólo tendrás que pasar el móvil por el escáner, como si fuese tu tarjeta de crédito...

»Nosotros pensamos que el móvil será el controlador esencial de la vida de la persona», añadió Mitsuishi, ajeno a la doble connotación de la palabra «control» en nuestro idioma. «Por ejemplo, en el campo de la medicina será tu dispositivo de autentificación y podrás examinar tu historial médico. Y para los pagos, tendrás que usar un móvil. No podrás vivir sin móvil, que también controlará asuntos domésticos. Estamos convencidos de que tendremos que ampliar el espectro de máquinas que podrán controlarse desde un móvil.»

Esta perspectiva tiene mucho de preocupante. Los niños pueden caer en las trampas de los depredadores sexuales *online* a través de sus móviles, es posible que muchos asalariados se pasen horas y horas jugando a juegos idiotizantes con el móvil, o mucha gente que use sus cámaras integradas para toda clase de actividades ilícitas. Hay japoneses que van a librerías, sacan de la estantería un libro de cocina y hacen fotos de las recetas y se largan. Por suerte, hoy los móviles con cámara incorporada tienen la posibilidad de emitir un sonido cuando sacan una foto, así que el propietario de un establecimiento o la persona que está a tu lado en el probador sabrán si están siendo víctimas de una *cámara oculta*. Porque tu móvil con cámara incorporada y conexión a internet no es solamente una máquina de fotos: también es una fotocopiadora, con un potencial de distribución mundial.

DoCoMo está trabajando actualmente con otras empresas japonesas sobre un acuerdo muy especial. Un día por la calle ves un póster de un concierto de Madonna en Tokio. El póster llevará un código de barras y, con sólo escanearlo, podrás comprar las entradas. O ves un póster que anuncia el lanzamiento del nuevo CD de la cantante. No tienes más que escanear el código de barras con tu móvil para obtener un muestra de las canciones. Si te gustan, vuelves a escanearlo para comprar el disco, que recibirás en casa. No me extraña que mi colega del *New York Times* en Japón, Todd Zaun, casado con una japonesa, me dijese que hoy hay tal cantidad de información a la que pueden acceder los japoneses desde sus móviles inalámbricos con conexión a internet, que «cuando estoy con mi familia japonesa y alguien quiere averiguar algo, lo primero que hacen es echar mano del móvil».

Sólo de escribir sobre estas novedades, me agoto. Pero nunca podrá insistirse lo suficiente en que este décimo aplanador (los esteroides) amplificarán y potenciarán aún más todas las formas de colaboración mencionadas. Estos esteroides harán todavía más libres y abiertos el libre acceso al código fuente y la innovación que conlleva, porque permitirán la colaboración entre más sujetos, de más formas y desde más lugares que nunca. Potenciarán la subcontratación, porque facilitarán enormemente que los departamentos de cualquier empresa colaboren con los de otra. Potenciarán también la conexión entre los sistemas de planificación de las empresas y sus proveedores, porque las sedes centrales de aquéllas podrán conectarse en tiempo real con cualquier empleado que esté reponiendo material en las estanterías, o con cualquier paquete, o con cualquier fábrica china que fabrique los artículos que van dentro del mismo. Potenciarán la intromisión eficaz de los subcontratistas en las empresas contratantes, es decir, el que una empresa como UPS se meta hasta el fondo en el funcionamiento de un minorista y gestione toda su cadena de suministro, con unos transportistas que puedan interactuar con sus almacenes y con cada cliente a través de su propia PDA. Y, como rasgo más evidente, potenciarán el *in-forming*, o sea, la capacidad de gestionar tu propia cadena de suministro de conocimientos.

Sir John Rose, presidente de Rolls-Royce, me puso un ejemplo fantástico de cómo la tecnología inalámbrica y otros esteroides están ya potenciando la capacidad de su empresa para automatizar procesos y aplicar otras formas nuevas de colaboración con sus clientes. Digamos que eres British Airways y que tienes un Boeing 777 cruzando el Atlántico. En algún lugar del cielo, pasada Groenlandia, uno de tus motores fabricados por Rolls-Royce es alcanzado por un rayo. Es posible que a los pasajeros y a los pilotos les entre miedo, pero no tiene por qué. Rolls-Royce está ocupándose ya del problema. Ese motor Rolls-Royce está conectado con un satélite, a través de un repetidor, y está emitiendo datos sobre su situación y su rendimiento, en todo momento, a un ordenador que hay en la sala de operaciones de Rolls-Royce. Esto ocurre hoy en día con muchos motores de avión fabricados por Rolls-Royce. Gracias a la inteligencia artificial del ordenador de Rolls-Royce, basada en complejos algoritmos, éste puede hacer un seguimiento de las anomalías de sus motores aun estando en pleno vuelo. La inteligencia artificial del ordenador de Rolls-Royce se entera de que seguramente ese motor ha resultado dañado por un rayo, y envía un informe a un ingeniero de la casa.

«Con los datos en tiempo real que recibimos vía satélite, somos capaces de identificar un "suceso" y nuestros ingenieros pueden realizar diagnósticos a distancia», me explicó Rose. «En circunstancias normales, cuando un motor resulta afectado por un rayo, habría que aterrizar, llamar a un ingeniero, realizar una inspección ocular y tomar una decisión sobre la posible gravedad de los daños y sobre la posible necesidad de interrumpir el vuelo para que el avión pueda ser reparado.

»Pero recuerda que estas compañías aéreas no disponen de mucho tiempo de maniobra. Si hay que retrasar el vuelo, tienes que sacar a la tripulación y abandonar tu posición para poder iniciar el regreso a casa. Todo eso es muy costoso. Nosotros podemos supervisar y analizar el rendimiento de los motores automáticamente y en tiempo real, y, cuando el avión aterriza, nuestros ingenieros ya han decidido qué hay que hacer exactamente. Y si, a partir de toda la información disponible sobre el motor, podemos determinar que no hace falta intervenir ni hacer siquiera una inspección, el avión puede regresar a su hora, lo cual ahorra tiempo y dinero a nuestros clientes.»

Motores que hablan con ordenadores, con personas, con otros motores, y después personas que hablan con otras personas..., todo esto entre dos puntos cualesquiera del planeta. Es lo que pasa cuando el conjunto de esteroides empieza a turbopropulsar al conjunto de los aplanadores.

¿Me oyes ahora?

3

LA TRIPLE CONVERGENCIA

¿Qué es la triple convergencia? Para explicar lo que quiero decir, permíteme que te cuente una anécdota personal y que te hable de uno de mis anuncios favoritos de la tele.

La anécdota tuvo lugar en marzo de 2004. Había planeado ir en avión desde Baltimore hasta Hartford con Southwest Airlines para visitar a mi hija Orly, que está estudiando en New Haven, Connecticut. Como soy un amante de las nuevas tecnologías, no me molesté en sacar un billete impreso, sino que encargué un billete electrónico a través de American Express. Como sabrá todo el que vuele regularmente con Southwest, esta aerolínea de vuelos baratos no tiene asientos reservados. Cuando te dan la tarjeta de embarque, el billete sólo dice A, B o C: los que tienen la A embarcan primero, después los de la B y finalmente los de la C. Como sabrá todo veterano viajero de Southwest, no te interesa para nada que te toque la C. Si es así, casi con toda certeza terminarás en un asiento intermedio sin espacio para dejar tus objetos personales en el maletero de arriba. Si quieres ir en ventanilla o en pasillo y poder guardar tus cosas en el maletero, lo que te interesa es que te den una A. Como aquella vez yo llevaba unos cuantos bolsos con ropa para mi hija, tenía claro que ésa era la letra que quería. Así pues, me levanté temprano para asegurarme de que llegaba al aeropuerto de Baltimore con noventa y cinco minutos de antelación respecto a la hora de salida de mi vuelo. Me acerqué al expendedor de billetes electrónicos de Southwest Airlines, introduje la tarjeta de crédito y utilicé la pantalla táctil para sacar mi billete... todo un hombre moderno, ¿eh? Bueno, pues lo que salió fue un billete con una hermosa B.

Estaba que echaba humo. «¿Cómo es posible que me haya tocado una B?», dije para mis adentros, consultando mi reloj. «Es imposible que haya llegado tanta gente antes que yo. ¡Esto está trucado! ¡Esto está amañado! ¡Este bicho es una máquina tragaperras y nada más!»

Me alejé de la máquina enfurecido, pasé el control de seguridad, me compré un Cinnabon y me senté de mala gana al final de la cola de los pasajeros B, a esperar a que nos dejasen entrar en tropel para pillar algún hueco en los maleteros. Cuarenta minutos después anunciaron el vuelo. Sin moverme de mi sitio en la fila B, observé con envidia a los de la fila A. Embarcaban antes que yo y emanaban cierto aire, apenas perceptible, de superioridad. Y entonces lo entendí todo.

Muchos de los pasajeros de la fila A no tenían billetes electrónicos normales, como el mío. Simplemente llevaban una especie de trozos de papel de impresora, blancos y arrugados, sólo que no estaban en blanco. Tenían impresas unas tarjetas de embarque y unos códigos de barras. Aquello parecía indicar que los viajeros A habían descargado sus propias tarjetas de internet y que las habían impreso con su impresora particular, sin moverse de casa. Y rápidamente comprendí que eso era lo que habían hecho. Yo no me había enterado, pero resulta que Southwest había anunciado hacía poco que la víspera de tu vuelo, a partir de las 12:01 a.m., podías descargarte en casa el billete e imprimirlo, y el personal de puerta simplemente te escaneaba el código de barras antes de embarcar.

«Friedman —me dije mientras contemplaba la escena—, no has salido del siglo xx, chaval... Estás anclado aún en la Globalización 2.0, majete». En la Globalización 1.0 había un empleado que te daba el billete. En la Globalización 2.0 la máquina expendedora de billetes electrónicos sustituyó al empleado que te daba el billete. En la Globalización 3.0 *tú mismo* te consigues el billete.

El anuncio de la tele es de Konica Minolta Business Technologies, y hace propaganda de su nuevo dispositivo multifunción, recientemente aparecido en el mercado, llamado «*bizhub*». Se trata de un aparato de ofimática con el que se puede imprimir en blanco y negro o en color, copiar un documento, enviarlo por fax, escanearlo, escanearlo a la bandeja de salida de correo electrónico, o enviarlo por internet en formato fax..., todo ello con el mismo invento. El anuncio empieza con unas tomas rápidas intercaladas: unas son de un hombre que está en su despacho y las otras son de otro tipo que se encuentra junto a la *bizhub*. No están tan lejos el uno del otro como para no poder comunicarse alzando un poco la voz. Dom tiene un cargo superior a Ted, pero se ve que no está muy puesto, la clase de hombre que no está al día de los avances de la tecnología (¡mi vivo reflejo!). Cuando Dom se recuesta en el respaldo de su sillón para mirar por la puerta abierta de su despacho, podemos ver a Ted junto a la *bizhub*.

> Dom: *(Sentado ante su escritorio)* Oye, me hace falta esa tabla.
> Ted: *(Junto a la* bizhub*)* Te la estoy enviando por correo electrónico.
> Dom: ¿Qué me la estás enviando por correo electrónico desde la fotocopiadora?
> Ted: No, te la estoy mandando por la *bizhub*.
> Dom: ¿*Bizhub*? Un momento, ¿me has hecho ya las copias?
> Ted: En cuanto termine de escanear esto.
> Dom: ¿Estás escaneando con la máquina del correo electrónico?
> Ted: ¿Qué máquina de correo electrónico? Estoy en la *bizhub*.
> Dom: *(Perplejo)* ¿Haciendo fotocopias?
> Ted: *(Intentando no perder la paciencia)* Mandándote un correo electrónico, *después* escaneando, y *después* haciendo las fotocopias.
> Dom: *(Tras una larga pausa)* ¿Bizhub?
> Voz en off: *(Sobre un gráfico animado de una* bizhub *que muestra sus múltiples funciones)* Versatilidad asombrosa y color a su alcance. Es la nueva *bizhub*, de Konica Minolta.
> *(Toma de Dom solo junto a la* bizhub *con una taza en la mano, intentando ver si también dispensa café.)*

Si Southwest se las ingenió para ofrecer este servicio de billetes electrónicos desde casa, y Konica Minolta se las apañó para sacar al mercado su *bizhub,* fue gracias a lo que yo denomino la triple convergencia. ¿Qué componentes integran esta triple convergencia? Por decirlo brevemente: en primer lugar, justo en torno al año 2000, los diez aplanadores descritos en el capítulo anterior empezaron a converger y a combinarse, dando lugar a un nuevo terreno de juego, global y más llano. Mientras iba quedando establecido este nuevo terreno de juego, tanto empresas como particulares empezaron a adoptar nuevos hábitos, destrezas y procesos para sacarle el mejor partido. Así, pasaron de unos medios de creación de valor que eran verticales en su mayor parte, a otros horizontales. La combinación entre este nuevo terreno de juego empresarial y los nuevos métodos empresariales supuso la segunda convergencia, que a su vez contribuyó a aplanar el mundo todavía más. Por último, y mientras tenía lugar todo este proceso aplanador, entró en el terreno de juego un grupo de personas totalmente nuevo, formado, de hecho, por varios miles de millones de individuos procedentes de China, India y el antiguo imperio soviético. Gracias al nuevo mundo plano y a sus nuevos instrumentos, algunas de estas personas estuvieron en condiciones de colaborar y competir directamente con todos los demás. Ésta fue la tercera convergencia. Dicho esto, pasemos a analizar cada elemento con más detalle.

CONVERGENCIA I

Los diez aplanadores que describí en el capítulo anterior llevan con nosotros, como sabemos, desde los años 90, si no desde antes. Pero tuvieron que extenderse y echar raíces y conectarse entre sí para obrar su magia en el mundo. Por ejemplo, en algún momento de 2003 Southwest Airlines cayó en la cuenta de que había suficientes PC, suficiente ancho de banda, suficiente capacidad de almacenamiento informático, suficientes consumidores que le habían perdido el miedo a navegar por internet y suficiente *know-how* en programas informáticos para crear un sistema de automatización de proceso que capacitase a sus clientes a descargarse e imprimir sus propias tarjetas de embarque sin moverse de casa, con la misma facilidad con que se podían descargar mensajes de correo electrónico. Southwest pudo colaborar así con sus clientes, y ellos con Southwest, de una forma nueva. Y en algún lugar más o menos en esas fechas el *software* y el *hardware* de automatización de procesos convergieron de una manera que posibilitó que Konica Minolta ofreciese un dispositivo para escanear, enviar y recibir correo electrónico, imprimir, enviar faxes y fotocopiar *todo desde la misma máquina*. Ésta es la primera convergencia.

Como señaló el economista de la Universidad de Stanford Paul Romer, los economistas saben desde hace mucho tiempo que «existen unos bienes que son complementarios y, por tanto, un buen A es mucho más valioso si además tienes un buen B. Estaba bien disponer de papel y después fue bueno tener lápices, y al poco tiempo, a medida que te hacías con más de uno, obtenías también más del otro, y a medida que ibas consiguiendo una calidad mejor de uno y una calidad mejor del otro, tu productividad mejoraba. Esto se conoce como la mejora simultánea de bienes complementarios».

En mi opinión, la caída del Muro de Berlín, la aparición de Netscape, las técnicas de automatización de procesos, la tendencia a la subcontratación, el desplazamiento de las fábricas a otros países, el acceso libre al código fuente, la intromisión eficaz de las empresas subcontratistas en las contratantes, la conexión entre los sistemas de planificación y los proveedores, el acceso libre a toda la información y los esteroides, que amplificaron el efecto de todos los demás factores juntos, se reforzaron entre sí como si fuesen bienes complementarios. Lo único que necesitaban era tiempo para converger y empezar a trabajar juntos de una manera complementaria y mutuamente reforzadora. Este punto álgido se consiguió en algún momento del año 2000.

El resultado neto de esta convergencia fue la creación de un terreno de juego global y con conexión a internet, que permite la puesta en práctica de infinidad de variantes de colaboración (que viene a ser el hecho de compartir conocimientos y trabajo) en tiempo real, sin que importe el lugar geográfico, la distancia ni, en el futuro próximo, el idioma. Por supuesto, no todo el mundo tiene acceso aún a esta plataforma, a este terreno de juego, pero hoy en día está abierto a más gente de más lugares durante más días y de más formas diferentes que cualquier otra cosa similar que haya habido en algún momento de la historia de la humanidad. A esto me refiero cuando digo que el mundo se ha aplanado. Se trata de la convergencia complementaria de los diez aplanadores, que ha creado este nuevo terreno de juego global para múltiples formas de colaboración.

Convergencia II

Fantástico, dirás, pero ¿por qué hasta estos últimos años no hemos empezado a ver en Estados Unidos los grandes incrementos de productividad que debían ir asociados a semejante salto tecnológico? Respuesta: porque siempre lleva su tiempo que todas las tecnologías de flanqueo, así como el conjunto de procesos y hábitos empresariales necesarios para que aquéllas den el máximo de sí, converjan y generen ese grado extra de productividad.

Introducir nuevas tecnologías no basta por sí solo. Los grandes repuntes de productividad se producen cuando una nueva tecnología se combina con nuevas *formas* de hacer negocio. Wal-Mart consiguió incrementar considerablemente su productividad cuando combinó sus típicos establecimientos de productos sin desembalar (en los que la gente podía comprar suministros de jabón para seis meses) con nuevos sistemas de gestión horizontal de la cadena de suministro con los que Wal-Mart pudo conectar lo que el cliente cogía de la estantería en un Wal-Mart de Kansas City con lo que producía un proveedor de Wal-Mart sito en la costa de China.

Cuando empezaron a usarse los ordenadores en las oficinas, todo el mundo se esperaba un fuerte incremento de la productividad. Pero no ocurrió inmediatamente y cundieron la decepción y cierta confusión. El citado economista Robert Solow tuvo la ocurrencia de decir que los ordenadores estaban en todas partes... menos «en las estadísticas de productividad».

En un pionero ensayo de 1989 titulado «Computer and Dynamo: The Modern Productivity Paradox in a Not-Too Distant Mirror» («Ordenador y dinamo: la paradoja de la productividad contemporánea, vista en un espejo no demasiado lejano»), el historiador de la economía Paul A. David explicó esta ausencia recurriendo a un precedente histórico. David señalaba que, aunque la bombilla se había inventado en 1879, hubo que esperar varias décadas hasta la introducción de la electricidad y su enorme impacto económico y productivo. ¿Por qué? Porque no bastaba con instalar motores eléctricos y retirar la antigua tecnología, es decir, las máquinas de vapor. Hubo que reconfigurar de arriba abajo el método de manufacturación. En el caso de la electricidad —señalaba David— el avance más decisivo se produjo en el diseño y la administración de las naves y de las líneas de montaje. En la era de la máquina de vapor las fábricas solían ser unas moles costosas de mantener, dotadas de varias plantas y diseñadas para asegurar las pesadas correas y demás mecanismos de transmisión necesarios para el funcionamiento de los sistemas a vapor. En cuanto empezaron a utilizarse los nuevos motores eléctricos, pequeños pero potentes, todo el mundo esperaba un rápido aumento de la productividad. Pero la cosa llevó su tiempo. Para que fuese rentable, había que rediseñar una cantidad suficiente de naves. Había que construir esas factorías largas, chatas, de una sola planta y que resultaban más baratas de levantar, dotadas de pequeños motores eléctricos para el funcionamiento de maquinaria de todo tipo y tamaño. David añadía que mientras no hubo una masa crítica de arquitectos, ingenieros eléctricos y administradores expertos en esta clase de fábricas, capaces de entender las complementariedades entre el motor eléctrico, la remodelación de la fábrica y la de la línea de producción, la electricidad no pudo generar verdaderamente ese incremento sin igual en la productividad.

Lo mismo sucede hoy con el aplanamiento del mundo. Muchos de los diez aplanadores descritos llevan años entre nosotros. Pero para notar plenamente sus efectos de aplanamiento, no sólo necesitábamos que las diez fuerzas convergiesen. Además necesitábamos la aparición de una amplia base de gestores, innovadores, asesores empresariales, escuelas de negocio, diseñadores, especialistas en tecnologías de la información, directores generales y empleados que se hubiesen familiarizado con (y desarrollado) las nuevas variantes de colaboración horizontal y de procesos y hábitos para la creación de valor que pudiesen sacar provecho de este nuevo y más nivelado terreno de juego. En resumen, la convergencia de los diez aplanadores engendró la convergencia de un conjunto de prácticas y habilidades empresariales que sacarían el máximo partido del mundo plano. Y a partir de ese momento ambas convergencias empezaron a alimentarse la una a la otra.

«Cuando la gente pregunta por qué la revolución de las tecnologías de la información no generó inmediatamente un aumento en la productividad, la respuesta es que no bastaba con tener únicamente unos nuevos ordenadores», me dijo Romer. «También hacían falta nuevos procesos empresariales y nuevas destrezas asociadas a ellos. El nuevo estilo de hacer las cosas hace más valiosa la tecnología de la información, y las nuevas y mejores tecnologías de la información hacen más posible el nuevo estilo de hacer las cosas.»

Realmente, la Globalización 2.0 fue la era de las computadoras centrales, con una orientación muy vertical, de órdenes y controles. Las empresas y sus diferentes departamentos solían tener unos organigramas estancos y verticales. La Globalización 3.0, que se está formando alrededor de la convergencia de los diez aplanadores (y, en concreto, con la combinación del PC, el microprocesador, internet y la fibra óptica) tumbó el terreno de juego, que pasó de ser sobre todo un sistema de arriba abajo, a ser un sistema más horizontal. Esto, naturalmente, fomentó y exigió nuevas prácticas empresariales que tenían menos que ver con órdenes y controles, y más con la conexión y la colaboración en un mismo plano horizontal.

«Hemos pasado de crear valor mediante una cadena de mando vertical, a hacerlo con una cadena de mando mucho más horizontal», me explicó Carly Fiorina. Según me dijo, las innovaciones en empresas como HP proceden ahora y cada vez más de la colaboración horizontal entre los diferentes departamentos y equipos repartidos por todo el planeta. Por ejemplo, HP, Cisco y Nokia colaboraron recientemente en el desarrollo de un teléfono móvil / cámara de fotos que transmite sus fotos digitalizadas a una impresora HP y ésta las imprime en cuestión de segundos. Cada empresa había desarrollado una especialidad tecnológica muy sofisticada, pero sólo podía crear valor añadido cuando sus respectivas especialidades se combinasen horizontalmente con las de las otras dos empresas.

«La colaboración horizontal y la gestión horizontal requieren una serie de destrezas totalmente diferentes» en comparación con los métodos verticales, añadió Fiorina.

Permíteme que te ponga unos cuantos ejemplos. En los últimos cinco años HP ha pasado de ser una empresa que contaba con 87 cadenas de suministro diferentes (y cada una de ellas gestionada vertical e independientemente, con su propia jerarquía de administradores y de apoyo técnico) a convertirse en una empresa con sólo 5 cadenas de suministro que gestiona 50.000 millones de dólares en volumen de negocio y en la que funciones como la contabilidad, la facturación y los recursos humanos se gestionan a través de un sistema empresarial global.

Southwest Airlines sacó partido de la convergencia de los diez aplanadores para crear un sistema por el cual sus clientes pueden ahora descargarse en casa sus tarjetas de embarque. Pero hasta que yo, personalmente, modifiqué mis hábitos de compra de billetes de avión y me reprogramé para colaborar horizontalmente con Southwest, esta mejora tecnológica no produjo para mí ningún incremento radical en la productividad. En cuanto al anuncio de la *bizhub*, lo que revela es la diferencia entre el empleado que entiende las tecnologías convergentes que entraña este nuevo aparato multifunción (y la forma de sacarle el mejor partido) y el empleado de la misma oficina que no entiende nada de eso. Mientras éste no modifique sus hábitos de trabajo, no aumentará la productividad de esa oficina ficticia, por mucho que la empresa disponga ya de esa asombrosa máquina.

Por último, pensemos en el ejemplo de WPP, el segundo consorcio de publicidad, marketing y comunicaciones más grande del mundo, radicado en Inglaterra. El WPP que hoy conocemos no tiene nada que ver con el de hace veinte años, pues es el resultado de la consolidación de algunos de los más grandes nombres del sector, desde Young & Rubicam hasta Ogilvy & Mather y Hill & Knowlton. Esta alianza se forjó con el objeto de satisfacer las necesidades de marketing cada vez más numerosas de los grandes clientes: publicidad, envíos directos de correspondencia, compra de medios de comunicación y *branding* o gestión de marcas.

«Durante años, el gran reto al que se enfrentó WPP fue conseguir que las compañías del grupo colaborasen entre sí», me explicó Allen Adamson, director gerente de la empresa de gestión de marcas Landor Associates. «Sin embargo, ahora muchas veces no basta con que las empresas que forman WPP trabajen juntas. Cada vez con más frecuencia nos vemos creando equipos especiales de colaboración para un cliente en concreto, adaptados a sus necesidades específicas, con personas seleccionadas de entre las diferentes empresas del grupo. Era imposible encontrar en una sola de nuestras empresas, ni siquiera en la tradicional integración de las mismas, la solución que generase valor para un cliente concreto. Había que crearla totalmente a su medida. Así que tuvimos que peinar el grupo entero en busca de la persona más indicada para cada cliente concreto y ponerla a tra bajar con la más idónea de la rama de gestión de marcas y con la más idónea de la rama de medios de comunicación.»

Cuando en 2003 GE decidió derivar su negocio de seguros a una empresa aparte, WPP creó un equipo a su medida para ocuparse de todos los elementos, desde decidir qué nombre llevaría la nueva empresa (Genworth) hasta elaborar su primera campaña de publicidad y su primer programa de marketing directo. «Como líder de esta organización —me dijo Adamson—, lo que tienes que hacer es averiguar qué propuesta aporta valor al cliente particular y a continuación encontrar y reunir los talentos concretos dentro de la plantilla de WPP, creando así una empresa virtual específica para dicho cliente. En el caso de GE, hasta dimos un nombre al equipo virtual de colaboración que creamos: Klamath Communications.»

Cuando el mundo se aplanó, WPP se adaptó para dar el máximo de sí a través de una modificación radical de la estructura de sus oficinas y de sus prácticas, exactamente igual que habían hecho las empresas que tenían fábricas basadas en la máquina de vapor cuando las adaptaron al motor eléctrico. Pero WPP no se limitó a eliminar tabiques y compartimentos. Además eliminó todas las plantas del edificio y pasó a considerar al conjunto de empleados del conjunto de sus filiales como una reserva inmensa de expertos susceptibles de ser agrupados horizontalmente en equipos de colaboradores, en función de las exigencias específicas de un proyecto dado. Y esos equipos se convertirían, de hecho, en nuevas empresas con nombre y apellidos.

Este nuevo terreno de juego y las nuevas prácticas empresariales tardarán su tiempo en funcionar a pleno rendimiento. Pero la cosa está en marcha. No obstante, cabe hacer una pequeña advertencia: el proceso va mucho más deprisa de lo que te imaginas, y además se está haciendo a escala planetaria.

¡No lo olvides: estábamos hablando de una triple convergencia!

CONVERGENCIA III

¿Y eso? Pues porque nada más terminar de crear este nuevo terreno de juego, más horizontal que el anterior, y en cuanto las empresas y los particulares (del mundo occidental, principalmente) empezaron a adaptarse rápidamente a él, 3.000 millones de personas que se habían pasado todo este tiempo en el banquillo, de repente tuvieron la oportunidad de entrar en el partido.

Salvo por una minúscula minoría, esos tres mil millones de personas nunca habían podido competir ni colaborar con los demás, porque vivían inmersos en unas economías en su mayor parte cerradas, caracterizadas por estructuras políticas y económicas muy verticales, muy jerarquizadas. Me refiero a los habitantes de China, la India, Rusia, Europa del Este, América Latina y Asia central. Sus economías y sus sistemas políticos fueron abriéndose uno por uno en el transcurso de la década de los 90, de modo que toda esta población fue ganando cada vez más libertad para unirse a la dinámica del mercado libre. ¿Y cuándo se produjo la convergencia entre estos tres mil millones de personas y el nuevo terreno de juego y los nuevos procesos? Pues justo cuando el terreno había quedado nivelado, en el preciso instante en que millones de ellos pudieron competir y colaborar en mayor igualdad de condiciones, de manera más horizontal y con las herramientas más baratas y más fácilmente disponibles de la historia. De hecho, gracias al aplanamiento del mundo, muchos de estos nuevos participantes ni siquiera tuvieron que abandonar sus hogares para poder entrar en la partida. ¡Gracias a los diez aplanadores, el terreno de juego llegó hasta ellos!

Es esta triple convergencia (de nuevos jugadores, en un nuevo terreno de juego, y con el desarrollo de nuevos procesos y hábitos de colaboración horizontal) lo que yo considero como la fuerza más importante que está dando forma a la economía y a la política globales en estos comienzos del siglo XXI. Al facilitar a tantísima gente el acceso a todas estas herramientas de colaboración, y a miles de millones de páginas de información en estado puro a través de motores de búsqueda y de la web, queda garantizado que la próxima generación de innovaciones vendrá de absolutamente todo el Planeta Plano. Simplemente, la escala de la comunidad global que pronto podrá participar en toda clase de descubrimientos e innovaciones es algo nunca visto.

Durante la Guerra Fría sólo había tres grandes bloques comerciales: Norteamérica, Europa occidental y Japón más Asia oriental. Y la competencia entre los tres estaba relativamente bajo control, dado que todos eran aliados del mismo bando de la gran división planetaria existente durante este período. Además, todavía quedaban muchos muros tras los que podían ocultarse mano de obra e industrias. Los niveles salariales de los tres bloques comerciales eran aproximadamente los mismos. «Había una competencia caballerosa», señaló Craig Barrett, presidente de Intel.

Pero entonces llegó la convergencia. El Muro de Berlín cayó, el zoco de Berlín abrió sus puertas y de repente unos tres mil millones de personas que habían estado ocultas tras los muros salieron a la plaza global aplanada.

En números redondos, esto es lo que pasó: según un estudio realizado en 2004 por Richard B. Freeman, economista de la Universidad de Harvard, en 1985 «el mundo económico global» comprendía Norteamérica, Europa occidental y Japón, junto con unas porciones de América Latina y África, y los países del este asiático. Freeman afirmaba que la población total de este mundo económico global, es decir, que participaba en el comercio internacional, era de 2.500 millones de personas.

En 2000, como consecuencia del hundimiento del comunismo en el imperio soviético, del abandono de la autarquía por parte de la India, del paso de China al capitalismo mercantil y del crecimiento general de la población, el mundo económico global se expandió hasta abarcar 6.000 millones de personas.

Según Freeman, como resultado de esta expansión la fuerza laboral de la economía global se vio incrementada en unos 1.500 millones de nuevos trabajadores, lo que representa casi el doble de los que habría habido en 2000 si China, la India y el imperio soviético no se hubiesen subido al carro.

Ciertamente, tal vez sólo el 10 por ciento de estos nuevos 1.500 millones de fuertes trabajadores que entraban por primera vez en la economía global cuenta con la formación y la capacidad de conexión necesarias para colaborar y competir en un grado significativo. Aun así, son 150 millones de personas, es decir, aproximadamente el total de la mano de obra estadounidense. «No se introduce a 3.000 millones de personas en la economía mundial de la noche a la mañana sin provocar efectos importantes, sobre todo si proceden de tres sociedades [como las de la India, China y Rusia] caracterizadas por una rica herencia cultural.»

Eso es exactamente cierto. Y muchos de esos nuevos trabajadores no se limitan a entrar sin más en el campo de juego. No, ésta no es una triple convergencia a cámara lenta. Le gente va a paso rápido, hasta corriendo a toda pastilla. Porque en cuanto se haya aplanado el mundo y cada vez más gente tenga a su disposición nuevas formas de colaboración, ganará quien aprenda más deprisa los hábitos, los procesos y las destrezas..., y, sencillamente, no hay nada que garantice que los americanos o los europeos serán quienes encabecen la carrera permanentemente. Y recuerda: estos nuevos participantes están saltando al terreno de juego sin cargar con ningún legado, es decir, muchos de ellos estaban tan atrasados que ahora pueden entrar de un brinco en las nuevas tecnologías sin tener que preocuparse por los costes sumergidos de los viejos sistemas. Esto quiere decir que pueden actuar muy rápido para adoptar nuevas tecnologías punta, razón por la cual en China se usan ya más móviles que habitantes tiene Estados Unidos. Muchos chinos simplemente se saltaron la fase de la línea telefónica por cable. Y los surcoreanos ponen colorados a los americanos en lo tocante a utilización de internet y a difusión del ancho de banda.

Tendemos a creer que el comercio y la economía globales son cosas que dirige el FMI, el G-8, el Banco Mundial y la OMC, y que los ministros del ramo crean los tratados comerciales. No pretendo dar a entender que estas agencias gubernamentales son irrelevantes. No lo son. Pero van a ir perdiendo importancia. En el futuro la globalización estará cada vez más en manos de los *particulares* que entiendan los entresijos del mundo plano, que se adapten rápidamente a sus procesos y tecnologías y que empiecen a caminar hacia delante sin recurrir a tratados o a los consejos del FMI. Serán de todos los colores del arco iris y procederán de todos los rincones del planeta.

De ahora en adelante la economía global se moldeará menos a través de las sesudas deliberaciones de los ministros de finanzas y más por la espontánea explosión de energía de los *zippies*.* Sí, los estadounidenses crecieron con los *hippies* en los años 60. Gracias a la revolución de la *high-tech*, muchos de nosotros nos convertimos en *yuppies* en los 80. Bueno, pues deja que te presente ahora a los *zippies*.

«Ya están aquí los *zippies*», anunciaba el semanario indio *Outlook*. Los *zippies* son la nutrida cohorte de jóvenes indios, la primera generación india que alcanza la mayoría de edad desde que la India dejó atrás el socialismo y se metió de cabeza en el comercio global y en la revolución de la información, al convertirse en el servicio de atención al cliente del mundo entero. *Outlook* llamaba a los *zippies* indios «los niños de la liberalización», y definía al *zippie* como un «joven urbanita o habitante de las zonas residenciales de una ciudad, de entre quince y veinticinco años, que camina con briosas zancadas. Pertenece a la generación Z. Puede ser hombre o mujer, estudiante o asalariado. Rezuma actitud positiva, ambición y aspiraciones. Desenvuelto, seguro de sí y creativo. Busca desafíos, ama el riesgo y rehúye el miedo». A los *zippies* indios ganar dinero o gastarlo no les genera ningún sentimiento de culpa. Como dice un analista indio citado por *Outlook*, «lo que los guía es el destino entendido como meta, no como sino; miran hacia fuera, no hacia dentro y, frente a la actitud estilo "virgencita, que me quede como estoy", ellos se caracterizan por una movili-

---

* Briosos, echados *pa'lante*. (N. de la T.)

dad social ascendente». Con el 54 por ciento de la población india por debajo de los veinticinco años (esto es, 555 millones de habitantes en esa franja), seis de cada diez hogares indios tiene por lo menos un *zippie* en potencia. Por último, los *zippies* no sólo acumulan deseos de conseguir un buen empleo; además quieren llevar un buen tren de vida.

Todo esto ha surgido a la velocidad del rayo. P. V. Kannan, director general y cofundador de la empresa de atención telefónica 24/7 Customer, me contó que en los últimos diez años pasó de sudar la gota gorda en busca de una oportunidad para ir a trabajar a EE. UU., a convertirse en una de las personalidades destacadas del proceso de subcontratación de servicios estadounidenses en el resto del mundo.

«Nunca olvidaré el día que solicité el visado para ir a Estados Unidos», me contaba Kannan. «Fue en marzo de 1991. Acababa de diplomarme en contabilidad pública por el Instituto [indio] de Jurados de Cuentas. Tenía veintitrés años, y mi novia veinticinco. Ella también se había hecho contable. Yo me había licenciado a los veinte y había estado trabajando en el grupo Tata Consultancy. Mi novia igual. Los dos recibimos sendas ofertas de empleo a través de una *body shop* [una empresa de contratación especializada en importar talento indio para empresas sitas en Estados Unidos], para trabajar como programadores de IBM. Así pues, nos presentamos en el consulado estadounidense en Bombay. El servicio de contratación tenía su sede central en Bombay. En aquellos tiempos siempre había una cola larguísima para obtener el visado para ir a Estados Unidos, e incluso había gente que se quedaba a dormir en la cola y te reservaba el sitio a cambio de veinte rupias. Pero nosotros estuvimos allí en persona, hicimos cola y finalmente nos tocó el turno para entrar y hacer la entrevista. La hacía un [funcionario americano] del consulado. Su cometido consistía en hacer preguntas y tratar de averiguar si íbamos a trabajar allí y a volver después a la India, o si trataríamos de quedarnos en América. Juzgan en función de quién sabe qué fórmula secreta. Nosotros lo llamábamos "la lotería": ibas, guardabas cola y era la lotería de tu vida, porque todo dependía de esa decisión.»

De hecho, en la India había libros y seminarios dedicados por completo a enseñar a la gente a preparar la entrevista de solicitud del visado de trabajo en la embajada estadounidense. En realidad, era la única vía que tenían los ingenieros indios cualificados para sacar partido de su preparación y talento. «Recuerdo que una de las recomendaciones era ir siempre trajeado como un profesional», me contaba Kannan. «Por eso, [mi novia y yo] fuimos con nuestras mejores galas. Una vez hecha la entrevista, el hombre no te dice nada. Había que esperar hasta última hora de la tarde para saber el resultado. El resto del día fue un martirio. Para distraernos, nos recorrimos las calles de Bombay y nos fuimos de compras. Pero una y otra vez nos preguntábamos: "¿Y si yo lo consigo y tú no? ¿Y si tú lo consigues y yo no?". No te imaginas lo nerviosos que estábamos, nos jugábamos muchas cosas. Fue una tortura. Total, a última hora de la tarde volvimos... Los dos conseguimos el visado, pero a mí me dieron un pase múltiple con validez para cinco años y a mi novia sólo un visado de seis meses. Se echó a llorar. No entendía lo que quería decir. "¿O sea, que sólo me puedo quedar seis meses?" Yo traté de explicarle que lo importante era entrar, que después ya nos las ingeniaríamos.»

Aunque todavía muchos indios quieren venir a América para trabajar y para estudiar, gracias a la triple convergencia muchos pueden competir hoy en los niveles más altos y ganar sueldos decentes sin moverse de su país. En un mundo plano, puedes innovar sin tener que emigrar. Como me dijo Kannan: «Mi hija nunca tendrá que sudar la gota gorda como yo». En un mundo plano, me explicó, «no hay ningún funcionario de visados que te pueda dejar fuera del sistema... En este mundo de ahora, enchufas y listo».

De las personas que conocí en la India, uno de los tipos más dinámicos, «enchufado y listo» es Rajesh Rao, fundador y director general de Dhruva Interactive, una pequeña empresa de juegos con domicilio en Bangalore. Si pudiera ponerte a alguien como ejemplo de encarnación de la triple convergencia, ése sería Rajesh. Él y su empresa nos enseñan lo que pasa cuando un *zippie* indio se enchufa a los diez aplanadores.

La sede de Dhruva es una casa reformada situada en una tranquila calle de un barrio residencial de Bangalore. Cuando llegué con intención de visitarlos, me encontré con dos plantas repletas de diseñadores y dibujantes de juegos de nacionalidad india, con preparación profesional en diseño por ordenador, trabajando cada cual con su PC, dibujando un montón de juegos y personajes animados para clientes estadounidenses y europeos. Mientras trabajaban, escuchaban música con cascos. De tanto en tanto, se tomaban un respiro jugando a algún juego informático de varios jugadores, en el que todos los diseñadores podían entretenerse intentando darse caza y muerte unos a otros desde la pantalla de su ordenador. Dhruva ha producido ya varios juegos muy innovadores, desde una partida de tenis por ordenador que se puede jugar en la pantalla del móvil hasta una partida de billar que se puede jugar en el PC o en el portátil. En 2004 compró los derechos para utilizar la imagen de Charlie Chaplin en juegos informáticos de dispositivos móviles. En serio: en la actualidad una empresa india de reciente creación, dedicada a juegos informáticos, posee la imagen de Chaplin para su uso en juegos de dispositivos móviles.

En Bangalore y en conversaciones posteriores vía correo electrónico pedí a Rajesh (de treinta y pocos años) que me explicase qué había hecho para entrar en el negocio de los juegos de ordenador del mundo globalizado desde Bangalore.

«El primer momento decisivo para mí tuvo lugar allá por los primeros años de la década de los 90», me dijo él. Rajesh es un hombre tirando a menudo, con su bigote y la ambición de un boxeador categoría peso pesado. «Yo había vivido y trabajado en Europa en mi época de estudiante, y tenía muy claro que no quería irme de la India. Quería ganarme la vida desde la India, hacer algo con proyección global y que en la India casi nadie hiciese. El 15 de marzo de 1995 creé mi empresa en Bangalore. Yo me ocupaba de todo. Mi padre me dio el capital inicial con el que pude pagar el crédito del banco con el que compré un ordenador y un módem de 14.4 kbp. Empecé haciendo aplicaciones multimedia dirigidas al sector educativo e industrial. En 1997 ya éramos cinco en la empresa. Habíamos hecho algunas cosas muy innovadoras en nuestro campo, pero nos dábamos cuenta de que no nos resultaba lo suficientemente desafiante.» Fin de Dhruva 1.0.

«En marzo de 1997 nos asociamos con Intel e iniciamos el proceso de reconvertirnos en una empresa de juegos de ordenador. A mediados de 1998 estábamos demostrando a los competidores globales de qué éramos capaces, tanto en el diseño de juegos como en el desarrollo de partes sueltas de juegos que subcontratábamos con terceros. El 26 de noviembre de 1998 firmamos nuestro primer gran proyecto de desarrollo de juegos con Infogrames Entertainment, una empresa de juegos francesa. Visto en retrospectiva, creo que el acuerdo al que llegamos se debió al pragmatismo de uno de los tipos de Infogrames, más que nada. Nosotros hicimos un trabajo fantástico con el juego, pero nunca vio la luz. Fue un duro golpe, pero la calidad de nuestro trabajo hablaba por sí sola, así que sobrevivimos. La lección más importante que aprendimos fue que éramos capaces de hacerlo, pero que teníamos que espabilar. Y a por todas o a por nada (es decir, firmar para hacer solamente un juego entero, o nada en absoluto) no se sostenía. Teníamos que procurar posicionarnos de otra manera.» Fin de Dhruva 2.0.

De ahí pasaron a la era Dhruva 3.0, en la que la empresa se convirtió en suministradora de servicios para el desarrollo de juegos. El negocio de los juegos de ordenador es enorme ya hoy, cada año registra más beneficios que Hollywood y goza de cierta tradición de subcontratación de personajes de juegos en países como Canadá y Australia. «En marzo de 2001 lanzamos al mundo la demo de nuestro nuevo juego, Saloon», me contó Rajesh. «El contexto era el salvaje Oeste americano, y el juego tenía lugar en un *saloon* de una pequeña población, después del cierre del local, con el camarero recogiendo y limpiando... Ninguno de nosotros había visto un salón de éstos en su vida, pero nos documentamos sobre el aspecto y el ambiente [de los *saloons*] usando internet y Google. La elección del tema estaba hecha a toda idea. Queríamos que nuestros clientes potenciales de EE. UU. y Europa se convenciesen de que los indios podemos "conseguirlo". La demo fue un bombazo, nos procuró un buen pellizco de negocio subcontratado y desde entonces no hemos dejado de ser una empresa de éxito.»

¿Podría haber hecho esto mismo diez años atrás, antes de que el mundo se aplanase tanto?

«De ningún modo», me contestó Rajesh. Tenían que confluir muchos factores. Lo primero era contar con suficiente instalación de ancho de banda para poder enviar información e instrucciones sobre los juegos a través de correo electrónico desde su empresa a los clientes americanos, y viceversa. El segundo factor, me dijo Rajesh, fue la propagación de los PC para su uso tanto en empresas como en las casas, que propició que la gente fuese familiarizándose cada vez más con ellos y utilizándolos para infinidad de tareas diferentes. «Hay PC en todas partes», me dijo. «Incluso en la India hoy su presencia es relativamente decente.»

Con todo, el tercer elemento fue la aparición de los programas informáticos para la automatización de procesos y la aparición de las aplicaciones de internet que hicieron posible que una empresa como Dhruva entrase en el negocio como una minimultinacional desde el primer momento: Word, Outlook, NetMeeting, 3D Studio MAX. De todas, Google es la clave. «Es fabuloso», me decía Rajesh. «Una de las pegas que se plantean siempre nuestros clientes occidentales es si los indios seremos capaces de entender los sutiles matices del material occidental. Pues bien, hasta cierto punto era una pregunta muy válida. Pero, gracias a internet, podemos agregar diferentes tipos de material con sólo pulsar un botón, y si hoy alguien te pide que hagas algo similar a Tom y Jerry, basta con buscar "Tom & Jerry" en Google para obtener cientos y cientos de dibujos, información, reseñas y artículos sobre Tom y Jerry, que puedes leer y simular.»

Rajesh me explicó que mientras la gente seguía con todo interés el auge y declive de las puntocom, la auténtica revolución estaba llevándose a cabo de una manera mucho más discreta. Consistió en el hecho de que en el mundo entero la gente empezó, *en masse*, a cogerle el tranquillo a la nueva infraestructura global. «Todavía nos encontramos en mantillas en cuanto al manejo eficiente de la misma», me dijo. «Hay muchas más cosas que se pueden hacer con esta infraestructura, a medida que cada vez más gente abandona el soporte papel en sus oficinas y se percata de que en realidad las distancias no importan... Va a potenciar todo esto mucho más. Realmente, el mundo va a ser muy diferente.»

Para más inri, en los viejos tiempos estos programas informáticos se habrían vendido a unos precios fuera del alcance de una empresita india de nueva creación dedicada a juegos de ordenador, pero esto ya no es así, gracias, en parte, al movimiento del acceso libre al código fuente. Por lo que me dijo Rajesh, «el coste de las herramientas informáticas habría permanecido en el nivel que querían las partes interesadas, de no haber sido por la avalancha de productos *freeware* y *shareware*, bastante eficientes, que se produjo a principios de este siglo. Microsoft Windows, Office, 3D Studio MAX, Adobe Photoshop..., cada uno de estos programas se venderían hoy más caros si no hubiese sido por los muchos programas *freeware* y *shareware* equivalentes y convincentes. Internet puso sobre el tapete el elemento de la elección y de la comparación inmediata, un elemento inexistente antes para una pequeña empresa como es la nuestra... Hoy en nuestra industria de juegos tenemos ya dibujantes y diseñadores que trabajan en casa, cosa inimaginable hace apenas unos años, teniendo en cuenta que el desarrollo de juegos es un proceso altamente interactivo. Se conectan al sistema interno de la empresa a través de internet, usando un elemento seguro llamado VPN [red privada virtual, en sus siglas en inglés], y de este modo su presencia no se diferencia en nada de la del chico que está sentado trabajando en el compartimento de al lado».

En la actualidad internet hace que todo nuestro mundo sea «como una sola plaza de mercado», añadió Rajesh. «Esta infraestructura no sólo va a facilitar la subcontratación de proyectos al mejor postor, con la mejor calidad y en el mejor sitio, sino que además hará posible que compartamos gran cantidad de prácticas y conocimientos, algo así como "yo puedo aprender de ti y tú de mí", pero a una escala desconocida hasta la fecha. Es algo muy positivo para el mundo. La economía va a impulsar la integración, y la integración impulsará la economía».

No hay ninguna razón por la que Estados Unidos no tenga que beneficiarse de esta tendencia, recalcó Rajesh. Lo que está haciendo Dhruva es abrir la senda de los juegos de ordenador en la sociedad india. Cuando el mercado indio empiece a considerar los juegos como una actividad aceptada y arraigada en la sociedad, Dhruva estará ya en una situación ventajosa. Pero para entonces, razonaba Rajesh, el mercado «será tan inmenso que habrá muchas oportunidades para que llegue material desde fuera. Y, vaya, los americanos están muy por delante en cuanto a la capacidad de saber qué juegos pueden funcionar y cuáles no, y en cuanto a estar a la última en diseño... Así que la cosa es bilateral... Cada dólar o cada oportunidad percibida que hoy se pierda [desde el punto de vista estadounidense debido a la tendencia a la subcontratación] en realidad va a volver a tus manos multiplicada por diez en cuanto se abra el mercado de aquí... No lo olvides, somos una clase media compuesta por 300 millones de personas, más numerosa que la población de tu país o de Europa».

Sí, apuntaba Rajesh, en estos momentos la India goza de una gran baza a su favor gracias a su reserva de personal con formación especializada, salarios bajos y buen nivel de inglés, amén de una rotunda aptitud para el trato servicial y educado inscrita en su ADN y un espíritu emprendedor. «Así pues, sin duda de momento estamos a la cabeza de la denominada ola de subcontratación de servicios de toda clase de cosas nuevas», decía Rajesh. «Pero pienso que nadie debería dudar de que esto es sólo el principio. Si [los indios] creen que hay algo en marcha y que hay algo que pueden conservar pero que no va a ninguna parte, cometerían un grave error, porque ya tenemos ahí a Europa del Este, que está despertando, y a China, que está esperando a subirse al carro de los servicios para hacer toda clase de operaciones. Quiero decir que hoy se puede subcontratar el mejor producto, servicio, capacidad o competencia en cualquier sitio del mundo, gracias a toda la infraestructura que se está instalando ya. Lo único que te limita es tu disponibilidad para hacer uso de dicha infraestructura. Por lo tanto, como las empresas y los particulares están familiarizándose cada vez más con su uso, vamos a asistir a una explosión descomunal. Es cuestión de cinco o siete años. Y vamos a tener una hornada muy nutrida de licenciados chinos con un dominio excelente del inglés, recién salidos de sus universidades. Los polacos y los húngaros están ya muy bien conectados, muy cerca de Europa, y sus culturas son muy similares [a las de Europa occidental]. Así pues, la India está hoy por delante, pero debe trabajar muy duro si quiere conservar esta posición. No debe dejar de inventar y de reinventarse.»

Los estadounidenses harían bien en tomar nota de la ambición en estado puro que transmiten Rajesh y tantos otros hombres y mujeres de su generación. (Ahondaré en este punto más adelante.)

«No podemos bajar la guardia», decía Rajesh. «Yo creo que eso es un poco lo que ha pasado en el caso de Estados Unidos. Mírame, por favor: soy de la India. Hasta ahora hemos estado en un nivel muy diferente en términos de tecnología y actividad empresarial. Pero en cuanto vimos que teníamos una infraestructura que hacía del mundo un pañuelo, rápidamente tratamos de sacarle el mejor partido. Nos dimos cuenta de que había infinidad de cosas que podíamos hacer. Nos lanzamos, y ahora lo que estamos viendo es una consecuencia de eso... No hay tiempo para descansar. Eso se acabó. Hay cientos de personas haciendo lo mismo que haces tú, y están intentando hacerlo mejor. Es como el agua en una batea: si la agitas, el líquido buscará el camino que ofrezca la menor resistencia. Eso es lo que va a ocurrir con infinidad de puestos de trabajo: que irán a parar al rincón del mundo que ofrezca la menor resistencia y la mayor oportunidad. Si en Tombuctú hay alguien con preparación, se hará con el trabajo si sabe cómo acceder al resto del mundo, cosa que es bastante fácil en estos momentos. Con que puedas crear una página web y disponer de una cuenta de correo electrónico, ya puedes ponerte manos a la obra. Si además eres capaz de mostrar tu trabajo sirviéndote de esta misma infraestructura, si la gente no tiene ningún problema en pasarte encargos y si eres diligente y limpio en tus transacciones, entonces ya estás en el negocio.»

Rajesh me decía que en lugar de quejarnos por el proceso de subcontratación, a los norteamericanos y los europeos «os convendría buscar la manera de subir el listón y empezar a hacer cosas mejores. A lo largo del siglo pasado los estadounidenses han estado a la cabeza de la innovación. ¿Los americanos lloriqueando? ¡Lo nunca visto! La gente como yo hemos aprendido un montón de los americanos. Hemos aprendido a ser un poco más agresivos a la hora de vendernos, cosa que no habríamos hecho si tenemos en cuenta nuestra típica formación británica».

Entonces, ¿cuál es el mensaje que querrías transmitir?, pregunté a Rajesh. Y acto seguido me dejó con la cabeza dando vueltas.

«Mi mensaje es que lo que está sucediendo ahora es sólo la punta del iceberg... Lo que realmente hace falta es que todo el mundo se entere de que se está produciendo un cambio fundamental en la manera de hacer negocios. Y todo el mundo va a tener que aplicar mejoras y dotarse de la capacidad necesaria para competir. Simplemente, va a haber un único mercado global. Fíjate: en Dhruva acabamos de sacar unas gorras [de béisbol] como obsequio de la empresa. Y venían de Sri Lanka.»

¿No de una fábrica en el sur de Bangalore?, pregunté yo.

«No del sur de Bangalore —contestó Rajesh—, por mucho que Bangalore sea uno de los centros exportadores de prendas de vestir. Entre los tres o cuatro presupuestos de gorras que nos mandaron, ésta [la de Sri

Lanka] era la mejor en términos de calidad y precio justo, y nos pareció que el acabado era magnífico.

»Hacia esto nos encaminamos —concluyó Rajesh—. Si hoy percibes toda esta energía procedente de los indios, es debido a que hemos estado desamparados y poseemos ese empuje que hace falta para, digamos, superarnos y llegar a donde nos propongamos... La India va a ser una superpotencia y nosotros vamos a dominar».

¿A dominar a quién?, quise saber.

Rajesh se rió de su propia formulación. «No se trata de dominar a nadie. Ésa es la cuestión. Ya no se trata de dominar a nadie, sino de saber cómo puedes dotarte de una magnífica oportunidad y de agarrarte a ella o de seguir generando oportunidades allí donde puedas progresar. Creo que hoy esa dominación va de eficiencia, de colaboración y de competitividad, va de saber entrar en el partido. Va de mantenerte a punto y no salirte del juego... El mundo ahora es como un campo de fútbol, y tienes que estar en forma para mantenerte en el equipo que está jugando en ese campo. Si no eres lo bastante bueno, te va a tocar ver el partido desde el banquillo. Ni más ni menos.»

¿CÓMO SE DICE *ZIPPIE* EN CHINO?

Igual que en Bangalore diez años atrás, el mejor lugar para ver *zippies* hoy en Pekín es en la cola de la sección consular de la embajada de Estados Unidos. En el verano de 2004 descubrí en Pekín que el deseo de los estudiantes chinos de conseguir visado para ir a América a estudiar o trabajar era tan fuerte que en internet habían proliferado los chats dedicados al tema. En ellos los estudiantes chinos se intercambiaban los argumentos que más éxito tenían con los funcionarios consulares de la embajada estadounidense. Incluso se referían a los diplomáticos con un mote, como la «Diosa Amazona», el «Calvichi Demasiado Alto» o el «Guaperas». Los funcionarios de la embajada me contaron cómo se enteraron del empeño con que los estudiantes chinos elaboraban su estrategia en internet: un funcionario consular novato de la embajada de EE. UU. se había pasado el día entero entrevistando a docenas de aspirantes que le iban con el mismo cuento uno tras otro, pues en una sala de chat se había sugerido que el argumento serviría para conseguir el visado: «Quiero ir a América para convertirme en un profesor universitario de renombre».

Después de estarse el día entero oyendo la misma canción, el funcionario estadounidense se llevó una repentina sorpresa cuando el estudiante que tenía delante le dijo: «Mi madre tiene una pierna artificial y mi deseo es ir a América para aprender a construirle una mejor». El funcionario sintió tal alivio al escuchar un argumento nuevo, que dijo al joven: «¿Sabes? Es lo mejor que he oído en todo el día. Realmente, te felicito. Y te voy a dar el visado».

Lo has adivinado.

Al día siguiente se presentó un puñado de estudiantes en la embajada alegando que querían el visado para ir a América a aprender a construir una pierna artificial mejor para su madre.

Al hablar con estos funcionarios de la embajada de EE. UU. en Pekín, que son los cancerberos de los visados, enseguida percibí que se tomaban todo aquel proceso con una mezcla de sentimientos. Por una parte, estaban encantados de ver que había tantos chinos que querían ir a estudiar y a trabajar a Estados Unidos. Por otra, les daban ganas de poner sobre aviso a los chavales americanos, de decirles: ¿os dais cuenta de lo que se os viene encima? Como me dijo un funcionario de la embajada americana en Pekín, «lo que veo que está ocurriendo [en China] es lo que ha estado pasando en las últimas décadas en el resto de Asia: los *booms* tecnológicos, la tremenda energía de la gente. Lo veía en todas partes y ahora está pasando aquí».

En la primavera de 2004 fui de visita a la Universidad de Yale. Mientras paseaba por el patio interior central, cerca de la estatua de Elihu Yale, entraron dos grupos de turistas chinoparlantes de todas las edades. Los chinos han empezado a hacer turismo por el mundo en grandes cantidades y, a medida que China va convirtiéndose en una sociedad más abierta, es bastante probable que los turistas chinos alterarán la industria entera del turismo mundial.

Pero los chinos no sólo visitan Yale para admirar la hiedra.* Piensa en estas estadísticas elaboradas por la secretaría de matriculaciones de Yale: la promoción de 1985 contó con 71 licenciados y estudiantes de licenciatura procedentes de China y 1 de la Unión Soviética. La de 2003 tuvo 297 licenciados y estudiantes de licenciatura chinos y 23 rusos. El contingente internacional total de Yale pasó de 836 en el curso de 1985 a 1.775 en el de 2003. Las solicitudes de ingreso enviadas por estu-

---

* Los muros de las universidades más prestigiosas de Estados Unidos (que forman lo que se ha dado en llamar la Ivy League) están cubiertos de hiedra, *ivy* en inglés. *(N. de la T.)*

diantes de grado medio chinos y rusos para cursar estudios de licenciatura en Yale ha pasado de un total de 40 chinos para el curso de 2001
a 276 para el de 2008, y de 18 rusos para el curso de 2001 a 30 para
2008. En 1999 Yiting Liu, una escolar de Chengdu (China), recibió una
beca íntegra para estudiar en Harvard. Sus padres escribieron entonces
un manual de autoayuda sobre cómo se las apañaron para preparar a
su hija para que Harvard la aceptase. El libro, escrito en chino y titulado *Yiting Liu, la niña de Harvard*, ofrecía «métodos científicamente
demostrados» para que todo papá chino pudiese meter a su nene en
Harvard. El libro arrasó en China. En 2003 había vendido 3 millones
de ejemplares y había engendrado más de una docena de imitaciones
sobre cómo conseguir que tu hijo ingrese en Columbia, Oxford o Cambridge.

Aunque muchos chinos aspiran a ir a Harvard o a Yale, no se limitan a esperar a que los admita una universidad americana, sino que mientras tanto están tratando de hacerse su propia universidad en casa. En
2004 participé como ponente en las celebraciones del 150.º aniversario
de la Universidad de Washington en St. Louis, un centro reconocido por
su empuje en ciencia e ingeniería. Mark Wrighton, el amable rector de la
universidad, y yo estábamos charlando poco antes de la ceremonia. El
rector me comentó de pasada que en la primavera de 2001 le habían
invitado (junto con muchos otros destacados directores universitarios americanos y de otros países) a la Universidad de Tsinghua en Pekín, una de
las mejores de China, para participar en las celebraciones de su nonagésimo aniversario. Me dijo que la invitación le había extrañado. ¿Cómo
era que una universidad celebraba su nonagésimo aniversario, en vez de
esperar al centenario?

«¿Será una costumbre china?», se preguntó Wrighton. Pero cuando
llegó a Tsinghua lo comprendió todo. Los chinos habían convocado a
Tsinghua a personalidades del mundo académico de todo el planeta (más
de 10.000 personas asistieron a la ceremonia) con el fin de anunciarles
«que en su centenario la Universidad de Tsinghua se encontrará entre las
mejores del mundo». Wrighton me explicó lo siguiente, tiempo después,
en un correo electrónico: «En el evento participaron todos los dirigentes
del gobierno chino, desde el alcalde de Pekín hasta el cabeza del Estado.
Todos ellos manifestaron estar convencidos de que las inversiones que se
hiciesen en la universidad para respaldar su transformación en una de las
mejores universidades del mundo dentro de diez años serían unas inversiones muy fructíferas. Era evidente que, estando la Universidad de Tsinghua considerada ya como una de las universidades más destacadas de

China, con especial atención en ciencia y tecnología, van muy en serio con su propósito de luchar por colocarse en una posición de liderazgo mundial en [todas las áreas implicadas] en la gestación de innovación tecnológica».

Y como consecuencia del empeño de China por alcanzar sus metas —me dijo el presidente de Microsoft, Bill Gates—, la «lotería ovárica» ha cambiado por completo (así como la relación existente entre lugar geográfico y talento). Hace treinta años, me dijo, si podías elegir entre nacer genio en los arrabales de Bombay o Shanghai y nacer del montón en un núcleo residencial de las afueras de Nueva York, como Poughkeepsie, preferías Poughkeepsie, pues tus posibilidades de mejorar en la vida, incluso con un talento normalito, eran mucho mayores. Pero a medida que el mundo ha ido aplanándose, añadió Gates, y gracias a que hoy tanta gente puede conectarse y participar desde cualquier lugar, el talento natural ha empezado a imponerse al lugar geográfico de nacimiento.

«Hoy yo preferiría ser un genio nacido en China que un crío del montón nacido en Poughkeepsie», me dijo.

Esto es lo que pasa cuando el Muro de Berlín se transforma en el zoco de Berlín y 3.000 millones de personas convergen con todas estas nuevas herramientas de colaboración. «Vamos a contar con la energía y el talento de cinco veces más gente que hasta ahora», anunció Gates.

DESDE RUSIA CON AMOR

No tuve ocasión de visitar Rusia y entrevistarme con *zippies* rusos para este libro, pero sí pude tener la siguiente mejor alternativa. Pedí a mi amigo Thomas R. Pickering, ex embajador de EE. UU. en Moscú y actualmente ejecutivo de relaciones internacionales de Boeing, que me explicase una novedad de la que había oído hablar, consistente en que la constructora aeronaval estaba contando con ingenieros y científicos rusos (que antes trabajaban con aviones MiG) para el diseño de su siguiente generación de aviones de pasajeros.

Pickering me desveló el misterio. Desde 1991 Boeing viene encargando trabajos a científicos rusos con el fin de aprovechar su experiencia en cuestiones aerodinámicas y nuevas aleaciones para la aviación. En 1998 la empresa decidió ir un paso más allá y abrir una oficina de ingeniería aeronáutica en Moscú. Boeing ubicó esta oficina en la torre de doce plantas que construyó McDonald's con todos los rublos que ganó vendiendo

Big Macs en Moscú antes del fin del comunismo, un dinero que McDonald's se había comprometido a no sacar del país.

Siete años después —me contó Pickering— «tenemos a ochocientos
ingenieros y científicos rusos trabajando para nosotros y con el tiempo
vamos a llegar hasta por lo menos mil o, tal vez, mil quinientos». Tal
como me explicó, lo que hace Boeing es contratar con diferentes cons-
tructoras rusas de aviones (compañías que en la Guerra Fría fueron famosas por fabricar aviones de guerra, o sea, compañías como Ilyushin, Tupo-
lev o Sujoi). Ellas suministran a los ingenieros según pedido, es decir, para
los diferentes proyectos de Boeing. Usando aplicaciones informáticas de
diseño de aviones, hechas en Francia, los ingenieros rusos colaboran con
sus colegas de Boeing America (sitos en Seattle y en Wichita, Kansas)
en los diseños asistidos por ordenador. Boeing ha establecido una horario de trabajo de veinticuatro horas, compuesto por dos turnos en Moscú y uno en Estados Unidos. Usando cables de fibra óptica, tecnologías
avanzadas de compresión y herramientas informáticas de automatización de procesos aplicadas a la industria aeronáutica, «no tienen más
que enviarse los diseños de Moscú a América», me dijo Pickering. En
todas las plantas de las oficinas de Boeing en Moscú hay servicios de videoconferencia, de manera que los ingenieros no tienen que recurrir únicamente al correo electrónico si tienen que solucionar un problema con
sus compañeros americanos, sino que pueden mantener conversaciones
cara a cara.

Boeing empezó a subcontratar con Moscú tareas de diseño de aeronaves a modo de experimento, como actividad suplementaria. Pero en la
actualidad, con la escasez de ingenieros aeronáuticos que hay en Estados
Unidos, se ha convertido en una necesidad. La capacidad de Boeing de
integrar a estos ingenieros rusos, acostumbrados a salarios bajos, en equipos americanos de diseñadores más caros y avanzados está permitiendo
a la empresa competir en igualdad de condiciones con su rival de toda la
vida, Airbus Industries, financiada por un consorcio de gobiernos europeos y que también está utilizando talentos rusos. Un ingeniero aeronáu-
tico estadounidense cuesta 120 dólares por hora de diseño, mientras que
uno ruso cuesta aproximadamente un tercio.

Pero los subcontratados también subcontratan a su vez. Los ingenieros rusos han subcontratado elementos de su trabajo para Boeing
con Hindustan Aeronautics, una empresa de Bangalore especializada
en la digitalización de diseños de aeronaves con el fin de hacer más
fácil su manufactura. Pero esto sólo es la mitad de la historia. En los
viejos tiempos —me explicaba Pickering— Boeing decía a sus sub-

contratistas japoneses: «Os vamos a enviar los planos de las alas del 777. Os dejamos que hagáis unas cuentas vosotros, y luego esperamos que nos compréis a nosotros los aviones enteros. Así ganamos todos».

Hoy Boeing dice al gigante industrial japonés Mitsubishi: «Éstos son los parámetros generales de las alas del nuevo 7E7. Diseñad vosotros el producto final y construidlo». Pero los ingenieros japoneses son muy caros. Entonces, ¿qué se hace? Mitsubishi subcontrata elementos del ala del 7E7 subcontratada con los mismos ingenieros rusos que Boeing utiliza para otros componentes del avión. Por su parte, algunos de estos ingenieros y científicos rusos están abandonando las grandes compañías aeronáuticas rusas para montar sus propias empresas, y Boeing se está planteando la posibilidad de comprar acciones de estas empresas de nueva creación, para asegurarse unas reservas de mentes pensantes.

Todo este proceso de subcontratación a escala global tiene como objetivo el diseño y la construcción de aviones más deprisa y a menor coste, para que Boeing pueda invertir su capital en innovar para la siguiente generación y en sobrevivir al desgaste que supone la competencia de Airbus. Gracias a la triple convergencia, hoy Boeing tarda once días en construir un 737, frente a los veintiocho días que tardaba hace apenas unos años. Y construirá en tres días su siguiente generación de aviones, porque todos los componentes se están diseñando por ordenador para ser ensamblados. Además, la cadena global de suministro de Boeing le permitirá trasladar elementos de una fábrica a otra con toda puntualidad.

Para estar segura de contar con los mejores precios de componentes y demás suministros, Boeing lleva a cabo frecuentes «subastas inversas», en las que las empresas, en lugar de pujar al alza unas contra otras, pujan a la baja. Así, pujan por contratos para todo tipo de cosas, desde el papel higiénico de las fábricas de Boeing, hasta las tuercas y los pernos (que equivaldrían a los artículos que el consumidor coge del estante) de la cadena de suministro de Boeing. La empresa anuncia en un sitio de internet especialmente diseñado para ello la celebración de una subasta para una fecha concreta. La subasta de cada elemento empieza al precio que Boeing considera justo. Y lo único que tiene que hacer es sentarse a ver hasta dónde está dispuesto a rebajar un proveedor frente a los demás contrincantes, para ganarse el contrato con Boeing. La constructora es la que acepta o rechaza la participación de los postores, y después todos pueden ver las pujas de los demás a medida que las van haciendo.

«Verdaderamente, puedes ver las presiones del mercado y cómo trabajan», me dijo Pickering. «Es como presenciar una carrera de caballos.»

LA OTRA TRIPLE CONVERGENCIA

Una vez oí a Bill Bradley contando la historia de una mujer de la alta sociedad de Boston que va a San Francisco por primera vez. Cuando vuelve a casa, una amiga le pregunta si le gustó y ella responde: «No mucho. Queda demasiado lejos del océano».

La perspectiva y las predisposiciones que llevas contigo en la cabeza allá donde vayas son fundamentales a la hora de dar forma a lo que ves y a lo que no ves. Esto sirve para explicar por qué tanta gente se perdió la triple convergencia. Tenían la cabeza en otra parte, y eso que estaba ocurriendo delante de sus narices. Esta cortina de humo (otra convergencia) se formó con tres factores diferentes.

El primero fue el descalabro de las puntocom, que comenzó en marzo de 2001. Como dije antes, mucha gente equiparó erróneamente el *boom* de las puntocom con la globalización. Por eso, cuando estalló la burbuja e implosionaron tantas empresas puntocom (arrastrando a las que las habían financiado), estas mismas personas dieron por hecho que también la globalización estaba implosionando. Era como si la repentina aparición de comidaparaperros.com y otras diez páginas web más que ofrecían llevarte a la puerta de casa 4 kilos de pienso para tu mascota en 30 minutos fuese la prueba de que la globalización y la revolución de las tecnologías de la información eran todo artificio y nada de chicha.

Aquello fue de tontos de remate. Los que pensaban que la globalización consistía en el *boom* de las puntocom y que el descalabro de éstas señalaba el final de aquélla *no podían haberse equivocado más*. Repetimos: el descalabro bursátil de las puntocom realmente impulsó la globalización al máximo al forzar a las empresas a subcontratar y trasladar a otros lugares cada vez más funciones, si querían ahorrar en un capital ya escaso. Esto supuso un factor crucial a la hora de sentar las bases de la Globalización 3.0. Entre el descalabro de las puntocom y el momento actual, Google pasó de procesar unos 150 millones de búsquedas al día a unos mil millones aproximadamente, de las que sólo un tercio procede de dentro de Estados Unidos. Por su parte, eBay pasó de tener 1.200 empleados a principios de 2000 a 6.300 en 2004, conforme su modelo de subastas fue calando en el mundo entero. Es decir, coincidiendo con la época en que se suponía que la globalización había acabado. Entre 2000 y 2004 el uso mundial total de internet se incrementó un 125 por ciento: un 186 por ciento en África, un 209 por ciento en América Latina, un 124 por ciento en Europa y un 105 por ciento en Norteamérica, según Nielsen/NetRatings. Sí, claro, la globalización había acabado, no faltaba más...

Pero no sólo el hundimiento de las puntocom en Bolsa y toda la humareda que lo acompañó impidieron ver las cosas como eran. Además entraron en escena otros dos nubarrones más. El más grande, por supuesto, fue el 11-S, que supuso una profunda conmoción para el país como unidad geopolítica. A tenor de lo sucedido el 11-S, y de las invasiones de Afganistán e Irak que lo siguieron, no es de extrañar que la triple convergencia se perdiese de vista en medio de la polvareda de la guerra y del cotorreo de la televisión por cable. El otro nubarrón fue el escándalo de la cúpula directiva de Enron; poco después se descubrió el pastel también en Tyco y WorldCom. Directores generales y miembros de la Administración Bush trataron de ponerse a cubierto del chaparrón. No sin cierta justificación, se consideró culpable de chanchullos de postín a todo director general mientras no se demostrase lo contrario, e incluso la Administración Bush, tan servilmente defensora de las empresas y de los directores generales, se resistió a mostrarse (en público) demasiado pendiente de los aprietos de las grandes corporaciones. En la primavera de 2004 conocí al director de una de las empresas de tecnología más grandes de América, que había acudido a Washington para presionar por la concesión de más subvenciones federales a la National Science Foundation, con el fin de poder alimentar una base industrial más fuerte para la nación. Le pregunté entonces por qué la Administración no convocaba una cumbre de directores generales para poner de relieve esta cuestión, y él se limitó a sacudir la cabeza y a decir una palabra: «Enron».

Resultado: en el preciso instante en que se estaba aplanando el mundo y en que la triple convergencia remodelaba el medio empresarial mundial por entero (lo cual exigió una serie de ajustes muy importantes en nuestra propia sociedad y en la de muchos otros países occidentales desarrollados), los políticos estadounidenses no sólo no estaban instruyendo a la ciudadanía americana, sino que estaban trabajando activamente para hacerla idiota. Durante la campaña electoral de 2004 vimos a los demócratas debatiendo si la NAFTA era o no una buena idea, y a la Casa Blanca de Bush poniendo esparadrapo en la boca de N. Gregory Mankiw, presidente del Consejo de Asesores Económicos de la Casa Blanca, y metiéndolo en el sótano de Dick Cheney porque Mankiw, autor de un conocido libro de texto que se usa en las facultades de economía, había osado hablar en tono aprobatorio del proceso de subcontratación allen-

de nuestras fronteras y tildarlo de «manifestación más reciente de los beneficios del comercio de los que los economistas llevan hablando desde Adam
Smith por lo menos».

La afirmación de Mankiw fue el pistoletazo de salida de una carrera por ver quién era capaz de responderle de la manera más ridícula. El
ganador fue el portavoz de la Casa, Dennis Hastert, que dijo que la «teoría [de Mankiw] no supera un examen básico de economía real». ¿A qué
examen te referías, Dennis? Desde entonces, apenas hemos vuelto a saber
nada del pobre Mankiw.

Por todas estas razones la mayoría de la gente no se dio cuenta de que
se estaba produciendo la triple convergencia. Estaba ocurriendo algo realmente gordo, pero simplemente no formaba parte del discurso público ni
en América ni en Europa. Hasta que visité la India a principios de 2004,
también yo desconocía en gran medida todo lo que estaba pasando, aunque sí me llegaban pistas de que algo se estaba cociendo. Uno de los empresarios más reflexivos que he llegado a conocer con el paso de los años es
Nobuyuki Idei, presidente de Sony. En cuanto abre la boca, soy todo oídos.
Nos vimos dos veces en 2004, y en ambas ocasiones dijo cosas con su fuerte acento japonés que me llamaron la atención. Idei dijo que en el mundo
de la tecnología empresarial se estaba llevando a cabo un cambio que con
el tiempo se recordaría como «el meteorito que chocó contra la Tierra y
mató a todos los dinosaurios». Por fortuna, las empresas globales de vanguardia sabían lo que estaba pasando y las mejores estaban ya adaptándo-
se discretamente al cambio, para no ser uno de esos dinosaurios.

Cuando empecé a recopilar información para elaborar este libro, hubo
veces en que me sentí como en un capítulo de *Twilight Zone*.* Por ejemplo, entrevistaba a directores generales y a expertos en tecnología de grandes empresas, tanto sitas en EE. UU. como en otros países, y ellos me
describían a su manera lo que yo di en llamar la triple convergencia. Pero,
por todas las razones que he explicado, la mayoría de ellos no decía nada
a la ciudadanía ni a los políticos. O bien estaban absortos en su negocio
o bien tenían miedo. Eran como la «gente de las vainas», que vivían en
un universo paralelo y que estaban al tanto de un gran secreto. Sí, todos
ellos conocían el secreto... *pero nadie quería decírselo a los niños.*

Bueno, pues he aquí la verdad que nadie quiso contarte: el mundo
se ha vuelto plano. Como consecuencia de la triple convergencia, la cola-

---

* Antológica serie de ciencia ficción que emitió la cadena de televisión estadounidense CBS entre 1959 y 1964. *(N. de la T.)*

boración y la competencia globales (entre particular, entre empresas y particulares, entre empresas y entre empresas y clientes) se han hecho más baratas, más sencillas, más fluidas y más productivas para más gente de más rincones del mundo que nunca antes en la historia.

¿Conoces esa «revolución de las tecnologías de la información» que lleva anunciando a bombo y platillo la prensa económica desde hace veinte años? Pues, siento decirlo, eso no era más que el prólogo. En estos últimos veinte años sólo se han creado, modelado y distribuido todas las herramientas nuevas con las que podemos colaborar y conectarnos. *Ahora* es cuando está a punto de empezar la verdadera revolución de las tecnologías de la información, pues todas las complementariedades entre dichas herramientas empiezan a funcionar verdaderamente juntas para nivelar el terreno de juego. Una de las personas que descorrió el tupido velo y llamó a esta era por su verdadero nombre fue Carly Fiorina, de HP, quien en 2004 empezó a declarar en sus discursos públicos que la explosión y el descalabro bursátil de las puntocom no eran más que «el final del principio». Según Fiorina, que por aquel entonces era directora general de HP, los últimos veinticinco años en tecnología sólo han sido el «preludio». Ahora es cuando vamos a entrar en acción de verdad, dijo, «y cuando digo acción de verdad me refiero a una era en la que la tecnología transformará literalmente hasta el último aspecto del mundo empresarial, de la vida y de la sociedad».

4

LA GRAN REORGANIZACIÓN

La triple convergencia no sólo va a afectar a la manera de prepararnos, como individuos, para el trabajo, o a la forma de competir de las empresas o a cómo los países organizarán sus economías y sus estrategias geopolíticas. Con el tiempo, remodelará las identidades políticas, reestructurará los partidos políticos y redefinirá la noción de agente político. En definitiva, en la estela de esta triple convergencia en la que no hemos hecho sino empezar a meternos, vamos a asistir a lo que denomino «la gran reorganización». Porque cuando el mundo comienza a pasar de un modelo de creación de valor estructurado sobre todo verticalmente (de mandato y control) a un modelo de creación de valor cada vez más horizontal (de conexión y colaboración), no sólo afecta a cómo se realizan las actividades empresariales y de negocio. Afecta a todo: a cómo se definen a sí mismas las comunidades y las empresas, a dónde empiezan y acaban las empresas y las comunidades, a cómo equilibran los individuos sus respectivas identidades de consumidores, empleados, accionistas y ciudadanos, y al papel que tiene que desempeñar el gobierno. Todo esto va a tener que reorganizarse por completo. El mal más común que aquejará al mundo plano será el trastorno de personalidad múltiple, razón por la cual, como poco, los politólogos van a hacer su agosto en el mundo plano. En esta nueva era es posible que la ciencia política se convierta en la industria con mayor crecimiento de todas. Porque a medida que avancemos en esta gran reorganización en el transcurso de los próximos diez años, vamos a asistir a unas alianzas de lo más extrañas llevando a cabo una política de lo más novedosa.

Empecé a meditar sobre la gran reorganización al término de una conversación que mantuve con el conocido teórico político de la Universidad de Harvard Michael J. Sandel, que me desconcertó ligeramente al comentar que, en realidad, los primeros en identificar el tipo de aplanamiento que yo describía habían sido Karl Marx y Friedrich Engels en el

Manifiesto comunista publicado en 1848. Sandel me dijo que, si bien el empequeñecimiento y aplanamiento del mundo que presenciamos en la actualidad constituyen una diferencia de grado respecto a lo que Marx veía en su época, no dejan de formar parte de la misma tendencia histórica que Marx destacó en sus escritos sobre el capitalismo: el inexorable avance de la tecnología y del capital hacia la eliminación de todas las barreras, fronteras, fricciones y restricciones al comercio global.

«Marx fue uno de los primeros en atisbar la plausibilidad del mundo como mercado global, liberado del obstáculo de las fronteras nacionales», me explicó Sandel. «Marx fue el más acérrimo crítico del capitalismo, y aun así se admiraba ante su poder para derribar barreras y crear un sistema mundial de producción y consumo. En el *Manifiesto comunista* describía el capitalismo como una fuerza que disolvería todas las identidades feudales, nacionales y religiosas, para dar lugar a una civilización universal regida por los imperativos del mercado. Marx consideraba inevitable el avance del capital. Inevitable y deseable también. Porque en cuanto el capitalismo destruyese todas las filiaciones nacionales y religiosas, pensaba Marx, dejaría al desnudo la ardua lucha entre capital y trabajo. Obligados a competir en cuerpo y alma en una carrera global, los trabajadores del mundo se unirían en una revolución global para poner fin a la opresión. Privados de distracciones reconfortantes tales como el patriotismo y la religión, verían claramente la explotación a la que estaban sometidos y se alzarían para acabar con ella.»

De hecho, al leer hoy el *Manifiesto comunista*, me admiro ante la incisiva habilidad con que Marx detalló las fuerzas que estaban aplanando el mundo durante la propagación de la Revolución Industrial, y ante su capacidad para pronosticar cómo esas mismas fuerzas seguirían aplanando el mundo hasta el día de hoy. En el que tal vez sea el párrafo clave del *Manifiesto comunista*, Marx y Engels escribieron:

> Las relaciones inconmovibles y mohosas del pasado, con todo su séquito de ideas y creencias viejas y venerables, se derrumban, y las nuevas envejecen antes de echar raíces. Todo lo que se creía permanente y perenne se esfuma, lo santo es profanado, y al fin el hombre se ve constreñido por la fuerza de las cosas a contemplar con mirada fría su vida y sus relaciones con los demás. La necesidad de encontrar mercados espolea a la burguesía de una punta u otra del planeta. Por todas partes anida, en todas partes construye, por doquier establece relaciones. La burguesía, al explotar el mercado mundial, da a la producción y al consumo de todos los países un sello cosmopolita. Entre los lamentos de los reaccionarios destruye los cimientos

nacionales de la industria. Las viejas industrias nacionales se vienen a tierra, arrolladas por otras nuevas, cuya instauración es problema vital para
todas las naciones civilizadas; por industrias que ya no transforman como
antes las materias primas del país, sino las traídas de los climas más leja-
nos y cuyos productos encuentran salida no sólo dentro de las fronteras,
sino en todas las partes del mundo. Brotan necesidades nuevas que ya no
bastan para satisfacer, como en otro tiempo, los frutos del país, sino que
reclaman para su satisfacción los productos de tierras remotas. Ya no reina
aquel mercado local y nacional que se bastaba a sí mismo y donde no entraba nada de fuera; ahora la red del comercio es universal y en ella entran,
unidas por vínculos de interdependencia, todas las naciones. Y lo que acontece con la producción material, acontece también con la del espíritu. Los
productos espirituales de las diferentes naciones vienen a formar un acervo
común. Las limitaciones y peculiaridades del carácter nacional van pasando
a segundo plano, y las literaturas locales y nacionales confluyen todas en
una literatura universal.

La burguesía, con el rápido perfeccionamiento de todos los medios de
producción, con las facilidades increíbles de su red de comunicaciones, lleva la civilización hasta a las naciones más salvajes. El bajo precio de sus
mercancías es la artillería pesada con la que derrumba todas las murallas
de la China, con la que obliga a capitular a las tribus bárbaras más ariscas
en su odio contra el extranjero. Obliga a todas las naciones a abrazar el
régimen de producción de la burguesía o perecer; las obliga a implantar en
su propio seno la llamada civilización, es decir, a hacerse burguesas. Crea
un mundo hecho a su imagen y semejanza.

Cuesta creer que Marx publicase esto en 1848. Refiriéndose al *Manifiesto comunista*, Sandel me dijo: «Tú estás argumentando algo parecido. Lo que está diciendo es que los avances en la tecnología de la información están capacitando a las empresas a eliminar de sus mercados y
de sus transacciones todas las ineficiencias y toda la fricción. Eso quiere
decir realmente tu concepto de "aplanamiento". Pero un mundo plano y
carente de fricciones es un arma de doble filo. Como tú sugieres, puede
ser bueno para el negocio global. O, como creía Marx, puede augurar
perfectamente una revolución proletaria. Pero además puede poner en peligro los lugares y comunidades característicos que nos sirven de referencia, que nos ubican en el mundo. Desde los primeros indicios del capitalismo, la gente ha imaginado la plausibilidad de ver el mundo convertido
en un mercado global, sin el impedimento de unas presiones proteccionistas, de unos sistemas legales dispares, de unas diferencias culturales y

lingüísticas o de desacuerdos ideológicos. Pero esta visión siempre ha chocado contra la realidad del mundo tal cual es: lleno de focos de fricción y de ineficiencia. Algunos obstáculos al mercado global y carente de fricción son auténticos focos de despilfarro y de oportunidades perdidas. Pero algunas de esas ineficiencias son instituciones, costumbres, culturas y tradiciones que la gente aprecia precisamente porque refleja valores no mercantiles, como la cohesión social, la fe religiosa y el orgullo nacional. Si los mercados globales y las nuevas tecnologías de la comunicación liman esas diferencias, es posible que por el camino perdamos algo que es importante. Por eso desde el principio todo el debate acerca del capitalismo ha versado sobre la diferenciación entre las fricciones, barreras y fronteras que son meras fuentes de derroche y de ineficiencia, y las que son fuentes de identidad y de pertenencia, que deberíamos tratar de proteger. Desde el telégrafo hasta internet, cada nueva tecnología de las comunicaciones ha prometido acortar distancias entre las personas, aumentar el acceso a la información y acercarnos sin cesar al sueño de un mercado global perfectamente eficiente y libre de fricción. Y cada vez vuelve a plantearse a la sociedad la misma pregunta, con renovada urgencia: ¿hasta qué punto deberíamos permanecer al margen, "seguir adelante con el programa" y hacer todo lo posible por eliminar más ineficiencias cada vez, y hasta qué punto deberíamos ir contra corriente en aras de unos valores que los mercados globales no pueden proveer? Algunas fuentes de fricción son dignas de protección, incluso en contra de una economía global que amenaza con allanarlas».

Por supuesto, la mayor fuente de fricción ha sido siempre el Estado-nación, con sus fronteras y sus leyes claramente definidas. ¿Son las fronteras nacionales un foco de fricción que deberíamos tratar de conservar, o siquiera aspirar a poder conservar, en un mundo plano? ¿Qué pasa con los límites legales al libre trasvase de información, de propiedad intelectual y de capital, como los *copyrights*, las protecciones al trabajador y los salarios mínimos? En la estela de la triple convergencia, cuanto más reduzcan fricciones y límites las fuerzas aplanadoras, mayor será el reto que plantearán al Estado-nación y a las particulares culturas, valores, identidades nacionales, tradiciones democráticas y vínculos restrictivos que han aportado, históricamente, algo de protección y de amparo a trabajadores y a comunidades enteras. ¿Con cuáles nos quedamos y cuáles dejamos que se esfumen en el aire, para poder colaborar todos más fácilmente?

Todo esto requerirá cierta dosis de reorganización, que es la razón por la que la idea que plantea Michael Sandel resulta fundamental y seguramente estará en primera línea del debate político, tanto dentro de cada

Estado-nación del mundo plano, como entre unos Estados y otros. Como dijo Sandel, lo que yo llamo colaboración otros podrían tomarlo simplemente como un nombre bonito para denominar la capacidad de contratar mano de obra barata en la India. Es algo que no se puede negar si se mira desde el punto de vista de un estadounidense. Pero sólo es así si miras las cosas desde un lado. Desde el punto de vista del trabajador indio, esa misma forma de colaboración (el *outsourcing*) podría verse como una manera de denominar la emancipación de los individuos en el mundo en vías de desarrollo, una atribución de poder desconocida hasta la fecha, que los capacita para alimentar, explotar y aprovechar su talento intelectual recibido por gracia de Dios (talento que antes del aplanamiento del mundo se pudría, en muchos casos, en los muelles de Bombay y de Calcuta). Si se mira desde la esquina americana del mundo plano, se podría llegar a la conclusión de que deberían mantenerse e incluso reforzarse las fricciones, las barreras y los valores que limitan el proceso de *outsourcing*. Pero desde el punto de vista de los indios, la equidad, la justicia y sus propias aspiraciones exigen la eliminación de esas mismas barreras y fuentes de fricción. En el mundo plano, la liberación económica de unos podría significar el desempleo de otros.

INDIA VERSUS INDIANA ¿QUIÉN EXPLOTA A QUIÉN?

Veamos un ejemplo de trastorno de personalidad múltiple. En 2003 el Estado de Indiana subastó la contratación de servicios para actualizar los sistemas informáticos estatales dedicados a procesar las demandas de empleo. A ver si adivinas quién lo ganó… Tata America International, la filial con sede en EE. UU. de Tata Consultancy Services Ltd., una empresa de la India. La puja de Tata fue de 15,2 millones de dólares, es decir, 8,1 millones de dólares menos que la de sus rivales más cercanos, las empresas neoyorquinas Deloitte Consulting y Accenture Ltd. En cuanto a empresas de la propia Indiana, ninguna pujó en la subasta porque el proyecto les quedaba demasiado grande.

Dicho de otro modo: una consultora india ganó el contrato para actualizar la oficina de desempleo del Estado de Indiana, ¡ni más ni menos! Imposible decirlo más suavemente. Indiana estaba subcontratando la oficina misma que se dedicaba a amortiguar el impacto, entre su población, de la ola de subcontrataciones. La propuesta de Tata consistía en enviar a unos 65 contratados laborales a trabajar en el Centro Gubernamental de Indiana, además de 18 empleados del Estado.

También anunció su intención de contratar subcontratistas locales y de buscar gente del lugar. Sin embargo, traería de la India a la mayoría del personal destinado a la puesta a punto de los programas informáticos. Ésta, una vez terminada, «ayudaría a acelerar el procesamiento de las demandas de empleo, amén de ahorrar gastos de franqueo y de simplificar el pago de impuestos de desempleo por parte de las empresas obligadas», como informaba el *Indianapolis Star* del 25 de junio de 2004. Seguro que adivinas cómo acabó la historia. «Los asesores del entonces gobernador Frank O'Bannon habían dado el visto bueno al políticamente delicado contrato de cuatro años antes del fallecimiento de aquél, [ocurrido] el 13 de septiembre de 2003», informaba el *Star*. Pero cuando se hizo pública la noticia del contrato, los republicanos convirtieron el asunto en un tema de campaña. La cuestión creó tal revuelo político que el gobernador Joe Kernan, el demócrata que sucedió a O'Bannon en el cargo, ordenó cancelar el contrato a la agencia estatal que da asistencia a los parados de Indiana. Además, creó una serie de cortapisas legales pensadas para impedir que se repitiese lo sucedido. Por otra parte, ordenó descomponer el servicio en fragmentos más pequeños, de tal modo que pudiesen entrar en concurso empresas de Indiana también, cosa positiva para éstas pero muy costosa e ineficiente para el Estado. El *Indianapolis Star* informó del envío de un cheque de 993.587 dólares para pagar las ocho semanas de trabajo invertidas por Tata, tiempo durante el cual la empresa india había formado a 45 programadores del Estado en el desarrollo y manejo de las aplicaciones actualizadas: «Nos ha dado mucho gusto trabajar con esta empresa», declaró Alan Degner, responsable de políticas de desarrollo de la población activa.

Después de todo esto sólo me cabe hacer una sencilla pregunta: ¿quién ha sido el explotador y quién el explotado en este duelo India-Indiana? El brazo estadounidense de una empresa consultora india ofrece ahorrar 8,1 millones de dólares a los contribuyentes de Indiana poniendo al día sus ordenadores, con personal indio y del propio Estado. El trato beneficiaba enormemente a la filial americana de la consultora india, beneficiaba a un puñado de trabajadores técnicos de Indiana y ahorraba a los habitantes del Estado unos preciosos dólares en impuestos que podrían destinarse a la contratación de más empleados estatales en otros servicios o a construir colegios, que reducirían de manera permanente su tasa de desempleo. Aun así el contrato, firmado por un equipo de demócratas en pro del empleo, quedó en agua de borrajas por culpa de la presión ejercida desde las filas republicanas, defensoras del mercado libre.

¿Cómo reorganizas todo esto?

En el viejo mundo, en el que el valor se creaba verticalmente casi siempre, por lo general dentro de una misma empresa y de arriba abajo, era muy fácil ver quién estaba arriba y quién abajo, quién explotaba y quién era explotado. Pero cuando el mundo empieza a aplanarse y cada vez más se crea valor horizontalmente (a través de mil formas de colaboración, en las que los particulares y los pequeños tienen mucho más poder), resulta muy complicado dilucidar quién está arriba y quién abajo, quién explota y quién es explotado. Ya no valen ciertos reflejos políticos de antes. ¿Acaso el gobierno indio no «explotó» a los ingenieros del país al formarlos en unos de los mejores institutos tecnológicos del mundo, dentro de la India, y al aplicar, acto seguido, una política económica socialista incapaz de dar empleo a esos mismos ingenieros, con lo que aquellos que no lograban salir de la India tenían que hacerse taxistas para ganarse el pan? ¿Acaso no se explota a esos mismos ingenieros cuando entran a trabajar en la consultora más grande de la India, cobran un sueldo más que holgado en términos indios y, gracias al mundo plano, pueden aplicar hoy sus habilidades a escala global? ¿O, por el contrario, no estarán explotando ahora esos ingenieros indios a los habitantes de Indiana al ofrecerles modernizar su sistema estatal de desempleo por mucho menos dinero del que pediría una consultora estadounidense? ¿No es la población de Indiana la que estaba explotando a esos ingenieros indios, más baratos? Por favor, que alguien me lo diga: *¿quién explota a quién en todo este lío?* ¿Con quién está la izquierda tradicional en todo este asunto? ¿Con los trabajadores del conocimiento procedentes de un país en vías de desarrollo, que cobran un sueldo decente y están tratando de usar en el mundo desarrollado un talento que les ha costado sudor y lágrimas educar? ¿O con los políticos de Indiana, que querían dejar sin trabajo a esos ingenieros indios para que pudiesen hacerlo sus votantes, aunque saliesen más caros? ¿Y con quién está la derecha tradicional en este episodio? ¿Con los que quieren mantener bajos los impuestos y reducir el presupuesto estatal de Indiana mediante la subcontratación externa de ciertas tareas, o con los que dicen: «Subamos más los impuestos para que el trabajo no salga de aquí y lo hagan sólo ciudadanos de Indiana»? ¿Con los que desean conservar algo de fricción en el sistema, aun cuando tal cosa contradiga el instinto de todo republicano de defender el mercado libre, con tal de ayudar a la gente de Indiana? Si estás en contra de la globalización porque consideras que perjudica a la población de los países desarrollados, ¿de qué lado estás, del de la India o del de Indiana?

Este duelo entre la India e Indiana pone de manifiesto las dificultades que surgen cuando se quiere trazar la línea entre los intereses de dos comunidades que jamás hubieran imaginado que estaban conectadas y, mucho menos aún, que eran colaboradoras mutuas. Pero de repente cada una abrió los ojos y descubrió que en un mundo plano, en el que el trabajo es cada vez más una cuestión de colaboración horizontal, no sólo estaban conectadas y eran colaboradoras la una de la otra, sino que además necesitaban urgentemente un contrato social que rigiese sus relaciones.

Por decirlo de una manera algo más extensa, la cuestión que se ventila aquí sería: tanto si hablamos de ciencia empresarial como de ciencia política, de fabricación como de investigación y desarrollo, infinidad de participantes y de procesos van a tener que cogerle el tranquillo a la «horizontalización». Y para ello va a hacer falta mucho apaño.

¿DÓNDE EMPIEZA Y DÓNDE ACABA UNA EMPRESA?

Del mismo modo que en un mundo plano habrá que reorganizar la relación entre los diferentes grupos de trabajadores, también habrá que reorganizar la relación entre las empresas y las sociedades en las que actúan. ¿Los valores de quién regirán una empresa en concreto, y los intereses de quién respetarán y preconizarán dicha empresa? Antes se decía que según marchase General Motors, así marchaba Estados Unidos. Pero hoy se diría: «Según marche Dell, así marcharán Malasia, Taiwan, China, Irlanda, la India...». Hoy Hewlett-Packard cuenta con 142.000 empleados en 178 países. No sólo es la empresa tecnológica más grande del mundo, sino la más grande de Europa, de Rusia, de Oriente Medio y de Sudáfrica. Si la mayoría de sus empleados y consumidores se encuentra fuera de Estados Unidos, por mucho que su oficina central se encuentre en Palo Alto, ¿es HP una empresa americana? Hoy las corporaciones no pueden sobrevivir como entes fieles a un único Estado-nación, ni siquiera a uno tan vasto como Estados Unidos. Por eso, lo que actualmente quita el sueño a los Estados-nación y a sus súbditos es saber cómo tratar con unas corporaciones que ya no limitan su vinculación a esa cosa llamada Estado-nación. ¿A quién deben su lealtad?

Como me comentó Dinakar Singh, el gestor de *hedge funds*, «a la América de las corporaciones le ha ido de maravilla, lo cual no tiene nada de malo. Pero le ha ido bien porque se ha adaptado al mundo plano. Y lo ha hecho subcontratando fuera el máximo posible de componentes con los proveedores más baratos y más eficientes. Si Dell puede fabricar hasta el último de sus componentes en la costa de China y venderlos en la costa de Estados Unidos, se beneficia Dell y se benefician también los consumidores americanos, pero no es fácil sostener que el empleo americano se beneficia igualmente». Así pues, a Dell le interesa un mundo lo más plano posible, con el mínimo de fricción y de barreras posible. Y lo mismo quieren las demás corporaciones, porque eso les permite fabricar en los mercados más baratos y eficientes y vender en los más lucrativos. Prácticamente no hay nada en la Globalización 3.0 que no sea bueno para el capital. Los capitalistas pueden sentarse en su despacho, comprar cualquier innovación y a continuación contratar la mejor y más barata mano de obra en cualquier sitio del mundo para encargarle la investigación, el desarrollo, la producción y la distribución de dicha innovación. Las acciones de Dell marchan bien, a los accionistas de Dell les va bien, a los consumidores de Dell les va bien también y el índice Nasdaq va de perlas. Todo lo que tenga que ver con el capital va estupendamente. Pero sólo se beneficiarán unos cuantos trabajadores estadounidenses, y sólo unas cuantas comunidades, mientras que otros sectores notarán el dolor que trae consigo el aplanamiento del mundo.

Desde que las multinacionales empezaron a peinar el planeta en busca de mano de obra y de mercados, sus intereses siempre han ido más allá de los del Estado-nación en que tenían su cuartel general. Pero lo que está pasando hoy en la Tierra plana supone tal diferencia de grado que, a la postre, se convierte en un fenómeno nuevo. Nunca las empresas habían gozado de tanta libertad, de tan poca fricción, en su forma de asignar la investigación, la fabricación básica y la fabricación sofisticada en cualquier lugar del mundo. Y lo que todo esto vaya a suponer para las relaciones a largo plazo entre las empresas y el país en el que están radicadas es, simplemente, algo que no se sabe a ciencia cierta.

Veamos este vívido ejemplo: el 7 de diciembre de 2004 IBM anunció la venta de toda su División de Ordenadores Personales a la empresa informática china Lenovo, con el fin de crear una nueva empresa mundial de PC, la tercera más grande del mundo (con aproximadamente 12.000 millones de dólares en beneficios anuales). Sin embargo, al mismo tiempo IBM declaró su intención de comprar el 18,9 por ciento de las participaciones de Lenovo, creando con ello una alianza estratégica entre IBM y Lenovo para la venta de ordenadores personales, financiación y servicio mundial. Se anunció que la sede central de la recién creada empresa estaría en Nueva York, pero sus principales operaciones de manufactura radicarían en Pekín y en Raleigh (Carolina del Norte), sus centros de investigación, en China, Estados Unidos y Japón, y sus departamentos de ventas estarían repartidos por el mundo entero. La nueva Lenovo sería el proveedor preferido de PC para IBM, e IBM sería también el primer proveedor de servicios y financiación de Lenovo.

¿Sigues ahí? Unas diez mil personas pasarán de IBM a Lenovo (que se creó en 1984 y fue la primera empresa que introdujo en China el concepto de ordenador personal). Desde 1997 Lenovo ha sido la marca más importante de PC en China. Pero la parte que más gusta de la noticia aparecida en prensa es el siguiente fragmento, en el que se menciona los nombres de los jefes ejecutivos de la nueva empresa:

«Yang Yuanqing, presidente del consejo de administración [actualmente es director general de Lenovo]. Steve Ward, director general [actualmente, vicepresidente primero de IBM y administrador general de Personal Systems Group de IBM]. Fran O'Sullivan, directora ejecutiva [actualmente, administradora general de la división de ordenadores personales de IBM]. Mary Ma, directora financiera [actualmente, directora financiera de Lenovo]».

¡Para que veas lo que es creación horizontal de valor! Esta nueva empresa de ordenadores, de propiedad china y sede central en Nueva York, con fábricas en Raleigh y Pekín, contará con un presidente chino, un director general americano, un director ejecutivo americano y una directora financiera china, y cotizará en la Bolsa de Hong Kong. ¿Tú dirías que es una empresa americana, o china? ¿A qué país se sentirá Lenovo más vinculada? ¿O bien se verá a sí misma algo así como flotando suspendida sobre una tierra plana?

Esta pregunta se planteó por anticipado en el comunicado de prensa en que se anunciaba la creación de la nueva empresa. «¿Cuál será el domicilio principal de Lenovo?», preguntaba.

Respuesta: «Desde el punto de vista geográfico, como negocio global la nueva Lenovo estará desperdigada; su personal y sus instalaciones estarán repartidos por todo el mundo».

¿Cómo reorganizas todo esto?

La cruda realidad es que a los equipos directivos, a los accionistas y a los inversores les trae bastante al fresco de dónde salgan sus beneficios e incluso dónde se genera empleo. Pero sí que quieren que sus empresas sean sostenibles. Por el contrario, los políticos se sienten impelidos a estimular la creación de empleo en un lugar determinado. Y los habitantes (ya sean americanos, europeos o indios) quieren saber que los empleos buenos se van a quedar cerca de casa.

El director general de una importante multinacional europea me comentó un día: «Ahora somos una empresa global de investigación».

Magnífica noticia para sus accionistas e inversores. Este hombre puede contratar hoy a los mejores cerebritos del planeta, estén donde estén, y casi con toda seguridad estará ahorrando dinero al no llevar a cabo todo el proceso de investigación en el patio de casa. «Pero en última instancia —me dijo en confianza— esto va a tener implicaciones a la larga en el empleo dentro de mi país... quizá no este año, pero sí dentro de cinco o de quince años». Como director general y como ciudadano de la Unión Europea, «podrías tener una charla con tu gobierno sobre cómo conservar capacidades en [tu propio país], pero en el día a día tienes que tomar decisiones teniendo en mente a los accionistas».

Traducción: si puedo comprar a cinco brillantes investigadores en China y/o en la India por el precio de uno de Europa o de Norteamérica, compraré a esos cinco. Y si a largo plazo eso quiere decir que mi sociedad pierde parte de su base de expertos, qué se le va a hacer. La única manera de compaginar los intereses de los dos (la empresa y su país de origen) consiste en tener una población realmente buena que sea capaz no sólo de reclamar su porción de la gran tarta global, sino también inventarse sus propias porciones extra. «Nos hemos acostumbrado a unos salarios elevados y ahora vamos a tener que ganárnoslos de verdad», dijo este director general.

Pero en la actualidad cuesta cada vez más saber cuál es el país de origen de una empresa. Sir John Rose, director general de Rolls-Royce, me dijo en cierta ocasión: «Nosotros tenemos un negocio boyante en Alemania. En el Estado de Brandenburgo somos la empresa con más trabajadores. Hace poco tuve con el canciller [Gerhard] Schroeder una cena, y me dijo: "Usted que es una empresa alemana, ¿por qué no me acompaña la próxima vez que visite Rusia, para intentar abrir campo allí para empresas alemanas?". Según me contó Rose, el canciller alemán «se daba cuenta de que, aunque nuestra sede central estuviese en Londres, estábamos creando valor en Alemania y que eso podría resultar constructivo en su relación con Rusia».

Hete aquí a la empresa británica por antonomasia, Rolls-Royce, que aun teniendo su sede central en Inglaterra, actúa en la actualidad a través de una cadena global y horizontal de suministro, y a su director general, un súbdito británico nombrado Sir por la Reina, al que el Canciller alemán hace la corte para que le ayude a fomentar la actividad empresarial en Rusia porque un eslabón de la cadena de suministro de Rolls-Royce resulta que pasa por Brandenburgo.

¿Esto cómo se reorganiza?

DE MANDO Y CONTROL A COLABORACIÓN Y CONEXIÓN

Antes de que Colin Powell dejase el cargo de Secretario de Estado, fui a hacerle una entrevista —en la que estuvieron presentes también dos de sus asesores de comunicación— en su despacho de la séptima planta del Departamento de Estado. No pude evitar preguntarle dónde se encontraba cuando se percató de que el mundo se había vuelto plano. Y me contestó con una sola palabra: «Google». Powell me contó que cuando asumió el puesto de Secretario de Estado en 2001 y necesitaba algún dato o información (digamos, el texto de alguna resolución de la ONU), llamaba a un asistente y tenía que esperar un rato y hasta varias horas hasta que alguien conseguía encontrar dicha información.

«Ahora sólo tengo que teclear en Google "Resolución 242 del Consejo de Seguridad de la ONU" y automáticamente aparece el texto», me dijo. Powell me explicó que según pasaban los años iba haciendo él mismo sus propias indagaciones. Al decir aquello, uno de sus asesores de comunicación comentó: «Sí, ahora ya no viene pidiendo información, porque ya la tiene en sus manos. Y lo que nos viene a pedir es acción».

Powell, antiguo integrante del consejo directivo de AOL, utilizaba también con frecuencia el correo electrónico para estar en contacto con ministros de asuntos exteriores de otros países y, según dijo uno de sus ayudantes, en las cumbres de ministros se mantenía constantemente conectado con el secretario del Foreign Office británico, Jack Straw, a través de mensajes instantáneos, cual dos compañeros de clase. Gracias al móvil y a la tecnología inalámbrica, me dijo Powell, ningún ministro de Asuntos Exteriores podía jugar al escondite con él. Me contó que la semana anterior había estado buscando al de Rusia. Primero lo encontró en Moscú, después en Islandia y finalmente en Vientiane, Laos, gracias al móvil. «Tenemos los números de los móviles de todo el mundo», dijo Powell, refiriéndose a sus homólogos.

Lo que extraigo de todo esto es que cuando la Tierra se aplana, las jerarquías no se nivelan únicamente porque los pequeños se vuelven capaces de actuar a lo grande, sino también porque los grandes pueden entonces actuar a muy pequeña escala, en el sentido de que tienen capacidad para hacer muchas más cosas por sí solos. Me impactó una barbaridad lo que me comentó la joven que ocupa el cargo de ayudante de los asesores de comunicación de Powell mientras me acompañaba a la salida. Me dijo que gracias al correo electrónico, Powell tenía la posibilidad de contactar con ella y con su jefe a cualquier hora del día a través de sus BlackBerrys. Y, de hecho, lo hacía.

«No puedo librarme de él», bromeó, hablando de las instrucciones que Powell le hace llegar incesantemente por correo electrónico. Pero, acto seguido, añadió que el fin de semana anterior, mientras estaba de tiendas en el centro comercial en compañía de unas amigas, recibió un mensaje instantáneo de Powell en el que le pedía que se ocupase de determinada tarea relacionada con temas políticos. «Mis amigas se quedaron pasmadas», me dijo. «¡Ahí me ves, hablando con el mismísimo Secretario de Estado, cuando soy el último mono!»

Esto es lo que pasa cuando cambias de un mundo vertical (de consignas y control) a uno mucho más horizontal y plano (de conexión y colaboración). Tu jefe puede hacer su trabajo *y el tuyo*. Puede ser Secretario de Estado y, a la vez, su propio secretario. Puede transmitirte órdenes día y noche. Y tú nunca estás fuera. Siempre estás dentro. Por tanto, siempre estás ahí. Si se sienten inclinados a ello, los jefes pueden, hoy más que nunca, colaborar más directamente con más integrantes de su personal, sean quienes sean y estén donde estén dentro de la jerarquía. Pero también la plantilla tendrá que trabajar mucho más duro si quiere estar mejor informada que su jefe. En la actualidad hay muchas más conversaciones entre jefes y subordinados que empiezan con estas frases: «¡Eso ya lo sabía yo! Lo he mirado en Google. Lo que quiero que me digas es qué hacemos ahora».

¿Esto cómo se reorganiza?

TRASTORNO DE PERSONALIDAD MÚLTIPLE

Los grupos humanos y las empresas no son los únicos con personalidad múltiple que necesitarán reorganizarse en este mundo plano. También tendrán que hacerlo las personas a nivel individual. En un mundo plano las tensiones que se generan entre nuestras diferentes facetas (consumidor, empleado, ciudadano, contribuyente, accionista) se agudizarán cada vez más.

«En el siglo XIX —me dijo el asesor empresarial Michael Hammer— el gran conflicto era el que se daba entre trabajo y capital. Hoy el conflicto es entre cliente y trabajador, y la empresa sería el tipo que está en medio de los dos. El consumidor mira a la empresa y le dice: "Dame más por menos". Y entonces las empresas miran a los empleados y les dicen: "Si no les damos más por menos, estamos en apuros. No te puedo garantizar un puesto de trabajo. Un representante sindical tampoco puede garantizártelo. El único que puede hacerlo es el consumidor"».

El *New York Times* informaba el 1 de noviembre de 2004 que Wal-Mart gastó unos 1.300 millones de dólares, de sus 256.000 millones de ingresos en 2003, en asistencia sanitaria a su personal para asegurar a unas 537.000 personas, es decir, aproximadamente el 45 por ciento de su plantilla. Sin embargo, el mayor rival de Wal-Mart, Costco Wholesale, aseguró al 96 por ciento de sus empleados a tiempo completo o parcial con derecho a ello. Los empleados de Costco tienen derecho a un seguro médico tras tres meses de trabajar a tiempo completo o seis a tiempo parcial. En Wal-Mart la mayoría de los empleados a tiempo completo tienen que esperar seis meses para optar a este derecho, mientras que los trabajadores a tiempo parcial no tienen derecho al seguro hasta pasados por lo menos dos años. Según decía el *Times*, los empleados a tiempo completo de Wal-Mart ganan unos 1.200 dólares al mes, es decir, 8 dólares por hora. Wal-Mart exige que los empleados cubran el 33 por ciento del coste de sus ventajas salariales, aunque se está planteando reducir dicho porcentaje al 30 por ciento. Los programas de asistencia médica patrocinados por Wal-Mart ofrecen la posibilidad de pagar unas primas mensuales de cobertura familiar que ascienden a 264 dólares, y de desembolsos varios que en algunos casos suben a 13.000 dólares. Estos costes médicos son tan elevados que ni siquiera muchos de los empleados de Wal-Mart que reciben cobertura pueden permitirse asistencia sanitaria, informaba el *Times*.

Pero en el mismo artículo se decía también lo siguiente: «Si hay un lugar en el que los costes salariales de Wal-Mart cuentan con apoyo, ese sitio es Wall Street, donde Costco ha recibido el rapapolvo de los analistas, para quienes sus costes salariales son demasiado elevados». Wal-Mart ha eliminado más grasa y más fricción que Costco, que ha conservado más porque se siente obligada para con sus trabajadores de una manera diferente. El margen de beneficios de Costco, antes de impuestos, representa tan sólo el 2,7 por ciento de sus ingresos, menos de la mitad del margen de Wal-Mart, que es de un 5,5 por ciento.

El cliente de Wal-Mart que todos llevamos dentro quiere el precio más bajo posible y que se elimine a todos los intermediarios, toda la grasa, toda la fricción. Y el accionista de Wal-Mart que llevamos dentro quiere que la empresa sea implacable en la eliminación de grasa y de fricción de su cadena de suministro y de los paquetes de ventajas salariales de sus empleados, para que lo que engorde sean los beneficios. Sin embargo, el empleado de Wal-Mart que llevamos dentro odia los beneficios y los paquetes de pago que Wal-Mart ofrece a sus recién contratados. Y el ciudadano Wal-Mart que llevamos dentro sabe que, gracias a que Wal-Mart (la empresa más grande de Estados Unidos) no da asistencia médica a todos sus empleados, algunos irán a urgencias al hospital más cercano y los contribuyentes acabaremos corriendo con los gastos. El *Times* informaba sobre una encuesta realizada por funcionarios de Georgia, que desveló que «más de 10.000 hijos de empleados de Wal-Mart estaban apuntados en el programa médico infantil del Estado, con un coste anual de casi 10 millones de dólares pagados por los contribuyentes». De manera similar —añadía—, un «hospital de Carolina del Norte halló que un 31 por ciento de 1.900 pacientes que se identificaron como empleados de Wal-Mart estaban apuntados en Medicaid,* mientras que otro 16 por ciento no disponía de ningún seguro médico».

En su libro *Selling Women Short: The Landmark Battle for Workers' Rights at Wal-Mart* (publicado en 2004), la periodista Liza Featherstone siguió el multitudinario pleito contra Wal-Mart por discriminación a la mujer. En una entrevista acerca del libro, aparecida en Salon.com (el 22 de noviembre de 2004), la autora decía una cosa importante: «Los contribuyentes americanos aportan su dinero para sufragar los gastos de muchos empleados de Wal-Mart a tiempo completo porque, por lo general, necesitan más cobertura médica, más viviendas oficiales, más vales de comida... Son tantos los aspectos en los que los trabajadores de Wal-Mart no pueden ser autosuficientes... Y tiene gracia, porque se ensalza a Sam Walton como el símbolo americano de la autosuficiencia. Es realmente penoso y deshonesto que Wal-Mart apoye a los candidatos republicanos como los apoya: el 80 por ciento de sus aportaciones a campañas políticas va a parar a los republicanos. Sin embargo, éstos no suelen apoyar el tipo de planes de asistencia pública de los que depende Wal-Mart. Como mínimo, Wal-Mart debería hacer una cruzada por la asistencia sanitaria nacional. O por lo menos deberían reconocer que, debido a su incapacidad para dar estas cosas a sus empleados, deberíamos tener un estado del bienestar más extendido».

Cuando te pones a reorganizar y a sopesar las diferentes identidades de tu personalidad múltiple (consumidor, empleado, ciudadano, contribuyente y accionista), tienes que optar: ¿cuál te gusta más, el enfoque de Wal-Mart o el de Costco? En el mundo plano, decidir cuán planas quieres que sean las empresas teniendo en consideración todas tus identida-

---

* En EE. UU., plan nacional de asistencia médica dirigido a personas con bajos ingresos, que no pueden costearse un seguro privado. *(N. de la T.)*

des se convertirá en una importante cuestión política. Porque cuando dejas fuera del negocio al intermediario, cuando aplanas totalmente tu cadena de suministro, también te dejas fuera cierto elemento de humanidad.

Lo mismo se aplica al gobierno. ¿Cuán plano quieres que sea tu gobierno? ¿Qué cantidad de fricción te gustaría que eliminase tu gobierno, mediante liberalizaciones, para que las empresas lo tengan más fácil a la hora de competir en el Planeta Plano?

Como dijo el congresista Rahm Emanuel, demócrata de Illinois que trabajó como asesor del presidente Clinton: «Cuando estuve en la Casa Blanca, racionalizamos el proceso de aprobación de medicamentos de la FDA [Administración del Alimento y el Medicamento] como respuesta al descontento que provocaba su engorrosa naturaleza. Tomamos esas decisiones con un objetivo en mente: llevar los medicamentos más rápidamente al mercado. Sin embargo, el resultado ha sido una relación cada vez más entrañable entre la FDA y la industria farmacéutica, que ha puesto en peligro la salud pública. La debacle del Vioxx [en relación con un antiinflamatorio que se descubrió producía un mayor riesgo de ataque al corazón y de derrame cerebral] pone de manifiesto hasta qué punto se prima la celeridad en el proceso de aprobación, frente a la seguridad de las medicinas. Recientemente, una sesión del Senado dedicada al Vioxx reveló deficiencias graves en la capacidad de la FDA para retirar del mercado medicamentos peligrosos».

Como consumidores, queremos los medicamentos más baratos que puedan ofrecernos las cadenas globales de suministros, pero como ciudadanos queremos y necesitamos que el gobierno supervise y regule dicha cadena de suministro, por mucho que ello implique mantener o añadir fricción.

¿Esto cómo se reorganiza?

¿Quién tiene qué?

En el mundo plano hay una cuestión más que, sin lugar a dudas, habrá que dejar bien clara: ¿quién tiene qué? ¿Cómo erigimos barreras legales para proteger la propiedad intelectual de un innovador, con el fin de que éste pueda cosechar sus beneficios financieros y sembrarlos en un nuevo invento? Y, desde el otro punto de vista, ¿cómo nos las apañamos para que los muros se mantengan lo bastante bajos para alentar el intercambio de propiedad intelectual, algo cada vez más necesario para la innovación punta?

«Decididamente, el mundo no es plano cuando hablamos del trato uniforme a la propiedad intelectual», me dijo Craig Mundie, director de tecnologías de Microsoft. Es maravilloso —señaló— contar con un mundo en el que un único innovador pueda reunir tantos recursos por sí solo, formar un equipo de socios de todo el mundo plano y crear un avance revolucionario con un producto o servicio. Pero ¿qué hace ese maravilloso ingeniero innovador «cuando otra persona se vale de esta misma plataforma del mundo plano y de esas mismas herramientas para clonar y distribuir su maravilloso nuevo producto»?, preguntaba Mundie. Es algo que sucede a diario en el universo de las aplicaciones informáticas, de la música y de los productos farmacéuticos. La tecnología está llegando a un nivel en el que «uno debería dar por hecho que no hay nada que no se pueda copiar rápidamente», desde Microsoft Word hasta componentes aeronáuticos, añadió. Cuanto más se aplana el mundo, más vamos a necesitar un sistema de gobierno global que esté al corriente de todas las nuevas variantes de colaboración, legales e ilegales.

También podemos verlo en el caso de la evolución de la ley de patentes dentro de Estados Unidos. Con una innovación las empresas pueden hacer una de estas tres cosas: pueden patentar el chisme que inventen y venderlo ellas; pueden patentarlo y conceder licencias para que otros lo manufacturen; o pueden patentarlo e intercambiarse licencias con un puñado de empresas para disfrutar todas ellas de libertad de acción para fabricar un artículo (como un PC, por ejemplo) surgido de la fusión de muchas patentes diferentes. A este respecto, la ley de patentes estadounidense es técnicamente neutral. Pero, al decir de los expertos, a tenor de cómo ha evolucionado la jurisprudencia establecida, refleja claramente un sesgo en perjuicio del cruce de licencias y de otros arreglos que fomentan la colaboración y la libertad de acción para el máximo posible de participantes, y se centra más en proteger los derechos de cada empresa a manufacturar sus propias patentes. En un mundo plano las empresas necesitan de un sistema de patentes que fomente ambas cosas. Cuanto más promueva tu estructura legal el cruce de licencias y de referencias, más innovación por la vía de la colaboración obtendrás. El PC es el resultado de un montón de cruces de licencias entre la empresa propietaria de la patente del cursor y la propietaria de la patente del ratón y de la pantalla.

El defensor del *software* libre que todos llevamos dentro no quiere patentes ni en pintura. Pero el innovador que todos llevamos dentro desea que haya un régimen global que le proteja frente a la piratería de la propiedad intelectual. Por su parte, el innovador que llevamos dentro quiere también una legislación sobre patentes que anime al cruce de licencias con aquellas compañías que estén dispuestas a observar las reglas del juego. Sin duda, este «¿quién tiene qué?» se va a imponer como uno de los interrogantes políticos y geopolíticos más polémicos del mundo plano, sobre todo si cada vez más empresas americanas empiezan a sentirse avasalladas por cada vez más empresas chinas. Si te dedicas a la venta de palabras, música o fármacos y no te preocupas por proteger tu propiedad intelectual, es que estás en Babia.

Y mientras te entretienes en reorganizar todo esto, pon un poco de orden en esto otro también. El 13 de noviembre de 2004 una bomba colocada en la cuneta mató al soldado de primera Justin M. Ellsworth, de 20 años, cuando patrullaba a pie una calle iraquí. El 21 de diciembre de 2004 Associated Press informó de que su familia estaba pidiendo a Yahoo! la contraseña de la cuenta de correo electrónico de su difunto hijo para poder tener acceso a todos sus mensajes electrónicos, tanto de entrada como de salida. «Quiero poder recordarlo a través de sus palabras. Sé que él pensaba que estaba haciendo lo que tenía que hacer. Quiero tener eso para el día de mañana», declaró a AP el padre de Justin, John Ellsworth. «Es lo último que me queda de mi hijo.» Estamos entrando en un mundo en el que cada vez más la comunicación se realiza en forma de bits que viajan por el ciberespacio y se almacena en servidores repartidos por todo el planeta. Ningún gobierno controla este ciber-reino. Así pues, la pregunta sería: ¿de quién son tus bits cuando te mueres? Associated Press informó de que Yahoo! denegó a la familia de Ellsworth la contraseña de su hijo, alegando que la política de la empresa obliga a borrar todas las cuentas que hayan permanecido inactivas durante noventa días y que los usuarios de Yahoo! aceptan, al registrarse, que los derechos a acceder a la identificación y al contenido de las cuentas de un usuario terminan a su fallecimiento. «Aun cuando nos unimos en el sentimiento a cualquier familia que esté atravesando un duelo, ni las cuentas Yahoo! ni su contenido son transferibles», ni siquiera tras el fallecimiento de un usuario, comunicó a AP una portavoz de Yahoo!, Karen Mahon. Conforme vamos deshaciéndonos de las montañas de papel y nos comunicamos cada vez más a través de los formatos digitalizados, más vale que dejes bien dispuesto antes de morir (y así lo recojas en tu testamento) a quién quieres legar tus bits, si es que se los quieres legar a alguien. No es ninguna fantasía. Yo guardé en mi cuenta de AOL muchos de los capítulos de este libro, convencido de que estarían más a salvo en el ciberespacio. Si me hubiera ocurrido algo mientras lo escribía, mi familia y mi editor habrían tenido que llevar a juicio a AOL para intentar conseguir este texto. Por favor, que alguien reorganice todo este lío.

MUERTE DE LOS VIAJANTES

En otoño de 2004 fui a Minneapolis a visitar a mi madre y viví, uno detrás de otro, tres incidentes categoría «el mundo es plano». Para empezar, antes de salir de casa (Washington) llamé al 411 (información telefónica) para pedir el número de teléfono de un amigo mío de Minneapolis. Me atendió un ordenador, y una voz computerizada me pidió que pronunciase el nombre de la persona cuyo número deseaba conocer. Por alguna razón, no lograba que el ordenador me escuchase correctamente y una y otra vez me preguntaba con su voz electrónica: «¿Ha querido usted decir...?». Yo tuve que repetir una y otra vez el apellido de mi amigo en un tono de voz que disimulaba mi exasperación (de lo contrario, el ordenador no me habría entendido en la vida). «No, no he querido decir eso... He dicho...» Al final, me pasaron con un operador, pero no me gustó nada ese encuentro desprovisto de fricción con el servicio de información telefónica. Ansiaba la fricción de otro ser humano. Puede que sea más barato y más eficiente que un ordenador dispense números de teléfono, pero a mí sólo me produjo frustración.

Al llegar a Minneapolis, cené con unos amigos de la familia. Uno de ellos lleva toda la vida trabajando como mayorista en el Medio Oeste, vendiendo artículos a los minoristas más importantes de la región. Es un comercial nato. Le pregunté qué había de nuevo en su sector, y él suspiró y me contestó que el negocio ya no era lo que había sido. Ahora todo se vendía con márgenes del 1 por ciento, me explicó. Ningún problema con eso. Él vendía principalmente artículos de consumo, con lo cual, en vista de sus volúmenes, podía apañárselas con el exiguo margen de beneficio. Pero lo que le fastidiaba, me dijo, era el haber dejado de tener contacto personalizado con algunos de sus clientes más importantes. Hasta los artículos de consumo y los bienes de bajo coste poseen ciertos elementos diferenciadores que hay que vender y destacar. «Ahora todo va por correo electrónico», decía. «Estoy hablando con un chaval de [uno de los minoristas más grandes del país] y él me dice: "Mándame la oferta por correo electrónico". No le he visto en mi vida. La mitad de las veces no me contesta. No tengo claro cómo tratar con él... En los viejos tiempos me dejaba caer por la oficina, repartía unas cuantas entradas entre los compradores para que fuesen a ver a los Vikings... Éramos colegas... Ahora, Tommy, lo único que le preocupa a la gente son los precios.»

Por fortuna, mi amigo es un magnífico hombre de negocios y de mil recursos. Pero, reflexionando después sobre lo que había dicho, me vino a la mente esa escena de *Muerte de un viajante* en la que Willy Loman dice que, a diferencia de su colega Charley, él pretende «ganarse a la gente». Dice a sus hijos que en los negocios y en la vida el carácter, la personalidad y la conexión humana cuentan más que la inteligencia. Dice Willy: «El hombre que tiene prestancia en el mundo de los negocios, el hombre que crea un interés personal, es el que sigue adelante. Ganaos el cariño de la gente y nunca os faltará de nada».

No cuando el mundo se vuelve plano. Cuesta crear un vínculo humano a través del correo electrónico y de internet con tecnología *streaming*.* Al día siguiente cené con mi amigo Ken Greer, que dirige una empresa de comunicación de la que me ocuparé con más detalle después. Ken tenía una queja parecida: en estos tiempos un montón de contratos van a parar a agencias de publicidad que sólo venden números, no instinto creativo. Pero entonces Ken dijo algo que me sonó: «Es como si hubiesen eliminado toda la grasa del negocio» y lo hubiesen transformado todo en una cuestión de números. «Pero la grasa es lo que le da a la carne todo su sabor», añadió Ken. «Los filetes más magros no saben muy bien. Que por lo menos tenga sus vetitas de grasa...»

El proceso de aplanamiento recorta implacablemente la grasa del negocio y de la vida, pero, como comentaba Ken, la grasa es lo que le da a la vida su sabor y su textura. Además, es lo que nos mantiene calientes.

Sí, el consumidor que llevamos dentro quiere los precios de Wal-Mart, sin resto de grasa. Pero el empleado que llevamos dentro quiere que en el hueso quede una pizquita de grasa, como hace Costco, que así puede ofrecer asistencia sanitaria a casi toda su plantilla, en lugar de sólo a menos de la mitad, como Wal-Mart. Pero el accionista que llevamos dentro quiere los márgenes de beneficio de Wal-Mart, no los de Costco. Y el ciudadano que llevamos dentro quiere las ventajas laborales de Costco, en lugar de las de Wal-Mart, porque en última instancia puede que la sociedad tenga que pagar la diferencia. El consumidor que llevo dentro quiere recibos de teléfono más bajos, pero el ser humano que soy quiere también hablar con un operador de carne y hueso cuando marco el número de información telefónica. Sí, al lector que llevo dentro le chifla navegar por la red y leer a los *bloggers*, pero el ciudadano que hay en mí también desea que algunos de esos autores de diarios digitales tengan un editor, un intermediario, que les mande a comprobar algunos de los hechos de los que

---

* Descarga de datos para su audición o visualización ininterrumpida, gracias a la acumulación de aquéllos en *buffers*. (N. de la T.)

hablan antes de apretar el botón Enviar y de pregonar al mundo entero que tal o cual cosa fue un error o una injusticia.

Dada esta variedad de emociones y presiones en conflicto, aquí hay potencial suficiente para una transformación absoluta del organigrama político norteamericano, en el que los trabajadores y los intereses empresariales se realinearán en partidos diferentes. Piensa en ello: los conservadores sociales del ala derecha del partido Republicano, a los que no les agradan la globalización y la mayor integración con el mundo porque traen a América demasiados extranjeros y costumbres culturales extranjeras, podrían alinearse con los sindicatos del ala izquierda del partido Demócrata, a los que no les agrada la globalización porque facilita la subcontratación extranjera y la deslocalización de los puestos de trabajo. Se los podría bautizar como el partido Muro, y militarían a favor de más fricción y más grasa en todas partes. Reconozcámoslo: los conservadores culturales republicanos tienen mucho más en común con los trabajadores del acero de Youngstown (Ohio), con los granjeros de la China rural y con los mulás del centro de Arabia Saudí, a los que también les gustaría que hubiese más muros, que con la banca de inversiones de Wall Street o con los trabajadores de Palo Alto del sector servicios relacionados con la economía global, a los que el aplanamiento del mundo ha enriquecido.

Por su parte, el ala empresarial del partido Republicano, que cree en el mercado libre, en las liberalizaciones, en una mayor integración y en impuestos más bajos (cualquier cosa que aplane aún más el mundo) puede acabar alineándose con los liberales sociales del partido Demócrata, muchos de los cuales son trabajadores de industrias globales de servicios de la Costa Este y de la Costa Oeste. También podrían unírseles trabajadores de Hollywood y de otras industrias del entretenimiento. Todos ellos son grandes beneficiarios del mundo plano. Podrían denominarse el partido red, cuyo principal interés consistiría en promover una mayor integración global. Muchos residentes de Manhattan y de Palo Alto tienen más intereses en común con los habitantes de Shanghai y de Bangalore que con los de Youngstown o Topeka. En definitiva, es muy probable que en el mundo plano asistamos al agrupamiento de muchos liberales sociales, muchos empleados cualificados de la industria global de servicios y muchos tipos de Wall Street, y al agrupamiento de muchos conservadores en temas sociales, muchos empleados cualificados de la industria local de servicios y muchos sindicalistas.

El público al que le gustó *La pasión de Cristo* estará en el mismo saco que los afiliados al sindicato de camioneros estadounidense (de corte republicano) y los del sindicato AFL-CIO, mientras que los liberales de Hollywood y de Wall Street entrarán en el mismo saco que los seguidores de *Tienes un e-mail*, los trabajadores de empresas de tecnología punta de Silicon Valley y los suministradores globales de servicios de Manhattan y San Francisco. Será Mel Gibson y Jimmy Hoffa contra Bill Gates y Meg Ryan.

Cada vez más, la política en el mundo plano consistirá en preguntarse qué valores, qué fricciones y qué grasas merece la pena conservar (o, parafraseando a Marx, cuáles hay que mantener en estado sólido) y cuáles hay que dejar que se diluyan en el aire. Países, empresas e individuos podrán dar una respuesta inteligente a estas preguntas sólo si entienden la verdadera naturaleza y textura del terreno global de juego y si se dan cuenta de cuánto se diferencia del mundo existente hasta la era de la Guerra Fría. Y los países, las empresas y los individuos podrán tomar coherentes decisiones políticas sólo si perciben plenamente el terreno aplanado de juego y comprenden todas las herramientas nuevas que hoy tienen a su alcance para colaborar y con las que competir. Espero que este libro brinde un marco matizado en el que analizar este debate político tan importante, así como la gran reorganización que nos aguarda a la vuelta de la esquina.

Con este propósito, las tres secciones siguientes están dedicadas a la manera en que el aplanamiento del mundo y la triple convergencia afectarán a los estadounidenses, a los países en vías de desarrollo y a las empresas.

Prepárate: estás a punto de entrar en el mundo plano.

ESTADOS UNIDOS
Y LA TIERRA PLANA

5

ESTADOS UNIDOS Y EL LIBRE MERCADO. ¿SIGUE TENIENDO RAZÓN RICARDO?

Como estadounidense que siempre ha creído en las virtudes del libre mercado, volví de mi viaje por la India con una importante pregunta sin responder: ¿debía seguir creyendo en el mercado libre una vez instaurado el mundo plano? Era un asunto que tenía que aclarar inmediatamente, no sólo porque durante la campaña presidencial de 2004 estuviese convirtiéndose en un tema candente, sino también porque toda mi visión del mundo plano dependía de mi concepción del mercado libre. Soy consciente de que el mercado libre no tiene por qué ser beneficioso para todos los habitantes de EE. UU., y que nuestra sociedad tendrá que ayudar a aquellos que salgan mal parados por su culpa. Pero para mí la pregunta clave era: ¿resultará beneficioso el mercado libre para EE. UU. *en conjunto* cuando el mundo se vuelva tan plano y tantas personas puedan colaborar —y competir— con mi prole? Da la impresión de que habrá infinidad de puestos vacantes. ¿No sería mejor para el ciudadano estadounidense que su gobierno erigiese algunos muros y prohibiese algo de subcontratación y de traslado de fábricas?

La primera vez que me enfrenté a este dilema fue durante el rodaje del documental para Discovery Times en Bangalore. Un día fuimos al recinto de Infosys a eso de las cinco de la tarde, justo cuando los empleados del turno de noche del servicio de atención telefónica de Infosys llegaban a riadas a pie, en minibús o en motocicleta, mientras muchos de los ingenieros más avanzados abandonaban las instalaciones al término de su jornada diurna. El equipo de rodaje y yo nos quedamos en la verja, observando este río de jóvenes instruidos que entraban y salían, muchos en animada conversación. Todos ellos parecían haber sacado la nota máxima en selectividad. Y yo notaba cómo iba apoderándose de mí una división entre la mente y la vista.

Mi mente no paraba de decirme: «Tiene razón Ricardo, tiene razón Ricardo, tiene razón Ricardo». David Ricardo (1772-1823) fue el economista inglés de la escuela del mercado libre que desarrolló la teoría de la ventaja comparativa, según la cual, si cada nación se especializa en la producción de aquellos bienes en los que goza de una ventaja comparativa en términos de costes y a continuación comercia con otra nación para adquirir los bienes en los que ésta se ha especializado, el comercio obtendrá una ganancia general y en cada país participante los niveles generales de ingresos deberían incrementarse. Por tanto, si todos estos expertos indios en tecnologías se dedicaban a lo que era su ventaja comparativa y después utilizaban sus ingresos para comprarnos todos los productos estadounidenses que representan nuestra ventaja comparativa (desde Corning Glass* a Microsoft Windows), ambos países se beneficiarán, por mucho que algunos ciudadanos indios y americanos tengan que cambiar de trabajo entretanto. Y cualquiera puede ver la prueba de este beneficio mutuo en el drástico incremento de las exportaciones y de las importaciones entre Estados Unidos y la India registrado en los últimos años.

Sin embargo, mis ojos no dejaban de mirar a todos esos *zippies* indios y de decirme algo muy diferente: «Ay, Señor, pero si son un montón... Y todos parecen tan serios, tan deseosos de trabajar... Y siguen llegando, hornada tras hornada. ¿Cómo diantre puede ser bueno para mis hijas y para millones de jóvenes estadounidenses que estos indios puedan desempeñar los mismos trabajos por una fracción de sus salarios?»

Cuando Ricardo escribió sus obras, se comerciaba con bienes, pero no con el conocimiento ni con los servicios, en general. En aquel entonces debajo del mar no había cable de fibra óptica que sirviese para que Estados Unidos y la India comerciasen con empleos relacionados con las tecnologías de la información. Justo cuando empezaba a reconcomerme la angustia, la representante de Infosys que me acompañaba me comentó, como si tal cosa, que el año anterior Infosys India había recibido «1 millón de solicitudes» de jóvenes indios para cubrir 9.000 empleos de expertos en tecnologías.

Apaga y vámonos.

Me devané los sesos tratando de averiguar qué pensaba yo de todo aquello. No quiero que ningún estadounidense se quede sin trabajo porque

---

* Conocida actualmente como Corning Incorporated, esta empresa estadounidense era, a fecha de 2004, líder mundial en fabricación de dispositivos de cristal líquido para portátiles, ordenadores de mesa y televisores LCD. *(N. de la T.)*

su empleo se lo queda la competencia extranjera o bien desaparece por efecto de las innovaciones tecnológicas. Ni mucho menos quiero quedarme sin el mío. Cuando te quedas sin trabajo, la tasa de desempleo no es del 5,2 por ciento, sino del cien por cien. Ningún libro que verse sobre la Tierra plana hará honor a la verdad si no se hace eco de estas preocupaciones, o si no reconoce que entre los economistas existe hoy cierta polémica en torno a si Ricardo sigue teniendo razón o no.

Sin embargo, después de escuchar los argumentos de ambas partes, llego a donde llega la inmensa mayoría de los economistas: a que Ricardo sigue teniendo razón y a que, si no erigimos barreras que frenen la subcontratación extranjera, la conexión entre los sistemas de planificación de las empresas y sus proveedores y el traslado de fábricas allende nuestras fronteras, a más americanos les irán mejor las cosas que si las erigimos. El simple mensaje de este capítulo es que, aun cuando el mundo se aplane, Estados Unidos en conjunto se beneficiará más ciñéndose a los principios básicos del mercado libre, como ha hecho siempre, que tratando de erigir muros.

El principal postulado de la escuela que se opone a la tendencia a las subcontrataciones extranjeras viene a decir que en un mundo plano no sólo se comercia con bienes, sino que también hoy se puede comerciar con muchos servicios. Debido a este cambio, Estados Unidos y otros países desarrollados podrían verse abocados a un declive absoluto (no relativo) en cuanto a potencia económica y a niveles de vida, a no ser que empiecen a proteger formalmente determinados empleos frente a la competencia extranjera. Es imposible que entren tantos participantes nuevos en la economía global (en terrenos de servicios y de la era de la información y comunicación, que hoy están dominados por los americanos, por los europeos y por los japoneses) sin que los salarios se acomoden a un equilibrio nuevo y más bajo, arguye esta escuela.

El principal argumento con que responden los defensores del mercado libre y de la tendencia a las subcontrataciones extranjeras dice que, si bien puede haber una fase de transición en determinados ámbitos, durante la cual se produciría una bajada en los salarios, no hay motivos para creer que esta bajada será permanente o generalizada, siempre y cuando la tarta global siga creciendo. Sugerir lo contrario es invocar el supuesto terrón del que habla la teoría del trabajo, esto es, la idea de que en el mundo sólo hay un terrón limitado de trabajo y que, una vez engullido, ya por los americanos, ya por los indios o por los japoneses, se acabaron los empleos. Si hoy nosotros tenemos el terrón más grande de trabajo y los indios se ofrecen a hacer ese mismo trabajo por menos dinero, ellos se llevarán un trozo mayor del terrón y nosotros nos quedaremos con uno más pequeño, o al menos eso dice tal argumento.

La principal razón por la que no tiene sentido la idea del terrón de la teoría del trabajo es que se basa en la asunción de que todo lo que pueda inventarse, ya ha sido inventado y que, por ende, la competencia económica es un juego de suma cero, o sea, una pelea por ver quién se lleva el terrón limitado. Esta asunción no tiene en cuenta el hecho de que, aunque con frecuencia miles de empleados de grandes empresas concretas se quedan sin trabajo (porque éste se subcontrata o se traslada fuera) y aunque esta pérdida tiende a ocupar los titulares de las noticias, también se generan puestos de trabajo a poquitos o a decenas o a veintenas en pequeñas empresas que no son tan visibles para ti. A menudo hace falta mucha fe para creer que esto está ocurriendo. *Pero es que está ocurriendo.* De no ser así, hoy la tasa de desempleo de Estados Unidos sería mucho más elevada que el 5 por ciento. La razón por la que esto está ocurriendo es que, conforme los empleos más básicos de los sectores terciario y secundario se van de Europa, EE. UU. y Japón a la India, China y el antiguo imperio soviético, la tarta global no sólo se hace más grande (porque más personas disponen de más ingresos para gastar), sino que también se vuelve más compleja, a medida que se generan más empleos nuevos y nuevas especialidades.

Permíteme que te ponga un ejemplo sencillo para ilustrarlo. Imagínate que sólo hay dos países en el mundo: Estados Unidos y China. E imagina que la economía estadounidense sólo está compuesta por 100 personas. De esas 100 personas, 80 son asalariados con formación superior en ámbitos propios de la sociedad de la información y la comunicación, y las otras 20 son asalariados con formación básica y sin especialización. Ahora imagina que el mundo se aplana y que EE. UU. llega a un acuerdo de mercado libre con China, que cuenta con 1.000 personas pero es un país menos desarrollado. China tiene igualmente 80 trabajadores del conocimiento con formación superior, y los otros 920 son trabajadores sin capacitación específica. Antes de que EE. UU. llegase a este acuerdo de mercado libre con China, en su entorno sólo había 80 trabajadores de la era de la información y comunicación. Ahora hay 160 en este mundo de dos países. Los trabajadores americanos de la información y comunicación notan que la competencia es mayor, y están en lo cierto. Pero si te fijas en el objetivo que persiguen, en estos momentos es un mercado muy expandido y muy complejo. Pasó de ser un mercado compuesto por 100 personas a uno de 1.100, con muchas más carencias y necesidades. Por eso, debería representar una ganancia tanto para los trabajadores de la información y comunicación americanos como para los chinos.

Por supuesto, debido a la competencia procedente de China, puede que algunos de los trabajadores de la información y la comunicación de EE. UU. tengan que cambiar *horizontalmente* a otros puestos de trabajo de su campo. Pero con un mercado así de grande y complejo, puedes tener la certeza de que aparecerán nuevos puestos de trabajo relacionados con las tecnologías de la información y comunicación, decentemente pagados, para cualquier persona que se recicle para estar siempre a la última. Así pues, no hay que preocuparse ni por nuestros trabajadores de la sociedad de la información y de la comunicación ni por los de China. Tanto unos como otros se las apañarán bien en este mercado más grande.

«¿Cómo que no hay que preocuparse?», preguntarás. «¿Qué hacemos con el hecho de que esos 80 trabajadores chinos especializados estarán dispuestos a trabajar por mucho menos dinero que los 80 trabajadores americanos especializados? ¿Cómo resolvemos esta diferencia?» Esto no va a suceder de un día para otro, por lo que algunos trabajadores americanos de la era de la información y de la comunicación posiblemente se verán afectados durante el proceso de transición. Sin embargo, los efectos no serán permanentes. Según Paul Romer, el nuevo especialista en economía de Stanford, lo que tenemos que entender es que, si hasta ahora los salarios de los trabajadores chinos del ámbito de la información y de la comunicación eran tan bajos, se debía a que, si bien sus aptitudes eran comercializables a escala global igual que las de sus colegas americanos, estaban atrapados en una economía cerrada. ¡Imagina lo poco que cobra en Corea del Norte un experto informático o un neurocirujano dentro de la prisión que es su país! Pero a medida que la economía china se abre al mundo y a las reformas, los salarios de los trabajadores chinos del ámbito de la información y de la comunicación irán subiendo hasta alcanzar los niveles norteamericanos y mundiales. Nuestros salarios no menguarán hasta quedar al nivel de una economía cerrada y amurallada. Se puede ver ya en Bangalore, donde la competencia entre los programadores informáticos indios está impulsando al alza sus salarios, hacia los niveles americanos y europeos, después de languidecer durante los decenios que ha estado cerrada la economía de la India. Ésta es la razón por la que los americanos deberíamos hacer todo lo posible para promocionar más (y más rápidas) reformas en la India y en China.

Por quienes sí hay que preocuparse es por los 20 estadounidenses con baja preparación, que ahora deben competir más directamente con los 920 chinos con baja preparación. Si hasta ahora los 20 trabajadores americanos no cualificados ganaban un sueldo decente, se debía, entre otras razones, a que no eran muchos en comparación con los 80 americanos cualificados. Toda economía necesita de mano de obra no cualificada. Pero ahora que China y EE. UU. han firmado un acuerdo de mercado libre, en este mundo de dos países hay ya 940 trabajadores no cualificados, frente a 160 especializados en tecnologías de la información y la comunicación. Aquellos trabajadores estadounidenses no cualificados que tienen un empleo permutable (un empleo que se puede trasladar fácilmente a China) se verán en apuros. No se puede negar. Sin duda, sus sueldos bajarán. Con el fin de mantener o mejorar su nivel de vida, van a tener que cambiar de trabajo *verticalmente,* no horizontalmente. Tendrán que actualizar su formación y sus destrezas para poder ocupar alguno de los nuevos empleos que sin duda se generarán en el nuevo mercado expandido creado entre EE. UU. y China. (En el capítulo 8 me ocuparé del deber de nuestra sociedad de garantizar que todos los ciudadanos tengan la oportunidad de adquirir dicha preparación.)

Como señala Romer, sabemos por la historia de nuestro país que un aumento del número de trabajadores de la información y la comunicación no conduce necesariamente a una reducción en sus salarios, como sí pasa con los trabajadores no cualificados. Entre la década de los 60 y la de los 80 el número de trabajadores con preparación universitaria registró un incremento espectacular, pese a lo cual sus salarios aumentaron aún más deprisa. Debido a que la tarta creció tanto en tamaño como en complejidad, también lo hicieron las necesidades básicas de la gente, y esto incrementó la demanda de personas capaces de realizar tareas complejas y especializadas.

Romer lo explica, en parte, por el hecho de que «hay una diferencia entre los bienes del plano de las ideas y los bienes tangibles». Si eres un experto del ámbito de la información y la comunicación y tu trabajo consiste en vender determinado producto del plano de las ideas (ya sean servicios de asesoría, servicios financieros, música, aplicaciones informáticas, publicidad, diseño o nuevos medicamentos), cuanto mayor sea el mercado, más gente habrá a la que podrás vender tu producto. Y cuanto más grande sea el mercado, más especialistas y más ámbitos nuevos creará. Si diseñas la siguiente versión Windows o de Viagra, potencialmente podrás vender un ejemplar a cada persona del mundo. Así pues, los trabajadores que se dedican a productos del mundo de las ideas lo tienen bien con la globalización. Afortunadamente, Estados Unidos en conjunto tiene más trabajadores de este tipo que cualquier otro país del mundo.

Pero si lo que vendes es trabajo manual (o un trozo de madera o una plancha de acero), el valor de lo que pones a la venta no se incrementa necesariamente cuando el mercado de expande. Incluso puede reducirse, dice Romer. El número de fábricas que comprarán tu trabajo manual es limitado y hay mucha más gente que vende lo mismo que tú. Lo que el obrero manual pone en venta sólo puede comprarlo una fábrica o un consumidor por vez, explica Romer, mientras que lo que el programador informático o el inventor de medicamentos pone en venta (productos del mundo de las ideas) se puede vender a todos los habitantes del mercado global de golpe.

Por eso a EE. UU., en conjunto, le irá bien en un mundo plano con mercado libre, siempre y cuando siga preparando a trabajadores del sector de las tecnologías que sean capaces de producir bienes del mundo de las ideas que puedan venderse a escala global, y que sean capaces de desempeñar los trabajos que se crearán conforme vayamos no sólo expandiendo la economía global, sino también conectando entre sí todas las reservas de conocimientos del planeta. Puede que el número de buenos empleos en fábricas que hay en el mundo sea limitado, *pero no hay límites para la cantidad de empleos que surgirán del ámbito de las ideas.*

Pasar de un mundo en el que había quince empresas farmacéuticas y quince empresas informáticas en EE. UU. (treinta en total) y dos farmacéuticas y dos informáticas en China (cuatro en total), a un mundo en el que hay treinta empresas farmacéuticas e informáticas en EE. UU. y treinta farmacéuticas e informáticas en China, va a significar que habrá más innovación, más curas, más productos nuevos, más huecos en los que especializarse y mucha más gente con mayores ingresos para comprar dichos productos.

«La tarta no para de crecer porque lo que hoy parecen carencias, mañana son necesidades», decía Marc Andreessen, el cofundador de Netscape, que contribuyó a prender los motores de una industria totalmente nueva, el comercio electrónico, que actualmente da empleo a millones de especialistas en todo el mundo, cuyos puestos de trabajo ni siquiera eran imaginables cuando Bill Clinton fue elegido presidente. De vez en cuando me gusta ir a una cafetería, pero ahora que existe Starbucks, es que *necesito* el café. Esta nueva necesidad ha engendrado toda una industria inexistente antes. Siempre me interesó poder indagar en cualquier tema, pero desde la creación de Google, es que *tengo* que tener un motor de búsqueda. De este modo, en torno a la búsqueda digital se ha fraguado toda una industria nueva, y Google está contratando «a punta pala» a doctorados en matemáticas, antes de que se los quite Yahoo! o Microsoft. La gente siempre da por hecho que todo lo que vaya a inventarse, tiene que haber sido inventado ya. *Pero no todo está inventado.*

«Si crees que las carencias y las necesidades humanas son infinitas —me decía Andreessen—, entonces queda por crearse infinito número de industrias, hay un número infinito de negocios que podrán montarse y un número infinito de puestos de trabajo que podrán crearse, y los límites sólo los marcará la imaginación del ser humano. El mundo se está aplanando y levantando al mismo tiempo. Y yo creo que la demostración es meridiana: si echas un vistazo a la historia, verás que cada vez que aumentaban el mercado y las comunicaciones, experimentábamos un auge en la actividad económica y en los niveles de vida».

Tras la Segunda Guerra Mundial, Estados Unidos integró en la economía global a una Europa y a un Japón rotos. Gracias a ello, tanto Europa como Japón mejoraron año a año sus manufacturas, sus conocimientos y la calidad de sus servicios, muchas veces importando ideas y equipamiento de Estados Unidos y otras robándoselos directamente, igual que había hecho Estados Unidos con Gran Bretaña a finales de la década de los 70 del siglo XVIII. Pero en los sesenta años transcurridos desde el fin de la Segunda Guerra Mundial nuestro nivel de vida se ha incrementado cada década y nuestra tasa de desempleo (pese a todo el revuelo que ha suscitado la tendencia a la subcontratación extranjera) se encuentra hoy un poco por encima del 5 por ciento, aproximadamente la mitad de la tasa de desempleo registrada en la mayoría de los países desarrollados de Europa occidental.

«Nosotros montamos una empresa que generó 180 nuevos puestos de trabajo en plena recesión», me dijo Andreessen, cuya compañía, Opsware, utiliza tecnologías de automatización y aplicaciones informáticas para sustituir a personas de carne y hueso en el manejo y funcionamiento de inmensas *server farms* (redes de servidores) ubicadas en lugares remotos. Al automatizar estas tareas, Opsware consigue que las empresas se ahorren dinero y puedan destinar al desarrollo de nuevas ramas de negocio a expertos que antes tenían destinados a labores relativamente prosaicas. «Sólo deberías temer los mercados libres», añadía Andreessen, «si crees que nunca vas a necesitar nuevos medicamentos, nuevas aplicaciones informáticas de flujo de trabajo, nuevas industrias, formas nuevas de entretenimiento o cafeterías diferentes».

Y concluía diciendo: «Efectivamente, hace falta fe, fundada en elementos de economía, para decir que siempre habrá nuevas cosas que hacer». Pero siempre ha habido nuevos trabajos que desempeñar y no existe ninguna razón de peso para creer que en el futuro las cosas serán de otra manera. Hace siglo y medio, más o menos, el 90 por ciento de los estadounidenses trabajaba en la agricultura y en ámbitos relacionados con ella. Hoy es sólo el 3 o 4 por ciento. ¿Qué hubiera pasado si el gobierno hubiese decidido proteger y subvencionar todos esos puestos de trabajo agrícolas, en lugar de abrazar la industrialización, primero, y la informatización, después? ¿Estados Unidos, en conjunto, estaría mejor hoy? Difícilmente.

Como hemos dicho antes, es cierto que a medida que los indios y los chinos ascienden por la cadena de creación de valor y empiezan a producir cada vez más bienes en los que es esencial el componente informático (el tipo de producto en el que hemos estado especializándonos los americanos), en algunas de estas áreas menguará nuestra ventaja comparativa, como explica Jagdish Bhagwati, el experto en mercado libre de la Universidad de Columbia. En determinados ámbitos los salarios experimentarán una presión a la baja y puede que parte de los puestos de trabajo de dichos ámbitos migren a otros países de manera permanente. Por eso algunos trabajadores de la sociedad de la información y la comunicación se verán obligados a cambiar de trabajo horizontalmente. Pero la creciente tarta creará, sin duda, nuevas especialidades en las que podrán trabajar, imposibles de predecir hoy.

Por ejemplo, hubo un tiempo en que la industria americana de los semiconductores dominaba el mundo. Pero entonces aparecieron empresas de otros países que coparon el extremo inferior del mercado. Algunas hasta llegaron al extremo superior. En este mercado expandido las empresas estadounidenses se vieron obligadas a encontrar especialidades nuevas y más sofisticadas. De no haber sido así, Intel estaría hoy en dique seco, en vez de ir cada vez mejor, como es el caso. Paul Otellini, el presidente de Intel, dijo a *The Economist* (8 de mayo de 2003) que conforme van fabricándose chips eficientes para determinadas aplicaciones, aparecen otras nuevas que exigen chips siempre más potentes y complejos, que son la especialidad de Intel.

Otro ejemplo: en cuanto Google se ponga a ofrecer búsquedas con vídeo, habrá una demanda de dispositivos nuevos y de los chips que los hacen funcionar, inimaginables hace tan sólo cinco años. Es un proceso que tarda su tiempo. Pero se hará, me decía Bhagwati, porque lo que hoy está ocurriendo en el sector servicios es lo mismo que ocurrió en el sector de las manufacturas cuando se redujeron las barreras. En efecto, al expandirse el mercado global y saltar al terreno de juego más participantes, añadió Bhagwati, asistimos a un aumento incesante del «comercio dentro de cada rama industrial, caracterizado por una especialización cada vez mayor». Del mismo modo, al entrar en la economía de la información y la comunicación, estamos asistiendo a un aumento incesante del comercio dentro de cada rama de los servicios, caracterizado por una especialización cada vez mayor.

Que no te extrañe que un día tu hijo o tu hija, terminada su carrera universitaria, te llame por teléfono y te diga que se va a meter a «optimizador de motores de búsqueda».

¿Mande?

En torno a Google, Yahoo! y Microsoft han aparecido una infinidad de empresas dedicadas a ayudar a los minoristas a crear estrategias para mejorar su posición en estos grandes motores de búsqueda y a incrementar el número de visitas a sus páginas web. Si alguien busca en ellos algo como «cámaras de vídeo», puede suponer millones de dólares en beneficios extras si el producto de tu empresa aparece el primero de la lista, porque la gente que visite tu página web es la que, con mayor probabilidad, comprará una de las tuyas. Lo que hacen estos optimizadores de motores de búsqueda (SEO en sus siglas en inglés, como se los denomina en el ramo) es estudiar constantemente los algoritmos que utilizan los principales motores de búsqueda y, basándose en ello, diseñar estrategias de publicidad y estrategias web para colocarte en los mejores puestos de la clasificación. Este negocio entraña una combinación de matemáticas y marketing, es decir, una especialidad totalmente nueva, creada a raíz del aplanamiento del mundo.

Y no lo olvides nunca: *con su competencia, los indios y los chinos no nos están obligando a bajar el listón en cuanto a precios y condiciones laborales, sino todo lo contrario... ¡y eso es bueno!* Lo que ellos quieren son mejores niveles de vida, no fábricas donde se explote a los trabajadores; lo que quieren son productos de marca, no birrias; lo que quieren es cambiar sus motocicletas por automóviles y sus bolis y lápices por ordenadores. Y cuanto más lo quieran, más escalarán y más espacio se generará en los niveles superiores, porque cuanto más tienen, más gastan, más diversificados se vuelven los mercados y más huecos para la especialización se crean también.

Fíjate en lo que está pasando ya: a medida que las empresas estadounidenses mandan a la India trabajos propios de la sociedad de la información y la comunicación, las empresas indias están empezando a utilizar sus ingresos y su perspicacia para inventar productos nuevos que los indios más pobres pueden usar para salir de la pobreza y entrar en la clase media, en la que con toda certeza se convertirán en consumidores de productos estadounidenses. *Business Week* citaba la fábrica de Tata

Motors, cerca de Pune, al sur de Mumbai, «donde un grupo de jóvenes diseñadores, técnicos y vendedores se enfrascan en la creación de diseños y examinan muestras de acero y de plásticos compuestos. Para comienzos del próximo año planean diseñar un prototipo del proyecto más ambicioso de Tata Group hasta la fecha: un coche compacto que se venderá por 2.200 dólares. La empresa espera que el coche se imponga al Maruti de Suzuki, que se vende a 5.000 dólares, como coche más barato de la India y se convierta en un modelo que se exporte al resto del mundo en vías de desarrollo. «Ésta es la necesidad del momento en la India: un coche popular», dice Ratan Tata, presidente del Tata Group, cuyo valor es de 12.500 millones de dólares. Los indios piden cada vez más productos y servicios mejores a un precio asequible. «El fuerte crecimiento económico de este año no hará sino aumentar dicha demanda. La expresión "made in India" puede convertirse en el símbolo de la innovación a bajo coste de la nueva economía global» (11 de octubre de 2004).

Raghuram Rajan, el director de investigación del Fondo Monetario Internacional, forma parte del consejo directivo de una empresa que pone a estudiantes indios a trabajar como tutores de escolares de Singapur. Los primeros, procedentes del Instituto Indio de Tecnología de Madrás, entran en internet y ayudan *online* a escolares de Singapur de enseñanzas medias a hacer los deberes de matemáticas. También ayudan a profesores de esta ciudad a desarrollar planes didácticos, a preparar presentaciones de Power-Point o a usar cualquier otro método animado para enseñar matemáticas. La empresa, llamada Heymath.com, se paga con dinero de los colegios de Singapur. La universidad inglesa de Cambridge forma parte también de esta ecuación, aportando el control general de la calidad y certificando los planes didácticos y los métodos de enseñanza.

«Salen ganando todos», dice Rajan. «La empresa está en manos de dos indios que trabajaron para Citibank y CSFB en Londres y que regresaron a la India para montar este negocio... La Universidad de Cambridge obtiene dinero de una empresa que ha creado un ámbito totalmente nuevo. Los estudiantes indios se ganan un sueldecito para sus gastos. Y los escolares de Singapur aprenden mejor.» Por otra parte, las herramientas informáticas subyacentes las pone Microsoft, seguramente, y los chips los pone Intel, y probablemente los estudiantes indios pueden gastarse ese dinero en comprar ordenadores personales baratos de Apple, Dell o HP. *Pero en realidad tú no puedes ver nada de esto.* «La tarta ha crecido y nadie lo ha visto», dijo Rajan.

Un estudio publicado en enero de 2005 en la revista *McKinsey Quarterly*, titulado «Beyond Cheap Labor: Lessons for Developing Economies»

(«Más allá de la mano de obra barata: lecciones para economías en vías de desarrollo»), ofrece un interesante ejemplo de esta situación: «En la industria textil y de ropa del norte de Italia [...] la mayor parte de la producción de prendas se ha trasladado a localidades que ofrecen costes más bajos, pero el empleo se mantiene estable porque las empresas han invertido más recursos en tareas como el diseño y la coordinación de las redes globales de producción».

Si es tan fácil demonizar los mercados libres (y la libertad de subcontratar y trasladar fábricas allende tus fronteras) es porque los despidos saltan mucho más a la vista que las contrataciones. Pero de tanto en tanto algún periódico intenta ahondar en la cuestión. El de la ciudad donde vivo, el *Star Tribune* de Minneapolis, hizo precisamente eso. Se fijó en cómo estaba afectando el aplanamiento del mundo a la economía de Minnesota y se atrevió a dedicarle un artículo del ejemplar del 5 de septiembre de 2004. Se titulaba «Offshore Jobs Bring Gains at Home» («La deslocalización de puestos de trabajo procura ganancias en casa»). El artículo, fechado en Wuxi (China) empezaba diciendo: «Fuera hace un calor húmedo y el aire está polvoriento, como si uno tuviese un ataque de fiebre tropical. Dentro, en un ambiente seco, inmaculado y fresco, cientos de antiguos trabajadores agrícolas embutidos de los pies a la cabeza en unos trajes que parecen sacados de algún laboratorio de la NASA, realizan su trabajo para la empresa Donaldson Co. Inc, con base en Bloomington. [...] En el caso de Donaldson, la empresa cuenta con el doble de empleados en China (2.500) que en Bloomington (1.100). La operación china no sólo ha permitido a Donaldson seguir fabricando un producto que ya no podía hacer de forma rentable en Estados Unidos, sino que además ha contribuido a impulsar el empleo de la compañía en Minnesota, con un aumento de 400 empleados desde 1990. Los ingenieros, químicos y diseñadores de Donaldson en Minnesota, con sus elevados sueldos, dedican la jornada a diseñar filtros actualizados que la fábrica china utilizará en los ordenadores, en los reproductores de MP3 y en las cámaras digitales de vídeo. La caída en el precio de las disqueteras, posible gracias a la fabricación en China, está animando la demanda de dichos dispositivos. "Si no siguiésemos [la tendencia], nos quedaríamos fuera del negocio", dijo David Timm, administrador general de la unidad de disqueteras y microelectrónica de Donaldson. En Minnesota, Global Insight calcula que 1.854 puestos de trabajo se deben al proceso de subcontratación exterior que se llevó a cabo en 2003. La empresa prevé que en 2008 habrá 6.700 nuevos puestos de trabajo en Minnesota como resultado de esta tendencia».

Los economistas suelen comparar la entrada de China y de la India en la economía global con la época en que las líneas de ferrocarril que cruzaban Estados Unidos conectaron por fin a Nuevo México con California, cuya población era mucho mayor que la de aquel Estado. «Cuando llega el ferrocarril a la ciudad —señalaba Vivek Paul, el presidente de Wipro—, lo primero que percibes es una mayor capacidad. En Nuevo México toda la gente dice que los otros, los californianos, acabarán con todas nuestras fábricas tarde o temprano. En algunas áreas sí pasará, y en algún momento algunas empresas dejarán de funcionar. Pero el capital se reubicará. Al final, todo el mundo se beneficiará en un momento u otro. Por supuesto, hay miedo. Pero es bueno ese miedo, porque estimula la disposición a cambiar, a explorar y a encontrar más cosas que hacer mejor».

Eso ocurrió cuando conectamos Nueva York, Nuevo México y California. Ocurrió también cuando conectamos Europa occidental, Norteamérica y Japón. Y ocurrirá cuando conectemos la India y China con Norteamérica, Europa y Japón. El éxito pasa no por impedir que la vía del tren te conecte con otras personas, sino por reciclar tus aptitudes y por invertir en aquellas prácticas que te permitirán a ti y a tu sociedad reclamar tu porción de esta tarta más grande y más compleja.

6

LOS INTOCABLES

Así pues, si el aplanamiento del mundo es, en gran medida (que no total-mente), imparable y resulta potencialmente tan beneficioso para la socie-dad estadounidense en su conjunto como lo han sido las anteriores evo-luciones del mercado, ¿qué hace el individuo en particular para sacarle el mejor partido? ¿Qué les contamos a nuestros hijos?

No hay más que un único mensaje: tenéis que reciclar constante-mente vuestras aptitudes. Ahí fuera, en el mundo plano, va a haber infi-nidad de buenos puestos de trabajo para aquellas personas que posean los conocimientos y las ideas necesarios para hacerse con ellos.

No pretendo dar a entender que será cosa fácil, porque no lo será. Ahí fuera habrá también un montón de gente tratando de ser mejor que los demás. Nunca fue bueno ser mediocre en tu trabajo, pero en un mun-do con muros todavía podías ganarte la vida decentemente siendo medio-cre. En un mundo plano *de ningún modo* te interesará ser mediocre. No te interesará nada verte en el pellejo de Willy Loman, el protagonista de *Muerte de un viajante*, cuando su hijo Biff desdeña la idea de que la fami-lia Loman es especial al declarar: «¡Pero papá! ¡Yo no soy más que uno del montón, igual que tú!». Un enfurecido Willy replica: «¡Yo no soy del montón! ¡Yo soy Willy Loman. Y tú eres Biff Loman!».

No me gustaría mantener esta conversación con mis hijas, así que el consejo que les doy para este mundo plano es muy breve y muy simple: «Niñas, cuando yo era pequeño mis padres me decían: "Tom, termínate la cena; en China y en la India los niños se mueren de hambre". Mi con-sejo a vosotras es: "Niñas, terminad de hacer los deberes; en China y en la India hay gente que se muere por vuestros puestos de trabajo"».

Aplicándolo a nuestra sociedad en conjunto, para mí la mejor forma de reflexionar sobre la cuestión es pensando que cada cual debería dar con la manera de convertirse en un intocable. Sí, has leído bien. Cuando el mundo se aplana, el sistema de castas se pone patas arriba. Puede que en la India los intocables sean la clase más baja de la sociedad, pero en un mundo plano todos deberíamos desear ser unos intocables. En mi vocabulario, los intocables *son las personas cuyos puestos de trabajo no se pueden subcontratar fuera.*

Entonces, ¿quiénes son los intocables? ¿Y cómo tú o tus hijos se las ingenian para convertirse en intocables? Pues bien, hay cuatro categorías generales de intocables: los trabajadores que son «especiales», los que están «especializados», los que están «anclados» y los que son «verdaderamente adaptables».

Trabajadores especiales serían gente como Michael Jordan, Bill Gates o Barbra Streisand. Cuentan con un mercado global para sus bienes y servicios, y pueden disfrutar de paquetes salariales tamaño planetario. Sus puestos de trabajo no podrán nunca subcontratarse fuera.

Si no puedes ser especial (sólo unos pocos pueden serlo), te interesa ser un trabajador especializado para que tu trabajo no se pueda subcontratar fuera. Esto se aplica a toda clase de asalariados de la era de la comunicación y la información (desde abogados especialistas, contables especialistas, pasando por neurocirujanos, arquitectos informáticos más a la última, ingenieros de programas informáticos y operarios de máquinas herramienta y de robots). Se trata de habilidades que siempre cuentan con una elevada demanda y no son intercambiables. (El adjetivo «intercambiable» es una palabra importante que no habrá que olvidar. Como le gusta decir al director general Nandan Nilekani, en un mundo plano hay «trabajo intercambiable y trabajo no intercambiable». Sería intercambiable aquel trabajo que se puede digitalizar fácilmente y transferirse a lugares donde la mano de obra es más barata. Y no sería intercambiable aquel trabajo que no se puede digitalizar ni sustituir fácilmente. El tiro de Michael Jordan no es intercambiable. La técnica de *bypass* de un cirujano no es intercambiable. El trabajo de un obrero que trabaja en la cadena de montaje de una fábrica de televisores hoy sí es intercambiable. La contabilidad básica y la elaboración de la declaración de la renta son hoy intercambiables.)

Si no puedes ser especial ni puedes especializarte, te interesa estar anclado. Esta categoría se aplica a casi todos los estadounidenses, desde mi peluquero, hasta la camarera que me sirve el almuerzo, pasando por los cocineros, el fontanero, las enfermeras, muchos médicos, muchos abogados, trabajadores del mundo del espectáculo, electricistas y señoras de la limpieza. Sus puestos de trabajo están, simplemente, anclados. Y siempre lo estarán. Porque se tienen que hacer en un lugar específico, implican un contacto directo con el cliente, con el comprador, con el paciente o con el público. Por lo general, estos puestos de trabajo no se pueden informatizar ni intercambiar, y el salario de mercado se establece en función de las condiciones del mercado doméstico. Pero, ojo: incluso en los puestos de trabajo anclados hay también partes que son intercambiables, que pueden deslocalizarse y así se hará (ya sea a la India o al baúl de los recuerdos) en aras de una mayor eficiencia. (En efecto, tal como indica David Rothkopf, lo cierto es que hoy, más que enviarse a la India, cada vez más trabajos se «deslocalizan» al baúl de los recuerdos gracias a las nuevas innovaciones.) Por ejemplo, no te vas a ir a Bangalore para contratar a un especialista en medicina interna o a un abogado matrimonialista, pero puede que algún día el abogado que lleve tu divorcio recurra a un ayudante de Bangalore para encargarle las pesquisas básicas o que redacte los papelotes legales (equivalentes a la vainilla del pastel), o que tu médico de medicina interna recurra a un radiólogo nocturno de Bangalore para que interprete tu radiografía.

Por eso, si no puedes ser especial ni especializarte, no te interesa confiar en que, por creer que tu trabajo está anclado, no lo van a subcontratar fuera. Lo que en realidad te interesa es volverte verdaderamente adaptable. Te interesa adquirir constantemente nuevas habilidades, conocimientos y pericia, con los que puedas crear valor constantemente. Es decir, más que hacer siempre helado de vainilla, te interesa aprender a elaborar el último grito en cremas de chocolate, o la nata montada o las guindas, o incluso aprender a entregarlo a los clientes bailando la danza del vientre, según sea tu campo de acción. Aun cuando las partes que integran tu trabajo se convierten en mercancías y se vuelven intercambiables (o sea, se convierten en la vainilla), las personas adaptables siempre aprenderán a elaborar otros componentes del pastel. Poder adaptarse en un mundo plano, saber cómo «aprender a aprender», será una de las bazas más importantes del trabajador, porque la redistribución laboral se hará más deprisa, porque las innovaciones surgirán más rápidamente.

Atul Vashistha, director general de NeoIT, una consultora de California especializada en ayudar a empresas estadounidenses a llevar a cabo operaciones de *outsourcing*, lo ha captado de maravilla: «El elemento básico [para sobrevivir] reside en lo que sabes hacer y en tu capacidad de adaptación, en tu pericia para potenciar la experiencia y los conocimientos que posees cuando el mundo se aplana. Cuando cambias mucho de trabajo y cuando tu entorno laboral es muy cambiante, lo primordial es saber adaptarse. Los que se están quedando atrás son los que, aun teniendo unas habilidades técnicas muy sólidas, no las han seguido cultivando. Hay que saber adaptarse tanto socialmente como en lo tocante a las habilidades propias».

Cuanto más se amplían los horizontes del conocimiento y de la tecnología, cuanto más complejas son las tareas que pueden realizar las máquinas, mayor será la demanda de personas que tengan una formación especializada o la capacidad para aprender a aprender, y mejores sueldos se les ofrecerá. Y menos generosamente se retribuirá a quienes carezcan de dicha capacidad. Lo que de ningún modo te interesa es tener un puesto de trabajo permutable y ser una persona no muy especial, ni muy especializada, ni muy anclada, ni muy adaptable. Si te encuentras en la franja inferior de la cadena alimentaria laboral, la de los trabajos intercambiables, donde las empresas gozan de incentivos para subcontratar tareas con productores más baratos pero igualmente eficientes, hay unas probabilidades mucho mayores de que tu puesto de trabajo se subcontrate fuera o de que tu salario se vea recortado.

«Si eres programador de páginas web y sigues usando HTML solamente y no has ampliado tu conjunto de destrezas para incluir en él tecnologías más novedosas y creativas, como XML y tecnologías multimedia, el valor que representas para la organización disminuye año tras año», añadió Vashistha. Las nuevas tecnologías incrementan la complejidad pero, a la vez, mejoran los resultados. Mientras el programador se empape de ellas y esté siempre al tanto de lo que buscan sus clientes, será difícil que su puesto de trabajo se subcontrate en otro lugar. «Los avances tecnológicos convierten el trabajo del año pasado en un artículo de consumo —me decía Vashistha—, pero para evitar convertirse él también en un artículo de consumo y, por tanto, para estar a salvo de una potencial deslocalización, el profesional debe reciclar sus habilidades, formarse continuamente y cultivar una cercanía con el cliente para crear nuevas relaciones».

Un amigo mío de la infancia, Bill Greer, es un buen ejemplo de alguien que se enfrentó a este desafío y que acabó encontrando una estrategia personal para superarlo. Greer tiene cuarenta y ocho años y durante veintiséis estuvo ganándose la vida como pintor y diseñador gráfico independiente. Entre finales de los 70 y el año 2000, más o menos, su manera de trabajar y de servir a sus clientes apenas varió.

«Mis clientes, como *The New York Times*, me pedían una obra acabada», me explicó Bill. Así pues, si tenía que diseñar una ilustración para un periódico o para una revista, o proponer un nuevo logotipo para determinado producto, lo que hacía era crear una obra de arte por entero: la dibujaba, la coloreaba, la montaba en una plancha para ilustraciones, la tapaba con papel fino, la metía en un embalaje que tenía dos solapas para abrirlo y lo enviaba por mensajero o por FedEx. A esto lo llamaba «arte de solapa». En el ramo recibía el nombre de «arte listo para cámara», porque había que hacerle una foto, imprimirlo en cuatro capas diferentes de película fotográfica de color (o «separaciones») y prepararlo para su publicación. «Era una obra acabada y tenía cierto toque de joya», me dijo Bill. «Eran auténticas obras de arte y a veces la gente las colgaba en las paredes. De hecho, *The New York Times* organizaba muestras de obras creadas por sus ilustradores para su publicación.»

Sin embargo, en los últimos años «la cosa empezó a cambiar», me dijo Bill. Las publicaciones y las agencias de anuncios se pasaron a la preparación digital, utilizando las nuevas aplicaciones informáticas (a saber: Quark, Photoshop e Illustrator, que los diseñadores englobaban bajo el apelativo de «la trinidad») que hacían tan fácil todo el diseño digital por ordenador. Las academias de diseño formaban a sus alumnos en el uso de estos programas. Y lo cierto es que, tal como me explicó Bill, el diseño gráfico se volvió tan fácil de hacer que se convirtió en un artículo de consumo. O sea, se convirtió en helado de vainilla. «En términos de diseño —me dijo— la tecnología proveyó a todos de las mismas herramientas, de modo que cualquiera podía dibujar líneas rectas y crear unas obras medianamente decentes. Antes tenías que tener buen ojo para ver si la cosa quedaba equilibrada y si llevaba el carácter de imprenta adecuado, pero de repente cualquiera podía sacar una obra aceptable».

Por eso, Greer decidió subir un escalón más de la escalerilla del conocimiento. Como las publicaciones pedían que todas las obras acabadas se presentasen en formato de archivo digital para poder cargarlas en la red, y ya nadie pedía nada con formato de arte de solapa, Greer se transformó en un asesor de ideas. Lo que querían sus clientes, entre los que se cuentan McDonald's y Unilever, era «ideación». Así pues, dejó de usar la pluma y la tinta y se limitó a dibujar a lápiz, escanear el dibujo para pasarlo al ordenador, colorearlo sirviéndose del ratón y enviarlo por correo electrónico al cliente, que encargaba los retoques finales a dibujantes y diseñadores menos diestros que mi amigo.

«Fue algo inconsciente», me comentó. «Tuve que buscar trabajos que no todo el mundo pudiera hacer o que los diseñadores y dibujantes jóvenes no pudiesen realizar con ayuda de la tecnología por mucho menos dinero del que me pagaban a mí. Así que empecé a recibir ofertas en las que la gente me decía: "¿Puedes hacer tú esto y darnos simplemente la gran idea?". Me daban un concepto y lo único que querían eran bocetos, ideas, no la obra acabada. Sigo dibujando, que es la destreza básica, pero únicamente para transmitir una idea. Son bocetos rápidos, no una obra de arte terminada. Y por estas ideas siguen pagándome un buen dinero. Lo cierto es que me ha colocado en un nivel totalmente diferente. Se parece más a lo que hace un asesor que a lo que hace un JAFA ("Just Another Fucking Artist", es decir, "Otro Puto Artista Más"). Hay JAFA a patadas. Yo ahora soy el hombre de las ideas y he dejado aquello atrás. Mis clientes no me compran más que conceptos.» A continuación los JAFA se ocupan de la parte artística dentro de la empresa o bien se subcontrata fuera. «Pueden coger mis bocetos y terminarlos e ilustrarlos usando programas de ordenador, y no queda como si lo hubiera hecho yo, pero no está del todo mal», concluyó Greer.

Pero después ocurrió otra cosa más. Mientras la tecnología seguía progresando y convertía en un artículo de compra y venta la parte menos sofisticada del oficio de Greer, al mismo tiempo abrió un mercado totalmente nuevo en la zona más sofisticada: la de las revistas que eran clientes de Greer. Un día uno de sus clientes habituales contactó con él y le preguntó si sabía hacer *morphs*. Los *morphs* son tiras cómicas en las que un personaje se transforma en otro. Por ejemplo, Martha Stewart aparece en la primera viñeta y llega a la última transformada en Courtney Love. O Drew Barrimore se metamorfosea en Drew Carey. Y Mariah Carey se metamorfosea en Jim Carrey. Y Cher, en Britney Spears. La primera vez que le encargaron aquello, Greer no tenía ni idea de por dónde empezar. Así que se metió en Amazon.com y encontró una aplicación informática específica, la compró, estuvo probándola unos días y elaboró su primer *morph*. Desde entonces, lo ha convertido en una de sus especialidades. El mercado de este tipo de diseño se ha ampliado tanto que ahora se lo piden también las revistas *Maxim*, *More* y *Nickelodeon* (una de hombres, otra de mujeres de mediana edad y una infantil).

Dicho de otro modo, alguien inventó una clase totalmente nueva de crema para acompañar la vainilla y Greer se metió en ello de lleno. Esto es precisamente lo que ocurre en la economía global en conjunto. «Yo contaba con la experiencia necesaria para cogerle el tranquillo [al diseño de *morphs*] bastante deprisa», me contó Greer. «Hoy en día los hago en mi Mac portátil, allí donde esté, ya sea en Santa Bárbara o en Minneapolis o en mi apartamento de Nueva York. A veces los clientes me dan un tema y otras se me ocurre a mí. Antes estos dibujos metamórficos eran de esas cosas realmente sofisticadas que veías en la tele, pero un día alguien puso este programa [informático] a disposición del consumidor y la gente pudo diseñarlos sin ayuda de nadie, y yo los modelé para que las revistas pudiesen utilizarlos. Sencillamente los cuelgo en internet como una serie de archivos JPEG... Los *morphs* han sido un buen negocio para las diferentes revistas. ¡Yo hasta recibo mensajes de fans infantiles!»

Greer jamás había diseñado *morphs* hasta que la tecnología progresó y creó un nuevo hueco de especialización, justo cuando el cambiante mercado al que iba destinada su obra le generó la necesidad de aprender nuevas destrezas. «Ojalá pudiera decir que todo esto fue premeditado», me confesó. «Pero simplemente me puse a disposición del trabajo que pudiera llegar a mis manos y tuve la suerte de que me diesen la oportunidad de hacer todas estas cosas. Conozco a un montón de artistas que desaparecieron del mapa. Uno que antes trabajaba de ilustrador, ahora se dedica a diseñar embalajes; otros han desaparecido del oficio por completo. Una de las mejores diseñadoras que conozco se metió a paisajista. Sigue siendo diseñadora, pero cambió por completo su medio de trabajo. La gente visual es capaz de adaptarse, pero no dejo de angustiarme por lo que pueda venir en el futuro.»

Le dije a Greer que su historia encajaba con algunos de los términos que estaba utilizando en este libro. Él había empezado siendo crema de chocolate (el clásico ilustrador), se había convertido en un artículo de vainilla (el clásico ilustrador de la era informática), había modernizado sus destrezas para volver a convertirse en una crema especial de chocolate (un asesor de diseño) y finalmente había aprendido a transformarse en la guinda del pastel (un artista de diseños metamórficos) al responder eficazmente a una nueva demanda generada por un mercado cada vez más especializado.

Después de meditar unos segundos sobre mi halago, Greer me dijo: «Y resulta que lo único que estaba tratando de hacer era sobrevivir... y sigo en ello». Pero cuando se levantó para marcharse, me contó que iba a ver a un amigo «con el que hago malabares». Llevan ya años haciendo malabares juntos, algo así como un negocio aparte. Lo hacen en alguna esquina o en fiestas privadas. Greer tiene muy buena coordinación manual-visual. «Pero hasta el malabarismo se ha convertido en un artículo básico de consumo», se lamentó. «Antes, si lograbas hacer malabares con cinco pelotas, eras especial de verdad. Ahora hacer malabares con cinco pelotas es tan básico como poner el dinero de la apuesta inicial. Mi colega y yo dábamos juntos el espectáculo. Cuando lo conocí, él era el rey de los malabares con siete pelotas. Ahora los chavales de catorce años pueden hacerlo sin ningún problema. Ahora hay todos esos libros, como *Malabares para tontos*, y equipos con los que puedes aprender a hacer malabares. Con lo que el listón ha subido un montón.»

Como marchan los malabares, marcha el mundo entero.

Éstas son nuestras opciones reales: intentar levantar muros protectores o continuar adelante confiando en que la sociedad estadounidense sigue teniendo el material adecuado, incluso para un mundo plano. Yo me decanto por seguir adelante. Mientras no dejemos de ocuparnos del secreto de nuestra receta para el pastel, nos irá bien. Son muchos los elementos del sistema americano que están idealmente pensados para alimentar a aquéllos que sean capaces de competir y de medrar en un mundo plano.

¿Ah, sí? Sí. Empezando por las universidades de investigación estadounidenses, de las que mana un caudal incesante de experimentos competitivos, innovaciones y avances científicos en todos los ámbitos, desde las matemáticas hasta la biología, la física o la química. Será una perogrullada, pero cuanto más formación tienes, más posibilidades encontrarás en el mundo plano. «Nuestro sistema universitario es el mejor», dijo Bill Gates. «Financiamos nuestras universidades para que lleven a cabo muchos proyectos de investigación y eso es algo asombroso. Viene gente de fuera con un elevado coeficiente intelectual y nosotros les dejamos que innoven y conviertan [sus innovaciones] en productos. Recompensamos a los que se arriesgan. Nuestro sistema universitario es competitivo y experimental. Pueden probar enfoques diferentes. Hay un centenar de universidades que están haciendo aportaciones a la robótica. Y cada una de ellas dice que las demás se están equivocando de plano, o que su pieza encaja perfectamente con la de los otros. Es un sistema caótico, pero es una maquinaria magnífica para la innovación en el mundo, y con el dinero de los impuestos federales, más algo de filantropía como remate, [el sistema seguirá dando muchos frutos]... Realmente tendríamos que fastidiar mucho las cosas para que no se incrementase nuestra riqueza en términos absolutos. Si somos listos, podemos incrementarla más deprisa abriendo los brazos a todo esto.»

El navegador de la red, la representación óptica por resonancia magnética (MRI en sus siglas en inglés), los ordenadores superrápidos, la tecnología de ubicación global, los dispositivos de exploración espacial y la fibra óptica no son más que algunos de los muchos inventos que salieron de proyectos universitarios básicos de investigación. El Departamento de Economía de BankBoston llevó a cabo un estudio titulado «MIT: The Impact of Innovation». Una de sus conclusiones era que los profesionales con titulación del Massachusetts Institute of Technology han creado 4.000 empresas, proporcionando al menos 1,1 millones de puestos de trabajo en el mundo entero y generando ventas por valor de 232.000 millones de dólares.

Lo que hace único a Estados Unidos no es el hecho de que haya creado el MIT o de que sus titulados estén generando crecimiento económico e innovación, sino el hecho de que en todos los estados del país hay universidades que están tratando de hacer lo mismo. «Estados Unidos cuenta con 4.000 escuelas superiores y universidades», me dijo Allan E. Goodman, presidente del Institute of International Education. «En el resto del mundo hay, en total, 7.768 instituciones de enseñanza superior. Sólo en el Estado de California hay aproximadamente 130 escuelas superiores y centros universitarios. En el mundo sólo hay 14 países que superan esa cantidad.»

Fíjate en un Estado en el que normalmente no pensarías cuando se habla de este asunto: Oklahoma. Cuenta con su propio Oklahoma Center for the Advancement of Science and Technology (OCAST), el cual describe así su misión en su página web: «Con el fin de competir de manera efectiva en la nueva economía, Oklahoma debe seguir desarrollando una población con formación superior, una investigación universitaria y una base tecnológica que se caractericen por su espíritu de colaboración y por perseguir unos objetivos definidos, y un entorno fértil para las empresas más vanguardistas, desde las pequeñas de nueva creación a las más grandes compañías internacionales [...]. [OCAST] promueve centros de tecnología coordinados entre la universidad y el mundo empresarial, que llegan a abarcar varias escuelas y empresas, con lo que dan lugar a nuevos negocios, a la fabricación de productos nuevos y al empleo de nuevas tecnologías de fabricación». No es de extrañar que en 2003 las universidades estadounidenses cosecharan 1.300 millones de dólares por sus patentes, según la Association of University Technology Managers.

Unido a la incomparable maquinaria de EE. UU. para la generación de innovación (universidades, laboratorios de investigación públicos y privados y empresas minoristas), disponemos de los mercados de capitales mejor regulados y más eficientes del mundo a la hora de acoger nuevas ideas y transformarlas en productos y servicios. Dick Foster, director de McKinsey & Co. y autor de dos libros sobre innovación, me comentó: «En Estados Unidos tenemos una "política industrial". Se llama Bolsa de valores. Da igual que sea la Bolsa de Nueva York o el Nasdaq». Es allí donde se recoge el capital riesgo y se destina a las ideas emergentes o a las empresas en crecimiento, me dijo Foster, y ningún mercado de capitales del mundo lo hace mejor y con mayor eficiencia que el estadounidense.

Lo que hace que la provisión de capital funcione tan bien aquí es la seguridad y la regulación de nuestros mercados de capitales, que brindan protección a los accionistas minoritarios. Vaya usted a saber, en nuestros mercados de capitales hay chanchullos, excesos y corrupción. Es algo que pasa siempre cuando hay en juego mucho dinero. Lo que diferencia a nuestros mercados de capitales no es que no haya Enrons en EE. UU., porque sin duda los hay. El rasgo distintivo es que cuando suceden casos así, normalmente salen a la luz, ya sea por acción de la Securities and Exchange Commision (comisión del mercado de valores) o de la prensa especializada, y se corrigen. Lo que hace único a Estados Unidos no es el caso Enron, sino Eliot Spitzer, el fiscal general del Estado de Nueva York, que ha luchado con empeño por sanear la industria de valores y los consejos de administración de las grandes empresas. Este tipo de mercado de capitales ha demostrado ser tremendamente difícil de copiar fuera de Nueva York, Londres, Franfurt y Tokio. Dice Foster: «China, la India y otros países asiáticos no triunfarán en el ámbito de las innovaciones hasta que cuenten con mercados de capitales que funcionen, y sus mercados de capitales no funcionarán hasta que impere la ley de protección a los intereses de las minorías en situaciones de riesgo... En Estados Unidos somos los afortunados beneficiarios de siglos de experimentación económica. Nosotros somos el experimento que ha funcionado».

Si bien éstos son los secretos centrales de la receta americana, hay otros que deben conservarse y nutrirse. A veces, para apreciarlos, tienes que hablar con personas de fuera, como Vivek Paul, de Wipro, natural de la India. «Yo añadiría tres más a tu lista», me dijo. «Uno sería la mentalidad genuinamente abierta de la sociedad estadounidense.» A menudo los norteamericanos nos olvidamos de lo increíblemente abierta que es nuestra sociedad, en la que puedes decir lo que sea, hacer lo que sea, emprender lo que sea, entrar en bancarrota y volver a empezar de nuevo. No hay ningún lugar en el mundo que se le parezca y nuestra apertura es una baza y un atractivo que son importantísimos para los extranjeros, muchos de los cuales vienen de países en los que el límite no es el cielo precisamente.

Otro sería, añadió Paul, la «calidad de la protección americana a la propiedad intelectual», que realza y alienta aún más a la gente a buscar ideas novedosas. En el mundo plano existe un incentivo enorme para el desarrollo de nuevos productos y procesos, ya que éstos pueden alcanzar una escala global en un abrir y cerrar de ojos. Pero si tú eres el creador de una idea novedosa, querrás que alguien proteja tu propiedad intelectual. «Ningún país respeta y protege la propiedad intelectual tan bien como Estados Unidos», me decía Paul. Y, como consecuencia, muchos innovadores quieren venir aquí a trabajar y a depositar su propiedad intelectual.

Además, Estados Unidos posee las leyes laborales más flexibles del mundo. Cuanto más fácil es despedir a alguien en una industria mori-

bunda, más fácil resulta contratar a esa persona en una industria floreciente de la que nadie tenía noticia cinco años antes. Se trata de una baza
muy importante, sobre todo si comparamos la situación de EE. UU. con
mercados laborales inflexibles y rígidamente regulados, como el de Alemania, plagado de restricciones gubernamentales a la contratación y al
despido. La flexibilidad para movilizar mano de obra y capital rápidamente allí donde se encuentre la oportunidad mayor, y la capacidad para
volver a movilizarlo rápidamente si el despliegue anterior deja de ser rentable, son dos rasgos fundamentales cuando se vive en un mundo plano.

Aun así, otro de los secretos de la receta americana es el hecho de
contar con el mercado de consumo doméstico más grande del mundo, en
el que se encuentra la mayoría de los primeros consumidores de cualquier novedad, lo cual implica que si estás introduciendo un producto, una
tecnología o un servicio nuevos, tienes que tener presencia en Estados
Unidos. Todo esto significa un flujo incesante de puestos de trabajo para
los americanos.

Por otra parte, tenemos también el apenas cuestionado atributo americano de la estabilidad política. De acuerdo, China ha rodado bien en
los últimos veinticinco años y puede que lleve a cabo la transición del
comunismo a un sistema más plural sin que se le salgan las ruedas. Pero
también es posible que no sea así. ¿Quién querría poner en esa cesta
todos sus huevos?

Por último, Estados Unidos se ha convertido en uno de los lugares
de encuentro más importantes del mundo, en un lugar en el que montones de personas diferentes crean vínculos y aprenden a confiar las unas
en las otras. Un estudiante indio que se haya formado en la Universidad
de Oklahoma y que después consigue su primer empleo en una empresa
de informática de Oklahoma City traba unos vínculos de confianza y de
comprensión que son realmente importantes para la colaboración futura,
aunque acabe volviendo a la India. Nada ilustra mejor esta idea que la
subcontratación de proyectos de investigación de la Universidad de Yale
en China. El rector de esta universidad, Richard C. Levin, me explicó
que Yale tiene dos grandes proyectos de investigación en China en estos
momentos: uno en la Universidad de Pekín y el otro en la de Fudan (en
Shanghai). «La mayor parte de estas colaboraciones institucionales no
surgen de directivas elaboradas desde arriba por los administradores de
los centros, sino más bien de las relaciones personales existentes desde hace
ya tiempo entre los alumnos y los científicos.»

¿Cómo surgió la colaboración entre la Universidad de Yale y la de
Fudan? Para empezar, me dijo Levin, el catedrático de Yale Tian Xu, direc-

tor del proyecto de colaboración, tenía hondos vínculos con ambas instituciones. Cursó sus estudios de licenciatura en Fudan y se doctoró por Yale. «Cinco de los colaboradores del profesor Xu, que hoy son catedráticos en Fudan, también se formaron en Yale», me explicó Levin. Uno era amigo del profesor Xu de los tiempos en que ambos estudiaban el doctorado en Yale; otro era un estudiante visitante del laboratorio de un compañero de Yale; otro era un estudiante de intercambio que fue de Fudan a Yale y volvió a China para doctorarse; y los otros dos eran doctorados del laboratorio del profesor Xu en Yale. Algo similar encontramos en la formación del Centro Conjunto de Pekín y Yale de Genética Molecular de Plantas y Agrobiotecnología.

El profesor Xu es un destacado experto en genética y ha estado becado por los National Institutes of Health y por la Fundación Howard Hughes para estudiar la relación entre la genética y el cáncer y ciertas enfermedades neurodegenerativas. Este tipo de investigación requiere estudiar grandes cantidades de mutaciones genéticas en animales de laboratorio. «Cuando quieres examinar muchos genes o seguir la pista a un gen determinado que puede ser el responsable de ciertas enfermedades, tienes que llevar a cabo muchas pruebas. Contar con un personal más numeroso supone una ventaja enorme», me explicó Levin. Así pues, lo que hizo Yale fue, en esencia, subcontratar con Fudan los trabajos de laboratorio, creando el Centro de Investigaciones Biomédicas Fudan-Yale. Cada universidad paga a su personal y sus trabajos de investigación, de modo que no hay ningún movimiento de dinero entre unos y otros. Pero la parte china realiza el trabajo técnico básico utilizando un mayor número de técnicos y de animales de laboratorio, que cuestan mucho menos en China, mientras que Yale se ocupa de los análisis más sofisticados de los datos recabados. El personal, los estudiantes y los técnicos de Fudan entran así en mayor contacto con una investigación de alto nivel, y Yale consigue a cambio unas instalaciones de grandes dimensiones en las que llevar a cabo las pruebas necesarias, algo que habría resultado prohibitivo si Yale hubiese intentado reproducirlas en New Haven. En Estados Unidos un laboratorio de apoyo para un proyecto como éste podría estar integrado por 30 técnicos, mientras que en Fudan tiene 150.

«En gran medida, ambas partes se benefician», me dijo Levin. «Nuestros investigadores consiguen incrementar sustancialmente la productividad, los chinos consiguen formación para sus estudiantes de licenciatura y su profesorado más joven se convierte en colaborador del nuestro, que es líder en su campo. Todo esto crea capital humano para China e innovación para Yale.» Los estudiantes de licenciatura de ambas universidades viajan al centro homólogo, entablando así relaciones que sin duda generarán más colaboración en el futuro. Por otra parte, añadió Levin, este proyecto de colaboración requirió muchos preparativos de índole legal, para cerciorarse de que Yale podría recoger después la propiedad intelectual que se está creando.

«Ahí fuera hay un mundo dedicado a la ciencia», me dijo Levin. «Y esta clase de división internacional del trabajo tiene mucho sentido. Yale, me dijo, también hizo hincapié en que las condiciones laborales de los laboratorios chinos fuesen de primera categoría. De este modo, además han contribuido a mejorar la calidad de las instalaciones chinas. «Las condiciones de vida de los animales de laboratorio están al nivel de las de EE. UU.», señaló Levin. «No estamos hablando de talleres de explotación de obreros.»

Todas las normas económicas nos están diciendo que si ponemos en comunicación todas las reservas de conocimientos del mundo y promocionamos un intercambio y una integración cada vez mayores, la tarta global se ensanchará y ganará en complejidad. Y si EE. UU. o cualquier otro país alimenta una población activa cada vez más integrada por hombres y mujeres especiales, especializados o en constante adaptación a empleos de mayor valor añadido, se hará con su tajada de esa tarta creciente. Pero tendremos que trabajar para conseguirlo. Porque si se mantienen las tendencias actuales, países como la India o China o regiones enteras de Europa oriental sin duda estrecharán la distancia que los separa de EE. UU., como ya hicieron Corea, Japón y Taiwan durante la Guerra Fría. Irán poniendo el listón cada vez más alto.

Así pues, ¿estamos aún trabajando en ello? ¿Estamos ocupándonos de los secretos de nuestra receta? Estados Unidos sigue ofreciendo una imagen fantástica visto sobre el papel, sobre todo si lo miramos en retrospectiva o si se compara sólo con la India y la China de hoy, pero no con las de mañana. Aun así, ¿de verdad nos hemos dedicado a invertir en nuestro futuro y a preparar a nuestros hijos como es debido para la carrera que nos aguarda? Para conocer la respuesta, véase el siguiente capítulo. Pero te daré una pista rápida:

La respuesta es no.

7

LA CRISIS SILENCIOSA

En las últimas convocatorias olímpicas ha sido raro ver a
EE. UU. en finales, pero todo indica que los estadounidenses van
a tener que acostumbrarse a ello.

*Extraído de un artículo de AP («U.S. Men's Basketball
Team Narrowly Beats Greece») publicado el 17 de agosto de
2004 en torno a los JJ. OO. de Atenas.*

No podrías encontrar mejor metáfora de la capacidad actual del mundo
para competir de tú a tú con Estados Unidos (y con más eficacia que
nunca) que los sudores y lágrimas de nuestro equipo olímpico de baloncesto en 2004. Integrado por astros de la NBA, el equipo consiguió, tras
mucho esfuerzo, una medalla de bronce después de haber perdido frente
a Puerto Rico, Lituania y Argentina. Hasta entonces en toda la historia
de las Olimpiadas modernas el equipo olímpico de baloncesto de Estados Unidos sólo había perdido un partido. ¿Te acuerdas de cuando Estados
Unidos sólo mandaba a figuras de la NCAA a los torneos olímpicos de
baloncesto? Durante mucho tiempo esos equipos dominaron por completo
frente al resto de contrincantes. Pero hubo un momento en que empezaron a no tenerlas todas consigo, así que mandamos a jugadores profesionales. Pero también éstos empezaron a verse en aprietos. Porque el mundo sigue aprendiendo, porque la divulgación del conocimiento se produce
más deprisa. Hoy los entrenadores de otros países se descargan de internet los métodos de entrenamiento norteamericanos y contemplan los partidos de la NBA en el salón de casa, gracias a la televisión por cable.
Muchos hasta pueden conseguir el canal deportivo ESPN y ver las repeticiones de las jugadas más interesantes. Y gracias a la triple convergencia, a las canchas de la NBA está llegando un montón de talento en bruto de todo el mundo, jugadores procedentes de China, de Latinoamérica

y de Europa oriental, entre otros lugares, que después se marchan a jugar en las Olimpiadas con sus respectivas selecciones nacionales, aplicando las habilidades que han aprendido en Estados Unidos. Así pues, la superioridad automática estadounidense de hace veinte años ha desaparecido hoy en el baloncesto olímpico. Cada vez más, el nivel de la NBA se está convirtiendo en un artículo básico del mundo globalizado (es decir, en mera vainilla). Si Estados Unidos pretende seguir dominando el baloncesto olímpico, tenemos que sumar tantos, por decirlo con una elocuente expresión del ámbito deportivo. El viejo modelo ha quedado obsoleto. Como me comentó Joel Cawley, de IBM, «si comparamos las estrellas, los equipos de baloncesto de países como Lituania o Puerto Rico siguen teniendo las de perder frente a los americanos, pero si nos fijamos en el juego de equipo, en el que ellos *colaboran* mejor que nosotros, lo cierto es que nos hacen una competencia durísima».

Cuando el experto deportivo John Feinstein escribió en un análisis dedicado al baloncesto olímpico, publicado el 26 de agosto de 2004 en AOL, que el rendimiento del equipo estadounidense de baloncesto es una consecuencia del «auge del jugador internacional» y del «hundimiento y la caída del juego estadounidense», podría haber estado refiriéndose tanto a nuestra pericia baloncestística como a nuestra pericia en el terreno de la ingeniería. Y el hundimiento y la caída del juego estadounidense es, a su vez, según Feinstein, consecuencia de dos tendencias a largo plazo. La primera es el empeoramiento constante «de las habilidades baloncestísticas»: a los chavales estadounidenses sólo les interesa meter tiros libres o hacer mates (o sea, el tipo de jugada que el programa *SportsCenter* de ESPN destaca en sus repeticiones de jugadas más interesantes), en vez de aprender a hacer pases certeros o a meterse en zona y tirar a canasta o a abrirse paso habilidosamente entre las torres humanas para llegar al aro. Para aprender esta clase de destrezas, tanto el jugador como el entrenador tienen que emplearse a fondo. Hoy, según decía Feinstein, lo que tenemos es una generación de americanos que se apoya casi totalmente en el atletismo y casi nada en las habilidades propias del baloncesto. Además, tenemos el problemilla ese tan feo de la ambición. Mientras el resto del mundo mejoraba en baloncesto, «cada vez eran más los jugadores de la NBA que se tomaban con desdén la idea de ir a jugar a unas Olimpiadas», señalaba Feinstein. «Las cosas han cambiado mucho desde 1984, cuando Bob Knight le dijo a Charles Barkley que si no se presentaba en la segunda concentración para los JJ. OO. pesando 120 kilos, se iría a la calle. Barkley llegó con 127 kilos de peso. Y Knight le expulsó ese mismo día. En el mundo de hoy, de entrada el entrenador olímpico no habría comprobado el peso de Barkley. Al contrario, le habría enviado una limusina para recogerlo en el aeropuerto y habría parado en un Dunkin' Donuts de camino al hotel si el jugador así lo pedía... El mundo cambia. Y en el caso del baloncesto estadounidense, no ha cambiado precisamente para mejor.»

En el Estados Unidos de después de la Segunda Guerra Mundial hay algo que me recuerda a la tercera generación de la clásica familia adinerada, que se dedica a despilfarrar su fortuna. Los miembros de la primera generación están metidos hasta las cejas en todo lo que sea innovar y la segunda generación consolida los resultados, pero entonces llegan los retoños de ésta, que se ponen gordos, son torpes y perezosos y van poco a poco derrochando la fortuna. Sé que lo que acabo de decir es excesivamente duro y también una burda generalización. No obstante, hay algo de verdad en ello. La sociedad estadounidense empezó a embalarse en los años 90, coincidiendo con el momento en que nuestra tercera generación de posguerra alcanzaba la mayoría de edad. El *boom* de las puntocom dejó a mucha gente con la sensación de que se podían hacer ricos sin necesidad de trabajar duro, que sólo había que tener un máster y salir a Bolsa lo antes posible (o conseguir fichar con la NBA) para echarte a dormir en los laureles para el resto de tu vida. Pero mientras nosotros admirábamos el mundo plano que habíamos creado, en la India, en China y en Europa oriental un montón de gente se dedicaba a averiguar cómo sacarle el mejor partido. Por suerte para nosotros, fuimos la única economía que quedó en pie después de la Segunda Guerra Mundial y durante cuarenta años no tuvimos serios competidores. Esto nos procuró un empuje tremendo, pero también una poderosa sensación de complacencia y de que las cosas nos correspondían por derecho propio, por no hablar de cierta tendencia de los últimos años a encomiar el consumo frente al trabajo duro, a la inversión y a pensar a largo plazo. Cuando recibimos el mazazo del 11-S, tuvimos una de esas oportunidades que sólo se presentan una vez en la vida de hacer un llamamiento nacional al sacrificio, de atajar algunos de nuestros déficits fiscales, energéticos, científicos y educativos, es decir, en todos los ámbitos que habíamos dejado que patinasen sin control. Pero nuestro presidente, en lugar de exhortarnos al sacrificio, nos exhortó a salir de compras.

En los capítulos anteriores he puesto de manifiesto por qué la teoría económica clásica y las fuerzas inherentes a la economía estadounidense me han convencido de que los americanos no tenemos nada que temer de un mundo plano, siempre y cuando nos remanguemos, nos dispongamos a competir, reflexionemos cada uno de nosotros sobre la manera de actualizar y reciclar nuestras habilidades aprendidas y sigamos indagando en los secretos de la receta americana del pastel. Hasta aquí, todos los capítulos versaban sobre lo que debemos y podemos hacer.

En el presente capítulo expongo en qué aspectos los americanos, tanto individual como colectivamente, no han estado haciendo nada de lo que deberían haber hecho, y qué nos toparemos por el camino si no cambiamos de rumbo.

La verdad es que hoy en día estamos inmersos en una crisis. Sin embargo, se trata de una crisis que se está desplegando muy lentamente y muy silenciosamente. Es una «crisis silenciosa», como explicó Shirley Ann Jackson, nombrada presidenta en 2004 de la Asociación Estadounidense para el Avance de la Ciencia y presidenta del Instituto Politécnico de Rensselaer desde 1999. (Rensselaer es la escuela superior tecnológica más antigua de EE. UU., fundada en 1824.) Y esta crisis silenciosa implica la incesante erosión de la base científica e ingeniera de EE. UU., que ha sido desde siempre el origen de la innovación y de nuestro elevado nivel de vida.

«No se nos está cayendo el cielo encima ni hoy va a ocurrir nada espantoso», dijo Jackson, física de formación, que elige cuidadosamente sus palabras. «Estados Unidos seguirá siendo el motor que tire de la innovación en el mundo. Cuenta con los mejores planes de estudios universitarios, con la mejor infraestructura científica y con los mercados de capitales necesarios para explotarla. Pero en la ciencia y en la tecnología estadounidense se está produciendo una crisis silenciosa ante la que debemos reaccionar. Hoy Estados Unidos está inmerso en un entorno verdaderamente global, y los países competidores no sólo tienen puestos los cinco sentidos, sino que están corriendo una maratón, mientras nosotros nos dedicamos a correr *sprints*. Si se deja sin control, esta situación podría poner en juego nuestra preeminencia y nuestra capacidad para innovar.» Nuestra capacidad para innovar constantemente y generar nuevos productos, servicios y empresas ha sido el origen del cuerno de la abundancia de Estados Unidos, así como de la clase media americana, que no ha cesado de crecer a ritmo constante a lo largo de los dos últimos siglos. Fueron innovadores americanos quienes iniciaron Google, Intel, HP, Dell, Microsoft y Cisco. Por otra parte, el lugar en el que tiene lugar la innovación cuenta también. El hecho de que todas estas empresas tenga su sede central en Estados Unidos quiere decir que la mayoría de los puestos de trabajo mejor remunerados se encuentran aquí, por mucho que dichas empresas subcontraten fuera y trasladen a otros países parte de sus funciones. Los ejecutivos, los directores de departamento, los equipos de ventas y los altos mandos de la investigación se ubican todos ellos en las ciudades en las que tuvo lugar la innovación. Y sus puestos de trabajo generan a su vez más puestos de trabajo. Por mucho que mengüe la reserva de jóvenes capacitados para innovar, nuestro nivel de vida no menguará de la noche a la mañana. Sólo se notará pasados quince o veinte años, cuando descubramos que estamos padeciendo una escasez crítica de científicos e ingenieros capaces de llevar a cabo proyectos de innovación o meramente tareas tecnológicas de elevado valor añadido. En ese momento la crisis habrá dejado de ser una crisis silenciosa, dijo Jackson, y «se convertirá en una crisis en toda regla».

Shirley Ann Jackson sabe de qué habla porque su trayectoria es un ejemplo tan válido como cualquier otro de por qué en los últimos cincuenta años EE. UU. ha prosperado tanto y por qué no va a suceder lo mismo de forma automática en los próximos cincuenta. Jackson, afroamericana y nacida en Washington, D. C., en 1946, empezó la guardería en un colegio público que practicaba la segregación racial, pero fue una de las primeras estudiantes de la enseñanza pública que pudo disfrutar de la abolición de dicho sistema, como consecuencia del fallo de la Corte Suprema en el caso Brown vs. Consejo de Educación. En 1957, justo cuando tuvo la posibilidad de ir a un colegio mejor, los rusos lanzaron el Sputnik y el gobierno estadounidense se obsesionó con formar a los más jóvenes para convertirlos en científicos e ingenieros, una moda intensificada a raíz del compromiso de John F. Kennedy de llevar a cabo un programa de tripulación espacial. Cuando Kennedy habló de mandar al hombre a la Luna, Shirley Ann Jackson fue una de los millones de jóvenes estadounidenses que estaban escuchándole. Sus palabras, recordaba Jackson, «inspiraron, ayudaron e impulsaron a mucha gente de mi generación a estudiar ciencia, ingeniería y matemáticas», y los avances e inventos que engendraron fueron mucho más allá del programa espacial. «La carrera del espacio fue, en realidad, una carrera de la ciencia», me dijo.

Gracias, en parte, a la abolición de la segregación racial, tanto la inspiración como la inteligencia de Jackson recibieron atención desde muy pronto y llegó a convertirse en la primera mujer afroamericana en doctorarse en física por el MIT (titulándose en física teórica de partículas elementales). A partir de entonces pasaría muchos años trabajando en los Laboratorios Bell de AT&T y en 1995 fue nombrada por el presidente Clinton para ocupar la presidencia de la Comisión de Regulación Nuclear de EE. UU.

Sin embargo, con el paso de los años Jackson empezó a percibir cómo iba disminuyendo el número de jóvenes estadounidenses que se mostraban fascinados con desafíos de relevancia nacional, tales como la carrera por llegar a la Luna, o que sentían la fuerza de atracción de las matemáticas, la ciencia y la ingeniería. Se fijó en que el número de matriculados en licenciaturas de ciencia e ingeniería, que había ido en aumento desde hacía décadas, tocó fondo en 1993 y, pese a haberse recuperado un poco en los últimos tiempos, sigue hoy por debajo de los niveles de hace diez años. Es decir, las promociones de titulados en ciencia e ingeniería que siguieron a la de Jackson han sido cada vez más pequeñas en comparación con nuestras necesidades. Cuando Jackson aceptó el cargo de presidenta del Politécnico de Rensselaer para dedicarse en cuerpo y alma a fortalecer las reservas de científicos e ingenieros estadounidenses, se dio cuenta, me dijo, de que se avecinaba una «tempestad perfecta» (tempestad que suponía un verdadero peligro a largo plazo para la salud económica de EE. UU.), así que empezó a hablar del asunto en cuanto se le presentaba la ocasión.

«La expresión "tempestad perfecta" se asocia con el fenómeno meteorológico que tuvo lugar en 1991», contó Jackson en un discurso que ofreció en mayo de 2004. Aquel año «un potente frente atmosférico fue ganando fuerza a medida que se desplazaba con toda su furia por el Océano Atlántico, en el transcurso de varios días, y provocó la muerte de buen número de pescadores con base en Massachusetts, así como pérdidas por valor de miles de millones de dólares. El fenómeno dio lugar a un libro y, posteriormente, a una película. Los meteorólogos que estudiaron el fenómeno destacaron […] la increíble confluencia de elementos […] en la que gran cantidad de factores convergieron para producir un fenómeno de magnitudes devastadoras. En lo relativo a nuestra capacidad nacional científica y tecnológica, una situación similar de coincidencia de las condiciones más negativas podría suponer un freno al avance de dicha capacidad. Las fuerzas en activo son múltiples y complejas: demográficas, políticas, económicas, culturales e incluso sociales». Tomadas individualmente, cada una de estas fuerzas sería problemática, añadió Jackson. Pero combinadas podrían resultar devastadoras. «Por primera vez en más de un siglo Estados Unidos podría perfectamente encontrarse a la zaga de otros países en cuanto a capacidad para realizar descubrimientos científicos, innovar e impulsar el desarrollo económico.»

Para evitar que nos pille semejante tempestad, es imprescindible reconocer la confluencia de factores y cambiar de rumbo, por mucho que en estos instantes el cielo esté azul, los vientos sean suaves y el agua parezca en calma. Sin embargo, esto no es lo que se ha estado haciendo en EE. UU. en los últimos años. Vamos navegando alegremente, de cabeza a la tempestad, y tanto nuestros políticos como nuestros padres se empeñan en decir que en estos momentos no hace falta realizar cambios ni sacrificios drásticos. Al fin y al cabo, no hay más que ver —dicen ellos— lo tranquilo y soleado que está todo ahí fuera. En el presupuesto para el ejercicio 2005 aprobado por el Congreso (con mayoría republicana) en noviembre de 2004, el presupuesto para la Fundación Nacional de Ciencia (NSF en sus siglas en inglés), que es el órgano federal más responsable del fomento de la investigación y de la financiación de más y mejores programas de enseñanza científica, se redujo en un 1,9 por ciento, es decir, en 105 millones de dólares. La historia demostrará que cuando EE. UU. debía haber estado duplicando los fondos de la NSF, su Congreso aprobó un presupuesto sin sentido, con el fin velado de asegurarse votos en el futuro y que, en realidad, recortaba las subvenciones a la ciencia y a la ingeniería.

No te dejes engañar por la calma chicha. Justo ése es el momento en que hay que cambiar de rumbo, no cuando el tifón está a punto de engullirte. No hay tiempo que perder, debemos solucionar cuanto antes los puntos flacos de nuestro sistema educativo, de los que nadie habla.

Punto flaco i: la desventaja numérica

Durante la Guerra Fría uno de los principales motivos de preocupación de EE. UU. era la supuesta ventaja que nos sacaba la Unión Soviética en número de misiles. La mejor manera de describir esa perfecta tempestad sobre la que nos advierte Shirley Ann Jackson sería como la confluencia de tres nuevas desventajas que se están manifestando poco a poco y socavando la excelencia estadounidense en ciencias, matemáticas e ingeniería. Se trata de la desventaja en los números, la desventaja en ambición y la desventaja en el nivel de formación. En la Era del Planismo, estas tres desventajas suponen la mayor amenaza para nuestro nivel de vida.

El punto flaco número uno es el hecho de que los científicos e ingenieros de la generación que se sintió espoleada a estudiar ciencia a raíz de la amenaza del Sputnik en 1957 y de la inspiración de JFK están hoy alcanzando la edad de jubilación y no se los está reemplazando en la cantidad necesaria si se pretende que una economía avanzada como la estadounidense se mantenga a la cabeza del pelotón. Según la National Science Foundation, la mitad de los científicos e ingenieros estadounidenses tiene hoy cuarenta años o más, y la media va subiendo a ritmo constante.

Pongamos un ejemplo, el de la NASA. Un estudio de las estadísticas de la NASA realizado por el periódico *Florida Today* (7 de marzo de 2004), que cubre el Centro Espacial Kennedy, demostraba lo siguiente: casi el 40 por ciento de los 18.146 trabajadores de la NASA tienen cincuenta años o más. Aquellos que llevan veinte años al servicio del gobierno reúnen los requisitos para acogerse a la jubilación anticipada. El 22 por ciento de los trabajadores de la NASA tienen cincuenta y cinco años o más. Los empleados de la NASA con más de sesenta años de edad superan a los que tienen treinta, en una proporción de tres a uno aproximadamente. Sólo el 4 por ciento de los trabajadores de la NASA tiene menos de treinta años. Un estudio realizado en 2003 por la Government Accounting Office concluía que la NASA tenía dificultades para contratar a personal con el suficiente grado de capacitación en ciencia, ingeniería y tecnologías de la información, cruciales para su cometido. A muchos de estos puestos sólo pueden acceder ciudadanos estadounidenses, por motivos de seguridad nacional. El entonces administrador de la NASA, Sean O'Keefe, declaró en el Congreso en 2002: «Nuestra misión de conocer mejor y proteger nuestro planeta, y nuestra misión de explorar el universo y buscar vida, no se llevarán a cabo si no contamos con las personas para hacerlo». La Comisión Nacional de Enseñanza de Matemáticas y Ciencia para el Siglo XXI, presidida por el ex astronauta y senador John Glenn, calculó que en 2010 se jubilarán dos tercios del profesorado estadounidense de matemáticas y ciencia.

Tradicionalmente, hemos suplido la escasez de ingenieros y de profesores de ciencia recurriendo a formar a más gente dentro de nuestras fronteras y a importar gente de fuera. Pero últimamente ambos remedios se han estancado.

Cada dos años el National Service Board (NSB) supervisa la recopilación de un conjunto muy amplio de datos referidos a tendencias observadas en los sectores científico y tecnológico en Estados Unidos, y los publica con el nombre de *Indicadores de Ciencia e Ingeniería*. Durante la elaboración de los *Indicadores* de 2004, el NSB dijo: «Hemos observado un descenso preocupante en el número de ciudadanos estadounidenses que se están formando para ser científicos o ingenieros, mientras que la cantidad de puestos de trabajo que requieren una formación en ciencia y en ingeniería sigue en aumento». Estas tendencias ponen en peligro el bienestar económico y la seguridad de nuestro país, decía. Y añadía que si no se corrigen las tendencias que se han identificado como *Indicadores* para 2004, pasarán tres cosas: «El número de puestos de trabajo en la economía de EE. UU. que requieren una formación en ciencia e ingeniería (C&I) seguirá creciendo; el número de ciudadanos estadounidenses preparados para ocupar dichos puestos se mantendrá al mismo nivel, en el mejor de los casos; y descenderá la disponibilidad de personas de otros países que tienen formación en ciencia e ingeniería, debido a las limitaciones para entrar impuestas por las restricciones de EE. UU. por motivos de seguridad nacional, o bien debido a la fuerte competencia global por conseguir profesionales que tengan dicha preparación».

El informe del NSB halló que el número de jóvenes norteamericanos de entre dieciocho y veinticuatro años que obtienen un título en ciencia ha descendido hasta dejarnos en el puesto 17.º del mundo, cuando hace treinta años éramos los terceros de la clasificación. También decía que de los 2,8 millones de las titulaciones universitarias principales (lo que para nosotros son los *bachelor*)* en ciencia e ingeniería que se concedieron en todo el mundo en 2003, 1,2 millones fueron a parar a estudiantes asiáticos de universidades asiáticas, 830.000 se concedieron en Europa y 400.000 en EE. UU. En concreto, las universidades de los países asiáticos generan hoy ocho veces más titulados en ingeniería que las de EE. UU.

Para más inri, «el énfasis proporcional en ciencia e ingeniería es más acentuado en otras naciones», como me dijo Shirley Ann Jackson. Hoy en China las titulaciones en ciencia e ingeniería representan el 60 por ciento de todas las licenciaturas concedidas, en Corea del Sur representan el 33 por ciento y en Taiwan el 41 por ciento. Por el contrario, el porcentaje de los estudiantes de licenciaturas de ciencia o ingeniería en Estados Unidos se mantiene en un 31 por ciento aproximadamente. Si no contamos las titulaciones en ciencia, el número de americanos que obtiene un título de ingeniería es de un 5 por ciento, frente al 25 por ciento de Rusia y el 46 por ciento de China, según un informe elaborado en 2004 por Trilogy Publications, que representa a la asociación profesional nacional de ingenieros de EE. UU.

Estados Unidos siempre ha dependido de la inventiva de su pueblo para competir en el mercado mundial, dijo el NSB. «La formación de fuerza laboral especializada en C&I es un terreno vital para la competitividad nacional. [Pero] por mucho que hoy se tomasen medidas para modificar estas tendencias, tardaríamos entre diez y veinte años en revertirlas.» Los estudiantes que en 2004 engrosaron la fuerza laboral especializada en ciencia e ingeniería con titulación superior decidieron realizar los cur-

---

* Licenciados, en España. (*N. de la T.*)

sos de matemáticas necesarios para posibilitar esta senda profesional cuando estaban en el instituto, es decir, hace catorce años, señalaba el NSB. Los alumnos de instituto que tomen hoy esta misma decisión no terminarán la formación superior con la que podrán acceder a ocupaciones relacionadas con la ciencia o la ingeniería hasta 2018 o 2020. «Si hoy no se toman las medidas necesarias para modificar estas tendencias, podríamos llegar a 2020 y encontrarnos con que las instituciones estadounidenses dedicadas a la investigación y a la formación tendrán serias dificultades para regenerarse y su lugar privilegiado se lo habrán arrebatado otros lugares del mundo», decía el comité científico.

Esta escasez no podría estar produciéndose en peor momento, justo cuando el mundo está aplanándose. «La cantidad de trabajos que requieren destrezas científicas y de ingeniería en el mercado laboral estadounidense —seguía diciendo el NSB— está aumentando casi un 5 por ciento cada año. En comparación, el resto del mercado laboral sólo crece algo más del 1 por ciento. Antes del 11 de septiembre de 2001 el Bureau of Labor Statistics (BLS) calculaba que las ocupaciones destinadas a científicos e ingenieros aumentarían a un ritmo tres veces superior que la tasa del resto de ocupaciones». Por desgracia, el NSB informaba de un aumento en la media de edad de la población activa dedicada a ciencia o ingeniería.

«Se estima que muchos de los que ingresaron en el creciente mercado laboral de C&I en los años 60 y 70 (la generación de la explosión demográfica) se jubilarán en los próximos veinte años, y sus hijos no están escogiendo carreras de ciencia o ingeniería en la misma cantidad que sus padres», decía el informe del NSB. «Por ejemplo, el porcentaje de mujeres que elige carreras de matemáticas o de informática descendió 4 puntos porcentuales entre 1993 y 1999.» Los *Indicadores* del NSB para 2002 mostraban que el número de doctorados concedidos en EE. UU. en estudios de ciencia o ingeniería pasó de 29.000 en 1998 a 27.000 en 1999. El número total de estudiantes universitarios de ingenierías en Estados Unidos descendió un 12 por ciento entre mediados de los 80 y 1998.

No obstante, el número de trabajadores estadounidenses relacionados con ciencia e ingenierías aumentó a un ritmo muy superior a la producción de titulaciones en estudios de ciencia e ingenierías, debido a que un gran número de licenciados C&I nacidos en el extranjero migraron a EE. UU. La proporción entre estudiantes de campos C&I nacidos en el extranjero y de personas que ocupan puestos de trabajo C&I siguió aumentando a un ritmo constante en los años 90. El NSB halló que del total de empleos C&I en 1990, los desempeñados por personas nacidas fuera de EE. UU. representaban el 14 por ciento. Entre 1990 y 2000 la proporción de personas nacidas en otro país, con licenciatura y un puesto de trabajo C&I pasó de un 11 por ciento a un 17 por ciento; la proporción de personas nacidas en otro país, con doctorado y un puesto de trabajo C&I ascendió de un 24 a un 38 por ciento. Al atraer a científicos e ingenieros nacidos y formados en otros países hemos mantenido el crecimiento del mercado laboral C&I sin un incremento acorde que paliase los costes a largo plazo que supone formar y atraer a estos ámbitos a ciudadanos nacidos en EE. UU., decía el NSB.

Pero ahora el aplanamiento del mundo, combinado con su interconexión, ha facilitado mucho más que las personas de otros países innoven sin tener que emigrar. Ahora pueden realizar tareas con calidad de primera clase para empresas de primera clase a cambio de sueldos decentes sin tener que marcharse nunca de casa. Como lo expresó Allan E. Goodman, presidente del Institute of International Education, «cuando el mundo era redondo, no podían volver a casa porque no tenían ningún laboratorio al que regresar ni ningún internet con el que conectarse». Pero ahora existen todas estas cosas, y por eso se marchan. Ahora dicen: «Estoy más a gusto en mi casa. Puedo vivir mejor en mi país que en la ciudad de Nueva York y puedo tener un buen empleo, así que ¿por qué no voy?». Esta tendencia comenzó antes incluso de que se impusiesen las nuevas exigencias para obtener el visado, que trajo consigo el 11-S, dijo Goodman. «Hacia el año 2000 la riada de cerebros hacia EE. UU. se convirtió en fuga de cerebros.»

Como señalaba el estudio del NSB: «Desde finales de los años 80 otros países han incrementado sus inversiones en formación superior C&I y en el mercado laboral C&I a un ritmo más fuerte que Estados Unidos. Entre 1993 y 1997 los países de la OCDE [Organización para la Cooperación y el Desarrollo Económico, un grupo compuesto por 40 países con economías de mercado muy desarrolladas] incrementó en un 23 por ciento la cantidad de empleos de investigación de índole C&I, más del doble que el 11 por ciento de incremento registrado en empleos de investigación de índole C&I en Estados Unidos».

Además, decía, tras los acontecimientos del 11 de septiembre de 2001 se ha ralentizado la concesión de visados a estudiantes y trabajadores C&I, debido no sólo a unas mayores restricciones por motivos de seguridad sino también a un descenso en las solicitudes. El Departamento de Estado de EE. UU. extendió en 2001 un 20 por ciento menos de visados a estudiantes extranjeros que en 2000, y la tasa se redujo aún más en los años subsiguientes. Mientras los rectores de universidades me decían en 2004 que la situación estaba mejorando y que el Departamento de Seguridad Doméstica estaba tratando de acelerar y simplificar el procedimiento de concesión de visado a estudiantes y científicos extranjeros, los daños son ya considerables y la situación para los estudiantes o científicos extranjeros que deseaban trabajar en áreas que se considera que entrañan implicaciones para la seguridad nacional se está convirtiendo en un verdadero problema. No es de extrañar que el experto en enseñanza del *New York Times*, Sam Dillon, informase el 21 de diciembre de 2004 que «las solicitudes extranjeras para matricularse en escuelas universitarias norteamericanas se han reducido un 28 por ciento este año. Las inscripciones de alumnos extranjeros descendieron un 6 por ciento. Las inscripciones del total de estudiantes extranjeros de cursos de licenciatura, de postgrado y de postdoctorado se redujeron por primera vez en treinta años, según demuestra el censo anual hecho público este otoño. Por el contrario, en Inglaterra, Alemania y otros países han aumentado las matriculaciones en centros universitarios... Las solicitudes de estudiantes chinos para matricularse en centros universitarios estadounidenses descendieron un 45 por ciento este año, mientras que varios países europeos anunciaron repuntes en el número de matriculaciones de ciudadanos chinos».

PUNTO FLACO 2: LA DESVENTAJA EN AMBICIÓN

El segundo punto flaco del que nadie habla, salvo varios destacados directores generales de empresas americanas (que me hablaron del asunto en voz baja) consiste en que cuando los empresarios mandan puestos de trabajo a otros países, no sólo se ahorran un 75 por ciento en salarios, sino que además obtienen un aumento del cien por cien en productividad. En parte, es comprensible. Cuando coges un puesto de trabajo que se remunera con un sueldo bajo y que no aporta prestigio, como pueda ser el empleo de un operador de un servicio de atención al cliente, y te lo llevas a la India, donde se convierte en un empleo bien pagado y que aporta prestigio al trabajador, te encuentras con que has contratado por menos dinero a una plantilla que, aun así, está más motivada. «De lo que nadie habla no sólo es de que [el *outsourcing*] resulta más barato y eficiente, sino de que además [la ganancia] en calidad y productividad es inmensa», me dijo el director general de origen estadounidense de una multinacional con sede en Londres. Además de la reducción en gasto salarial, un indio de Bangalore, después de pasar por un curso de reciclaje, hará el trabajo de dos o tres europeos. Para colmo, los empleados de Bangalore no se toman seis semanas de vacaciones. «Cuando piensas que sólo tiene que ver con los salarios —añadió—, tu dignidad aún sale bien parada. Pero el hecho de que trabajan mejor resulta vergonzante».

Poco después de volver de la India, estando en un aeropuerto, se me acercó un joven que quería decirme algo sobre los artículos de opinión que había escrito yo desde allí. Mantuvimos una agradable conversación, le pedí que me diese su tarjeta de visita y entablamos una amistad por correo electrónico. Se llama Mike Arguello. Es arquitecto de sistemas de tecnologías de la información (TI) y vive en San Antonio. Se dedica a diseñar sistemas sofisticados de TI y no se siente amenazado por la competencia extranjera. Además da clases de informática. Cuando le pregunté por lo que debíamos hacer en Estados Unidos para recuperar nuestra posición de liderazgo, Mike me contestó con este correo electrónico:

> Antes daba clases en una universidad de aquí. Daba pena ver la exigua ética laboral de muchos de mis alumnos. De los estudiantes a los que di clase a lo largo de seis semestres, sólo me plantearía contratar a dos. A los demás les faltaba creatividad, capacidad para resolver problemas y ganas de aprender. Como bien sabrás, la mayor ventaja de los indios frente a chinos y rusos es que hablan inglés. Pero sería un error dar por hecho que los mejores desarrolladores indios son mejores que sus colegas americanos. La ventaja que tienen reside en la cantidad de personas que pueden dedicar a resolver un problema. Los indios con los que trabajo son *la crème de la crème*, formados en el equivalente del MIT en la India. Además, forman legión. Si tuvieras que acompañarme a mis reuniones diarias, te darías cuenta enseguida de que dedico gran parte de mi tiempo a trabajar con indios. Probablemente la mayoría de los directivos de empresa sigue creyendo que los indios sólo se ocupan de labores básicas del desarrollo de aplicaciones informáticas, del «montaje del *software*». Pero las tecnológicas, como Linux, les están dando la oportunidad de ocupar unos puestos de diseño de sistemas, muy bien pagados, que hasta ahora eran dominio exclusivo de los trabajadores estadounidenses. Los ha provisto de los medios necesarios para ascender en la cadena alimentaria tecnológica, colocándolos en igualdad de condiciones que los trabajadores del país. Se trata de capacidad intelectual contra capacidad intelectual, y en este campo son formidables. Desde el punto de vista de la tecnología, el mundo es plano y cada vez lo es más (si es que es posible). Las únicas dos áreas en las que no he visto mano de obra india son la arquitectura de redes y la arquitectura de sistemas, pero todo es cuestión de tiempo. Los indios son muy listos y de su interacción con arquitectos de sistemas están aprendiendo rápidamente cómo encajan

todas las piezas del rompecabezas de las TI... Si el Congreso aprobase una legislación que frenase la avalancha de mano de obra india, te encontrarías con importantes sistemas informáticos en los que no habría nadie que supiese lo que está pasando. Es una pena que muchos puestos de dirección en el ámbito de las TI los ocupen gestores sin base técnica, que tal vez no sean del todo conscientes de su vulnerabilidad... Yo soy experto en sistemas de información, no en economía, pero sí sé que un puesto muy bien pagado requiere de alguien capaz de producir algo de valor añadido. La economía genera puestos de trabajo tanto en el extremo superior como en el inferior, pero cada vez son menos los que pueden acceder a los puestos de la parte superior. Una formación deficiente te lleva a puestos de trabajo por los que cobrarás un sueldo muy modesto, a empleos simples y rutinarios, pero ahí es donde cada vez más americanos van a parar. Muchos americanos no pueden creerse que no estén cualificados para conseguir los puestos mejor pagados. A esto lo llamo yo el «problema del *Ídolo Americano*». Por si nunca has visto cómo reaccionan los aspirantes a un empleo cuando Simon Cowell les dice que carecen de talento, te diré que se lo quedan mirando con cara de no poder dar crédito a lo que están oyendo. Yo sólo espero que nunca me abran los ojos de esa manera.

En el invierno de 2004 tuve ocasión de tomar un té en Tokio con Richard C. Koo, economista jefe del Instituto Nomura de Investigación. Y comprobé con Richard la bondad de mi «coeficiente de aplanamiento», es decir, la idea de que cuanto más plano es un país (o sea, cuantos menos recursos naturales tenga), mejor le irán las cosas en el mundo plano. El país ideal en un mundo plano sería aquel *sin recursos naturales*, porque los países que carecen de recursos naturales tienden a buscar dentro de sí. Tratan de sacar el mejor partido a la energía, a la mentalidad emprendedora, a la creatividad y a la inteligencia de su propia gente, de sus hombres y de sus mujeres, en lugar de excavar un pozo petrolífero. Taiwan es una roca desnuda en mitad de un mar asolado por los tifones, sin un solo recurso natural prácticamente, salvo por la energía, la ambición y el talento de su pueblo. Y en la actualidad cuenta con la tercera reserva financiera más grande del mundo. El éxito de Hong Kong, Japón, Corea del Sur y la costa de China puede achacarse a su parecido grado de aplanamiento.

«Yo soy taiwanés-americano, de padre taiwanés y madre japonesa», me explicó Koo. «Nací en Japón y estudié en un colegio japonés, y después nos mudamos a Estados Unidos. En China hay un dicho que dice que lo que te metas en la cabeza y en el estómago, nadie podrá quitártelo. En toda esta región ese mensaje va inscrito en el ADN de la gente. Tienes que estudiar mucho y avanzar. Mis profesores me dijeron, relativamente temprano, que nunca podríamos vivir igual que los americanos o los canadienses. Que no tenemos recursos. Que tenemos que estudiar mucho, trabajar mucho y exportar mucho.»

Unas semanas después desayuné en Washington con P. V. Kannan, director general de 24/7 Customer. P. V. me dijo que en lo tocante al mundo plano sólo tenía una pregunta que hacer: «¿Estados Unidos está preparado? No lo está... Os habéis vuelto un poco comodones y lentos, mientras que la gente que ha entrado en el terreno de juego con [la triple convergencia] viene con mucha hambre. Los inmigrantes siempre están hambrientos... y no cuentan con un plan de apoyo».

Poco después leí un artículo de Steven Pearlstein, el columnista y reportero de la sección de negocios del *Washington Post*. Aparecía con el titular: «El telón del capitalismo de Europa» y lo había enviado desde Wroclaw, Polonia, con fecha de 23 de julio de 2004. Pearlstein escribía: «En Europa se ha tendido un telón. A un lado están la esperanza, el optimismo, la libertad y las perspectivas de una vida nueva. Al otro, el temor, el pesimismo, las asfixiantes regulaciones gubernamentales y la sensación de que los buenos tiempos han quedado atrás». Este nuevo telón, decía Pearlstein, establece una demarcación entre Europa oriental, que está acogiendo el capitalismo con los brazos abiertos, y Europa occidental, que desea con toda su alma verlo desaparecer.

«Sin embargo, esta vez es el Este el que tiene las de ganar» seguía diciendo. «Aquí casi se palpan la energía de la gente y su sensación de posibilidad. [...] El dinero y las empresas están llegando a mansalva, y no sólo los rótulos de prestigio como Bombardier, Siemens, Whirlpool, Toyota o Volvo, sino también la red de proveedores que los acompaña inevitablemente. Al principio casi todos los nuevos empleos eran de tipo semicualificado. Ahora a éstos se han sumado puestos de diseñadores e ingenieros, que podrán aprovecharse de la gran concentración de estudiantes universitarios que hay en Europa del Este. [...] El secreto no está únicamente en los bajos salarios. Reside también en la actitud de los trabajadores, que se enorgullecen de hacer lo que haya que hacer para tener éxito y están dispuestos a hacerlo, aun cuando ello suponga subcontratar segmentos de la producción o trabajar los fines de semana o alterar el calendario de las vacaciones..., esas cosas que casi seguro desatarían meses de acritud y negociación en Europa occidental. "En casa la gente no tiene ni idea de cuánto tiene que cambiar si quiere conservar lo que tiene", dijo José Ugarte [un vasco que dirige las operaciones de manufactura de electrodomésticos de Mondragón, la gigantesca cooperativa industrial española]. "El peligro que tienen encima es enorme. No se dan cuenta de lo rápido que está pasando todo esto..." Lo que anima a la gente de Wroclaw no es tanto el sueño de hacerse ricos, cuanto la determinación de trabajar duro, sacrificar lo que haga falta sacrificar y cambiar lo que haya que cambiar para estrechar la distancia que los separa de los países occidentales. Como dice el alcalde de Wroclaw, Rafal Dutkiewicz, es ese orgullo y esa determinación lo que explica por qué suponen semejante amenaza para la "sociedad del tiempo libre" que hay al otro lado del telón.»

Escuché una cantinela parecida durante una charla con los funcionarios consulares encargados de la concesión de visados en la embajada de EE. UU. en Pekín. Uno de ellos se expresó así: «Yo sí que creo que los estadounidenses no se dan cuenta de estos cambios tan grandes. Y todo el que viene a verme [a China] se queda patidifuso... El chaval típico estadounidense se está criando en un país rico con muchas oportunidades, y muchos de ellos son hijos de personas con formación superior, posición acomodada y sentido del compromiso. Pero la cruda realidad para ese chaval es que de aquí a quince años Wu será su jefe y Zhou el médico del pueblo. La competencia se acerca y muchos de los chavales van a llegar a los veinte años sin conocer ni por lo más remoto estas fuerzas emergentes».

Cuando pregunté a Bill Gates por la supuesta ventaja educativa de EE. UU. (una enseñanza que favorece al estudiante creativo, frente a los «loros»), se mostró absolutamente crítico. En su opinión, los que creen que los sistemas educativos de China y Japón, que priman el aprendizaje de memoria, no pueden dar innovadores capaces de competir con los americanos están tristemente equivocados. «No conozco al tipo que no sabía multiplicar y que creó el *software*... ¿Quién tiene los juegos de vídeo más creativos? ¡Japón! Yo nunca he conocido a esos "loros"... Algunos de mis mejores desarrolladores de *software* son japoneses. Hay que entender las cosas para ir más allá de ellas con nuestros inventos.»

Imposible insistir lo suficiente: los jóvenes chinos, indios y polacos no nos están forzando, con su competencia feroz, a bajar el listón en términos de precios y condiciones laborales, sino todo lo contrario. No quieren trabajar para nosotros, ni siquiera quieren ser como nosotros. Lo que quieren es dominarnos, en el sentido de que quieren crear las empresas del futuro que la gente de todo el mundo admirará y se pegará por trabajar en ellas. De ninguna manera están satisfechos con el lugar al que han llegado hasta ahora. Hablé con un chino-americano que trabaja para

Microsoft y que ha acompañado a Bill Gates en sus visitas a China. Me dijo que a Gates lo reconocen en China allá donde vaya. Que la gente joven se sube a las vigas y se mata por una entrada para poder oírle hablar. Lo mismo sucede con Jerry Yang, el fundador de Yahoo!

Hoy Bill Gates en China es Britney Spears. Hoy en EE. UU. Britney Spears es Britney Spears. Y ése es nuestro problema.

Punto flaco 3: la desventaja en formación

Todo lo dicho ayuda a entender el tercer punto flaco del que nadie habla: buena parte de los empleos que hoy están empezando a trasladarse fuera son empleos de investigación del tramo superior de la cadena, debido no sólo a que el talento que hay fuera es más barato, sino también a que mucho de ese talento tiene una formación similar a la de los trabajadores estadounidenses, si no mejor. En China, donde la población asciende a 1.300 millones de habitantes y las universidades están empezando a ponerse en cabeza de la clasificación mundial, la competencia por entrar en las mejores es feroz. Al salmón de las matemáticas o de la ciencia que remonta el río chino y logra entrar en alguna de las mejores universidades chinas o en alguna empresa extranjera es un pez de lo más listo. Por Microsoft circula un dicho acerca del centro de investigación que tienen en Pekín, que, para los científicos e ingenieros, es uno de los destinos laborales más codiciados de toda China. Dice así: «En China, si eres uno de entre un millón, debes recordar que hay otros 1.300 igualitos a ti».

Y la potencia intelectual que se abre paso hasta el centro de investigación de Microsoft en Pekín representa, ya, ese uno entre un millón.

Veamos lo que sucede con el Concurso Internacional de Ciencia e Ingeniería para jóvenes talentos que organiza Intel. En él participan aproximadamente cuarenta países, que seleccionan a sus aspirantes a través de concursos celebrados a escala local, que reúnen los requisitos establecidos por Intel para participar en la convocatoria. En 2004 la Feria de Intel atrajo a unos 65.000 jóvenes estadounidenses, según datos de Intel. ¿Y en China? Se lo pregunté a Wee Then Tan, presidente de Intel China, durante una visita que hice a Pekín. En China, me dijo, se celebra un concurso nacional de jóvenes talentos científicos. «Casi cada provincia envía a estudiantes a alguna de estas convocatorias nacionales», me explicó Tan. «Tenemos hasta 6 millones de chavales compitiendo, si bien no todos ellos compiten por los primeros puestos del escalafón... [Pero] podrás imaginarte cuán en serio se lo toman. Los que resultan seleccionados para ir al concurso internacional [de Intel] quedan dispensados, inmediatamente, de realizar los exámenes de ingreso en los centros universitarios» y prácticamente consiguen entrar en algunas de las mejores universidades del país. En la convocatoria del Concurso de Ciencia de Intel de 2004 China se llevó a casa 35 premios, más que cualquier otro país asiático. Entre los galardones conseguidos figuraba uno de los tres mejores premios internacionales.

Microsoft cuenta con tres centros de investigación en diferentes lugares el mundo: uno en Cambridge (Inglaterra), otro en Redmond (Washington, que es su cuartel general) y un tercero en Pekín. Bill Gates me contó que en sólo dos años desde su inauguración en 1998, Microsoft Research Asia, como se conoce el centro que tienen en Pekín, se había convertido en la rama de investigación más productiva de todo el entramado Microsoft «en cuanto a la calidad de las ideas que están sacando a la luz. Es alucinante».

Kai-Fu Li es el ejecutivo de Microsoft nombrado por Gates para montar el centro de investigación que tienen en Pekín. Lo primero que le pregunté fue: «¿Cómo te las ingeniaste para seleccionar al personal?». Li me dijo que su equipo se recorrió un montón de universidades repartidas por toda China y, simplemente, organizó pruebas de matemáticas, coeficiente intelectual y programación a estudiantes o científicos con nivel de doctorado.

«El primer año hicimos unas 2.000 pruebas por todo el país», me dijo. Con los resultados de esos 2.000 exámenes hicieron una criba y sometieron a una segunda tanda de exámenes a los 400 seleccionados, después a 150 «y al final contratamos a 20». Se les ofreció un contrato por dos años, al término de los cuales, y en función de la calidad de su trabajo, firmarían un contrato de más largo plazo o bien recibirían una beca de postdoctorado, concedida por Microsoft Research Asia. Sí, lo has leído bien. El gobierno chino otorgó a Microsoft el derecho de conceder becas de postdoctorado. De los 20 que fueron contratados originalmente, 12 superaron la prueba. Al año siguiente se examinaron casi 4.000 personas. Después, me dijo Li, «dejamos de hacer exámenes. Para entonces ya se nos conocía como el destino laboral número uno, el sitio en el que deseaba trabajar toda persona con talento para la informática y las matemáticas... Llegamos a conocer a todos los estudiantes y a sus profesores. Los profesores nos mandaban a los mejores, a sabiendas de que si su gente no funcionaba bien, su credibilidad quedaría en entredicho. Hoy en día los mejores profesores universitarios de los mejores centros del país nos recomiendan a sus mejores alumnos. Muchos estudiantes desean ingresar en Stanford o en el MIT, pero antes quieren pasar un par de años en Microsoft, como internos, para salir con una bonita carta de recomendación en la que se diga que tienen calidad MIT». Hoy Microsoft cuenta con más de doscientos investigadores en su laboratorio de China. Unos cuatrocientos estudiantes entran en él para llevar a cabo proyectos de investigación, pasando así a engrosar el material humano susceptible de ser contratado por Microsoft.

«Para ellos es una oportunidad única en la vida de acceder a determinado nivel de ingresos», me dijo Li, refiriéndose al equipo de Microsoft Research Asia. «Sus padres vivieron la Revolución Cultural delante de sus ojos. Lo mejor que podían hacer en la vida era llegar a profesores universitarios, trabajar en algún que otro proyecto paralelo porque la paga del profesorado era ridícula y, con suerte, publicar un informe. Ahora disponen de este sitio en el que lo único que hacen es investigar, con ayuda de magníficos ordenadores y de toda clase de recursos. Tienen administradores; contratamos a gente que se ocupa de hacer el trabajo sucio. Simplemente, no se lo pueden creer. Están encantados de trabajar quince o dieciocho horas al día, y también los fines de semana. O durante las vacaciones. Porque su sueño es entrar en Microsoft.» Li, que antes de llegar a Microsoft había trabajado en otras empresas estadounidenses de alta tecnología, me dijo que, hasta que montó Microsoft Research Asia, nunca había visto un laboratorio de investigación que exudase el entusiasmo característico de una empresa de nueva creación.

«Si te pasas por allí a las dos de la madrugada, está a reventar. Y si vas a las ocho de la mañana, también está lleno de gente», me dijo.

Según Li, al haber sido capaz de atraerse todo este talento, Microsoft se había convertido en una empresa estadounidense más fuerte. «Hoy por hoy tenemos doscientas lumbreras más creando [propiedad intelectual] y patentes. Pero estas doscientas personas no han sustituido a las de Redmond, sino que están llevando a cabo proyectos de investigación nuevos en áreas aplicables a escala mundial.»

Microsoft Research Asia se ha ganado ya fama mundial por su aportación de informes de primera clase a las publicaciones y congresos científicos más importantes del planeta. «Ésta es la cultura que levantó la Gran Muralla», añadió, «porque es una cultura entregada y obediente». Según me explicó Li, el pueblo chino tiene complejo de superioridad y de inferioridad al mismo tiempo, lo que explica por qué no nos están forzando a bajar el listón en precios y condiciones laborales, sino todo lo contrario. Existe una visión muy extendida y arraigada de China como un país que fue grande en su día, que en el pasado triunfó, pero que se ha quedado muy por detrás y que debe recuperar el tiempo perdido. «Así pues, existe un deseo patriótico», me dijo. «Pensar que nuestro laboratorio puede hacerlo tan bien como el de Redmond podría ser realmente estimulante».

Este tipo de liderazgo, tan inspirado y motivado, en el ámbito de la formación científica e ingenieril falta por completo en Estados Unidos en estos momentos.

El presidente de Intel, Craig Barrett, me dijo: «El liderazgo tecnológico, la innovación y los puestos de trabajo del mañana en EE. UU. pasan por comprometerse hoy con la financiación de proyectos de investigación básica». Según un estudio llevado a cabo en 2004 por el Grupo de Trabajo para la Innovación Americana del Futuro (un grupo formado por representantes del mundo industrial y académico), los proyectos de investigación básica llevados a cabo en las universidades más importantes de EE. UU. (investigación en química, física, nanotecnología, genómica y manufactura de semiconductores) ha dado lugar a la creación de 4.000 empresas, que han contratado a 1,1 millones de personas y han obtenido unas ventas anuales en todo el mundo por valor de 232.000 millones de dólares. Pero, decía el estudio, para seguir avanzando, los presupuestos de las principales agencias que subvencionan proyectos de investigación (el National Institute for Science and Technology, la National Science Foundation, la Office of Science del Departamento de Energía y los fondos destinados a investigación del Departamento de Defensa) deben incrementarse entre un 10 y un 12 por ciento cada año durante los próximos cinco o siete años.

Por desgracia, dentro del total del PIB los fondos federales para investigación en ciencias físicas y matemáticas y en ingeniería se redujeron en un 37 por ciento entre 1970 y 2004, según halló el grupo de trabajo. En un momento en que resulta necesario duplicar nuestra inversión en proyectos de investigación básica para solventar la desventaja en ambición y en formación, lo que estamos haciendo es reducir dicha inversión.

A raíz de la decisión de la Administración Bush y del Congreso republicano de recortar los fondos destinados a la National Science Foundation para 2005, el congresista republicano Vern Ehlers, de Missouri, hizo las siguientes declaraciones: «Puedo entender la necesidad de tomar decisiones incómodas en vista de las limitaciones fiscales, pero no veo qué sentido tiene subordinar la financiación de la ciencia respecto a otras prioridades. Hemos recortado los fondos destinados a la NSF aun cuando esta diversificada partida presupuestaria contempla un incremento en los gastos para el año fiscal 2005, por lo que sin duda podríamos acomodar un aumento en la investigación básica sin salirnos de las limitaciones fiscales. Sin embargo, no sólo vamos por detrás del crecimiento inflacionario, sino que de hecho estamos recortando la porción del presupuesto general destinada a la investigación básica. Sin una mano de obra bien formada no podemos esperar combatir la sangría de puestos de trabajo resultante de la actual competencia internacional».

No, no podemos esperarlo. Y están empezando a notarse los estragos. Según el National Science Board, el porcentaje de estudios científicos elaborados por los estadounidenses se ha reducido en un 10 por ciento desde 1992. El porcentaje de estudios científicos estadounidenses aparecidos en la principal publicación de física, *Physical Review*, ha bajado del 61 al 29 por ciento desde 1983. Por el contrario, hoy vemos un aumento notable del número de patentes concedidas a países asiáticos. Entre 1980 y 2003 la cuota de patentes industriales japonesas pasó del 12 por ciento al 21 por ciento del total mundial, mientras que la de Taiwan pasó del 0 al 3 por ciento. Frente a esto, la cuota de patentes estadounidenses ha pasado del 60 al 52 por ciento del conjunto mundial desde 1980.

Si se quiere hacer un análisis veraz del problema, habría que añadir la opinión de unos cuantos escépticos, según la cual no se nos está cayendo el cielo encima y es muy posible que los científicos y la industria tecnológica estén exagerando algunos datos para conseguir más fondos. Un artículo aparecido el 10 de mayo de 2004 en el *San Francisco Chronicle* citaba unas declaraciones hechas por Daniel S. Greenberg, ex redactor de noticias de la revista *Science* y autor del libro *Science, Money and Politics*, para el cual la «ciencia de las altas instancias políticas federales (grupos de presión) siempre ha sido insaciable. Si duplicas el presupuesto de los NIH (Institutos Nacionales de Salud) en cinco años (como ha ocurrido recientemente), [siguen] desgañitándose con su eterno "necesitamos más dinero"». Greenberg ponía también en tela de juicio la interpretación que hacían de una serie de estadísticas los grupos de presión científicos.

Citando a Greenberg, el *Chronicle* añadía: «Para poner en su contexto las tendencias observadas en la publicación de textos científicos [...] es importante fijarse no sólo en los percentiles generales, sino también en la cantidad real de estudios publicados. En un primer momento puede llamar la atención oír que China cuadruplicó su tasa de publicación de estudios científicos entre 1986 y 1999. Sin embargo, resulta menos llamativo si se piensa que la cantidad real de estudios científicos chinos publicados pasó de 2.911 a 11.675. En comparación, casi un tercio del con-

junto de estudios científicos publicados en todo el mundo era americano
(163.526, de un total de 528.643). Dicho de otro modo, China, un país
con casi el cuádruple de habitantes que EE. UU., publicó (en 1999) sólo
catorce veces menos estudios científicos que EE. UU.».

Aunque considero que nunca está de más una dosis de escepticismo,
también creo que los escépticos harían bien en prestar más atención al
aplanamiento del mundo y a lo rápido que podrían cambiar algunas de
estas tendencias. Por eso secundo el enfoque de Shirley Ann Jackson: el
cielo no se nos va a venir encima hoy, pero podría ocurrir dentro de quince o veinte años si no modificamos nuestra forma de actuar, y todo indica que no la estamos modificando, en especial en nuestros colegios públicos. No está llegando ayuda. El sistema educativo estadounidense, desde
párvulos hasta el instituto, no anima a la suficiente cantidad de jóvenes
a meterse en ciencias, matemáticas e ingenierías. Mi mujer da clases
de lectura a niños de primero en un colegio público de nuestra ciudad. Por eso, recibimos en casa el *Education Week*, una publicación que
leen los educadores de todo Estados Unidos. Un día me llamó la atención sobre un artículo del 28 de julio de 2004 titulado «Los hijos de
los inmigrantes copan los puestos superiores en certámenes de matemáticas y ciencia».

El artículo decía: «Un estudio realizado por la National Foundation
for American Policy demuestra que el 60 por ciento de los mejores estudiantes de ciencias del país y el 65 por ciento de los de matemáticas son
hijos de inmigrantes llegados hace pocos años, como revela un análisis
de los resultados de tres certámenes escolares [...]: el Intel Science Talent
Search, el concurso para formar la selección nacional de las Olimpiadas
Matemáticas Internacionales y el Equipo de Física de EE. UU.». El autor
del estudio atribuía el éxito de los hijos de los inmigrantes «en parte a la
insistencia de sus padres de aprovechar a fondo los años dedicados al
estudio», decía *Education Week*. «Además, muchos padres inmigrantes
animaban a sus hijos a cultivar su interés por las matemáticas y por la
ciencia, en la creencia de que dichas destrezas les procurarían en el futuro muy buenas oportunidades profesionales y los protegerían de los prejuicios y de la falta de contactos en el mercado laboral [...]. Un importante porcentaje de los estudiantes objeto del estudio eran hijos de padres
llegados a EE. UU. con visado H-1B, el reservado a los trabajadores profesionales. Los gestores políticos estadounidenses que abogan por unas
políticas de inmigración demasiado restrictivas ponen en peligro la inyección constante de pericia tecnológica y científica», decía el autor del estudio, Stuart Anderson, director ejecutivo de la fundación. El artículo reco-

gía también las palabras de Andrei Munteanu, de dieciocho años, finalista del concurso de Intel de 2004, cuyos padres habían migrado de Rumania a Estados Unidos cinco años antes. Munteanu entró en un colegio estadounidense en séptimo, que para él fue coser y cantar en comparación con su colegio rumano. «En las clases de matemáticas y ciencia [se estaba dando los mismos temas] que yo había estudiado en Rumania… cuando estaba en cuarto», dijo.

De momento, EE. UU. sigue dominando en la enseñanza básica de ciencias y asignaturas relacionadas con ingenierías y en la investigación que tiene como base las universidades. Pero a medida que China aporta cada vez más caudal al río de la investigación científica a través de sus mejorados institutos y universidades, «se pondrá a nuestra altura en cuestión de diez años», me dijo Barrett, el presidente de Intel. «Nosotros no estamos licenciando el suficiente volumen de estudiantes, no tenemos el control de la infraestructura, no tenemos el control de las ideas nuevas y nuestra inversión en ciencias físicas está estancándose, o, en dólares reales, recortándose.»

Cada cuatro años Estados Unidos participa en el Estudio de Tendencias en Matemáticas y Ciencia, que evalúa el nivel que tienen los estudiantes de estas materias cuando terminan cuarto y cuando terminan octavo. El estudio más reciente englobó aproximadamente a medio millón de estudiantes de 41 países y se publicó en 30 idiomas diferentes, lo cual lo convertía en el estudio internacional más grande y extenso en materia de enseñanza que se haya elaborado hasta la fecha.

Los resultados de 2004 (extraídos de exámenes realizados en 2003) demostraron que los estudiantes estadounidenses habían mejorado muy poco en comparación con los resultados de 2000, lo cual demostraba a su vez que la fuerza laboral de EE. UU. flaqueaba más en formación científica que la de los países que se encontraban a su mismo nivel. Associated Press informó el 4 de diciembre de 2004 que los estudiantes estadounidenses de octavo curso habían mejorado sus resultados en ciencias y matemáticas en comparación con los de 1995, año en que se los examinó por primera vez. Sin embargo, la mejora en matemáticas se había registrado principalmente entre 1995 y 1999, pero no en los últimos años. Los mejores resultados de los estudiantes estadounidenses de ciencias de octavo curso representaban un avance frente a los resultados de 1999, lo que colocaba a EE. UU. en un puesto más alto en la clasificación mundial. Con todo, la noticia mala era que los resultados de los escolares estadounidenses de cuarto curso no habían variado, es decir, desde 1995 ni habían mejorado ni habían empeorado en ciencias o matemáticas. Como consecuencia, en la clasificación internacional se han quedado atrás porque otros países han subido puestos. «Los países asiáticos están marcando el ritmo en ciencias y matemáticas de los cursos superiores», dijo a AP Ina Mullis, codirectora del Centro Internacional de Estudios del Boston College, organismo que se encarga de gestionar el estudio. «Por poner un ejemplo: el 44 por ciento de los alumnos de octavo de Singapur lograron los mejores resultados en matemáticas, seguidos por el 38 por ciento de alumnos de octavo de Taiwan. En EE. UU. sólo lo consiguió el 7 por ciento.» También se hicieron públicos en diciembre de 2004 los resultados facilitados por el Programa de Evaluación Internacional de Estudiantes, que pusieron de manifiesto que los alumnos estadounidenses de quince años de edad están por debajo de la media internacional cuando se trata de aplicar las destrezas matemáticas a las tareas de la vida real.

No me extraña que el rector de la Universidad Johns Hopkins, Bill Brody, me comentase lo siguiente: «Más del 60 por ciento de nuestros estudiantes de licenciaturas de ciencias son extranjeros, la mayoría asiáticos. Hace cuatro años hubo un momento en que la totalidad de nuestros estudiantes de licenciatura de matemáticas eran de la China comunista. Y me enteré porque los usamos como [profesores adjuntos] y algunos de ellos resulta que no tienen muy buen dominio de inglés como para dar clase». En efecto, el padre de un estudiante de la Johns Hopkins escribió a Brody para quejarse de que su hijo era incapaz de entender a su profesor de cálculo por culpa de su fuerte acento chino y su escaso nivel de inglés.

Tampoco me extraña que no haya ni una sola de las grandes empresas a las que entrevisté para este libro que no esté invirtiendo significativamente en investigación y desarrollo en el extranjero. No se trata de «ir a donde esté el dinero», sino de «ir a donde estén los cerebros».

«Las ciencias y las matemáticas son el lenguaje universal de la tecnología», me dijo Tracy Koon, directora de asuntos corporativos de Intel, que se ocupa de supervisar los esfuerzos que realiza la empresa para mejorar la formación en ciencias. «Impulsan la tecnología y mejoran nuestra calidad de vida. Si nuestros hijos no aprenden este lenguaje universal, no serán competitivos. Nuestro negocio no consiste en fabricar allende nuestras fronteras. Esta empresa se fundó aquí, pero nuestra materia prima está compuesta por dos elementos: arena (que no nos falta) y talento (que sí).» (El silicio de los ordenadores se hace a partir de arena.)

«Nosotros nos fijamos en dos cosas», siguió diciendo. «Nos fijamos en que en las disciplinas relevantes para nuestra industria, la cantidad de estudiantes estadounidenses que se gradúa en los niveles de máster y doctorado está reduciéndose en números absolutos y en comparación con otros países. Entre párvulos y el último curso de enseñanza secundaria salíamos bien parados en cuarto, en octavo éramos del montón y en último curso de instituto rondábamos los puestos más bajos en los exámenes internacionales relativos a matemáticas. Es decir, cuanto más tiempo pasaban los chavales en el cole, más zoquetes se volvían... Te encuentras con maestros que no motivan a los niños porque no cuentan con la preparación necesaria. Es como ese viejo dicho del entrenador de fútbol que da clases de ciencia..., o sea, gente sin capacidad para transmitirlo a los chavales de una manera accesible y atractiva.»

Uno de los problemas que entraña remediar esta situación, me decía Koon, reside en el hecho de que en Estados Unidos la enseñanza está relativamente descentralizada y fragmentada. Si Intel se va a la India o a China o a Jordania y crea un programa de formación de profesores para que éstos aprendan a hacer más interesante la ciencia, puede implantarlo en todos los colegios del país entero a la vez. En Estados Unidos los colegios públicos están bajo supervisión de cincuenta gobiernos estatales diferentes. Aunque Intel patrocina ya la investigación en el nivel universitario, que procura beneficios para el desarrollo de sus propios productos, cada vez está más preocupada por el sistema de alimentación de dichas universidades y del mercado laboral.

«¿Hemos observado algún cambio en este aspecto? No, la verdad es que no», me dijo Koon. Por eso, Intel lleva tiempo presionando al INS para que incremente la cuota de ingenieros extranjeros que pueden entrar en EE. UU. con visados temporales de trabajo. «Si nos fijamos en el tipo de gente que estamos intentando contratar en casa, como los expertos con nivel de máster y doctorado en ingeniería de fotones, ingeniería óptica y arquitectura de ordenadores a muy gran escala, lo que encontramos es que, conforme asciendes por la cadena alimentaria, pasando del nivel de los licenciados al de los máster y doctorados, aumenta la cantidad de extranjeros que se gradúa en estos ámbitos en las universidades de mayor nivel. Entonces, ¿qué hacemos? Durante años [EE. UU.] podía contar con que disponíamos del mejor sistema de enseñanza superior del mundo. Y compensábamos nuestras deficiencias en enseñaza primaria y secundaria porque podíamos traernos de fuera a todos esos estudiantes tan buenos. Pero hoy cada vez vienen menos y se quedan menos aquí... Nuestra capacidad de contratar a toda esa gente no es ningún derecho divino e iremos quedándonos, paulatinamente, sin poder contar con los números uno. La gente que se gradúa en estos campos técnicos que son fundamentales para nuestra industria debería llevar el permiso de trabajo en Estados Unidos grapado al diploma.»

Al parecer, en los años 70 y principios de los 80 la cantidad de jóvenes que querían hacerse abogados empezó a desbancar a los que querían ser ingenieros y científicos. Entonces, en los años 90, con la explosión de las puntocom, los que querían ir a escuelas de negocio y hacer un MBA superaron en número a los estudiantes de ingenierías y de derecho. Podemos también albergar la esperanza de que el mercado de trabajo corregirá la escasez de ingenieros y científicos, modificando los incentivos.

«Intel tiene que ir allí donde está el CI», me dijo Koon. Y no lo olvides (me insistió), los chips de Intel se hacen con dos cosas: arena y cerebros. «Y en estos momentos el problema son los cerebros... Vamos a necesitar un sistema de inmigración más fuerte y más alentador, si queremos contratar a la gente que quiere quedarse aquí. De lo contrario, iremos a donde estén. ¿Qué alternativas tenemos? No estoy hablando de programadores de datos o de [gente con] licenciatura en informática. Estamos hablando de ingenieros con la formación más especializada y sofisticada. Nosotros acabamos de montar toda una sección de ingeniería en Rusia, donde los ingenieros tienen una formación magnífica... ¡Y luego se habla de subempleo! Nosotros lo estamos potenciando. ¿No lo harías tú también?»

Un momento: ¿no ganamos *nosotros* la Guerra Fría? Si una de las empresas tecnológicas más importantes de Estados Unidos se siente obligada a suplir sus necesidades de ingeniería acudiendo a la derruida ex Unión Soviética, en la que parece que lo único que funciona es su enseñanza de matemáticas y ciencias, a la antigua, entonces es que estamos metidos en cierta crisis silenciosa. Imposible insistir lo suficiente en que en el mundo plano los horizontes del saber están siempre ampliándose, sin cesar y cada vez más deprisa. Por eso, las empresas necesitan de expertos no sólo capaces de llegar a esos nuevos horizontes, sino de seguir expandiéndolos también. Ahí es donde se encontrarán los medicamentos, los programas y los dispositivos informáticos más vanguardistas. Y EE. UU. tiene que formar a esos expertos o bien necesitará importarlos (o ambas cosas, idealmente) si quiere dominar en el siglo XXI igual que ha dominado en el XX. Pero la cosa es que no lo está haciendo.

«Hay dos hechos que me preocupan en estos momentos», me dijo Richard A. Rashid, director de investigación de Microsoft. «Uno es que hemos cerrado el grifo de llegada de talentos a EE. UU. de una manera realmente drástica. Si crees que tenemos las mejores universidades y oportunidades para la investigación, todo es cuestión de coeficiente intelectual. Al tratar de crear procesos tendentes a proteger al país de indeseables, lo que más ha conseguido [el gobierno] es impedir la entrada de deseables. Una fracción muy significativa de los mejores licenciados de nuestras universidades [en ciencia e ingeniería] no es natural de aquí. Pero se quedaron y montaron negocios o se hicieron profesores universitarios, que son los dos motores de nuestro crecimiento económico. Nosotros queremos a estas personas. En un mundo en el que el coeficiente intelectual es uno de los bienes más importantes, lo que te interesa es conseguir el máximo posible de gente brillante.»

En segundo lugar, me dijo Rashid, «no nos hemos lucido precisamente en la tarea de transmitir a nuestros chavales el valor de la ciencia y de la tecnología como opción formativa y profesional con la que hacer del mundo un sitio mejor. La ingeniería y la ciencia son lo que nos llevó a disfrutar de tantas mejoras en nuestra forma de vivir. Pero cuando hablas con los niños de primaria y secundaria sobre cambiar el mundo, te das cuenta de que para ellos informática no es una carrera que vaya a ser la bomba. Lo asombroso es que hoy cuesta mucho que las mujeres estudien informática, y cada vez cuesta más. A las jóvenes de primeros cursos de secundaria se les transmite el mensaje de que los informáticos llevan una vida espantosa. Como consecuencia, la cantidad de chavales de nuestro sistema educativo que quieren ser científicos o ingenieros informáticos no es suficiente. Si al mismo tiempo cerramos el paso a los de fuera, ambas cosas combinadas podrían colocarnos en una situación muy complicada dentro de diez o quince años. Esto es un proceso de flujo. Sus consecuencias no serán inmediatas, pero dentro de quince o veinte años nos encontraremos con que en estos ámbitos no disponemos de la gente ni de la energía allí donde resultan necesarias».

La gente que mejor entiende de esto y que más cerca está de estas cuestiones (desde Richard Rashid de Microsoft, en el noroeste de EE. UU., hasta Shirley Ann Jackson en Rensselaer, en la Costa Este, pasando por Tracy Koon de Intel, en Silicon Valley) coincide en el mismo mensaje: dado que son necesarios quince años para formar a un científico o ingeniero avanzado, empezando cuando el joven se engancha a las matemáticas o a la ciencia en algún curso de enseñanza primaria, deberíamos meternos inmediatamente en un programa de choque para la formación científica e ingenieril, un programa en el que todos los implicados se empleasen a fondo, en el que no hubiese ningún tipo de restricción y para el cual ningún presupuesto pudiese considerarse demasiado grande. El hecho de no estar haciéndolo es nuestra crisis silenciosa. Los científicos y los ingenieros no crecen en los árboles. Hay que formarlos a lo largo de un proceso prolongado, porque, damas y caballeros, realmente no es cosa de coser y cantar.

8

ESTO NO ES UNA PRUEBA

Tenemos el poder de crear la civilización que deseamos. Pero para construir ese tipo de sociedad necesitamos de nuestra fuerza de voluntad, de nuestro trabajo y de nuestro corazón. Quienes llegaron a esta tierra pretendían crear algo más que un país nuevo. Venían en busca de un mundo nuevo. Por eso he venido hoy a vuestro campus para deciros que vosotros podéis convertir aquella visión suya en nuestra realidad. Así pues, pongámonos manos a la obra a partir de este instante para que en el futuro los hombres, al echar la vista atrás, digan: fue entonces, tras un largo y penoso caminar, que el hombre usó el fabuloso fruto de su ingenio para enriquecer plenamente su vida.

Discurso «Great Society», Lyndon B. Johnson, 1964

Como persona que creció en la Guerra Fría, siempre recordaré aquel día en que, mientras iba por la autopista, oyendo la radio, la música cesaba de repente y un locutor de voz adusta salía a antena y decía: «Esto es una prueba del sistema de emergencias de las emisiones de radio», tras lo cual se oía un agudo sonido de sirena que duraba treinta segundos. Por suerte, en toda la Guerra Fría jamás tuvimos que pasar por la experiencia de oír al locutor decir: «Esto no es una prueba». Sin embargo, es lo mismo que quiero decir yo desde aquí: *esto no es una prueba.*

Las oportunidades y los retos, a largo plazo, que plantea el aplanamiento del mundo a Estados Unidos son profundos. Por lo tanto, no va a bastar con nuestra capacidad para seguir adelante tal como venimos haciéndolo (es decir, no siempre ocupándonos del secreto de nuestra fórmula, para seguir enriqueciéndola una y otra vez). «Para ser un país tan rico como es el nuestro, resulta asombroso lo poco que estamos haciendo para realzar nuestra competitividad natural», me dijo Dinakar Singh, el gestor de *hedge funds* indo-americano. «El mundo que nos rodea tiene un sistema que hoy permite la confluencia de muchos miles de millones de personas, y más nos valdría pararnos un momento a reflexionar sobre lo que esto quiere decir. Sería mucha casualidad que lo que era cierto hasta ahora, siguiese siendo válido... Pero hay unas cuantas cositas que ciertamente necesitamos hacer de otra manera. Hay que convocar un debate nacional mucho más hondo.» En opinión de Singh, el mundo plano es hoy el tema evidente del que nadie quiere hablar. Y la pregunta es: ¿qué nos va a hacer y qué le vamos a hacer nosotros?

Si esta época tiene algún equivalente en la historia de EE. UU., sería el punto álgido de la Guerra Fría, en torno a 1957, cuando la Unión Soviética se puso por delante de los americanos en la carrera espacial al sacar el satélite Sputnik. Sí, hay muchas diferencias entre aquella época y ésta. En aquel entonces el reto principal lo planteaban quienes querían erigir muros. Hoy el hecho de que se hayan derribado todos los muros y que otros países puedan competir con nosotros de una forma mucho más directa representa el principal reto al que se enfrenta EE. UU. En el mundo de entonces los países que practicaban un comunismo radical (a saber: Rusia, China y Corea del Norte) eran los que planteaban el principal reto a EE. UU. Hoy dicho reto lo plantean los países que practican un capitalismo radical, a saber: China, la India y Corea del Sur. El objetivo primordial de aquella época era levantar un Estado fuerte, mientras que el de hoy es crear individuos fuertes.

Sin embargo, lo que esta época tiene en común con la de la Guerra Fría es que para enfrentarnos a los retos que plantea el aplanamiento hace falta una respuesta extensiva, enérgica y centrada en los objetivos que se pretenden conseguir, como ocurrió cuando se dio respuesta al reto que planteó el comunismo. Hace falta adaptar a la era de lo plano nuestra particular versión de la Nueva Frontera y de la Gran Sociedad. Hace falta un presidente capaz de exhortar a la nación a cultivarse y a estudiar más en materia de ciencia, matemáticas e ingeniería, con el fin de alcanzar los nuevos horizontes del conocimiento que el mundo plano está rápidamente expandiendo. Y hace falta una Gran Sociedad que inste a nuestro gobierno a construir la infraestructura, las mallas de seguridad y las instituciones que servirán para que todo ciudadano estadounidense tenga más posibilidades de obtener un puesto de trabajo en una era en que nadie puede conseguir un empleo con garantía de por vida. A mi versión particular de este enfoque yo la llamo *planismo compasivo*.

Hacer que los americanos hagan piña en torno al planismo compasivo es mucho más difícil que conseguir que hagan piña en torno al anticomunismo. «La idea de peligro nacional es mucho más fácil de transmitir que la de peligro individual», señaló el experto en política exterior de la Universidad Johns Hopkins, Michael Mandelbaum. Como dijimos antes, la economía no es como la guerra, porque la economía siempre puede ser un todos ganan. Pero a veces desearía que la economía se pareciese más a la guerra. En la Guerra Fría llegamos a ver de verdad a los soviéticos desfilando con sus misiles por la Plaza Roja. Todos nos echábamos a temblar, de punta a punta del país, y todos nuestros políticos tenían que tomarse muy en serio la tarea de reunir los recursos necesarios y crear los programas educativos necesarios para cerciorarse de que Estados Unidos pudiera mantenerse a la altura de la Unión Soviética.

Pero hoy, mire usted por dónde, de la India no nos llega amenaza de misiles alguna. El «teléfono rojo» que antes conectaba al Kremlin con la Casa Blanca se ha sustituido por el «teléfono de asistencia», que conecta a cualquier persona de EE. UU. con los centros de atención telefónica de Bangalore. Mientras al otro lado del hilo del teléfono rojo podía estar Leonid Breznev amenazando con iniciar una guerra nuclear, al otro lado del hilo del teléfono de asistencia lo que oyes es una dulce voz encantada de aclararte cualquier duda que tengas sobre tu factura de AOL o de colaborar contigo en el uso de un nuevo programa informático. No, esa voz no tiene absolutamente nada que ver con la amenazante estampa de un Nikita Jrushev dando golpes con el tacón del zapato en la mesa de la ONU, ni con la sonrisa siniestra de los malos de *Desde Rusia con amor*. No hay ningún Boris ni ninguna Natasha diciéndote por teléfono «te vamos a mandar al otro barrio», con fuerte acento ruso. No, esa voz que te atiende en el número de asistencia telefónica tiene, simplemente, una simpática entonación india que no enmascara ninguna clase de amenaza o de desafío. Sencillamente te dice: «Hola, mi nombre es Rajiv. ¿Puedo ayudarle en algo?».

No, Rajiv, la verdad es que no me puedes ayudar.

Cuando se trata de dar respuesta a los retos del mundo plano, no hay número de atención telefónica al que podamos llamar. Tenemos que buscar dentro de nosotros mismos. En Estados Unidos disponemos de todos los instrumentos para hacerlo, como expuse en el capítulo 6. Pero, como dije en el capítulo 7, no nos hemos estado ocupando de esos instrumentos como hubiéramos debido. De ahí viene nuestra crisis silenciosa. La asunción de que, porque la economía estadounidense ha dominado el mundo durante más de cien años, seguirá dominándolo y así deberá ser es hoy una ilusión tan peligrosa como lo fue en 1950 la ilusión de creer que EE. UU. siempre dominaría en terrenos de ciencia y de tecnología. No va a ser tarea fácil. Lograr que nuestra sociedad cargue las pilas para enfrentarse a un mundo plano va a resultar extremadamente arduo. Vamos a tener que empezar a hacer muchas cosas de una manera diferente a como las estábamos haciendo hasta ahora. El cometido nos va a exigir el tipo de concentración y de empeño nacional al que apelaba el presidente John F. Kennedy en su famoso discurso del 25 de mayo de 1961 ante el Congreso, sobre las «urgentes necesidades nacionales». En aquella época Estados Unidos se estaba recuperando de los impactos gemelos que fueron el Sputnik y el lanzamiento soviético de un cosmonauta al espacio, Yuri Gagarin, menos de dos meses antes del mencionado discurso. Kennedy sabía que, aun cuando EE. UU. poseía inmensas bazas humanas e institucionales (mucho más que la Unión Soviética), no se estaban utilizando a pleno rendimiento.

«Creo que contamos con todos los recursos y talentos necesarios —dijo el presidente Kennedy—. Pero lo cierto es que nunca hemos tomado las decisiones nacionales ni hemos reunido los recursos nacionales necesarios para semejante liderazgo. Nunca hemos especificado unas metas de amplio alcance, en un calendario caracterizado por la urgencia, ni hemos gestionado nuestros recursos o nuestro tiempo con el fin de garantizar su cumplimiento». Después de exponer su programa para llevar al hombre a la Luna en cuestión de diez años, el presidente Kennedy añadió: «Quede claro que estoy pidiendo al Congreso y al país entero que asuman un firme compromiso con un nuevo curso de acción, un curso que durará muchos años y que supondrá costes enormes… Esta decisión exige una inversión nacional de primer orden en recursos humanos científicos y técnicos, en material y en instalaciones, así como la posibilidad de derivarlos de otras actividades importantes en los que están ya estirados al máximo. Implica un grado de entrega, de organización y de disciplina que no siempre ha caracterizado nuestros esfuerzos en investigación y desarrollo».

En ese discurso Kennedy se comprometía a algo que hoy tendría unas connotaciones asombrosas: «Así pues, transmito al Congreso un nuevo programa de Desarrollo y Formación de los Recursos Humanos, cuyo fin es formar o reciclar a varios cientos de miles de trabajadores, en especial en aquellas áreas en las que hemos visto un desempleo crónico como consecuencia de factores tecnológicos, en nuestras destrezas ocupacionales durante un período de cuatro años, con el objeto de sustituir aquellas habilidades hoy obsoletas por efecto de la automatización y del cambio industrial, por las nuevas habilidades que exigen los nuevos procesos».

Amén. También nosotros tenemos que hacer las cosas de otra manera. Vamos a tener que poner en claro con qué nos quedamos, de qué nos libramos, qué adaptamos y qué adoptamos, dónde debemos redoblar esfuerzos y dónde tenemos que intensificar nuestra atención. De eso trata este capítulo. Es pura intuición, pero me parece que el aplanamiento del mundo va a ser enormemente perturbador tanto para las sociedades tradicionales como para las desarrolladas. Las débiles quedarán atrás más rápidamente. Las tradicionales notarán más profundamente la fuerza de la modernización. Las nuevas quedarán anticuadas más deprisa. Las desarrolladas se sentirán retadas por las subdesarrolladas mucho más profundamente. A mí me preocupa, porque la estabilidad política se basa en gran medida en la estabilidad económica, y porque la estabilidad económica no va a ser un rasgo propio del mundo plano. Si se junta todo, se podrá ver que las perturbaciones vendrán más deprisa y serán más duras. ¡No hay más que pensar en Microsoft tratando de averiguar qué hace con ese batallón mundial de gente que se dedica a escribir programas informáticos gratis! Nos estamos metiendo en una era de destrucción creativa con esteroides. Aunque tu país cuente con una estrategia total para enfrentarse al planismo, va a suponer un reto de una dimensión completamente nueva. Pero si no tienes ninguna estrategia en absoluto…, bueno, estás avisado.

Esto no es una prueba.

Por ser estadounidense, sobre todo me centro en lo que pase en mi país. ¿Qué hacemos para sacar el máximo provecho y utilizar el máximo de oportunidades que ofrece el mundo plano, y para ofrecer protección a los que tienen dificultades con la transición, sin recurrir al proteccionismo, a un capitalismo galopante? Habrá quien aporte respuestas tradicionalmente conservadoras, y quien aporte respuestas tradicionalmente liberales. Yo aporto la propuesta del planismo compasivo, que es un conglomerado de políticas elaboradas en torno a cinco grandes categorías de acción para la era de lo plano: liderazgo, desarrollo muscular, amortiguamiento, activismo social y crianza de los hijos.

LIDERAZGO

El cometido del político en Estados Unidos, ya sea a escala local, ya a escala de los Estados, ya a escala nacional, debería en buena medida consistir en ayudar a ilustrar y explicar a la gente cómo es el mundo en que vive y qué hay que hacer para prosperar en él. Sin embargo, uno de nuestros problemas actuales es que muchos políticos americanos no parecen tener ni la más remota idea de lo que es el mundo plano. Como me comentó un día el experto en capital riesgo John Doerr: «Si hablas con los líderes de China verás que todos son ingenieros, y captan enseguida lo que está pasando. Los americanos no, porque son todos abogados». A lo que Bill Gates añadió: «Los chinos tienen dominado todo lo que suponga asumir riesgos, tienen dominado el trabajo, la formación, y cuando te reúnes con políticos chinos te das cuenta de que todos son científicos e ingenieros. Puedes hablar de números con ellos... No te pones a hablar sobre cuál sería la mejor ocurrencia con la que poner en un aprieto [al rival político]. Estás ante una burocracia inteligente».

No estoy diciendo que deberíamos exigir que todos nuestros políticos tuviesen titulaciones en ingeniería, pero sería útil que tuviesen una idea básica sobre las fuerzas que están aplanando el mundo, que fuesen capaces de ilustrar a sus votantes sobre dichas fuerzas y de espolear una respuesta. Hoy en Estados Unidos tenemos una barbaridad de políticos que parecen dedicarse precisamente a lo contrario. Parece que, de hecho, hacen todo lo posible por volver idiotas a sus votantes, al alentarlos a creer que determinados empleos son «empleos americanos» y que es posible protegerlos de la competencia extranjera, o que porque EE. UU. siempre ha dominado en el terreno económico a lo largo de toda nuestra vida, siempre será así, o que la compasión debería equipararse al proteccionismo. Cuesta diseñar una estrategia nacional americana para hacer frente al planismo si la gente ni siquiera está dispuesta a admitir que estamos empezando a vernos en una posición de desventaja en lo tocante a formación y a ambición y que estamos metidos en una crisis silenciosa. Por ejemplo, de todas las decisiones que podría haber tomado el Congreso de mayoría republicana a la hora de elaborar el presupuesto del ejercicio 2005, ¿cómo demonios ha podido recortar la financiación de la National Science Foundation en más de 100 millones de dólares?

Necesitamos políticos capaces y deseosos de explicar y de inspirar. Y lo que más tienen que explicarnos a los americanos es, prácticamente, lo mismo que Lou Gerstner explicó a la plantilla de IBM cuando accedió al puesto de presidente en 1993, en una época en que la empresa estaba perdiendo miles de millones de dólares. En esos momentos IBM se enfrentaba a una experiencia cercana a la muerte, porque no había sabido adaptarse ni aprovechar el mercado de informática para negocios que ella misma había creado. IBM se volvió arrogante. Había construido toda su red de franquicias alrededor de la idea de ayudar a los clientes a solucionar problemas. Pero pasado un tiempo dejó de prestar atención a lo que le decían sus clientes. Le pareció que no tenía por qué seguir haciéndolo. Y cuando IBM dejó de escucharlos, dejó también de crear valor añadido, que era importante para ellos, y que había representado toda la fuerza de su negocio. Un amigo mío que trabajaba en aquel entonces en IBM me contó que el primer año de trabajar allí hizo un curso de formación de la empresa. Sus formadores se vanagloriaban de que IBM era una empresa tan fantástica, que era capaz de «hacer cosas extraordinarias con gente del montón». Pero cuando empezó a aplanarse, IBM se encontró con que ya no podía seguir prosperando con una sobreabundancia de gente del montón al servicio de una empresa que había dejado de escuchar con atención.

Cuando una empresa es la pionera, la vanguardia, el mejor galgo, la joya de la corona…, cuesta mirarse al espejo y decirse a uno mismo que no es una crisis tan silenciosa y que más vale ponerse a crear una nueva historia, o pasarás a la *idem*. Gerstner decidió hacer de espejo. Y le dijo a IBM lo fea que era y que no tenía ningún sentido una estrategia construida en gran medida en torno al diseño y la venta de ordenadores, en lugar de en los servicios y estrategias pensados para obtener el máximo rendimiento de dichos ordenadores para cada cliente concreto. Ni que decir tiene que aquello fue un *shock* para los de IBM.

«La transformación en una empresa empieza por una sensación de crisis o de urgencia», dijo Gerstner a los estudiantes de la Harvard Business School en una charla celebrada el 9 de diciembre de 2002. «Ninguna institución hará cambios fundamentales a no ser que crea estar en serios apuros y que necesite hacer cosas nuevas para sobrevivir.» Es imposible no hacer analogías con el conjunto de Estados Unidos de principios del siglo XXI.

Cuando Lou Gerstner asumió la presidencia de IBM, una de las primeras cosas que hizo fue sustituir la idea del puesto de trabajo para toda la vida con la de «empleabilidad» para toda la vida. Un amigo mío, Alex Attal, ingeniero informático de origen francés que trabajaba en IBM en aquellos tiempos, me describió el cambio conceptual de esta manera: «En vez de que IBM te garantizase un puesto de trabajo, tú tenías que garantizar a la empresa que eras capaz de mantenerte siempre apto para obtener uno. La empresa te facilitaba el armazón, pero tenías que construirlo tú mismo. Todo es cuestión de adaptación. Yo era jefe de ventas de IBM Francia en esa época, a mediados de los 90. Dije a mi gente que en los viejos tiempos [el concepto de] un empleo para toda la vida era responsabilidad única de la empresa, no de la persona. Pero al pasar al modelo de la empleabilidad, se convierte en una responsabilidad compartida.

Le empresa te facilitará el acceso a los conocimientos, pero tú eres quien debe aprovecharlos… Tú tienes que desarrollar las habilidades, porque tendrás que vértelas con un montón de gente más».

Cuando Gerstner empezó a cambiar el paradigma en IBM, insistía una y otra vez en el tema de la atribución de poder y capacitación por parte del propio individuo. Según Attal, «comprendió que una empresa extraordinaria sólo se podía erigir apoyándose en una masa crítica de gente extraordinaria».

Así en IBM, como en Estados Unidos de América. El hombre de a pie tiene que transformarse en un hombre de a pie especial, especializado y adaptable. La misión del gobierno y del sector empresarial no consiste en garantizarle a nadie un trabajo de por vida. Eso es de otra época. Con el aplanamiento del mundo se ha hecho trizas ese contrato social. Lo que el gobierno puede y debe garantizar a la gente es la oportunidad de mantener en todo momento su aptitud para conseguir un puesto de trabajo. No queremos que Estados Unidos sea para el mundo lo que IBM empezó a ser para la industria informática en los años 80: unos que iniciaron una senda pero que después se volvieron demasiado pacatos, arrogantes y ramplones y no supieron explotar el filón. Queremos a unos Estados Unidos que sean como la IBM renacida.

Los políticos no sólo deben explicar el mundo plano a la gente, sino además inspirar en la gente el deseo de aceptar el reto. El liderazgo político no se reduce a competir por ver quién es capaz de ofrecer las mallas de seguridad más apetitosas. Por supuesto, debemos dar respuesta a los temores de la gente, pero también debemos alimentar su imaginación. Los políticos nos pueden volver más temerosos, actuando entonces como discapacitadores, o bien pueden inspirarnos, como buenos capacitadores.

A decir verdad, no es fácil conseguir que la gente se apasione con el mundo plano. Para eso hay que echar mano de la imaginación. El presidente Kennedy entendió que la competición con la Unión Soviética no iba de carrera espacial, sino de carrera científica, que en el fondo era una carrera en formación. Pero el método que eligió para lograr que los estadounidenses se entusiasmasen con la idea de sacrificarse y de meterse de lleno en lo que hacía falta hacer para ganar la Guerra Fría (lo cual pasaba por un empuje a gran escala en los ámbitos de la ciencia e ingeniería) consistió en ofrecernos la visión del hombre en la Luna, no de un misil sobre Moscú. Si el presidente Bush está buscando un proyecto similar de legado, hay uno que está clamando por hacerse realidad: una iniciativa nacional para la ciencia, que vendría a ser la foto lunar de nuestra generación: un programa de choque para implantar energías alternativas y otras formas de conservación, de tal modo que dentro de diez años Estados Unidos no tenga que depender de los recursos energéticos de terceros. Si el presidente Bush hiciese de esta independencia energética su foto lunar, de un plumazo cerraría el grifo del terrorismo, obligaría a tomar la senda de las reformas a Irán, Rusia, Venezuela y Arabia Saudí (cosa que jamás harían con el barril de petróleo a 50 dólares), fortalecería el dólar y mejoraría su reputación en Europa al hacer algo grande por reducir el calentamiento del planeta. Además, crearía un verdadero imán que inspiraría a los jóvenes el deseo de participar en la lucha contra el terrorismo y en el futuro de Estados Unidos, haciéndose científicos, ingenieros y matemáticos. «Esto no es sólo un juego en el que ganan los dos contrincantes», me decía Michael Mandelbaum. «Es un juego en el ganamos absolutamente todos.»

Me ha llamado sistemáticamente la atención que mis artículos de opinión que a lo largo de los años han recibido, con diferencia, las reacciones más positivas de los lectores de nuestro periódico, en especial de la gente joven, hayan sido aquellos en los que instaba al presidente a hacer un llamamiento a la nación para iniciar precisamente esta labor. Unir todos nuestros esfuerzos y destrezas para generar un combustible del siglo XXI representa, para George W. Bush, la oportunidad de ser un Nixon para China y, a la vez, un JFK para la Luna. Por desgracia para Estados Unidos, parece que voy a tardar yo menos en pisar la Luna, que el presidente Bush en emprender este camino.

MÚSCULO

Dado que el empleo para toda la vida es un tipo de materia grasa que el mundo plano es sencillamente incapaz de sostener ya, el planismo compasivo busca centrar toda su energía en encontrar métodos por los que el gobierno y las empresas puedan potenciar la *capacidad de por vida de obtener un puesto de trabajo*. Garantizar trabajos para toda la vida pasa por conservar un montón de materia grasa. Por el contrario, la capacidad de por vida de obtener un puesto de trabajo requiere sustituir esa grasa por músculo. El contrato social que los progresistas deberían intentar implantar entre gobierno y trabajador, y entre empresa y trabajador, es aquel en el que gobierno y empresa digan: «No podemos garantizarte un puesto de trabajo para toda la vida, pero sí podemos garantizarte que el gobierno y las empresas se dedicarán a proveerte de las herramientas necesarias para que tengas salidas laborales toda tu vida». La tónica general del mundo plano es que, cada vez más, recaerá en el trabajador la responsabilidad de gestionar su carrera profesional, sus riesgos y su seguridad económica. Y la misión del gobierno y del mundo empresarial consistirá en ayudar a los trabajadores a desarrollar la musculatura necesaria para ello.

Los «músculos» que más necesitan los trabajadores son: ventajas laborales que vayan allí donde vaya el trabajador y oportunidades de aprendizaje para toda la vida. ¿Por qué estos dos? Porque son las bazas más importantes con las que el trabajador adquirirá movilidad y adaptabilidad. Como señala Robert Lawrence, economista de la Universidad de Harvard, la baza fundamental con que cuenta la economía americana es, desde siempre, la flexibilidad y la movilidad de su mano de obra y de sus leyes del trabajo. Estas dos características supondrán una ventaja aún mayor en el mundo plano, pues en él la creación y la destrucción de empleo se aceleran considerablemente.

A tenor de esta realidad, dice Lawrence, para la sociedad es cada vez más importante que, en la medida de lo posible, las ventajas laborales y la formación (los dos ingredientes clave para poder tener salidas laborales en todo momento) sean lo más flexibles posible. No te interesa que la gente viva con la sensación de que se tiene que quedar en una empresa toda su vida para no perder la pensión y las ventajas en asistencia sanitaria. Cuanto más móvil se sienta la fuerza laboral (en términos de asistencia sanitaria, pensión y posibilidades de formarse a lo largo de toda su vida activa), más dispuesta estará y más capaz será de dar el salto a nuevos sectores industriales y a nuevos puestos de trabajo generados al calor del mundo plano, y a pasar de empresas moribundas a empresas florecientes.

Si se crean los marcos legales e institucionales que fomenten esta posibilidad de llevarte, allí donde vayas, la pensión y la asistencia sanitaria asociadas a tu condición de trabajador (así como las prestaciones de la Seguridad Social, de Medicare y de Medicaid), la gente lo tendrá más fácil para desarrollar esa musculatura específica. En la actualidad un 50 por ciento, aproximadamente, de estadounidenses no tiene ningún tipo de plan de pensiones ligado al puesto de trabajo, si no contamos la prestación de la Seguridad Social. Los que tienen la suerte de contar con uno, no pueden llevárselo fácilmente de un puesto de trabajo a otro. Lo que hace falta es un plan único, universal y portátil de pensiones, de acuerdo con lo que propone el Progressive Policy Institute. Un plan único que acabe con el fárrago de tener dieciséis opciones de planes de jubilación desgravables que ofrece hoy el gobierno. Y que los consolide en un único vehículo. Este plan universal, que se iniciaría cuando consigues tu primer puesto de trabajo, animaría a los trabajadores a suscribirse a planes de ahorro desgravables. Cada trabajador y su empresa podrían hacer aportaciones en metálico, en bonos, en reparto de dividendos o en acciones, según sea el tipo de ventaja laboral que elija ofrecer cada empresa en concreto. Estos activos servirían para ir generando una desgravación en la modalidad de plan de ahorro o de inversión que el trabajador elija. Pero en el momento en que el trabajador tenga que cambiar de empleo, podría llevarse consigo su plan sin tener que hacerlo efectivo ni dejarlo por fuerza bajo el paraguas de la empresa en la que trabajaba hasta entonces. Hoy existen planes de aportaciones que pueden transferirse a otras entidades sin tener que recuperarlos y pagar impuestos, pero son complicados y, por ello, muchos trabajadores no se acogen a ellos.

El formato de plan de pensiones universal haría fácil y simple dicha transferencia y, además, la gente contaría con poder hacerla, de modo que la adhesión a un plan de pensiones no sería ya óbice para que la persona cambiase de empleo y empresa. Cada empresa podría seguir ofreciendo su plan de prestaciones desgravables, como incentivo para atraerse empleados. Pero si un trabajador cambiase de empleo, las aportaciones hechas a ese plan desgravable concreto pasarían automáticamente a su cuenta universal de provisiones para la pensión. Con cada nuevo empleo se podría crear un nuevo plan desgravable, y con cada cambio laboral las prestaciones quedarían depositadas en esa cuenta universal de provisiones para la pensión.

Además de este programa de pensiones universal, simple y portátil, Will Marshall, presidente del Progressive Policy Institute, propone crear una legislación gracias a la cual los trabajadores tuviesen más facilidades y más posibilidades de obtener acciones y participaciones de las empresas en las que trabajan. Este tipo de legislación contemplaría ventajas fiscales para las empresas que diesen antes, a más trabajadores, más participaciones, y penalizaría a las empresas que no lo hiciesen así. En parte, para que los trabajadores gocen de mayor movilidad laboral hay que crear vías nuevas para que un mayor número de empleados pueda ser dueño de activos financieros, no sólo de su empleo. «Nos interesa que las personas se vean a sí mismas como accionistas, que participen en la faceta de creación de capital del mundo plano, que no se limiten a competir en mercados laborales globales», explicaba Marshall. «Todos tenemos que ser propietarios, además de perceptores de remuneración. Eso deben perseguir las políticas públicas, para asegurarse de que la gente, en los albores del siglo XXI, disponga de activos que generan riqueza, como se logró en el XX con el acceso de la gente a la propiedad de una vivienda.»

¿Por qué? Porque hay cada vez más textos y estudios que vienen a decir que las personas, cuando se convierten en accionistas, cuando acceden a un trozo de la tarta, «se implican más de lleno en nuestro sistema de capitalismo democrático y en las políticas que lo dinamizan», como me dijo Marshall. Es otra forma, junto con el acceso a la propiedad inmobiliaria, de apuntalar la legitimidad del capitalismo democrático. Es más: en un mundo plano en el que todo trabajador tendrá que vérselas con una competencia más férrea, cuantas más oportunidades tenga uno de generar riqueza a través del poder de los mercados y del interés compuesto, más capacidad tendrá uno para actuar con independencia. Es necesario dotar a los trabajadores de todos los estabilizadores posibles y hacerles igual de fácil que a los plutócratas el acceso a la propiedad de acciones. En lugar de centrarnos únicamente en proteger a quienes poseen ya el capital, como a menudo parecen hacer los conservadores, centrémonos en ampliar el círculo de propietarios de capital.

En el aspecto de la asistencia médico-sanitaria, en la que no ahondaré aquí con todo detalle (pues requeriría dedicar un libro entero sólo a este asunto), es imprescindible desarrollar un plan de seguros médicos que el trabajador pueda llevarse consigo allá donde vaya, que reduzca en parte la carga que soporta el empleador para dar y gestionar la cobertura. Prácticamente todos los empleadores con los que hablé para este libro citaron los abultados y descontrolados costes médico-sanitarios que hay en Estados Unidos, como una razón para trasladar fábricas a países en los que las contrapartidas son más limitadas o inexistentes, o en los que hay un seguro de salud nacional. Una vez más, yo me decanto por el tipo de programa médico-sanitario portátil que propone el Progressive Policy Institute. La idea consiste en establecer fondos colectivos en cada Estado, que es como actualmente se da cobertura a los empleados del Congreso y de las instituciones federales. Estos fondos sentarían las normas y crearían el mercado en el que las diferentes compañías aseguradoras podrían ofrecer su variedad de opciones. Cada empresario tendría la responsabilidad de brindar este surtido de opciones a cada nuevo empleado. Los trabajadores podrían escoger entre una cobertura máxima, media o mínima. Pero todo el mundo tendría que tener cobertura. El empleador cubriría en parte o todas las primas, según decida, y el empleado el resto. Pero los empleadores no serían responsables de negociar los planes con las compañías aseguradoras, donde su peso individual es muy escaso.

De eso se encargarían las reservas estatales o federales. De esta manera los empleados disfrutarían de absoluta movilidad y podrían llevarse la cobertura médico-sanitaria allí donde fuesen. Si este tipo de plan ha fun-

cionado de maravilla con los miembros del Congreso, ¿por qué no ofre-
cerlo al resto de la gente? Los trabajadores más necesitados o con bajos
ingresos, que no pueden pagarse un plan personal, podrían solicitar un
subsidio gubernamental para tal fin. Pero la idea principal es establecer
un mercado de seguros privados supervisado, regulado y subvencionado
por el gobierno, en el que éste siente las normas generales para que no
se produzca discriminación por motivos de estado de salud ni denega-
ción arbitraria de tratamiento médico. La atención médico-sanitaria pro-
piamente dicha se daría de manera privada, y la misión de los empleadores sería facilitar el acceso de sus trabajadores a alguno de estos fondos
estatales e, idealmente, ayudarles a pagar algunas o todas las primas, pero
ellos en sí no serían responsables de la atención médico-sanitaria. Sin
embargo, en la transición de un sistema a otro, los empleadores podrían
seguir ofreciendo planes de cobertura médico-sanitaria a modo de
incentivo, y los trabajadores dispondrían de la posibilidad de elegir o
el plan que les ofrecen sus empleadores o la variedad de opciones que
les ofrecen los fondos estatales de aportaciones. (Para más detalles, véase www.ppionline.org).

Se pueden poner pegas a los detalles de cualquiera de estas propuestas, pero en mi opinión lo que las inspira a todas, en el fondo, es perfectamente válido: en un mundo que está aplanándose, en el que las grandes
empresas de la lista Fortune 500 ya no pueden garantizar seguridad al trabajador a través de pensiones diseñadas desde arriba y de planes de asistencia médico-sanitaria, necesitamos soluciones que impliquen mayor grado de colaboración (entre gobierno, trabajadores y empresas), que fomenten
la independencia del trabajador pero que no le dejen tampoco a su suerte.

Cuando se trata de desarrollar la musculatura con la que mantenernos
siempre en el mercado laboral, el gobierno tiene otra misión muy importante que realizar. Cada siglo que pasa, a medida que vamos ampliando
los horizontes del saber humano, el trabajo se vuelve cada vez más complejo en todos los niveles y exige de nosotros una mayor capacidad para
reconocer patrones y para solucionar problemas. En la era preindustrial
la fuerza física del hombre contaba mucho. La fortaleza era un verdadero servicio que la gente podía vender en la granja o en el taller. Sin embargo, con la invención del motor eléctrico y de la máquina de vapor, la
fuerza física perdió importancia. Mujeres de talla menuda podían conducir
grandes camiones. La fuerza física se bonifica ya muy poco hoy en día.
Por el contrario, cada vez se premia más la capacidad para reconocer

patrones y para solucionar problemas complejos, hasta en la granja. La actividad agrícola se ha convertido en una actividad que implica la utilización de muchos más conocimientos que antes, si pensamos en los satélites GPS que guían a los tractores para cerciorarse de que las hileras de los cultivos sean totalmente rectas. Esta modernización, unida a los fertilizantes, dejó en la cuneta a muchos trabajadores, que pasaron a cobrar el *sueldo anterior* que estaban ganando en la agricultura.

La sociedad en conjunto vio esta transición de la agricultura tradicional a la industrialización y dijo: «¡Esto es la bomba! Ahora tendremos más alimentos y mejores, a menor coste, y más gente disponible para trabajar en las fábricas». Sin embargo, los trabajadores rurales que dependían de sus músculos, y sus familias, dijeron: «Esto es una tragedia. ¿Cómo voy a conseguir un trabajo en la economía industrial si sólo tengo músculo y el graduado escolar? No voy a poder comer ninguno de esos alimentos mejores, más baratos y abundantes que salen de las granjas. Hay que parar esta transición a la industrialización».

De alguna manera, hace cien años atravesamos la transición de una sociedad basada en la agricultura a una basada en la industria... y acabamos con un nivel de vida más elevado para la inmensa mayoría de los estadounidenses. ¿Cómo lo hicimos?

«Diciéndole a todo el mundo que debía terminar sus estudios secundarios», me explicó el economista de la Universidad de Stanford Paul Romer. «De eso iba el movimiento a favor de la enseñanza secundaria de principios del siglo XX.» Como han demostrado los historiadores de la economía en gran cantidad de trabajos de investigación (ver, en particular, el trabajo de los economistas de Harvard, Claudia Goldin y Larry Katz), la tecnología y el comercio hacen que la tarta aumente de tamaño, pero al mismo tiempo la alejan del alcance de la mano de obra poco cualificada y la acercan a la mano de obra muy cualificada. Dado que la sociedad estadounidense generó más cantidad de personas con cualificación superior al imponer la obligatoriedad de la enseñanza secundaria, más gente tuvo la posibilidad y el poder de acceder a una porción mayor de la tarta de la economía, que era ya más grande y más compleja. Y a medida que avanzaba el siglo, añadimos al movimiento a favor de la enseñanza secundaria la G. I. Bill* y el actual sistema universitario.

---

* Ley aprobada en 1944, que garantizaba formación y otro tipo de ventajas a personas que habían servido en las fuerzas armadas estadounidenses durante la Segunda Guerra Mundial. *(N. de la T.)*

«Fueron grandes ideas —señaló Romer— y lo que falta en estos momentos es imaginación política para perfilar la forma de llevar a cabo algo tan grande y decisivo para la transición al siglo XXI como lo que hicimos para pasar al siglo XIX y al XX». Según Romer, el reto más evidente consiste en hacer la enseñanza superior, si no obligatoria, sí subvencionada por el gobierno durante al menos dos años, tanto si se opta por una universidad de un Estado, como por un centro superior o por una escuela técnica. La enseñanza superior se torna más crucial conforme el mundo se aplana, porque la tecnología producirá puestos de trabajo convencionales y generará empleos nuevos y más complejos a una velocidad mucho mayor que durante la transición de la economía agrícola a la industrial.

Formar a la gente en el nivel superior de la enseñanza surte dos efectos. Uno es que crea más personal capacitado para acceder a puestos de trabajo de mayor valor añadido en los nuevos sectores. Y, en segundo lugar, reduce las reservas de personas capaces de realizar trabajos menos especializados, desde mantenimiento de carreteras a reformas del hogar, pasando por puestos de dependientes de Starbucks. Al reducir las reservas de trabajadores no cualificados, contribuimos a estabilizar sus salarios (siempre y cuando controlemos la inmigración), porque habrá menos personas disponibles para realizar dichos trabajos. No por casualidad los fontaneros de hoy pueden cobrar 75 dólares la hora en las principales áreas urbanas, y cuesta encontrar buenas gobernantas o cocineras.

La capacidad que ha demostrado Estados Unidos desde mediados del siglo XIX hasta mediados del XX para formar a la gente, limitar la inmigración y hacer que el trabajo poco cualificado escasease lo suficiente como para asegurar un nivel de salarios decente fue nuestra manera de crear una clase media sin unas diferencias salariales exageradamente grandes. «De hecho —señaló Romer—, desde finales del siglo XIX hasta mediados del XX experimentamos una reducción en las diferencias salariales. Ahora hemos asistido a un incremento de dicha diferencia, a lo largo de los últimos veinte o treinta años». Con cada avance tecnológico y con cada aumento en la complejidad de los servicios, necesitas un nivel más elevado de destrezas para desempeñar los trabajos que van surgiendo. Una cosa era pasar de trabajar en una granja a trabajar como operadora telefónica, hablando correcta y educadamente. Pero dejar de trabajar como operadora telefónica cuando el puesto se ha subcontratado en la India, y pasar a ser capaz de instalar o reparar sistemas de telefonía y mensajería (o a ser capaz de elaborar su aplicación informática) supone dar todo un salto nuevo hacia arriba.

Aunque sigue siendo importante expandir las universidades de investigación en el extremo superior del espectro, también lo es ahora expandir el acceso a escuelas técnicas y a centros de enseñanza superior. Todo el mundo debería tener la posibilidad de seguir formándose después del instituto. De lo contrario, los jóvenes de las familias más adineradas aprenderán esas destrezas y se harán con su porción de tarta, y los de familias menos acomodadas nunca tendrán una oportunidad. Tenemos que incrementar las subvenciones gubernamentales gracias a las cuales cada vez más chavales puedan estudiar en centros superiores y cada vez más trabajadores sin cualificación accedan a cursos de reciclaje.

JFK quería llevar al hombre a la Luna. Mi visión consiste en llevar a todo hombre y mujer estadounidense a un campus universitario.

Los empleadores tienen que hacer una aportación crucial al aprendizaje continuo y al fomento de la capacidad del empleado de tener siempre salidas laborales, frente al puesto de trabajo garantizado. Tomemos como ejemplo CapitalOne, la empresa global de tarjetas de crédito, que en los últimos años ha empezado a subcontratar con Wipro y con Infosys, en la India, elementos de sus operaciones de trastienda. Al competir en el mercado global de servicios financieros, esta empresa consideró que debía aprovechar todas las oportunidades de ahorro de costes que representaban sus competidores. No obstante, lo primero que hizo CapitalOne fue intentar formar a sus trabajadores en seminarios dedicados a explicar los apuros que estaba atravesando la empresa por culpa de la feroz competencia exterior. Dejó así claro que ya no hay ningún paraíso en el que sea posible garantizar un puesto de trabajo de por vida, dentro de CapitalOne o fuera. A continuación desarrolló todo un programa de formación en otros oficios para programadores informáticos, los más afectados por el *outsourcing*. La empresa cogía a un programador especializado en computadoras centrales y le enseñaba a ser también programador de sistemas distribuidos. CapitalOne hizo cursos de reciclaje similares con sus empleados de la parte de negocio, desde su departamento de créditos para la compra de automóviles al de gestión de riesgo. Como resultado, los trabajadores de los que se prescindió finalmente por efecto de alguna operación de *outsourcing* se hallaron en mucha mejor situación para conseguir otro empleo, porque habían recibido formación en otras ramas y, por ende, tenían más puertas abiertas. Y los que también recibieron cursos de formación pero al final se quedaron en la empresa eran más versátiles y, por ende, más valiosos para CapitalOne, porque podían desempeñar múltiples tareas.

Lo que estaba haciendo CapitalOne, tanto por su propio interés como por un deber sentido para con los trabajadores de los que estaba prescindiendo, era tratar de hacer «versatilistas» a un mayor número de empleados de su plantilla. La palabra «versatilista» fue acuñada por Gartner Inc., la consultora de empresas de tecnología, para describir la tendencia existente en el mundo de las tecnologías de la información, que empezaba a distanciarse de la especialización y a primar al empleado más adaptable y versátil. Fomentar la versatilidad del empleado y encontrar empleados que ya sean «versatilistas» o que estén dispuestos a convertirse en «versatilistas» «será la nueva consigna en la planificación de la carrera profesional», según un estudio de Gartner citado por TechRepublic.com. «Las empresas que se centran únicamente en las aptitudes técnicas no sabrán poner el rendimiento de su plantilla en consonancia con el valor de empresa», decía el estudio de Gartner. «Deben crear un equipo de versatilistas que cree una variada cartera de conocimientos y competencias para alimentar [múltiples] objetivos de negocio.» El estudio de Gartner señalaba que «los especialistas, por lo general, poseen habilidades avanzadas y un margen de actuación estrecho, que les proporcionan un grado de especialización reconocido por sus iguales pero rara vez valorado fuera de su dominio inmediato. Los generalistas cuentan con un margen más amplio y unas habilidades básicas, lo que les permite responder o actuar razonablemente deprisa pero a menudo sin ganarse (ni manifestar) la confianza de sus compañeros o de sus clientes. A diferencia de ambos grupos, los versatilistas aplican unas habilidades avanzadas a un rango de situaciones y de experiencias que se amplía progresivamente, de tal modo que adquieren nuevas competencias, cultivan relaciones y asumen nuevos papeles». TechRepublic citaba a Joe Santana, director de formación de Siemens Business Services: «Con unos presupuestos congelados o incluso recortados, y con menos gente, los gestores tienen que sacar el máximo partido del personal con el que cuentan... Ya no pueden ver a su gente como si fuesen herramientas especializadas. Y su gente tiene que dejar de trabajar como una herramienta especializada y empezar a ser más como los cuchillos del ejército suizo. Esos "cuchillos del ejército suizo" son los versatilistas».

Al interés propio de las empresas por convertir a un mayor número de empleados en cuchillos suizos humanos, habría que alentarlas, con subvenciones gubernamentales y con incentivos fiscales, a ofrecer el mayor abanico posible de oportunidades de aprendizaje a sus empleados. Hoy el menú de programas de formación de trabajadores, que utilizan internet como medio de difusión, es inmenso. Hay desde titulaciones *online* hasta formación dentro de la empresa, con ayuda de un tutor, para diferentes especializaciones. Pero no sólo es enorme el menú, sino que el coste de estas oportunidades es, para la empresa, muy bajo. Cuantas más oportunidades de formación continua ofrezcan las empresas, más estarán ampliando las destrezas de su plantilla y más estarán cumpliendo con una obligación moral para con los trabajadores cuyos puestos se subcontratan fuera, obligación moral de procurarles más salidas laborales que cuando entraron a trabajar en ellas. Si hay hoy algún nuevo contrato social implícito entre empleadores y empleados, debería ser éste: tú me das tu trabajo y tu esfuerzo, y yo te garantizo que mientras trabajes aquí, te daré todas las oportunidades (tanto en mejora profesional como en formación) para tener más salidas laborales y hacerte más versátil.

Aunque es necesario redoblar esfuerzos para fortalecer la musculatura de todos y cada uno de los ciudadanos estadounidenses, también tenemos que seguir importando músculo de fuera. La mayoría de los ingenieros, físicos y científicos indios, chinos, rusos, japoneses, coreanos, iraníes, árabes e israelíes que vienen a Estados Unidos a trabajar o a estudiar son unos ciudadanos magníficos. Valoran la familia, tienen formación superior y son muy trabajadores, y la mayoría no se lo pensarían dos veces si tuviesen la oportunidad de hacerse ciudadanos americanos. Son exactamente el tipo de gente que necesita este país, y no podemos permitir que el FBI, la CIA y el Departamento de Seguridad Interior, en su celo por impedir la entrada del próximo Mohamed Atta, deje fuera también al próximo Sergey Brin (uno de los cofundadores de Google, de origen ruso). Como dice un amigo mío que es arquitecto informático, «si algún día una persona nacida en el extranjero fuese a quitarme el trabajo, preferiría que se hubiese nacionalizado estadounidense y que contribuyese al pago de mis prestaciones de jubilación».

Yo preferiría una política de inmigración que diese un visado de trabajo por cinco años a un estudiante extranjero que termine el doctorado en una universidad acreditada, en la materia que fuese. Me da igual que sea en mitología griega o en matemáticas. Si somos capaces de quedarnos con los números uno intelectuales del mundo entero, al final Estados Unidos siempre saldrá ganando. Si el mundo plano tiene que ver con la interconexión de todas las reservas de saber y conocimientos, lo que nos interesa es que la nuestra sea la más grande. Como dijo Bill Brody, el rector de la Johns Hopkins: «Estamos en plena búsqueda de talentos a escala global, así que en Estados Unidos deberíamos hacer todo lo posible por conseguir a esos figuras, porque alguno de ellos será Babe Ruth. ¿Cómo íbamos a permitir que se fuese a otro sitio?».

MATERIA GRASA DE LA BUENA

Colchones que merece la pena conservar

Si bien muchas de las antiguas mallas de seguridad tendidas por las empresas y el gobierno desaparecerán por efecto de la competencia global propia del mundo plano, seguirá siendo necesario conservar parte de la materia grasa. Incluso habrá que añadir más. Como sabe todo aquel que se preocupe por su salud, hay dos tipos de grasa: «buena» y «mala». En todo caso, siempre necesitamos algo de grasa. Esto vale también para cualquier país en un mundo plano. La Seguridad Social es grasa de la buena. Hay que conservarla. Un sistema de bienestar social que no incentive a la gente a trabajar es grasa de la mala. El tipo de materia grasa buena que hay que añadir cuando se está en un mundo plano es el seguro salarial.

Según un estudio realizado en los años 80 y 90 por Lori Kletzer, economista de la Universidad de California-Santa Cruz, dos tercios de los trabajadores que se quedaron sin empleo en el sector de las manufacturas, debido a la competencia extranjera, pasaron a ganar menos dinero en su siguiente puesto de trabajo. Un cuarto de los que se quedaron sin empleo y que volvieron a conseguir uno experimentaron una reducción del 30 por ciento o más en sus ingresos. Quedarse en paro, por la razón que sea, es un trauma tanto para el trabajador como para su familia, pero sobre todo para los trabajadores de más edad, a los que les cuesta más adaptarse a las nuevas técnicas de producción o que carecen de la formación necesaria para acceder a puestos de servicios que requieren mayor capacitación.

La idea del seguro salarial la propusieron por primera vez en 1986 Robert Lawrence, de Harvard, y Robert E. Litan, de la Brookings Institution, en un libro titulado *Saving Free Trade* (*Salvar el comercio libre*). La idea cayó en el olvido hasta que recobró fuerza gracias al análisis actualizado que hicieron en 2001 Kletzer y Litan. Además, la Comisión para el Déficit Comercial de EE. UU., una comisión bipartita reunida en 2001, le concedió aún más peso político. Esta comisión no consiguió ponerse de acuerdo en nada (ni siquiera en las causas del déficit comercial o en qué hacer al respecto), excepto en la conveniencia de crear el seguro salarial.

«El comercio genera ganadores y perdedores. Nuestras reflexiones versaban sobre los mecanismos mediante los cuales los primeros podrían compensar a los últimos, en especial a aquellos perdedores que habían estado disfrutando de sueldos elevados en determinado puesto de trabajo y que, de repente, se veían en otro empleo ganando salarios mucho más bajos», me dijo Lawrence. El planteamiento —me explicó— consiste en que cada trabajador posee «unas destrezas generales y unas destrezas específicas», por las cuales percibe un salario. Cuando cambias de trabajo, descubres enseguida cuál es cuál. Así pues, puede que tengas un título superior y un diploma oficial de contabilidad, o bien un título de bachillerato y estés cualificado para manejar un torno. En tu sueldo se refleja tu capacitación, sea la que sea. Pero imagina que un día tu puesto de tornero se subcontrata en China o tu trabajo básico de contabilidad se lo llevan a la India. Tienes que salir al mercado laboral a buscarte otro empleo. Seguramente tu nuevo empleador no te compensará mucho por tus habilidades específicas, porque lo más probable es que tus conocimientos como operario de maquinaria o como contable general le resulten de menos utilidad. Se te pagará, sobre todo, en función de tus destrezas generales (tu formación secundaria o superior). Durante un tiempo determinado, hasta que encuentres otro trabajo y aprendas otras destrezas específicas, el seguro salarial te compensaría por no poder aplicar las que tenías.

El programa estándar de seguro de desempleo que gestionan los Estados mitiga en parte las dificultades a las que debe enfrentarse el trabajador, pero no da solución a su preocupación, más honda, por la pérdida de nivel salarial que experimentará en el siguiente empleo y por su imposibilidad de costearse un seguro médico mientras está en paro, buscando trabajo. Para tener derecho al seguro salarial, los trabajadores que pretendan obtener compensaciones por haberse quedado en paro tendrían que reunir tres requisitos. En primer lugar, tendrían que haber perdido su puesto de trabajo debido a alguna variante de desplazamiento (traslado de fábricas a otro país, subcontratación de su puesto en otro país, recorte de plantilla o cierre de fábrica). En segundo lugar, tendrían que haber estado al menos dos años en su anterior puesto de trabajo. Y, en tercer lugar, para poder cobrar el seguro salarial, antes deben encontrar otro empleo. Así se incentivaría más al desempleado a buscar otro trabajo rápidamente y a hacer todo lo posible por reciclarse mientras esté contratado. Asistir a cursos de formación mientras se está contratado es la mejor manera de aprender destrezas nuevas, frente a la opción de apuntarse a un taller ocupacional de la Administración pública, sin una perspectiva segura al terminar y teniendo que hacerlo mientras se está en paro.

Los trabajadores que reuniesen esos tres requisitos cobrarían la compensación durante dos años, que cubriría la mitad de la pérdida salarial calculada sobre el sueldo que cobraban inmediatamente antes (con un tope de 10.000 dólares al año). Kletzer y Litan proponían también que el gobierno pagase, durante seis meses como máximo, la mitad de las primas del seguro médico-sanitario a todos los trabajadores «desplazados». Personalmente, el seguro salarial me parece una idea mucho mejor que la de contar sólo con el tradicional seguro por desempleo que ofrecen los Estados, que por lo general sólo cubre un 50 por ciento aproximadamente del sueldo anterior de la mayoría de los trabajadores, está limitado a seis meses y no ayuda a los que padecen una reducción de ingresos en su nuevo empleo en comparación con el sueldo que cobraban antes.

Además, como señalaban Kletzer y Litan, aunque hoy en día todos los trabajadores despedidos tienen derecho a pagar el seguro médico no subvencionado que tenían con su anterior empleador (si éste les ofrecía cobertura médica cuando trabajaban para él), muchos trabajadores en paro no disponen del dinero necesario para beneficiarse de esta garantía. Y, aunque los trabajadores en paro pueden percibir un seguro adicional por desempleo durante 52 semanas si se inscriben en algún programa de reciclaje aprobado oficialmente, no tienen ninguna garantía de salir colocados al terminar el curso.

Por todas estas razones la propuesta de Kletzer y Litan tiene todo el sentido, a mi modo de ver, como contraprestación adecuada para proteger a los trabajadores en el mundo plano. Además, un programa como éste sería perfectamente asumible. Litan calculó que con una tasa de desempleo del 5 por ciento, el seguro salarial y el subsidio médico-sanitario costarían hoy unos 8.000 millones de dólares al año, que no es nada en comparación con el impacto positivo que tendría entre los trabajadores. Este programa, si el trabajador opta por él, no sustituiría al clásico seguro de desempleo que ofrecen los Estados, pero si todo va como está previsto, podría realmente reducir el coste de dichos programas, ya que se reduciría el intervalo de búsqueda de un nuevo empleo.

Habrá quien pregunte: «¿Pero por qué tenemos que ser compasivos, para empezar? ¿Por qué vamos a conservar materia grasa, fricciones o barreras?». Deja que lo diga de la forma más simple y llana posible: si no eres un planista compasivo (o sea, si eres un planista desaforado defensor del mercado libre), entonces no sólo eres cruel sino además idiota. Porque te estarás buscando una reacción política violenta por parte de quienes puedan quedarse en la calle (y se queden en la calle) por efecto del proceso de aplanamiento, y esa reacción violenta podría volverse feroz si encima nos metiésemos en una recesión prolongada.

La transición al mundo plano va a angustiar a mucha gente. Como me dijo Joshua S. Levine, director de tecnologías de E*Trade: «¿Sabes cuando estás atravesando una experiencia angustiosa y necesitas un respiro, pero parece que nunca fuese a llegar ese respiro? Fíjate en los trabajadores de las aerolíneas. Pasan por un acontecimiento [tan terrible] como fue el 11-S y la dirección y los sindicatos de las compañías aéreas se sientan a negociar durante cuatro meses y la dirección dice: "Si los sindicatos no reducen sus exigencias salariales y de ventajas laborales en 2.000 millones de dólares, van a tener que cerrar la aerolínea". Y después de esas desgastadoras negociaciones, los sindicatos firman un acuerdo. Y yo me tengo que reír, porque verás que dentro de unos meses la dirección volverá a la carga... Es el cuento de nunca acabar. A mí nadie tiene que pedirme que recorte mi presupuesto cada año. Todos sabemos que cada año se esperará que hagamos más con menos. Si te dedicas a generar ingresos, se espera de ti que cada año generes más, y si te dedicas a ahorrar en gastos, se supone que cada año tienes que conseguir ahorrar más. Nunca puedes tomarte un respiro».

Si las sociedades son incapaces de manejar las tensiones que produce este aplanamiento, habrá reacciones violentas y las fuerzas políticas tratarán de introducir de nuevo algunas de las fricciones y de las barreras proteccionistas que las fuerzas aplanadoras habían eliminado. Pero lo harán de una manera burda que, en nombre de la protección a los débiles, acabará reduciendo el nivel de vida de todo el mundo. El anterior presidente mexicano Ernesto Zedillo es muy sensible a este problema, tras haber tenido que dirigir la transición de México hacia el NAFTA (Acuerdo de Libre Comercio Norteamericano), con todas las tensiones que ello produjo en la sociedad mexicana. Hablando del proceso del aplanamiento, Zedillo me dijo: «Sería muy difícil frenarlo, pero sí se puede detener un instante. Tal vez no del todo, pero sí se puede ralentizar un poco. Y es muy diferente entrar en él dentro de veinticinco años o de cincuenta. Entretanto, dos o tres generaciones —que habrían podido beneficiarse mucho de un mayor comercio y de una mayor globalización— habrán acabado con migajas».

Y recuerda siempre (me dijo Zedillo) que detrás de toda esta tecnología hay una infraestructura política que le permite funcionar. «A lo largo de los últimos cincuenta años se han tomado una serie de decisiones políticas concretas que han llevado al mundo a donde está hoy», me dijo. «Por tanto, hay decisiones políticas que podrían también echar a perder todo el proceso.»

Como dice el dicho: si quieres vivir como un republicano, vota como un demócrata. O sea, preocúpate de los perdedores y de los rezagados. La única forma de ser planista es siendo un planista compasivo.

Activismo social

Una nueva área que habrá que organizar y clarificar es la relación entre las grandes empresas globales y su propia conciencia moral. Puede que a algunos les provoque risa pensar que las grandes empresas globales tengan conciencia moral o que siquiera puedan llegar a tenerla algún día. Pero algunas la tienen y otras van a tener que desarrollarla, por una sencilla razón: en el mundo plano, caracterizado por unas largas cadenas de suministros, el equilibrio de poder entre las empresas globales y las comunidades individuales en las que actúan está inclinándose cada vez más a favor de las primeras, muchas de las cuales tienen su domicilio social en EE. UU. Estas empresas van a tener en sus manos más poder (no sólo para crear valor sino también para transmitir valores) que cualquier otra institución transnacional del planeta. Actualmente los activistas sociales y medioambientales y las empresas progresistas pueden colaborar de tal manera que, por una parte, las empresas sean más rentables y, por otra, la Tierra plana sea un lugar más habitable. El planismo compasivo tiende a promover este tipo de colaboración.

Permíteme que ilustre la idea con un par de ejemplos. Si te paras a pensar en las fuerzas que están acabando con la biodiversidad en todo el planeta, verás que las más poderosas son los granjeros. No es que sean perniciosos adrede. Es, simplemente, algo intrínseco a la naturaleza de su trabajo. Así pues, el cómo y el dónde se cultive, se críe animales y se pesque cuenta mucho a la hora de la protección de los hábitats naturales y de las especies. Conservation International, una de las ONG medioambientales más grandes del mundo, tienen como objetivo primordial la protección de la biodiversidad. También cree firmemente en la colaboración (siempre que sea posible) con las grandes empresas, porque cuando te ganas a un gran participante del mundo global, el impacto en el medio ambiente puede ser enorme. En 2002 McDonald's y Conservation International crearon un proyecto conjunto para utilizar la cadena global de suministro de la franquicia (un mastodonte que engulle ternera, pescado, pollo, cerdo, pan, lechuga, pepinillos, tomates y patatas llegadas de las cuatro esquinas del mundo plano) para producir no sólo valor, sino también unos valores diferentes en relación con el medio ambiente. «McDonald's y nosotros nos planteamos una serie de temas medioambientales y dijimos: "Esto es lo que podrían hacer los proveedores de alimentos para reducir el impacto sobre el medio ambiente a un coste mínimo o nulo"», me explicó Glenn Prickett, vicepresidente primero de Conservation International.

A continuación, McDonald's se reunió con sus principales proveedores y, junto con CI, elaboraron una serie de directrices para lo que McDonald's ha dado en llamar el «suministro de alimentos socialmente responsable». «Para los defensores del medio ambiente, el reto consiste en dar con la manera de echar el lazo a cientos de millones de decisiones y de ejecutivos implicados en el sector agropecuario, entre los cuales la única coordinación que existe es la que aporta el mercado», me dijo Prickett. «Así pues, lo que buscamos son socios capaces de subordinar su potencia de compra a un conjunto de prácticas respetuosas con el medio ambiente, de una manera que resulte beneficiosa para ellos, que funcione para los productores y que sea buena para la biodiversidad. De este modo, puedes empezar a captar a muchos más ejecutivos y directivos... Como no existe ninguna autoridad gubernamental global para la protección de la biodiversidad, tienes que colaborar con aquellos implicados que pueden tener un efecto importante. Uno de ellos es McDonald's.»

Conservation International está viendo ya en los proveedores de McDonald's mejoras en la conservación del agua, de la energía y de los residuos, así como pasos para estimular una mejor gestión de las piscifactorías. Pero todavía es pronto (y habrá que evaluar los resultados durante un período de diez años, recabando datos exhaustivos) para saber si está teniendo realmente un impacto positivo en el medio ambiente. Esta forma de colaboración no puede ni debe sustituir jamás la reglamentación y la supervisión gubernamentales. Pero si da resultado, puede ser un vehículo para que la reglamentación del gobierno se aplique de verdad. Los ecologistas que prefieren la normativa gubernamental frente a este tipo de proyectos de colaboración suelen pasar por alto el hecho de que la estricta normativa impuesta contra la voluntad de los agricultores y ganaderos acaba imponiéndose de una manera muy laxa, o bien no se impone en absoluto.

¿Qué gana McDonald's con todo esto? Pues una gran oportunidad para mejorar su imagen en el mundo, al actuar como un buen ciudadano global. Sí, en el fondo es una oportunidad de negocio para McDonald's. A veces la mejor manera de cambiar el mundo es consiguiendo que los grandes implicados hagan lo correcto por razones incorrectas, porque si hay que esperar a que hagan lo correcto por las razones correctas, ya puedes esperar sentado. Conservation International ha establecido proyectos similares de colaboración, a escala de cadenas de suministros, con Starbucks (elaborando una serie de normas para los cultivadores de café de su cadena de suministro) y con Office Depot (en concreto, con sus proveedores de productos de papel).

Lo que hacen estos proyectos de colaboración es empezar a «derribar los muros que separan a los diferentes grupos de interés», me dijo Prickett. Normalmente, por un lado tenías a los ecologistas y por otro a los agricultores y ganaderos, y cada cual intentaba que el gobierno redactase la regulación como más les convenía. El gobierno acababa redactando las leyes de una forma beneficiosa para las empresas, en gran medida. «Ahora, en vez de eso, tenemos a un ente privado que dice: "Queremos utilizar tu cadena global de suministro para una buena obra", pero nosotros entendemos que para ser efectiva, tiene que ser una colaboración entre los granjeros y agricultores y los ecologistas, si es que queremos que tenga algún efecto», me dijo Prickett.

En esta misma línea, como planista compasivo que soy, me gustaría ver una etiqueta en todos los artículos electrónicos en la que se informase de si la cadena de suministro que lo produjo cumple los criterios establecidos por la reciente alianza HP-Dell-IBM. En octubre de 2004 estos tres gigantes unieron sus fuerzas para un programa de colaboración formado por integrantes fundamentales de sus respectivas cadenas de suministro de ordenadores y de impresoras, con el fin de promocionar en todo el mundo un código unificado de prácticas de fabricación socialmente responsables. Este nuevo Código de Conductas de la Industria Electrónica contempla, entre otras cosas: la prohibición del cohecho, del trabajo infantil, del desfalco y de la extorsión, así como de la vulneración de la propiedad intelectual; normas que regulan la utilización de aguas residuales, de materiales peligrosos, de contaminantes; y normas relativas al informe de lesiones en el lugar de trabajo. Muchos grandes fabricantes de artículos electrónicos que trabajan en las cadenas de suministro de IBM, Dell y HP colaboraron en la redacción de este código. Entre ellos están: Celestica, Flextronics, Jabil, Sanmina-SCI y Solectron.

Todos los proveedores de HP, por ejemplo, tienen la obligación de aplicar el código, aunque hay flexibilidad en cuanto a los plazos de cumplimiento. «Estamos totalmente dispuestos a zanjar relaciones con proveedores que consideramos reincidentes, y así lo hemos hecho», me dijo la portavoz de HP Monica Sarkar. En octubre de 2004 HP había evaluado a más de 150 proveedores del total de 350, entre los que se cuentan fábricas de China, México, sudeste asiático y Europa oriental. Ha creado un comité directivo con IBM y Dell para averiguar exactamente cómo revisar de manera conjunta el cumplimiento del código de conducta y penalizar a quienes lo vulneren una y otra vez. Todo dependerá del grado de cumplimiento, por lo que, de nuevo, falta por ver cuán vigilantes se mantendrán las grandes empresas con sus proveedores. En todo caso, este uso de las cadenas de suministro para generar valores (no sólo valor) podría ser un avance de lo que vendrá en el futuro.

«Al empezar a tratar con otros proveedores [de otros países] para encargarles la mayor parte de nuestras manufacturas, hemos visto claramente que tenemos que asumir cierta responsabilidad por su manera de llevar a cabo dichos encargos», me explicó Debra Dunn, vicepresidenta primera de asuntos empresariales y ciudadanía global de HP. En primer y más importante lugar, eso es lo que quieren muchos de los clientes de HP. «Los clientes se interesan por estas cuestiones —me dijo Dunn—, y los europeos son los que marcan la pauta al respecto. Además, los grupos de derechos humanos y las ONG, que cada vez adquieren mayor influencia global conforme las grandes empresas pierden confianza, están diciendo, en esencia: "Vosotros sois los que tenéis el poder. Sois empresas globales y, en los mercados emergentes, podéis crear las expectativas que influirán en las prácticas medioambientales y en las prácticas relacionadas con los derechos humanos"».

Esas voces tienen razón. Además, si quieren, pueden utilizar internet para lograr un efecto poderoso y sacarles los colores a las grandes empresas globales, forzándolas así a cumplir los códigos.

«Cuando tienes el poder adquisitivo de HP y de McDonald's —me dijo Dunn—, la gente realmente quiere hacer negocios contigo, por lo que tienes mucha influencia y te encuentras en situación de establecer las normas de referencia. [Por tanto,] tienes la responsabilidad de establecerlas». El papel de las grandes empresas globales en cuanto a la fijación de dichas normas de referencia en los mercados emergentes reviste una importancia doble, ya que muchas veces los gobiernos locales realmente quieren mejorar sus estándares medioambientales. Saben que es importante a la larga, pero la presión por crear empleo y por no salirse de las limitaciones presupuestarias resulta apabullante y, por tanto, también lo es la presión de hacer la vista gorda. En muchas ocasiones, países como China, señaló Dunn, necesitan verdaderamente de una fuerza externa, como pueda ser una coalición global de grandes empresas, para ejercer la presión necesaria para implantar en sus territorios los nuevos valores y normas de referencia que ellos, por debilidad, no logran implantar ni entre ellos mismos ni entre su funcionariado. En *The Lexus and the Olive Tree* llamé a este método de creación de valor «globalution», o revolución desde el otro lado.

Dunn me dijo: «Antes decíamos que mientras cumpliésemos con la normativa nacional, nadie podía exigirnos nada más. Pero ahora el desequilibrio de poder es tan grande que ya no se puede decir que Wal-

Mart o HP pueden hacer lo que les dé la gana siempre que un gobierno estatal o un país no los detenga. La influencia que HP renunciaría a emplear sería una inmoralidad, a tenor de su inmenso poderío... Tenemos poder para transmitir unas normas globales de gobierno a nuestro universo de proveedores, empleados y consumidores, un universo bastante grande, por lo demás».

Dunn señaló que en un país como China las empresas locales están protagonizando una competencia feroz por entrar en la cadena de suministro de HP, Dell o Wal-Mart. Pese a que se trata de una presión enorme, implica también un volumen incesante de negocio, de proporciones capaces de hundir o de relanzar a una gran empresa. Como consecuencia, HP tiene un poder inmenso sobre sus proveedores chinos y éstos están muy dispuestos, realmente, a elevar su nivel de exigencia en las fábricas, porque saben que si las ponen a la altura de los estándares de HP, podrían valerse de ello para entablar relaciones también con Dell o Sony.

Los defensores del planismo compasivo tenemos que educar a los consumidores, en el sentido de mostrarles que sus decisiones de compra y su poder de compra tienen un componente político. Cada vez que, como consumidor, tomas una decisión, estás secundando todo un conjunto de valores. Estás emitiendo tu voto en relación con las barreras y la fricción que deseas conservar o eliminar. Los progresistas deben facilitar esta información a los consumidores, de modo que sean cada vez más numerosos los que voten correctamente y apoyen el tipo correcto de conducta corporativa global.

Marc Gunther, veterano redactor de la revista *Fortune* y autor de *Faith and Fortune: The Quiet Revolution to Reform American Business*, es uno de los pocos autores especializados en el mundo de la empresa que se han percatado del grado de influencia que la política progresista puede ejercer entre las corporaciones globales. «A decir verdad —escribía Gunther en un estudio publicado en *The Washington Post* el 14 de noviembre de 2004—, ahí fuera hay cientos de sinvergüenzas, a los que les dan igual los aciertos y los errores de la conducta empresarial. Por otra parte, puede que algunos ejecutivos que hablan de temas sociales, sólo lo estén haciendo con la *boca* pequeña. Aun así, la cuestión es que cada vez más empresas creen que los valores morales, entendidos en un sentido amplio y liberal, pueden contribuir a impulsar los valores de los accionistas. Se trata de una reflexión de la que todos podríamos aprender».

Gunther indicaba que esta inclinación progresista de los grandes negocios no ha recibido mucha atención por parte de la prensa. «En parte, se debe a que las noticias sobre escándalos son más jugosas. Pero, sobre todo, se debe a que los cambios experimentados en las prácticas corporativas han ido siempre a más (y porque los periodistas tienden a tachar la responsabilidad social de las grandes empresas de mera maniobra de relaciones públicas). Sin embargo, los directores generales de empresas que siempre están en el punto de mira, como General Electric, no manifiestan en voz alta la promesa de volverse mejores ciudadanos globales si no tienen la firme intención de llevar sus palabras a la práctica. «Si hoy quieres ser una empresa magnífica, tienes que ser una empresa buena», le gusta decir a Jeff Immelt, director general de GE. Cuando le pregunté por qué GE ha empezado a hablar más abiertamente sobre la ciudadanía corporativa, me contestó: «La gente viene a trabajar a GE porque quiere estar cerca de algo que es más grande que ellos mismos». Como sugiere Immelt, el mayor motor de las reformas en las grandes empresas es el deseo de éstas de atraerse a gente que busca en el trabajo no sólo dinero, sino también un sentido. «Pocos vamos a nuestro trabajo todos los días con la idea de mejorar la cuenta de los accionistas. La gente joven, sobre todo, quiere trabajar en una empresa que tenga una misión más allá de su actividad básica.»

En suma, nos encontramos en estos momentos en mitad de una inmensa transición: las empresas están empezando a comprender no sólo que tienen mucho poder en un mundo plano, sino también responsabilidades. Los planistas compasivos creemos que no es momento de sentarse de brazos cruzados ni de seguir pensando sólo en los términos tradicionales de derecha e izquierda, o de consumidor contra empresa. En vez de eso, deberíamos estar pensando en cómo hacer que la colaboración entre consumidores y empresas aporte una gran cantidad de protección frente a los rasgos más negativos del aplanamiento del mundo, sin recurrir al proteccionismo clásico.

«Capitalismo compasivo. ¿Te parece que suena a oxímoron? Piénsalo otra vez —me dijo Gunther—. Incluso ahora que supuestamente Estados Unidos se está tornando conservadora en temas sociales, las grandes empresas están avanzando en la dirección opuesta».

Criar a los hijos

Cualquier disertación sobre el planismo compasivo quedaría inconclusa si no se trata también la necesidad de mejorar la crianza de los hijos. Ayudar a los individuos a adaptarse al mundo plano no sólo es un deber de los gobiernos y de las empresas. Además es deber de los padres. También ellos necesitan conocer en qué mundo están creciendo sus hijos y qué requieren para prosperar en la vida. Por decirlo sin ambages, necesitamos una nueva generación de padres dispuestos a administrar amor sin contemplaciones: llega un momento en que hay que dejar a un lado las Game Boys, apagar el televisor, dejar aparte la iPod y poner a los hijos a trabajar.

La sensación de que las cosas nos pertenecen por derecho propio, la sensación de que porque en su día dominamos el comercio y la geopolítica mundiales (y el baloncesto olímpico) siempre dominaremos en esos terrenos, la sensación de que la gratificación demorada es peor castigo que una tunda, la sensación de que hay que envolver a los críos entre algodones para que nunca les pase nada malo en el cole, para que no tengan nunca un disgusto ni se angustien, es, simplemente, un cáncer que se está expandiendo en la sociedad estadounidense. Y si no empezamos a dar la vuelta a esta situación, nuestros hijos van a sufrir un impacto brutal y perjudicial desde el punto de vista social de parte del mundo plano. Es cierto que hace falta un enfoque diferente por parte de los políticos, pero no basta.

David Baltimore, premio Nobel y rector de Caltech (California Institute of Technology), sabe lo que cuesta preparar a los hijos para competir con la flor y nata del mundo global. Me contó que le llamaba mucho la atención el hecho de que casi todos los estudiantes que llegaban a Caltech, una de las mejores universidades del mundo, procedían de colegios públicos, no de colegios privados, que a veces alimentan la sensación de que sólo por estudiar en ellos, eres especial y te lo mereces todo. «Cuando miro a los chavales que llegan a Caltech, pienso que han crecido en el seno de unas familias que los alentaron a hincar codos y a dejar un poco de gratificación para el futuro y a entender que deben poner a punto sus habilidades para desempeñar un papel importante en el mundo», me dijo Baltimore. «Por esta razón, los padres merecen todo mi respeto, porque estos chavales proceden de unos colegios públicos que la gente tacha de fracasos educativos. La enseñanza pública está produciendo estos estupendos estudiantes... así que *puede* lograrse. Sus padres los han educado para que puedan desarrollar todo su potencial. Creo que en este país necesitamos una revolución en cuanto a la labor de los padres a la hora de educar a sus hijos.»

Evidentemente, los padres nacidos en el extranjero parecen estar haciéndolo mejor que los demás. «Un tercio, aproximadamente, de nuestros alumnos proceden de familias de origen asiático o son inmigrantes recientes», me dijo. Una mayoría significativa de los estudiantes que llegan a Caltech en las ramas de ingeniería ha nacido en el extranjero, igual que pasa con gran parte de sus profesores. «En biología, en el nivel de postdoctorado, el dominio de los estudiantes chinos resulta abrumador», me dijo Baltimore. No es de extrañar que en los grandes congresos científicos de la actualidad, gran cantidad de los estudios de investigación que tienen que ver con técnicas vanguardistas de biociencia tengan, como mínimo, un nombre chino entre la lista de sus autores.

Mis amigos Judy Estrin y Bill Carrico acaban de montar varias empresas de trabajo en red en Silicon Valley. Judy fue, durante un tiempo, directora de tecnologías de Cisco. Una tarde me senté a hablar con ellos sobre este problema. «Cuando tenía once años —dijo Bill—, sabía que iba a ser ingeniero. Te apuesto lo que quieras a que hoy no encuentras en Estados Unidos a un chaval de once años que quiera ser ingeniero. Hemos bajado mucho el nivel de ambición».

Judy añadió: «El problema [se puede solucionar] en mayor medida [mediante una buena] educación por parte de los padres que mediante decisiones legislativas o de financiación. Todo el mundo quiere financiar esto y lo otro, pero todo empieza por los padres. La ambición es algo que transmiten los padres. La gente tiene que entenderlo. Probablemente hará falta una crisis [para cambiar nuestro enfoque]».

En julio de 2004 el cómico Bill Cosby aprovechó su participación en la conferencia anual de la Rainbow/PUSH Coalition & Citizenship Education Fund, presidida por Jesse Jackson, para reprender a los afroamericanos por no enseñar a sus hijos a usar correctamente el idioma y porque los chavales negros no se esforzaban de verdad para aprender más por su cuenta. Cosby ya había declarado lo siguiente: «Todo el mundo sabe que es importante hablar inglés, excepto estos cabezas huecas. No se puede ser médico si de la boca te sale ese churro». En referencia a los afroamericanos que desperdiciaban sus oportunidades de llevar una vida mejor, Cosby dijo a la Coalición Rainbow: «Tenéis que dejar de pegar a vuestras mujeres porque no encontréis trabajo, porque no quisisteis formaros y ahora estáis [ganando] el salario mínimo. Deberíais haber pensado más en vosotros mismos cuando ibais al instituto, cuando tuvisteis una oportunidad».

Los comentarios de Cosby granjearon muchas críticas. El reverendo Jackson lo defendió con estas palabras: «Lo que os dice Bill es que luchéis en la batalla correcta. Que niveléis el terreno de juego. Un borracho no puede. Un analfabeto no puede».

Cierto. Los estadounidenses son los que cada vez necesitamos más nivelar el terreno de juego, pero no tirando de otros hacia abajo, no sintiéndonos desgraciados, sino elevándonos. Si se trata de averiguar cómo hacerlo, Cosby dijo algo relevante para blancos y negros, para ricos y pobres. La educación, tanto si viene de los padres como si viene de los colegios, tiene que ser algo más que la transmisión de unas destrezas cognitivas. Tiene que incluir también la formación de la personalidad. El hecho indudable es que padres, colegios y culturas pueden moldear a las personas, y así lo hacen. La influencia más importante de mi vida, aparte de la de mi familia, fue mi profesora de periodismo del instituto, Hattie M. Steinberg. Aquella mujer instilaba en sus alumnos las nociones fundamentales del periodismo, no sólo cómo escribir un artículo o cómo transcribir correctamente una cita, sino, aún más importante, cómo comportarte con profesionalidad. Cuando la tuve de profesora y de asesora del periódico del instituto, a finales de los años 60, la señorita Steinberg tenía casi sesenta años. Era todo lo contrario de una profe «guay», pero lo cierto es que nos quedábamos en su aula como si fuese la tienda de chuches y ella, una estrella del guateque. Ninguno de nosotros habría podido expresarlo en aquel entonces, pero era porque nos gustaba mucho que nos exhortase, que nos enseñase disciplina y nos educase. Era una mujer de claridad y de principios en una época de incertidumbres. ¡Sólo de pensar en ella, me siento derecho en la silla! Nuestros hijos tendrán que competir de tú a tú con cada vez más jóvenes chinos, indios y del sudeste asiático, cuyos padres tienen un enfoque mucho más parecido al de Hattie en cuanto a la formación de la personalidad de sus hijos que los padres estadounidenses. Con esto no quiero decir que haya que militarizar la educación, pero sí estoy sugiriendo que empujemos a nuestros jóvenes a ir más allá de lo que logran sin esfuerzo, a hacer las cosas bien y a prepararse para sufrir un poco a corto plazo para ganar más a largo plazo.

Me temo, no obstante, que las cosas van a tener que ponerse feas antes de que espabilemos. Como me dijo Judy Estrin, probablemente hará falta una crisis. Yo añadiría simplemente: la crisis ya está aquí. Sólo que se está reproduciendo a cámara lenta. El aplanamiento del mundo avanza a paso acelerado y, salvo una guerra o algún suceso terrorista catastrófico, nada lo va a detener. Lo que puede ocurrir es un declive en nuestro nivel de vida, si los estadounidenses no se dotan de capacidad y de formación para participar en un mundo en el que se están conectando entre sí todos los centros del saber. Tenemos en el seno de nuestra sociedad todos los ingredientes necesarios para que los estadounidenses prosperen en un mundo así, pero si desaprovechamos esos ingredientes, nos atascaremos.

Repito: *Esto no es una prueba*. Esto es una crisis y, como me advirtió tan sagazmente Paul Romer: «Una crisis es algo que no se puede desperdiciar».

LOS PAÍSES EN VÍAS DE DESARROLLO Y LA TIERRA PLANA

9

LA VIRGEN DE GUADALUPE

No es que nos estemos volviendo más anglosajones.
Es que nos estamos topando con la realidad.

(Frank Schirrmacher, editor del periódico alemán Frankfurter
Allgemeine Zeitung, *en declaraciones a* The New York Times
*sobre la necesidad de reconversión y de trabajar más horas por
parte de los trabajadores alemanes)*

Busca conocimientos hasta en la China
(Dicho del profeta Mahoma)

Cuanto más trabajaba en este libro, más me veía preguntando a la gente que conocía por el mundo entero dónde estaban cuando se enteraron de que el mundo era plano.

En el intervalo de dos semanas recibí dos respuestas reveladoras, una de México y otra de Egipto. Estuve en la capital mexicana en la primavera de 2004 y planteé la pregunta durante un almuerzo con varios colegas periodistas mexicanos. Uno de ellos dijo que se percató de que estaba viviendo en un mundo nuevo cuando empezó a ver noticias en los medios de comunicación mexicanos y en internet sobre unas tallas de la santa patrona de México, la Virgen de Guadalupe, que se estaban importando desde China, probablemente a través de puertos de California. Cuando eres un país como México y basas tu fama en la afirmación de ser un centro de manufacturas con mano de obra barata, y de repente parte de tu población importa de China tallas de tu santa patrona, porque China las puede fabricar y enviarlas en barco por el Pacífico a un coste menor que el tuyo, eso quiere decir que vives en un mundo plano.

También quiere decir que tienes un problema. Estando de visita en el Banco Central de México, pregunté a su gobernador, Guillermo Ortiz, si era consciente de este tema. Ortiz puso los ojos en blanco y me dijo que llevaba un tiempo notando, con sólo observar las cifras que aparecían en la pantalla del ordenador, que el terreno de juego de la competencia se estaba nivelando (y que México estaba perdiendo parte de sus ventajas geográficas naturales en el mercado estadounidense). «Empezamos a fijarnos en las cifras en 2001. Era el primer año en dos décadas que bajaban las exportaciones [mexicanas] a EE. UU.», me dijo Ortiz. «Fue un auténtico mazazo. Primero dejamos de ganar cuota de mercado y después empezamos a perderla. Nos dimos cuenta de que se trataba de un verdadero cambio... Y todo tenía que ver con China.»

China es un motor tan potente en manufacturas con mano de obra barata que, aunque el acuerdo NAFTA ha permitido a México entrar en Estados Unidos, y aunque México sea nuestro vecino de al lado, en 2003 China sustituyó a México como segundo exportador a Estados Unidos. (Canadá sigue siendo el primero.) Pese a que México mantiene todavía una posición fuerte en las exportaciones más caras y costosas de transportar, como automóviles, componentes automovilísticos y frigoríficos, China viene pisando fuerte y ya ha desplazado a México en áreas como las de componentes informáticos y eléctricos, juguetes, textiles, artículos deportivos y zapatillas de deporte. Pero lo peor para México es que China está desplazando a algunas compañías mexicanas dentro del país, donde hoy la ropa y los juguetes fabricados en China están apareciendo en los estantes de las tiendas de todo el país. No es de extrañar que un periodista mexicano me hablase del día en que entrevistó a un empleado del Banco Central chino, que le dijo algo sobre las relaciones de China con Estados Unidos que le dejaron realmente con los nervios de punta: «Primero teníamos miedo del lobo, después quisimos bailar con él y ahora queremos ser nosotros el lobo».

Unos días después de volver de México, desayuné en Washington con una amiga de Egipto, Lamees El-Hadidy, que durante mucho tiempo fue periodista especializada en economía en El Cairo. Naturalmente, le pregunté dónde estaba cuando se enteró de que el mundo era plano. Lamees me contestó que había ocurrido unas semanas antes, durante el mes sagrado musulmán del Ramadán. Había escrito un artículo para la cadena de televisión CNBC Arabiya acerca de los vistosos farolillos llamados *fawanis*: cada uno lleva dentro una vela encendida y los escolares egipcios tienen la costumbre de portarlos durante el Ramadán, una tradición que se remonta a lo largo de los siglos hasta la era de la dinastía fatimí en Egipto. Los niños balancean los farolillos y cantan canciones, y la gente les regala caramelos u obsequios, como pasa en Estados Unidos durante Halloween. Desde hace siglos los pequeños talleres de los barrios viejos de El Cairo, en los que los trabajadores cobran una miseria, han fabricado estos farolillos... hasta hace unos años.

Fue entonces cuando unos farolillos de Ramadán hechos en China, fabricados en plástico, cada uno con una bombilla a pila en lugar de la tradicional velita, empezaron a inundar el mercado, dejando sin trabajo a los talleres egipcios. Según me dijo Lamees: «Están invadiendo una tradición nuestra, y de una manera innovadora. Y nosotros no estamos haciendo nada al respecto... Esos farolillos vienen de nuestra costumbre, de nuestra alma, pero [las versiones chinas] son más creativas y más avanzadas que las egipcias». Lamees me dijo que cuando preguntaba a los egipcios si sabían dónde se habían fabricado, ellos le contestaban que no. Entonces les daban la vuelta y descubrían que estaban hechas en China.

Sin embargo, muchas madres, como Lamees, apreciaban el hecho de que estas versiones chinas fuesen más seguras que las egipcias tradicionales, que tienen bordes afilados de metal, llevan cristal y, por lo general, siguen iluminando con velas. Las versiones chinas están hechas de plástico, lucen en intermitencia y llevan un microchip incorporado con melodías tradicionales egipcias del Ramadán, e incluso el tema central de la popular serie televisiva del Ramadán, *Bakkar*. Como informó *Business Monthly* (publicada por la Cámara Estadounidense de Comercio en Egipto) en su ejemplar de diciembre de 2001, los importadores chinos «no sólo están enfrentados los unos a los otros, sino también a la centenaria industria egipcia. Pero los farolillos chinos están destinados a imponerse sobre los demás, según [un] famoso importador, Taha Zayat. «Sin lugar a dudas, las importaciones han reducido las ventas de los tradicionales *fawanis*», dijo. «De todos los *fawanis* existentes en el mercado, no creo que los que se fabrican hoy en Egipto alcancen el 5 por ciento.» Personas vinculadas a la industria egipcia [de *fawanis*] creen que China aventaja claramente a Egipto. Gracias a su tecnología superior, dijeron, China es capaz de producir en masa, lo cual contribuye a mantener los precios relativamente bajos. Por el contrario, lo característico de la industria egipcia tradicional [de *fawanis*] es una serie de talleres especializados en las diferentes fases del proceso de producción. Cada cual tiene su papel: vidrieros, pintores, soldadores y artesanos del metal. «Siempre habrá *fawanis* en Ramadán, pero creo que en el futuro dejará de haber farolillos hechos en Egipto», dijo Zayat. «De ningún modo podrán competir con los artículos fabricados en China.»

Piensa en lo disparatado de esta afirmación. Egipto cuenta con una inmensa mano de obra barata, igual que China. Queda justo al lado de

Europa, en el Canal de Suez. Podría ser y debería ser el Taiwan del Mediterráneo oriental. Sin embargo, está tirando la toalla frente a la atea China en la manufactura de los artículos artesanos culturales más apreciados del musulmán Egipto. Ibrahim El Esway, uno de los principales importadores de *fawanis* chinos, llevó a *Business Monthly* a visitar el almacén que tiene en la ciudad egipcia de Muski. (En 2004 había importado de China dieciséis modelos diferentes de farolillos de Ramadán.) «En medio del gentío, en Muski, [El Esway] hizo un gesto con la mano a uno de sus empleados y éste, al instante, abrió una caja cubierta de polvo y sacó un *fawani* de plástico en forma de cabeza de Simba, el personaje de *El rey león*. «Éste es el primer modelo que importamos, allá por 1994», dijo. Al encenderlo, se iluminó la cabeza azul del león y sonó la canción *It's a Small World*.

INSTROSPECCIÓN

La sección anterior de este libro estaba dedicada a analizar cómo deberían tomarse los individuos, y en concreto los estadounidenses, el reto que plantea el aplanamiento del mundo. Este capítulo se centra en el tipo de políticas que los países en vías de desarrollo deben acometer con el fin de crear el entorno más adecuado para que sus empresas y sus empresarios prosperen en un mundo plano, si bien muchas de las cosas que voy a decir se aplican igualmente a muchos países desarrollados.

Cuando los países en vías de desarrollo se plantean por primera vez qué hacer ante el desafío del planismo, lo primero que deben hacer es un ejercicio de introspección implacablemente sincero. Un país, y con él su pueblo y sus dirigentes, tiene que ser sincero consigo mismo y no engañarse respecto al lugar que ocupa en relación con otros países y con los diez aplanadores.

Tiene que preguntarse: «¿Hasta qué punto mi país está avanzando o está quedándose atrás por efecto del aplanamiento del mundo? ¿Hasta qué punto se está adaptando y sacando partido de todas estas nuevas plataformas de colaboración y competición?». Como dijo, alardeando, aquel funcionario del banco chino a mi colega mexicano, China es el lobo. De todos los aplanadores, la entrada de China en el mercado mundial es el más importante para los países en vías de desarrollo y para muchos de los desarrollados. China es capaz de fabricar a bajo coste artículos de buena calidad mejor que cualquier otro país. Y, cada vez más, puede también fabricarlos a un coste más elevado. Con China y los otros nueve aplanadores pisando tan fuerte, hoy en día ningún país puede permitirse el lujo de no ser implacablemente sincero consigo mismo.

Para ello, considero que lo que el mundo necesita en estos momentos es formar un club a imagen y semejanza de Alcohólicos Anónimos (AA). Llevaría por nombre Países En Desarrollo Anónimos (PEDA). E, igual que en la primera reunión de AA tienes que ponerte de pie y decir: «Me llamo Thomas Friedman y soy alcohólico», en Países En Desarrollo Anónimos los integrantes tendrían que ponerse de pie en la primera reunión y decir: «Me llamo Siria y estoy subdesarrollado», o «Me llamo Argentina y no estoy alcanzando todas mis metas. No he dado todo lo que puedo dar de mí».

Todos los países necesitan «poder hacer su propia introspección», dado que «ninguno se desarrolla sin hacerse antes una radiografía para saber dónde está y dónde están sus límites», como me dijo Luis de la Calle, uno de los principales negociadores de la entrada de México en el NAFTA. Los países que se bajan del carro del desarrollo son un poco como los borrachos: para volver a montarse tienen que aprender a verse tal como son realmente. El desarrollo es un proceso voluntario. Y hace falta una decisión positiva para dar los pasos correctos. Pero todo empieza con un ejercicio de introspección.

TE LO PUEDO CONSEGUIR AL POR MAYOR

Durante el último tramo de los años 70, pero en especial tras la caída del Muro de Berlín, muchos países iniciaron la senda del desarrollo de una forma nueva, a través de un proceso que denomino reforma al por mayor. La era de la Globalización 2.0, durante la cual el mundo encogió de talla mediana a talla pequeña, fue la era de la reforma al por mayor, una era de amplias reformas macroeconómicas. Un puñado de dirigentes de países como China, Rusia, México, Brasil y la India puso en marcha estas reformas al por mayor. A menudo, esos grupitos de reformadores se servían del peso propio de los sistemas políticos autoritarios para liberar en su sociedad las fuerzas de mercado que el Estado tenía asfixiadas. Así, empujaron a sus países a aplicar unas estrategias más orientadas a las exportaciones y al libre mercado, a base de privatizar empresas públicas, liberalizar los mercados financieros, hacer ajustes monetarios, facilitar la inversión directa extranjera, reducir subsidios y barreras arancelarias proteccionistas y aprobar leyes laborales más flexibles. Y lo hicieron desde las alturas, sin consultar a su pueblo realmente. Ernesto Zedillo, presidente de México entre 1994 y 2000 y anteriormente ministro de Economía, me comentó un día que todas las decisiones encaminadas a abrir la economía mexicana las habían tomado tres personas. ¿A cuántas personas crees que consultó Deng Xiaoping antes de declarar que «hacerse rico es digno de gloria» y de abrir la economía china, o cuando desacreditó a los que cuestionaban el paso de China del comunismo a los mercados libres al decir que lo que contaba era el empleo y los ingresos, no la ideología? Deng se cargó con una sola frase décadas de ideología comunista: «Da igual que el gato sea negro o blanco... Lo único que cuenta es que atrape ratones». En 1991, cuando el ministro de Economía de la India, Manmohan Singh, dio los primeros y provisorios pasos encaminados a abrir un poco más su país al comercio, a las inversiones y a la competencia internacionales, no fue como consecuencia de un debate considerado o un diálogo a escala nacional, sino del hecho de que en esos momentos la economía india estaba tan anquilosada, era tan poco atractiva para los inversores extranjeros, que casi se había quedado sin divisas extranjeras. Y cuando Mijaíl Gorbachov empezó a jugar a la perestroika, lo hizo en contra de los deseos del Kremlin y con escasos aliados en la cúpula dirigente soviética. Lo mismo cabe decir de Margaret Thatcher cuando en 1984 se enfrentó al sindicato de mineros del carbón, en huelga, y obligó a realizar reformas al por mayor en la maltrecha economía británica.

A lo que se enfrentaron todos estos dirigentes fue al irrefutable hecho de que unos mercados más abiertos y competitivos son el único vehículo sostenible para sacar de la pobreza a una nación, porque son lo único que garantiza que lleguen al país ideas y tecnologías novedosas y prácticas mejores, y que el sector privado (y hasta el público) tenga el incentivo de la competitividad y la flexibilidad necesarias para adoptar esas ideas novedosas y transformarlas en empleo y productos. Por eso los países que no se globalizan, los que se niegan a llevar a cabo reformas al por mayor (como Corea del Norte, por ejemplo) vieron cómo se frenaba el crecimiento de su PIB per cápita en los años 90, mientras en los países que pasaron de un modelo más socialista a un modelo globalizador creció el PIB per cápita en esos mismos años. Como concluyen David Dollar y Art Kray en su libro *Trade, Growth, and Poverty*, el crecimiento económico y el comercio siguen siendo el mejor programa antipobreza del mundo.

El Banco Mundial informó de que en 1990 había en China 375 millones de personas aproximadamente que vivían en la extrema pobreza, con menos de 1 dólar al día. En 2001 los chinos que vivían en situación de extrema pobreza eran 212 millones, y en 2015, si se mantienen las tendencias actuales, sólo habrá 16 millones de personas en China subsistiendo con menos de 1 dólar al día. En el sur de Asia (sobre todo en la India, Paquistán y Bangladesh) el número de personas que sobrevivía con menos de 1 dólar al día pasó de 462 millones en 1990 a 431 en 2001, y se calcula que bajará a 216 en 2015. Por el contrario, en el África subsahariana las personas que en 1990 subsistían con menos de 1 dólar al día eran 227 millones, en 2001 eran 313 millones y se calcula que en 2015 serán 340 millones.

El problema al que se enfrenta cualquier país globalizador reside en creer que con las reformas al por mayor está todo hecho. En los años 90 algunos países creían que si cumplías con los diez mandamientos de la reforma al por mayor (privatizarás industrias públicas, liberalizarás servicios públicos, reducirás aranceles y animarás a las industrias exportadoras, etc.), ya tenías una estrategia de desarrollo exitosa. Pero a medida que el mundo fue encogiéndose y aplanándose (posibilitando la competencia de China en cualquier ámbito y contra cualquier participante en un amplio abanico de productos manufacturados, posibilitando la exportación india de cerebros a cualquier lugar, posibilitando la subcontratación de cualquier tarea en cualquier sitio del mundo y posibilitando la competencia global de los individuos como nunca hasta entonces), la reforma al por mayor dejó de ser suficiente para que los países no se saliesen del camino del crecimiento sostenible.

Hacía falta un proceso de reforma más profundo, un proceso al que yo llamaría reforma al por menor.

SÓLO TE LO PUEDO CONSEGUIR AL POR MENOR

¿Y si las regiones del mundo fuesen como los barrios de una ciudad? ¿Cómo sería el mundo? Te lo describiré de la siguiente manera: Europa occidental sería un lujoso complejo de pisos tutelados, con una población envejecida, atendida por enfermeras turcas. Estados Unidos sería una urbanización rodeada por una verja, con detector de metales en la entrada y mucha gente sentada en sus jardines delanteros quejándose de lo vagos que son todos los demás, si bien hay una pequeña abertura en la verja por la que entran trabajadores mexicanos y otros inmigrantes llenos de energía que contribuyen al funcionamiento de esta comunidad protegida con cancela. Latinoamérica sería el barrio animado de la ciudad, el distrito de los bares y discotecas, donde la jornada laboral no

empieza hasta las diez de la noche y todo el mundo duerme hasta el mediodía. Sin duda, es el sitio al que ir de marcha, pero entre una disco y otra
no ves que aparezcan muchos negocios nuevos, excepto en la calle donde viven los chilenos. En este barrio, los propietarios de inmuebles casi
nunca reinvierten sus ingresos allí mismo, sino que los tienen guardados
en un banco en la otra punta de la ciudad. La calle árabe sería un calle-
jón oscuro en el que no se atreven a entrar los foráneos, salvo en unas
cuantas calles laterales llamadas Dubai, Jordania, Bahrein, Qatar y Marruecos. Los únicos negocios nuevos son gasolineras, cuyos propietarios,
igual que las élites del barrio latino, rara vez reinvierten sus fondos en
su zona. Mucha gente de la calle árabe tiene las cortinas echadas, las contraventanas cerradas y letreros en el parterre de delante con frases como
«Prohibido pasar. Perro peligroso». La India, China y el este asiático serían «los barrios humildes». Su entorno se caracteriza por un gran mercado lleno de bullicio y actividad, formado por pequeños comercios y fábricas de una sola nave, entre los que se ven, repartidas aquí y allá, escuelas
Stanley Kaplan de preparación a la selectividad y facultades de ingeniería. En este barrio nadie duerme, todo son familias numerosas bajo un
mismo techo y todo el mundo trabaja y ahorra para conseguir pasar a
«los barrios acomodados». En las calles chinas no impera la ley pero
están todas bien asfaltadas, no hay socavones y todas las farolas funcionan. Por el contrario, en las calles indias nadie arregla las farolas, las vías
están llenas de surcos y rodadas, pero la policía insiste mucho en que se
cumplan las leyes. En las calles indias necesitas un permiso para abrir un
tenderete de limonadas. Por suerte, se puede sobornar a los polis de la
zona y los empresarios exitosos tienen todos ellos sus propios generadores para el funcionamiento de sus fábricas y los móviles de última generación para salvar el escollo que supone tener por los suelos todos los
postes telefónicos de la zona. Desgraciadamente, África es esa parte de
la ciudad en la que todos los comercios están cerrados a cal y canto, la
esperanza de vida cada vez es menor y los únicos edificios nuevos que
ves son clínicas de asistencia médica.

A lo que voy con todo esto es a que cada región del mundo tiene
sus puntos fuertes y sus puntos débiles, y que en todas hace falta realizar reformas al por menor en cierto grado. ¿Qué es la reforma al por
menor? Por decirlo de la manera más sencilla, es algo más que abrir tu
país al comercio exterior y a la inversión extranjera o realizar unos cuantos cambios desde arriba en políticas macroeconómicas. Eso sería la reforma al por mayor. La reforma al por menor pasa por haber hecho antes
reformas al por mayor. Implica fijarse en cuatro aspectos clave de la socie-

dad: infraestructuras, organismos reguladores, enseñanza y cultura (la forma, a grandes rasgos, en que se relacionan con el mundo tu país y tus dirigentes), y en actualizarlos para eliminar el máximo posible de puntos de fricción. La idea de la reforma al por menor consiste en capacitar al mayor número posible de tus habitantes a disponer del mejor marco legal e institucional en el que innovar, montar empresas y convertirse en socios atractivos para los que deseen colaborar con ellos desde cualquier rincón del mundo.

Muchos de los elementos clave de la reforma al por menor quedaron definidos de forma excelente por el estudio realizado por la Corporación Financiera Internacional (CFI) del Banco Mundial y por su equipo de análisis económicos, encabezado por su economista jefe Michael Klein. ¿Qué podemos aprender de su trabajo? Para empezar, no sacas de la pobreza a tu país garantizándole a todo el mundo un empleo. Egipto garantiza empleo a todos los licenciados que salen al año de sus centros superiores, y lleva cincuenta años enfangado en la pobreza, con una economía de crecimiento lento.

«Si sólo fuese una cuestión de cantidad de empleos, las soluciones serían sencillas», señalan Klein y Bita Hadjimichael en su estudio *El sector privado en el desarrollo*, del Banco Mundial. «Por ejemplo, las empresas propiedad del Estado podrían absorber a todos aquellos que necesiten empleo. Sin embargo, el verdadero asunto no se limita sólo al empleo, sino a un empleo cada vez más productivo, con el que puedan subir los niveles de vida.» Normalmente, las empresas propiedad del Estado y las empresas subvencionadas por éste no han procurado un crecimiento de la productividad que resulte sostenible, ni entrañan muchos de los enfoques que la gente considera elixires del crecimiento, añaden. Esto no se consigue automáticamente atrayendo inversión extranjera al país. Ni siquiera lo garantiza una inversión a gran escala en educación.

«El crecimiento de la productividad y, por ende, la salida de la pobreza, no es simplemente cuestión de destinar recursos a solventar el problema», dicen Klein y Hadjimichael. «Más importante que eso es utilizar bien los recursos.» Dicho de otro modo, los países no sólo salen de la pobreza cuando gestionan de forma responsable sus políticas fiscales y monetarias desde arriba, es decir, mediante reformas al por mayor. Salen de la pobreza cuando además crean un entorno abajo, en el que la gente lo tiene fácil para montar negocio, obtener capital y hacerse empresaria, y cuando someten a su pueblo a un mínimo de competencia exterior, porque las empresas y los países que tienen competencia siempre innovan más y más deprisa.

La CFI corroboró este punto con un estudio exhaustivo de más de 130 países, titulado *Hacer negocios en 2004*. La CFI planteó cinco preguntas básicas acerca de la actividad empresarial en cada uno de estos países, preguntas acerca de lo fácil o difícil que es 1) iniciar un negocio en cuanto a normativa nacional, regulaciones y tasas para obtener licencias, 2) contratar y despedir trabajadores, 3) ejecutar un contrato, 4) conseguir créditos y 5) cerrar un negocio en bancarrota o que no va bien. Por trasladarlo a mi propio vocabulario, aquellos países que hacen todas estas cosas relativamente fáciles y libres de fricción han acometido una reforma al por menor, y aquellos que no la han hecho se han quedado atascados en las reformas al por mayor y no tienen posibilidades de prosperar en un mundo plano. Los criterios de la CFI se inspiraban en el brillante e innovador trabajo realizado por Hernando de Soto, que ha demostrado en Perú y en otros países en vías de desarrollo que cuando modificas el marco regulador y empresarial en el que se mueven los pobres y los provees de las herramientas necesarias para colaborar, ellos harán el resto.

Hacer negocios en 2004 trata de explicar cada uno de estos puntos a través de una serie de ejemplos vívidos: «Teuku, un empresario de Yakarta, quiere montar una fábrica textil. Tiene a sus clientes esperando, ha importado maquinaria y cuenta con un prometedor plan de negocio. El primer encuentro de Teuku con el gobierno se produce cuando va a registrar su negocio. Le dan los formularios oficiales, del Ministerio de Justicia, y él los rellena y los lleva al notario. Teuku demuestra que es residente en el país y que no tiene antecedentes penales. Le dan un número fiscal, solicita una licencia de actividad económica y deposita en el banco el capital mínimo (tres veces la renta nacional per cápita). A continuación publica las cláusulas de asociación en el boletín oficial, paga el timbre oficial y se registra en el Ministerio de Justicia. Aguarda 90 días y se inscribe en la Seguridad Social. 168 días después de iniciar todo el proceso, Teuku puede comenzar legalmente su actividad empresarial. Entretanto, sus clientes han cerrado tratos con otra empresa.

»En Panamá otra empresaria, Ina, registra su empresa de construcción en sólo 19 días. El negocio va viento en popa e Ina quiere contratar a alguien con un contrato temporal de dos años. Pero la ley de empleo sólo permite contratos temporales para determinadas tareas e incluso impone un tope de un año. Al mismo tiempo, uno de sus empleados actuales suele marcharse antes de hora sin dar ninguna explicación y comete errores costosos. Para sustituirlo, Ina tiene que notificarlo y recibir el visto bueno del sindicato, y pagar una indemnización por cese durante cinco meses. Ina rechaza al candidato más cualificado, al que le gustaría contratar, y se queda con ese trabajador que no está rindiendo como debería.

»Ali, comerciante de Emiratos Árabes Unidos, puede contratar y despedir personal con toda facilidad. Pero uno de sus clientes se niega a pagar el equipamiento que le envió Ali hace tres meses. Para resolver la disputa en los juzgados le hacen falta 27 trámites y más de 550 días. Casi todos los trámites tienen que ser por escrito y requieren largas justificaciones legales y recurrir a abogados. Tras esta experiencia, Ali decide tratar únicamente con clientes a los que conozca bien.

»Timnit, una joven empresaria de Etiopía, quiere ampliar su exitoso negocio de asesoría pidiendo un crédito. Pero no puede demostrar su historial de no morosa, ya que no existen registros de información relativa a créditos. Aunque su negocio tiene activos sustanciales en cuentas a cobrar, las leyes no permiten que su banco los utilice como aval. El banco sabe que no puede recuperar la deuda si Timnit no paga, ya que los juzgados son ineficientes y las leyes apenas amparan al acreedor. Así pues, le deniega el crédito. Y su negocio se queda como está, sin poder crecer.

»Después de haberse registrado, de haber contratado trabajadores, de haber ejecutado contratos y de haber obtenido un crédito, Avik, un hombre de negocios de la India, no logra sacar beneficios y su negocio quiebra. Ante los diez años que le esperan de proceso de bancarrota, Avik se fuga, dejando a sus trabajadores, al banco y a la agencia fiscal sin nada».

Si quieres saber por qué dos décadas de reformas macroeconómicas al por mayor y desde arriba no han frenado la expansión de la pobreza ni han generado más puestos de trabajo en países fundamentales de Latinoamérica, África y el mundo árabe, así como en el antiguo imperio soviético, no tienes más que ver la escasa reforma al por menor que han acometido. Según el informe de la CFI, si quieres generar empleo productivo (el tipo de empleo que conduce a una elevación en el nivel de vida) y si quieres estimular el crecimiento de nuevos negocios (esos que innovan, compiten y generar riqueza), necesitas un marco regulado que facilite la tarea de montar negocios, que facilite el ajuste de un negocio a las cambiantes circunstancias y oportunidades de mercado, y que facilite el proceso de cerrar un negocio que se declara en bancarrota, para que el capital pueda liberarse y destinarse a usos más productivos.

«En Australia se tarda 2 días en montar una empresa, en Haití 203 y en la República Democrática del Congo 215», halló el estudio de la CFI. «En Dinamarca no hay que pagar nada para montar una empresa, pero en Camboya cuesta cinco veces la renta per cápita y en Sierra Leona trece veces la renta per cápita. Hong Kong, Singapur, Tailandia y más de otras treinta economías no exigen depositar ningún capital mínimo a las empresas de nueva creación. Por el contrario, en Siria se exige ingresar un capital equivalente a 56 veces la renta per cápita... En la República Checa y en Dinamarca las empresas pueden contratar trabajadores con contratos temporales o a tiempo parcial para cualquier empleo, sin especificar en él su duración máxima. Por el contrario, en El Salvador las leyes laborales sólo permiten contratos temporales para determinados puestos de trabajo, y establecen un tope de un año... En Túnez el plazo para ejecutar un simple contrato comercial es de siete días y de 39 días en los Países Bajos, pero en Guatemala es de casi 1.500 días. El coste de ejecución es, en Austria, Canadá y Reino Unido, de menos de un 1 por ciento de la cantidad en liza, pero de más del cien por cien en Burkina Faso, República Dominicana, Indonesia [...] y Filipinas. En Nueva Zelanda, Noruega y Estados Unidos las agencias de créditos tienen historiales crediticios de prácticamente toda la población mayor de edad, pero en Camerún, Ghana, Paquistán, Nigeria y Serbia y Montenegro los registros de créditos sólo tienen historiales relativos a menos del 1 por ciento de la población adulta. En Reino Unido las leyes sobre avales y sobre bancarrota otorgan muchos poderes a los acreedores para recuperar el dinero si un deudor deja de pagarles. En Colombia, República del Congo, México, Omán y Túnez el acreedor carece de dichos derechos. En Irlanda y en Japón se tarda menos de seis meses en terminar los procedimientos necesarios en caso de bancarrota, pero en Brasil y la India se tarda más de diez años. En Finlandia, los Países Bajos, Noruega y Singapur resolver una situación de insolvencia cuesta menos del 1 por ciento del valor patrimonial, mientras que en Chad, Panamá, Macedonia, Venezuela, Serbia y Montenegro y Sierra Leona cuesta casi la mitad del valor patrimonial.»

Como señala el informe de la CFI, una regulación excesiva suele, además, perjudicar a la mayoría de las personas a las que se supone que protege. Los ricos y los que tienen contactos pagan o hacen chanchullos para sortear regulaciones onerosas. En países que tienen mercados de trabajo muy regulados, en los que es difícil contratar y despedir a la gente, sobre todo las mujeres tienen dificultades para encontrar empleo.

«Buena regulación no quiere decir cero regulación», concluye el estudio de la CFI. «El nivel óptimo de regulación no es cero, pero quizá un poco más bajo de lo que encontramos hoy en la mayoría de los países, sobre todo en los pobres.» Y pasa a describir lo que yo llamo un listado de cinco puntos para la reforma al por menor. Uno: simplifica y liberaliza allí donde sea posible, en los mercados competitivos, porque para los consumidores y trabajadores la competencia puede ser la mejor fuente de presión para imponer prácticas óptimas, y porque el exceso de regulación da pie a los burócratas corruptos a sobornar. «No hay ningún motivo por el que Angola tenga que tener unas de las leyes laborales más rígidas, si en Portugal, cuyas leyes adaptó Angola, las ha revisado ya dos veces para flexibilizar el mercado laboral», dice el estudio de la CFI. Dos: dedícate a mejorar los derechos de propiedad. Bajo iniciativa de De Soto, el gobierno peruano ha emitido en los últimos diez años títulos de propiedad a 1,2 millones de ocupantes ilegales de viviendas urbanas. «Los derechos de propiedad segura han hecho posible que los padres salgan de casa a buscar trabajo, en lugar de quedarse para proteger su propiedad», dice el estudio de la CFI. «Los principales beneficiarios son sus hijos, que ahora pueden ir al colegio.» Tres: difunde el uso de internet para el cumplimiento con la regulación. Internet lo hace más veloz, más transparente y menos vulnerable a los sobornos. Cuatro: reduce la implicación de los juzgados en asuntos de negocios. Y por último, si bien no menos importante, el estudio de la CFI aconseja: «Haz de la reforma un proceso continuo [...]. Los países que mejores resultados obtienen en general en los indicadores del *Hacer negocios* lo deben a su continuidad en las reformas».

Evidentemente, junto con los criterios de la CFI, la reforma al por menor debe incluir la expansión de las oportunidades que das a tu población de acceder a la educación en todos los niveles y la inversión en infraestructura logística (carreteras, puertos, telecomunicaciones y aeropuertos), sin las cuales es imposible que despegue una reforma al detalle y que se entablen colaboraciones con otros. Muchos países siguen teniendo hoy unos sistemas de telecomunicaciones dominados por monopolios estatales que o bien encarecen demasiado o bien hacen demasiado lento el acceso a internet de alta velocidad, el acceso inalámbrico y las llamadas baratas a larga distancia y transatlánticas. Sin una reforma al por menor en tu sector de telecomunicaciones, la reforma al por menor en las otras cinco áreas, aun siendo necesaria, no será suficiente. Lo llamativo de los criterios que establece la CFI es que mucha gente cree que sólo son relevantes para Perú o Argentina, cuando en realidad algunos de los países con peor puntuación son países como Alemania o Italia. (De hecho, el gobierno alemán discutió algunos de los resultados.)

«Cuando nacimos usted y yo —me dijo Luis de la Calle—, la competencia [provenía] de nuestros vecinos de al lado. Hoy nos hace la competencia un japonés o un francés o un chino. En un mundo plano enseguida sabes en qué lugar de la clasificación estás... Hoy compites con todos los demás». En el mundo plano ganará más dinero el que posea el mejor talento, añadió, «y si no te pones las pilas, alguien ocupará tu lugar... y no será precisamente el tipo del otro lado de la calle».

Si no estás de acuerdo, no tienes más que preguntar a los participantes principales. Craig Barrett, presidente de Intel, me dijo: «Salvo contadas excepciones, cuando antes te planteabas dónde poner una fábrica, pensabas en los costes de mano de obra, transporte y disponibilidad de servicios..., ese tipo de cosas. Ahora hay otros factores en juego y, por tanto, ya no es cuestión de dónde pongas tu fábrica, sino de dónde pones tus recursos de ingeniería, tu investigación y desarrollo, dónde están los recursos intelectuales y de otro tipo más eficiente en relación con los costes. Ahora tienes la libertad de elegir esas cosas... Hoy puedes estar en cualquier sitio. Cualquier lugar podría hoy formar parte de mi cadena de suministro: Brasil, Vietnam, República Checa, Ucrania. Muchos de nosotros estamos limitando nuestro campo de visión a un par de países por una razón muy simple: sólo algunos pueden combinar la disponibilidad de talento y un mercado, y son la India, Rusia y China». Pero para cada país en el que Intel se plantea crear una planta, añadió Barrett, él se hace siempre la misma pregunta: «¿Qué fuerza inherente aporta [el] país al conjunto? La India y Rusia cuentan con una infraestructura espantosa pero con un buen nivel educativo, o sea que te encuentras con un puñado de tipos brillantes. China tiene un poco de todo. China tiene buenas infraestructuras, mejores que las de Rusia o la India. Si vas a Egipto, ¿qué capacidad única [puede brindarte el país]? Una mano de obra increíblemente barata, sí, ¿pero y su infraestructura? ¿Y su base educativa? Filipinas y Malasia tienen buenas tasas de alfabetización, por lo que te encuentras que puedes contratar a gente con el graduado escolar para tu cadena de fabricación. No tenían infraestructuras, pero sí una reserva de gente con formación. Tienes que tener algo sobre lo que construir. Cuando vamos a la India y nos preguntan si vamos a montar alguna fábrica, decimos: "No tenéis infraestructuras. Aquí la luz se corta cuatro veces al día"».

John Chambers, el director general de Cisco Systems, que emplea una cadena de suministro global para fabricar los *routers* con los que se conectan a internet y constantemente reciben propuestas para invertir en tal o cual país, añade: «El empleo estará allí donde esté la mano de obra mejor formada, las infraestructuras y el entorno más competitivos para la creatividad y los gobiernos que más apoyen. Es inevitable. Y, por definición, en esos lugares la gente gozará del mejor nivel de vida. Y puede que sean los países que encabezaron la Revolución Industrial o puede que no».

Pero mientras hoy con las reformas al por menor hay mucho más en juego que en ningún otro momento de la historia, y los países lo saben, basta con echar un vistazo al mundo para advertir que no todos los países están en condiciones de lograrlo. A diferencia de las reformas al por mayor, que podía hacerlas un puñado de personas mediante órdenes administrativas o simples dictados autoritarios, la reforma al por menor exige una base ciudadana mucho más amplia y una aprobación parlamentaria si pretende derrotar los intereses velados económicos y políticos.

En México, me dijo Guillermo Ortiz, «llevamos a cabo las primeras etapas de la reforma estructural desde arriba. La siguiente etapa es mucho más difícil, pues tienes que trabajar desde abajo. Tienes que crear un consenso mayor para impulsar las reformas en un contexto democrático». Una vez que eso pasa, señaló Moisés Naím, ex ministro de Economía de Venezuela y actual editor de la revista *Foreign Policy*, tienes a un número mucho mayor de participantes en escena, de modo que la lógica interna y la coherencia técnica de las políticas reformistas se vuelven mucho más vulnerables al impacto de los compromisos políticos, de las contradicciones y de los errores institucionales. «En esta etapa es más difícil evitar o hacer caso omiso de una burocracia arraigada y a la defensiva, un lujo del que a menudo gozan los gabinetes gubernamentales que lanzan las medidas iniciales de la reforma», me dijo Naím.

Entonces, ¿por qué unos países superan este escollo de la reforma al por menor, con unos dirigentes capaces de movilizar a la burocracia y a la ciudadanía en apoyo de estas micro-reformas más dolorosas y que exigen más de todos, y otros países tropiezan con él y se dan de bruces?

La cultura cuenta: glocalización

Una respuesta es la cultura.

Sería ridículo explicar el rendimiento económico de un país solamente por su cultura, pero analizarlo sin hacer referencia a ella sería igualmente ridículo, pese a que eso es lo que quieren hacer muchos economistas y politólogos. Este tema es muy polémico y mencionarlo se considera políticamente incorrecto. Por eso, en muchas ocasiones se convierte en un tabú del que nadie quiere hablar. Pero yo voy a hablar de ello aquí por una sencilla razón: al aplanarse el mundo y distribuirse (y convertirse en artículos básicos) cada vez más instrumentos para la colaboración, se acrecentará la diferencia entre aquellas culturas que poseen la fuerza de voluntad, los modos y el interés en adoptar rápidamente estos nuevos instrumentos y que los aplican, y aquellas que no.

Uno de los libros más importantes sobre este tema es *La pobreza y la riqueza de las naciones*, del economista David Landes. En él argumenta que, si bien el clima, los recursos naturales y la geografía son elementos a tener en cuenta a la hora de explicar por qué determinados países son capaces de dar el salto a la industrialización y por qué otros no, el factor clave es, en realidad, el bagaje cultural del país, en especial el grado en que ha interiorizado los valores del trabajo duro, del ahorro, de la honestidad, paciencia y tenacidad, así como su grado de apertura al cambio, a las nuevas tecnologías y a la igualdad entre hombres y mujeres. Se puede estar de acuerdo o no con el equilibrio que plantea Landes entre estas convenciones culturales y otros factores que afectan al rendimiento económico. Pero, personalmente, me parece reconfortante su insistencia en elevar la cuestión de la cultura, y su negativa a tragarse los argumentos que dicen que el estancamiento continuado de determinados países tiene que ver simplemente con el colonialismo occidental, con la geografía o con el legado histórico.

A lo largo de mis viajes he encontrado dos aspectos relativos a la cultura que me han resultado especialmente relevantes en el mundo plano. Uno es el grado de extroversión de nuestra cultura: ¿hasta qué punto está abierta a influencias e ideas extranjeras? ¿Qué tal se le da «glocalizar»? El otro, más intangible, es el grado de introspección de nuestra cultura. Con eso quiero decir hasta qué punto hay un sentido de solidaridad nacional y un interés en el desarrollo, hasta qué punto hay confianza en la sociedad para que los extraños colaboren entre sí, y hasta qué punto las élites del país se preocupan por las masas y están dispuestas a invertir en casa, o son indiferentes a los pobres de dentro de sus propias fronteras y les interesa más invertir fuera.

Cuanto más glocalice de manera natural una cultura (o sea, cuanto más fácilmente absorba ideas y prácticas óptimas procedentes del extranjero y las fusione con sus propias tradiciones), mayor será la ventaja que tenga ese país en el mundo plano. La capacidad natural para glocalizar ha sido uno de los puntos fuertes de la cultura india, de la americana, de la japonesa y, últimamente, de la china. Los indios, por ejemplo, opinan que los mogoles llegan y se van, que los británicos llegan y se van, se llevan lo mejor y nos dejan lo demás... pero ellos siguen comiendo curry, sus mujeres siguen ataviándose con saris y todos siguen viviendo en núcleos familiares numerosos y muy unidos. Eso sería la glocalización en su mejor expresión.

«Las culturas que están abiertas y dispuestas a cambiar gozan de una ventaja inmensa en este mundo», me dijo Jerry Rao, el director general de MphasiS que dirige la asociación comercial india de tecnologías punta. «Mi bisabuela era analfabeta. Mi abuela hizo dos cursos en el colegio. Mi madre no llegó a la universidad. Mi hermana tiene un máster en económicas y mi hija está en la Universidad de Chicago. Hemos hecho todo esto en lo que va de una generación a otra, pero es que hemos querido cambiar... Tienes que tener una cultura fuerte, pero también la apertura necesaria para adaptarte y adoptar elementos de otras. Los que defienden la exclusividad cultural están en verdadera desventaja. Piensa en ello, piensa en los tiempos en que el emperador de China expulsó al embajador británico. ¿A quién perjudicó? A los chinos. La exclusividad es una cosa peligrosa.»

La apertura es fundamental, añadió Rao, «porque empiezas a respetar a la gente por su talento y por sus habilidades. Cuando charlas con otro desarrollador que está en la otra punta del globo, no sabes de qué color es su piel. Estás tratando con personas por su talento, no por su raza o su etnia, y eso con el tiempo, sutilmente, modifica toda tu forma de ver a los seres humanos, si estás en este mundo que se basa en el talento y en el rendimiento, y no en el mundo que se basa en los antecedentes de la persona».

Esto sirve para explicar por qué tantos países musulmanes llevan haciendo tantos esfuerzos desde que el mundo empezó a aplanarse. Por razones culturales e históricas complejas, muchos de ellos no glocalizan bien, aunque hay muchas excepciones, a saber: Turquía, Líbano, Bahrein, Dubai, Indonesia y Malasia. Pero todos estos países mencionados tienden a ser los Estados musulmanes más seculares. En un mundo en el que la única gran ventaja que puede tener una cultura es su capacidad de promover la adaptabilidad y la adoptabilidad, el mundo musulmán de hoy está dominado por un clero religioso que, literalmente, prohíbe la *ijtihad*, la reinterpretación de los principios del islam a la luz de las actuales circunstancias.

Piensa en la mentalidad de los que secundan a Bin Laden. Consiste en «purgar» Arabia Saudí de todos los extranjeros y de todas las influencias extranjeras. Eso es precisamente lo contrario de la glocalización y de la colaboración. En muchos países árabes sigue dominando la cultura y la forma de pensar tribales, y la mentalidad tribal aborrece la colaboración. ¿Cuál es el lema del tribalismo? «Mi hermano y yo, contra mi primo; mi hermano, mi primo y yo contra el forastero.» ¿Y cuál es el lema de los globalistas, de quienes crean cadenas de suministro que favorecen la colaboración? «Mi hermano, mi primo y yo, más tres amigos de la infancia, cuatro personas más de Australia, dos de Pekín, seis de Bangalore, tres de Alemania y cuatro a las que sólo conocemos por internet vamos a montar una única cadena de suministro global.» En el mundo plano, la división del trabajo es cada vez más compleja, con un montón de gente que interactúa con otro montón de gente a la que ni conocen ni tal vez lleguen a conocer nunca en persona. Si quieres tener una división compleja y moderna del trabajo, tienes que ser capaz de confiar más en los extraños.

En el mundo árabe-musulmán, arguye David Landes, determinadas actitudes culturales se han convertido, en muchos aspectos, en una barrera para el desarrollo, en especial la tendencia a tratar todavía a la mujer como un foco de peligro y de contaminación que hay que arrancar del espacio público y al que no se debe permitir el acceso a las actividades económicas. Cuando una cultura cree algo así, pierde una porción considerable de productividad potencial de la sociedad. Un sistema que privilegia al varón desde la cuna sólo por ser varón, añade Landes, y que le otorga poder sobre sus hermanas y otras mujeres de la sociedad, es perjudicial para el varón, pues genera en él el sentimiento de que todo le pertenece por derecho propio, un sentimiento que no alienta el deseo de mejorar, avanzar y superarse. Este tipo de discriminación, señala Landes, no se limita únicamente al Oriente Medio árabe, por supuesto. De hecho, encontramos muestras de ello en diferentes grados en todo el mundo, hasta en sociedades supuestamente desarrolladas e industrializadas.

La resistencia del mundo árabe-musulmán a la glocalización es un tema al que están prestando atención hoy algunos comentaristas árabes liberales, como el periodista Raid Qusti, que publicó el 5 de mayo de 2004 un artículo al respecto (titulado «¿Cuánto tiempo tardaremos en dar el primer paso?») en el diario saudita *Arab News*, editado en inglés.

«En Arabia Saudí los incidentes terroristas están pasando a ser algo así como el pan de cada día. Siempre que espero y rezo por que termine esta situación, no parece sino empeorar», escribió Qusti. «Una de las explicaciones de lo que está sucediendo la apuntó el redactor jefe del periódico *Al Riyadh*, Turki Al Sudairi, en un programa dedicado a analizar las raíces de los actos terroristas. Al Sudairi dijo que la gente que cometía estos atentados compartía la ideología del movimiento Juhaiman que tomó la Gran Mezquita en los años 70. Su ideología consistía en acusar a los demás de ser infieles y en darse a sí mismos carta blanca para matarlos, ya fuesen ciudadanos occidentales (a los que, según ellos, había que expulsar de la Península Arábiga) ya creyentes musulmanes que no caminaban por la misma senda que ellos. En los años 80 y 90 desaparecieron del ojo público y ahora han vuelto a emerger con su destructiva ideología.

La pregunta que Al Sudairi se olvidó de formular era: ¿qué vamos a hacer los saudíes al respecto? Si, como nación, no prestamos atención a las raíces del problema como hemos venido haciendo a lo largo de las dos últimas décadas, el que aparezca otro grupo con esa misma ideología sólo será cuestión de tiempo. ¿Hemos contribuido a crear a estos monstruos? Un elemento que es necesario reevaluar, de arriba abajo, es todo nuestro sistema educativo, que no incide en la tolerancia hacia otros credos, y menos aún en la tolerancia para con los seguidores de otras escuelas islámicas de pensamiento. Otro sería la propia cultura saudita y el hecho de que la mayoría de nosotros no acepta otros estilos de vida e impone el suyo a los demás. También merece la pena someter a una reevaluación el hecho de que a lo largo de toda la enseñanza primaria y secundaria no educamos a nuestros hijos en la idea de que en el mundo hay otras civilizaciones y que formamos parte de la comunidad global, sino que les hablamos una y otra vez de los imperios islámicos.»

Sencillamente, se olvida con demasiada facilidad que, en relación con las actividades económicas, una cultura de tolerancia es una de las mejores virtudes que puede tener un país o una comunidad. Cuando reina la tolerancia, todos prosperan, porque la tolerancia engendra confianza y la confianza es el cimiento de la innovación y del espíritu emprendedor. Si incrementas el nivel de confianza en el seno de cualquier grupo humano, de cualquier empresa o sociedad, sólo ocurrirán cosas positivas. «China comenzó su asombroso despegue comercial e industrial cuando la detestable, por intolerante, forma de comunismo de Mao Zedong cedió paso a lo que podría denominarse un *laissez-faire* totalitario», escribió el historiador británico Paul Johnson en un estudio publicado el 21 de junio de 2004 en *Forbes*. «La India es otro ejemplo. Está en la naturaleza de la religión hindú el ser tolerante y, a su peculiar manera, permisivo… Cuando se los deja a su aire, los indios (igual que los chinos) siempre prosperan como comunidad. No hay más que ver el caso de la población india de Uganda, expulsada por el espeluznante dictador Idi Amin y acogida por la tolerante sociedad de Gran Bretaña. Actualmente en este grupo hay más millonarios que en cualquier otra comunidad inmigrante recientemente llegada a Gran Bretaña. Son un ejemplo llamativo de cómo el trabajo duro, los fuertes vínculos familiares y el estudio y la formación pueden ayudar a unas gentes despojadas de todos sus bienes materiales.» El islam, a lo largo de la historia, ha prosperado siempre que ha patrocinado una cultura de la tolerancia, como en la España mora. Sin embargo, en su versión actual el islam se encuentra, en muchos casos, cautivo y sometido a la interpretación de unos líderes espirituales que no preconizan una cultura de la tolerancia, del cambio y de la innovación. Y esto, señalaba Johnson, ha contribuido, sin duda, a ralentizar el crecimiento económico en muchos países musulmanes.

De nuevo volvemos aquí al coeficiente de aplanamiento. Los países que no tienen recursos naturales gozan de muchas más probabilidades de desarrollar, gracias a la evolución humana, los hábitos de la apertura a nuevas ideas, porque es la única manera que tienen de sobrevivir y avanzar.

Con todo, la buena noticia no sólo es que la cultura cuenta, sino que además puede cambiar. Las culturas no son circuitos integrados del ADN humano. Son el resultado del contexto (la geografía, el nivel educativo, el tipo de liderazgo y la experiencia histórica) de toda sociedad. Y como esos elementos cambian, también puede cambiar la cultura. En los últimos cincuenta años Japón y Alemania han pasado de ser unas sociedades altamente militarizadas a ser unas sociedades eminentemente pacifistas e incondicionalmente democráticas. Bahrein fue uno de los primeros países árabes en descubrir petróleo. Y fue el primero en quedarse sin gota. Y el primero del golfo Pérsico en celebrar elecciones a un Parlamento en el que las mujeres pudiesen figurar y votar. Durante la Revolución Cultural, China parecía una nación prisionera de una cultura de locura ideológica. La China de hoy es sinónimo de pragmatismo. La España musulmana fue una de las sociedades más tolerantes de la historia de la humanidad. La Arabia Saudí musulmana de hoy es una de las más intolerantes. La España musulmana fue un cultura comercial y mercantil en la que la gente tenía que vivir de su ingenio y, por tanto, aprendió a convivir pacíficamente con los demás. La Arabia Saudí de hoy puede arreglárselas simplemente vendiendo petróleo. Pero justo al lado tiene a Dubai, una ciudad-Estado árabe que ha empleado sus petrodólares para construir el centro de comercio, turismo, servicios e informática por antonomasia del golfo Pérsico. Dubai es uno de los lugares más tolerantes y cosmopolitas del mundo, donde a menudo parece que hay más restaurantes de sushi y más campos de golf que mezquitas, y donde los turistas ni siquiera necesitan visado. Así pues, sí, la cultura cuenta. Pero la cultura anida en los contextos, no en los genes. Y dado que esos contextos, igual que los dirigentes de cada lugar, cambian y se adaptan, también puede hacerlo la cultura.

LAS COSAS INTANGIBLES

Puedes ver muchas cosas sólo comparando las líneas que dibujan las ciudades en el horizonte. Como muchos indo-americanos, Dinakar Singh, el gestor de *hedge funds*, viaja asiduamente a la India para visitar a su familia. En el invierno de 2004 fue a Nueva Delhi. Cuando le vi, unos meses después de su visita, me habló del momento en que se dio cuenta de por qué la economía de la India, en conjunto, aún no había despegado como hubiera debido (sin contar el sector de tecnologías punta).

«Me encontraba en la sexta planta de un hotel de Nueva Delhi», me contó. «Cuando me asomé a mirar por la ventana, podía ver kilómetros de vistas. ¿Cómo era posible? Porque como en Delhi no puedes estar seguro de que funcionen los ascensores porque el suministro eléctrico no es de fiar, no hay muchos edificios altos.» Ningún inversor con dos dedos de frente querría construir un edificio alto en un ciudad en la que la luz se puede ir en cualquier momento y te puedes ver teniendo que subir a pie veinte tramos de escaleras. Como consecuencia, la ciudad crece a lo ancho, desperdigándose y haciendo un uso ineficiente del espacio. Le dije a Singh que su historia me recordaba un viaje que acababa de hacer a Dalian, en China. En 1998 había estado allí y cuando volví, en 2004, la ciudad estaba irreconocible. Había tantos edificios nuevos, entre los cuales se contaban varios rascacielos modernos de vidrio y acero, que empecé a preguntarme si realmente había estado allí de visita en 1998. Después le hablé de otro recuerdo. En el verano de 1974 fui al colegio en El Cairo. Los tres edificios más prominentes de la ciudad eran el Nile Hilton, la Torre de El Cairo y el edificio de la televisión egipcia. Treinta años después, en 2004, siguen siendo los edificios más altos de la ciudad, pues el perfil de El Cairo, en lo que a rascacielos se refiere, no ha cambiado apenas. Cada vez que vuelvo a la capital egipcia, sé exactamente dónde estoy. Poco antes de ir a Dalian visité México D. F., donde no había estado en los cinco años anteriores. La encontré mucho más limpia de lo que recordaba, gracias a una campaña municipal promovida por el alcalde. Además había unos cuantos edificios nuevos, aunque no tantos como me esperaba después de diez años de NAFTA. Sin embargo, en el interior de los edificios encontré a mis amigos mexicanos algo deprimidos. Me contaron que México estaba en baja forma, que no estaba creciendo como antes y que la confianza de la gente empezaba a flaquear.

Así pues, en Delhi puedes divisar hasta donde te alcanza la vista. En El Cairo el perfil de los rascacielos parece inmutable por los siglos de los siglos. En China, si dejas pasar un año sin visitar una ciudad, cuando vuelves te da la sensación de no haber estado allí en tu vida. Y en México D. F., justo cuando los mexicanos creían haber doblado la esquina por siempre jamás, chocaron de frente con China, que venía por el otro lado corriendo mucho más deprisa que ellos.

¿A qué se deben estas diferencias? Ya conocemos la fórmula elemental del éxito económico: reformas al por mayor, seguidas de reformas al por menor, más buen gobierno, educación, infraestructuras y capacidad para glocalizar. Pero lo que no sabemos, y lo que metería en una botella y me dedicaría a vender, es la respuesta a por qué un país se organiza para hacer todas estas cosas como Dios manda, como un proceso ininterrumpido, y por qué otro no. ¿Por qué en determinado país el perfil de una ciudad en el horizonte se modifica de la noche a la mañana y por qué en otro país no cambia ni pasado medio siglo? La única respuesta que he conseguido encontrar consiste en algo imposible de definir, en lo que yo llamo *las cosas intangibles*. Se trata, principalmente, de dos cualidades: la capacidad y la disposición de una sociedad para unir esfuerzos y sacrificarse en aras del desarrollo económico, por un lado, y, por otro, la presencia en dicha sociedad de unos dirigentes con visión para entender qué es lo que hay que hacer en términos de desarrollo y con la disposición de utilizar el poder con el fin de alentar el cambio, en vez de para enriquecerse y para preservar las cosas tal como están. Hay países, como Corea y Taiwan, que parecen capaces de centrar todas sus energías en la prioridad del desarrollo económico. Y otros, como Egipto y Siria, que se distraen con las ideologías o con las rencillas domésticas. Hay países que cuentan con unos dirigentes que dedican el tiempo que pasan en el cargo a intentar impulsar la modernización, y no a enriquecerse. Y otros que, simplemente, tienen élites corruptas, que dedican el tiempo que pasan en el cargo a forrarse y luego invierten sus fortunas en propiedades suizas. El porqué de que la India haya tenido unos dirigentes que erigieron institutos de tecnología y de que Paquistán haya tenido unos dirigentes que no lo han hecho es un fruto de la historia, de la geografía y de la cultura que yo sólo puedo resumir como una de esas cosas intangibles. Pero, aun cuando sea difícil medir esos intangibles, lo cierto es que cuentan, y mucho.

La mejor forma que conozco para ilustrar lo que digo es comparar México y China. Sobre el papel, México parecía hallarse en una situación inmejorable para prosperar en un mundo plano. Era vecino de puerta de la economía más grande y poderosa del planeta. En los años 90 firmó un tratado de libre comercio con Estados Unidos y Canadá y estaba listo para actuar de trampolín hacia Latinoamérica para estas dos inmensas economías. Y tenía un valioso recurso natural en forma de petróleo, que representaba más de un tercio de los ingresos públicos. Por el contrario, China se encontraba a miles de kilómetros de distancia, cargaba con el peso de la superpoblación, disponía de escasos recursos naturales, su mejor mano de obra se apelotonaba en la zona costera y arrastraba una pesada deuda pública tras cincuenta años de gobierno comunista. Hace diez años, si tapabas el nombre de estos dos países y se los describías a grandes rasgos a alguien, seguro que tu interlocutor se habría decantado por México. Sin embargo, China ha desplazado a México como segundo exportador de bienes a Estados Unidos. Y reina la sensación, incluso entre los mexicanos, de que aunque China se encuentre a miles de kilómetros de América, se está acercando a ella en términos económicos, mientras que México, que está justo en la frontera de EE. UU., se está alejando una infinidad.

De ningún modo quiero desacreditar a México. Con el tiempo, puede que resulte ser una tortuga lenta pero segura, frente a la libre China. A China todavía le falta hacer una inmensa transición política, que podría hacerla descarrilar en cualquier momento. Además, México tiene muchos emprendedores que son tan chinos como los chinos más emprendedores. De no haber sido así, no habría exportado bienes por valor de 138.000 millones de dólares a Estados Unidos en 2003. Y hay muchos chinos de la China rural que no son ni más avanzados ni más productivos que los mexicanos del México rural. Pero, a fin de cuentas, teniendo todos los factores en consideración, el hecho es que China se ha convertido en la liebre y México no, por mucho que México parecía partir con muchas más ventajas naturales cuando el mundo se volvió plano. ¿Por qué?

Es una pregunta que los propios mexicanos se están haciendo. Si vas a México D. F. estos días, los mexicanos te dirán que están oyendo esa «dichosa matraca» en estéreo. «Estamos atrapados entre la India y China», me dijo en 2004 Jorge Castaneda, ex ministro de Asuntos Exteriores mexicano. «Para nosotros es muy difícil competir con los chinos, excepto en las industrias de elevado valor añadido. Donde deberíamos estar haciéndoles la competencia, en el sector servicios, nos desbancan los indios con todas sus trastiendas y centros de atención telefónica.»

No cabe duda de que China se está beneficiando, en cierta medida, del hecho de seguir contando con un sistema autoritario capaz de apisonar intereses creados y prácticas obsoletas. Los dirigentes de Pekín pueden implantar desde arriba muchas reformas, tanto si se trata de hacer una carretera nueva como de acceder a la Organización Mundial del Comercio. Pero además China cuenta hoy con intangibles mejores, como son su capacidad para aglutinar esfuerzos y para dedicarlos totalmente a las reformas al por menor. Puede que China sea un Estado autoritario, pero no deja de ser cierto que cuenta con unas instituciones estatales fuertes y con una burocracia que sabe promocionar a mucha gente en función del mérito, para colocarla en puestos clave del proceso de toma de decisiones. También goza de cierta vehemencia para todo lo público. La tradición mandarina de ascender a los funcionarios que entienden que su cometido es promover y proteger los intereses del Estado sigue vivita y coleando en la China de hoy. «China tiene una tradición de meritocracia, una tradición que también se da en Corea y en Japón», me dijo Francis Fukuyama, autor del clásico *El fin de la historia y el último hombre*. «Todos ellos poseen además un sentido elemental de "estatalidad", según el cual se espera [de la función pública] que mire en pro de los intereses a largo plazo del Estado» y el sistema los premia por ello.

Por el contrario, en los años 90 México pasó de ser un Estado básicamente unipartito a ser una democracia multipartita. Por eso, justo cuando México necesita aunar todos sus esfuerzos y toda su energía para llevar a cabo reformas al por menor, a escala micro, se encuentra con que tiene que realizar el proceso democrático, mucho más lento pero más legítimo, de ganarse el apoyo del electorado. Dicho de otro modo, cualquier presidente mexicano que quiera realizar cambios tiene que poner de acuerdo a muchos más grupos de interés (algo así como apiñar gatos) para llevar a cabo una reforma, que sus predecesores, autocráticos, que podían hacerlo por decreto. Muchos de estos grupos de interés, ya sean sindicatos u oligarcas, tienen poderosos intereses creados en el *statu quo* y cuentan con poder para estrangular las reformas. Y el sistema estatal mexicano, como el de tantos de sus vecinos latinoamericanos, se caracteriza por haber sido, durante mucho tiempo, un instrumento con el que el partido en el gobierno o los intereses particulares podían ejercer su influencia, no para servir el interés nacional.

Otra de estas cosas intangibles es el grado en que tu cultura premia la educación. La India y China cuentan con una larga tradición de padres que dicen a sus hijos que lo mejor que pueden ser en la vida es ingenieros o médicos. Por el contrario, en México simplemente no se han construido las escuelas necesarias para que esto sea posible. Hoy en día la India y China tienen cada una más de cincuenta mil estudiantes en Estados Unidos, procedentes de lugares que se encuentran a unas doce zonas horarias de distancia. México, más pequeño pero vecino de puerta, sólo tiene a diez mil. Por otra parte, México está justo al lado de la economía más grande del mundo, en la que el idioma es el inglés. Sin embargo, México no ha puesto en marcha ningún programa de choque para la enseñanza del inglés ni ha invertido en becas de estudio para enviar gran cantidad de estudiantes mexicanos a Estados Unidos. Según dijo el presidente Zedillo, existe una «desconexión» entre la clase política mexicana, los retos de la globalización y el grado con que la gente se está formando y con que se está exhortando a la población mexicana a trabajar en este sentido. Habrá que esperar mucho tiempo para poder ver en una universidad estadounidense una licenciatura de ciencias o de matemáticas en la que dominen los estudiantes mexicanos de la manera en que hoy dominan los estudiantes chinos e indios.

El gobierno del presidente Vicente Fox ha establecido cinco áreas de reformas al por menor con el fin de hacer más productiva y flexible la economía mexicana: una reforma en el mercado de trabajo para facilitar la contratación y los despidos, una reforma judicial para que los juzgados mexicanos sean menos corruptos y caprichosos, una reforma electoral y constitucional para racionalizar la vida política, una reforma fiscal para aumentar la penosa recaudación de impuestos del país, y una reforma energética para abrir los mercados de la energía y de la electricidad a inversores extranjeros, de modo que México, importante productor de petróleo, se libere del absurdo de tener que importar gas natural y gasolina de Estados Unidos. Sin embargo, casi todas estas iniciativas han quedado paralizadas al pasar por el Parlamento mexicano.

Sería fácil sacar la conclusión, a tenor de lo visto en México y en China, de que la democracia puede ser un obstáculo para la reforma al por menor. Yo creo que sería prematuro decir algo así. En mi opinión, la clave está en la naturaleza de la clase dirigente. Hay democracias que tienen la suerte de contar con unos dirigentes capaces de convencer a su pueblo de que debe dedicar todas sus energías a las reformas al por menor (se me viene a la mente Margaret Thatcher, en Inglaterra) y hay otras que se pasan años mareando la perdiz sin atreverse a hablar claro a su electorado (como está pasando en Alemania actualmente, por ejemplo). Hay autocracias verdaderamente centradas en las metas que se han propuesto (como la actual China) y otras que simplemente van a la deriva y son reacias a exhortar a su pueblo porque sus dirigentes son tan ilegítimos que temen las consecuencias de exigir penosos esfuerzos a su población (como en Zimbabwe).

México, y Latinoamérica en general, poseen un «potencial fantástico», dice el presidente Zedillo. «Hace treinta años Latinoamérica estaba por delante de todos los demás, pero llevamos veinticinco años prácticamente atascados, mientras los demás nos pisan los talones y nos toman la delantera. Nuestros sistemas políticos no son capaces de procesar, adaptar y ejecutar esas ideas [de las reformas al por menor]. Seguimos discutiendo asuntos de la prehistoria. Seguimos debatiendo cosas que en cualquier otro sitio se dan por hecho, como si siguiésemos en los 60. Hoy en día no puedes hablar abiertamente de crear una economía de mercado en Latinoamérica.» China avanza cada mes, añadió Zedillo, «y a nosotros nos cuesta años y años decidir las reformas básicas cuya necesidad debería resultar de todo punto urgente para cualquier ser humano. No somos competitivos porque no tenemos infraestructuras. La gente tiene que pagar sus impuestos. ¿Cuántas autopistas nuevas se han construido entre México y EE. UU. desde el NAFTA? [Prácticamente ninguna.] Mucha gente que se beneficiaría de los gastos del gobierno no paga impuestos. La única manera en que un gobierno puede servir a su ciudadanía es hacer que la gente pague más impuestos, [pero] entonces aparecen los populistas y dan al traste con ello».

Recientemente un periódico mexicano publicó un artículo sobre la empresa de calzado Converse, que estaba fabricando calzado deportivo en China utilizando pegamento mexicano. «El artículo entero tenía que ver con la pregunta de por qué les estamos dando nuestro pegamento, cuando la actitud correcta sería cuánto pegamento más podemos venderles», dijo Zedillo. «Todavía tenemos que romper determinadas barreras mentales.»

Si México está perdiendo terreno frente a China, no es porque no haya sabido modernizar sus industrias de exportación, sino, principalmente, porque China ha cambiado aún más deprisa y en mayor escala, sobre todo en lo referente a la formación de trabajadores de tecnologías de la información. Como señaló el asesor empresarial Daniel H. Rosen en un artículo publicado en *The International Economy* (ejemplar de primavera de 2003), tanto México como China experimentaron un incremento en su cuota de exportaciones globales en muchas de las mismas áreas (desde componentes de la industria del automóvil y de la electrónica hasta juguetes y artículos deportivos) durante la bonanza de los años 90, pero la cuota de China creció más deprisa. Esto no se debió sólo a lo que China estaba haciendo bien, sino a lo que México estaba haciendo mal, que consistió en no impulsar su competitividad con unas reformas a pequeña escala. Lo que México sí supo hacer fue crear islas de competitividad, como Monterrey, donde hizo bien las cosas y pudo aprovecharse de la ventaja que ofrecía su proximidad a Estados Unidos. Pero el gobierno mexicano nunca tuvo una estrategia específica para integrar esas islas con el resto del país. Esto ayuda a explicar por qué entre 1996 y 2002 la posición de México en el Informe de Competitividad Global bajó, mientras que la de China subió. Y este hecho no sólo tenía que ver con los sueldos bajos, decía Rosen. Tenía que ver con que China lo aventajaba en formación, en privatizaciones, en infraestructuras, en control de la calidad, en directivos de escala media y en la incorporación de nuevas tecnologías.

«Así pues, China se está zampando el almuerzo de México —concluyó Rosen—, pero debido más a la incapacidad de éste de capitalizar los éxitos y de inducir reformas más amplias, que a los bajos salarios de China *per se*». Dicho de otro modo, eran reformas al por menor, so bobos. Según el informe *Hacer negocios en 2005*, en México hace falta una media de cincuenta y ocho días para montar un negocio, frente a los ocho de Singapur o los nueve de Turquía. En México se tarda setenta y cuatro días en registrar una propiedad, y en Estados Unidos sólo doce. La tasa impositiva que grava los ingresos de las empresas en México, del 34 por ciento, es el doble de la de China.

El informe «Beyond Cheap Labor» publicado por *McKinsey Quarterly* señalaba que desde el año 2000, al ingresar China en la OMC y empezar a aprovecharse del aplanamiento del mundo, México se ha quedado sin 270.000 puestos de trabajo en cadenas de montaje y han cerrado cientos de fábricas. Pero el principal consejo que daba el informe a México y a otros países con niveles intermedios de ingresos que se sienten aplastados por China era el siguiente: «En lugar de obcecarse con los puestos de trabajo que han perdido por culpa de China, estos países deberían recordar un hecho de la vida económica: ningún lugar puede ser eternamente el productor con costes más bajos del mundo. Hasta China perderá el título algún día. En lugar de intentar defender los puestos de empleo baratos de cadenas de montaje, México y otros países con niveles intermedios de ingresos deberían dedicarse a crear puestos de trabajo de mayor valor añadido. A no ser que unas empresas más productivas, con actividades de mayor valor añadido, sustituyan a las menos productivas, las economías con niveles intermedios de ingresos no podrán avanzar por la senda del desarrollo».

En definitiva, la única manera que tiene México para poder prosperar consiste en aplicar una estrategia de reformas al por menor con la que pueda derrotar a China colocándose en mejor posición que ella, no derrotarla haciendo que baje el listón. Porque a China le interesa más derrotar a Estados Unidos que a México. Pero para ganar este tipo de carrera, en la que el listón queda aún más alto, hace falta fuerza de voluntad y prestar atención a los intangibles.

Cuando en un mundo plano te enfrentas a unos competidores que no sólo están haciendo bien lo elemental sino también modificando correctamente las cosas intangibles, no puedes mantener unos niveles de vida ascendentes. China no se conforma con hacerse rica. Además quiere ser poderosa. No se conforma con aprender a fabricar coches de General Motors. Quiere ser GM y dejar a GM fuera del negocio. Quien dude de ello, debería pasar algún tiempo entre jóvenes chinos.

Luis Rubio, presidente del Centro Mexicano de Investigación para el Desarrollo, me dijo: «Cuanto mayor es la confianza en uno mismo, más reduce los mitos y los complejos. Una de las maravillas de México a principios de los 90 fue que los mexicanos vieron que podían lograrlo, que podían conseguirlo». Sin embargo, en años recientes gran parte de esa confianza se ha perdido en México, porque el gobierno ha dejado de reformar. «La falta de confianza en sí mismo lleva al país a seguir alimentándose del pasado», añadió Rubio. «La falta de confianza [de México] en sí mismo implica que en nuestro país todo el mundo cree que EE. UU. va a dejar pelado a México.» Por eso era tan importante el NAFTA para la confianza de México. «Lo que consiguió el NAFTA fue hacer que los mexicanos pensasen hacia delante y hacia fuera, en vez de hacia dentro y hacia atrás. [Pero para sus diseñadores], el NAFTA era más un fin que un inicio. Se veía como la conclusión de un proceso de reformas políticas y económicas.» «Por desgracia» —añadió—, «México carecía de una estrategia para caminar hacia delante».

Hace mucho tiempo me dijo Will Rogers: «Aun estando en el carril correcto, los demás te adelantarán si te limitas a sentarte de brazos cruzados». Cuanto más plano se vuelve el mundo, más rápido pasará eso. México se puso en el carril correcto, con las reformas al por mayor, pero después, por un montón de razones tangibles e intangibles, se quedó de brazos cruzados y las reformas al por menor se estancaron. Cuanto más tiempo siga de brazos cruzados, más lo adelantarán los otros. Y no será el único.

LAS EMPRESAS
Y LA TIERRA PLANA

10

CÓMO SE LAS APAÑAN LAS EMPRESAS

Del revoltijo, extrae simplicidad.
A partir de la discordia, encuentra armonía.
En mitad de la dificultad, está la oportunidad.

Albert Einstein

Mientras hacía entrevistas para este libro, diferentes ejecutivos de empresa me venían a decir lo mismo una y otra vez. Era curioso, todos decían la misma frase, como si lo hubiesen hablado entre ellos. La frase era: «Desde hacía dos años nada más...». Una y otra vez, empresarios e innovadores de toda clase de negocios, grandes y pequeños, me decían que «desde hacía dos años nada más» habían podido hacer cosas que antes ni por asomo les habrían parecido posibles, o que se estaban viendo obligados a hacer unas cosas que hasta entonces ni en sueños hubieran creído necesarias.

No me cabe duda de que estos empresarios y directores generales estaban respondiendo a la triple convergencia. Todos ellos estaban creando una estrategia para que su empresa prosperase o, al menos, sobreviviese en este nuevo entorno. Las empresas, igual que los individuos, necesitan de una estrategia para apañárselas en un mundo que se está aplanando. A mi tutor en cuestiones económicas, Paul Romer, le encanta decir que «todos queremos crecimiento económico, pero nadie quiere el cambio». Por desgracia, no se puede tener lo uno sin lo otro, sobre todo cuando el terreno de juego está cambiando de manera tan drástica como viene ocurriendo desde el año 2000. Si quieres crecer y florecer en un mundo plano, más te vale aprender a cambiar y ponerte a favor de la nueva situación.

Ni yo soy un experto en el mundo de los negocios ni este libro es un manual con trucos para el éxito empresarial. Pero lo que sí he aprendido mientras recababa información para este libro es que las empresas que se las han ingeniado para medrar hoy son aquellas que mejor entienden la triple convergencia y que han desarrollado unas estrategias propias para apañárselas en la nueva situación, no para tratar de resistirse a ella.

En este capítulo me propongo llamar la atención sobre algunas de las reglas y estrategias que están aplicando.

Regla 1: *cuando el mundo se aplana (y te sientes aplanado), coge una pala y cava dentro de ti. No trates de levantar muros.*

Esta valiosa lección la aprendí de mis dos mejores amigos de Minnesota, Jill y Ken Greer. Con el viaje a la India tuve el pálpito de que el mundo se había vuelto plano, pero cuando realmente me percaté de su grado de aplanamiento fue cuando regresé a casa, a mis raíces, y hablé con mis amistades de Minnesota. Hace unos veinticinco años Jill y Ken (de cuyo hermano hablé en el capítulo anterior) montaron su propia empresa multimedia, Greer & Associates, especializada en la creación de anuncios de televisión y en fotografía comercial para catálogos de comercios al por menor. La empresa, sita en Minneapolis, va bastante bien. Tienen más de cuarenta empleados, entre diseñadores gráficos y de páginas web, amén de otros. Cuentan con su propio estudio y con una pequeña cartera fija de clientes del Estado y de todo el país. Al ser una empresa mediana, greer siempre ha tenido que pelear para conseguir encargos, pero en todos estos años Ken se las ha ingeniado para ganarse bien la vida.

A principios de abril de 2004 Ken y Jill vinieron a Washington a pasar un fin de semana, con motivo del 50.º cumpleaños de mi esposa. Noté que Ken tenía muchos planes para su empresa. Una mañana nos dimos un largo paseo por la campiña virginiana. Le hablé del libro que estaba escribiendo y él me contó qué tal le iban las cosas con la empresa. Al cabo de un rato nos dimos cuenta de que estábamos hablando de lo mismo: el mundo se había vuelto plano y todo había sido tan rápido, y había afectado tan profundamente a su negocio, que todavía se las estaba viendo y deseando para adaptarse a la nueva situación. Para él era evidente que la competencia y la presión de los precios a las que tenía que hacer frente eran de una clase y de un nivel desconocidos hasta entonces.

«¡Autónomos!», dijo Greer, en referencia a estos contratistas independientes, como si fuesen una plaga de langostas que se hubiese abatido súbitamente sobre su empresa y se estuviesen zampando todo lo que pillaban. «¡Hoy tenemos que competir contra gente que trabaja por cuenta propia!

Hasta ahora nunca habíamos competido contra autónomos. Nuestra competencia solía estar integrada por empresas de tamaño y capacidad similares a las nuestras. Cada cual hacía las mismas cosas de una manera más o menos diferente y cada empresa podía hacerse su hueco y tirar adelante.» En la actualidad la dinámica es totalmente diferente, me dijo. «Nuestra competencia no sólo la forman las empresas con las que competíamos tradicionalmente. Ahora tenemos que vérnoslas también con empresas gigantescas, que tienen capacidad para realizar trabajos pequeños, medianos y grandes, y además con los profesionales que van por libre y que trabajan desde casa, los cuales [al hacer uso de la tecnología y de los programas informáticos del momento] pueden, en teoría, hacer lo mismo que cualquiera de nuestros empleados. Desde el punto de vista del cliente, ¿qué diferencia hay, en cuanto al resultado, entre la empresa gigante que contrata a un diseñador y lo sienta delante de un ordenador, y nuestra empresa, que contrata a un diseñador y lo sienta delante de un ordenador, y el diseñador que se sienta delante del ordenador que tiene en el sótano de su casa? La tecnología y los programas informáticos nos dotan de tal capacidad, que al final todos parecemos iguales. El último mes perdimos tres encargos que fueron a parar a autónomos, que antes trabajaban para empresas buenas, donde adquirieron experiencia para montárselo después por su propia cuenta. Todos nuestros clientes nos dijeron lo mismo: "No, si vuestra empresa estaba realmente cualificada para el trabajo. Pero John estaba muy cualificado y era más barato". Antes nos sentaba mal que otra empresa nos quitase un encargo, ¡pero es que ahora nos lo quitan *personas*!»

¿Cómo se ha producido este cambio tan rápidamente?, pregunté.

Greer me explicó que gran parte de su negocio está dedicado a la fotografía, a hacer fotos tanto a artículos como a modelos, para publicarlas en catálogos. A lo largo de estos veinticinco años los clientes encargaban proyectos a Greer & Associates, explicándoles qué clase de foto querían exactamente y «dejando en manos» del equipo de Greer la tarea de dar con la imagen correcta. Como hacían todos los fotógrafos comerciales, Greer usaba una Polaroid para hacer las fotos al modelo o al producto, con el fin de comprobar si su instinto creativo iba por buen camino y, una vez confirmado, hacer todo un carrete de verdad. Tomadas las fotografías, Greer enviaba el carrete a un laboratorio para que lo revelasen y separasen los colores. Si había que retocar alguna fotografía, se enviaba a otro laboratorio especializado en retoques.

«Hace veinte años decidimos no procesar el carrete que gastábamos», me explicó Greer. «Dejábamos ese detalle técnico en manos de otros profesionales que disponían exactamente de la misma tecnología, de la misma formación y experiencia… y ganas de ganarse la vida con ello. Nosotros queríamos ganárnosla haciendo las fotos. En aquel entonces el plan era perfecto, y tal vez lo sea hoy también, pero ya no es posible.»

¿Por qué? Porque el mundo se aplanó y los procesos analógicos pasaron a ser digitales, virtuales, móviles y personales. En los últimos tres años las cámaras digitales para fotógrafos profesionales alcanzaron un nivel técnico sin igual, que las convirtió en herramientas equivalentes, si no superiores, a las cámaras tradicionales de carrete.

«Experimentamos con varias diferentes y nos decidimos por la máquina más a la última y que más se pareciese a nuestra cámara [analógica] de carrete», me explicó Greer. «Es la Canon D1, y es exactamente igual que la de carrete nuestra, salvo por que lleva dentro un ordenador y una pequeña pantalla de televisión en la parte de atrás, que muestra la foto que estás tomando. Pero utiliza las mismas lentes, lo ajustas todo igual, el tiempo de exposición y la apertura, y tiene los mismos detalles ergonómicos. Es la primera cámara digital profesional que funcionó exactamente igual que una cámara de carrete. Fue un momento crucial.

»Cuando nos hicimos con esta cámara digital, al principio fue una liberación increíble», me dijo Greer. «Tenías la pasión y el entusiasmo propios de la fotografía, pero sin carrete por medio. Al ser digital, no teníamos que comprar película ni llevar nada al laboratorio de revelado y esperar su envío. Si estábamos en una localización y hacíamos alguna fotografía, podíamos comprobar en el momento si había quedado bien. La gratificación era instantánea. Empezamos a llamarla "Polaroid electrónica". Antes teníamos a un director artístico para supervisar toda la operación, para estar seguros de capturar la imagen que estábamos intentando crear. Lo malo es que él no podía saberlo hasta que revelábamos el carrete. Todos teníamos que funcionar a base de fe, de confianza. Nuestros clientes nos pagaban tarifas de profesional, pues les parecía que necesitaban a un experto que no se limitase a apretar un botón, sino que supiese exactamente cómo crear y enmarcar la imagen. Y *confiaban* en nosotros para ello.»

Durante un año más o menos disfrutaron de esta nueva sensación de poder, libertad, creatividad y control. Pero entonces Ken y su equipo descubrieron que esta nueva y liberadora tecnología podía también esclavizarlos. «Descubrimos que no sólo cargábamos ahora con la responsabilidad de tomar la foto y de definir la expresión artística deseada, sino que además teníamos que implicarnos en los aspectos tecnológicos de la foto. Que teníamos que convertirnos también en el laboratorio. Un buen día nos despertamos y nos dijimos: "Nosotros somos el laboratorio"».

¿Y eso? Pues porque las cámaras digitales proporcionaron a Greer la posibilidad de descargarse esas imágenes digitales en un ordenador de mesa o en un portátil y, con una pizca de *software* y de *hardware* mágicos, llevar a cabo toda clase de funciones nuevas. «Así pues, además de ser el fotógrafo, teníamos que convertirnos en el laboratorio de revelado y en el separador de color», me explicó Greer. En cuanto la tecnología lo hizo posible, los clientes de Greer empezaron a pedirlo. Como Greer *tenía la posibilidad* de controlar la fotografía en más fases de la cadena de suministro, los clientes dijeron que *debía* hacerlo, que *tenía que* hacerlo. Y después dijeron que como ahora todo era digital y todo recaía en sus manos, deberían incluirlo en los servicios de su equipo como creadores fotográficos de la imagen. «Los clientes dijeron: "No os vamos a pagar un dinero extra por ello"», me contó Greer. «Antes acudíamos a un servicio externo que se ocupaba de retocar las fotos, eliminar los ojos rojos y las manchas. Pero ahora tenemos que hacer los retoques nosotros. Los clientes dan por hecho que nosotros borraremos [los ojos rojos], digitalmente, antes incluso de ver la foto. Durante veinte años nos limitamos a practicar el arte de la fotografía, es decir, nos ocupábamos del color, de la textura, de hacer que la gente se sintiese cómoda delante de la cámara. Eso era nuestro fuerte. Ahora teníamos que aprender a hacer todo lo demás igual de bien. No era nuestro objetivo inicial, pero nos vimos obligados por la competitividad del mercado y por las tecnologías.»

Greer me explicó que todas las secciones de su empresa atravesaron un proceso similar de aplanamiento. La producción de películas se digitalizó y ellos se vieron obligados, por el mercado y las tecnologías, a convertirse en su propia editora, estudio gráfico, productora de sonido y todo lo demás, hasta en productora de sus propios DVD. Hasta entonces cada una de estas facetas se contrataba con una empresa diferente. Pero la cadena entera de suministro se acható y encogió hasta quedar convertida en una caja encima de un escritorio. Lo mismo sucedió con la parte gráfica del negocio: Greer & Associates pasaron a ser cajistas, ilustradores y a veces incluso imprenta, dado que tenían impresoras digitales de color. «Se suponía que todo sería más fácil», me dijo. «Ahora tengo la impresión de que entro en un McDonald's pero en lugar de comprar comida rápida, me toca coger el pedido de mi mesa y lavar después los platos también.»

Y siguió explicándome: «Es como si los fabricantes de tecnología se hubiesen reunido con nuestros clientes y hubiesen subcontratado con nosotros todas esas tareas. Si nos plantamos y decimos que tienen que pagar por cada uno de esos servicios, viene otro por detrás y suelta: "Ya lo hago yo todo". Así pues, los servicios que nos exigen han aumentado significativamente y las tarifas que puedes aplicar no han variado o bien han bajado.»

A esto se le llama *commoditization* (transformación de un servicio profesional en artículo básico de consumo) y, a raíz de la triple convergencia, cada vez ocurre más deprisa en toda una gama de industrias. A medida que los procesos analógicos se vuelven digitales, virtuales, móviles y personales, cada vez se están tipificando y digitalizando más empleos y funciones, que la gente puede hoy manipular más fácilmente y a los que tiene mayor acceso.

Cuando todo es lo mismo y el suministro no falta, me dijo Greer, los clientes disponen de una inmensidad de opciones y ninguna base en la que apoyarse para elegir la correcta. Y cuando eso pasa, te conviertes en artículo básico de consumo. Eres la vainilla.

Por suerte, Greer respondió a dicha transformación optando por la única estrategia de supervivencia que funciona: la de la pala, no la del muro. Él y sus socios excavaron en su propio terreno, buscaron dentro de sí, hasta dar con lo que constituía realmente el punto fuerte de la empresa, que se ha convertido en la fuente de energía principal que está propulsando su negocio hacia delante en el mundo plano. «Lo que vendemos ahora es perspicacia estratégica, instinto creativo y dotes artísticas. Lo que representa nuestro elemento competitivo clave es todo aquello que no se puede digitalizar, y en ello nos centramos. Sé que nuestros clientes de hoy y de mañana sólo acudirán a nosotros en busca de eso, y que por eso precisamente nos serán fieles... Por eso hemos contratado a más pensadores y hemos subcontratado fuera más facetas que tienen que ver con el uso de las tecnologías.»

En los viejos tiempos, me dijo Greer, «muchas empresas se escudaban en las tecnologías. Podías ser muy bueno, pero no tenías que ser el mejor del mundo, porque de ningún modo pensabas que estabas compitiendo con el resto del mundo. Había un horizonte y nadie podía ver más allá de él. Pero sólo en cuestión de unos años pasamos de competir con empresas de la misma calle a competir con empresas que están en la otra punta del globo. Hace tres años era inconcebible que una empresa de Inglaterra nos arrebatase un contrato a Greer & Associates, pero así ha sido. Ahora todos podemos ver lo que hacen los demás y todos tenemos las mismas herramientas, así que tienes que ser el mejor pensador y el más creativo».

Sólo con vainilla ya no te ganas las habichuelas. «Tienes que ofrecer algo que sea único», añadió Greer. «Tienes que poder fabricar el helado sabor galletas con trocitos de chocolate o el cherry (Jerry) García o el

Chunky Monkey» (los tres sabores más exóticos de los helados marca Ben & Jerry que más se alejan del puro y simple helado de vainilla). «Antes todo se limitaba a lo que eras capaz de hacer», siguió diciendo. «Los clientes te decían: "¿Puedes hacer esto? ¿Puedes hacer lo otro?". Ahora todo tiene mucho más que ver con el toque creativo y con la personalidad que puedes aportar [al encargo]... Todo es cuestión de imaginación.»

Regla 2: y los pequeños actuarán a lo grande... Una de las maneras en que las empresas pequeñas pueden florecer en el mundo plano es aprender a actuar como si fuesen realmente grandes. Y la clave para que, siendo pequeño, puedas actuar a lo grande radica en ser rápido a la hora de aprovechar todas las nuevas herramientas de la colaboración, para llegar más lejos, más deprisa, a más ámbitos y con mayor profundidad.

No se me ocurre mejor forma de ilustrar esta regla que contando la historia de otro amigo mío, Fadi Ghandour, cofundador y director general de Aramex, el primer servicio de reparto de paquetes creado en el mundo árabe y la primera y única empresa árabe en figurar en el Nasdaq. La familia de Ghandour, natural del Líbano, se trasladó a Jordania en los años 60, donde el padre, Ali, fundó Royal Jordanian Airlines. Así pues, Ghandour siempre ha llevado en los genes el negocio de las aerolíneas. Poco después de licenciarse por la Universidad George Washington, de Washington, D. C., Ghandour volvió a su país y allí encontró un sector empresarial que pensó que podría desarrollar. Entre él y un amigo juntaron un poco de dinero y en 1982 montaron una mini-Federal Express para Oriente Medio, dedicada al reparto de paquetes. En esa época en el mundo árabe sólo había un servicio de entregas global: DHL, actualmente en manos del servicio postal alemán. La idea de Ghandour era contactar con empresas americanas, como Federal Express y Airborne Express, que no tenían presencia en Oriente Medio, y ofrecerse como su servicio local de entrega de paquetes, alegando que una empresa árabe conocería la región y sabría manejarse en situaciones peliagudas, como la invasión israelí del Líbano, la guerra Irán-Irak y la invasión estadounidense de Irak.

«Les dijimos: "Oíd, nosotros no os hacemos la competencia a escala local, en vuestro mercado doméstico, pero sí entendemos cómo es el mercado de Oriente Medio, así que ¿por qué no nos dais vuestros envíos y nosotros los repartimos aquí?"», me explicó Ghandour. «Seremos vuestra sucursal de entregas en Oriente Medio. ¿Por qué ibais a dárselos a vuestro competidor mundial, DHL?» Airborne respondió positivamente y a partir de ahí Ghandour montó su propio negocio y después adquirió o se asoció con pequeñas empresas de reparto, desde Egipto, Turquía y Arabia Saudí, hasta, después, la India, Paquistán e Irán, creando de este modo su propia red regional. Airborne no tenía el dinero que estaba invirtiendo Federal Express en la creación de sus propias operaciones en cada región del planeta, por lo que estableció una alianza por la cual aglutinó a unas cuarenta empresas regionales de reparto, entre las que estaba Aramex, en una red virtual global. Lo que consiguieron los socios de Airborne fue algo que ninguno de ellos podía permitirse individualmente en esos momentos: una presencia física global y un sistema informático de búsqueda y seguimiento de paquetes, capaz de competir con el de FedEx y DHL.

Airborne «puso a disposición de todos sus asociados su sistema informático *online* de búsqueda y seguimiento de paquetes, de modo que todos usaban un lenguaje unificado y un conjunto de normas de calidad que regían el reparto, la búsqueda y la localización de envíos de todos los miembros de la alianza de Airborne», me explicó Ghandour. Ghandour entraba en el sistema de Airborne mediante el arrendamiento de una línea de datos conectada desde Amman (Jordania), donde su empresa tenía la sede central, hasta la gran supercomputadora de Airborne, sita en su central de Seattle. En Oriente Medio, a través de terminales sin microprocesadores, Aramex seguía y localizaba sus envíos sirviéndose de la trastienda de Airborne. De hecho, Aramex fue la primera empresa que adoptó el sistema de Airborne. En cuanto los empleados jordanos de Ghandour le cogieron el tranquillo, Airborne los contrató para instalar los sistemas en todo el mundo y formar a los demás socios de la alianza. Así pues, estos jordanos, que sabían inglés, viajaron a lugares tan remotos como Suecia o Lejano Oriente y enseñaron los métodos de Airborne para el seguimiento y localización de paquetes. Al final Airborne compró el 9 por ciento de Aramex para consolidar la relación.

El plan salió bien y benefició a todos los implicados. Aramex acabó dominando el mercado del reparto de paquetes en el mundo árabe, hasta el punto de que en 1997 Ghandour decidió sacar la empresa a Bolsa en Broadway, es decir, en el Nasdaq. Aramex siguió creciendo hasta convertirse en una empresa de 200 millones de dólares de beneficios anuales, con 3.200 empleados y sin necesidad de haber cerrado ningún gran contrato con organismos públicos. Su actividad era para y con el sector privado, algo casi inaudito en el mundo árabe. Debido, primero, a la explosión de las puntocom, que desvió la atención de las empresas tradicionales como era

Aramex, y, después, al descalabro de las puntocom, que dejó maltrecho el índice Nasdaq, el precio de las acciones de Aramex no llegó nunca a despegar realmente. Creyendo simplemente que el mercado no apreciaba su valor, Ghandour, junto con una financiera privada de Dubai, compró todas las acciones de la empresa a principios de 2002.

Ghandour no sabía que aquella decisión suya llegaba en el mismo momento en que el mundo estaba aplanándose. De repente descubrió no sólo que podía hacer cosas nuevas, sino también que tenía que hacer cosas nuevas inimaginables hasta entonces. La primera vez que notó que el mundo se aplanaba fue en 2003, año en que DHL compró Airborne. El 1 de enero de 2004 Airborne anunció que su sistema de seguimiento y localización de paquetes dejaba de estar disponible para sus antiguos socios. Hasta la vista. Buena suerte a todos.

Por un lado, el aplanamiento del mundo hizo posible que Airborne, el grandullón, se aplanase. Y, por otro, permitió a Ghandour, el chiquitín, salir a escena y ocupar el lugar de aquél. «En el preciso instante en que Airborne anunció que la compraban y que disolvía la alianza, convoqué una reunión en Londres con todos los socios principales del grupo», me explicó Ghandour. «Lo primero que hicimos fue crear una nueva alianza.» Pero además Ghandour les hizo una propuesta: «Les dije que Aramex estaba desarrollando en Jordania el *software* necesario para sustituir el sistema de seguimiento y localización de Airborne, y prometí a todos los asistentes que nuestro sistema estaría en funcionamiento antes de que Airborne desconectase el suyo».

En realidad, lo que Ghandour les dijo era que el ratón sustituiría al elefante. No sólo su empresa, relativamente pequeña, se encargaría de ofrecer el mismo servicio de trastienda desde Amman que Airborne había venido proporcionándoles desde su gran supercomputadora de Seattle, sino que además encontraría más socios en todo el mundo para rellenar los huecos que dejaba la salida de Airborne de la alianza. Para ello, explicó a los futuros socios que pensaba contratar profesionales jordanos para llevar a cabo todas las tareas de trastienda de la alianza a una fracción del coste que estaban pagando por la misma función hecha en Europa o en Estados Unidos. «Nosotros no somos la empresa más grande del grupo —me contó Ghandour, que ronda hoy los cuarenta y cinco años y sigue rebosando energía—, pero asumí el liderazgo. Mis socios alemanes eran una empresa de 1.200 millones de dólares, pero no podían reaccionar así de rápido».

¿Cómo es posible que él se moviese tan deprisa? Por la triple convergencia.

En primer lugar, toda una generación de ingenieros jordanos industriales e informáticos acababa de cumplir la mayoría de edad y de saltar al nivelado terreno de juego. Y descubrieron que podían acceder a todas las herramientas de colaboración necesarias para actuar a lo grande, con la misma facilidad con que accedían a ellas los empleados de Airborne en Seattle. Sólo era cuestión de tener la energía y la imaginación precisas para adoptarlas y sacarles el máximo partido.

«Para nosotros lo fundamental era conseguir la tecnología y sustituir inmediatamente la de Airborne, porque sin una búsqueda y localización *online* en tiempo real es imposible competir con los grandes. Con nuestros propios ingenieros informáticos, sacamos un sistema basado en la red para el seguimiento y la localización de envíos, y para gestionar el transporte de los mismos.»

Administrar la trastienda para todos los socios de la alianza a través de internet resultaba, ciertamente, mucho más eficiente que tener que conectarse cada uno a la supercomputadora de Airborne en Seattle, mucho más centralizada y con dificultades para adaptarse a la nueva arquitectura de la red. Gracias a internet y a las tecnologías de conexión inalámbrica, me contó Ghandour, cada empleado de cada empresa de la alianza podía acceder al sistema de búsqueda y localización de Aramex a través de su ordenador personal o de dispositivos móviles. Un par de meses después de presentar sus propuestas en Londres, Ghandour reunió a todos los futuros socios en Amman para mostrarles el sistema propietario que estaba desarrollando Aramex y para presentarles a algunos de los informáticos e ingenieros industriales jordanos. (Una parte del desarrollo de los programas se hacía dentro de las instalaciones de Aramex y otra se había subcontratado fuera. Precisamente, el *outsourcing* hizo posible que Aramex atrajese también a los mejores profesionales.) A los socios les agradó lo que vieron y así nació la Global Distribution Alliance, en la que Aramex, desde Amman (en medio del desierto y por donde en su día se había paseado Lawrence de Arabia), realizaba las labores de trastienda que antes había hecho Airborne (vecina de autopista de Microsoft y de Bill Gates).

Otra razón que explica cómo fue posible que Ghandour sustituyese tan deprisa a Airborne, tal como él mismo me dijo, fue que no llevaban el lastre de ningún sistema «heredado» que tuviesen que adaptar. «Podía entrar directamente en internet y utilizar las tecnologías más vanguardistas. «La red me permitió actuar como si fuese grande y reproducir una tecnología descomunal en la que los grandes habían invertido millones, por una fracción del coste... Desde el punto de vista de los costes, para mí, como empresa pequeña, era ideal... Yo sabía que el mundo era plano. Mis prédicas de director general a nuestros empleados venían a decir que podíamos competir, que podíamos tener nuestro hueco, que las reglas del juego estaban cambiando, que no hacía falta ser un gigante, que se puede encontrar un hueco y que la tecnología nos permitiría competir con los grandes.»

Cuando llegó el mes de enero de 2004 y Airborne empezó a desconectar su sistema, Aramex ya estaba lista para un traspaso de lo más suave y fluido. Y dado que Aramex podía gestionar su nuevo sistema desde una plataforma de internet, con aplicaciones informáticas diseñadas principalmente por programadores jordanos (más baratos), la instalación del nuevo sistema se llevó a cabo de manera virtual, sin que Aramex se viese obligada a enviar a sus ingenieros para que formasen a los demás socios de la alianza. Cada empresa asociada podía crear su base de clientes en internet, a través del sistema de Aramex, así como realizar las labores de búsqueda y localización de envíos y formar parte de la nueva red virtual global de transportes aéreos.

«Ahora gestionamos esta red global, una alianza de cuarenta socios. Y cubrimos todas las áreas geográficas del mundo», me dijo Ghandour. «Hemos ahorrado tanto dinero... Con nuestro sistema basado en la red, lo único que se necesita es un navegador y una contraseña para entrar en la red Aramex, y de pronto estás dentro de un sistema global de gestión de envíos.» A través de diversos canales *online*, como la tecnología de voz por internet, los *chats* y otras herramientas virtuales disponibles en la intranet de Aramex, ésta formó a muchos de los empleados de las otras empresas de la alianza en el manejo de su sistema, con lo que todo el proceso de formación resultó increíblemente barato.

Igual que UPS, Aramex se ha metido enseguida en el *outsourcing*. Bancos árabes y extranjeros de Oriente Medio han subcontratado con Aramex el reparto de sus tarjetas de crédito a clientes. También algunas empresas de telefonía móvil recurren a los repartidores de Aramex para cobrar facturas en su nombre; los repartidores no tienen más que escanear la tarjeta de crédito del cliente y emitir un recibo. (Puede que Aramex sea una empresa de tecnología sofisticada, pero no se le han caído los anillos cuando ha tenido que recurrir a burros para cruzar controles militares con el fin de entregar paquetes en la Ribera Occidental, cuando las carreteras han quedado cortadas por los enfrentamientos entre israelíes y palestinos.)

«Somos una organización muy plana», me explicó Ghandour. «Esto no es lo tradicional, porque las instituciones árabes del sector privado tienden a parecerse a los gobiernos: muy jerarquizadas y patriarcales. Aramex no funciona así. Entre cualquier empleado de la empresa y yo no hay más que dos o tres niveles. Cada uno de los trabajadores de la información de esta organización dispone de un ordenador con acceso a internet y a correo electrónico. Desde tu ordenador mismo, puedo acceder a mi intranet y ver qué está ocurriendo exactamente en la organización, sin que mis subordinados directos tengan que informarme.»

En resumen, Fadi Ghandour aprovechó una serie de formas nuevas de colaboración (conexión entre los sistemas de planificación de la empresa y sus proveedores, subcontratación, participación de los subcontratistas en la empresa, así como todos los esteroides) para hacer que su pequeña empresa de 200 millones de dólares de beneficios anuales se convirtiese en una empresa muy grande. O, como él mismo me dijo con una sonrisa: «Antes era grande a escala local y pequeño a escala internacional. Ahora le he dado la vuelta al calcetín».

Regla 3: y los grandes actuarán como pequeños... Una de las maneras en que las empresas grandes pueden florecer en el mundo plano es aprender a actuar como si fuesen realmente pequeñas haciendo que sus clientes puedan actuar como si fuesen grandes.

Howard Schultz, fundador y presidente de Starbucks, me dice que su empresa calcula que se pueden hacer 19.000 variantes de café a partir de los menús que se ofrecen en cualquiera de sus franquicias. Dicho de otro modo, lo que hizo Starbucks fue convertir a los clientes en sus diseñadores de mezclas de café y permitirles personalizar sus bebidas según sus especificaciones concretas. Starbucks no se planteó nunca ofrecer leche de soja, tal como me dijo Schultz, hasta que los clientes empezaron a bombardear a los encargados de los establecimientos con esta petición, al punto de que en plena jornada tenían que cruzar a la tienda de enfrente a comprar cartones de leche de soja. Starbucks aprendió de sus clientes y hoy el 8 por ciento, aproximadamente, de todas las bebidas que vende llevan leche de soja. «La idea de crear variedades diferentes con leche de soja no fue una ocurrencia nuestra, sino de los propios clientes», me dijo Schultz. Starbucks se limitó a colaborar con ellos. Las grandes empresas más listas entienden sin lugar a dudas que la triple convergencia les permite colaborar con sus clientes de una manera totalmente nueva y que, al hacerlo, pueden actuar como si fuesen pequeñas de verdad. Para que las grandes empresas puedan actuar a pequeña escala, no tienen que dirigirse a cada uno de sus clientes y tratar de servirlos de manera individual. Eso sería imposible y prohibitivo. Lo que hacen es convertir su negocio en un bufé, al máximo. Estas empresas crean una plataforma para que sus clientes particulares *se sirvan ellos mismos*, a su gusto y manera, a su ritmo, en el momento que más les convenga y según sus propias apetencias. ¡De hecho, meten en plantilla a los clientes, pero haciéndoles pagar por darse ese gusto!

Una de las grandes empresas que han aprendido a actuar como si fuesen pequeñas es E*Trade, el banco y agencia de corretaje de Bolsa *online*. Como me explicó Mitchell H. Caplan (director general de E*Trade, además de amigo personal y vecino), lo hicieron al darse cuenta de que, detrás de todo el barullo que se organizó con la explosión y quiebra de las puntocom, estaba pasando algo gordo. «Algunas personas creyeron que internet iba a suponer una revolución sin límites en cualquier aspecto de la vida de este planeta. Que hasta iba a servir para curar el resfriado», me dijo Caplan. Sin duda, se exageró mucho, lo cual condujo a una serie de valoraciones y expectativas disparatadas que acabaron en agua de borrajas. Pero, entretanto, con mucho menos bombo y platillo, internet fue creando «toda una plataforma nueva de distribución con la que las empresas podían llegar a los consumidores de una manera inédita hasta entonces, y viceversa. Mientras dormíamos, mi madre aprendió a usar el correo electrónico y a conectarse con los niños. Mis hijos estaban mensajeándose con todos sus amigos. Mi madre aprendió a meterse en internet y a visualizar sus balances E*Trade», me dijo Caplan.

Las empresas que prestaron atención a este fenómeno comprendieron que lo que estaban presenciando era el nacimiento del «consumidor autodirigido», porque internet y todas las demás herramientas del mundo plano habían dado lugar a una vía a través de la cual cada consumidor podía personalizar exactamente el precio, la experiencia y el servicio que deseaba. Las grandes empresas que supieron adaptar su tecnología y sus procesos de negocio para dotar de autonomía a este consumidor autodirigido pudieron actuar como si fuesen empresas muy pequeñas, *al capacitar a sus clientes a actuar a muy gran escala*. Pudieron transmitir a los consumidores la sensación de que cada producto y cada servicio estaba diseñado exactamente a la medida de sus necesidades y deseos particulares, cuando en realidad lo único que hacía la empresa era crear un bufé digital para que se sirviesen ellos mismos.

En la industria de los servicios financieros, supuso un profundo cambio de enfoque. Históricamente, el sector estaba dominado por los grandes bancos, por las grandes agencias de corretaje y por las grandes empresas de seguros, que te decían lo que obtenías, cómo lo obtenías, dónde y cuándo lo obtenías y qué precio tenías que pagar. Ante estas grandes empresas los consumidores reaccionaban con sentimientos que iban desde la indiferencia hasta el desagrado. Pero si a uno no le gustaba cómo le trataba su banco, no tenía ninguna alternativa real. Entonces, el mundo se aplanó y llegó internet. Los consumidores empezaron a notar que podían tener más control y que cuanto más adaptaban sus hábitos de compra a internet, más tenían que adaptarse las empresas (desde librerías hasta servicios financieros) y ofrecerles los instrumentos con los que tener dicho control.

«Por supuesto, las acciones de internet saltaron por los aires cuando estalló la burbuja», me contó Caplan, el valor bursátil de cuya propia empresa sufrió una bajada en picado durante aquella tempestad. «Pero, por debajo, los consumidores empezaban a experimentar una sensación de poder. Y en cuanto la saborearon, las cosas empezaron a cambiar de tal modo que, en lugar de que las empresas tuviesen bajo su control el comportamiento de los consumidores, fueron éstos los que empezaron a controlar el comportamiento de las empresas. Cambiaron las reglas de la contratación y si tú no respondías a las expectativas y ofrecías a los consumidores lo que querían, venía otro que sí lo hacía y estabas acabado.» Allí donde antes las empresas de servicios financieros actuaban a lo grande, ahora se esfuerzan por actuar a pequeña escala y por dotar al consumidor de los medios para actuar a gran escala. «Las empresas que prosperan hoy son aquellas que entienden al consumidor autodirigido», me dijo Caplan. En el caso de E*Trade, esto significó plantearse la empresa no como un conjunto de servicios financieros sueltos (operaciones de banca, de correduría de Bolsa y de préstamo), sino como un ejercicio financiero integrado capaz de dar servicio a los consumidores más autodirigidos. «El consumidor autodirigido quería salir de compras financieras, parando en un solo sitio», me dijo Caplan. «Cuando venían a nuestra página, querían verlo todo integrado y tener ellos el control. Pero hasta hace poco no disponíamos de la tecnología necesaria para integrar de verdad nuestras tres ramas de negocio, banca, préstamos y correduría de Bolsa, y para unificarlas de tal modo que no sólo surtiésemos el resultado o el servicio por separado, sino la totalidad, como deseaban los clientes.»

Si entrabas en el sitio web de E*Trade hace sólo tres o cuatro años, podías ver tu cuenta de valores en una ventana de la pantalla y tu préstamo en otra. Hoy, como me explicó Caplan, «en una página puedes ver exactamente tu posición en tiempo real en lo relativo a tus valores, que incluye información sobre tu poder de compra, y también tu cuenta corriente y los pagos previstos de tus préstamos: lo que está pendiente, el balance de tu hipoteca y [en qué situación se encuentra] tu línea de crédito. Y puedes moverte sin solución de continuidad entre los tres apartados, para sacar el máximo partido de tu líquido».

Si Fadi Ghandour se las apañó con la triple convergencia cogiendo una empresa pequeña y diseñando una estrategia con la que pudiese actuar a muy grande escala, Mitchell Caplan sobrevivió cogiendo a una empresa grande y haciéndola actuar a muy pequeña escala de modo que sus clientes pudiesen hacerlo a lo grande.

Regla 4: las mejores empresas son las que mejor colaboran.
En el mundo plano, cada vez más actividades empresariales se llevarán a cabo mediante la colaboración dentro de y entre las empresas, por una razón muy sencilla: las capas siguientes de creación de valor (tanto en tecnología, como en publicidad, biomedicina o manufacturas) están adquiriendo tal grado de complejidad que una única empresa o departamento no podrá dominarlas por sí sola.

«Lo que estamos presenciando en tantos ámbitos diferentes es que las capas siguientes de la innovación pasan por la intersección de especialidades muy sofisticadas», me comentó Joel Cawley, el director de la unidad de planificación estratégica de IBM. «En todos los ámbitos la vanguardia de la innovación tecnológica está cada vez más especializada.» En la mayoría de los casos la especialización de tu empresa o de tu departamento sólo podrá aplicarse a un fragmento muy pequeño de cualquier plan empresarial o social significativo. «Por lo tanto, para dar con cualquier avance valioso, primero tienes que ser capaz de combinar un mayor número de dichas especialidades, cada vez más atomizadas. Por eso es por lo que la colaboración reviste tal importancia», me dijo Cawley. Así pues, podrías encontrarte con que una empresa farmacéutica ha ideado un nuevo *stent* con el que se puede administrar un tipo totalmente nuevo de fármacos en los que lleva trabajando una empresa biomédica, pero que el verdadero avance (lo que genera un beneficio real para ambas) radica en su colaboración para sacar los fármacos novedosos de la una junto con el revolucionario método de administración de fármacos de la otra.

O tomemos otro ejemplo, más colorido: el de los videojuegos. Desde hace tiempo los fabricantes de juegos encargan una banda sonora especial para cada uno, hasta que descubrieron que si combinaban la música más apropiada y el juego más apropiado, no sólo vendían muchas más copias de éste, sino que podían sacar la música a la venta en formato de CD o a través de descargas de internet. Así pues, varias grandes empresas de juegos acaban de montar sus propias divisiones de música y algunos artistas han considerado que tendrán más posibilidades de difundir su música si la lanzan junto con un nuevo juego digital que si la emiten por la radio. Cuanto más conecta el aplanamiento del mundo todas las reservas de conocimientos existentes, más especializaciones y especialistas habrá ahí fuera, más cantidad de innovación provendrá de sus diferentes combinaciones y más tendrá que ver la gestión empresarial con la capacidad de hacer justamente eso.

Tal vez la mejor manera de ilustrar este cambio de paradigma y la manera en que las empresas se han adaptado a él sea fijarse en un fabricante tradicional: Rolls-Royce. Cuando oyes «Rolls-Royce», lo primero que se te viene a la cabeza es un lujoso automóvil fabricado a mano, con un chófer uniformado sentado en el asiento del conductor y una pareja perfectamente trajeada en el asiento trasero, camino de Ascot o Winbledon. Rolls-Royce, el peso pesado por antonomasia de las empresas británicas, ¿verdad? Pero ¿y si te dijese que Rolls-Royce ya ni siquiera fabrica coches (en 1972 vendió esa parte del negocio y en 1998 cedió la marca a BMW), que el 50 por ciento de sus ingresos proceden de su rama de servicios y que en 1990 todos sus empleados estaban en Gran Bretaña pero hoy el 40 por ciento de la plantilla está fuera del Reino Unido, dentro de un operativo global que abarca China, Singapur, la India, Italia, España, Alemania, Japón y Escandinavia?

No, no estamos hablando ya de la Rolls-Royce de nuestros padres.

«Hace mucho tiempo nos dijimos: "No podemos ser sólo una empresa del Reino Unido"», me dijo Sir John Rose, director ejecutivo de Rolls-Royce PLC, durante la entrevista que le hice cuando coincidí con él en China. «El Reino Unido ofrece un mercado muy pequeño. A finales de los 80, el 60 por ciento de nuestro negocio se lo llevaba la rama de defensa [en concreto, los motores a reacción] y nuestro cliente principal era el gobierno de Su Majestad. Pero necesitábamos convertirnos en un competidor mundial y, para ello, tuvimos que reconocer que el mayor consumidor de cualquiera de nuestras actividades era Estados Unidos y que teníamos que lograr el éxito en los mercados no relacionados con defensa. Así pues, nos convertimos en una empresa de tecnología [especializada en] sistemas de energía.» En la actualidad, la competencia central de Rolls-Royce consiste en la fabricación de turbinas de gas para aviones civiles y militares, helicópteros, barcos y para las industrias del petróleo, gas y de generación de energía eléctrica. Rolls-Royce cuenta con clientes en 120 países y tiene contratadas a unas 35.000 personas aproximadamente, pero sólo 21.000 se encuentran en el Reino Unido; el resto forma parte de una red global de trabajadores dedicados a investigación, servicios y manufactura. Actualmente la mitad de los ingresos de Rolls-Royce procede de sus actividades en el exterior del Reino Unido. «En el Reino Unido nos ven como una empresa británica —me explicó Rose—, pero en Alemania somos una empresa alemana. En Estados Unidos somos una empresa americana, en Singapur somos una empresa singapurense… Tiene que ser así si quieres estar cerca del cliente y también de los proveedores, de los empleados y de las comunidades en las que trabajamos». Hoy Rolls-Royce emplea a personas de unas cincuenta nacionalidades diferentes en cincuenta países del mundo, que hablan aproximadamente cincuenta idiomas diferentes.

Aprovechando su cadena global de suministros, subcontrata y traslada fuera el 75 por ciento, más o menos, de sus componentes. «El 25 por ciento restante lo constituye la fabricación de los elementos diferenciadores —me explicó Rose—. Se trata de las partes más importantes del motor, las turbinas, los compresores y ventiladores y las aleaciones, así como toda la aerodinámica empleada en su diseño y fabricación. Una pala de turbina se hace a partir de una pieza de cristal dentro de un horno de vacío hecho a partir de una aleación patentada, con un sistema de enfriamiento muy complejo. Este tipo de manufactura de elevado valor añadido es una de nuestras competencias centrales». En definitiva, me dijo Rose, «todavía poseemos las tecnologías clave, poseemos la capacidad necesaria para identificar y definir qué producto necesitan nuestros clientes, poseemos la capacidad de integrar los últimos avances científicos para fabricar dichos productos, poseemos la ruta para trasladarlos al mercado y poseemos la capacidad necesaria para recabar y entender la información que generan estos clientes cuando utilizan nuestros productos, lo cual nos permite dar asistencia técnica al producto mientras seguimos ofreciendo servicio y añadiendo valor».

Pero al margen de estas áreas centrales, Rolls-Royce ha adoptado un enfoque mucho más horizontal para subcontratar componentes que no son cruciales, con proveedores de todos los rincones del mundo, así como para buscar talentos allende las Islas Británicas. Puede que el sol ya se ponga en el Imperio Británico, igual que lo hacía antes en la vieja Rolls-Royce, pero jamás se pone en la nueva. Para producir adelantos en su negocio de generación de energía, la empresa tiene que combinar hoy la perspicacia de muchos más especialistas de todo el mundo, como me explicó Rose. Y para poder comercializar el siguiente avance en materia de energía (la tecnología de las células de combustible) será necesario aún en mayor medida.

«Hoy una de las competencias centrales del negocio es el trabajo en equipo. Lo aplicamos tanto en la elaboración de nuestros productos como en nuestras provisiones de servicios, trabajamos conjuntamente con universidades y con otros participantes de nuestro sector industrial. Hay que ser serios en cuanto a lo que cada cual puede aportar y a lo que nosotros podemos acometer de una manera sensata... Existe un mercado en I+D, un mercado de proveedores, un mercado de productos y debes contar con infraestructura para responder a todos ellos.»

Hace diez años, siguió diciendo, «nosotros hacíamos el 98 por ciento de las labores de investigación y de tecnología en el Reino Unido, cuando ahora el porcentaje es menos del 40 por ciento. Hoy lo hacemos en EE. UU., Alemania, la India, Escandinavia, Japón, Singapur, España e Italia también. Contratamos a gente de un abanico mucho más internacional de universidades, para adelantarnos a la combinación de habilidades y de nacionalidades que querremos dentro de diez o quince años».

Cuando Rolls-Royce era una empresa «anglocéntrica», añadió, estaba organizada de una manera muy vertical. «Pero tuvimos que aplanarnos» a medida que se abrieron al mundo entero los mercados en los que Rolls-Royce podía vender y de los que podía extraer conocimiento.

¿Y qué depara el futuro?

Esta manera de entender el cambio, que Rolls-Royce ha perfeccionado como reacción al aplanamiento del mundo, se va a convertir en la norma para cada vez más empresas de nueva creación. Si te propusieses contactar hoy con agencias de capital riesgo de Silicon Valley y les dijeses que quieres montar una empresa, pero que te niegas a subcontratar fuera o a llevarte la fabricación o parte de ella a otros países, inmediatamente te mostrarían el camino de salida. Hoy los inversores del capital riesgo quieren saber desde el primer momento que tu empresa de nueva creación va a aprovechar a fondo la triple convergencia para colaborar con las personas más listas y eficientes que puedas encontrar en cualquier rincón del mundo. Razón por la cual en el mundo plano cada vez más empresas nacen ya siendo globales.

«En los viejos tiempos —me dijo Vivek Paul, el presidente de Wipro—, cuando montabas una empresa, era posible pensar: "Bueno, chico, espero que dentro de veinte años seas una multinacional". Hoy te dices que el segundo día vas a ser ya una multinacional. En la actualidad hay empresas que empiezan con treinta personas: veinte en Silicon Valley y las otras diez en la India... Si tu empresa se dedica a múltiples productos, seguramente tendrás relaciones en Malasia y China para la manufactura, en Taiwan para el diseño, en la India y Filipinas para la atención al cliente y posiblemente en Rusia y EE. UU. para algunas labores de ingeniería». Así son las llamadas micromultinacionales, y son un anticipo de lo que se nos viene encima.

Actualmente, el primer puesto de trabajo que encontrarías en el ámbito de la dirección nada más terminar en la escuela de negocios podría consistir en fusionar las diferentes especialidades de un equipo de expertos en tecnologías de la información, un tercio del cual estaría en la India, otro en China y el tercio restante repartido a partes iguales entre Palo Alto y Boston. Es un trabajo que exige un tipo de habilidad muy especial. En el mundo plano cada vez se demandará más.

Regla 5: en un mundo plano las mejores empresas conservan la salud haciéndose radiografías cada cierto tiempo y enviando los resultados a sus clientes.

Dado que las actividades empresariales limitadas a un nicho de mercado pueden verse convertidas, cada vez más deprisa, en bienes básicos de consumo (al estilo del helado de vainilla) en el mundo plano, las mejores empresas de hoy se hacen radiografías con cierta periodicidad, con el fin de identificar y reforzar sus especialidades y subcontratar todo lo que no sea un elemento diferenciador. ¿Qué quiero decir con esto de hacerse radiografías? Deja que te presente a Laurie Tropiano, vicepresidenta de servicios de consultoría empresarial de IBM. Tropiano sería lo que yo denomino una radióloga de empresas. Lo que hacen ella y su equipo es, básicamente, radiografiar tu empresa, desmenuzar cada componente de tu actividad y ponerlo después todo en una pantalla gigante, para que puedas estudiar el esqueleto de tu empresa. Se separa cada departamento y cada función y se clasifican teniendo en cuenta si representan un coste para la empresa o una fuente de ingresos, o un poco de las dos cosas, y si constituyen una competencia central única para la empresa o una función vainilla que cualquier otro podría realizar, posiblemente con mejores resultados y menor coste.

«Una empresa típica tiene entre cuarenta y cincuenta componentes», me explicó Tropiano un día, en la sede de IBM, mientras desplegaba en la pantalla de su ordenador el esqueleto de una empresa. «Entonces, lo que hacemos nosotros es identificar y aislar estos cuarenta o cincuenta componentes y después preguntamos [a la empresa]: "¿Cuánto dinero estás gastando en cada componente? ¿Qué es lo que mejor se os da? ¿Qué es lo que os diferencia? ¿Qué componentes de vuestro negocio no os sirven, de ningún modo, para diferenciaros? ¿Dónde consideráis que tenéis capacidad pero no estáis seguros de poder mejorar porque tendríais que invertir más dinero de lo que querríais?"».

Cuando terminan contigo, me dijo Tropiano, te encuentras, básicamente, con una radiografía de la empresa, que destaca cuatro o cinco «puntos calientes». Uno o dos podrían ser competencias centrales, mientras que los restantes podrían ser habilidades de las que la empresa no era del todo consciente que tenía y que deberían desarrollarse más. Sin embargo, otros puntos calientes de la radiografía podrían ser componentes en los que cinco departamentos diferentes están duplicando las mismas funciones o servicios que podrían hacer mejor y a menor coste otros participantes de fuera de la empresa y que, por tanto, deberían subcontratarse (siempre y cuando siga habiendo una perspectiva de ahorro, una vez considerados todos los costes y trastornos que conllevaría la operación de subcontratar).

«Entonces, echas un vistazo a tu [radiografía] y dices: "Aquí veo estas áreas que van a ser realmente cruciales y centrales". Y te liberas de todo lo que puedas subcontratar, liberando así ese capital. Y te dedicas de lleno a los proyectos que un día podrían formar parte de tu competencia central. En el caso de una empresa normalita, no está nada mal que el 25 por ciento de tu actividad sean competencias centrales, estratégicas y realmente diferenciadoras, mientras continúas haciendo el resto, tratando de mejorarlo, o bien lo subcontratas fuera.»

La primera vez que me interesé por este fenómeno fue a raíz de un titular en una página de internet dedicada a los negocios, que me llamó poderosamente la atención. Decía así: «HP se hace con un contrato de 150 millones de dólares con un banco de la India». El artículo de Computerworld.com (del 25 de febrero de 2004) citaba unas declaraciones realizadas por HP, en las que decía que había firmado un contrato de *outsourcing* por diez años con el Bank of India, con sede en Mumbai. El contrato de 150 millones de dólares era el mayor conseguido por HP Services en la región Asia-Pacífico, según decía Natarajan Sundaram, director de marketing de HP Services India. En virtud de este acuerdo, HP se encargaba de implantar y gestionar un sistema central de banca en 750 sucursales del Bank of India. «Es la primera vez que en HP nos enfrentamos a una operación de *outsourcing* relacionada con la función central de servicios bancarios en la región Asia-Pacífico», decía Sundaram. Habían competido por el contrato varias multinacionales, entre ellas IBM. Según el contrato, HP se encargaría de implantar, en toda la red de sucursales, la tecnología necesaria para el almacenamiento de datos y para la visualización de documentos, así como los procesos de banca telefónica, banca por internet y atención telefónica automatizada.

En otros artículos se explicaba que el Bank of India estaba enfrentándose a una creciente competencia tanto por parte de bancos públicos y privados como de empresas multinacionales. Y se había dado cuenta de que necesitaba adoptar un sistema de banca basado en la red, tipificar y actualizar sus sistemas informáticos, rebajar los costes de las transacciones y, en general, facilitar al cliente su trato con la entidad. Así pues, hizo lo que haría cualquier otra multinacional: se sacó una radiografía y decidió subcontratar fuera todas aquellas funciones que no considerase parte fundamental de su competencia o para las que, simplemente, carecía de las destrezas internas necesarias para llevarlas a cabo al máximo nivel.

Aun así, leer que el Bank of India ha decidido subcontratar sus labores de trastienda con una empresa informática de propiedad estadounidense resulta, en fin, de lo más chocante. «¿Cómo, cómo, cómo?», me dije, frotándome los ojos. «¿Que HP, o sea, los tipos estos a los llamo cuando se me escacharra la impresora, han ganado el contrato de subcontratación para gestionar la trastienda de un banco estatal de la India que cuenta con 750 sucursales? ¿Pero qué sabe Hewlett-Packard de las labores de trastienda de un banco indio?»

Por pura curiosidad, decidí visitar las oficinas centrales de HP en Palo Alto, para averiguar qué era todo aquello. Allí me reuní con Maureen Conway, vicepresidenta de soluciones para mercados emergentes de HP, y le planteé la susodicha pregunta.

«¿Cómo se nos ocurrió que podíamos coger nuestras capacidades internas y ponerlas al servicio de otras personas?», me respondió retóricamente. Conway me vino a explicar que HP organiza visitas constantemente para empresas que son clientes suyos y, allí, éstas ven las innovaciones que HP ha incorporado a la gestión de sus sistemas de información. Muchos de estos clientes se marchan intrigados con cómo se las ha apañado esta gran empresa para adaptarse al mundo plano. ¿Cómo HP —se preguntan—, que en su día contaba con 87 cadenas de suministro diferentes, cada una gestionada vertical e independientemente, con su propia jerarquía de directores y de apoyo de trastienda, cómo las ha comprimido hasta dejarlas en sólo 5 cadenas de suministro que gestionan 50.000 millones de dólares en actividad empresarial y en la que funciones tales como contabilidad, facturación y recursos humanos se realizan a través de un único sistema para toda la empresa? ¿Qué ordenadores y qué procesos de negocio instaló HP para consolidar todo esto de manera eficiente? HP, que hace negocios en 178 países, solía ocuparse por separado de las cuentas a pagar y a cobrar de cada país, en cada país. Era puro picadillo. Pero en el último par de años nada más, HP creó tres centrales de procesamiento de transacciones (en Bangalore, Barcelona y Guadalajara)* con estándares uniformes y un *software* especial para la automatización de procesos, gracias a lo cual las oficinas de HP de los 178 países pueden procesar todas las funciones de facturación a través de estos tres centros.

Al ver la reacción de sus clientes ante este operativo interno, HP se dijo un día: «Oye, ¿y si lo comercializamos?». Conway me explicó que «eso se convirtió en el núcleo de nuestro servicio de subcontratación de procesos de negocio... Nos estábamos haciendo nuestra propia radiografía y descubrimos que contábamos con unas bazas por las que se interesaban otras personas, y que eso es un negocio».

Dicho de otro modo, el aplanamiento del mundo era tanto el mal como el remedio para el Bank of India. Era evidente que no podía mantenerse a la altura de sus competidores del sector bancario indio, también en proceso de aplanamiento, pero a la vez podía hacerse una radiografía y subcontratar con HP todo aquello que ya no tenía sentido hacer por sí solo. Y HP, que también se había hecho una radiografía, descubrió que llevaba en el pecho todo un negocio nuevo de consultoría. Por supuesto, la mayor parte del trabajo para el Bank of India sería realizado por empleados de HP en la India o por los del banco indio que, de hecho, entrarían a trabajar para HP. Pero parte de los beneficios llegaría hasta la nave nodriza de HP, en Palo Alto, que daría apoyo a toda la operación a través de su cadena global de suministro en materia de tecnologías de la información.

En la actualidad la mayoría de los ingresos de HP procede de fuera de Estados Unidos. Pero los equipos de HP que se dedican a las labores centrales de tecnologías de la información y a infraestructuras, los que son capaces de llevar a cabo los procesos que proporcionan a la empresa esa clase de contratos (como el de ocuparse de las labores de trastienda del Bank of India) siguen radicados en Estados Unidos.

---

* México. *(N. de la T.)*

«La capacidad para soñar está aquí, más que en otros lugares del mundo», me dijo Conway. «El núcleo de creatividad está aquí, no porque la gente sea más lista, sino por el ambiente, por la libertad de pensamiento. La máquina de los sueños sigue estando aquí.»

Regla 6: las mejores empresas subcontratan fuera para ganar, no para menguar. Subcontratan para innovar más deprisa y a menor coste, con el fin de crecer más, de ganar cuota de mercado y de contratar a más especialistas, no para ahorrarse dinero despidiendo a empleados.

Dov Seidman dirige LRN, una empresa que ofrece formación *online* sobre temas legales, de ajuste a la normativa vigente y de ética, a empleados de empresas globales, y ayuda a los ejecutivos y miembros de juntas directivas a gestionar responsabilidades de gobierno empresarial. Estábamos almorzando, un día de otoño de 2004, cuando Seidman comentó de manera casual que hacía poco había firmado un contrato de subcontratación con la consultora india MindTree.

«¿Por qué estáis recortando costes?», le pregunté.

«Subcontrato para ganar, no para ahorrarme dinero», respondió Seidman. «Entra en nuestra página web. En estos momentos he ofertado más de treinta puestos vacantes, y son todos puestos relacionados con las tecnologías de la información. Estamos en proceso de expansión. Estamos contratando gente. Estoy añadiendo gente y creando procesos nuevos.»

La experiencia de Seidman refleja lo que vienen a ser la mayoría de las operaciones de *outsourcing*: las empresas subcontratan fuera para adquirir expertos, con el fin de expandir su negocio más deprisa, no simplemente para reducir costes y aplicar recortes. La empresa de Seidman es líder en una de esas industrias totalmente nuevas que acaban de aparecer en el mundo plano, consistente en ayudar a las multinacionales a promover una cultura empresarial ética entre una plantilla que está desperdigada por todo el planeta. Si bien LRN es una empresa de la era a. E. (fundada diez años antes de que Enron saltase por los aires), la demanda de sus servicios aumentó significativamente en la era p. E. (post-Enron). Tras el hundimiento de Enron y otros escándalos relacionados con el gobierno de grandes empresas, creció el número de compañías interesadas en lo que ofrecía LRN (programas de formación *online* para enseñar a las empresas a forjar expectativas y nociones, compartidas por todos sus empleados, desde el comité de empresa a los operarios de fábrica), en torno a sus responsabilidades legales y éticas. Cuando las empresas contratan los servicios de LRN, sus empleados empiezan a recibir formación *online*, entre la que hay cuestionarios relativos a toda clase de aspectos, desde el código de comportamiento de tu empresa hasta cuándo se te permite aceptar un obsequio o qué tienes que meditar antes de apretar el botón de Enviar de un correo electrónico o qué se considera un chantaje por parte de un funcionario extranjero.

Cuando todo este tema del gobierno empresarial empezó a surgir por doquier a principios de siglo, Seidman se dio cuenta de que sus clientes iban a necesitar una plataforma más integrada (algo similar a lo de E*Trade). Era estupendo formar a los empleados de sus clientes a través de un programa educativo *online* y asesorar a los mandos superiores a través de otro, pero Seidman supo que los ejecutivos de las empresas querrían una sola interfaz basada en la web desde donde pudieran ver de un vistazo todas las cuestiones relativas al gobierno y a la ética a las que tenía que hacer frente su organización (ya fuese formación de empleados, ya notificación de conductas anómalas, ya la administración de una reputación empresarial ganada a pulso, ya el ajuste con la normativa gubernamental) y en el que pudiesen ver de manera inmediata en qué situación se hallaba la empresa.

Así pues, Seidman tuvo que enfrentarse a un reto doble. Necesitaba hacer dos cosas a la vez: seguir ampliando su cuota de mercado en la industria de la formación *online* en temas de cumplimiento de normativa y de pautas, y diseñar una plataforma completamente nueva para las empresas con las que ya estaba trabajando, una plataforma que iba a pasar por dar un verdadero salto tecnológico. Fue cuando se enfrentó a este reto, que decidió contar con MindTree, la consultora india, para una relación de subcontratación que a él le aportaba la posibilidad de tener a unos cinco ingenieros informáticos bien cualificados por el precio de uno americano.

«Mira —me dijo Seidman—, cuando algo está en oferta, tiendes a comprar más artículos. Lo de MindTree eran ofertas, no de material sobrante al cierre de temporada, sino de talento de primera en ingeniería informática, que en cualquier otro sitio me hubiese costado una barbaridad. Tenía que gastar un montón de dinero en la defensa y ampliación de mi actividad central y seguir ocupándome de mis clientes, que ya empezaban a no poder sacar más partido de mis programas del momento. Y a la vez tenía que dar un salto de gigante para ofrecerles lo siguiente que me pedían, que era un solución *online* mucho más robusta y total para todas las cuestiones de ética, buen gobierno y cumplimiento con la nor-

mativa. Si yo no satisfago sus necesidades, otro lo hará. Al trabajar conjuntamente con MindTree puedo contar, básicamente, con dos equipos:
uno [formado por una mayoría de estadounidenses] que se centra en defender y ampliar nuestra actividad central, y el otro, en el que están nuestros asesores indios, que se centra en el siguiente salto estratégico para
aumentar nuestro negocio».

Dado que la ética ocupa el lugar central del negocio de Seidman (con
sede en Los Ángeles), su modo de acometer el *outsourcing* fue tan importante como los resultados finales del acuerdo. En lugar de anunciar la colaboración con MindTree como un hecho consumado, Seidman celebró una
serie de reuniones con el total de los 170 empleados aproximadamente,
para debatir el plan de subcontratación que tenía en mente. Expuso todos
los argumentos económicos, dio voz a sus empleados y describió los puestos que iban a necesitarse en el futuro y cómo podría prepararse cada
cual para ellos. «Tenía que mostrar a mi empresa que eso era lo que
hacía falta para ganar», me dijo.

Que no te quepa duda: hay empresas que subcontratan y subcontratarán buenos puestos de trabajo sólo por ahorrar dinero a sus accionistas
o a sus directivos. Creer que esto no pasa o que no pasará es más que ser
un ingenuo. Pero las empresas que están recurriendo al *outsourcing* como
una herramienta para recortar costes, principalmente, no para potenciar
la innovación y acelerar el crecimiento, son la minoría, no la mayoría (y
a mí, personalmente, no me interesaría tener acciones de ninguna de ellas).
Las mejores empresas están encontrando maneras de sacar lo mejor de la
India con lo mejor de Dakota del Norte y con lo mejor de Los Ángeles.
En este sentido, realmente habría que eliminar la expresión «subcontratar
en otro país». La palabra que se aplicaría es, en realidad, la de «alimentarse de otras fuentes». Esto es lo que el mundo plano permite hacer y, al
mismo tiempo, exige hacer. Y las empresas que llevan a cabo correctamente los procesos de subcontratación acaban con unas mayores cuotas
de mercado y con más empleados en todo el mundo, en lugar de acabar
siendo más pequeñas y de contar con menos personal.

«Todo se reduce a intentar hacerse más grande más deprisa, a saber
cómo dar el siguiente salto en menos tiempo y con mayor garantía de
éxito», me dijo Seidman en relación con su decisión de recurrir a Mind
Tree para alimentar áreas cruciales de desarrollo de su nueva plataforma. «No se trata de simplificar las cosas. Nosotros tenemos más de doscientos clientes en todo el mundo en estos momentos. Si soy capaz de hacer
crecer esta empresa tal como quiero, podré contratar a más personas aún
para nuestras cuatro delegaciones, ascender a más gente aún y ofrecer a

nuestros empleados actuales aún más oportunidades y caminos de mejora profesional, porque la agenda de LNR será más amplia, más compleja y más global... Estamos en un ámbito muy competitivo. Esta [decisión de recurrir a la subcontratación externa] no tiene que ver con nada más que con jugar a la ofensiva, en vez de a la defensiva. Yo estoy tratando de adelantarme en el marcador, antes de que me deje fuera.»

Regla 7: la subcontratación exterior no es sólo cosa de traidores. También lo es de idealistas.

Una de las figuras más novedosas aparecidas en la escena mundial en los últimos años es la del empresario social. Se trata, por lo general, de una persona que arde en deseos de dejar una huella social positiva en el mundo, pero que considera que la mejor manera de hacerlo es, como reza el dicho, no dando a los pobres un pescado para que coman hoy, sino enseñándoles a pescar, con la esperanza de que puedan alimentarse toda la vida. En estos años he llegado a conocer a varios de estos empresarios sociales. La mayoría combina un cerebro formado en escuelas de negocio con un corazón propio de trabajador social. La triple convergencia y el aplanamiento del mundo han sido un regalo del cielo para ellos. Aquellos que lo tienen y que se están adaptando a él han empezado a lanzar una serie de proyectos muy innovadores.

Uno de mis preferidos es Jeremy Hockenstein, un joven que empezó siguiendo una senda tradicional, la de estudiar en Harvard y empezar a trabajar para la consultora McKinsey, pero que después, junto con un compañero de dicha firma, cambió de rumbo por completo y decidió montar una empresa de grabación de datos sin ánimo de lucro, a la que otras empresas americanas subcontratan para teclear datos, en uno de los entornos empresariales menos hospitalarios del mundo, la Camboya de después de Pol Pot.

¡Sólo podía ser en un mundo plano!

En febrero de 2001 Hockenstein y unos compañeros de McKinsey decidieron ir a Phnom Penh, medio de vacaciones, medio en misión de búsqueda de un proyecto empresarial de índole social. Y se llevaron una sorpresa al encontrarse con una ciudad salpicada de cibercafés y academias de inglés, pero sin empleo o, como mucho, con empleos limitados, para los que se graduaban en dichos centros.

«Decidimos tirar de nuestros contactos en Norteamérica para intentar subsanar esa brecha y crear oportunidades de generación de ingresos para esta gente», me explicó Hockenstein. Ese verano, después de un segundo viaje pagado de su propio bolsillo, Hockenstein y sus compañeros inauguraron Digital Divide Data, con un plan para iniciar una pequeña operación en Phnom Penh que se encargaría de introducir datos en soporte informático. Consistía en contratar a gente del lugar para teclear los datos impresos que las empresas estadounidenses quisieran tener en formato digital, con el fin de poder almacenarlos en bases de datos, extraerlos de ellas y hacer estudios. El material se escaneaba en Estados Unidos y los archivos se enviaban por internet. Lo primero de todo fue contratar a dos gestores camboyanos. Jason Rosenfeld, compañero de Hockenstein en McKinsey, acudió a Nueva Delhi y fue llamando a la puerta de diferentes empresas indias de introducción de datos en soporte informático para ver si podía encontrar una (solamente una) que quisiera contratar en prácticas a sus dos gestores camboyanos. Nueve de las empresas indias visitadas le dieron con la puerta en las narices. Lo último que deseaban era la aparición de un competidor más barato en Camboya. Pero un alma generosa india accedió a la propuesta y Hockenstein consiguió así formar a sus dos gestores. A continuación contrataron a sus primeros veinte grabadores de datos, muchos de los cuales eran refugiados de guerra camboyanos, y compraron veinte ordenadores y una línea de acceso a internet que les costaba 100 dólares al mes. El proyecto se financió con 25.000 dólares de su propio bolsillo y con otros 25.000 de una beca de una fundación de Silicon Valley. Abrieron sus puertas en julio de 2001. Su primer encargo vino del *Harvard Crimson*, el periódico de los estudiantes de Harvard.

«El *Crimson* estaba digitalizando sus archivos para que cualquiera pudiese acceder a ellos *online* y, como nosotros éramos licenciados de Harvard, nos dieron un pequeño empujón con el negocio», me dijo Hockenstein. «Así pues, para nuestro primer proyecto, una plantilla de camboyanos grabó en soporte informático los artículos publicados por el *Harvard Crimson* entre 1873 y 1899, que informaban sobre las competiciones entre equipos de Harvard y Yale. Después, de hecho, cuando llegamos a los años entre 1969 y 1971, los años del caos en Camboya, resultó que tenían que teclear precisamente [artículos del *Crimson*] sobre su propia historia... Convertíamos en Estados Unidos los viejos *Crimsons*, que estaban en microfilm, en imágenes digitales, a través de una empresa de Oklahoma especializada en ese tipo de trabajos, y después transferíamos las imágenes digitales a Camboya usando un FTP [protocolo de transferencia de archivos]. Ahora puedes entrar en thecrimson.com y bajarte los artículos.» Los mecanógrafos camboyanos no tenían que saber inglés, únicamente teclear los caracteres ingleses. Trabajaban por parejas: los dos copiaban el mismo artículo y después el programa informático comparaba su trabajo para asegurarse de que no hubiese errores.

Hockenstein me dijo que cada mecanógrafo dedica seis horas al día, seis días a la semana, y cobra 75 dólares al mes, el doble del salario mínimo de Camboya, donde la renta media anual es de menos de 400 dólares. Además, cada grabador de datos percibe una beca para el resto de la jornada laboral, para que pueda ir a una escuela, lo cual significa, para la mayoría, terminar el bachillerato, pero para algunos ha significado la oportunidad de pisar el colegio. «Nuestro objetivo era romper con el círculo vicioso [en el que se ve inmersa la juventud de allí] de tener que dejar de estudiar para ayudar a mantener a la familia», me explicó Hockenstein. «Lo que queríamos era promover el *outsourcing* socialmente responsable. Las empresas estadounidenses que trabajan con nosotros no sólo están ahorrándose un dinero que pueden destinar a otras inversiones, sino que, en realidad, están creando una vida mejor para parte de los ciudadanos más pobres del mundo.»

Cuatro años después de empezar sus actividades, Digital Divide Data cuenta hoy con 170 empleados en tres sedes: Phnom Penh, Battambang (la segunda ciudad más grande de Camboya) y una recientemente inaugurada en Vientiane (Laos). «Reclutamos a nuestros dos primeros directores en Phnom Penh y los mandamos a la India para que se formasen en la grabación de datos en soporte digital, y después, cuando abrimos nuestra oficina de Laos, contratamos a dos directores a los que formó nuestra plantilla de la oficina de Phnom Penh», me contó Hockenstein.

Este árbol ha sembrado toda clase de semillas. Además del *Harvard Crimson*, una de las fuentes más grandes de encargos de grabación de datos fueron las ONG, interesadas en disponer en formato digital los resultados de sus sondeos sobre salud, familia o condiciones laborales. Pues bien, algunos de los empleados camboyanos de la primera hornada contratada por Digital Divide Data dejaron la empresa y montaron su propia compañía de diseño de bases de datos para ONG que desean hacer sondeos. ¿Por qué? Porque, como me explicó Hockenstein, mientras trabajaban para Digital Divide Data, no paraban de recibir material de sondeos de ONG que había que pasar a formato digital. Pero como las ONG no habían hecho mucho para tipificar antes todos los datos que recababan, resultaba muy difícil digitalizarlos de una manera eficiente. Estos trabajadores camboyanos se dieron cuenta de que había valor en una fase anterior de la cadena de suministros y de que les podrían pagar más por diseñar formatos tipificados que las ONG podrían utilizar en el momento de recabar la infor-

mación de sus sondeos, lo cual facilitaría y abarataría la labor de digitalizar, contrastar y manejar el material. Así pues, montaron su propia empresa dedicada precisamente a eso, desde Camboya.

Hockenstein me dijo que ninguno de los puestos de trabajo que tienen en Camboya vino de Estados Unidos. Hace ya mucho tiempo que se
trasladó este tipo de trabajo básico de grabación de datos a la India y a
la región del Caribe, por lo que, en caso de haber sido ahora traslada-
dos a Camboya desde algún lugar, ha sido desde esas dos zonas. Pero
hace diez años habría sido imposible montar en Camboya algo así. Todo
ha pasado en los últimos años.

«Mi socio es camboyano», me dijo Hockenstein. «Se llama Sophary
y hasta 1992 vivía en un campo de refugiados de la frontera entre Camboya y Tailandia, mientras yo vivía en Harvard Square y estudiaba una
carrera. Éramos de dos mundos completamente diferentes. Tras la firma
del tratado de paz de la ONU [en Camboya], caminó durante diez días
para volver a su pueblo y hoy vive en Phnom Penh y dirige la oficina de
Digital Divide Data.» Ahora se mensajean todas las noches para, en colaboración, seguir dando servicio a personas y empresas de todo el mundo. El tipo de colaboración que es posible hoy en día «nos permite ser
compañeros e iguales», me dijo Hockenstein. «Ninguno de los dos está
por encima del otro. Es una colaboración auténtica, que está creando un
futuro mejor para las personas, tanto en el estrato inferior como en el superior. Da más sentido a mi vida y crea oportunidades concretas para las
personas que viven con un dólar o dos al día... Vemos brotar dignidad
y confianza en unas personas que jamás habían tenido posibilidad alguna de entrar en la economía global.»

Hockenstein y sus compañeros reciben llamadas de Mongolia, Paquistán, Irán y Jordania, de gente que quiere aportar al mundo servicios relacionados con las tecnologías de la información y que se preguntan por
dónde empezar. A mediados de 2004 contactó con Digital Divide Data
un cliente que quería copiar en formato digital un diccionario inglés-árabe. Más o menos en la misma época la oficina de Hockenstein recibió
un insólito mensaje de correo de una empresa iraní dedicada a grabar
datos también. «Nos encontraron a través de Google, mientras trataban
de encontrar una manera de ampliar más allá de las fronteras de Irán su
negocio de grabación de datos», me contó Hockenstein. Preguntó a los
iraníes si podían encargarse de un diccionario inglés-árabe, aun cuando
el idioma de Irán es el farsi, que tiene algunas letras iguales a las del árabe, pero no todas. «Me dijeron que sí podían, así que colaboramos en
un proyecto conjunto para que aquel cliente pudiese digitalizar su dic-

cionario árabe.» Lo que más me gusta de esta historia, y la razón por la
que dice tanto del mundo plano, es esto que me dijo Hockenstein y que
le llenaba de orgullo: «Todavía no he visto a este hombre [de Irán]. Hicimos todo el trato con el servicio de mensajes instantáneos de Yahoo! y
con el correo electrónico. Le mandamos el dinero por transferencia a través de Camboya... Le invité a mi boda, pero no pudo venir».

GEOPOLÍTICA
Y LA TIERRA PLANA

LA TIERRA NO ES PLANA. PROHIBIDO ENTRAR CON ARMAS Y MÓVILES

Construir es quizá la lenta y laboriosa tarea de muchos años.
Destruir puede ser el acto irreflexivo de un solo día.

Sir Winston Churchill

En el invierno de 2004, durante una visita a mi tierra, Minnesota, mientras almorzaba con mis amigos Ken y Jill Greer en Perkins, una cafetería especializada en tortitas, Jill comentó que hacía poco el Estado había aprobado una nueva ley sobre tenencia de armas. Esta ley sobre supuestos en que está permitido llevar armas ocultas, aprobada el 28 de mayo de 2003, establecía que los *sheriffs* de cada población tenían que emitir licencias a todo aquel que solicitase llevar armas de fuego guardadas a su lugar de trabajo (a no ser que el empleador de la persona restringiese de manera explícita este derecho y excluyendo, en todo caso, a quien tuviese antecedentes penales o estuviese catalogado como enfermo mental). La ley está pensada para disuadir a los delincuentes, ya que en caso de que quieran asaltarte, no pueden saber con certeza si no llevas encima un arma tú también. Sin embargo, la ley incluía una cláusula por la que se permite a los propietarios de negocios impedir a todo aquel que no sea empleado suyo que entre con un arma oculta en un lugar donde se lleva a cabo una actividad empresarial, sea un restaurante o un gimnasio. Decía que toda empresa podía prohibir la presencia de pistolas ocultas en el interior de sus instalaciones, siempre y cuando colocase un cartel en cada entrada que indicase que estaba prohibido entrar allí con armas. (Al parecer, esto derivó en una serie de carteles muy creativos, uno de los cuales llevó a una iglesia a demandar al Estado por el derecho a utilizar una cita bíblica para un letrero de prohibición de armas. Otro curioso fue el de un restaurante que recurrió a una foto de una mujer con delantal de cocinera y ametralladora.) El motivo por el que salió el tema en nuestra conversación fue que Jill comentó que en cualquier centro deportivo de la ciudad, como el centro en el que ella juega al tenis, se había fijado en que estaban apareciendo con bastante regularidad dos carteles, uno detrás del otro. Por ejemplo, en su club de tenis, en Bloomington, justo al lado de la entrada hay un cartel que dice: «Prohibido entrar con armas». Y a continuación, en el acceso a los vestuarios, hay otro que dice: «Prohibido entrar con móvil».

Vaya, vaya. ¿Prohibido entrar con armas y móviles? Lo de las armas lo entiendo, dije. Pero ¿por qué los móviles?

Qué cosas tengo... Era porque algunas personas entraban en los vestuarios con móviles con cámara incorporada y hacían fotos disimuladamente de hombres y mujeres desnudos y después las repartían por todo el mundo a través del correo electrónico. ¿Qué sería lo siguiente que se les ocurriría? Da igual de qué innovación se trate, la gente siempre encontrará una manera de utilizarla para bien y para mal.

Cuando entrevisté a Promod Haque en Norwest Venture Partners, en Palo Alto, me ayudó la directora de relaciones públicas de la empresa, Katie Belding, que después me envió el siguiente mensaje de correo electrónico: «Estaba hablando con mi marido sobre tu entrevista a Promod el otro día... Da clases de historia en un instituto de San Mateo. Se me ocurrió preguntarle: "¿Dónde estabas cuando el mundo se aplanó?". Me dijo que precisamente se había dado cuenta hacía unos días en el colegio, mientras se encontraba en una reunión de profesores. Habían expulsado temporalmente a un alumno por ayudar a otro a hacer trampas en un examen. No creas, no estamos hablando de la típica chuleta que te pegas a la suela del zapato, o de pasarse un papelito en pleno examen...». Intrigado, telefoneé a su marido, Brian, y él terminó de contarme lo sucedido. «Al final de la clase, cuando empezaron a pasar hacia delante todos los exámenes, este alumno sacó su móvil a toda velocidad y muy astutamente, e hizo una foto de algunas de las preguntas e, inmediatamente, se las mandó por correo electrónico a su amigo, que tenía que hacer el mismo examen la hora siguiente. Su amigo tenía también un móvil con cámara digital incorporada y con opción de correo electrónico y, al parecer, le dio tiempo a ver las preguntas antes de la clase siguiente. Al alumno lo pilló otro profesor, que le vio sacar el móvil en el intervalo entre clase y clase. Está prohibido entrar en el recinto escolar con móvil (aunque sabemos que todos los chavales incumplen la norma), así que el profesor se lo confiscó y vio que el muchacho tenía un examen guardado en el móvil. En nuestra reunión habitual de profesores, el jefe de disciplina del instituto empezó diciendo: "Hay una cosa nueva de la que vamos a tener que preocuparnos". En esencia, lo que vino a decir fue: "Estén atentos, mantengan los ojos abiertos, porque los chavales nos llevan mucha delantera en lo tocante a nuevas tecnologías"».

Pero, como me dijo Brian, no todo es tan negativo en relación con ellas: «Hace unos meses estuve en un concierto de Jimmy Buffett. No se podía entrar con cámaras, pero sí con móvil. Total, que empieza el concierto y de repente todo el mundo se pone a sostener en alto el móvil y a hacer fotos a Jimmy Buffett. Yo tengo una pegada en la pared de mi despacho. Estábamos sentados en la segunda fila y el tipo que teníamos al lado estaba apuntando con el móvil, y le dije: "Oye, ¿te importaría mandarme alguna de esas fotos por correo electrónico? Cuando diga que estábamos sentados tan cerca, no me va a creer nadie". Y me contestó: "Claro, hombre", y le dimos nuestra tarjeta de visita con [nuestra dirección de] correo electrónico. La verdad es que no nos esperábamos que fuese a enviarnos nada, pero al día siguiente nos mandó por correo electrónico un buen puñado».

El viaje a Pekín al que me referí anteriormente cayó justo después del decimoquinto aniversario de la masacre de la Plaza de Tiananmen, que tuvo lugar el 4 de junio de 1989, es decir, el 4/6/99. Mis compañeros de la delegación del *Times* me informaron de que ese día los censores del gobierno chino bloquearon todos los mensajes SMS de móviles que contuviesen cualquier referencia a la Plaza de Tiananmen o a los números 6 y 4. Por eso, si daba la casualidad de que tenías que marcar el 664-6464 o enviar un mensaje para decirle a alguien que quedabais a las 6 de la tarde en la planta 4, los censores chinos intervenían con su tecnología de bloqueo.

En una columna del *National Review* (25 de octubre de 2004), Mark Steyn mencionaba un artículo del periódico *Al Quds Al Arabi*, que se publica en árabe en Londres, sobre el pánico que se desató en Jartum, Sudán, cuando corrió un rumor por toda la ciudad según el cual, si un infiel estrechaba la mano a un hombre, éste perdía su virilidad. «Lo que más me llamó la atención de esta historia —escribía Steyn— era el siguiente detalle: la histeria se propagó a través de teléfonos móviles y de envíos de mensajes. Piense en ello: se puede tener móvil y, aun así, creer que estrecharle la mano a un extranjero puede hacer que te quedes sin pene como por ensalmo. ¿Qué sucede cuando este tipo de primitivismo tecnológicamente avanzado va más allá del mero envío de mensajes?».

En este capítulo no voy a hablar de teléfonos móviles. Entonces, ¿por qué saco a colación estas anécdotas? Porque desde que empecé a escribir sobre la globalización, mis críticos me han desafiado sobre una cuestión en particular: «¿No te parece que tus argumentos entrañan cierto determinismo tecnológico? Según tú, Friedman, hay diez aplanadores que convergen y aplanan la Tierra y la gente no puede sino aceptarlos de buen grado y unirse al desfile. Y que, tras una transición, todo el mundo será más rico y más inteligente y todo estará bien. Pero te equivocas, porque la historia del mundo indica que siempre han surgido alternativas ideológicas y alternativas de poder frente a cualquier sistema. Y la globalización no será diferente».

Es una cuestión legítima. Así pues, deja que conteste a ella sin ambages: *¡soy un determinista tecnológico! Culpable de los cargos.*

Estoy convencido de que las capacidades generan intenciones. Si creamos un internet en el que la gente puede montar una tienda *online* y tener proveedores, clientes y competidores de cualquier lugar del globo, montarán esa tienda *online* o ese banco o esa librería. Si creamos unas plataformas para la automatización de procesos que permiten a las empresas desagregar cualquier trabajo y enviarlo al centro de servicios basados en tecnologías de la información sin importar en qué lugar del mundo se encuentre y que sea capaz de realizar dicha tarea de una manera más eficiente y al mínimo coste, las empresas acometerán ese tipo de *outsourcing*. Si creamos móviles con cámaras incorporadas, la gente los usará para toda clase de cometidos, desde hacer trampas en exámenes hasta llamar a la residencia donde vive su abuelita, a felicitarla por su nonagésimo cumpleaños, desde lo alto de una montaña de Nueva Zelanda. La historia del desarrollo económico nos enseña la misma lección una y otra vez: si puedes hacer algo, debes hacerlo; de lo contrario, lo hará la competencia. Y, como ha tratado de poner de manifiesto este libro, existe todo un universo nuevo de cosas que las empresas, los países y los particulares pueden y deben hacer para prosperar en un mundo plano.

Pero, aun siendo un determinista tecnológico, *no soy determinista histórico*. No hay absolutamente ninguna garantía de que todo el mundo usará estas nuevas tecnologías o la triple convergencia en su propio beneficio o en el de sus países o en el de la humanidad. No son más que tecnologías. Por usarlas, uno no se vuelve necesariamente moderno, listo, moral, sabio, justo o decente. Simplemente, te permiten comunicarte, competir y colaborar en más niveles y más deprisa. Mientras no haya una guerra que desestabilice el planeta, todas estas tecnologías irán abaratándose, aligerándose, reduciéndose y se volverán más personales, móviles, digitales y virtuales. Por lo tanto, cada vez más gente encontrará más y más formas de usarlas. Sólo podemos confiar en que más personas de más sitios las utilizarán para crear, colaborar e incrementar su nivel de vida, no para lo contrario. Pero no es algo que tenga que ocurrir irremediablemente. Por decirlo de otro modo, yo no sé cómo saldrá el aplanamiento del mundo. De hecho, he llegado al punto del libro en el que debo confesar algo: sé que el mundo no es plano.

Sí, has leído bien lo que he escrito: *sé que el mundo no es plano*. No te preocupes. Ya lo sé.

Pero de una cosa estoy seguro: el mundo lleva un tiempo encogiéndose y aplanándose y en los últimos años este proceso se ha acelerado de manera radical. Hoy la mitad del mundo está participando en el proceso de aplanamiento o notando sus efectos. Al titular este libro *La Tierra es plana* he incurrido en una licencia literaria, con objeto de llamar la atención sobre el aplanamiento y su ritmo cada vez más rápido, porque, en mi opinión, es la tendencia más importante de todas las que se dan hoy en el mundo.

Pero también estoy seguro de que no es inevitable históricamente que el resto del mundo se vuelva plano, ni que las partes del mundo que ya son planas no se «desaplanen» por causa de una guerra, de crisis económicas o de la política. En este planeta hay cientos de millones de personas a las que el proceso de aplanamiento ha dejado atrás o que se sienten abrumadas por él, y algunas de estas personas disponen de suficiente acceso a las herramientas aplanadoras como para usarlas contra el sistema, no a favor de él. De qué manera pueda salir mal el aplanamiento del mundo es el tema de este capítulo. Y me ocuparé de ello tratando de responder a las siguientes preguntas: ¿qué sectores de la población, qué fuerzas y qué problemas entorpecen el proceso de aplanamiento, y cómo podríamos colaborar para superarlos de la mejor manera?

DEMASIADO ENFERMOS

Una vez oí a Jerry Yang, uno de los fundadores de Yahoo!, citar una frase de un alto funcionario del gobierno chino: «Allí donde la gente tiene esperanza, tienes una clase media». Me parece una observación muy útil. La existencia de clases medias numerosas y estables en todo el mundo es fundamental para la estabilidad geopolítica. Pero la clase media es una manera de ver la vida, no un nivel de ingresos. Por eso una mayoría de ciudadanos estadounidenses se describe a sí misma como de «clase media», cuando, según las estadísticas de ingresos, algunos no entrarían en esa categoría. Decir «clase media» es una manera de describir a quienes creen en un camino para salir de la pobreza o de un estatus de bajos ingresos y acceder a un nivel de vida más alto, así como a un futuro mejor para sus hijos. Mentalmente, puedes sentirte de la clase media tanto si ganas 2 dólares al día como 200, si crees en la movilidad social (que tus hijos tienen la oportunidad de vivir mejor que tú) y que el trabajo duro y el respeto de las normas de tu sociedad te llevarán allá donde quieras llegar.

En muchos sentidos, la línea que separa a los que están en el mundo plano de los que no, es, precisamente, esta frontera hecha de esperanza. La buena noticia en la India, China y los países del antiguo imperio soviético es que, con todas sus imperfecciones y contradicciones internas, estos países albergan hoy a cientos de millones de personas que tienen la suficiente esperanza en sus posibilidades como para considerarse dentro de la clase media. La mala noticia hoy en África, así como en las regiones rurales de la India, China y América Latina, así como en gran cantidad de rincones oscuros del mundo desarrollado, es que hay cientos de millones de personas sin esperanza y, por tanto, sin posibilidades de llegar a ser parte de una clase media. Y no tienen esperanza por dos razones: o bien están demasiado enfermas, o bien sus gobiernos están demasiado rotos como para creer que tienen un camino hacia delante.

El primer grupo, los que están demasiado enfermos, son aquellos cuya vida está constantemente bajo el acecho del sida, de la malaria, de la tuberculosis y de la polio, y que ni siquiera gozan de electricidad ininterrumpida o de agua potable. Muchas de estas personas viven asombrosamente cerca del mundo plano. Cuando estuve en Bangalore, fui a ver una escuela experimental, la Shanti Bhavan («refugio de paz»). Se encuentra en los alrededores del pueblo de Baliganapalli, en la provincia Tamil Nadu, a una hora en coche, aproximadamente, del centro de Bangalore y de sus centros de alta tecnología, hechos en cristal y acero, uno de los cuales lleva el apropiado nombre de «El enclave dorado». De camino allí la directora del colegio, Lalita Law, una india cristiana vehemente y muy aguda, me explicó, controlando apenas la rabia que teñía su voz, que el colegio tenía 160 niños, cuyos padres eran intocables del pueblo cercano.

«Los padres de estos niños son pordioseros, culis y obreros de una cantera», me dijo, mientras nuestro todoterreno avanzaba a trompicones por las carreteras llenas de baches, camino del colegio. «Vienen de hogares que están por debajo del nivel de pobreza y de la casta más baja, la de los intocables, que se supone que están cumpliendo con su destino, por lo que se les deja donde están. Los niños nos llegan con cuatro o cinco años. No saben lo que es beber agua limpia. Están acostumbrados a beber el agua sucia de las cloacas, si tienen la suerte de que haya una cerca de donde viven. Nunca han visto un lavabo, no tienen baños... Ni siquiera tienen harapos decentes. Tenemos que empezar por socializarlos. Al principio siempre salen corriendo y orinan y defecan donde les da la gana. [Al principio] no les obligamos a dormir en camas, porque les supone un choque cultural.»

Yo, sentado en el asiento de atrás del todoterreno, tecleaba a toda velocidad en el portátil para no perderme ni una palabra de su atroz monólogo sobre la vida del pueblo.

«Esto de "La India brilla" [el eslogan del partido en el gobierno, el Bharatiya Janata Partiy o BJP, para las elecciones de 2004] irrita a la gente como nosotros», añadió. «Tienes que venir a los pueblos de las zonas rurales y ver si la India brilla o no y mirar a la cara a un niño y ver si la India brilla o no. La India brilla de maravilla en las revistas de papel cuché, pero no tienes más que salir de Bangalore para ver cómo queda desmentido todo eso de que la India brilla... [En los pueblos] abunda el alcoholismo y están aumentando los casos de infanticidio de niñas y la delincuencia. Para conseguir luz y agua tienes que sobornar, y para que el inspector fiscal dé el visto bueno a tu casa también tienes que sobornarlo. Cierto, la clase media y la clase alta están despegando, pero lo único que ven los 700 millones de personas que se quedan atrás es penuria, oscuridad y desesperación. Están en este mundo para cumplir su sino y tienen que vivir y morir así. Lo único que brilla para ellos es el sol, que arde con un calor insufrible; muchos mueren de un ataque al corazón.» El único «ratón» que conocen estos niños —añadió— no es el que pones al lado del ordenador, sino el bicho auténtico.

En las zonas rurales de la India, China, África y América Latina hay miles de pueblos como éste. Por eso, no es de extrañar que los niños del mundo subdesarrollado (el mundo no plano) tengan diez veces más probabilidades de morir de enfermedades que podrían prevenirse con una vacuna, que los niños del mundo desarrollado y plano. En las regiones más castigadas del África rural subsahariana nada menos que un tercio del total de mujeres embarazadas son portadoras del VIH. Sólo la epidemia del sida basta para destrozar una sociedad entera: muchos maestros de estos países africanos padecen la enfermedad, por lo que no pueden dar clase y los niños pequeños, sobre todo las niñas, tienen que dejar de estudiar porque o bien deben cuidar a sus padres enfermos o moribundos, o bien han quedado huérfanos por culpa del sida y no pueden pagar el colegio. Y, sin educación, la juventud no puede aprender a protegerse del sida y de otras enfermedades ni, menos aún, adquirir las prácticas beneficiosas con las que las mujeres pueden tener un mejor control respecto a su propio cuerpo y de sus compañeros sexuales. La perspectiva de una epidemia de sida a gran escala en la India y en China, similar a la que ya ha debilitado el sur de África, sigue siendo muy real, en gran parte debido a que sólo un quinto de la población total de riesgo en el mundo tiene acceso a programas de prevención. Decenas de millones de mujeres que desean beneficiarse de recursos relacionados con la planificación familiar no pueden acceder a ellos por falta de financiación en sus lugares de residencia. Es imposible impulsar el crecimiento económico en un lugar en el que la mitad de la población está enferma de malaria y en el que la mitad de los niños padecen malnutrición, o un tercio de las madres está muriendo de sida.

No cabe duda de que China y la India se encuentran en mejores condiciones por tener a parte de su población, al menos, dentro del mundo plano. Cuando las sociedades empiezan a prosperar, se genera un círculo virtuoso: empiezan a producir suficiente cantidad de alimentos para que la gente deje el campo, la mano de obra excedente consigue formación y educación, entra a trabajar en el sector servicios y en la industria y esto promueve la innovación, la mejora de la enseñanza, mejores universidades, mercados más libres, crecimiento económico y desarrollo, mejores infraestructuras, menos enfermedades y un crecimiento demográfico más lento. Ésta es la dinámica que se está dando hoy en zonas de la India y China urbanas. En ellas, la gente tiene los medios para competir en un terreno de juego nivelado y se está atrayendo miles de millones de dólares en inversiones.

Pero hay muchísimas personas que siguen viviendo fuera de este círculo. Viven en pueblos o en zonas rurales en las que sólo unos delincuentes querrían invertir. Son regiones donde la violencia, la guerra civil y las enfermedades compiten entre sí para ver cuál puede causar más estragos entre la población. El mundo sólo quedará totalmente plano cuando entren en él todas estas personas. Uno de los pocos con suficiente cantidad de dólares como para marcar una diferencia y que haya respondido a semejante desafío es el presidente de Microsoft, Bill Gates, cuya Fundación Bill y Melinda Gates, dotada con 27.000 millones de dólares, centra sus esfuerzos en esta inmensa población devastada por las enfermedades y privada de oportunidades. A lo largo de los años he sido muy crítico con algunas de las prácticas empresariales de Microsoft y no me duele ni una sola de las palabras que he escrito acerca de algunas de sus tácticas monopolísticas. Pero me ha dejado impresionado el compromiso personal de Gates, tanto en dinero como en dedicación, a la hora de ocuparse del mundo no plano. Las dos veces que hablé con él, éste fue el tema de conversación que más quiso tocar y del que me habló con mayor pasión.

«Nadie financia nada para esos otros 3.000 millones de personas», me decía Gates. «No sé quién calculó que en Estados Unidos cuesta 5 o 6 millones de dólares salvar una vida. Eso es todo lo que nuestra sociedad está dispuesta a pagar. Fuera de Estados Unidos puedes salvar una vida con menos de 100 dólares. Pero ¿cuánta gente quiere invertir *esa* cantidad?

»Si sólo fuese cuestión de tiempo, ¿sabes?, pongamos veinte o treinta años, los demás estarían dentro y entonces sería fabuloso declarar que el mundo entero es plano. Pero el hecho es que esos 3.000 millones de personas están atrapados en una trampa y puede que nunca consigan entrar en el círculo virtuoso de más educación, más salud, más capitalismo, más imperio de la ley, más riqueza... A mí lo que me preocupa es que podría ser que sólo la mitad del mundo fuese plano y que se quede como está.»

Cojamos el caso de la malaria, una enfermedad provocada por un parásito que llevan los mosquitos. En la actualidad, es la mayor causante de muertes entre las madres en todo el planeta. Mientras que en el mundo plano prácticamente nadie se muere hoy de malaria, más de un millón de personas muere de malaria cada año en el mundo no plano, de los cuales unos 700.000 son niños, la mayoría de ellos en África. De hecho, en los últimos veinte años se ha duplicado el número de muertes causadas por la malaria, debido a que los mosquitos se han vuelto más resistentes a muchos medicamentos antimalaria y a que las empresas farmacéuticas comerciales no han invertido mucho en nuevas vacunas, porque consideran que no hay un mercado rentable. Como me dijo Gates, si esta crisis estuviese pasando en un país del mundo plano, el sistema funcionaría: el gobierno haría lo necesario para contener la enfermedad, las empresas farmacéuticas harían lo necesario para sacar al mercado los medicamentos, la escuelas formarían a los jóvenes acerca de medidas de prevención y el problema quedaría resuelto. «Pero esta respuesta tan maja sólo funciona cuando la gente que padece el problema tiene, además, dinero», me decía Gates. Y añadió que cuando la Fundación Gates ofreció 50 millones de dólares para combatir la malaria, «se dijo que habíamos duplicado la cantidad de dinero que se destina [en todo el mundo] a combatir la malaria... Cuando la gente que tiene una necesidad no tiene el dinero, hace falta que los grupos y organizaciones benéficas lo coloquen allí donde el sistema pueda ayudarles».

Pero hasta la fecha «no hemos brindado a estas personas una oportunidad [de estar en el mundo plano]. El chaval que hoy está conectado a internet, si tiene la curiosidad y una conexión a internet, está tan [dotado de medios] como yo. Pero si no goza de la correcta alimentación, jamás entrará en este juego. Cierto, el mundo es más pequeño, pero ¿de verdad vemos en qué condiciones vive esta gente? ¿No será que el mundo sigue siendo realmente tan grande que no vemos las verdaderas condiciones en que vive la gente, ese niño cuya vida se puede salvar con 80 dólares?», me dijo Gates.

Detengámonos un instante e imaginemos lo beneficioso que sería para el mundo, y para Estados Unidos, que las zonas rurales de China, la India y África llegasen a ser como pequeños EE. UU. o Uniones Europeas en términos económicos y de oportunidades. Sin embargo, las probabilidades de que entren en este círculo virtuoso son muy pequeñas si las empresas, las organizaciones benéficas y los gobiernos del mundo plano no les dan un auténtico empujón humanitario y dedican más recursos a sus problemas. La única forma de salir es a través de vías nuevas de colaboración entre las partes planas y no planas del mundo.

En 2003 la Fundación Gates lanzó un proyecto llamado Grand Challenges in Global Health (Grandes Retos en Salud Global). Lo que me gusta de este programa es la manera en que la fundación se planteó las soluciones al problema. No dijeron: «Nosotros, esta fundación occidental tan rica, os daremos la solución», para después dar a conocerla y firmar unos talones. Lo que dijeron fue: «Vamos a colaborar horizontalmente para definir tanto el problema como las soluciones, vamos a crear valor de este modo, y después [la fundación] invertirá su dinero en las soluciones que definamos entre todos». Así, la Fundación Gates puso anuncios en la red y en canales más convencionales tanto en el mundo desarrollado como en el mundo en vías de desarrollo, en los que pedía a los científicos que diesen respuesta a una gran pregunta: ¿cuáles son los problemas más grandes que, si la ciencia se ocupase de ellos y los solucionase, podría cambiar de manera más radical el destino de varios miles de millones de personas que están atrapadas en el círculo vicioso de la mortalidad infantil, de la baja esperanza de vida y de la enfermedad? La fundación recibió unas ocho mil páginas llenas de ideas de cientos de científicos de todo el mundo, entre los que había premios Nobel. A continuación hizo una criba y elaboró una lista de catorce Grandes Retos, retos en los que una innovación tecnológica podría eliminar una barrera crucial en la solución de un problema importante de salud en el mundo en vías de desarrollo. En el otoño de 2003 anunció al mundo entero estos catorce Grandes Retos. Entre otros, estaban los siguientes: cómo crear vacunas eficaces de una sola dosis que pudieran administrarse poco después del parto, cómo elaborar vacunas que no requieran refrigeración, cómo desarrollar métodos de administración de vacunas que no exijan inyección, cómo entender mejor qué respuestas inmunológicas aportan inmunidad, cómo controlar mejor los insectos que transmiten agentes de enfermedad, cómo desarrollar una estrategia genética o química para incapacitar poblaciones de insectos transmisores de enfermedades, cómo crear toda una gama de nutrientes biológicos óptimos en una especie botánica básica y cómo crear métodos inmunológicos capaces de curar infecciones crónicas. En un año la fundación recibió 1.600 propuestas para atajar estas cuestiones, de parte de científicos de 75 países diferentes. Hoy la fundación se encuentra en pleno proceso de dotación de fondos a las mejores propuestas, con 250 millones de dólares en efectivo.

«Con este programa estamos tratando de conseguir dos cosas», me explicó Rick Klausner, antiguo director del National Cancer Institute, que actualmente dirige los programas globales de salud de la Fundación Gates. «La primera es [hacer] un llamamiento moral a la imaginación científica, [para señalar] que hay graves problemas pendientes de solución a los que nosotros, la comunidad científica, no hemos hecho caso, aun cuando nos vanagloriamos de lo internacionales que somos. No hemos asumido nuestras responsabilidades como solucionadores de problemas mundiales con la seriedad que conlleva nuestro papel de comunidad internacional. Queríamos transmitir la idea de que los Grandes retos son los asuntos científicos más interesantes y atractivos para cualquier persona del mundo en estos momentos... La idea era estimular la imaginación. Lo segundo es dedicar, realmente, parte de los recursos de la fundación a ver si somos capaces de hacerlo.»

Dados los increíbles avances tecnológicos de los últimos veinte años, es fácil dar por hecho que contamos ya con todas las herramientas necesarias para atajar algunos de estos retos y que lo único que nos falta es el dinero. Ojalá fuese así, pero no. En el caso de la malaria, por ejemplo, no es sólo que falten los medicamentos. Como sabe todo el que haya visitado África o la India rural, en estas regiones los sistemas de atención sanitaria suelen carecer de fondos o funcionar a un nivel ínfimo. De ahí que la Fundación Gates esté tratando de estimular el desarrollo de medicamentos y de métodos de administración para situaciones de grave deterioro de los sistemas de atención sanitaria, que la gente de a pie pueda usar directamente sin peligro. Tal vez éste sea el reto más grande de todos: utilizar las herramientas del mundo plano para diseñar otras que funcionen en un mundo no plano. «El sistema de atención sanitaria más importante del mundo es una madre», me dijo Klausner. «¿Cómo te las ingenias para que lleguen a sus manos cosas que ella pueda entender, costearse y utilizar?»

La tragedia de toda esta gente es, ciertamente, una tragedia doble, añadió Klausner. Por un lado está la tragedia personal de enfrentarse a una sentencia de muerte por culpa de una enfermedad, o a la condena de por vida que supone el día a día de las familias rotas y de las expectativas limitadas. Por otro está la tragedia mundial, la de la increíble contribución que se pierde porque toda esta gente que sigue fuera del mundo plano carece de medios y de posibilidades. Imagínate los conocimientos que estas personas podrían aportar a la ciencia o a la educación en un mundo plano, en el que estamos asistiendo a la conexión de todas las reservas de conocimientos. En un mundo plano, en el que la innovación puede venir de cualquier rincón del planeta, estamos dejando que se pierda en la marejada una inmensa reserva de participantes y colaboradores potenciales. No cabe duda de que la pobreza genera mala salud, pero es que además la mala salud no deja salir a la gente de la pobreza, que a su vez la debilita aún más y le impide asir el primer barrote de la escalerilla de las esperanzas de entrar en la clase media. Mientras no demos respuesta a estos grandes retos, mucho de ese 50 por ciento del mundo que aún no es plano seguirá tal cual... por muy plano que se vuelva el otro 50 por ciento.

DEMASIADO PRIVADOS DE PODER

No sólo hay un mundo plano y un mundo que no es plano. Además, muchas personas viven en el mundo nebuloso que hay entre ambos. En este grupo están las personas que describo como demasiado desprovistas de poder. Son un conjunto muy numeroso de personas a las que el aplanamiento del mundo no ha integrado plenamente. A diferencia de los que están demasiado enfermos, que todavía no han tenido la oportunidad de entrar en el mundo plano, los que están demasiado desprovistos de poder son personas que uno podría considerar medio planas: las personas sanas que viven en países en los que se han aplanado áreas considerables, pero que carecen de las herramientas o de las habilidades o de la infraestructura necesarias para participar de una manera significativa o sostenida. Tienen la información justa para saber que el mundo que los rodea se está aplanando y que ellos, en el fondo, no están disfrutando de ninguna de las ventajas. Ser plano es bueno, pero conlleva mucha presión; no ser plano es horroroso y conlleva mucho sufrimiento. Pero ser plano a medias también conlleva una angustia muy particular. Por fascinante y visible que sea el sector indio plano de la alta tecnología, no te llames a engaño: sólo representa el 0,2 por ciento del empleo en la India. Si sumas a los indios que trabajan en el sector de las manufacturas para exportación, el total es de un 2 por ciento del empleo del país.

Los medio planos son todos esos otros cientos de millones de personas, sobre todo de las zonas rurales de la India, China y Europa oriental, que están lo bastante cerca como para ver y tocar el mundo plano y beneficiarse, de vez en cuando, de sus ventajas, pero que en realidad no viven dentro de él. En las elecciones generales de la India celebradas en la primavera de 2004 pudimos ver cuán numeroso es este grupo y cuán enfadado está. Sorprendentemente, a pesar de haber supervisado un fuerte aumento en la tasa de crecimiento de la India, el partido gobernante, el BJP, perdió el poder debido en gran parte al descontento de los votantes de las zonas rurales en relación con el lento ritmo del proceso globalizador fuera de las grandes ciudades. Estos votantes no decían: «Detengan el tren de la globalización, que queremos bajarnos». Lo que decían era: «Detengan el tren de la globalización, que queremos montarnos. Pero alguien tiene que ayudarnos, construyendo una escalerita mejor».

Estos votantes rurales (campesinos y granjeros, que constituyen el grueso de la población de la India) no tenían más que pasar un día en cualquier gran ciudad cercana para ver las ventajas del mundo plano: los coches, las casas, las oportunidades educativas… «Cada vez que un habitante de una aldea se sienta delante de la televisión comunitaria y ve un anuncio de jabón o de champú, en lo que se fija no es en el jabón o en el champú, sino en el tipo de vida que lleva la gente que los usa: el tipo de motocicletas que usan, su ropa, sus hogares», me explicó el editor de YaleGlobal Online, Nayan Chanda, de origen indio. «Ven un mundo al que desean acceder. Estas elecciones tuvieron mucho que ver con la envidia y con el enfado. Fue el clásico ejemplo de una revolución que tiene lugar cuando las cosas están mejorando, pero no con la suficiente rapidez para muchas personas.»

Al mismo tiempo, estos habitantes de la India rural entendían perfectamente, de manera instintiva, por qué ellos no estaban beneficiándose: porque los gobiernos locales de su país están tan carcomidos por la corrupción y la mala gestión, que son incapaces de dotar a los pobres de las escuelas y de la infraestructura que necesitan para conseguir una porción justa de la tarta. Al ir perdiendo las esperanzas mientras miran desde la verja de nuestra urbanización privada, algunos de los integrantes de estos millones de indios «se vuelven más religiosos, se atan más a su casta o subcasta, se vuelven más radicales en su forma de pensar, más deseosos de sisar que de crear [y] ven el juego sucio político como la única manera de conseguir movilidad, dado que la movilidad económica está estancada», me decía Vivek Paul, de Wipro. Puede que la India cuente con la vanguardia más brillante del mundo en lo relativo a tecnología avanzada, pero si no encuentra una manera de integrar a una mayor cantidad de estas personas sin capacidad, discapacitadas, con escasa formación y mal atendidas, será como un cohete que despega pero que cae en picado rápidamente porque le falta impulso sostenido.

El partido del Congreso recibió el mensaje, razón por la cual, nada más asumir el poder, eligió como primer ministro no a un antiglobalización, sino a Manmohan Singh, ex ministro de Economía indio, que fue quien abrió por primera vez, en 1991, la economía india a la globalización, con especial hincapié en las exportaciones, en el comercio y en la reforma al por mayor. Por su parte, Singh se comprometió a aumentar de forma drástica las inversiones públicas en infraestructuras para las zonas rurales del país y a encargar más reformas al por menor a los gobiernos de dichas zonas.

¿Cómo pueden colaborar en este proceso las personas que están fuera? En mi opinión, en primer y más importante lugar, pueden hallar un nuevo significado para el concepto de populismo global. Si de verdad los populistas quieren ayudar a los pobres de las zonas rurales, no es cuestión de quemar McDonald's o de cerrar el FMI o de intentar levantar barreras proteccionistas que desaplanen el mundo. Estas cosas no llevarán ni pizca de ayuda a los pobres de las zonas rurales. Tiene que hacerse dirigiendo las energías del movimiento populista global hacia la tarea de averiguar cómo mejorar los gobiernos locales, las infraestructuras y la educación en sitios como la India y China rurales, de modo que sus habitantes puedan adquirir las herramientas necesarias para colaborar y participar en el mundo plano. El movimiento populista global, más conocido como movimiento antiglobalización, tiene muchísima energía, pero hasta ahora ha estado demasiado dividido y confuso como para ayudar efectivamente a los pobres, de una manera significativa o sostenida. Necesita someterse a una lobotomía de políticas. Los pobres del mundo no sienten hacia los ricos tanta rabia, ni mucho menos, como creen los partidos de izquierdas del mundo desarrollado. Lo que sí les da rabia es no tener ningún camino para poder hacerse ricos y unirse al mundo plano y cruzar esa línea que los separa de la clase media de la que me hablaba Jerry Yang.

Hagamos un alto ahora para ver cómo el movimiento antiglobalización empezó a perder el contacto con las verdaderas aspiraciones de los pobres del mundo. El movimiento antiglobalización apareció durante la conferencia de la Organización Mundial del Comercio celebrada en Seattle en 1999. A lo largo de los años siguientes se extendió por todo el mundo, normalmente, para atacar las reuniones del Banco Mundial, del FMI y del G-8 (el grupo de países más industrializados). Desde sus orígenes, el movimiento que emergió en Seattle ha sido, principalmente, un fenómeno impulsado por el mundo occidental, razón por la cual entre las multitudes se veía tan poca gente de color. Lo impulsaban cinco fuerzas diferentes. Una era el sentimiento de culpa de los liberales americanos de clase media-alta ante la riqueza y el poderío increíbles que Estados Unidos había amasado tras la caída del Muro de Berlín y el *boom* de las puntocom. En el momento álgido del *boom* bursátil, montones de mimados universitarios estadounidenses, con su ropa de marca, empezaron a interesarse por la explotación laboral como una manera de expiar su culpa. La segunda fuerza que impulsó el movimiento fue el empuje que recibió desde la retaguardia por parte de la Vieja Izquierda (socialistas, anarquistas y trotskistas), unida a los sindicatos que abogaban por aplicar medidas proteccionistas al comercio. Su estrategia consistió en aprovechar la creciente preocupación sobre la globalización, para preconizar la vuelta a cierta forma de socialismo, por mucho que los habitantes mismos del antiguo imperio soviético y de China, que eran quienes más tiempo habían vivido bajo esta ideología, la hubiesen rechazado por fallida. (Ahora ya sabes por qué no hubo ningún movimiento antiglobalización digno de mención en Rusia, China o Europa oriental.) Estas fuerzas de la Vieja Izquierda querían provocar un debate sobre *si globalizamos o no globalizamos*. Decían hablar en nombre de los pobres del Tercer Mundo, cuando, desde mi punto de vista, las desacreditadas políticas económicas por las que abogaban los convertían en la Coalición Para Que Los Pobres Sigan Siendo Pobres. La tercera fuerza estaba formada por un grupo más amorfo, formado por muchas personas que apoyaban, de manera pasiva, el movimiento antiglobalización desde muchos países del planeta, porque veían en él una especie de protesta por la velocidad a la que estaba desapareciendo y aplanándose el viejo mundo.

La cuarta fuerza que impulsaba el movimiento, particularmente fuerte en Europa y en el mundo islámico, era el antiamericanismo. Tras el derrumbe del imperio soviético, creció tanto la disparidad entre el poderío económico y político estadounidense y el de cualquier otro país, que EE. UU. empezó a afectar (o se percibía que afectaba) la vida de los habitantes del planeta, directa o indirectamente, más de lo que lo hacían sus propios gobiernos. Cuando la gente, en todo el mundo, empezó a intuirlo, emergió un movimiento, que Seattle reflejó y al mismo tiempo contribuyó a catalizar, por el cual la gente venía a decir: «Si hoy EE. UU. está afectando mi vida directa o indirectamente más que mi propio gobierno, entonces quiero tener voz y voto en relación con el poderío estadounidense». En la época de Seattle, la forma de «afectar» que más preocupaba a la gente era el poder económico y cultural de Estados Unidos, por lo que esta exigencia de voz y voto tendía a centrarse en las instituciones que marcan las directrices económicas, como la Organización Mundial del Comercio. Los Estados Unidos de los años 90, bajo la presidencia de Clinton, se veían como un enorme dragón patoso que empujaba a la gente en el ámbito económico y en el ámbito cultural, a sabiendas y sin saberlo. Éramos Puff el Dragón Mágico, y todo el mundo quería tener voz y voto en lo que emitíamos al exterior.

Entonces llegó el 11-S. Y Estados Unidos pasó de ser Puff el Dragón Mágico, que afectaba económica y culturalmente a todos los demás, a convertirse en Godzilla con una flecha clavada en el hombro, escupiendo fuego y revolviéndose furioso, repartiendo coletazos a diestro y siniestro, afectando la vida de la gente en términos militares y de seguridad, no sólo en lo referente a la economía y a la cultura. Y con ello la gente empezó a decir: «Ahora sí que queremos tener voz y voto para intervenir en cómo Estados Unidos ejerce su poder». En muchos sentidos, todo el debate sobre la guerra de Irak era, en el fondo, un debate sobre esta cuestión.

Por último, la quinta fuerza del movimiento era una coalición de grupos muy serios, bienintencionados y constructivos (desde ecologistas a activistas del mercado y ONG, preocupados por el buen gobierno) que entraron a formar parte del movimiento populista antiglobalización en los años 90 con la esperanza de catalizar un debate mundial sobre *cómo globalizamos*. Personalmente, este grupo me mereció mucho respeto y compartía muchos de sus puntos de vista. Pero al final los ahogó la muchedumbre del «si globalizamos o no globalizamos», que se volvió más violenta en la cumbre del G-8 celebrada en Génova en julio de 2001, cuando un manifestante antiglobalización resultó muerto mientras atacaba un vehículo de la policía italiana con un extintor.

La triple convergencia, combinada con la violencia de Génova, el 11-S y la adopción de medidas de seguridad más estrictas, fracturó el movimiento antiglobalización. Fue creciendo el número de grupos serios (centrados en definir la manera de globalizar) que no querían que se los vinculase con los anarquistas que salían a provocar choques con la policía. Y, tras el 11-S, muchos colectivos sindicales estadounidenses se distanciaron de un movimiento que parecía tomado por elementos antiamericanos. Todo ello se acentuó aún más a finales de septiembre de 2001, cuando, tres semanas después del día 11, los líderes del movimiento antiglobalización trataron de repetir en las calles de Washington lo ocurrido en Génova, para manifestarse en contra de sendas cumbres del FMI y del Banco Mundial en la capital federal. Pero a raíz del 11-S, el FMI y el Banco Mundial suspendieron sus reuniones y muchos manifestantes estadounidenses se desvincularon de las protestas. Los que sí salieron a la calle en Washington convirtieron el acontecimiento en una marcha contra la inminente invasión estadounidense de Afganistán, cuyo objetivo era acabar con Osama Bin Laden y con Al Qaeda. Por otra parte, en vista de que los chinos, los indios y los europeos orientales estaban convirtiéndose en unos de los mayores beneficiarios de la globalización gracias a la triple convergencia, ya no fue posible afirmar que el fenómeno estuviese destrozando a los pobres del planeta. Precisamente, ocurría todo lo contrario: millones de chinos e indios estaban entrando en la clase media del mundo gracias al aplanamiento del mundo y a la globalización.

Así pues, conforme se desvinculaban las fuerzas cuyo mayor interés era definir la mejor forma de globalizar, conforme empezaba a crecer el número de personas del Tercer Mundo que se beneficiaban de la globalización y conforme Estados Unidos, bajo la Administración Bush, empezaba a ejercer más poder militar unilateral, el elemento antiamericano del movimiento antiglobalización empezó a gritar con más fuerza y a asumir un mayor papel. Como consecuencia, el movimiento mismo se volvió más antiamericano y, a la vez, menos capaz y menos dispuesto a desempeñar un papel constructivo en la definición del debate global sobre la manera de globalizar, justo cuando más importante era ese papel, pues el mundo se había vuelto más plano. Como tan acertadamente señaló Yaron Ezrahi, politólogo de la Universidad Hebrea, «la tarea de conseguir que la gente pueda influir en el globalismo (haciéndolo más compasivo, justo y compatible con la dignidad humana) es demasiado importante como para malgastarla en un burdo antiamericanismo o para dejarla únicamente en manos de antiamericanos».

Existe hoy un inmenso vacío político que está esperando a llenarse. Existe hoy un verdadero papel para un movimiento que sea capaz de promover el debate sobre cómo globalizar, no sobre si globalizar o no. Y el sitio en el que mejor podría iniciarse dicho movimiento es la India rural.

«Tanto el [partido del] Congreso como sus aliados de izquierda pondrían en peligro el futuro de la India si extrajesen de estas elecciones [de 2004] la conclusión equivocada», escribía en el periódico *The Hindu* Pratap Bhanu Mehta, director del Centro de Investigaciones Políticas de Delhi. «Esto no es una revuelta contra el mercado, sino una protesta contra el Estado. No es resentimiento contra los beneficios de la liberalización, sino una exhortación a que el Estado ponga algo de orden en su casa mediante más reformas aún. [...] La revuelta contra quienes tienen el poder no es una revuelta de los pobres contra los ricos; la gente de a pie es menos propensa de lo que suponen los intelectuales a sentir rabia por el éxito de los demás. Se trata, más bien, de una manifestación del hecho de que la reforma del Estado no ha sido lo bastante profunda.»

Esto explica por qué, desde mi punto de vista, las fuerzas más importantes que están hoy combatiendo la pobreza en la India son aquellas ONG que luchan por instaurar mejores prácticas en los gobiernos locales, que utilizan internet y otras herramientas modernas del mundo plano para llamar la atención sobre la corrupción, la mala gestión y la evasión fiscal. Los populistas más importantes, efectivos y significativos del mundo, en estos momentos, no son aquellos que van por ahí repartiendo dinero, sino los que tienen un proyecto definido para impulsar las reformas al por menor en sus propios países, en el nivel local (para que el hombre y la mujer de a pie puedan registrar más fácilmente su pedazo de tierra, aunque sean «okupas», o montar un negocio, por pequeño que sea, o conseguir que el sistema legal les garantice un mínimo de justicia). Para que el populismo contemporáneo sea efectivo y tenga sentido, debería centrarse en promover la reforma al por menor (en hacer que la globalización ofrezca empleo y sea sostenible y justa para más personas, a través de las mejoras en su gobierno local), para que el dinero que está ya destinado a los pobres llegue, realmente, a ellos y para propiciar la puesta en práctica de su espíritu emprendedor natural. Es a través de las instituciones locales como la gente se conecta con el sistema y puede disfrutar de los beneficios del aplanamiento del mundo, y no sólo mirarlos desde fuera. Es imposible que los habitantes de las aldeas indias sean como las empresas indias de tecnología punta y suplan los fallos de su Administración Pública consiguiendo electricidad, agua, seguridad, transporte de pasajeros y antenas de satélite por su cuenta. *Para eso necesitan al Estado.* No se puede cargar al mercado con el deber de subsanar la ineptitud de la Administración Pública cuando no ofrece a sus ciudadanos un gobierno decente. El Estado tiene que mejorar. Precisamente porque el gobierno indio optó por una estrategia globalizadora en 1991 y terminó con cincuenta años de socialismo (que casi acabó con sus reservas de divisas), en 2004 Nueva Delhi contaba con unas reservas de 100.000 millones de dólares, lo que le proporciona los recursos necesarios para ayudar a más personas a entrar en el ruedo plano.

Ramesh Ramanathan, ex ejecutivo de Citibank nacido en la India y que regresó a su país natal para dirigir una ONG llamada Janaagraha (dedicada a mejorar la forma de gobierno en el nivel local), encaja a la perfección con el perfil del nuevo populista que tengo en mente. «En la India —me dijo— los usuarios de la enseñanza pública están transmitiendo un mensaje en relación con la calidad del servicio: el que se lo puede permitir, se borra. Lo mismo está pasando con el sistema de atención sanitaria. Si tuviésemos un buen sistema público de atención médica, no sólo recurrirían a él los pobres, sino la mayoría de los ciudadanos, que hoy optan por otros sistemas debido a los costes cada vez más elevados. Lo mismo sucede con las carreteras, las autopistas, el suministro de agua, los servicios sanitarios, el registro de nacimientos y decesos, los crematorios, los permisos de conducir, etc. Cuando es el gobierno el que ofrece estos servicios, [debería hacerlo] en beneficio de todos los ciudadanos. [Pero] en realidad, en algunos casos, como el suministro de agua y los servicios sanitarios, lo cierto es que los pobres ni siquiera reciben los mismos servicios básicos que la clase media y los ricos. Por lo tanto, aquí el reto consiste en dar acceso universal». Se podría hacer mucho por mitigar la pobreza si, gracias a las ONG que pueden colaborar en el nivel local, se garantiza el acceso de los pobres a las infraestructuras y a los presupuestos a los que tienen derecho.

Así pues, lo que el mundo no necesita en estos momentos es que desaparezca el movimiento antiglobalización. Por raro que esto pueda sonar, viniendo de mí, es absolutamente coherente con lo dicho en este libro. Lo que necesitamos es, precisamente, que crezca aún más. Este movimiento nació con mucha energía y con mucho poder de movilización. Lo que le faltaba era un plan coherente para ayudar a los pobres a través de la colaboración con ellos, de tal modo que realmente pudiese ayudarlos. Los grupos de activistas que más están ayudando a mitigar la pobreza son aquellos que trabajan a escala local, en pueblos de la India, África y China, que llaman la atención sobre la corrupción en ese nivel y la combaten, promoviendo la asunción de responsabilidad, la transparencia, la educación y los derechos de propiedad. No ayudas a los pobres disfrazándote de tortuga y tirando piedras a la cristalera de un McDonald's. Sí los ayudas si les proporcionas las herramientas y las instituciones necesarias para que ellos mismos se ayuden. Puede que no resulte tan sexy como manifestarse por las calles de Washington y Génova contra los dirigentes mundiales y salir en la CNN, pero es mucho más importante. No tienes más que preguntar a cualquier campesino de la India.

La colaboración para mitigar la pobreza no es sólo tarea de las ONG. También lo es de las empresas multinacionales. Los pobres de las zonas rurales de la India, África y China representan un vasto mercado. Se les puede dar servicio y, además, ganar dinero, si es que las empresas están dispuestas a colaborar con ellos horizontalmente. Uno de los ejemplos más interesantes que me he encontrado de esta forma de colaboración es un proyecto dirigido por Hewlett-Packard. HP no es una ONG. HP se planteó una sencilla pregunta: ¿qué es lo que más necesitan los pobres, que nosotros podamos venderles? En Palo Alto no puedes diseñar este tipo de cosa; tienes que crearla en colaboración con el beneficiario, que es el usuario y consumidor. Con el fin de responder a esta pregunta, HP creó una asociación público-privada con la administración central de la India y con la administración local de Andhra Pradesh. A continuación un grupo de expertos en tecnología, de HP, entabló una serie de conversaciones en el pueblo granjero de Kuppam, en las cuales preguntaba lo siguiente: ¿cuáles son sus esperanzas para los próximos tres y cinco años? ¿Qué cambios mejorarían verdaderamente su estilo de vida? Para ayudar a los campesinos (muchos de ellos analfabetos) a expresarse, HP utilizó un concepto llamado «facilitación gráfica», mediante el cual la gente manifestaba de viva voz sus sueños y sus aspiraciones y un dibujante traído desde EE. UU. dibujaba dichas aspiraciones y las iba poniendo en las paredes de la habitación.

«Cuando la gente, sobre todo los que son analfabetos, dice algo e inmediatamente lo ve representado en un papel en la pared, sienten que de verdad se da validez a sus palabras y, por tanto, se animan y se implican más», me explicó Maureen Conwey, vicepresidenta de HP para soluciones para mercados emergentes, que dirigía el proyecto. «Genera autoestima.» En cuanto se soltaron, estos granjeros pobres de un remoto pueblo indio empezaron a sentir auténticas aspiraciones. «Uno de ellos llegó a decir que lo que de verdad necesitaban era un aeropuerto», me contó Conway.

Una vez concluidas estas sesiones de visualización, los empleados de HP dedicaron unos días más a observar, sin más, cómo vivía aquella gente. Una de las tecnologías que faltaba en su vida era la fotografía. Conway me lo explicó así: «Nos dimos cuenta de que había una gran demanda de medios fotográficos para funciones relacionadas con la identificación personal, como permisos, solicitudes, licencias gubernamentales... Y pensamos: "Puede que aquí haya una oportunidad empresarial, si somos capaces de convertir a estas personas en fotógrafos". En el centro de Kuppam había un estudio fotográfico, el único de la zona. Toda la gente de allí [es] granjera. Nos dimos cuenta de que la gente acudía desde otros pueblos en autobús, se pasaba un par de horas allí para que les hiciesen sus fotos y volvían una semana después a recogerlas y entonces descubrían si estaban bien o mal. El tiempo es un elemento tan importante para ellos como para nosotros. Así que pensamos: "Un momento, nosotros fabricamos cámaras digitales e impresoras portátiles. ¿Cuál es el problema? ¿Por qué HP no les vende unas cuantas cámaras e impresoras?". Los aldeanos nos respondieron con una palabra: "Electricidad". No disponían de un suministro seguro de electricidad y tenían poco dinero para pagarlo.

»Entonces dijimos: "Nosotros somos expertos en tecnología. Vamos a coger una placa solar y a ponerla en una mochila con ruedas, a ver si, fabricando un estudio fotográfico móvil, esta gente y HP pueden hacer negocio". Así nos planteamos la solución. La placa solar sirve para cargar tanto la cámara como la impresora. A continuación acudimos a un grupo de autoayuda para mujeres. Escogimos a cinco de ellas y les dijimos: "Os daremos formación para que aprendáis a utilizar este equipo". Les dimos un cursillo durante dos semanas. Y les dijimos: "Os facilitaremos la cámara y los suministros y repartiremos las ganancias que obtengáis con cada foto"». No era ninguna obra de caridad. Aun después de comprar a HP todos los suministros y de dar a la empresa parte de las ganancias, las mujeres del grupo de fotografía duplicaron los ingresos familiares. «Para serte sincera, lo que descubrimos fue que menos del 50 por ciento de las fotos que hacían se destinaban a identificación personal. El resto eran de personas que, simplemente, querían una foto de sus hijos, de la boda o de ellas mismas», me dijo Conway. A los pobres les gusta tanto como a los ricos hacerse un álbum de fotos y están dispuestos a pagar lo que haga falta. Por otra parte, el gobierno local nombró a este grupo de mujeres sus fotógrafas oficiales para proyectos de obras públicas, lo cual engrosó sus ingresos.

¿Ahí acaba la historia? No exactamente. Como dije antes, HP no es una ONG. «Al cabo de cuatro meses dijimos: "Muy bien, ya ha terminado el experimento, nos llevamos la cámara"», me contó Conway. «Pero ellas dijeron: "Estáis locos"». Hewlett-Packard dijo a las mujeres que si querían quedarse con la cámara, con la impresora y con la placa solar, tenían que idear un plan para pagarlos. Al final les propusieron alquilar el equipo por 9 dólares al mes. HP accedió. Y hoy tienen franquicias de este tipo en otros pueblos. Por otra parte, la empresa ha empezado a trabajar con una ONG para formar a varios grupos de mujeres con el mismo estudio fotográfico móvil y ha visto que tiene la posibilidad de vender los estudios a las ONG de toda la India, todos ellos equipados con tinta y otros recambios de su marca. Y de la India, quién sabe adónde.

«Nos informan sobre el rendimiento de las cámaras y su facilidad de uso», me dijo Conway. «Lo que ha hecho por aumentar la confianza de estas mujeres es absolutamente asombroso.»

DEMASIADO FRUSTRADOS

Una de las consecuencias no buscadas del mundo plano es que pone mucho más en contacto a unas sociedades con otras, a unas culturas con otras. Conecta a las personas mucho más deprisa de lo que, muchas veces, pueden esperar las propias personas y sus culturas, que, así, no tienen tiempo de prepararse. Hay culturas a las que les sienta de maravilla la repentina aparición de oportunidades de colaboración que brinda esta cercanía global. Otras se sienten amenazadas, frustradas e incluso humilladas por este contacto tan próximo que, entre otras cosas, hace que la gente pueda ver muy fácilmente qué lugar ocupan en el mundo en comparación con los demás. Todo ello ayuda a entender el surgimiento de una de las fuerzas más peligrosas y que más hace por desaplanar el mundo: los terroristas suicidas de Al Qaeda y demás organizaciones islamistas terroristas, que están saliendo del mundo musulmán y de comunidades musulmanas de Europa.

El mundo árabe musulmán es una civilización inmensa y variada, que abarca a más de mil millones de personas y se extiende entre Marruecos e Indonesia y entre Nigeria y los barrios de los alrededores de Londres. Es muy peligroso generalizar en relación con una comunidad religiosa tan compleja como ésta, formada por tantas etnias y nacionalidades diferentes. Pero no hay más que echar un vistazo a los titulares de cualquier periódico del día para percibir que, por lo que se ve, rezuma mucha cólera y mucha frustración del mundo musulmán en general y del árabe musulmán en particular, donde mucha gente joven parece agitada por una combinación de factores. Uno de los más evidentes es el enconado conflicto árabe-israelí, así como la ocupación israelí de tierras palestinas y de Jerusalén este, un sufrimiento con fuerte arraigo emocional en la imaginación árabe musulmana y que lleva tiempo agriando las relaciones con Estados Unidos y el mundo occidental.

Pero no es el único motivo de cólera en estas comunidades. Además, esta cólera tiene que ver con la frustración que sienten árabes y musulmanes al tener que vivir, en muchísimos casos, bajo gobiernos autoritarios que no sólo impiden a sus pueblos decidir cómo quieren que sea su futuro, sino que además han privado a decenas de millones de jóvenes, en particular, de oportunidades para desarrollar plenamente su potencial a través de buenos puestos de trabajo y de escuelas modernas. El hecho de que el mundo plano permita a la gente comparar tan fácilmente sus circunstancias con las de los demás no hace sino agudizar sus frustraciones.

Algunos de estos jóvenes árabes musulmanes han optado por emigrar para hallar esas oportunidades en el mundo occidental. Otros han optado por sufrir en silencio en su país, esperando que se produzca algún tipo de cambio. Las experiencias más impactantes que he podido vivir después del 11-S han tenido que ver con mi contacto, en el mundo árabe, con algunos de estos jóvenes. Como mi columna de opinión se publica en árabe, junto con mi fotografía, en el principal periódico panárabe, *Al Sharq Al Awsat* (con sede en Londres) y como a veces aparezco en informativos de la televisión árabe por satélite, muchas personas de esta parte del mundo conocen mi cara. Me he quedado asombrado ante la cantidad de jóvenes árabes y musulmanes, tanto hombres como mujeres, que me han abordado en plena calle de El Cairo o de alguna población del golfo Pérsico después del 11-S y que me han dicho lo mismo que me dijo un joven en la mezquita de Al Azhar, un viernes en el rato de la oración de justo después del mediodía: «Usted es Friedman, ¿verdad que sí?».

Asentí en silencio.

«Pues siga escribiendo lo que escribe», me dijo. Y lo que quería decir era que siguiese escribiendo sobre la importancia de llevar al mundo árabe musulmán más libertad de pensamiento y de expresión y más oportunidades, para que la gente joven pueda desarrollar su potencial.

Por desgracia, estos jóvenes progresistas no son los que definen hoy, en gran medida, las relaciones entre la comunidad árabe musulmana y el mundo. Cada vez más son los militantes y los extremistas religiosos quienes dominan y definen dicha relación, unos individuos que desahogan las frustraciones de esta parte del mundo simplemente arremetiendo violentamente con todo y contra todos. En este apartado del libro quisiera indagar en lo que ha generado este frente islamista violento y en por qué ha encontrado tanto apoyo pasivo en el mundo árabe musulmán, a pesar de que (y estoy convencido de ello) la inmensa mayoría de sus habitantes no comparte los violentos proyectos de estos grupos ni sus visiones apocalípticas.

Es una pregunta pertinente para un libro sobre el mundo plano, por una razón muy sencilla: si se produjese otro atentado en Estados Unidos de la magnitud del 11-S, o peor, por todas partes se levantarían muros y el aplanamiento del mundo quedaría en suspenso durante mucho, mucho tiempo.

Eso, por supuesto, es lo que buscan los islamistas.

Cuando los radicales y los fundamentalistas musulmanes miran al mundo occidental, sólo ven la apertura que, a su modo de pensar, nos vuelve decadentes y promiscuos. Sólo ven la apertura que ha dado lugar a personajes como Britney Spears y Janet Jackson. No ven, y no quieren ver, la apertura (la libertad de pensamiento y de información) que nos ha hecho poderosos, la apertura que ha dado lugar a personas como Bill Gates y Sally Ride. Ellos lo meten todo, deliberadamente, en el saco de lo decadente. Porque si la apertura, si la emancipación de la mujer y la libertad de pensamiento e información son las verdaderas fuentes de la fuerza económica del mundo occidental, entonces el mundo árabe musulmán tendría que cambiar. Y los fundamentalistas y los extremistas no quieren cambiar.

Para combatir la amenaza de la apertura, los extremistas musulmanes han preferido, adrede, atacar precisamente lo que hace que una sociedad abierta siga siendo abierta, siga innovando y aplanando: la *confianza*. Cuando los terroristas cogen herramientas de nuestra vida cotidiana (el coche, el avión, las zapatillas de deporte y el teléfono móvil) y las transforman en armas para una violencia indiscriminada, lo que hacen es reducir la confianza. Nosotros confiamos en que, cuando por la mañana dejamos el coche aparcado en el centro, el coche de al lado no va a saltar por los aires; confiamos en que, cuando vamos a Disneylandia, el hombre que va disfrazado de Mickey Mouse no lleva escondido un chaleco cargado de bombas; confiamos en que, en el puente aéreo entre Boston y Nueva York, ese estudiante extranjero que va sentado a nuestro lado no va a hacer explotar sus zapatillas de deporte. Sin confianza, no hay sociedad abierta que valga, porque no hay suficiente cantidad de policías para vigilar cada abertura de la misma. Sin confianza, tampoco puede haber un mundo plano, porque es la confianza lo que nos permite derribar muros, quitar barreras y eliminar fricciones en las fronteras. La confianza es fundamental para un mundo plano, en el que las cadenas de suministro pueden llegar a tener diez, cien o mil personas, la mayoría de las cuales jamás se han visto la cara. Cuanto más expuestas están las sociedades abiertas al terrorismo indiscriminado, menos confianza hay y más muros y más fosos se construyen en su lugar.

Los fundadores de Al Qaeda no son fundamentalistas religiosos *per se*. Es decir, no se centran sin más en su relación con Dios o en los valores y normas culturales de la comunidad religiosa. Son un fenómeno político más que religioso. Me gusta llamarlos islamo-leninistas. Utilizo el término «leninistas» para referirme tanto a la visión utópica-totalitaria de Al Qaeda como a la imagen que tiene de sí misma. Como ha dicho el principal ideólogo de Al Qaeda, Ayman Al Zawahiri, esta organización es la vanguardia ideológica, cuyos atentados contra Estados Unidos y otros objetivos occidentales están pensados para movilizar y energizar a las masas musulmanas, para que se alcen contra sus propios gobernantes corruptos, secundados por Estados Unidos. Como buenos leninistas, los islamo-leninistas están seguros de que las masas musulmanas están profundamente insatisfechas con su suerte y de que uno o dos actos espectaculares de la *yihad* contra los «pilares de la tiranía» en el mundo occidental les servirán de acicate para derrocar a los regímenes árabes musulmanes secularizadores, inmorales e injustos que han envilecido el islam. Sin embargo, los islamo-leninistas no quieren instaurar en su lugar el paraíso del proletariado, sino más bien un paraíso religioso. Juran que instaurarán un Estado islámico en todo el territorio sobre el que rigió el islam en su apogeo, encabezado por un califa, un dirigente supremo político-religioso, que uniría a todos los pueblos musulmanes, formando así una única comunidad.

En muchos sentidos, el islamo-leninismo surgió del mismo contexto histórico que las ideologías radicales europeas de los siglos XIX y XX. El fascismo y el leninismo marxista nacieron de la rápida industrialización y modernización de Alemania y Europa central, donde las comunidades que vivían en pueblos con vínculos muy fuertes y en familias numerosas de repente se resquebrajaron al producirse el éxodo de los varones (padres e hijos) a las áreas urbanas para trabajar en las grandes industrias. En esta era de transiciones, los jóvenes, sobre todo, perdieron el sentido de la identidad, de las raíces y de la dignidad personal que habían proporcionado hasta entonces las estructuras sociales tradicionales. En ese vacío aparecieron Hitler, Lenin y Mussolini, que dijeron a estos jóvenes que tenían una respuesta para sus sentimientos de desubicación y de humillación: puede que ya no estéis en el pueblo, pero seguís siendo miembros orgullosos y dignos de una comunidad más grande (la clase obrera o la nación aria, por ejemplo).

Bin Laden ofreció este tipo de respuesta ideológica a los jóvenes árabes y musulmanes. La primera persona que reconoció el carácter islamo-leninista de los secuestradores del 11-S (es decir, que no eran fundamentalistas, sino adeptos de un culto político extremista y violento) fue Adrian Karatnycky, presidente de Freedom House. En un artículo publicado el 5 de noviembre de 2001 en *National Review*, titulado «Under Our Very Noses» («Delante de nuestras propias narices»), Karatnycky hace el siguiente razonamiento: «Los principales secuestradores [...] eran jóvenes de buena posición y con buena formación. Ninguno de ellos padeció en carne propia ni privaciones ni opresión política». Y, al parecer, ninguno de ellos creció en un hogar especialmente fundamentalista. De hecho, parece ser que los principales actores y pilotos de los atentados del 11-S, como Mohamed Atta y Marwan Al Shehhi (que compartieron piso en Hamburgo y estudiaron a la vez en la Universidad Técnica de Hamburgo-Harburgo) habían entrado a formar parte de Al Qaeda a través de células y grupos de oración, pero estando ya en Europa.

Ninguno de estos conspiradores fue reclutado por Bin Laden en Oriente Medio para ser después enviado a Europa muchos años antes de los atentados, señala Karatnycky. Al contrario, parece ser que prácticamente todos ellos vivieron en Europa, cada cual por su cuenta, fueron distanciándose de la sociedad europea en la que estaban inmersos, acudieron a un grupo de oración o a una mezquita de su lugar de residencia en busca de calor humano y de solidaridad, experimentaron una conversión que podría tildarse de «renacimiento», se radicalizaron al contacto con elementos islamistas, viajaron a Afganistán para entrenarse y, *voilà*, nació el terrorista. Su descubrimiento de la religión no fue el resultado de una mera búsqueda personal de sentido de la vida. Fue más allá del fundamentalismo. Convirtieron el islam en una ideología política, en un totalitarismo religioso. Si los secuestradores del 11-S hubiesen sido estudiantes de Berkeley a principios de los años 70, se habrían convertido en radicales trotskistas. «Para entender a los terroristas del 11 de septiembre, hay que tener en mente el perfil del clásico revolucionario: desarraigado, de clase media, moldeado en parte por la experiencia del exilio. O, lo que es lo mismo, la imagen misma de Lenin en Zurich, o de Pol Pot u Ho Chi Minh en París. [...] Para ellos el islamismo es el nuevo credo revolucionario universal, y Bin Laden es la versión del Che Guevara en jeque», escribe Karatnycky. «Al igual que los líderes del Weather Underground de EE. UU., del Grupo Baader-Meinhof de Alemania, de las Brigadas Rojas de Italia y de la Facción del Ejército Rojo de Japón, los terroristas islámicos eran personas con estudios superiores, convertidas a una ideología neototalitaria que abarca todos los aspectos de la vida del individuo.»

Mi amigo Abdallah Schleifer, profesor de periodismo en El Cairo, conoció a Ayman Al Zawahiri, el número dos de Bin Laden y principal ideólogo de su movimiento. Se conocieron cuando Al Zawahiri era un joven doctor a punto de convertirse en un joven revolucionario musulmán neoleninista. «Ya en la adolescencia Ayman se sintió atraído por una visión utópica de un Estado islámico», me contó Schleifer, estando yo de visita en El Cairo. Pero en vez del tradicional interés propio de la religión (la relación entre uno mismo y Dios), a Al Zawahiri le interesaba la religión como ideología política. Como buen marxista o leninista, a Al Zawahiri le interesaba «construir el Reino de Dios en la Tierra», me dijo

Schleifer. Y el islamismo se convirtió en su marxismo, en su «ideología utópica». Y donde se cruzan Mohamed Atta y Al Zawahiri es en la intersección en la que se cruzan la cólera y la humillación, por un lado, y la ideología que va a solucionarlo todo, por el otro. «Ayman le dice a alguien como Mohamed Atta: "¿Ves injusticias? Pues nosotros tenemos un sistema —un sistema, ¿eh?, un sistema— que te procurará [justicia]. No una religión, porque lo que procura la religión es paz interior". No soluciona necesariamente ningún problema social. Pero lo que dice [Al Zawahiri] es que tenemos un sistema que te procurará justicia. ¿Sientes frustración? Pues nosotros tenemos un sistema que te permitirá florecer. Ese sistema es lo que llamamos islamismo, es decir, un islam ideológico y altamente politizado, que quita del islam el contenido espiritual (la relación de la persona [con Dios]) y lo convierte en una ideología religiosa similar al fascismo o al comunismo.» Pero, a diferencia de los leninistas, que querían instaurar el reino de la clase suprema, de la clase obrera, y a diferencia de los nazis, que querían instaurar el reino de la raza suprema, la raza aria, Bin Laden y Al Zawahiri querían instaurar el reino de la religión suprema.

Por desgracia, a Bin Laden y a sus colegas les ha resultado facilísimo reclutar adeptos en el mundo árabe musulmán. En mi opinión, tiene que ver, en parte, con la situación de medio aplanamiento en la que viven muchos jóvenes árabes musulmanes, sobre todo los que están en Europa. Los han educado en la creencia de que el islam es la expresión más perfecta y completa del mensaje monoteísta de Dios y de que el Profeta Mahoma es el último y más perfecto mensajero de Dios. Lo que digo no es ninguna crítica. Es lo que identifica al islam. No obstante, en un mundo plano estos jóvenes, y en especial los que residen en Europa, pueden mirar a su alrededor y lo que ven es que el mundo árabe musulmán, en muchísimos casos, se ha quedado atrás en comparación con el resto del planeta. Que no vive con el grado de prosperidad y de democracia del que gozan otras civilizaciones. ¿Cómo es posible?, deben de preguntarse estos jóvenes árabes y musulmanes. Si nosotros tenemos la fe suprema y si nuestra fe lo abarca todo (religión, política y economía), ¿por qué otros viven mucho mejor?

Para muchos jóvenes árabes musulmanes, esto supone un foco de auténtica discordancia cognitiva, el tipo de discordancia (y de pérdida de autoestima) que provoca cólera y que lleva a algunos de ellos a unirse a grupos violentos y a arremeter contra todo y contra todos. También es el tipo de discordancia que lleva a mucha otra, a gente corriente, a otorgar un apoyo pasivo a grupos radicales como Al Qaeda. Una vez más, el aplanamiento del mundo no hace sino agudizar esta discordancia, al hacer que sea imposible no percibir el retraso de la región árabe musulmana (comparada con otras). Tan imposible es no percibirlo, que algunos intelectuales árabes musulmanes han empezado a señalar este retraso con una sinceridad brutal y a exigir soluciones. Y lo hacen desafiando a sus gobiernos autoritarios, que prefieren utilizar los medios de comunicación no para alentar un debate sincero, sino más bien para culpar a otros de todos sus problemas (a Estados Unidos, a Israel o a la herencia del colonialismo occidental). A todos y a todo, excepto al peso muerto de estos regímenes autoritarios.

Según el segundo Informe sobre el Desarrollo Humano en el Mundo Árabe, elaborado en 2003 para el Programa de las Naciones Unidas para el Desarrollo por parte de un grupo de valientes científicos sociales árabes, entre 1980 y 1999 los países árabes produjeron 171 patentes internacionales. Sólo Corea del Sur, en ese mismo período, registró 16.328 patentes. Hewlett-Packard registra 11 patentes al día, de media. El promedio de científicos e ingenieros que trabajan en investigación y desarrollo en los países árabes es de 371 por cada millón de habitantes, mientras que el promedio mundial (contando países de África, Asia y América Latina) es de 979, según decía el informe. Esto ayuda a explicar por qué, a pesar de que en las regiones árabes se importa una cantidad ingente de tecnología de otros países, una porción muy pequeña se internaliza o se sustituye con innovaciones árabes. Entre 1995 y 1996 hasta el 25 por ciento de los estudiantes que se licenciaban en algún país del mundo árabe emigraban a alguno occidental. Hoy en la región árabe hay sólo 18 ordenadores por cada 1.000 habitantes, frente a la media mundial de 78,3 por cada mil habitantes, y sólo el 1,6 por ciento de la población árabe tiene acceso a internet. Mientras los árabes representan casi el 5 por ciento de la población mundial —decía el informe—, sólo producen el 1 por ciento de los libros que se publican. Y un porcentaje inusitadamente elevado de dichos libros son religiosos (más del triple de la media mundial). De los 88 millones de varones desempleados con edades entre 15 y 24 años en todo el mundo, casi el 26 por ciento están en Oriente Medio y en el norte de África, según un estudio de la Organización Internacional del Trabajo (dato publicado por Associated Press el 6 de diciembre de 2004).

El mismo estudio decía que la población total de los países árabes se ha cuadriplicado en los últimos cincuenta años, hasta alcanzar casi los 300 millones de personas, de las cuales el 37,5 por ciento tienen menos de 15 años y cada año entran en el mercado de trabajo 3 millones. Sin embargo, los puestos de trabajo buenos no se generan en casa, debido a que en el mundo árabe musulmán de hoy apenas se da un entorno de apertura, necesario para atraer inversiones internacionales y para estimular la innovación nacional. Aquel círculo virtuoso del que hablábamos antes, en el que de las universidades sale gente y salen ideas que después consiguen financiación y generan puestos de trabajo, sencillamente no existe en esta región. Theodore Dalrymple es un médico y psiquiatra que ejerce en Inglaterra y escribe una columna de opinión en el *London Spectator*. En la primavera de 2004 escribió un breve ensayo en *City Journal*, la revista especializada en políticas urbanas, acerca de lo que había aprendido de sus contactos con jóvenes musulmanes presos en cárceles británicas. Dalrymple señalaba que, en la actualidad, la mayoría de las escuelas del islam toman el Corán como un texto de inspiración divina, cerrado a cualquier crítica literaria o a cualquier reinterpretación creativa. Se trata de un libro sagrado que hay que aprenderse de memoria, no adaptarlo a las exigencias y a las oportunidades de la vida contemporánea. Pero, sin una cultura que aliente este tipo de reinterpretación creativa, o que cree un espacio para ella, el pensamiento crítico y el razonamiento original tienden a marchitarse. Esto tal vez explique por qué, de los estudios científicos de primera categoría citados por otros expertos y eruditos, tan pocos proceden de universidades árabes musulmanas.

Si Occidente hubiera hecho de Shakespeare «el único objeto de nuestro estudio y la única guía para nuestra vida —decía Dalrymple—, pronto caeríamos en el atraso y en el estancamiento. Y el problema es que hay muchos musulmanes que quieren tanto el estancamiento como el poder: quieren recuperar la perfección del siglo XVII y dominar el siglo XXI, pues tal creen que es el derecho inalienable que les otorga su doctrina, el último testamento de Dios a los hombres. Si se contentasen con existir en un páramo propio del XVII, a salvo de todo en el marco de una filosofía quietista, no se plantearía problema alguno ni para ellos ni para nosotros. Su problema, y el nuestro, es que quieren el poder que confiere la libertad de información, pero sin la libertad de información ni la filosofía o las instituciones que la garantizan. Se enfrentan a un dilema: o abandonan su preciada religión, o se quedan para siempre en la cola del progreso técnico y humano. Ninguna de las dos opciones resulta muy atractiva y la tensión entre su deseo de poder y éxito en el mundo contemporáneo, por un lado, y su deseo de no abandonar su religión, por el otro, sólo se puede resolver, para algunos de ellos, haciéndose saltar por los aires cual bombas. La gente se enfada cuando se enfrenta con un dilema inextricable. Y arremeten contra todo».

De hecho, basta con hablar con jóvenes árabes y musulmanes de cualquier lugar para que en la conversación surjan siempre, enseguida, esta discordancia cognitiva y la palabra «humillación». Fue muy revelador el que, en su discurso de despedida como primer ministro de Malasia el 16 de octubre de 2003 durante una cumbre islámica de la que su país era el anfitrión, Mahathir Mohamed basase sus comentarios a sus homólogos musulmanes en la cuestión de por qué su civilización había llegado a sentir tanta humillación, término que empleó en cinco ocasiones. «No voy a enumerar los ejemplos de nuestra humillación», dijo Mahathir. «Nuestra única reacción es enfadarnos cada vez más. Cuando la gente se enfada, no puede pensar adecuadamente. En los países musulmanes y entre su gente hay un sentimiento de desesperanza. Tienen la sensación de no poder hacer nada a derechas [...].»

Esta humillación es la clave. Siempre he sido de la opinión de que el terrorismo no es hijo de la pobreza de dinero. Es hijo de la *pobreza de dignidad*. La humillación es la fuerza más subestimada en las relaciones internacionales y en las relaciones humanas. Cuando las personas o las naciones se sienten humilladas es cuando realmente arremeten contra todo y recurren a la violencia extrema. Cuando al atraso económico y político de gran parte del mundo árabe musulmán de hoy unimos su pasado esplendor y la imagen de superioridad religiosa que tiene de sí mismo, y lo combinamos todo con la discriminación y la alienación a que se enfrentan estos hombres árabes musulmanes cuando salen de su tierra y van a Europa, o cuando crecen en Europa, se obtiene un potente cóctel de cólera. Como dijo de los secuestradores del 11-S mi amigo el dramaturgo egipcio Ali Salem, «se pasean por las calles del mundo, buscando edificios altos, torres que derribar, porque no pueden ser tan altos como ellas».

Temo que esta sensación de frustración que nutre de reclutas a Bin Laden pueda exacerbarse antes de que dé tiempo a mitigarse. Antaño los dirigentes podían contar con la existencia de muros, montañas y valles para impedir ver a su pueblo y mantenerlo, así, ignorante y pasivo en relación con el lugar que ocupaban en comparación con otros. Sólo se veía la aldea de al lado. Pero a medida que el mundo se aplana, la gente empieza a ver kilómetros y kilómetros de extensión.

En el mundo plano la humillación te llega servida por fibra óptica. Un día me topé con un ejemplo fascinante de ello, en el que aparecía el mismísimo Bin Laden. El 4 de enero de 2004 Bin Laden emitió a través de Al Jazira (la cadena de televisión por satélite que tiene su sede en Qatar) uno de sus mensajes grabados en cinta. El 7 de marzo la página web del Islamic Studies and Research Center (Centro de Estudios Islámicos e Investigación) publicó el texto íntegro del mensaje. Y un párrafo me llamó poderosamente la atención. Está en mitad de un apartado en el que Bin Laden habla de los diversos males que aquejan a los gobernantes árabes, en especial a la familia gobernante en Arabia Saudí.

«Por tanto, la situación del conjunto de los países árabes adolece de un deterioro enorme en todos los órdenes de la vida, en asuntos religiosos y mundanos», dice Bin Laden. «Basta con saber que la economía del conjunto de los países árabes es más débil que la de un solo país que en su día formó parte de nuestro mundo [islámico], en la época en que realmente cumplíamos los preceptos del islam. Ese país es la Andalucía perdida. España es un país infiel, pero su economía es más fuerte que la nuestra porque allí el gobernante asume sus responsabilidades. En nuestros países a nadie se le exigen responsabilidades ni se le castiga, sino que sólo se obedece a los gobernantes y se reza por que tengan larga vida.»

Cuando lo leí, se me erizó el vello de los brazos. ¿Por qué? Porque Bin Laden estaba haciendo referencia al primer Informe sobre Desarrollo Humano en el Mundo Árabe, que había aparecido en julio de 2002, mucho después de haber sido expulsado de Afganistán y estando, probablemente, escondido en una cueva quién sabe dónde. Los autores árabes del informe querían llamar la atención del mundo árabe sobre la situación de atraso en que se encontraba. Así pues, buscaron un país que tuviese un PIB ligeramente superior al del total de los veintidós Estados árabes. Repasando sus tablas, encontraron que el país que mejor encajaba con lo que buscaban era España. Podría haber sido Noruega o Italia. Pero daba la casualidad de que España tenía un PIB ligeramente superior al del total de los Estados árabes. De alguna manera, Bin Laden desde su cueva oyó hablar o leyó sobre este primer Informe sobre el Desarrollo Humano en el Mundo Árabe. Por lo que sé, es posible que haya leído mi propio artículo de opinión al respecto, que fue el primero en destacar el informe y que hizo hincapié en la comparación con España. O quizá lo sacó de internet. El informe se descargó de internet aproximadamente un millón de veces. Así pues, aun estando escondido en una cueva en algún lugar ignoto, el informe y su humillante conclusión pudieron llegar hasta él, como una bofetada en la cara. Y ver su negativa comparación entre los Estados árabes y España, ¡nada menos! Y cuando se enteró de la susodicha comparación, dondequiera que estuviese escondido, Bin Laden se tomó como un insulto, como una humillación, esta idea de que la España cristiana, un país que en su día estuvo bajo el control musulmán, tenía hoy un PIB mayor que el de todos los Estados árabes juntos. Los autores mismos del informe eran árabes y musulmanes. No pretendían humillar a nadie. Pero así fue como lo interpretó Bin Laden. Y estoy seguro de que recibió su dosis de humillación a través de un módem de 56K. Hasta en Tora Bora deben de tener ya banda ancha.

Y al recibir de este modo su dosis de humillación, Bin Laden y sus imitadores han aprendido a devolverla con la misma moneda. ¿Quieres saber por qué los islamo-leninistas decapitaron a unos estadounidenses en Irak y Arabia Saudí y difundieron a continuación las fotografías en internet, con las cabezas sanguinolentas apoyadas encima de los cadáveres decapitados? Porque no hay una forma de ejecución más humillante que la de cortarle a alguien la cabeza. Es una manera de expresar puro desprecio por la persona y por su ser físico. No es casualidad que los grupos que en Irak decapitaron estadounidenses los vistiesen antes con los mismos monos naranjas que están obligados a llevar los prisioneros de Al Qaeda en Guantánamo. Tuvieron que enterarse del uso de dichos monos viéndolos en internet o en televisión por satélite. Pero me asombra que en plena guerra de Irak se las ingeniasen para que alguien confeccionase en aquel país los mismos monos, para ponérselos a sus prisioneros. ¿Que tú me humillas? Pues te humillo yo. ¿Y qué crees que dijo el líder terrorista Abu Musab Al Zarqawi en la grabación de vídeo que difundió el 11 de septiembre de 2004, el día del tercer aniversario del 11-S? Dijo: «Los santos guerreros dieron a probar la humillación a la coalición internacional [...] lecciones a raíz de las cuales siguen envueltos en llamas». La cinta llevaba por título: «¿Dónde está el honor?».

Sin embargo, como he dicho, esta frustración y esta humillación no afectan únicamente a estos sectores islamistas. La razón por la que los islamo-leninistas se han convertido en los adversarios más enérgicos y declarados de la globalización/americanización y en la mayor amenaza para el aplanamiento del mundo en la actualidad no es sólo su violencia fuera de lo común, sino también porque disfrutan de cierto apoyo pasivo en todo el mundo árabe musulmán.

En parte se debe a que la mayoría de los gobiernos del mundo árabe musulmán no han querido enfrentarse a estos radicales en una guerra de ideas. Si bien los regímenes árabes han sido muy activos a la hora de encarcelar a sus islamo-leninistas cuando pueden encontrarlos y arrestarlos, lo cierto es que han sido muy pasivos en cuanto a rebatir sus tesis con una interpretación moderna y progresista del islam. Ello se debe a que los propios líderes árabes musulmanes, en su mayor parte, son ilegítimos. Al haber accedido al poder por la fuerza, carecen de credibilidad como portadores de un islam moderado y progresista y siempre se sienten vulnerables frente a los predicadores musulmanes extremistas, que los denuncian por no ser buenos musulmanes. Así pues, en lugar de enfrentarse a los radicales musulmanes, los regímenes árabes los meten en la cárcel o tratan de comprar su silencio. Esta situación deja un terrible vacío espiritual y político.

Pero la otra razón que explica el apoyo pasivo del que disfrutan los islamo-leninistas (así como el hecho de que sean capaces de conseguir tanto dinero a través de organizaciones benéficas y de mezquitas en el mundo árabe musulmán) es que allí demasiada gente buena y decente siente la misma frustración y la misma punzada de humillación que muchos de sus más encolerizados jóvenes. Y hay cierto respeto hacia estos jóvenes violentos que han estado dispuestos a plantar cara al mundo y a sus propios dirigentes para defender el honor de su civilización. Cuando estuve de visita en Qatar, unos meses después del 11-S, un amigo mío de allí (una persona encantadora, reflexiva y liberal que trabaja para el gobierno qatarí) me confesó en voz baja algo que le provocaba un profundo desasosiego: «Mi hijo de once años cree que Bin Laden es un buen hombre».

Estoy convencido de que la mayoría de los árabes y musulmanes de clase media no celebró la muerte de tres mil estadounidenses inocentes el 11-S. Sé que mis amigos árabes y musulmanes no lo celebraron. Pero muchos árabes y muchos musulmanes celebraron la idea de dar a Estados Unidos un puñetazo en toda la cara y en silencio aplaudieron a los hombres que lo hicieron. Se alegraron de ver que alguien humillaba a la gente y al país que ellos sentían que les estaban humillando y que apoyaban lo que para ellos era una injusticia (ya fuera el apoyo estadounidense a monarcas y dictadores árabes que exportan petróleo a EE. UU., ya el apoyo estadounidense a Israel, tanto si hace las cosas bien como si las hace mal).

Estoy seguro de que a la mayoría de los negros de EE. UU. no les cupo la menor duda de que O. J. Simpson asesinó a su ex mujer. Sin embargo, aplaudieron su absolución porque era como meter un palito en un ojo al Departamento de Policía de Los Ángeles y a un sistema judicial que consideraban sistemáticamente humillante e injusto con ellos. Esto hace la humillación con la gente. Bin Laden es para las masas árabes lo que fue O. J. para muchos negros americanos: el palito que meten en el ojo de una América «injusta» y de sus propios líderes. Una vez entrevisté a Dyab Abou Jahjah, a menudo llamado el Malcolm X de la juventud marroquí marginada de Bélgica. Le pregunté qué pensaron él y sus amigos cuando vieron el ataque al World Trade Center. Y me dijo: «Creo que, si somos sinceros con nosotros mismos, la mayoría de los musulmanes de todo el mundo sintieron que [...] Estados Unidos recibía un puñetazo

en plena cara y que eso no puede ser malo. No quiero contestar sesuda-
mente a eso. Daré una respuesta muy simple. América se ha pasado cincuenta años dándonos patadas en el culo. Y en plan muy malo. Al apoyar a los matones de la región, ya sea Israel o nuestros propios regímenes,
[América] no sólo nos parte la nariz, sino que además parte el cuello a
muchos de nosotros». Del mismo modo que la depresión económica que
vivió Estados Unidos en los años 20 y 30 provocó que muchos americanos normales, inteligentes y racionales se volviesen defensores pasivos o
activos del comunismo, así también la humillante depresión económica,
militar y emocional del mundo árabe musulmán ha hecho que muchos
árabes y musulmanes normales, inteligentes y racionales defiendan activa
o pasivamente el binladismo.

El ex ministro de Información kuwaití, el doctor Sa'd Bin Tefla, periodista, escribió un breve ensayo en el diario arábigo de Londres *Al Sharq
Al Awsat* en relación con el tercer aniversario del 11-S, titulado: «We Are
All Bin Laden» («Todos somos Bin Laden»), que precisamente incidía en
este punto. Preguntaba cómo era posible que los especialistas y los cléri-
gos apoyasen vivamente las *fatwas* en las que se condenaba a muerte a
Salman Rushdie por escribir una novela supuestamente blasfema, *Los versos satánicos*, que giraba en torno al Profeta Mahoma, pero que hasta la
fecha ningún clérigo musulmán hubiese emitido ninguna *fatwa* en la que
se condenase a Osama Bin Laden por asesinar a tres mil civiles inocentes. Cuando se declaró la *fatwa* contra Salman Rushdie, muchos musulmanes se manifestaron en contra del libro delante de embajadas británicas de todo el mundo islámico y quemaron monigotes que representaban
a Salman Rushdie, junto con ejemplares de su libro. Nueve personas
murieron en Paquistán en una manifestación contra Rushdie.

«Una tras otra, fueron difundiéndose resoluciones legales religiosas
en las que se prohibía el libro de Salman Rushdie y se exhortaba a matar-
lo», escribía Bin Tefla. «Irán anunció una recompensa de 1 millón de dólares a quien aplicase la *fatwa* del imán Jomeini y matase a Salman Rushdie.» ¿Y Bin Laden? Ni condena ni nada. «A pesar de que Bin Laden ha
asesinado a miles de inocentes en nombre de nuestra religión y a pesar
del daño que ha causado a los musulmanes de todo el mundo, y sobre
todo a musulmanes inocentes de Occidente, cuya vida es mucho mejor que
la vida de los musulmanes de tierras islámicas, hasta la fecha no se ha
emitido ni una sola *fatwa* exhortando a matar a Bin Laden, so pretexto
de que Bin Laden sigue proclamando que "no hay más Dios que Alá"»,
escribía Tefla. Peor aún —añadía—, los canales árabes y musulmanes de
televisión por satélite han «competido entre sí para emitir los sermones y

las *fatwas* [de Bin Laden], en vez de impedir su difusión, como hicieron en el caso del libro de Rushdie. [...] Con nuestra postura equívoca respecto a Bin Laden, desde el primer momento dimos al mundo la impresión de que todos somos Bin Laden».

Alemania salió humillada de la Primera Guerra Mundial, pero contaba con los cimientos económicos modernos necesarios para generar una respuesta estatal a dicha humillación, en forma del Tercer Reich. Por el contrario, el mundo árabe no podía generar una respuesta estatal a su humillación. En lugar de eso, a lo largo de los últimos cincuenta años ha sacudido la escena mundial con dos personajes (que no Estados) de una envergadura fabulosa, según dijo el politólogo Yaron Ezrahi: uno fue el ministro saudí del petróleo Ahmed Zaki Yamani, y el otro, Osama Bin Laden. Cada uno alcanzó notoriedad a escala mundial, cada uno tuvo por un instante al mundo en la palma de la mano: uno utilizando el petróleo como un arma y el otro utilizando la violencia suicida más inimaginable. Cada uno dio un «subidón» pasajero al mundo árabe musulmán, la sensación de que ejercía poder en la escena internacional. Pero Bin Laden y Yamani fueron solamente sendas ilusiones de poder, señalaba Ezrahi, pues el arma del petróleo saudí es poder económico sin productividad, y el arma del terrorismo de Bin Laden es fuerza militar sin un verdadero ejército, Estado, economía y motor de innovación que la secunden.

Lo que hace que yamanismo y ladenismo sean unas estrategias tan desafortunadas para la influencia árabe en el mundo es su desdén de los ejemplos de disciplina, esfuerzo, conocimientos, logros, espíritu científico y pluralismo existentes dentro de la propia cultura y civilización árabes (cuando estaban en su apogeo). Como me indicó Nayan Chanda, el editor de YaleGlobal Online, fue el mundo árabe musulmán el que creó el álgebra y los algoritmos, ambos términos derivados de vocablos arábigos. Dicho de otro modo, como señaló Chanda: «Las raíces de toda la revolución moderna de la información, que se basa, en gran medida, en algoritmos, se remontan a la civilización árabe musulmana y a los grandes centros del saber que había en Bagdad y en Alejandría», que fueron los primeros que introdujeron dichos conceptos, transmitidos después a Europa a través de la España musulmana. Los pueblos árabes musulmanes poseen una tradición cultural y una civilización increíblemente rica, con largos períodos de éxito e innovación en los que su gente joven puede hallar inspiración y ejemplo. Tienen todos los recursos necesarios para la modernización en sus propios términos culturales, si quieren reunirlos.

Por desgracia, dentro del mundo árabe musulmán hay una resistencia tremenda a dicha modernización por parte de las fuerzas autoritarias
y oscurantistas en cuestiones religiosas. Esto explica por qué esta parte
del mundo sólo será liberada y sentirá verdaderamente que tiene poder y
capacidad, si libra su propia guerra de ideas... y si los moderados ganan
la batalla. Hace unos 150 años tuvimos en Estados Unidos nuestra guerra civil sobre una serie de ideas: la tolerancia, el pluralismo, la dignidad
humana y la igualdad. Lo mejor que hoy pueden hacer por el mundo
árabe musulmán los que no pertenecen a él es intentar colaborar con sus
fuerzas progresistas de todas las formas posibles: tratando de solucionar
el conflicto árabe-israelí, estabilizando Irak, firmando acuerdos de libre
comercio con el máximo número posible de países árabes, etc., con el fin
de fomentar una guerra de ideas similar dentro de su propia civilización.
No hay otra vía. De lo contrario, esta parte del mundo podría ser una
inmensa fuerza desaplanadora. Tenemos que desear todo lo bueno a la
buena gente que vive allí. Pero la batalla les corresponde a ellos librarla
y ganarla. Nadie lo puede hacer en su lugar.

Abdel Rahman Al Rashed (director general del canal de noticias Al
Arabiya, con sede en Londres) es quien mejor ha expresado lo que hace
falta para lograrlo. Es uno de los periodistas árabes más conocidos y respetados en la actualidad. Tras una serie de violentos incidentes protago-
nizados por grupos extremistas musulmanes en Chechenia, Arabia Saudí
e Irak, Al Rashed escribió lo siguiente en *Al Sharq Al Awsat* (6 de septiembre de 2004): «La curación de uno mismo pasa por el reconocimiento
de sí y por la confesión. A continuación deberíamos ir a por nuestros
hijos terroristas, siendo plenamente conscientes de que son las uvas agrias
de una cultura deformada. [...] La mezquita antes era un refugio y la voz
de la religión solía ser la voz de la paz y de la reconciliación. Los sermones religiosos eran cálidos llamamientos a un orden moral y a una
vida ética. Vinieron entonces los neomusulmanes. Una religión inocente
y benevolente, cuyos versos prohíben la tala de árboles salvo en caso de
urgente necesidad, que tilda el asesinato del más abyecto de los delitos,
que dice explícitamente que si matas a una persona matas en ella a la
humanidad entera, se ha convertido en un mensaje global de odio y en
un grito universal de guerra. [...] No podemos limpiar nuestro nombre a
no ser que reconozcamos el vergonzoso hecho de que el terrorismo se ha
convertido en una empresa islámica, en un monopolio casi exclusivo, llevado a cabo por hombres y mujeres musulmanes. No podemos redimir
a nuestra juventud extremista, que comete todos estos crímenes abyec-
tos, sin enfrentarnos a los jeques a los que les pareció ennoblecedor rein-

ventarse a sí mismos como ideólogos revolucionarios y enviar a los hijos
y a las hijas de otras personas a una muerte segura, mientras ellos enviaban a los suyos a estudiar en colegios y universidades europeas y americanas».

DEMASIADOS TOYOTAS

Los problemas de los que están demasiado enfermos, de los que se ven
con tan poco poder de acción y de los que se sienten demasiado humillados están, cada uno a su modo, impidiendo que el mundo se aplane
del todo. Es posible que esto vaya a más en el futuro, si no se atajan
adecuadamente dichos problemas. Pero además está apareciendo otro obstáculo al aplanamiento del mundo, una barrera que no es una limitación
de tipo humano, sino una limitación de los recursos naturales. Si millones de habitantes de la India, China, América Latina y el antiguo imperio soviético, que antes vivían en su mayor parte fuera del mundo plano,
entran de golpe en este liso terreno de juego (cada uno con su sueño personal de tener un coche, una casa, una nevera, un microondas y una tos-
tadora), vamos a experimentar o una grave escasez de energía o, peor
aún, guerras por la energía, que tendrán un efecto profundamente de-
saplanador para el mundo.

Como mencioné antes, visité Pekín en el verano de 2004 con mi mujer
y mi hija adolescente, Natalie. Antes de salir de viaje, le dije a Natalie:
«Te va a encantar esa ciudad. En todas las calles principales tienen unos
estupendos carriles para bicis. A lo mejor cuando lleguemos podemos
alquilar unas bicis y pedalear por todo Pekín. La última vez que estuve,
lo hice. Y fue genial».

¡Seré bobo! Hacía tres años que no había vuelto a Pekín y en ese
breve espacio de tiempo el explosivo crecimiento del país había borrado
del mapa muchos de esos encantadores carriles-bici. O los habían estre-
chado o los habían eliminado por completo, para dejar sitio a nuevos carriles para los coches y los autobuses. Mientras estuvimos allí, sólo pedaleé
en la bicicleta estática del hotel, un buen antídoto frente a la increíble
cantidad de tiempo que pasé metido en los atascos de Pekín, dentro de
un coche. El motivo de mi viaje era asistir a una conferencia internacional sobre el mundo de los negocios y en las charlas descubrí por qué
habían desaparecido todas las bicis. Según uno de los ponentes, unos treinta mil coches nuevos se suman al tráfico rodado de las calles de Pekín *cada
mes*. ¡Mil coches más cada día! El dato estadístico me pareció tan increí-

ble, que pedí a Michael Zhao, un joven investigador de la delegación del
Times en Pekín, que comprobase su veracidad. Me contestó con el siguiente correo electrónico:

Hola, Tom. Espero que a la recepción de este mensaje te encuentres bien.
En cuanto a tu pregunta sobre cuántos coches se suman a diario al tráfico
de Pekín, he hecho unas averiguaciones en internet y he encontrado que
[...] en abril de 2004 se vendieron [en Pekín] 43.000 coches, un 24,1 por
ciento más que en el mismo período del año pasado. Esto representa, por
tanto, 1.433 coches más [diariamente] en Pekín, incluyendo coches comprados de segunda mano. Los coches nuevos vendidos ese mes fueron
30.000, es decir, 1.000 coches nuevos añadidos cada día a la ciudad. Entre
enero y abril de 2004 el total de ventas de coches sumó los 165.000, es
decir, unos 1.375 coches añadidos cada día al tráfico de Pekín en ese período.
Estos datos proceden de la Cámara Municipal de Comercio de Pekín. La
oficina de estadísticas de la ciudad dice que el total de coches vendidos en
2003 fue de 407.649, es decir, 1.117 coches más cada día. El año pasado
la venta de coches nuevos alcanzó un total de 292.858, es decir, 802 coches
nuevos cada día. [...] En Pekín hay 2,1 millones de coches. [...] Pero en los
últimos meses se ha experimentado un repunte en las ventas. Además, cabe
destacar la incidencia del brote de neumonía asiática del año pasado, durante el cual muchas familias compraron coche a raíz del miedo al contacto
humano público y a una especie de *carpe diem* provocado por la sensación
de vivir en una situación de catástrofe. Además, muchos propietarios de
coches nuevos pudieron disfrutar conduciendo, ya que el tráfico en la ciudad mejoró notablemente, al quedarse mucha gente metida en casa por no
atreverse a salir a la calle. Desde entonces, y unido a la caída de los precios de los automóviles, debido al compromiso de China de reducir los aranceles tras su ingreso en la OMC, gran cantidad de familias se han decidido
a comprar coche antes de lo que tenían pensado, si bien otras muchas optaron por esperar a que bajen más los precios. Con mis mejores deseos,
Michael.

Como daba a entender la nota de Michael, puedes ver cómo crece
la clase media china a ojos vistas, cosa que va a tener un tremendo impacto indirecto en la energía y en el medio ambiente. El Gran Sueño Chino,
igual que el Gran Sueño Indio, el Gran Sueño Ruso o el Gran Sueño
Americano, se basa en un estilo de vida que requiere un alto nivel de
energía, de electricidad y de metal doblado. Por decirlo de otra manera,
los 30.000 coches que se añaden cada mes al tráfico de Pekín, y la nebli-

na que tantos días envuelve la ciudad, así como el hecho de que la página web oficial de la ciudad dedique un apartado a informar sobre los días que habrá «cielo azul», son pruebas de la destrucción medioambiental que podría derivarse de la triple convergencia si no se desarrollan pronto energías renovables alternativas y limpias. Según el Banco Mundial, dieciséis de las veinte ciudades más contaminadas del mundo están en China ya. Además, esa contaminación y ese deterioro medioambiental le cuestan a China 170.000 millones de dólares al año (*The Economist*, 21 de agosto de 2004).

Y aún no hemos visto nada. China, con sus reservas propias de petróleo y de gas, fue en su día un exportador neto. Pero ha dejado de serlo. En 2003 China superó a Japón como segundo importador de petróleo del mundo, por detrás de Estados Unidos. En estos momentos, de los 1.300 millones de habitantes que tiene China, entre 700 y 800 millones viven en zonas rurales. Pero van ya camino del mundo plano, por lo que se calcula que aproximadamente la mitad intentará migrar a las ciudades en las dos próximas décadas, si tiene expectativas de encontrar empleo. Esta situación provocará un fuerte aumento en la demanda de coches, casas, vigas de acero, centrales eléctricas, edificios para escuelas, plantas de tratamiento de aguas residuales, redes eléctricas... cuyas implicaciones para la energía no tienen parangón en la historia del Planeta Tierra, redondo o plano.

En la conferencia sobre el mundo de los negocios a la que asistí en Pekín, una y otra vez oía mencionar el Estrecho de Malacca, el angosto paso entre Malasia e Indonesia, en el que patrullan buques de la Armada estadounidense y que controla todo el tráfico de petroleros procedentes de Oriente Medio con destino a China y Japón. Desde la crisis del petróleo de los años 70 no había vuelto a oír hablar del Estrecho de Malacca. Pero saltaba a la vista la creciente preocupación de los responsables chinos de planificación estratégica sobre la posibilidad de que Estados Unidos pudiese asfixiar la economía china en cualquier momento, con sólo cerrar el estrecho. En estos momentos, esta amenaza es un frecuente tema de discusión en ámbitos militares chinos. Y no es más que un pequeño atisbo de la potencial lucha de poder (por el poder de la energía) que podría desatarse si el Gran Sueño Americano, el Gran Sueño Chino, el Gran Sueño Indio y el Gran Sueño Ruso llegan a verse como mutuamente excluyentes en términos de energía.

La actual política exterior china consiste en dos cosas: en impedir que Taiwan se independice y en encontrar petróleo. En estos momentos China está obsesionada con adquirir suministros seguros de petróleo de países que no tomarían represalias contra ella en caso de que invadiese Taiwan, lo cual está llevando a China a entablar amigables relaciones con los peores regímenes del planeta. El gobierno islámico fundamentalista de Sudán vende a China el 7 por ciento del total de su suministro de petróleo y China ha invertido allí 3.000 millones de dólares en infraestructura para la extracción del mismo.

En septiembre de 2004 China amenazó con vetar la propuesta de Estados Unidos de imponer sanciones a Sudán por el genocidio que está perpetrando en la provincia de Darfur. Después, China se opuso a cualquier propuesta de remitir al Consejo de Seguridad de Naciones Unidas los evidentes intentos de Irán por desarrollar combustible susceptible de utilizarse para crear armamento nuclear. Irán abastece a China el 13 por ciento del total de sus suministros de petróleo. Por otra parte, como informó el *Daily Telegraph* el 19 de noviembre de 2004, China ha empezado a extraer gas en el mar de China, al oeste de la línea que Japón considera su frontera: «Japón exigió, en vano, que el proyecto fuese conjunto. Ambos países, además, están enzarzados en una pelea por las riquezas petrolíferas de Rusia. China está furiosa porque Japón le ha ganado la batalla por determinar la ruta que seguirá el gaseoducto que Rusia piensa instalar hacia el Lejano Oriente». Al mismo tiempo, se informaba de que un submarino nuclear chino se había metido, sin querer, en aguas territoriales japonesas. El gobierno chino se disculpó por el «fallo técnico». Si tú te lo crees, entonces yo tengo un pozo petrolífero en Hawai que me gustaría venderte...

En 2004 China empezó a competir con Estados Unidos por las oportunidades de exploraciones petrolíferas en Canadá y Venezuela. Si China logra su propósito, meterá una pajita en Canadá y en Venezuela y succionará hasta la última gota de petróleo, con el efecto secundario de que Estados Unidos dependerá más de Arabia Saudí.

Entrevisté al director japonés de una importante multinacional estadounidense que tenía su cuartel general en Dalian, en el noreste de China. «China sigue la senda de Japón y Corea», me dijo el ejecutivo (a condición de que no citase ni su nombre ni el de la empresa). «Y la gran pregunta es: ¿puede el mundo permitirse tener a 1.300 millones de personas siguiendo esa senda, conduciendo los mismos coches y utilizando la misma cantidad de energía? Yo veo el aplanamiento, pero el reto del siglo XXI es si vamos a sufrir el impacto de otra crisis del petróleo. La crisis de los años 70 coincidió con la recuperación económica de Japón y de Europa. [Hubo un tiempo] en que Estados Unidos era el único gran consumidor de petróleo, pero al entrar en juego Japón y Europa, la OPEP tuvo la sartén por el mango. Pero cuando China y la India pasen a ser consumidores, supondrá un reto inmenso, de una envergadura totalmente diferente. Es megapolítica. En los años 70 se superaron los límites del crecimiento con la tecnología. Nos volvimos más listos que antes, el equipamiento se volvió más eficiente y el consumo de energía per cápita era más bajo. Pero ahora [con China, la India y Rusia pisando tan fuerte] se está multiplicando por un factor de diez. Tenemos que tomárnoslo muy en serio. No podemos imponer restricciones a China, [Rusia] y la India. Estos países crecerán y nosotros debemos crecer también.»

Una cosa que no podremos hacer es decir a los jóvenes indios, rusos, polacos o chinos que tienen que aguantarse y consumir menos por el bien de todos, justo cuando se incorporan a este nivelado terreno de juego. Durante una charla a los alumnos de la Escuela Superior de Asuntos Exteriores de Pekín, toqué los temas más importantes que podrían suponer una amenaza para la estabilidad global, como la competitividad por el petróleo y otros recursos energéticos, que se produciría naturalmente al empezar China, la India y la antigua Unión Soviética a consumir más cantidad de petróleo. Nada más terminar de hablar, una joven china levantó la mano y me hizo, básicamente, la siguiente pregunta: «¿Por qué tiene que restringir China su consumo de energía y preocuparse por el medio ambiente, cuando América y Europa pudieron consumir toda la que quisieron cuando estaban en pleno proceso de desarrollo?» No supe qué contestarle. China es un país con mucho amor propio. Decir a China, a la India y a Rusia que consuman menos podría causar el mismo impacto geopolítico que tuvo la incapacidad del mundo para encajar el crecimiento de Japón y de Alemania tras la Primera Guerra Mundial.

Si se mantienen las tendencias actuales, China pasará de importar 7 millones de barriles de petróleo hoy a 14 millones al día en 2012. Para que el mundo pueda hacer frente a semejante incremento haría falta encontrar otra Arabia Saudí. Esto no es muy probable, con lo cual no nos quedan muchas opciones buenas. «Por razones geopolíticas, no podemos decirles que no, no podemos decir a China y a la India que ahora no les toca a ellos», me dijo Philip K. Verleger hijo, un destacado economista experto en petróleo. «Y por razones morales, ya no tenemos capacidad de sermonear a nadie.» Pero si no hacemos nada, es muy posible que ocurran una serie de cosas. En primer lugar, los precios de la gasolina seguirán su tendencia al alza. En segundo lugar, estaremos fortaleciendo los peores sistemas políticos del mundo, como Sudán, Irán y Arabia Saudí. Y, en tercer lugar, el medio ambiente sufrirá cada vez más daños. Ya hoy los titulares de los periódicos chinos hablan de falta de energía y de apagones totales o parciales. Funcionarios estadounidenses calculan que veinticuatro de las treinta y una provincias de China sufren, en estos momentos, problemas de falta de suministro eléctrico.

No somos más que celadores del planeta y el éxito de nuestra generación residirá en dejar a la siguiente un planeta en tan buenas condiciones o mejores de como lo encontramos. El proceso del aplanamiento nos enfrentará a esta responsabilidad. Glenn Prickett, vicepresidente primero de Conservation International, me comentó: «Aldo Leopold, el padre del ecologismo de la vida salvaje, dijo en su día: "La primera regla del chapuzas inteligente es no tirar ninguna pieza". ¿Y si no lo hacemos? ¿Y si los 3.000 millones de nuevas incorporaciones se dedican a zamparse todos los recursos? Las especies y los ecosistemas no se pueden adaptar tan deprisa y nos quedaremos sin una buena parte de lo que queda de diversidad biológica en la Tierra». Prickett señaló que, si te fijas en lo que está pasando en la cuenca del Congo y del Amazonas y en las selvas tropicales de Indonesia (las últimas grandes áreas de vida salvaje), verás ya que el creciente apetito de China las está devorando. Cada vez se extrae más aceite de palma de Indonesia y Malasia, soja de Brasil, madera de África central y gas natural de todos estos sitios, para abastecer a China. Como consecuencia, se está poniendo en peligro toda clase de hábitats naturales. Si no se frenan estas tendencias y se deja que todos los hábitats naturales queden convertidos en tierras de labranza y en áreas urbanas, y que el planeta se caliente cada vez más, muchas de las especies que hoy están en peligro quedarán condenadas a la extinción.

La decisión de reducir drásticamente el consumo energético debe venir de la propia China, dado que los chinos se están enfrentando a los efectos que tiene la necesidad de combustible en su propio medio ambiente y en sus aspiraciones de crecimiento. Lo único (y lo mejor) que podemos hacer nosotros, en Estados Unidos y Europa, para que China entre en razón es dar ejemplo, modificando nuestras propias pautas de consumo. Así ganaremos en credibilidad y podremos sermonear a otros. «En estos momentos recuperar nuestra preeminencia moral en relación con la energía es una cuestión vital de seguridad nacional y de conservación del medio ambiente», me dijo Verleger. Algo así exige tomarse las cosas más en serio: la financiación gubernamental de vías alternativas, un verdadero empuje del gobierno federal para fomentar la conservación, un impuesto sobre los carburantes que anime a los consumidores a comprar más vehículos híbridos y coches más pequeños, legislación para obligar a Detroit a fabricar vehículos más eficientes en el consumo de combustible y, sí, más exploración en territorio nacional. Todo ello junto, añadió Verleger, podría ayudar a estabilizar el precio en torno a los 25 dólares por barril, «que parece que es el promedio ideal para un crecimiento global sostenible».

En suma, en el mundo occidental nos interesa de manera fundamental que el sueño americano siga vivo en Pekín, en Boise y en Bangalore. Pero tenemos que dejar de engañarnos creyendo que se puede conseguir en un mundo plano con 3.000 millones de potenciales nuevos consumidores, siempre que no encontremos un método radicalmente diferente de uso energético y de conservación de la Naturaleza. De lo contrario, nos estaremos creando una tormenta tanto medioambiental como geopolítica. Si ha habido en la historia un momento idóneo para la colaboración, ese momento es el presente. Y el tema de la colaboración es la energía. Me encantaría ver un gran Proyecto Manhattan entre China y Estados Unidos, un programa de choque para desarrollar conjuntamente energías alternativas limpias, que reúna a los mejores científicos de China y su capacidad política de llevar a la práctica proyectos pilotos, y a los mejores cerebros, la mejor tecnología y el dinero de Estados Unidos. Sería el modelo ideal y el proyecto ideal para crear valor horizontalmente, en el que cada parte asociada aportaría aquello en lo que destaca. Como me dijo Scott Roberts, analista en China de Cambridge Energy Research Associates: «Cuando se trata de tecnologías renovables y de energía sostenible, China podría ser el laboratorio del mundo, no sólo el taller del mundo».

¿Y por qué no?

12

LA TEORÍA DELL DE PREVENCIÓN DE CONFLICTOS. «VIEJOS TIEMPOS» FRENTE A «JUSTO A TIEMPO»

> El mercado libre es la diplomacia de Dios.
> No hay otra fórmula segura para unir a la gente
> con los lazos de la paz.
>
> *Richard Cobden, político británico* (1857)

Antes de explicarte de qué va este capítulo, tengo que hablarte del ordenador con el que escribí este libro. Tiene que ver con el tema que me dispongo a tratar. Escribí gran parte del libro con un portátil Dell Inspiron 600m, con etiqueta operativa número 9ZRJP41. En mi proceso de documentación para el libro, fui a ver al equipo directivo de Dell, cerca de Austin (Texas). Les hablé de las ideas del libro y a cambio les pedí un favor: les pedí que me explicasen el recorrido que había hecho mi portátil Dell por su cadena global de suministro. He aquí su relato:

Mi ordenador fue concebido cuando telefoneé al número 902 de Dell el 2 de abril de 2004, momento en que me atendió un comercial llamado Mujteba Naqvi, que inmediatamente introdujo mi solicitud en el sistema de gestión de pedidos de Dell. Tecleó tanto el tipo de portátil que necesitaba como las características especiales que quería, junto con mis datos personales, la dirección de envío, la dirección de cargo y los datos de la tarjeta de crédito. Dell verificó la tarjeta de crédito a través de su conexión con Visa para el intercambio de información y flujo de trabajo y a continuación mi pedido pasó al sistema de producción de Dell. Dell tiene seis empresas en todo el mundo: en Limerick (Irlanda), Xiamen (China), Eldorado do Sul (Brasil), Nashville (Tennesee), Austin (Texas) y Penang (Malasia). Mi pedido salió vía correo electrónico hacia la fábrica de portátiles Dell en Malasia, donde inmediatamente se pidieron los componentes del ordenador a los respectivos centros de logística de los proveedores (o SLC en sus siglas en inglés), próximos a la fábrica de Penang.

Estos centros de logística, propiedad de los diferentes proveedores de componentes Dell, están alrededor de todas las fábricas de Dell del mundo. Los SLC son como las paradas del camino. Si eres un suministrador de Dell, en cualquier rincón del mundo, tu objetivo es mantener siempre tu SLC bien surtido de tus componentes específicos, para que puedan llevarse en cualquier momento hasta la fábrica de Dell para entrar en el proceso de manufactura en el momento preciso.

«Al día vendemos una media de entre 140.000 y 150.000 ordenadores», me explicó Dick Hunter, uno de los tres gestores de producción global de Dell. «Los pedidos nos llegan a través de Dell.com o por vía telefónica. Nuestros proveedores se enteran de los pedidos que nos entran en cuanto se formalizan. Reciben una señal en función de los componentes que integrarán el ordenador que pides, de tal modo que el proveedor sabe exactamente lo que tiene que suministrar. Si eres un proveedor de cables para portátiles, puedes ver, minuto a minuto, cuántos vas a tener que entregar.» Cada dos horas la fábrica de Dell en Penang envía un mensaje electrónico a los diferentes SLC de las cercanías para comunicarles qué componentes y en qué cantidad quiere tener allí en los siguientes noventa minutos (ni un minuto después). En el plazo de esos noventa minutos llegan a la planta de fabricación de Dell los camiones procedentes de los diferentes SLC de los alrededores de Penang y descargan los componentes necesarios para fabricar todos los portátiles pedidos en las dos horas previas. Así durante todo el día, cada dos horas. Una vez llegan los componentes a la fábrica, los empleados de Dell tardan treinta minutos en descargarlos, registrar sus códigos de barras y depositarlos en los cestos, listos para el montaje. «Sabemos en todo momento dónde está cada componente de cada SLC del sistema Dell», me dijo Hunter.

Entonces, ¿de dónde vinieron los componentes para mi portátil?, pregunté a Hunter. Para empezar, me dijo, el portátil lo diseñó en Austin (Texas) y en Taiwan un equipo de ingenieros de Dell y de diseñadores taiwaneses de portátiles. «A través de su relación directa con el cliente, Dell puede saber lo que éste necesita, qué tecnología hace falta y qué detalles del diseño hay que perfeccionar», me explicó. «El diseño básico de la placa madre y de la caja, que son los elementos funcionales básicos de la máquina, responden a las especificaciones de un ODM [fabricante del diseño original, en sus siglas en inglés] de Taiwan. Nosotros ponemos a nuestros ingenieros en sus instalaciones y ellos vienen a Austin y lo que hacemos, en realidad, es diseñar los sistemas entre los dos equipos. Esto aporta un beneficio añadido, un ciclo de desarrollo repartido a escala global, que prácticamente funciona las veinticuatro horas del día. Nuestros

socios se ocupan de la electrónica básica y nosotros les ayudamos a diseñar características de fiabilidad que sabemos que nuestros clientes desean tener. Nosotros conocemos mejor a nuestros clientes que nuestros proveedores y nuestra competencia, porque tratamos directamente con ellos
todos los días.» El diseño de los portátiles Dell se renueva por completo
cada doce meses aproximadamente, pero a lo largo del año se están añadiendo constantemente (a través de la cadena de suministro) nuevas características, a medida que avanzan el *hardware* y el *software*.

Resultó que cuando el pedido de mi portátil llegó a la fábrica de Dell
de Penang, no estaba disponible uno de los componentes (la tarjeta para
la conexión inalámbrica), debido a un problema con el control de calidad, de modo que el ensamblaje del portátil se retrasó unos días. Entonces llegó el camión, repleto de tarjetas buenas de conexión inalámbrica.
El 13 de abril, a las 10.15 de la mañana, un trabajador de Dell Malasia
cogió la hoja de pedido que se imprimió automáticamente en cuanto todos
los componentes hubieron llegado de los diferentes SLC a la fábrica de
Penang. Otro empleado de Dell Malasia sacó entonces un «*traveler*» (una
bolsa especial para llevar todos los componentes, diseñada para que no
sufran ningún daño) y empezó a coger todos los elementos que confor-
marían mi portátil.

¿De dónde procedían todos estos componentes? Dell emplea todo un
abanico de proveedores, que le suministran la mayoría de los componentes
fundamentales que forman los portátiles. De este modo, si falla un proveedor o no es capaz de responder a un repunte en la demanda, Dell no
sufre la demora. Pues bien, éstos son los proveedores clave que participaron en la creación de mi Inspiron 600m: el microprocesador Intel llegó de una fábrica de Intel de Filipinas, Costa Rica, Malasia o China. La
memoria vino de una fábrica de propiedad coreana sita en Corea (Samsung), o de una fábrica de propiedad taiwanesa sita en Taiwan (Nanya),
o de una alemana sita en Alemania (Infineon) o de una japonesa sita en
Japón (Elpida). Mi tarjeta de gráficos llegó o de una fábrica taiwanesa
sita en China (MSI) o de una china sita en China (Foxconn). El ventila-
dor llegó de una fábrica de propiedad taiwanesa sita en Taiwan (CCI o
Auras). La placa madre llegó o de una fábrica de propiedad coreana sita
en Shanghai (Samsung) o de una taiwanesa sita en Shanghai (Quanta) o
de una taiwanesa sita en Taiwan (Comapl o Wistron). El teclado vino o de
una empresa japonesa sita en Tianjin, China (Alps) o de una fábrica taiwanesa sita en Shenzen, China (Sunrex) o de una fábrica de propiedad
taiwanesa sita en Suzhou, China (Darfon). La pantalla LCD se fabricó
o en Corea del Sur (Samsung o LG.Philips LCD) o en Japón (Toshiba o

Sharp) o en Taiwan (Chi Mei Optoelectronics, Hannstar Display o AU Optronics). La tarjeta para la conexión inalámbrica llegó o de una fábrica de propiedad estadounidense sita en China (Agere) o en Malasia (Arrow), o bien de una fábrica de propiedad taiwanesa sita en Taiwan (Askey o Gemtek) o en China (USI). El módem se fabricó o en una empresa de propiedad taiwanesa sita en China (Asustek o Liteon) o en una empresa china sita en China (Foxconn). La batería llegó de una fábrica de propiedad estadounidense sita en Malasia (Motorola) o de una fábrica de propiedad japonesa sita en México o en Malasia o en China (Sanyo) o de una fábrica surcoreana o taiwanesa sita en cualquiera de ambos países (SDI o Simplo). El disco duro lo fabricó una fábrica de propiedad americana sita en Singapur (Seagate) o una empresa de propiedad japonesa sita en Tailandia (Hitachi o Fujitsu) o una japonesa sita en Filipinas (Toshiba). El reproductor de CD/DVD llegó de una empresa de propiedad surcoreana que tiene fábricas en Indonesia y en Filipinas (Samsung), o bien de una fábrica japonesa sita en China o en Malasia (NEC), o bien de una fábrica japonesa sita en Indonesia, en China o en Malasia (Teac) o de una fábrica japonesa sita en China (Sony). La maleta para el portátil la fabricó o una empresa de propiedad irlandesa sita en China (Tenba) o una americana sita en China (Targus, Samsonite o Pacific Design). El transformador se fabricó o en una empresa de propiedad tailandesa sita en Tailandia (Delta) o en una taiwanesa (Liteon) o en una coreana (Samsung) o en una americana (Mobility), sitas todas ellas en China. El cable lo fabricó una empresa de propiedad británica que tiene fábricas en China, Malasia y la India (Volex). La tarjeta extraíble de memoria la fabricó o bien una empresa de propiedad israelí sita en Israel (M-System) o bien una empresa de propiedad estadounidense que tiene una fábrica en Malasia (Smart Modular).

Esta sinfonía de la cadena de abastecimiento (desde mi pedido por teléfono hasta la producción, y de ahí a la red de distribución y finalmente hasta mi domicilio) es una de las maravillas del mundo plano.

«Tenemos que aplicar grandes dosis de colaboración», me explicó Hunter. «Michael [Dell] conoce personalmente a los directores generales de estas empresas y trabajamos constantemente con ellos para mejorar procesos y hallar un equilibrio en tiempo real entre la demanda y el suministro.» Según me dijo Hunter, nunca se deja de moldear la demanda. ¿Qué es esto de «moldear la demanda»? Pues la cosa va así: a las 10 de la mañana en Austin, Dell se entera de que desde primera hora han encargado portátiles con discos duros de 40 gigas tantos clientes, y de que en un par de horas su cadena de suministro se quedará sin existencias. La señal se transmite automáticamente al departamento de marketing de Dell y a Dell.com, así como a todos los empleados del servicio de atención telefónica que están cogiendo pedidos. Si da la casualidad de que tu pedido entra a las 10.30 de la mañana, el comercial te dirá: «Vaya, Tom, hoy es tu día de suerte. Durante toda esta hora ofrecemos discos duros de 60 gigas con el portátil que deseas por sólo 10 dólares más que el de 40 gigas. Y si lo compras ahora mismo, Dell te regala, con la compra, un maletín para el portátil, como muestra de aprecio por ser cliente nuestro». En una o dos horas, gracias a este tipo de promociones, Dell logra moldear la demanda de cualquier componente de mi portátil o de mi ordenador de mesa, para adaptarla al suministro previsto de su cadena global de proveedores. Hoy la tarjeta de memoria te puede salir a precio de saldo y mañana puede pasar con los CD-ROM.

Retomemos la historia de mi portátil. El 13 de abril, a las 11.29 de la mañana, todos los componentes habían sido extraídos de las cestas del almacén de Penang, a las que habían llegado en el momento preciso, y allí mismo lo montó A. Sathini, uno de los integrantes del equipo «que ensambló y atornilló a mano todos los componentes y colocó las etiquetas necesarias para el sistema de Tom», tal como rezaba el informe de producción que Dell me envió. «El sistema pasó entonces por la cinta transportadora hasta el lugar donde se instalarían los programas específicos que había pedido Tom.» Dell cuenta con inmensos bancos de servidores en los que están guardados, a la última, los programas de Microsoft, Norton Utilities y otras aplicaciones de *software* muy conocidas, que se instalan en cada nuevo ordenador a gusto del cliente.

«A las 14.45 de la tarde se había instalado con éxito el *software* de Tom y se trasladó manualmente a la cinta de embalaje. A las 16.05 de la tarde el sistema de Tom se protegió con unos moldes de poliuretano y se metió en una caja especial de embalaje, con una pegatina en la que se indica su número de pedido, el código de búsqueda, el tipo de sistema y el código de envío. A las 18.04 de la tarde el sistema de Tom había sido cargado en un palé junto con un manifiesto específico, gracias al cual las aplicaciones de fusión de documentos (Merge) pueden ver claramente cuándo llegará el sistema, en qué palé va (de los más de 75 palés, con 152 sistemas por palé) y a qué dirección hay que enviar el sistema de Tom. A las 18.26 de la tarde el sistema de Tom salió [de la fábrica de Dell] con destino al aeropuerto de Penang, Malasia.»

Seis días a la semana, Dell fleta un 747 de las líneas aéreas China Airline que sale de Taiwan y hace el recorrido entre Penang y Nashville pasando por Taipei. Cada 747 va cargado con 25.000 portátiles Dell, que pesan unos 110.000 kilos en total (o sea, 50.000 libras). Es el único 747 que aterriza en Nashville, sin contar el Air Force One cuando el presidente va de visita. «El 15 de abril de 2004, a las 7.41 de la mañana, el sistema de Tom llegó a [Nashville] con otros sistemas Dell procedentes de Penang y Limerick. A las 11.58 de la mañana el sistema de Tom se introdujo en una caja más grande, que recorrió la línea de embalaje hasta el lugar en que se le añadieron los componentes externos que Tom había pedido.»

Eso fue trece días después de haber hecho yo el pedido. De no haber habido un retraso en Malasia cuando se recibió mi pedido, sólo habrían pasado cuatro días entre el momento en que encargué la compra por teléfono y su llegada a Nashville, tras haber sido montado en Penang. Hunter me dijo que la cadena de suministro que, en total, había seguido mi ordenador, incluyendo a los proveedores de los proveedores, involucró a unas 400 empresas de Norteamérica, Europa y, sobre todo, Asia, aunque los participantes fundamentales fueron 30. A pesar de eso, de alguna manera todo se ensambló a la perfección. Como decía el informe de Dell: el 15 de abril de 2004, a las 12.59 del mediodía, «el sistema de Tom había sido enviado desde [Nashville] y entregado a UPS para envío LTL (de mercancías pequeñas) en un plazo de entre 3 y 5 días, tal como solicitó Tom, con un número de seguimiento de paquetes de UPS 1Z13WA374253514697. El 19 de abril de 2004, a las 18.41 de la tarde, el sistema de Tom llegó a Bethesda (Maryland) y el albarán de entrega quedó firmado».

Te estoy contando la historia de mi portátil para pasar a una historia algo más larga, una historia de geopolítica en el mundo plano. A todas las fuerzas mencionadas en el capítulo anterior, que aún frenan el aplanamiento del mundo o que incluso podrían revertir el proceso, hay que añadir una amenaza más tradicional: el estallido de una guerra de las de toda la vida, una de esas guerras a la antigua que sacuda el mundo entero y destruya la economía. Podría desatarse, por ejemplo, si China decide acabar de una vez por todas con Taiwan como Estado independiente, o si Corea del Norte, por miedo o por chaladura, usa una de sus armas nucleares contra Corea del Sur o contra Japón, o si Israel y un Irán que pronto tendrá armamento nuclear deciden atacarse mutuamente, o si la India y Paquistán empiezan finalmente a tirarse bombas nucleares. En cualquier momento podrían estallar estos y otros conflictos geopolíticos clásicos y ralentizar el aplanamiento del mundo, o bien desaplanar gravemente el planeta.

El verdadero asunto de este capítulo consiste en cómo podrían moderarse estas amenazas geopolíticas clásicas o cómo se podría influir en ellas a través de nuevas formas de colaboración que el mundo plano promueve y exige (en especial, a través de la colaboración en las cadenas de suministro). El aplanamiento del mundo es un fenómeno demasiado joven como para que podamos extraer conclusiones definitivas al respecto. Pero lo que sí está claro es que, a medida que se aplana el mundo, uno de los dramas más interesantes que podremos presenciar en las relaciones internacionales será la interacción entre las amenazas globales tradicionales y las recién nacidas cadenas de suministro global. La interacción entre las amenazas de los viejos tiempos (como China contra Taiwan) y las cadenas de suministro en las que rige el lema del «justo a tiempo» (China más Taiwan) constituirá una rica fuente de estudio para el ámbito de las relaciones internacionales en estos albores del siglo XXI.

En *The Lexus and the Olive Tree* sostuve que, en la medida en que los países vinculasen su economía y su futuro a la integración y al comercio globales, podrían evitar entablar guerras con sus vecinos. La primera vez que me planteé estas cuestiones fue a finales de los años 90, cuando, a lo largo de mis viajes, me di cuenta de que entre países que tenían McDonald's no había habido guerras desde que tenían McDonald's. (Sin contar refriegas fronterizas ni guerras civiles, porque en esos casos McDonald's solía dar servicio a los dos bandos.) Tras confirmar este punto con McDonald's, propuse lo que denominé la Teoría de la Eme Dorada para la Prevención de Conflictos. La teoría de la Eme Dorada venía a decir que cuando un país alcanzaba el grado de desarrollo económico gracias al cual tenía una clase media lo bastante grande como para mantener una red de McDonald's, se convertía en un país McDonald's. Y resulta que a la gente de los países McDonald's había dejado de gustarles hacer la guerra. Preferían hacer cola para comprar una hamburguesa. Aunque todo esto lo decía medio en broma, en el fondo había una idea seria, y es que a medida que los países van integrándose en el tejido del comercio global y su nivel de vida va subiendo (de lo cual las franquicias de McDonald's se han convertido en símbolo), el coste de la guerra para vencedores y vencidos se vuelve prohibitivo.

Esta teoría del McDonald's se ha sostenido bastante bien, pero ahora que prácticamente todos los países tienen un McDonald's (excepto los peores regímenes, como Corea del Norte, Irán y el Irak de Sadam Husein) me parecía que había que actualizarla para adaptarla a la realidad del mundo plano. Con ese fin, y de nuevo medio en broma, planteo ahora la Teoría Dell de Prevención de Conflictos, que en esencia viene a decir

que el advenimiento y la expansión de las cadenas globales de suministro que se rigen por el lema del «justo a tiempo» suponen en el mundo
plano una limitación aún mayor a los riesgos de conflicto geopolítico, en
comparación con la que suponía el incremento del nivel de vida, un límite más general y simbolizado por McDonald's.

La teoría Dell estipula que entre los países que forman parte de una
gran cadena global de suministro, como la de Dell, nunca habrá guerra,
siempre y cuando formen parte de la misma cadena global de suministro. Porque la gente que integra las grandes cadenas globales de abastecimiento ya no quieren librar guerras de las de antes. Lo que quieren es
hacer entregas a tiempo de bienes y servicios y disfrutar de los más elevados niveles de vida que esto conlleva. Una de las personas que mejor
capta la lógica subyacente a esta teoría es Michael Dell, fundador y presidente de Dell.

«Estos países entienden la prima de riesgo que tienen», me comentó
Dell en relación con los países asiáticos de su cadena de suministro. «Tienen mucho cuidado de proteger la equidad que han creado y procuran
siempre decirnos por qué no deberíamos preocuparnos [de que vayan a
incurrir en ningún riesgo]. Después de visitar China, creo que el cambio
que se ha producido allí beneficia a China y al mundo entero. En cuanto la gente prueba eso, comoquiera que lo llames, la independencia económica, un mejor estilo de vida y una vida mejor para su hijo o hijos, se
aferran a ello y no lo quieren soltar.»

Cualquier tipo de guerra o de rebelión política prolongada en el este
asiático o en China «tendría el efecto de congelar a gran escala las inversiones que se hacen allí, así como todos los avances conseguidos», me
dijo Dell, que añadió que cree que en esa parte del mundo los gobiernos
entienden esta idea perfectamente. «Nosotros, por supuesto, les dejamos
muy claro que la estabilidad nos importa mucho. [Ahora mismo] no es
una preocupación coditiana... Yo creo que a medida que pasa el tiempo
y que se sigue avanzando en esos países, se reduce exponencialmente la
posibilidad de que se produzca un suceso realmente perturbador. No creo
que nuestra industria reciba todo el crédito que se merece por el bien que
estamos haciendo en estas áreas. Si estás haciendo dinero, si eres productivo y si elevas tu nivel de vida, no te sientas a pensar: "¿Quién nos
ha hecho esto?", o "¿por qué llevamos tan mala vida?"».

Hay mucha verdad en esto. Los países cuyos trabajadores e industrias forman parte del tejido de una gran cadena global de suministro
saben que no pueden cogerse un mes ni una semana ni una hora para ir
a la guerra, sin perturbar el funcionamiento de industrias y economías

enteras de todo el mundo, arriesgándose a perder, así, su lugar en dicha cadena de suministros durante mucho tiempo, lo que tendría un coste tremendamente elevado. Para un país sin recursos naturales, formar parte de una cadena global de suministro es como haber encontrado petróleo..., un petróleo que no se acaba nunca. Por lo tanto, salirse de una cadena de este tipo porque te metes en una guerra equivaldría a que se secasen tus pozos de petróleo o a que alguien les echase cemento encima. No los recuperarás en poco tiempo, ni mucho menos.

«Lo ibas a tener que pagar realmente muy caro», me dijo Glenn E. Neland, vicepresidente primero del adquisiciones mundiales de Dell, cuando le pregunté qué le pasaría a un integrante asiático de alguna importante cadena de suministro que decidiese ponerse a guerrear con el vecino e interrumpir, así, la cadena. «No sólo [hoy] te dejaría al nivel del betún, sino que además lo ibas a tener que pagar durante mucho tiempo. Porque, sencillamente, carecerías de credibilidad si declarases dispuesto a echarlo todo a perder por razones políticas. Y precisamente ahora China está empezando a ganar una credibilidad dentro de la comunidad empresarial que está generando un entorno de negocio en el que puedes prosperar, con unas normas transparentes y coherentes.» Nelad dijo que a menudo los proveedores le preguntan si le preocupan China y Taiwan, que a lo largo del pasado medio siglo han amenazado con ir a la guerra en varias ocasiones. Pero su respuesta habitual es que no puede imaginárselos «haciendo otra cosa que poniendo posturitas musculosas de cara al otro». Neland me decía que en sus conversaciones y negociaciones con empresas y gobiernos de la cadena de suministro de Dell, sobre todo con los chinos, percibe que «son conscientes de la oportunidad y realmente están ansiosos por participar en las mismas cosas en las que han visto participar a otros países de Asia. Saben que al final del arco iris hay un buen pellizco de dinero, y realmente van a por él. Este año gastaremos aún unos 35.000 millones de dólares en producir componentes y el 30 por ciento de esa cantidad está en China».

Si uno sigue la evolución de las cadenas de suministros —añadió Neland—, verá la prosperidad y la estabilidad que han fomentado primero en Japón y después en Corea y Taiwan y ahora en Malasia, Singapur, Filipinas, Tailandia e Indonesia. En cuanto los países se incorporan a estas cadenas globales de suministros, «se sienten parte de algo mucho más grande que sus propias empresas», me dijo. Osamu Watanabe, el director general de la Organización Japonesa de Comercio Exterior (JETRO, en sus siglas en inglés), me explicó una tarde en Tokio que las empresas japonesas se dedicaron a trasladar a China grandes cantidades de trabajo técnico de nivel inferior y medio. Allí llevaban a cabo la fabricación básica y en Japón hacían el montaje final. Japón lo estaba haciendo a pesar del amargo legado de desconfianza existente entre los dos países, exacerbada a raíz de la invasión japonesa de China el siglo pasado. Históricamente, señaló Watanabe, un Japón fuerte y una China fuerte han tenido siempre problemas para coexistir. Pero esto ya no es así hoy, al menos no de momento. ¿Por qué no?, pregunté. La razón por la que hoy puedes tener a la vez un Japón y una China fuertes, me dijo, «es la cadena de suministro». Es una práctica en la que todos salen ganando.

Obviamente, dado que Irak, Siria, el sur del Líbano, Corea del Norte, Paquistán, Afganistán e Irán no forman parte de ninguna de las grandes cadenas globales de suministro, todos siguen siendo puntos calientes que podrían estallar en cualquier instante y ralentizar o revertir el proceso de aplanamiento del mundo. Como atestigua la historia de mi portátil, la prueba real más importante para la Teoría Dell de Prevención de Conflictos es la situación entre China y Taiwan, dado que ambos países están hondamente involucrados en varias de las más importantes cadenas de suministro mundiales de ordenadores, artículos electrónicos y, cada vez más, de *software*. La inmensa mayoría de los componentes de ordenador de todas las grandes empresas proceden de la costa de China, de Taiwan y del este de Asia. Además, en la actualidad sólo Taiwan tiene más de 100.000 millones de dólares en inversiones en la China continental y al frente de muchas de las empresas chinas de fabricación más sofisticadas y de tecnología punta hay expertos taiwaneses.

No es de extrañar que Craig Addison, ex editor de la revista *Electronic Business Asia*, escribiese un artículo para el *International Herald Tribune* (29 de septiembre de 2000) titulado «A "Silicon Shield" Protects Taiwan from China» («Un "escudo de silicio" protege Taiwan de China»). En él sostenía que «los productos que se basan en el silicio, tales como los ordenadores y los sistemas de red, conforman la base de las economías digitales de EE. UU., Japón y otras naciones desarrolladas. En la última década, Taiwan se ha convertido en el tercer productor del mundo de *hardware* para tecnologías de la información, después de EE. UU. y Japón. Una agresión militar de China contra Taiwan dejaría al mundo sin buena parte del suministro mundial de estos productos. [...] Un paso así restaría billones de dólares de valor de mercado a empresas de tecnología que cotizan en EE. UU., Japón y Europa». Aun cuando los dirigentes chinos, como el ex presidente Jiang Zemin, que en su día fue ministro de Electrónica, perdiesen de vista cuán integradas están China y Taiwan en la cadena de suministro informático del mundo, no tendrían más que pedir a sus vástagos que les pusiesen al día. El hijo de Jiang Zemin, Jiang Mianheng —escribía Addison— «se ha asociado con Winston Wang, del Grace T. H. W. Group de Taiwan, para un proyecto de fabricación de láminas de silicio en Shanghai». Pero no son sólo los taiwaneses. Cientos de grandes empresas americanas de tecnología tienen operaciones de I+D en China. Si se viesen afectadas por una guerra, las empresas no sólo se llevarían a otro lugar sus fábricas, sino que además China se quedaría sin una parte significativa de sus actividades de I+D, algo por lo que ha apostado el gobierno de Pekín para impulsar su desarrollo. Por otra parte, una guerra así podría provocar (según cómo estallase) un amplio boicot estadounidense a los productos chinos (si China osase acabar con la democracia taiwanesa), cosa que desembocaría en una grave crisis económica dentro de China.

La teoría Dell pasó la prueba de fuego realmente en diciembre de 2004, cuando Taiwan celebró elecciones a su Parlamento. Todo indicaba que el partido del presidente Chen Shui-bian, el Partido Democrático Progresista, que aboga por la independencia, ganaría la segunda ronda y derrotaría al principal partido de la oposición, el Partido Nacionalista, que preconizaba el estrechamiento de los lazos con Pekín. Chen enfocó las elecciones como un referendo popular sobre su propuesta de redactar una nueva constitución que consagrase formalmente la independencia de Taiwan, poniendo así fin a la deliberadamente ambigua situación. Si Chen hubiese ganado y hubiese seguido adelante con su programa de hacer de Taiwan un país soberano, frente a mantener la ficción de ser una provincia de la madre patria china, podría haber desembocado en un ataque militar de China a Taiwan. En la región todo el mundo contenía el aliento. ¿Y qué pasó? Que las placas madre vencieron a la madre patria. Una mayoría de taiwaneses votó en contra de los candidatos legislativos del partido gobernante independentista, con lo que se garantizó que el DPP no tendría mayoría en el Parlamento. Yo creo que el mensaje que los electores taiwaneses quisieron transmitir no fue que jamás querrían que Taiwan se independizase, sino que no querían trastocar el *statu quo* en este momento, que tan beneficioso ha sido para muchos taiwaneses. Los electores parecían comprender claramente cuán inextricablemente unidos estaban a la China continental y optaron sabiamente por mantener su independencia de hecho, en vez de forzar una independencia de derecho, que podría haber provocado una invasión china y un futuro muy incierto.

Atención: lo que dije cuando presenté la teoría del McDonald's, lo repetiría ahora aún más encarecidamente en relación con la teoría Dell: que no deja obsoletas las guerras. Y que no garantiza que los gobiernos no se enzarcen en las guerras que les dé la gana entablar, aun cuando los propios gobiernos forman parte de grandes cadenas de suministro. Insinuar lo contrario sería una ingenuidad. Lo único que garantiza es que los gobiernos cuyos países están integrados en cadenas globales de suministro tendrán que pensárselo tres veces (no ya sólo dos) antes de entrar en una guerra, a no ser que sea en defensa propia. Y si eligen ir a la guerra de todos modos, el precio que pagarán será diez veces más elevado que el de hace diez años y probablemente diez veces más elevado de lo que imaginen los dirigentes de dicho país. Una cosa es quedarte sin tus McDonald's. Otra muy diferente es librar una guerra por la que tengas que pagar con tu puesto en una cadena de suministro del siglo XXI que, tal vez, no vuelva a pasar por tu lado en mucho tiempo.

Aunque la mayor prueba de fuego de la teoría Dell es el caso de China y Taiwan, lo cierto es que la teoría Dell ya se ha sometido a examen práctico, hasta cierto punto, con el caso de la India y Paquistán, contexto en que me la planteé por primera vez. Casualmente, me encontraba en la India en 2002, cuando sus cadenas de suministro de servicios, que se rigen por el lema del «justo a tiempo», chocaron con unas cuestiones de geopolítica muy de las de los viejos tiempos. Y ganó la cadena de suministro. En el caso de la India y Paquistán, la teoría Dell sólo estaba funcionando para una de las partes (la India), pero aún así tenía un impacto muy significativo. La India es a la cadena mundial de suministro de TI y de servicios lo que China y Taiwan a las cadenas de manufacturación. A estas alturas los lectores de este libro conocen ya los aspectos más destacados. El centro de investigación más grande de General Electrics fuera de Estados Unidos está en Bangalore, con 1.700 ingenieros, diseñadores y científicos indios. Los chips que forman muchos móviles de marca se diseñan en Bangalore. Desde Bangalore se busca tu equipaje extraviado por Delta o British Airways, y las labores básicas de contabilidad y mantenimiento de ordenadores de cientos de empresas globales se llevan a cabo en Bangalore, Mumbai, Chennai y otras grandes ciudades indias.

Esto fue lo que pasó: el 31 de mayo de 2002 el portavoz del Departamento de Estado, Richard Boucher, emitió un aviso a viajeros en el que decía: «Instamos a los ciudadanos estadounidenses que se encuentren en estos momentos en la India a que salgan del país», pues se tornaba real la posibilidad de un ataque nuclear recíproco con Paquistán. Ambas naciones estaban acumulando tropas en sus fronteras, informes de inteligencia indicaban que ambos podrían estar empezando a desempolvar sus cabezas nucleares y la CNN emitía imágenes de personas saliendo en tropel de la India. Las empresas estadounidenses globales que habían trasladado sus operaciones de trastienda e I+D a Bangalore estaban muy intranquilas.

«Yo estaba, precisamente, navegando por la red, cuando vi un aviso a viajeros aparecido ese viernes por la noche en la India», me contó Vivek Paul, presidente de Wipro, empresa dedicada a gestionar desde la India las operaciones de trastienda de muchas multinacionales estadounidenses. «Nada más verlo, pensé: "¡Ay, la mar! Hasta el último cliente que tenemos se va a hacer mil y una preguntas sobre esto". Era el viernes previo a un largo fin de semana, así que en Wipro estuvimos todos esos días desarrollando un plan de continuidad de negocio a toda prueba para todos nuestros clientes.» Si bien los clientes de Wipro se alegraron de ver que la empresa estaba muy por encima de las cosas, muchos estaban nerviosos, igualmente. Esto no era lo que ellos habían planeado cuando decidieron trasladar a la India unas operaciones y una investigación fundamentales para sus objetivos de empresa. Paul me dijo: «El director de inversiones de uno de nuestros grandes clientes americanos me mandó un correo electrónico que decía: "En estos momentos estoy dedicando un montón de tiempo a buscar fuentes alternativas a la India. No creo que te guste y a mí no me gustaría tener que estar haciéndolo". Inmediatamente, reenvié su mensaje al embajador indio en Washington y le dije que lo transmitiese a la persona adecuada». Paul no quiso decirme el nombre de la empresa, pero he confirmado, a través de fuentes diplomáticas, que se trataba de United Technologies. Y muchas otras, como American Express y General Electric, con la trastienda en Bangalore, debían de estar igualmente preocupadas.

Para muchas empresas globales «el meollo principal de su negocio radica aquí ahora», me dijo N. Krishnakumar, presidente de MindTree, otra destacada empresa india dedicada a la subcontratación de funciones relacionadas con las TI, sita en Bangalore. «Si hay una turbulencia, podría provocarse el caos.» Aunque no querían inmiscuirse en asuntos de política internacional, añadió, «lo que explicamos a nuestro gobierno, a través de la Confederación de la Industria India, es que en estos momentos es crucial para el desarrollo de la India proporcionar un entorno estable y predecible». Aquello fue toda una lección para los ancianos dirigentes de la India en Nueva Delhi, que no habían asimilado plenamente que la India se había convertido en un país crucial para la cadena mundial de suministro relacionada con las tecnologías de la información. Cuando te dedicas a gestionar operaciones vitales de trastienda para American Express o General Electric o Avis, o eres el responsable de buscar todas las maletas perdidas de British Airways o de Delta, no te puedes tomar un día, ni una semana ni un mes para irte a hacer la guerra, sin generar trastornos considerables a dichas empresas. Una vez que éstas se han comprometido a subcontratar operaciones de negocio o de investigación con empresas de la India, cuentan con quedarse. Se trata de un compromiso de primer orden. Y si la geopolítica provoca un trastorno grave, se irán y no volverán muy fácilmente. Cuando pierdes este tipo de comercio de servicios, lo puedes haber perdido para siempre.

«Lo que acaba pasando en el mundo plano que has descrito —me explicó Paul— es que sólo tienes una oportunidad para hacer las cosas bien si algo [va] mal. Porque la desventaja de estar en un mundo plano es que, pese a todos esos acuerdos tan bonitos y todo ese material y todas esas barreras de salida de que dispones, el cliente dispone a su vez de todo un abanico de opciones, por lo que el sentido de responsabilidad que tienes no mana sólo del deseo de dar un buen servicio a tus clientes, sino también del deseo de supervivencia».

El gobierno indio captó el mensaje. ¿Fue el lugar central que ocupa la India en la cadena mundial de suministro de servicios el único factor que hizo que el primer ministro Vajpayee rebajase el tono de su retórica y se apartase del filo? Por supuesto que no. Hubo otros factores, ciertamente, en especial el efecto disuasor del propio arsenal nuclear de Paquistán. Pero es evidente que Nueva Delhi tuvo en cuenta el papel que desempeña la India en los servicios globales. «Creo que sirvió para bajar los humos a muchos», me dijo Jerry Rao, que, como señalé antes, dirige la asociación india de comercio de tecnología punta. «Nos lo tomamos muy en serio y tratamos de explicar que todo esto era muy perjudicial para los negocios indios. Era muy perjudicial para la economía india... [Mucha gente] no se había dado cuenta hasta entonces de que nos habíamos integrado muchísimo en el resto del mundo. Hoy participamos en una cadena de suministro que funciona las veinticuatro horas del día, los siete días de la semana, los trescientos sesenta y cinco días del año.»

En 2002 Vivek Kulkarni, a la sazón secretario de Tecnologías de la Información del gobierno regional de Bangalore, me dijo: «Nosotros no nos metemos en política, pero sí que llamamos la atención del gobierno sobre los problemas que tendría que afrontar la industria india de TI si hubiera una guerra». Esto, para Nueva Delhi, fue un factor totalmente nuevo que había que considerar. «Hace diez años era imposible que hubiese [un grupo de presión formado por los ministros de TI de los

diferentes Estados indios]», me explicó Kulkarni. Hoy es uno de los grupos de presión más importantes de la India relacionados con el mundo
de los negocios, una coalición a la que ningún gobierno indio puede hacer
oídos sordos.

«Con todo el respeto debido, [el cierre del] McDonald's no hace ningún daño», dijo Vivek Paul. «Pero si Wipro tuviese que cerrar, afectaría
a las operaciones diarias de muchísimas empresas.» En los centros de atención telefónica nadie contestaría las llamadas. Muchos sitios de internet
dedicados al comercio electrónico y que se apoyan en Bangalore tendrían
que cerrar. Se paralizarían muchas grandes empresas que confían en la
India para el mantenimiento de sus aplicaciones informáticas o para tareas de sus departamentos de recursos humanos o para gestionar las facturas. Y a estas empresas no les hacía ninguna gracia tener que buscar
alternativas, como me dijo Paul. Irse a otro lado es muy difícil, porque
asumir las operaciones de trastienda cotidianas de una empresa global,
fundamentales para la consecución de sus objetivos empresariales, requiere mucha formación y experiencia. No es como abrir un restaurante de
comida rápida. Por esta razón, me dijo Paul, los clientes de Wipro le decían: «He invertido en ti. Necesito que te responsabilices seriamente de
la confianza que he depositado en ti». Y creo que eso nos generó mucha
presión, que venía a decir que teníamos que comportarnos de una manera responsable... De repente, se hizo aún más evidente que se puede ganar
mucho más a través de ganancias económicas que de ganancias geopolíticas. «[Teníamos más que ganar si creábamos] una clase media vibrante
y más rica, capaz de construir una industria exportadora, que si nos metíamos en una guerra con Paquistán para satisfacer nuestro ego.» El gobierno indio también echó un vistazo en derredor y se dio cuenta de que la
inmensa mayoría de los mil millones de habitantes de la India estaban
diciendo: «Quiero un futuro mejor, no más territorio». Una y otra vez,
cuando preguntaba a los jóvenes indios que vi trabajando en los centros
de atención telefónica qué opinaban sobre Cachemira o sobre una guerra con Paquistán, se me quitaban de en medio diciendo: «Tenemos cosas
mejores que hacer». Y así es. América no puede olvidarse de este detalle
en el momento de sopesar su opinión general respecto al *outsourcing*.
Jamás defendería el traslado de puestos de trabajo americanos a otro país
sólo para que así indios y paquistaníes vivan en paz unos con otros. Pero
yo diría que, en la medida en que dicho proceso económico suceda, impulsado por su propia lógica interna, tendrá un efecto neto positivo desde
el punto de vista geopolítico. Sin duda alguna, para los niños americanos el mundo será más seguro gracias a él.

Todos los directivos indios que entrevisté señalaron que en caso de producirse un intolerable acto terrorista o una agresión por parte de Paquistán, la India haría lo que hiciera falta para defenderse y ellos serían los primeros en dar su apoyo. Y la teoría Dell, a paseo. A veces la guerra no se puede evitar. Te la impone la conducta temeraria de otros y tú tienes que pagar el precio. Pero cuanto más se integren la India y, pronto, Paquistán (ojalá) en las cadenas globales de suministro de servicios, menor incentivo tendrán para librar algo más que una escaramuza fronteriza o una guerra de palabras.

El ejemplo de la crisis nuclear de 2002 entre la India y Paquistán, al menos, nos deja un poco de esperanza. Aquel cese de hostilidades se logró gracias, no al general Powell, sino a General Electric.

El ser humano también crea cosas buenas.

INFOSYS VERSUS AL QAEDA

Por desgracia, hasta GE tiene sus límites. Porque, vaya por Dios, en estos últimos años ha aparecido un nuevo foco de inestabilidad geopolítica, a la que ni siquiera la teoría Dell actualizada es capaz de poner límite. Se trata de la aparición de cadenas globales de suministro mutantes, es decir, de actores no estatales (ya sean delincuentes o terroristas) que aprenden a utilizar todos los elementos del mundo plano para poner en práctica un programa de acción altamente desestabilizador, incluso nihilista. Empecé a darle vueltas al asunto durante la visita que mencioné en el capítulo 1, cuando Nandan Nilekani, el director general de Infosys, me llevó a ver el centro de videoconferencias globales que su empresa tiene en su sede central de Bangalore. Mientras Nandan me explicaba cómo Infosys se las componía para reunir a todos los participantes de su cadena global de suministro en aquella sala de reuniones virtuales, de repente se me ocurrió la siguiente pregunta: ¿quién más utiliza así de imaginativamente el *out-sourcing* (acceso libre al código fuente) y el *supply-chaining* (la eficaz gestión de las cadenas de suministro)? La respuesta, por supuesto, es: Al Qaeda.

Al Qaeda ha aprendido a utilizar muchas de las mismas herramientas que utiliza Infosys para la colaboración global, sólo que en lugar de crear productos y beneficios con ellas, ha generado caos y muerte violenta. Se trata de un problema especialmente complicado. De hecho, tal vez sea el problema geopolítico más desconcertante al que deberán enfrentarse en el futuro los países del mundo plano. Por desgracia, el mundo

plano es amigo tanto de Infosys como de Al Qaeda. La teoría Dell no
servirá de nada contra estas redes informales islamo-leninistas terroristas,
porque no son un Estado, no hay una población dispuesta a exigir responsabilidades a sus dirigentes, no hay un grupo de presión interior que
vele por los intereses empresariales y que pueda ponerles límites. Estas
cadenas globales de suministro mutantes se crean con el objeto de destruir, no de crear beneficios. No requieren de inversores, tan sólo de reclutas, donantes y víctimas. Aun así, estas cadenas de suministro móviles,
autofinanciadas y mutantes se valen de todas las herramientas para la colaboración que brinda el mundo plano: *open-sourcing* para recaudar fondos, reclutar seguidores y estimular y difundir ideas; *outsourcing* para
entrenar a los reclutas; y *supply-chaining* para distribuir las herramientas
y los terroristas suicidas que perpetrarán los atentados. El Mando Central Estadounidense se refiere a toda esta red clandestina con el nombre
de Califato Virtual. Y sus cabecillas e innovadores entienden el mundo plano casi tan bien como Wal-Mart, Dell e Infosys.

En el capítulo anterior traté de explicar que no se puede entender el
auge de Al Qaeda, desde los sentimientos y desde la política, sin hacer
referencia al mundo plano. Ahora lo que estoy tratando de decir es que
tampoco desde el punto de vista técnico se puede entender el auge de Al
Qaeda sin hacer referencia al mundo plano. En general, la globalización
ha sido amiga de Al Qaeda en el sentido de que ha contribuido a que
cristalizase una reactivación de la identidad y solidaridad musulmanas,
pues, gracias a internet y a la televisión por satélite, los musulmanes de
unos países han podido ver mejor las luchas de sus hermanos de otros
países y simpatizar con ellas. Al mismo tiempo, tal como señalé en el
capítulo anterior, este proceso aplanador ha agudizado el sentimiento de
humillación en muchas zonas del mundo musulmán, porque unas civilizaciones a las que éste en su día consideró inferiores (hindúes, judíos,
cristianos, chinos) se encuentran hoy en mejor situación que muchos países musulmanes y todo el mundo puede verlo. Además, el aplanamiento
del mundo ha generado más urbanización y más inmigración a gran escala hacia Occidente de muchos de estos hombres árabes musulmanes, jóvenes, desempleados y frustrados, al tiempo que les facilita enormemente
la creación, actuación e interconexión de redes informales y con acceso
libre a los códigos fuente. Sin lugar a dudas, estos factores han sido de
gran ayuda para grupos políticos clandestinos de extremistas musulmanes. Hoy prolifera en todo el mundo árabe musulmán este tipo de cadenas informales de suministro mutuo. Se trata de entramados compuestos
por un número reducido de personas, que mueven dinero a través de

hawalas (redes de financiación que actúan a pequeña escala), que reclutan adeptos mediante organizaciones alternativas de enseñanza como las madrazas y que se comunican por internet y otras herramientas de la revolución global de la información. Piensa en ello: hace un siglo los anarquistas tenían muchas limitaciones en su capacidad para comunicarse y colaborar entre sí, para hallar simpatizantes y para agruparse con objeto de cometer actos. Hoy, con internet, ya no supone ningún problema. Hoy hasta el Unabomber podría encontrar amigos para crear un consorcio en el que potenciar y reforzar sus «puntos fuertes» con ayuda de sujetos que tuviesen la misma visión retorcida del mundo que él.

Lo que hemos visto en Irak es una mutación aún más perversa de esta mutante cadena de suministro: la cadena de suministro suicida. Desde el comienzo de la invasión estadounidense, en marzo de 2002, dentro de las fronteras iraquíes y por todo el mundo árabe se han unido a ella más de doscientos terroristas suicidas, que llegaron al frente iraquí por alguna red ferroviaria clandestina y se pusieron en contacto con los fabricantes de bombas del lugar, tras lo cual fueron enviados a perpetrar atentados contra objetivos estadounidenses e iraquíes en función de las necesidades tácticas diarias de las fuerzas insurgentes islamistas de Irak. Puedo entender, mas no aceptar, la idea de que más de treinta y siete años de ocupación israelí de la Ribera Occidental hayan podido generar en algunos palestinos una cólera suicida. Pero la ocupación estadounidense de Irak apenas duraba unos meses, cuando empezó a ser blanco de esta cadena de suministro suicida. ¿Cómo se recluta a tantos jóvenes «listos para actuar», dispuestos a suicidarse por la causa de la yihad, muchos de ellos ni siquiera iraquíes, al parecer? Y tampoco dan su nombre ni desean llevarse los laureles, al menos en este mundo. Aun cuando esta cadena clandestina de suministro de suicidas, que parece contar con reservas inagotables de reclutas, tiene empantanadas, básicamente, a las fuerzas armadas de EE. UU. en Irak, lo cierto es que las agencias de inteligencia occidentales no tienen ni la menor idea de cómo funciona. Sin embargo, por lo que sabemos, este Califato Virtual funciona exactamente igual que las cadenas de suministro que describí antes. Igual que tú coges un artículo del estante de una tienda de baratillo en Birmingham y al instante se fabrica otro idéntico en Pekín, así también los minoristas del suicidio ponen una bomba humana en Bagdad y, al instante, se recluta y se adoctrina a otro más en Beirut. En tanto se extienda esta práctica, será necesario replantearse a fondo la doctrina militar estadounidense.

El mundo plano también ha sido de inmensa ayuda para Al Qaeda y su ralea por cómo facilita que los pequeños actúen a lo grande y que actos pequeños (matar a un puñado de personas) tengan mucha repercusión. El espeluznante vídeo de la decapitación del reportero del *Wall Street Journal* Danny Pearl, cometida por militantes islamistas en Paquistán, se transmitió por internet al mundo entero. Todo periodista que viese o, siquiera, leyese lo sucedido se quedó horrorizado. Pero además esos mismos vídeos de decapitaciones se usan como instrumento para reclutar adeptos. El mundo plano facilita enormemente la transmisión del horror causado por los terroristas. Con internet, ni siquiera tienen que usar las organizaciones occidentales o árabes de noticias, pues pueden emitir sus imágenes y comunicados directamente a tu ordenador. Y generar toda esa angustia les exige mucha menos dinamita. Del mismo modo que el ejército estadounidense llevaba corresponsales para cubrir el conflicto, acompañando a sus tropas, la cadena de suministro suicida ha encargado a los terroristas que, a su modo, cuenten su versión de la situación. ¿Cuántas veces me habré despertado por la mañana, conectado a internet y contemplado la imagen grabada de un pistolero enmascarado que amenaza con cortarle la cabeza a un estadounidense, todo ello por cortesía de la página de inicio de AOL? internet es una herramienta tremendamente útil para divulgar propaganda, teorías de la conspiración y falacias de las de toda la vida, ya que combina un alcance enorme con una pátina de tecnología, que hace que cualquier cosa que salga en internet resulte, de algún modo, más creíble. ¿Cuántas veces has oído a alguien decir: «Pero si lo he leído en internet», como si con eso se zanjase la discusión? En realidad, internet puede empeorar las cosas. A menudo conduce a que más personas queden expuestas a disparatadas teorías de la conspiración.

«Es probable que el sistema de difusión de noticias —internet— transmita más irracionalidad que racionalidad», me dijo el politólogo Yaron Ezrahi, especializado en la interacción entre los medios y la política. «Porque la irracionalidad contiene más carga emocional, exige menos conocimiento, explica más a más personas y llega más fácilmente.» Por eso hoy en el mundo árabe musulmán están tan extendidas las teorías de la conspiración (y, por desgracia, empiezan a estarlo también en muchos lugares del mundo occidental, a decir verdad). Las teorías de la conspiración son como una droga que entra directamente en tu sistema sanguíneo y te hacer ver «la Luz». Internet sería la jeringuilla. Antes la gente joven tenía que tomar LSD para evadirse. Ahora no tienen más que conectarse a internet. Ahora uno no se chuta, sino que se baja cosas de internet. Y lo que te bajas es ese punto de vista que, precisamente, encaja con tus propios prejuicios. El mundo plano hace que todo esto sea mucho más fácil.

Gabriel Weinmann, catedrático de comunicación de la Universidad de Haifa (Israel) llevó a cabo un incisivo estudio sobre el uso que hacen los terroristas de internet y de lo que yo denomino el mundo plano. El análisis lo publicó en marzo de 2004 el United States Institute of Peace, y el 26 de abril del mismo año apareció un extracto en YaleGlobal Online. Weinmann hacía las siguientes reflexiones:

Aunque muchas veces se habla del peligro que representa el ciberterrorismo para internet, es sorprendente lo poco que se sabe sobre la amenaza que plantea el uso de la red por parte de los terroristas. Un reciente estudio realizado a lo largo de seis años pone de manifiesto que las organizaciones terroristas y sus partidarios han utilizado todas las herramientas que ofrece internet para reclutar adeptos, recaudar fondos y lanzar una campaña de intimidación a escala mundial. También muestra claramente que para combatir de modo eficaz el terrorismo no basta con la mera supresión de sus herramientas de internet. Nuestro análisis de la red en el período 2003-2004 ha puesto al descubierto la existencia de cientos de sedes que están al servicio de los terroristas de modos diversos, aunque a veces parcialmente coincidentes. Existen incontables ejemplos de cómo se sirven de este medio sin censura para propagar desinformación, comunicar amenazas que pretenden infundir miedo y sensación de indefensión, así como divulgar espantosas imágenes de sus actos recientes. Desde el 11 de septiembre de 2001, Al Qaeda ha llenado sus páginas web con una sarta de anuncios sobre un inminente «ataque a gran escala» contra objetivos estadounidenses. Tales advertencias han recibido una considerable cobertura por parte de los medios de comunicación, lo que ha contribuido a crear un sentimiento generalizado de temor e inseguridad en la opinión pública de todo el mundo y, sobre todo, en Estados Unidos [...].

Internet ha ampliado significativamente las posibilidades de conseguir publicidad por parte de los grupos terroristas. Antes de la llegada de internet, las esperanzas de conseguir publicidad para sus causas y acciones dependían de atraerse la atención de la televisión, la radio y la prensa. Ahora, al controlar de manera directa el contenido de sus sitios web, los terroristas tienen más posibilidades de influir en cómo los perciben los distintos públicos a los que van dirigidos sus mensajes, así como de manipular su imagen y las de sus enemigos. La mayoría de los sitios de terroristas no ensalzan las acciones violentas. Lo que más les interesa destacar —con independencia de su naturaleza, móviles y ubicación geográfica— son dos puntos: las restricciones que sufre la libertad de expresión y la difícil situación de sus camaradas convertidos ahora en prisioneros políticos. Ambos temas tienen una amplio predicamento entre sus propios partidarios y tienen también el propósito de despertar la simpatía del público occidental que aprecia la libertad de expresión y desaprueba las medidas que silencian la oposición política.

Los terroristas no sólo han demostrado tener mucha habilidad para el marketing *online*, sino también ser expertos en recopilar información de los más de mil millones de sitios que conforman la World Wide Web. Por medio de internet pueden conocer los horarios y la localización de objetivos tales como servicios de transporte, centrales nucleares, edificios públicos, aeropuertos y puertos, así como las medidas antiterroristas. Según el secretario de Defensa, Donald Rumsfeld, un manual de entrenamiento de Al Qaeda hallado en Afganistán explica a sus lectores que «es posible reunir al menos el 80 por ciento de toda la información necesaria sobre el enemigo mediante el uso de fuentes públicas y sin recurrir a medios ilegales». Un ordenador de Al Qaeda capturado contenía los detalles de la estructura arquitectónica y de ingeniería de una presa, detalles que se habían descargado de internet y habrían permitido a los ingenieros y planificadores de Al Qaeda simular fallos catastróficos. En otros ordenadores capturados, los investigadores estadounidenses hallaron pruebas de que los técnicos de Al Qaeda habrían navegado por sitios web que ofrecían programas e instrucciones de programación de los interruptores digitales que hacen funcionar las redes de energía, agua, transporte y comunicaciones.

Al igual que muchas otras organizaciones políticas, los grupos terroristas utilizan internet para recaudar fondos. Al Qaeda, por ejemplo, siempre ha dependido en gran medida de los donativos y su red global de recaudación se apoya en sociedades benéficas, organizaciones no gubernamentales y otras instituciones financieras que disponen de sedes, chats y foros en internet. Los combatientes chechenos también han utilizado internet para divulgar las cuentas bancarias en las que pueden hacer aportaciones sus simpatizantes. Y el gobierno estadounidense confiscó en diciembre de 2001 los fondos y bienes de una sociedad benéfica con sede en Texas a causa de sus vínculos con Hamás.

Además de solicitar ayuda financiera *online*, los terroristas reclutan activistas usando toda la gama de tecnologías web (audio, vídeo digital, etc.) destinadas a realzar la presentación de sus mensajes. Y, del mismo modo que los sitios web comerciales hacen un seguimiento de sus visitas para elaborar perfiles de consumo, las organizaciones terroristas reúnen información sobre los usuarios que navegan por sus sedes. Luego contactan con aquellos visitantes que parecen más interesados en la organización o más apropiados para trabajar en ella. Los encargados del reclutamiento pueden usar también tecnologías más interactivas para pasear en línea por salas de chat y cibercafés con el fin de buscar personas receptivas entre el público, en particular jóvenes. El Instituto SITE, un grupo de investigación radicado en Washington que vigila las comunicaciones de Al Qaeda por internet, ha proporcionado estremecedores detalles sobre una sofisticada oleada lanzada en 2003 para reclutar combatientes dispuestos a viajar a Irak para combatir a las fuerzas estadounidenses y de la coalición. Además, internet proporciona a los terroristas medios baratos y eficaces de interconexión. Muchos grupos terroristas, como Hamás y Al Qaeda, han llevado a cabo una transformación, pasando de ser organizaciones estrictamente jerarquizadas con cabecillas designados, a estar integradas por células semiindependientes sin jerarquía de mando alguna. A través de internet, estos grupos interconectados de manera flexible son capaces de mantener relaciones con sus propios integrantes y con miembros de otros grupos terroristas. Internet no sólo conecta a los militantes de una misma organización terrorista, sino también a los militantes de distintos grupos. Decenas de sedes que apoyan el terrorismo en nombre de la yihad, por ejemplo, hacen posible que terroristas situados en lugares tan distantes como Chechenia y Malasia intercambien ideas e información práctica sobre cómo fabricar bombas, establecer células terroristas y realizar ataques [...]. Los miembros de Al Qaeda dependían en gran parte de internet al planear y coordinar los ataques del 11-S.

Por todas estas razones apenas estamos empezando a entender las repercusiones geopolíticas del aplanamiento del mundo. Por una parte, hay mil y un alicientes para evitar tratos con Estados y regiones sumidos en el fracaso y el deterioro. No ofrecen ninguna oportunidad económica, ni ninguna Unión Soviética pretende competir por la influencia sobre esos países. Por otra parte, tal vez no haya hoy nada más peligroso que un Estado fracasado con conectividad de ancho de banda. Es decir, hasta los Estados sumidos en el fracaso y el deterioro cuentan ya con sistemas de telecomunicaciones y con conexiones vía satélite, por lo que si un grupo terrorista se infiltra en uno de estos Estados, como hizo Al Qaeda en Afganistán, puede aplicar su poder de una manera increíble. Por mucho que las grandes potencias no quieran tener tratos con estos Estados, es posible que se sientan obligadas a intervenir aún más profundamente en ellos. Pensemos en Estados Unidos en Afganistán e Irak, Rusia en Chechenia o Australia en Timor Oriental.

En el mundo plano es mucho más difícil esconderse, pero mucho más fácil conectarse. «Acuérdate de Mao al principio de la revolución comunista china», me comentó Michael Mandelbaum, el especialista en política internacional de la Universidad Johns Hopkins. «Los comunistas chinos tuvieron que esconderse en cuevas en el noroeste de China, pero podían moverse sin dificultad en los territorios que lograban controlar. Bin Laden, por el contrario, no puede asomar la cabeza, pero sí puede llegar a todos los hogares del mundo, gracias a internet.» Bin Laden no puede capturar territorio alguno, pero sí puede capturar la imaginación de millones de personas. Y así lo ha hecho, al aparecer en los televisores de todos los hogares estadounidenses la víspera de las elecciones presidenciales de 2004.

No hay en el Infierno una furia que se parezca al terrorista pertrechado con una antena parabólica y un sitio web interactivo.

DEMASIADO INSEGUROS INDIVIDUALMENTE

En el otoño de 2004 me invitaron a hablar en una sinagoga de Woodstock, Nueva York, la localidad donde se celebra el famoso festival de música. Pregunté a mis anfitriones cómo se las habían ingeniado para conseguir en Woodstock (¡nada menos!) una sinagoga lo bastante espaciosa para dar cabida a un ciclo de conferencias. Muy fácil, me dijeron. Desde el 11-S mucha gente (entre ellos, muchos judíos) se había mudado de Nueva York a sitios como Woodstock, para alejarse de lo que ellos temían sería la siguiente zona cero. En estos momentos esta tendencia es apenas un reguerillo, pero si en alguna ciudad europea o americana explotase un artefacto nuclear, se convertirá en una verdadera riada.

Dado que este peligro representa la madre de todas las fuerzas desaplanadoras, el presente libro quedaría incompleto si no tratase el tema. En la vida podemos soportar muchas cosas. Superamos el 11-S. Pero con el terrorismo nuclear no podemos vivir. Es algo que desaplanaría el mundo de manera permanente.

Si Osama Bin Laden no utilizó un artefacto nuclear aquel 11 de septiembre no fue porque no tuviese la intención de hacerlo, sino porque no tuvo capacidad para ello. Y dado que la teoría Dell no ofrece ninguna esperanza de poder restringir el alcance de las cadenas de suministro suicidas, la única estrategia que nos queda es limitar sus peores capacidades. Lo cual quiere decir que debemos hacer un esfuerzo global más serio por contener la proliferación nuclear, limitando el suministro, por comprar el material fisible existente en el planeta en estos momentos, sobre todo el que hay en la antigua Unión Soviética, y por evitar que consigan armamento nuclear otros Estados. Graham Allison, experto de la Universidad de Harvard en asuntos internacionales, en su libro *Nuclear Terro-*

rism: The Ultimate Preventable Catastrophe, describe precisamente este tipo de estrategia, con la que se podría impedir el acceso de los terroristas a las armas nucleares y a material nuclear. Se puede conseguir, insiste Allison. Supone un reto para nuestra fuerza de voluntad y para nuestras convicciones, pero *no para nuestra capacidad*. Allison propone un nuevo orden de seguridad internacional, encabezado por EE. UU., para atajar este problema. Este nuevo orden se basaría en lo que él denomina «una doctrina de los tres noes: material nuclear por ahí suelto, no. Material nuclear naciente, no. Y nuevos Estados nucleares, no». «Material nuclear por ahí suelto, no», significa, según dice Allison, tener bajo control todas las armas nucleares y todo el material nuclear con el que se puedan fabricar bombas. Pero hacerlo con mucho más rigor del que hemos venido aplicando hasta ahora. «No se nos escapa oro de Fort Knox», dice Allison. «A Rusia no le birlan tesoros de la armería del Kremlin. Así pues, si estamos firmemente decididos, los dos sabemos cómo impedir robos de objetos que nos son extremadamente valiosos.» «Material nuclear naciente, no», quiere decir reconocer que ahí fuera hay una serie de actores capaces de producir uranio o plutonio altamente enriquecidos (o sea, bombas nucleares a las que sólo les falta salir de la incubadora) y que, de hecho, ya los han producido. Necesitamos un programa multilateral de no proliferación mucho más creíble, que absorba todo este material fisible. Por último «Estados nucleares, no», significa «pintar una raya a los pies de las ocho potencias nucleares actuales y determinar que, por injusto y poco razonable que pueda ser, ese club no tendrá más miembros que esos ocho», dice Allison. Y añade que estos tres pasos podrían servirnos para ganar tiempo, con el fin de desarrollar un sistema más formal, sostenible e internacionalmente sancionado.

También sería estupendo poder impedir a Al Qaeda y a los de su calaña el acceso a internet, pero es imposible, desgraciadamente. Al menos, es imposible hacerlo sin restarnos autoridad a nosotros mismos. Por eso es necesario pero no suficiente limitar sus capacidades. Debemos, además, encontrar una manera de frenar sus planes más siniestros. Si no vamos a poner bajo llave internet y el resto de las herramientas creativas y propiciadoras de la colaboración que han aplanado el mundo, y si no podemos restringir el acceso a ellas, lo único que nos queda es intentar influir en la imaginación y en las intenciones con que la gente llega a ellas y que la gente extrae de ellas. Cuando planteé esta cuestión (así como los grandes temas que trata este libro) a mi maestro religioso, el rabino Tzvi Marx, de Holanda, me sorprendió al decirme que el mundo plano que le estaba describiendo le recordaba la historia de la Torre de Babel.

¿En qué?, pregunté. Y el rabino Marx me contestó: «Dios no deste-
rró a todos los habitantes de la Torre de Babel y les hizo hablar en idiomas diferentes porque no quisiera que colaborasen, en sí, sino porque le
encolerizó ver en qué estaban colaborando: en un intento por construir
una torre hasta el Cielo, para poder convertirse en Dios». Dado que aquello era una distorsión de la capacidad del ser humano, Dios quebró su
unidad y su capacidad para comunicarse unos con otros. Hoy, siglos después, la humanidad ha vuelto a crear una plataforma para que más personas de más lugares se comuniquen y colaboren con menos fricción y
más facilidad que nunca: internet. ¿Sería una herejía a ojos de Dios?

«Por supuesto que no», me dijo Marx. «La herejía no es que los
hombres trabajen juntos, sino el fin que persiguen con ello. Es esencial
utilizar esta nueva posibilidad de comunicarnos y de colaborar para los
fines adecuados, para objetivos constructivos y no megalomaníacos.
Levantar una torre fue un acto de megalomanía. La insistencia de Bin
Laden en decir que está en posesión de la verdad y que puede derribar
las torres de todo aquel que no le haga caso es un gesto de megalomanía. Colaborar para que la humanidad pueda desarrollar todo su potencial es lo que Dios espera.»

Cómo fomentar este tipo de colaboración es el tema del último capítulo.

CONCLUSIÓN:
LA IMAGINACIÓN

13

9/11 FRENTE A 11/9

Cuenta más la imaginación que los conocimientos.

Albert Einstein

En internet nadie sabe que eres un perro.

Un perro a otro, en una viñeta de Peter Steiner,
New Yorker, 5 de julio de 1993

Cuando reflexiono sobre la última década y media, durante la cual la Tierra se volvió plana, me llama la atención que nuestra vida se ha visto poderosamente afectada por dos fechas: un 11 de septiembre y un 9 de noviembre. Estas dos fechas representan las dos variantes de imaginación enfrentadas entre sí en el mundo de hoy: la imaginación creativa del 9-N y la imaginación destructiva del 11-S. Una derribó un muro y abrió las ventanas del mundo (tanto las del sistema operativo —Windows— como las ventanas a través de la cuales nos asomamos a mirar). Liberó a medio planeta e hizo que sus ciudadanos se convirtiesen en potenciales socios y competidores nuestros. La otra variante de imaginación derribó el World Trade Center, cerró por siempre su restaurante Ventanas al Mundo y erigió nuevos muros, tanto invisibles como de cemento, entre las personas, en un momento en que pensábamos que el 9-N los había eliminado por completo.

La demolición del Muro de Berlín aquel 9 de noviembre se produjo gracias a unas personas que se atrevieron a imaginar un mundo diferente y más abierto (un mundo en el que los seres humanos fueran libres para desarrollar todo su potencial) y que a continuación reunieron el valor necesario para tomar decisiones conformes a lo que habían imaginado. ¿Te acuerdas de cómo pasó? Realmente, todo fue muy sencillo: en julio de 1989 cientos de alemanes del Este buscaron refugio en la embajada de Hungría en Alemania Occidental. En septiembre de 1989 Hungría decidió eliminar las restricciones de su frontera con Austria. Eso significó que cualquier alemán del Este que entrase en Hungría podría viajar hasta Austria y el mundo libre. Como era de esperar, más de 13.000 alemanes del Este escaparon por la puerta de atrás, que era Hungría. El gobierno de Alemania Oriental se vio sometido a una presión creciente. Cuando en el mes de noviembre anunció un plan para suavizar las restricciones en los viajes, decenas de miles de alemanes del Este se congregaron en el Muro de Berlín, donde, el 9 de noviembre de 1989 los guardias de la frontera, simplemente, abrieron las puertas.

Alguien en Hungría, tal vez fuese el primer ministro o tal vez sólo un burócrata, debió de decirse a sí mismo: «Imagínate... Imagínate lo que podría pasar si abriésemos la frontera con Austria». Imagínate que la Unión Soviética se quedase de piedra. Imagínate... ¿Te imaginas que los ciudadanos de Alemania Oriental, hombres y mujeres, jóvenes y viejos, se sintiesen tan animados al ver al vecino huir a Occidente, que un día decidieran trepar todos a la vez ese Muro de Berlín y se pusieran a demolerlo? Tuvo que haber más de una conversación así y, por ello, millones de europeos del Este pudieron salir de detrás del Telón de Acero y participar en un mundo que se encontraba en pleno proceso de aplanamiento. Ser americano en esa época era genial. Éramos la única superpotencia y el mundo era nuestra ostra. No había muros. Los jóvenes americanos podían plantearse pasar medio curso o un verano en muchos más países que cualquier americano de la generación anterior. De hecho, podían viajar allí donde les llevasen su imaginación y la billetera. También podían mirar a su alrededor y ver que en su clase había gente de más países y culturas que en ninguna otra clase hasta entonces.

El 11-S lo cambió todo, por supuesto. Nos mostró el poder de una variante de imaginación muy diferente. Nos mostró el poder de un grupo de hombres odiosos que se pasaron varios años imaginando cómo matar al mayor número posible de gente inocente. En un momento dado, Bin Laden y su banda debieron de mirarse entre sí y decir, literalmente: «Imagínate que de verdad pudiésemos dar a las dos torres del World Trade Center en el sitio preciso, entre las plantas noventa y cuatro y noventa y ocho. Imagínate que cada torre se derrumbase como un castillo de naipes». Sí, lamento decirlo pero tuvo que haber alguna conversación así también. Y, como resultado, el mundo que era nuestra ostra pareció cerrarse como una concha.

En la historia jamás ha habido una época en la que el carácter de la imaginación del ser humano no fuese importante, pero al escribir este libro me doy cuenta de que nunca lo ha sido más que en la actualidad, por la cantidad de aportaciones y de herramientas para la colaboración que, en el mundo plano, están convirtiéndose en artículos básicos, al alcance de todos. Cualquiera puede aprovecharlos. Sin embargo, hay una cosa que no ha llegado al nivel de bien básico de consumo y que nunca podrá llegar a él: la imaginación.

Cuando vivíamos en un mundo más centralizado, organizado más verticalmente, en el que los Estados tenían el monopolio casi absoluto del poder, la imaginación personal suponía un gran problema cuando los dirigentes de una superpotencia (un Stalin, un Mao o un Hitler) se salían de madre. Pero hoy, en una época en que el individuo puede acceder fácilmente a todas las herramientas de colaboración y dotarse de un poder de acción inmenso, o dotar de él a las pequeñas células que forma con otros sujetos, ya no es necesario que un individuo controle un país para amenazar a un gran número de personas. Hoy la pequeña célula puede actuar a lo grande y poner en serio peligro el orden mundial, sin necesidad de recurrir a los instrumentos propios de un Estado.

Por lo tanto, es sumamente importante buscar formas de estimular la imaginación positiva de la gente. Como me dijo Irving Wladwasky-Berger, el experto informático de IBM, tenemos que tomarnos más en serio que nunca la forma de estimular en la gente una imaginación pacífica dedicada, sobre todo, a crear los resultados productivos que hacen progresar la civilización, que la unen, una imaginación cuyo objetivo sea «minimizar la alienación y ensalzar la interdependencia, más que la autosuficiencia, la inclusión más que la exclusión», la apertura, la oportunidad y la esperanza, más que los límites, el recelo y el sufrimiento.

Deja que ilustre esta idea con un ejemplo. A principios de 1999, con sólo unas semanas de diferencia, dos hombres montaron sendas compañías aéreas, partiendo de la nada. Ambos tenían un sueño relacionado con aviones y la capacidad personal para hacerlo realidad. Uno era David Neeleman. En febrero de 1999 montó JetBlue. Reunió 130 millones de dólares en capital riesgo, compró una flota de aviones de pasajeros modelo Airbus A-320, reclutó pilotos y les ofreció contratos de siete años y subcontrató su sistema de reservas con amas de casa y jubilados de la zona de Salt Lake City (Utah), que introducían las reservas en sus ordenadores personales sin salir de casa.

El otro hombre que montó una compañía aérea, por lo que sabemos del Informe de la Comisión del 11-S, era Osama Bin Laden. En una reunión celebrada en Kandahar (Afganistán) en marzo o abril de 1999, aceptó una propuesta inicialmente diseñada por Jalid Sheij Mohamed, un ingeniero mecánico de origen paquistaní, que fue el arquitecto del plan del

11-S. El lema de JetBlue era «Igual altitud. Diferente actitud». El lema de Al Qaeda era «Alá Akbar», Dios es grande. Ambas líneas aéreas tenían como destino la ciudad de Nueva York: la de Neeleman volaba al aeropuerto JFK y la de Bin Laden a Manhattan Bajo.

Tal vez porque leí el informe del 11-S durante una visita a Silicon Valley, no pude evitar imaginarme a Jalid Sheij Mohamed hablando y presentándose a sí mismo como un empresario-ingeniero más, deseoso de montar una empresa, con su título de la Universidad Agrícola y Técnica del Estado de Carolina del Norte, mientras vendía su propuesta a Osama Bin Laden, que aparece como un rico capitalista cualquiera. Pero, desgraciadamente, lo que andaba buscando Mohamed era capital «riesgoso». Como dice el Informe de la Comisión del 11-S: «Nadie ejemplifica mejor el modelo de empresario terrorista que Jalid Sheij Mohamed (JSM), el principal arquitecto de los atentados del 11-S [...]. Con titulación superior e igualmente a gusto en un despacho de un organismo público y en un piso franco de una organización terrorista, JSM aplicó su imaginación, sus aptitudes técnicas y sus dotes de gerencia al diseño y planificación de una increíble variedad de actos terroristas, entre otros: atentados convencionales con coche bomba; asesinatos de políticos, colocación de bombas en aviones, secuestros, envenenamiento de embalses y, en última instancia, utilización de aviones a modo de misiles dirigidos por operativos suicidas. [...] JSM se presenta como un empresario en busca de capital de riesgo y personal. [...] Bin Laden convocó a JSM en Kandahar en marzo o abril de 1999 para decirle que Al Qaeda podía apoyar su propuesta. A partir de entonces, dentro de Al Qaeda el complot pasó a llamarse la "operación de los aviones"».

Desde la sede central de su empresa, en Afganistán, Bin Laden demostró ser un hábil director de cadena de suministro. Creó una empresa virtual para llevar a cabo el proyecto (exactamente igual que cualquier conglomerado global de empresas haría en el mundo plano), asignando cada tarea al experto más adecuado. Subcontrató todo el diseño general y los planos del 11-S con JSM y toda la dirección financiera con el sobrino de éste, Ali Abdul Asis Ali, que se encargó de coordinar la distribución de fondos a los secuestradores por medio de transferencias bancarias, efectivo, talones de viaje y tarjetas de crédito y de débito de cuentas bancarias de otros continentes. Bin Laden escogió de los listados de reclutas de Al Qaeda a los forzudos más adecuados de la provincia de Asir (en Arabia Saudí), a los pilotos idóneos de Europa, al mejor jefe de grupo de Hamburgo y al mejor equipo de apoyo en Paquistán. Subcontrató la formación de los pilotos con escuelas de instrucción de pilotos de EE. UU. Bin

Laden, que sabía que sólo tenía que «arrendar» los Boeing 757, 767, A320 y quizá unos 747 para su operación, recaudó el capital necesario para formar a los pilotos en el manejo de este tipo de aviones, a través de una agrupación de organizaciones benéficas islámicas favorables a Al Qaeda y de otros capitalistas musulmanes dispuestos a financiar operaciones antiamericanas. En el caso del 11-S, el presupuesto total rondaba los 400.000 dólares. Una vez formado el equipo, Bin Laden se centró en su competencia central personal: la dirección general y la inspiración ideológica de su cadena de suministro de suicidas, con ayuda de sus subalternos, Mohamed Atef y Ayman Zawahiri.

Para darse perfecta cuenta de cómo era la cadena de suministro de Bin Laden y del grado con que Al Qaeda adoptó nuevas tecnologías, basta con leer uno de los párrafos de la acusación oficial de Zacarias Moussaoui, el llamado decimonoveno secuestrador del 11-S. La acusación del Tribunal de Distrito de EE. UU. para el Distrito Oriental de Virginia, fechada en diciembre de 2001, decía lo siguiente: «En o en torno a junio de 1999, en una entrevista concedida a una cadena de televisión en lengua árabe, Osama Bin Laden emitió [...] una amenaza según la cual había que matar a todos los varones estadounidenses». A continuación señala que a lo largo del año 2000 todos los secuestradores, incluido Moussaoui, empezaron a asistir o a interesarse por cursos de preparación de pilotos de avión en Estados Unidos: «El 29 de septiembre de 2000, o en torno a esa fecha, Zacarias Moussaoui contactó con la Escuela de Pilotos Aéreos de Norman, Oklahoma, a través de una cuenta de correo electrónico que él mismo creó el 6 de septiembre con un proveedor de servicios de internet sito en Malasia. En o en torno a octubre de 2002 Zacarias Moussaoui recibió varias cartas de Infocus Tech, una empresa malaya, en las que se le informaba de su nombramiento como asesor de marketing de dicha empresa para Estados Unidos, Reino Unido y Europa, y de que recibiría, entre otras cosas, una asignación de 2.500 dólares mensuales. [...] El 11 de diciembre, o en torno a esa fecha, Mohamed Atta compró en la tienda Pilot Store de Ohio los vídeos de cabina de mando del Boeing 767 Modelo 300ER y del Airbus A320 Modelo 200. [...] En o en torno a junio de 2001 Zacarias Moussaoui se informó en Norman, Oklahoma, sobre los trámites para montar una empresa dedicada a rociar insecticida por vía aérea sobre campos de cultivo. [...] El 16 de agosto de 2001, o en torno a esa fecha, Zacarias Moussaui se encontraba en posesión de, entre otras cosas: dos cuchillos, unos prismáticos, manuales de vuelo del Boeing 747 Modelo 400, un programa informático de simulación de vuelo, guantes de boxeo y espinilleras, un nota referente a un receptor GPS portátil y una videocámara, *software* susceptible de ser utilizado para repasar procedimientos de pilotaje del Boeing 747 Modelo 400, cartas en las que se indica que Moussaoui es asesor de marketing de Infocus Tech en Estados Unidos, un disco informático con información sobre la aplicación de pesticidas desde el aire y una radio portátil de aviación».

Mormón devoto, criado en América Latina, donde su padre ejercía de corresponsal de United Press International, David Neeleman, por el contrario, es uno de los clásicos empresarios norteamericanos y un hombre muy íntegro. No fue a la universidad y, aun así, ha creado dos compañías aéreas de éxito: Morris Air y JetBlue, además de participar decisivamente en la creación de una tercera, Southwest. Él es padrino de los viajes sin billete físico, es decir, de lo que se conoce como los billetes electrónicos. «Soy un optimista total. Creo que mi padre lo es también», me dijo para explicarme de dónde le venía esa vena innovadora. «Crecí en un hogar muy feliz. [...] Antes de diseñarla sobre el papel, ya tenía a JetBlue en mi cabeza.» Tirando de su imaginación optimista y de su capacidad para adoptar rápidamente toda la tecnología más avanzada del momento, al no tener que preocuparse por ningún sistema heredado, Neeleman montó unas aerolíneas muy rentables que generaron puestos de trabajo, que ofrecían vuelos baratos, que utilizaban un sistema único de entretenimiento en vuelo (gracias a la tecnología de comunicación por satélite) y que constituía uno de los lugares de trabajo más agradables que te puedas imaginar. Además, creó un fondo de ayuda dentro de la empresa, para ayudar a las familias de los empleados que tuviesen que hacer frente al fallecimiento repentino o una enfermedad catastrófica de un ser querido. Neeleman aporta al fondo 1 dólar de su sueldo por cada dólar que aporta cada empleado. «Me parece importante que la gente dé un poco», me dijo. «Creo que hay unas leyes divinas, irrevocables, por las cuales, cuando ayudas a otros, sientes esa especie de hormigueo...» En 2003 Neeleman, al que sus acciones en JetBlue habían vuelto de oro, donó 120.000 dólares aproximadamente, de su sueldo de 200.000, al fondo de ayuda a los empleados de la empresa.

En la antesala de su despacho, en su sede de Nueva York, hay una foto de un Airbus de la compañía pasando por encima del World Trade Center. Neeleman se encontraba en su despacho el 11 de septiembre de 2001 y vio arder las Torres Gemelas, mientras sus propios aviones de pasajeros daban vueltas por encima del aeropuerto JFK aguardando a recibir permiso para aterrizar. Cuando le expliqué la comparación/distinción que pensaba hacer entre él y Bin Laden, se sintió a la vez incómodo e intrigado. Cuando apagué el ordenador y me dispuse a marcharme, terminada ya nuestra entrevista, me dijo que quería hacerme una pregunta: «¿Piensas que Osama realmente cree que hay un Dios ahí arriba que está contento con lo que hace?».

Le dije que no lo sabía. Pero lo que sí sé es que hay dos maneras de aplanar el mundo. Una es usar la imaginación para subir a la gente al mismo nivel y la otra es usar la imaginación para bajar a la gente al mismo nivel. David Neeleman utilizó su imaginación optimista y las tecnologías del mundo plano (a las que tan fácil acceso tenía) para elevar a la gente. Creó una nueva compañía aérea, llena de ideas nuevas y muy exitosa, y con parte de los beneficios financia un fondo de ayuda a sus empleados para situaciones personales catastróficas. Osama Bin Laden y sus discípulos utilizaron su imaginación retorcida y muchas de las mismas herramientas que Neeleman para montar un atentado sorpresa, con el que derribaron dos inmensos símbolos del poder estadounidense para ponerlos a su propio nivel. Peor aún, recaudaron fondos y provocaron esta catástrofe humana multitudinaria con un pretexto religioso.

«De las aguas primigenias de la globalización han surgido dos variantes genéticas», me dijo Nandan Nilekani, el director de Infosys. Una es Al Qaeda y la otra es la formada por empresas como Infosys o JetBlue. «Por eso, tenemos que dedicar toda nuestra atención a alentar más mutaciones de las buenas y a mantener a raya las malas.»

No podría estar más de acuerdo. De hecho, es posible que tal esfuerzo sea la cosa más importante que tenemos que aprender a hacer, si queremos que el planeta siga de una pieza.

No me cabe duda de que los avances tecnológicos (desde los escáneres de iris hasta los aparatos de Rayos X) nos ayudarán a identificar, hallar y capturar a quienes traten de utilizar las herramientas del mundo plano, tan accesibles, para destruirlo. Pero, a la postre, la tecnología por sí sola no puede protegernos. Realmente tenemos que encontrar la manera de influir en la imaginación de quienes utilizarían las herramientas de la colaboración para destruir el mundo que inventó dichas herramientas. Pero ¿cómo se consigue alimentar en los demás una imaginación más esperanzada, tolerante y a favor de la vida? Todos debemos hacernos esta pregunta. Yo la planteo como estadounidense que soy. Quiero incidir sobre este aspecto porque creo que todo pasa, en primer y más importante lugar, por que Estados Unidos dé ejemplo. Los que tenemos la suerte de vivir en sociedades libres y progresistas debemos dar ejemplo. Tenemos que ser los mejores ciudadanos del mundo globalizado. No podemos apartarnos del mundo. Debemos poner todo nuestro empeño en sacar el mejor partido de nuestra imaginación... y en no dejar que nuestra imaginación saque partido de nosotros.

Nunca es fácil darse cuenta de cuándo hemos sobrepasado la línea entre unas medidas de seguridad justificadas y una imaginación que saca partido de nosotros, paralizándonos a nosotros mismos, por tanto, con mil y una precauciones. Justo después del 11-S sostuve que la razón por la que nuestros servicios de inteligencia no pillaron a los conspiradores de los atentados residió en «un fallo de nuestra imaginación». En la comunidad de los servicios de inteligencia no teníamos suficiente gente con una imaginación tan enferma que estuviese a la altura de la de Bin Laden y Jalid Sheij Mohamed. En nuestros servicios de inteligencia necesitamos a algunas personas así. Pero no todo el mundo tiene que ser como ellos. No tenemos que caer todos en las garras de una imaginación que nos haga pensar lo peor de las personas que nos rodean, hasta el punto de acabar retrayéndonos y apartándonos del mundo.

En 2003 mi hija mayor, Orly, formaba parte de la orquesta sinfónica de su instituto. Se pasaron todo el año ensayando para participar en el certamen nacional de orquestas de instituto que se celebraba en Nueva Orleans ese mes de marzo. Cuando se acercaba la fecha, todo indicaba que íbamos a entrar en guerra con Irak, por lo que el Comité Educativo del condado de Montgomery canceló todas las salidas de grupos escolares, incluido el viaje de la orquesta de mi hija a Nueva Orleans, por temor a un rebrote del terrorismo. A mí me pareció un absoluto disparate. Hasta la malvada imaginación del 11-S tiene sus límites. En algún momento te tienes que preguntar si realmente Ayman Al Zawahiri le dijo a Osama Bin Laden, sentados en una cueva afgana: «Oye, Osama, ¿te acuerdas del certamen ese de orquestas de instituto que se celebra en Nueva Orleans? Bueno, pues es la semana que viene. Vamos a montar un lío allí, ¿vale?».

No, yo no lo creo. Dejemos para Bin Laden la vida cavernícola. Tenemos que dominar nosotros nuestra imaginación, no volvernos sus prisioneros. Yo tenía una amiga en Beirut que, cada vez que volaba en avión, decía, en broma, que llevaba una bomba en la maleta, porque era mucho menos probable que en su mismo avión diera la casualidad de que hubiese otra persona con una bomba. Haz lo que te parezca, pero sal a la calle.

A propósito, deja que te cuente el relato del 11-S que más me conmovió de los que publicó el *New York Times* en su serie «Retratos del dolor», las breves biografías de las víctimas mortales. Se trata de la historia de Candace Lee Williams, una estudiante de empresariales de veinte años de la Universidad Northeastern, que había trabajado entre enero y junio de 2001 como becaria de Merrill Lynch en la planta 14.ª de la torre 1 del World Trade Center. Tanto la madre de Candace como sus compañeros la describieron al *New York Times* como una joven llena de vitalidad y de ambición, que estaba feliz con su trabajo de prácticas. De hecho, a sus compañeros de Merrill Lynch les cayó tan bien, que su último día de trabajo organizaron una cena, contrataron una limusina para llevarla después a casa y escribieron a Northeastern diciendo: «Mándennos otras cinco como Candace». Unas semanas después de los exámenes parciales (la joven estaba en un plan lectivo que iba de junio a diciembre), Candace Lee Williams decidió ir a visitar a su compañera de piso, que vivía en California. Candace acababa de sacar unas de las mejores notas de su promoción. «Como parte de los preparativos, alquilaron un descapotable. Candace quería tener una foto con el letrero de Hollywood al fondo», dijo su madre, Sherri, al *Times*.

Por desgracia, Candace cogió el vuelo 11 de American Airlines que salió del aeropuerto Logan de Boston la mañana del 11 de septiembre de 2001 a las 8.02 a. m. A las 8.14 a. m. cinco hombres, entre los que se encontraba Mohamed Atta (en el asiento 8D) secuestraron el avión. Con Atta a los mandos, el Boeing 767-223ER se desvió hacia Manhattan y estrelló a Candace Lee Williams exactamente en la misma torre del World Trade Center, entre las plantas 94.ª y 98.ª, en la que había trabajado como becaria.

Los registros de la compañía aérea muestran que iba sentada al lado de una abuela de ochenta años. Dos personas, cada una en un extremo de la vida: una llena de recuerdos y la otra llena de sueños.

¿Qué me dice a mí este relato? Me dice lo siguiente: cuando Candace Lee Williams embarcó en el vuelo 11 no podía haber imaginado cómo acabaría. Pero a raíz del 11-S ninguno de nosotros puede hoy embarcar en un avión *sin* imaginar cómo podría acabar, sin pensar que lo que le pasó a Candace Lee Williams podría pasarnos a nosotros también. Ahora todos somos mucho más conscientes de que la vida de una persona puede terminar por la decisión arbitraria de un loco de una cueva de Afganistán. Pero el hecho es que las probabilidades de que nuestro avión sea secuestrado por unos terroristas siguen siendo infinitesimales. Tenemos más probabilidades de morir al chocar contra un ciervo en la carretera o al resultar alcanzados por un rayo. Así pues, por mucho que *puedas* imaginar hoy lo que podría pasar cuando te subes a un avión, hay que subirse a él igualmente. Porque la alternativa de no montar en el avión es escondernos en una cueva. No podemos dedicar la imaginación sólo a reposiciones. También tenemos que dedicarla a escribir nuestro propio guión. Por lo que leí sobre Candace Lee Williams, era una mujer optimista. Apuesto lo que sea a que hoy seguiría subiéndose a un avión si pudiese. También todos nosotros debemos hacerlo.

El papel de Estados Unidos en el mundo, desde su nacimiento, ha sido el de ser el país que mira hacia delante, no hacia atrás. Una de las cosas más peligrosas que le ha pasado a Estados Unidos después del 11-S, con la Administración Bush, es que hemos pasado de exportar esperanza a exportar miedo. Hemos pasado de alentar al mundo entero a dar lo mejor de sí, a enseñarle los dientes demasiado a menudo. Y cuando exportas miedo, acabas importando el de los demás. Sí, necesitamos gente que sea capaz de imaginar lo peor, porque lo peor ocurrió aquel 11 de septiembre y podría volver a ocurrir. Pero, como he dicho, la línea entre la precaución y la paranoia es muy delgada y a veces la hemos cruzado. A los europeos y a otros les encanta reírse del optimismo y de la ingenuidad de los estadounidenses, de nuestra disparatada idea de que hay una solución para absolutamente todos los problemas, que mañana puede ser mejor que ayer, que el futuro siempre es capaz de enterrar el pasado. Pero yo siempre he creído que, en lo más hondo, el resto del mundo envidia el optimismo y la ingenuidad estadounidenses, que los necesita. Es una de esas cosas que ayuda a que el mundo siga girando sobre su eje. Si nuestra sociedad empieza a verlo todo negro, si dejamos de ser la «fábrica de sueños» del mundo, haremos que el mundo no sólo sea un sitio más oscuro, sino también más pobre.

Los analistas siempre han tendido a medir una sociedad en función de unos datos estadísticos clásicos económicos y sociales: la relación entre déficit y PIB, el índice de desempleo o la tasa de analfabetismo entre las mujeres mayores de edad, por ejemplo. Este tipo de estadísticas es importante y desvela muchas cosas. Pero hay otra estadística, mucho más difícil de medir, que considero que es aún más importante y reveladora: ¿qué tiene más tu sociedad: recuerdos o sueños?

Cuando digo sueños, me refiero a los sueños positivos y a favor de la vida. Michael Hammer, el asesor de empresas en temas de organización, me dijo en su día: «Sé que una empresa tiene problemas si me hablan de lo bien que les iban las cosas antes. Lo mismo pasa con los países. Nadie quiere olvidar su identidad. Me parece estupendo que fueses magnífico en el siglo XIV, pero eso es el pasado y hoy es hoy. Cuando los recuerdos exceden los sueños, es que el fin está cerca. El distintivo de una organización verdaderamente exitosa es la voluntad de abandonar aquello que le hizo tener éxito y empezar de nuevo».

En las sociedades que tienen más recuerdos que sueños, demasiada gente pasa demasiado tiempo echando la vista atrás. Ven dignidad, afirmación de la propia identidad y valor propio, no explotando el presente, sino alimentándose del pasado. Pero ni siquiera es un pasado real, sino un pasado imaginado y adornado. De hecho, este tipo de sociedad dedica su imaginación a embellecer ese pasado imaginado y luego se aferra a él como a un rosario o a una sarta de cuentas de esas que se usan para aplacar los nervios, en vez de imaginar un futuro mejor y actuar en consecuencia. Que otros países se metan por esa senda es ya bastante peligroso, pero para Estados Unidos sería desastroso perder el norte y tirar en esa dirección. Creo que lo expresó de forma inmejorable mi amigo David Rothkopf, que antes trabajaba en el Departamento de Comercio y hoy es miembro del Legado Carnegie para la Paz Mundial: «Para nosotros, la cuestión no radica en lo que ha cambiado, sino en darnos cuenta de lo que no ha cambiado. Porque sólo siendo conscientes de ello, empezaremos a dedicar nuestra atención a los asuntos verdaderamente cruciales: dar una respuesta multilateral efectiva a la proliferación de armas de destrucción masiva, crear de entre los pobres del planeta verdaderos accionistas de la globalización, atajar la necesaria reforma del mundo árabe y dar con un tipo de liderazgo estadounidense cuyo objetivo sea ampliar nuestra base de apoyo internacional fomentando la voluntaria adhesión de más personas a nuestros valores. Tenemos que recordar que esos valores constituyen el verdadero cimiento de nuestra seguridad y la auténtica fuente de nuestra fortaleza. Y tenemos que reconocer que nuestros enemigos no podrán derrotarnos jamás. Sólo nosotros podremos derrotarnos a nosotros mismos, si tiramos por la ventana el código de normas que durante tanto tiempo nos ha funcionado».

En mi opinión, la historia dejará muy claro que el presidente Bush explotó vergonzosamente, con fines políticos, los sentimientos de la gente a raíz del 11-S. Que utilizó esos sentimientos para coger el programa republicano de política nacional de extrema derecha existente el día 10 de septiembre (referente a políticas fiscales, medioambientales y sociales) y llevarlo a la práctica el día 12, cuando ya el mundo no era el mismo de dos días atrás. Y al hacerlo, el señor Bush no sólo abrió una brecha entre el pueblo americano, y entre los americanos y el mundo, sino que además abrió una brecha entre Estados Unidos y su historia e identidad propias. Su Administración transformó Estados Unidos en los «Estados

Unidos de la Lucha contra el Terrorismo». Ésta es la verdadera razón, a mi modo de ver, por la que a tantos habitantes del planeta les cae tan mal el presidente Bush. Sienten que les ha quitado algo muy apreciado por ellos, un Estados Unidos que exporta esperanza y no miedo.

Es necesario que nuestro presidente devuelva al 11-S su lugar correcto en el calendario, es decir, el día posterior al 10 de septiembre y el anterior al 12. No debemos permitir que se convierta en una fecha que nos defina. Porque en última instancia el 11-S tiene que ver con *ellos* (con los malos), no con nosotros.

Nosotros somos las gentes del Cuatro de Julio. Somos las gentes del 9-N.

Más allá de quedarnos con lo mejor de nuestra imaginación, ¿qué otra cosa podemos hacer, como estadounidenses y como sociedad global, para intentar alimentar esto mismo en los demás? Hay que afrontar esta cuestión con mucha humildad. Qué conduce a una persona a gozar con la destrucción y a otra a gozar con la creación, o qué lleva a una persona a imaginarse un 9-N y a otra a imaginarse un 11-S, es, sin duda, uno de los grandes misterios de la vida contemporánea. Es más, mientras la mayoría de nosotros podemos saber, más o menos, cómo alimentar en nuestros hijos una imaginación más positiva y tal vez (tal vez) también en nuestros conciudadanos, es una impertinencia pensar que lo podemos hacer con otros, sobre todo con gentes de culturas diferentes, de idiomas diferentes y que viven a medio mundo de distancia. Aun así, el 11-S, el aplanamiento del mundo y la incesante amenaza de caos mundial que plantea el terrorismo dan a entender que no pensar en esta cuestión es de una ingenuidad igualmente peligrosa. Así pues, insisto en que tratemos de hacerlo. Pero, al mismo tiempo, soy plenamente consciente de los límites de lo que un forastero puede saber o hacer.

En términos generales, la imaginación es el resultado de dos fuerzas que la moldean. Una son las historias que alimentan a la gente, es decir, los relatos y los mitos que se cuentan a sí mismos y que les cuentan sus líderes religiosos y políticos, y cómo dichos relatos alimentan su imaginación. La otra es el contexto en el que crece la gente, que tiene un impacto enorme en su manera de ver el mundo y de ver a los demás. Alguien de fuera no puede llegar y adaptar los relatos mexicanos, árabes o chinos, del mismo modo que alguien de fuera no puede adaptar el relato americano. Lo único que puede hacer es reinterpretar su propio conjunto de relatos, hacerlos más tolerantes y más enfocados al futuro y adaptarlos a los tiempos modernos. Nadie lo puede hacer por los demás, ni siquiera con los demás. Pero sí puede plantearse cómo colaborar con los demás para modificar su contexto, el contexto en el que la gente se desarrolla y vive su día a día, con el fin de contribuir a que más personas se alimenten de la imaginación creadora del 9-N y no del 11-S.

Deja que te ponga unos ejemplos.

EBAY

Meg Whitman, directora general de eBay, me contó un día una historia maravillosa: «En septiembre de 1998 eBay salió a Bolsa, en pleno auge de las puntocom. A lo largo de los meses de septiembre y octubre nuestras acciones subían ochenta puntos y bajaban cincuenta en un mismo día. Yo pensaba: "Esto es una locura". En fin, un día estoy ocupándome de mis cosas, sentada en mi despacho, y de repente mi secretaria viene corriendo y me dice: "Meg, está al teléfono Arthur Levitt, [el presidente] de la SEC"». La Securities and Exchange Commision supervisa el mercado de valores y siempre sigue con especial atención la volatilidad de un valor, por si hubiese manipulación detrás de ella. En esa época, que a un director general le dijesen «Arthur Levitt, al teléfono» no era una buena manera de empezar el día.

«Así pues, llamé a mi asesor general —siguió diciendo Whitman—, que vino de su despacho con la cara blanca como una sábana. Telefoneamos a Levitt y conectamos el altavoz. "Hola, soy Meg Whitman, de eBay", dije yo. Y él me dice: "Hola, soy Arthur Levitt, de la SEC. No la conozco y nunca la he visto, pero sé que acaban de salir a Bolsa y quería saber qué tal les había ido. ¿Han tenido algún problema con [la SEC]?". Así que respiramos aliviados. Y estuvimos charlando sobre el asunto unos minutos. Entonces [Levitt] me dice: "Bueno, en realidad otro de los motivos de mi llamada es que quería comentarle que acabo de recibir mi décimo informe positivo en eBay y que acabo de ganarme una estrella amarilla, lo cual me llena de orgullo". Y añadió: "Es que colecciono piezas de vidrio de la época de la Depresión, de después de 1929, y he hecho unas compras y unas ventas en eBay. Como comprador y vendedor, uno recibe informes. Y se me ocurrió que tal vez le gustase saberlo"».

Para cada usuario de eBay se genera un perfil de informes, compuesto por los comentarios procedentes de otros usuarios de eBay que han hecho transacciones con él o ella. Esos comentarios dicen si los artículos comprados o vendidos se ajustaron a las expectativas y si la transacción se hizo sin problemas. Es lo que constituye tu «reputación eBay». Por cada comentario positivo te dan un +1, por cada comentario neutro te dan un 0 y por cada comentario negativo te dan un -1. Por cada diez comentarios recibes una estrella de un color, que queda adjuntada a tu nombre de usuario eBay. Por ejemplo, mi nombre de usuario en eBay podría ser TOMF (50) y una estrella azul, lo que significa que se han recibido informes positivos de mí de parte de cincuenta usuarios de eBay. Al lado hay una casilla que te indica el porcentaje de informes positivos y, además, te ofrece la posibilidad de pinchar y leer todos los comentarios de los compradores sobre el mismo vendedor.

La cuestión es, como dijo Whitman, que «creo que todos los seres humanos, ya sea Arthur Levitt o el conserje o la camarera o el médico o el catedrático, necesitan y buscan aprobación y reacciones positivas». Y el gran error es creer que tiene que ser en forma de dinero. «En realidad —añadió Whitman—, pueden ser detalles pequeños, como decirle a alguien: "Has hecho un trabajo magnífico, me han dicho que has escrito un trabajo estupendo de historia". Nuestros usuarios nos dicen [en relación con el sistema de las estrellas de eBay]: "¿En qué otro sitio puedes levantarte por la mañana y ver que un montón de gente te aprecia y le gusta lo que haces?"».

Pero lo más llamativo, me dijo Whitman, es la abrumadora mayoría de informes positivos que se reciben en eBay. Es interesante. Normalmente, la gente no escribe a los gerentes de Wal-Mart para felicitarlos porque han hecho una compra magnífica. Pero cuando formas parte de una comunidad que sientes como propia, la cosa cambia. Porque te incumbe. «El mayor número de informes supera los 250.000 comentarios positivos. Además, puedes verlos todos», me dijo Whitman. «Puedes ver el historial completo de cada comprador y de cada vendedor. Además, hemos incorporado la posibilidad de refutarlos. [...] En eBay no se puede ser anónimo. Si no estás dispuesto a decir quién eres, entonces no deberías decirlo. Enseguida esto se convirtió en la norma de la comunidad... Nosotros no nos dedicamos a gestionar un intercambio, sino una comunidad.» De hecho, con 105 millones de usuarios registrados, de 190 países diferentes, cuyas transacciones superan los 35.000 millones de dólares anuales en total, eBay es, de hecho, un Estado-nación con gobierno propio, algo así como la eBay República Virtual.

¿Cómo se gobierna? La filosofía de eBay, me dijo Whitman, es: «Creemos un número reducido de reglas, apliquémoslas de verdad y creemos a continuación un entorno en el que la gente pueda desarrollar todo su potencial. Al margen de comprar y vender artículos, hay algo más en marcha». Sin olvidarnos de lo que tiene de autopromoción de su empresa, merece la pena considerar el mensaje principal de Whitman: «La gente podrá decir que eBay le devolvió su fe en la humanidad, frente al mundo en el que todos se engañan unos a otros o en el que no se otorga a los demás el beneficio de la duda. Cada semana lo oigo decir dos veces…, eBay ofrece al hombre de a pie, privado del derecho de representación, una oportunidad para competir en un terreno de juego totalmente liso. Nosotros tenemos a muchísimos participantes paralíticos, discapacitados o miembros de alguna minoría, [porque] en eBay la gente no sabe cómo eres. Eres tan bueno como lo sean tu producto y tus informes».

Whitman se acordaba de un día en que recibió un correo electrónico de una pareja de Orlando que iban a acudir a un evento «eBay Live» en el que ella iba a dar una charla. Se trata de grandes convenciones a la antigua, en las que participan los vendedores de eBay. La pareja pregunta si podía acercarse a saludarla entre bambalinas después de su discurso. «Así pues, tras mi discurso de presentación, vienen a verme al camerino. Por la puerta entran una madre, un padre y un chaval de diecisiete años sentado en silla de ruedas, con grave minusvalía física debido a una parálisis cerebral. Y me dicen: "Kyle sufre una grave minusvalía y no puede ir al colegio, [pero] ha montado un negocio en eBay y el año pasado mi marido y yo dejamos de trabajar para ayudarle. Hemos ganado más dinero en eBay que en nuestros respectivos empleos". Y a continuación dijeron lo más increíble de todo: "En eBay, Kyle no tiene ninguna minusvalía"».

Whitman me habló de que en otro evento eBay Live se le acercó un joven, un potente vendedor de eBay, que le dijo que gracias a su negocio en eBay había podido comprarse una casa y un coche, contratar personal y ser su propio jefe. Pero lo mejor de todo, me contó Whitman, fue que el joven le dijo: «Si estoy tan entusiasmado con eBay es porque no acabé la carrera y, de alguna manera, mi familia me había repudiado. Y ahora me consideran un fuera de serie. Porque soy un empresario de éxito».

«Es esta mezcla de oportunidad económica y de aprobación» es lo que hace que eBay sea lo que es, concluyó Whitman. Las personas que reciben aprobación se convierten en buenos socios transparentes, porque la comunidad entera dispone también de la posibilidad de desaprobar la conducta de los demás.

El mensaje básico es que eBay no sólo creó un mercado *online*. Además, creó una comunidad que se gobierna a sí misma, un contexto, en el que cualquier persona, desde la que padece una grave discapacidad hasta el director de la SEC, puede participar, desarrollar su potencial y recibir aprobación como persona buena y fiable a los ojos del conjunto de la comunidad. Este tipo de autoestima y de aprobación constituye la mejor manera y la más efectiva de generar dinámicas que eliminen la humillación y que devuelvan la dignidad a la persona. En tanto Estados Unidos pueda colaborar con regiones como el mundo árabe musulmán para generar contextos en los que los jóvenes puedan triunfar en la vida, alcanzar todo su potencial en un terreno liso de juego, puedan recibir la aprobación y el respeto de los demás por sus logros en este mundo (y no por su condición de mártires para entrar en el mundo del más allá), contribuiremos a que haya más gente joven con más sueños que recuerdos.

LA INDIA

Si quieres ver este mismo proceso en pleno funcionamiento en una comunidad no tan virtual, fíjate en el segundo país musulmán más grande del mundo. El país musulmán más grande del mundo es Indonesia y el segundo no es ni Arabia Saudí, ni Irán, ni Egipto, ni Paquistán. Es la India, que con sus casi 150 millones de musulmanes supera a Paquistán. Pero hay un dato estadístico interesante del 11-S: no se sabe de ningún musulmán indio en Al Qaeda, como tampoco hay ningún musulmán indio entre los prisioneros del 11-S en la base estadounidense de la bahía de Guantánamo. ¿Por qué? ¿Por qué no hay noticias de indios musulmanes (una minoría dentro de un país en el que domina una mayoría hindú) que echen la culpa a Estados Unidos de todos sus problemas y que quiera estrellar un avión en el Taj Mahal o en la embajada británica? Sabe Dios que los indios musulmanes tienen sus quejas en cuanto a su acceso al capital y a una representación política. Por otra parte, de tanto en tanto se viven episodios de violencia interreligiosa en la India, con consecuencias desastrosas. Estoy seguro de que de los 150 millones de musulmanes que hay en la India, unos pocos entrarán algún día en Al Qaeda. Si les ha pasado a algunos estadounidenses musulmanes, también le puede pasar a algún indio musulmán. Pero no es la norma. ¿Por qué?

La respuesta la da el contexto y, en concreto, el contexto democrático laico y de mercado libre de la India, muy influido por una tradición de no violencia y de tolerancia propia del credo hindú. M. J. Akbar, el editor musulmán de *Asian Age*, un diario nacional indio en inglés, financiado principalmente por indios no musulmanes, me lo explicó de este modo: «Te voy a hacer la pregunta del millón: ¿cuál es la única comunidad musulmana numerosa que ha disfrutado en los últimos cincuenta años de una democracia ininterrumpida? Pues la comunidad musulmana de la India. No quiero exagerar la buena fortuna de los musulmanes en la India. Hay tensiones, hay discriminación económica y provocaciones, como la destrucción de la mezquita de Ayodhya [por nacionalistas hindúes en 1992]. Pero el hecho es que la Constitución india es laica y brinda una oportunidad real para el progreso económico de cualquier comunidad que pueda aportar talento. Por eso aquí le está yendo bien a la creciente clase media musulmana y, en general, no da muestras de los ramalazos de cólera que ves en muchos Estados musulmanes no democráticos».

Allí donde el islam forma parte de una sociedad autoritaria, tiende a convertirse en el vehículo de la protesta encolerizada. Es el caso de Egipto, Siria, Arabia Saudí y Paquistán. Pero en los lugares en que el islam está integrado en una sociedad democrática pluralista (como en Turquía o en la India, por ejemplo), las personas que tienen una mentalidad más progresista tienen más oportunidades de hacer oír su interpretación y cuentan con un foro democrático en el que pueden luchar por sus ideas en igualdad de condiciones. El 15 de noviembre de 2003 las dos sinagogas más importantes de Estambul fueron el objetivo de unos extremistas suicidas que cometieron sendos atentados terroristas. Unos meses después estuve en Estambul, coincidiendo con el momento en que se reabrieron las dos sinagogas. Me llamaron la atención varias cosas. De entrada, el rabino principal apareció en la ceremonia, de la mano del clérigo supremo musulmán de Estambul y del alcalde de la ciudad, mientras la multitud, que abarrotaba la calle, les lanzaba claveles rojos. En segundo lugar, el primer ministro de Turquía, Recep Tayyip Erdogan, que procede de un partido islámico, visitó al rabino principal en su despacho. Era la primera vez que un primer ministro turco visitaba al rabino principal. Por último, el padre de uno de los terroristas suicidas declaró al periódico turco *Zaman*: «No podemos entender por qué este hijo ha hecho lo que ha hecho. [...] Primero dejen que vaya a ver al rabino principal de nuestros hermanos judíos. Dejen que le dé un abrazo. Dejen que le bese las manos y la túnica. Dejen que le pida disculpas en el nombre de mi hijo y que le ofrezca mis condolencias por las muertes. [...] Si no nos reconciliamos con ellos, será nuestra condenación».

Diferente contexto, diferente historia, diferente imaginación.

Soy muy consciente de las imperfecciones de la democracia india, empezando por el represor sistema de castas. No obstante, haber mantenido una democracia sin interrupción durante más de cincuenta años, con todos sus fallos, en un país de más de 1.000 millones de personas, que hablan infinidad de idiomas diferentes, es una especie de milagro y una gran fuente de estabilidad para el mundo. Dos de los presidentes de la India han sido musulmanes y su actual presidente, A. P. J. Abdul Kalam, no sólo es musulmán, sino también el padre del programa de misiles nucleares de la India. Mientras que en la Corte Suprema de la India hay una mujer musulmana, en Arabia Saudí las mujeres musulmanas tienen prohibido conducir un coche. Muchos indios musulmanes, incluidas mujeres, han ocupado el cargo de gobernador en muchos Estados indios y en estos momentos el hombre más rico de la India, situado en uno de los primeros puestos de la lista de *Forbes* de multimillonarios del mundo, es un indio musulmán: Azim Premji, presidente de Wipro, una de las empresas de tecnología más importantes de la India. Estuve en la India poco después de la invasión estadounidense de Afganistán de finales de 2001. Una cadena de televisión había organizado un debate entre la actriz más conocida del país y también parlamentaria (Shabana Azmi, musulmana) y el imán de la mezquita más grande de Nueva Delhi. El imán había exhortado a los indios musulmanes a ir a Afganistán para unirse a la yihad contra América y Azmi se le echó encima, en vivo y en directo, para decirle, básicamente, que se fuese a hacer gárgaras. Le dijo que fuese él a Kandahar a unirse a los talibanes y que dejase en paz al resto de los musulmanes de la India. ¿Cómo es posible que esta mujer osase hacer algo así? Muy fácil: como mujer musulmana, vivía en un contexto en el que había podido emanciparse y que le ofrecía protección para decir libremente lo que pensase, incluso a un clérigo destacado.

Diferente contexto, diferente historia, diferente imaginación.

No es ningún misterio, en absoluto. Si a la gente joven se le da un contexto en el que pueda trasladar a la realidad una imaginación positiva, si se le da un contexto en el que aquella persona que tiene una queja puede plantearla en un juzgado sin tener que darle al juez una cabra a modo de soborno; si se le da un contexto en el que pueda llevar a cabo una idea de negocio y convertirse en la persona más rica o más creativa o más respetada de su propio país, sea cual sea su origen; si se le da un contexto en el que se pueda publicar en el periódico cualquier queja o cualquier idea, si se le da un contexto en el que cualquier persona pueda presentarse a unas elecciones, ¿sabes qué pasa? Pues pasa que, por lo general, esas personas no se plantean hacer saltar el mundo por los aires. Lo normal es que quieran formar parte de él.

Un amigo mío musulmán del sur de Asia me contó un día esta historia: su familia india musulmana se separó en 1948. La mitad fue a Paquistán y la otra mitad se quedó en Mumbai. Un día, cuando él ya no era un niño, preguntó a su padre por qué daba la impresión de que a la mitad india de la familia las cosas les iban mejor que a la mitad paquistaní. Y su padre le dijo: «Hijo, cuando un musulmán se cría en la India y ve a un hombre que vive en una mansión enorme en lo alto de una colina, dice: "Padre, un día yo seré ese hombre". Pero cuando un musulmán se cría en Paquistán y ve a un hombre que vive en una enorme mansión en lo alto de una colina, dice: "Padre, un día mataré a ese hombre"». Cuando ante ti tienes una senda para ser Hombre o Mujer, tiendes a centrarte en esa senda y en hacer realidad tus sueños. Cuando no cuentas con esa senda, tiendes a concentrarte en tu ira y en alimentar tus recuerdos.

Hace sólo veinte años, antes de la triple convergencia, la India era conocida como un país de encantadores de serpientes, gente pobre y la madre Teresa de Calcuta. Hoy esta imagen ha cambiado. Hoy se ve a la India también como un país con gente muy capacitada y muy diestra con la informática. Atul Vashistha, director general de la empresa consultora NeoIt, especializada en *outsourcing*, suele aparecer en los medios de comunicación estadounidenses para defender esta tendencia empresarial de subcontratar servicios fuera. Vashistha me contó esta historia: «Un día me encontré con un problema con la impresora, una HP. Iba muy despacio. Mientras trataba de dilucidar qué le pasaba, telefoneé al servicio técnico de HP. Me contesta un tipo y me pide todos mis datos personales. Por su forma de hablar, no me cabe duda de que está en algún lugar de la India. Así que empiezo a preguntarle de dónde es y qué tal tiempo tienen por allí. Mantenemos una agradable conversación. Al cabo de unos diez o quince minutos, en los que el chaval ha estado tratando de ayudarme, me dice: "Señor, ¿me permite que le diga una cosa?". "Claro", le digo yo. Supuse que quería decirme que estaba haciendo otra cosa mal con la impresora y que quería ser lo más educado posible. Pero, en vez de eso, va y me dice: "Señor, me llenó de orgullo oírle el otro día en Voice of America. Lo hizo fenomenal…". Acababa de estar en un programa de VoA sobre los movimientos en contra de la globalización y del *outsourcing*. Yo era uno de los tres invitados. Éramos un representante sindical, un economista y yo. Yo defendí el *outsourcing* y aquel chaval lo había oído».

Recuérdalo: en el mundo plano no sólo te llega humillación por el cable de fibra óptica, sino que también orgullo. Un operador indio de una línea de atención telefónica de repente se entera, en tiempo real, de que uno de sus compatriotas está representando a la India en las antípodas y eso le hace sentirse mejor a sí mismo.

La Revolución Francesa, la revolución estadounidense, la revolución india y hasta eBay están todas ellas basadas en contratos sociales cuyo rasgo dominante es que la autoridad procede de la base y que la gente puede sentirse (y se siente) con capacidad para mejorar su suerte. La gente que habita en esta clase de contextos tiende a dedicar su tiempo a ver qué es lo siguiente que tiene que hacer, no a ver a quién es el siguiente al que hay que echarle la culpa de sus males.

LA MALDICIÓN DEL PETRÓLEO

Nada ha contribuido más a retardar la aparición de un contexto democrático en lugares como Venezuela, Nigeria, Arabia Saudí o Irán que la maldición del petróleo. Mientras los reyes y dictadores que dirigen estos Estados petrolíferos puedan hacerse ricos explotando sus recursos naturales (en lugar de explotar el talento natural y la energía de su pueblo), se quedarán en el poder eternamente. Pueden utilizar el petróleo para monopolizar todos los instrumentos del poder (el ejército, la policía y los servicios de inteligencia), sin necesidad de introducir nunca una transparencia real ni de compartir el poder con nadie. Lo único que tienen que hacer es apoderarse del grifo del petróleo y no soltarlo. Como no tienen que cobrar impuestos a su pueblo, la relación entre el gobernante y el gobernado está muy distorsionada. *Sin un sistema tributario, no hay representación.* Los gobernantes no tienen que prestar atención a la gente ni explicarles cómo se gastan el dinero, porque no lo han recaudado a través de ningún impuesto. Por eso en los países que viven dedicados exclusivamente a sacar el fruto de sus pozos petrolíferos las instituciones son siempre muy débiles o inexistentes. Los países que dedican sus esfuerzos a sacar lo mejor de su gente tienen que centrarse en desarrollar instituciones auténticas, derechos de propiedad, el imperio de la ley, cortes independientes, un sistema moderno de enseñanza, un comercio exterior, una inversión exterior, la libertad de pensamiento y la investigación científica para sacar el mejor partido de sus hombres y mujeres. En un ensayo publicado en el ejemplar de julio/agosto de 2004 de *Foreign Affairs,* titulado «Saving Iraq from Its Oil» («Salvar a Irak del petróleo»), dos economistas especializados en el desarrollo, Nancy Birdsall y Arvind Subramanian, señalan que «en la actualidad 34 países menos desarrollados se vanaglorian de tener unos recursos considerables de petróleo y gas natural, que representan, al menos, el 30 por ciento de sus ingresos totales por exportaciones. Sin embargo, a pesar de sus riquezas, la renta anual per cápita de 12 de estos países sigue estando por debajo de 1.500 dólares [...]. Es más, dos tercios de esos

34 países tienen regímenes no democráticos y, de los que sí los tienen, sólo 3 aparecen en la mitad superior de la clasificación mundial de Freedom House sobre libertad política».

Dicho de otro modo, la imaginación también es producto de la necesidad: cuando el contexto en el que vives no te permite el lujo de caer en cierto escapismo o en fantasía radicales, simplemente no caes en ellas. Fíjate en los lugares del mundo árabe musulmán de hoy en los que tiene lugar la innovación más creativa. Es en los lugares que no tienen petróleo, o muy poco. Como señalé antes, Bahrein fue uno de los primeros Estados del golfo Pérsico en descubrir petróleo y el primero en quedarse sin existencias. Hoy es el primer Estado del golfo Pérsico en llevar a cabo una reforma profunda del mercado de trabajo para desarrollar las habilidades de sus trabajadores, el primero en firmar un acuerdo de libre comercio con Estados Unidos y el primero en celebrar unas elecciones libres y justas, en las que las mujeres tuvieron derecho tanto a presentarse candidatas como a votar. ¿Y qué países de esta misma región están paralizados o han dado marcha atrás a procesos reformadores? Arabia Saudí e Irán, que nadan en petrodólares. El 9 de diciembre de 2004, en un momento en que los precios del crudo habían subido hasta casi los 50 dólares por barril, *The Economist* realizó un reportaje especial desde Irán, en el que señalaba: «Si el precio del petróleo no hubiese alcanzado los niveles astronómicos de hoy en día, la economía de Irán estaría en un grave aprieto. El petróleo aporta aproximadamente la mitad de los ingresos del gobierno y al menos el 80 por ciento de las ganancias procedentes del sector exportador. Pero, al encontrarse de nuevo bajo la influencia de los fanáticos del Parlamento, el dinero del petróleo se gasta en subsidios que son puro derroche, en vez de en un desarrollo muy necesitado y en nuevas tecnologías».

Merece la pena señalar que Jordania empezó a mejorar su sistema educativo y a privatizar, modernizar y liberalizar su economía en 1989, justo cuando los precios del petróleo estaban por los suelos y ya no podía confiar en las dádivas de los Estados petrolíferos del Golfo. En 1999, cuando Jordania firmó su primer acuerdo de libre comercio con Estados Unidos, sus exportaciones a América alcanzaron un total de 13 millones de dólares. En 2004 Jordania exportó más de 1.000 millones de dólares en bienes a Estados Unidos, es decir, en artículos hechos por los jordanos con sus propias manos. Además, el gobierno jordano instaló ordenadores y conexión a internet con ancho de banda en todas las escuelas del país. Y, lo más importante, en 2004 Jordania anunció una reforma de los requisitos educativos exigidos para dirigir las oraciones en las mezquitas. Tradicionalmente, los estudiantes de instituto jordanos se examinaban para ingresar en los centros de enseñanza superior y los que mejores resultados obtenían llegaban a médicos o a ingenieros. Los que peores notas sacaban, se hacían predicadores de mezquita. En 2004 Jordania decidió pasar paulatinamente a un nuevo sistema. De ahora en adelante, para llegar a ser director de la oración en la mezquita, el joven tiene que obtener primero una diplomatura en cualquier carrera, y sólo podrá estudiar derecho islámico como carrera con titulación superior. De este modo se pretende animar a más jóvenes capacitados a ingresar en el clero y a dejar fuera a los que, simplemente, sacaban malas notas y no tenían otra salida. Se trata de un importante cambio en el contexto, que con el paso del tiempo debería reflejar su efecto beneficioso en las historias que oyen los jóvenes jordanos en sus mezquitas y que alimentan su imaginario. «Tuvimos que sufrir una crisis para aceptar que necesitábamos una reforma», me dijo el ministro de Planificación de Jordania, Bassem Awadallah.

No hay otra madre de la invención que la pura necesidad. Y sólo cuando la caída de los precios del petróleo obligue a los dirigentes de Oriente Medio a modificar sus contextos, acometerán reformas. La gente no cambia cuando le dices que debería cambiar. Cambia cuando ellos mismos se dicen que deben cambiar. O, como dice el profesor de relaciones internacionales de la Johns Hopkins, Michael Mandelbaum: «La gente no cambia cuando le dices que hay una opción mejor. Cambia cuando llegan a la conclusión de que no les queda otra opción». Tú dame un barril de petróleo a 10 dólares, que yo te daré reforma política y económica de Moscú a Riad y de Riad a Irán. Si Estados Unidos y sus aliados no colaboran para conseguir que baje el precio del crudo, sus anhelos de ver reformas en todas estas áreas seguirán sin ver la luz.

Hay otro factor que debemos considerar al respecto. Cuando tienes que hacer las cosas con tus propias manos y usarlas para comerciar con los demás, con el fin de prosperar, en vez de simplemente sacar petróleo del patio de atrás, inevitablemente tu imaginación se expande y tu tolerancia y tu confianza crecen. No es por casualidad que los países musulmanes representen el 20 por ciento de la población total del planeta pero sólo el 4 por ciento del comercio mundial. Cuando los países producen cosas que nadie más quiere, comercian menos. Y un menor comercio implica menos intercambio de ideas y menos apertura al mundo. Las ciudades más abiertas y tolerantes del mundo musulmán actual son sus centros comerciales: Beirut, Estambul, Yakarta, Dubai, Bahrein. Las ciudades más abiertas y tolerantes de China son Hong-Kong y Shanghai. Las ciudades más cerradas del mundo son las que están en el centro de Arabia Saudí, donde los cristianos, los hindúes, los judíos y las personas de otras religiones que no sean la musulmana no pueden manifestar en público sus creencias religiosas ni construir un templo de oración ni, como en el caso de la Meca, siquiera entrar en ella. Las religiones son como altos hornos en los que se fragua la imaginación. Cuanto más en forma de burbuja aislada o de cueva oscura se moldee la imaginación de una religión (ya sea la hindú, la cristiana, la judía, la musulmana o la budista), más fácil será que dicha imaginación derive en alguna dirección peligrosa. La gente que está conectada con el mundo y expuesta a diferentes culturas y perspectivas tiene muchas más probabilidades de desarrollar la imaginación del 9-N. Las personas que se sienten desconectadas, para las cuales la libertad personal y el desarrollo de su potencial son una fantasía utópica, tienen más probabilidades de desarrollar una imaginación tipo 11-S.

SÓLO UN BUEN EJEMPLO

Stanley Fischer, ex subdirector ejecutivo del FMI, me comentó una vez: «Un buen ejemplo vale por mil teorías». Yo creo que es verdad. De hecho, la gente no cambia solamente cuando debe, sino también cuando ve que otros (otros como ellos) han cambiado y han prosperado. O, como señala también Michael Mandelbaum, «la gente cambia como consecuencia de lo que ellos mismos ven, no de lo que se les dice», sobre todo cuando lo que ven es que a alguien exactamente igual que ellos las cosas le van bien. Como señalé en el capítulo 10, sólo hay una empresa árabe que haya desarrollado un negocio de primera categoría lo bastante fuerte como para entrar en el Nasdaq, y es Aramex. Todo jordano, todo árabe, debería conocer la historia de Aramex y enorgullecerse de ella, del mismo modo que todo norteamericano conoce las historias de Apple, Microsoft y Dell. Es el ejemplo que vale por mil teorías. Debería ser el modelo de empresa árabe que se dota a sí misma de poder y capacidad de acción, dirigida por un cerebro y empresario árabe, que triunfa en la escena internacional y, a la vez, enriquece a sus propios empleados.

Cuando Fadi Ghandour sacó otra vez Aramex a Bolsa en 2005, en esta ocasión en la Bolsa de Dubai, unos 400 empleados de la empresa en todo el mundo árabe que tenían participaciones se repartieron 14 millones de dólares. Nunca olvidaré cuando Fadi me habló de lo orgullosos que se sentían estos trabajadores suyos (algunos directores, otros simplemente conductores de los camiones de reparto). Aquella ganancia imprevista les iba a permitir comprarse casa o mandar a los niños a colegios mejores. Imagínate la dignidad que sienten estas personas cuando vuelven a casa y a su barrio y cuentan a todo el mundo que se van a hacer una casa nueva porque ha salido a Bolsa la empresa árabe de primera categoría para la que trabajan. Imagínate cuánta dignidad sienten cuando se ven prosperar al triunfar en el mundo plano, no por el tradicional método de Oriente Medio, que es la herencia, o la venta de tierras o la consecución de un contrato gubernamental, sino trabajando para una verdadera empresa, para una empresa árabe. Del mismo modo que no es casualidad que no haya musulmanes indios en Al Qaeda, no es tampoco casualidad que los tres mil empelados árabes de Aramex quieran repartir únicamente paquetes que contribuyen al crecimiento de la economía y a la prosperidad de los árabes, no bombas suicidas.

Hablando de los empleados de Aramex que tenían acciones de la empresa, Ghandour me dijo: «Todos ellos se sienten propietarios. Muchos se me acercaron y me dijeron: "Gracias, pero quiero invertir otra vez mis participaciones en la empresa y ser uno de los inversores de la nueva OPV"».

Tú dame sólo cien ejemplos más como Aramex, que yo empezaré a darte un contexto diferente... y una historia diferente.

DE INTOCABLES A INTOCABLES

Y mientras tanto, dame también cien Abraham George, pues los individuos que se salen de su contexto y dan un nuevo ejemplo pueden causar un impacto tremendo en la imaginación de muchísimas personas. Un día de febrero de 2004, mientras descansaba en la habitación del hotel de Bangalore, sonó el teléfono. Era una joven india que, según me dijo, estudiaba en una escuela privada de periodismo en los alrededores de la ciudad y quería saber si me gustaría hacerles una visita y conocer a sus compañeros. Con los años he llegado a aprender que este tipo de invitaciones sorpresa suelen desembocar en encuentros interesantes, así que dije: «¿Por qué no? Claro que iré». Dos días después conduje noventa minutos desde el centro de Bangalore hasta unos campos en mitad de los cuales se alzaba una solitaria escuela de periodismo y un colegio mayor. Me recibió en la puerta un indio de mediana edad y estupenda presencia, de nombre Abraham George. Nacido en Kerala, George había servido en el ejército indio, mientras su madre emigraba a Estados Unidos y entraba a trabajar en la NASA. George se reunió con ella, estudió en la Universidad de Nueva York, montó una empresa de *software* especializada en finanzas internacionales, la vendió en 1998 y decidió regresar a la India y aprovechar la fortuna que había amasado en Estados Unidos para intentar cambiar la India desde abajo, desde lo más bajo.

Una de las cosas que George aprendió de su paso por Estados Unidos fue que sin más periódicos indios responsables y periodistas indios responsables, el país jamás mejoraría su forma de conducirse. Así pues, creó una escuela de periodismo. Pero mientras estábamos en su oficina dando sorbitos a sendas copas de zumo, de repente vi claro que, por orgulloso que se sintiera de su escuelita de periodismo, aún lo estaba más del colegio de enseñanza primaria que había fundado en un pueblo a las afueras de Bangalore, habitado por la casta más baja de la India, la de los intocables, que no deben acercarse a los indios de cualquier clase superior a la suya por temor a contaminar el aire que respiran. George quiso demostrar que si a estos niños intocables les brindas la posibilidad de acceder a las mismas tecnologías y buena educación que han permitido a otros sectores de la India conectarse con el mundo plano y participar en él, esos niños harían lo mismo. Cuanto más hablábamos de la escuela, más ganas me entraban de verla, en vez de hablar de periodismo. Así pues, nada más acabar mi charla a sus estudiantes de periodismo, nos montamos en su todoterreno junto con su directora, Lalita Law, e iniciamos un viaje de dos horas hacia la escuela Shanti Bhavan, que, tal como expliqué en el capítulo 11, se encontraba a unas diez millas y a unos diez siglos de los alrededores de Bangalore. La palabra «espantoso» ni siquiera alcanza a describir las condiciones de vida de los pueblos que rodean aquel colegio.

Sin embargo, cuando finalmente llegamos al complejo del mismo, nos encontramos con edificios pulcramente pintados, rodeados de hierba y flores, un contraste absoluto con las aldeas cercanas. En la primera aula en la que entramos había veinte niños intocables sentados delante de sus ordenadores, trabajando con Excel y Microsoft Word. En la clase de al lado los alumnos practicaban mecanografía con un programa informático. Pregunté en voz baja a la maestra quién era el que escribía más rápido de la clase. Ella señaló a una niña de ocho años con una sonrisa que habría podido derretir un glaciar.

«Te echo una carrera», le dije. Todos sus compañeros se apiñaron alrededor. Yo me encogí para sentarme en una sillita frente al ordenador, en el compartimento contiguo al suyo, y cada cual procedió a teclear la misma frase una y otra vez, a ver quién escribía más en un minuto. «¿Quién va ganando?», pregunté a voz en cuello. Sus compañeros gritaron el nombre de la niña y la jalearon. A los pocos instantes me rendí ante su jubilosa risa.

El proceso de selección que se sigue para entrar en Shanti Bhavan se basa en comprobar si el niño se encuentra por debajo del nivel de pobreza y si sus padres están dispuestos a enviarlo a un internado. Poco antes de mi llegada, los alumnos habían hecho los California Achievement Tests.* «Les estamos dando formación en inglés para que puedan cursar estudios superiores donde quieran en la India o en cualquier otro país del mundo», me explicó Law. «Nuestro objetivo es darles una formación de primera categoría, para que puedan aspirar a carreras y profesiones que habrían estado totalmente fuera de su alcance, tanto para ellos como para las generaciones siguientes... Aquí su nombre los delataría siempre como intocables. Pero si se van a otro sitio, y si realmente van formados, con una educación adecuada y habilidades sociales, podrán romper esta barrera.»

Entonces podrán convertirse en intocables de los que a mí más me gustan: gente joven que un día podrá ser especial, especializada o adaptable.

Mirando a esos niños y niñas, George dijo: «Cuando hablamos de los pobres, muchas veces se habla de sacarlos de las calles y darles un empleo, para que no se mueran de hambre. Pero nunca hablamos de darles lo mejor de lo mejor. Lo que yo pensé fue que podemos atajar la cuestión de la desigualdad, si pudieran romper todas las barreras impuestas. Si uno de ellos triunfa, llevará consigo a un millar».

Después de escuchar a George, en mi mente retrocedí cuatro meses, al otoño de 2003, cuando me encontraba en la Ribera Occidental grabando otro documental sobre el conflicto árabe-israelí. Como parte de dicho proyecto, fui a Ramala y entrevisté a tres jóvenes militantes palestinos que integraban la organización paramilitar Tanzim de Yasir Arafat. Lo más llamativo de aquella entrevista fueron los cambios de humor de aquellos jóvenes, que pasaban rápidamente de la desesperación suicida a aspiraciones y sueños. Cuando pregunté a uno de los tres, llamado Mohamed Motev, qué era para él lo peor de vivir en el contexto de la ocupación israelí, me dijo que eran los puestos de control. «Cuando un soldado me dice que me quite la ropa delante de las chicas. Para mí es una humillación enorme... quitarme la camisa y los pantalones y darme la

---

* Los CAT son exámenes tipificados del sistema educativo estadounidense, diseñados para evaluar las destrezas lectora y numérica, entre otras, de los escolares hasta los doce años de edad.

vuelta, estando allí todas las chicas.» Es una de las razones, me dijo, por las que hoy todos los jóvenes palestinos son aspirantes a terroristas suicidas. Él los llamó «aspirantes a mártires», mientras sus dos amigos asentían en silencio. Me advirtieron de que si Israel intentaba matar a Yasir Arafat, que en aquel entonces seguía vivo (y era un líder que sabía estimular sólo recuerdos, no sueños), convertirían toda la zona en un «infierno» en vida. Para recalcar este punto, Motev sacó su billetera y me mostró una foto de Arafat. Pero lo que más me llamó la atención fue la foto de una jovencita junto a ella.

«¿Quién es?», pregunté. Era su novia, me explicó, algo ruborizado. Así pues, ahí estaba su cartera, con Yasir Arafat en una página, un hombre por el que estaba dispuesto a dar la vida, y su novia en la otra, una jovencita por la que quería vivir. Unos minutos después uno de sus colegas, Anas Asaf, se exaltó. Era el único que iba a un centro de enseñanza superior, como estudiante de ingeniería que era de la Universidad Bir Zeit, cerca de Ramala. Después de hablarme acaloradamente sobre su disposición a morir también por Arafat, me explicó con gran elocuencia cuánto deseaba ir a la Universidad de Memphis, donde vivía su tío, «para estudiar ingeniería». Por desgracia, me dijo, no podía obtener un visado para ir a Estados Unidos en esos momentos. Como su colega, Asaf estaba dispuesto a dar la vida por Yasir Arafat, pero también quería vivir para ir a la Universidad de Memphis.

Estos tres jóvenes eran buenas personas, no terroristas. Pero sus modelos eran todos hombres encolerizados y estos jóvenes se pasaban gran parte del tiempo imaginando cómo dar rienda suelta a su cólera, no cómo desarrollar todo su potencial. Abraham George, por el contrario, creó un contexto diferente y un ejemplo nuevo para los niños intocables de su colegio a través de la figura de sus maestros, y juntos sembraban en sus alumnos las semillas de una imaginación muy diferente. Necesitamos más Abraham George, en todas partes, a puñados. Gente que contemple un aula llena de niños y niñas intocables y no sólo vea la grandeza que cada uno de ellos lleva dentro, sino que también (lo cual es aún más importante) les haga ver la grandeza que llevan dentro mientras les dota de las herramientas necesarias para sacarla a la luz.

Después de nuestra pequeña competición al teclado en el colegio Shanti Bhavan, me di una vuelta por la clase y pregunté a los niños (la mayoría de los cuales sólo llevaban tres años en una escuela, lejos de las alcantarillas reventadas) qué querían ser de mayores. Estamos hablando de niños de ocho años, indios, cuyos padres eran intocables. Fue una de las experiencias más conmovedoras de mi vida. Sus respuestas fueron: «Astro-

nauta», «médico», «pediatra», «poetisa», «físico y químico», «científico
y astronauta», «cirujano», «detective», «escritor».

Todos soñadores en acción, nada de aspirantes a mártires.

Deja que cierre el libro con una última reflexión. En el otoño de 2004
mi hija tenía que marcharse a estudiar a la universidad y mi mujer y yo
la llevamos en el coche. Era un cálido día de septiembre, con un sol res-
plandeciente. Nuestra hija estaba llena de ilusión. Pero puedo decir con
toda sinceridad que fue uno de los días más tristes de mi vida. Y no sólo
era por lo típico que sienten los papás cuando llevan a su hijo o hija mayor
al cole. No, había otra cosa que me incomodaba. Era la sensación de
estar dejando a mi hija en un mundo que era mucho más peligroso del
mundo en el que había nacido. Sentí que todavía podía prometerle que,
cuando volviese a casa, su habitación seguiría tal cual. Pero no podía
prometerle el mundo, al menos no de la manera despreocupada en que
yo lo había explorado cuando tenía su edad. Y eso me incomodaba enormemente. Todavía me incomoda.

El aplanamiento de la Tierra, tal como he tratado de mostrar en este
libro, nos ha enfrentado a nuevas oportunidades, a nuevos retos, a nuevos socios. Pero también, desgraciadamente, nos ha enfrentado a nuevos
peligros, sobre todo como estadounidenses. Es imperativo que seamos los
mejores ciudadanos globales posible, porque en un mundo plano, si no
tú no quieres ir a visitar un vecindario peligroso, es posible que él venga
a verte a ti. Y es imperativo que, sin dejar de mantenernos vigilantes frente a las nuevas amenazas, no permitamos que nos paralicen. Pero sobre
todo es imperativo nutrir a más personas con la imaginación de Abraham George y de Fadi Ghandour. Cuantas más personas tengan la imaginación que propició aquel 9-N, más probabilidades tendremos de evitar otro 11-S. Me niego a resignarme a vivir en un mundo que encoge
en el mal sentido, en el sentido de que cada vez haya menos sitios a los
que pueda ir un estadounidense sin pensárselo dos veces y donde cada
vez haya menos gente de fuera de EE. UU. que se sienta cómoda viniendo a EE. UU.

Por decirlo de otro modo, los dos grandes peligros a los que se enfrenta Estados Unidos son el exceso de proteccionismo (excesivo temor a otro
11-S que nos lleve a parapetarnos tras un muro, buscando seguridad personal) y los temores excesivos de competir en un mundo del 9-N que nos
lleve a parapetarnos tras un muro, buscando seguridad económica. Ambos
resultarían desastrosos para nosotros y para el mundo entero. Sí, la com-

petencia económica en el mundo plano estará más en igualdad de condiciones y será más intensa. Nosotros, los estadounidenses, tendremos que trabajar más duro, correr más deprisa y hacernos más listos para estar seguros de poder conseguir nuestra porción. Pero no subestimemos nuestros puntos fuertes ni la innovación que podría generar el mundo plano cuando realmente conectemos todos los centros de conocimiento. En una Tierra plana de estas características, el atributo más importante que puede tener una persona es la imaginación creativa, es decir, la capacidad para ser el primero del bloque de pisos en averiguar cómo ensamblar todas estas herramientas capacitadoras de una manera nueva e ilusionante, para crear productos, comunidades, oportunidades y beneficios. Éste ha sido siempre el punto fuerte de Estados Unidos, porque Estados Unidos fue, y de momento sigue siendo, la mayor máquina de sueños del mundo.

Yo no puedo decirle a ninguna otra sociedad o cultura lo que tienen que decir a sus propios hijos, pero sí puedo decirte lo que le digo a la mía: el mundo se está aplanando. No lo empecé yo ni tú lo puedes parar, salvo a un precio inmenso para el desarrollo humano y para tu propio futuro. Pero sí podemos dirigirlo, para bien o para mal. Si es para bien, no para mal, entonces tú y tu generación no debéis vivir con temor a los terroristas ni al mañana, ni con temor a Al Qaeda ni a Infosys. Podéis prosperar en este mundo plano, pero para eso hace falta usar la imaginación y la innovación adecuadas. Si bien vuestra vida se ha visto fuertemente afectada por el 11-S, el mundo necesita que seáis la generación del 9-N, la generación de los optimistas estratégicos, la generación que tiene más sueños que recuerdos, la generación que se levanta cada mañana y no imagina sólo las cosas que se pueden mejorar sino que además lleva esa imaginación a la práctica día a día.

AGRADECIMIENTOS

En 1999 publiqué un libro sobre la globalización, titulado *The Lexus and the Olive Tree*. El fenómeno que hoy denominamos globalización estaba empezando a cobrar forma en aquel entonces y *The Lexus and The Olive Tree* fue una de las primeras obras que trató de acotarlo. Este libro no pretende sustituir a *The Lexus and the Olive Tree*, sino más bien continuar su línea de análisis y llevar más allá sus argumentos conforme a la evolución del mundo.

Estoy profundamente agradecido al editor de *The New York Times* y presidente de la New York Times Company, Arthur Sulzberger hijo, por concederme un año de excedencia para poder dedicarme a escribir este libro, así como a Gail Collins, redactora de la página de editoriales de *The New York Times*, por apoyar mi solicitud y todo este proyecto. Trabajar para un periódico tan magnífico como éste es todo un privilegio. Precisamente fueron Arthur y Gail quienes me animaron a probar suerte con los documentales para el Discovery Times Channel, cometido que me llevó a la India y que estimuló la elaboración de este libro. En este sentido, quisiera dar las gracias a Billy Campbell, de Discovery Channel, por su entusiasta apoyo en aquel documental sobre la India, y a Ken Levis, Ann Derry y Stephen Reverand por contribuir a su terminación. Sin Discovery, nada de todo esto hubiera sucedido.

No obstante, nunca habría podido escribir este libro sin la ayuda de un puñado de fabulosos tutores expertos en el mundo de la tecnología, de los negocios y de la política. Debo destacar unos cuantos nombres, a los que estoy agradecido de manera especial. Jamás habría descifrado el código en clave del mundo plano sin la ayuda de Nandan Nilekani, director general de la empresa india de tecnología Infosys, que fue el primero en indicarme que el terreno de juego se había nivelado. Vivek Paul, presidente de la empresa india de tecnología Wipro, me metió, literalmente, en los negocios del mundo plano y desentrañó sus misterios para mí, una y otra vez. Joel Cawley, director del equipo de planificación estratégica de IBM, me ayudó a unir muchos de los puntos que relacionan la tecnología, los negocios y la política en el Planeta Plano, relaciones que de ningún modo hubiera podido hallar de no haber sido por él. Craig Mundi, director de tecnologías de Microsoft, me guió por las evoluciones tecnológicas que hicieron posible el mundo plano y sus explicaciones me sirvieron para asegurarme de no darme de bruces cuando me pusiese a escribir sobre ellas. Mundi se portó conmigo como un tutor infatigable y exigente. Paul Romer, el economista de la Universidad de Stanford que tan bien ha estudiado la nueva economía, se tomó el tiempo necesario para leer el borrador del libro y aportó a varios capítulos su toque humano y su intelecto. Marc Andreessen, uno de los fundadores de Netscape, Michael Dell de Dell Inc., Sir John Rose, presidente de Rolls-Royce, y Bill Gates de Microsoft, fueron muy generosos al aportar sus comentarios a diferentes secciones. Mi amigo el inventor Dan Simpkins resultó de gran ayuda a la hora de acompañar a este novato por los entresijos de su complejo universo. Las preguntas, siempre estimulantes, de Michael Sandel, me animaron a escribir un capítulo entero, el de «La gran reorganización». Y Yaron Ezrahi, por cuarto libro consecutivo, me permitió tirar de su agudeza mental para dar con mil y una ideas. Lo mismo cabe decir de David Rothkopf. Ningún error es achacable a ellos, tan sólo la perspicacia. Y estoy verdaderamente en deuda con ellos.

Muchas otras personas compartieron su valioso tiempo conmigo y me hicieron comentarios acerca de diferentes partes del libro. Quiero dar las gracias, en particular, a Allen Adamson, Graham Allison, Alex y Jocelyn Attal, Jim Barksdale, Craig Barrett, Brian Behlendorf, Katie Belding, Jagdish Bhagwati, Sergey Brin, Bill Brody, Mitchell Caplan, Bill Carrico, John Chambers, Nayan Chanda, Alan Cohen, Maureen Conway, Lamees El-Hadidy, Rahm Emanuel, Mike Eskew, Judy Estrin, Diana Farrell, Joel Finkelstein, Carly Fiorina, Frank Fukuyama, Jeff Garten, Fadi Ghandour, Bill Greer, Jill Greer, Ken Greer, Promod Haque, Steve Holmes, Dan Honig, Scott Hyten, Shirley Ann Jackson, P. V. Kannan, Alan Kotz, Gary y Laura Lauder, Robert Lawrence, Jerry Lehrman, Rick Levin, Joshua Levine, Will Marshall, Walt Mossberg, Moisés Naím, David Neeleman, Larry Page, Jim Perkowski, Thomas Pickering, Jamie Popkin, Clyde Prestowitz, Glenn Prickett, Saritha Rai, Jerry Rao, Rajesh Rao, Amartya Sen, Eric Schmidt, Terry Semel, H. Lee Scott hijo, Dinakar Singh, Larry Summers, Jeff Uhlin, Atul Vashistha, Philip Verleger hijo, William Wertz, Meg Whitman, Irving Wladawsky-Berger, Bob Wright, Jerry Yang y Ernesto Zedillo.

Y un agradecimiento especial a mis amigos del alma y constantes compañeros intelectuales, Michael Mandelbaum y Stephen P. Cohen. Compartir ideas y pensamientos con ellos es una de las alegrías de mi vida. Un agradecimiento especial, también, a John Doerr y a Herbert Allen hijo, que me brindaron la oportunidad de someter el libro a una verdadera «prueba de carretera» al mostrárselo a algunos de sus colegas, personas muy exigentes y críticas.

Como siempre, mi mujer, Ann, ha sido mi primera correctora, crítica y apoyo incesante. Sin su ayuda y sin sus comentarios este libro no habría visto la luz. Me siento muy afortunado al tenerla como compañera. Y gracias también a mis dos hijas, Orly y Natalie, por soportar otro año más que su padre se encerrase en su despacho durante horas y horas, y a mi madre, Margaret Friedman, por preguntarme todos los días cuándo acabaría el libro. Max y Eli Bucksbaum me dieron ánimos al despuntar el alba en Aspen, lo que aprecio especialmente. Y mis hermanas, Shelley y Jane, siempre han estado cerca de mí.

Para mí ha sido una bendición contar con la misma agente literaria, Esther Newberg, y el mismo editor, Jonathan Galassi, para cuatro libros, y con el mismo corrector, Paul Elie, en los últimos tres. Son, simplemente, los mejores de su oficio. También lo ha sido contar con la asistente más capacitada y leal, Maya Gorman.

Este libro está dedicado a tres personas muy especiales en mi vida: a mis suegros, Matt y Kay Bucksbaum, y a mi más viejo amigo de la infancia, Ron Soskin.

ÍNDICE ONOMÁSTICO

Abdul Kalam, A.P.J., 474
Abell, Pete, 141
Abizaid, John, 49
Adamson, Allen, 192, 193
Addison, Craig, 439, 440
Akbar, M. J., 472
Al Rashed, Abdel Rahman, 422
Al Shehhi, Marwan, 412
Al Sudairi, Turki, 342
Al Zarqawi, Abu Musab, 418
Al Zawahiri, Ayman, 410, 412, 413, 464
Ali, Al Abdul Aziz, 460
Allen, Jay, 143
Allison, Graham, 452, 453
Amin, Idi, 343
Andressen, Marc, 66-71, 79, 93, 95, 96, 245, 246
Annunziata, Robert, 76
Arafat, Yasir, 482, 483
Ardolino, Bill, 52-54
Arguello, Mike, 92, 277
Asaf, Anas, 483
Atef, Mohamed, 461
Atta, Mohamed, 309, 412, 413, 461, 465
Attal, Alex, 298, 299
Awadallah, Bassem, 478
Azim, Shabana, 474

Baker, Dolly, 46
Baker, James A., 57, 58
Baker, Mitchell, 109
Baldwin, familia, 107

Baltimore, David, 320, 321
Barksdale, Jim, 66-68, 71, 72
Barrett, Craig, 194, 284, 287, 338
Beesley, Angela, 105
Behlendorf, Brian, 93-99, 101, 102
Belding, Brian, 388, 389
Belding, Katie, 388
Berners-Lee, Tim, 65, 95
Bhagwati, Jagdish, 247
Bigari, Steven, 50, 51
Bina, Eric, 96
Bin Laden, Osama, 64, 341, 403, 411-413, 416-421, 454, 458-464
Birdsall, Nancy, 476
Boomer, L. Gary, 24
Boucher, Richard, 441
Bradley, Bill, 210
Brezhnev, Leonid, 294
Brin, Sergey, 164, 167, 309
Brody, Bill, 26, 174, 175, 288, 309
Brooke, Jim, 172
Buffett, Jimmy, 389
Burns, Nick, 49
Bush, George W., 52, 103, 211, 284, 299, 300, 403, 466, 467, 468

Calle, Luis de la, 329, 337
Caplan, Mitchell H., 367-369
Carrico, Hill, 321
Castaneda, Jorge, 347
Cawley, Joel, 71, 85, 88, 90, 266, 369
Chambers, John, 338
Chanda, Nayan, 399, 421

Chen Shui-bian, 440
Cherukuri, Satyam, 39
Churchill, Winston, 387
Clark, Jim, 66, 67, 68
Clinton, Bill, 20, 229, 245, 269, 402
Cobden, Richard, 430
Cohen, Alan, 90, 91, 171, 180
Conway, Maureen, 375-377, 406, 407
Cosby, Bill, 321, 322
Cowell, Simon, 278

Dalrymple, Theodore, 415
Das, Tarun, 59
David, Paul A., 190
Davis, Shannon, 50,51
Degner, Alan, 219
Dell, Michael, 433, 437
Dillon, Sam, 276
Doerr, John, 65, 68, 80, 297
Dollar, David, 330
Dunn, Debra, 317, 318
Dutkiewicz, Rafal, 280

Eckroth, Joseph R., 141
Ehlers, Vern, 284
Einstein, Albert, 355, 457
El-Hadidy, Lamees, 326, 327
Ellsworth, John, 231
Ellsworth, Justin M., 231
Enmanuel, Rahm, 229
Engels, Friedrich, 214, 215
Erdogan, Recept Tayyip, 473
Eskew, Mike, 156, 159, 160, 162
Estrin, Judy, 321, 322
Esway, Ibrahim El, 328
Ezrahi, Yaron, 403, 421, 448

Featherstone, Liza, 228
Feinstein, John, 266
Fernando el Católico, 14
Fiorina, Carly, 174, 191, 213
Fischer, Standley, 479
Ford, Henry, 89
Ford, Rolling, 145, 147
Foster, Dick, 260, 261
Fox, Vicente, 349

Freeman, Richard B., 195
Friedman, Nataly, 489
Friedman, Orly, 489
Fukuyama, Frank, 348

Gagarin, Yuri, 295
Gates, Bill, 64, 74, 111, 143, 207, 235, 259, 280, 281, 282, 297, 364, 394, 395, 396, , 410
George, Abraham, 480-483
Gerstner, Lou, 297, 298
Ghandour, Ali, 361
Ghandour, Fadi, 361-366, 369, 479, 480, 484
Glass, David, 142-145, 150, 240
Glenn, John, 272
Glocer, Tom, 26-30
Goldin, Claudia, 305
Goldman, Sachs, 13, 115
Goodman, Allan E., 260, 275
Gorbachov, Mijaíl, 61, 330
Gorman, Maya, 41
Granofsky, Rena, 146
Greenberg, Daniel S., 285
Greer, Bill, 255-258, 356
Greer, Jill, 356, 387
Greer, Ken, 233, 356-360, 387
Gunther, Marc, 318, 319
Gutenberg, Johann, 56

Hadjimichael, Bita, 333
Hammer, Michael, 226, 466
Hang Zhou, 226
Haque, Promod, 121-123, 388
Hastert, Dennis, 212
Hitler, Adolf, 411, 459
Ho Chi Minh, 412
Hockenstein, Jeremy, 380-384
Holmes, Steve, 155
Hubbert, Jürgen, 135
Hunter, Dick, 431, 433, 435
Husein, Sadam, 436
Hyten, Scott, 80, 81

Idei, Nobuyuki, 212
Immelt, Jeff, 319
Isabel la Católica, 14

Jackson, Janet, 168, 410
Jackson, Jesse, 321
Jackson, Shirley Ann, 268, 269, 271, 273, 286, 291
Jahjah, Dyab Abou, 419
Jerry. Véase Rao, Jaithirth
Jiang, Mianheng, 440
Jiang, Zemin, 440
Jobs, Steve, 64
Johnson, Lyndon B., 292
Johnson, Paul, 343, 344
Jomeini, 420
Jordan, Michael, 253
Jrushchev, Nikita, 294

Kai Fu Li, 282
Kannan, P.V., 35, 197, 198, 279
Karatnycky, Adrian, 411, 412
Katz, Larry, 305
Kennedy, John F., 269, 272, 295, 299
Kernan, Joe, 219
Khalsa, Gurujot Singh, 118
Khosla, Vinod, 114
Kiuchi, Masao, 152
Klausner, Rick, 397, 398
Klein, Michael, 333
Kletzer, Lori, 310, 312
Knight, Bob, 266
Koo, Richard C., 278
Koon, Tracy, 288, 291
Kray, Art, 330
Krishnakumar, N., 442
Kuehn, Kurt, 158
Kulkarni, Vivek, 41, 42, 443, 444
Kurtz, Howard, 103

Landes, David, 340, 342
Law, Lalita, 392, 481, 482
Lawrence, Robert, 310, 311
Lenin, Vladimir Ilich Ulianov, 411, 412
Leonard, Andrew, 95, 96, 98
Leopold, Aldo, 428
Levin, Richard, 262-264
Levine, Joshua, 312
Levitt, Arthur, 469, 470

Lih, Andrew, 104, 105
Litan, Robert E., 310, 312

Ma, Mary, 223
Mahoma, 13, 325, 413, 420
Mahon, Karen, 231
Mandelbaum, Michael, 124, 294, 300, 451, 478, 479
Mankiw, N. Gregrory, 211, 212
Mao Zedong, 127, 343, 451, 459
Marshall, Will, 302, 303
Marx, Karl, 214-216, 235
Marx, Tzvi, 453, 454
McCool, Rob, 96
McCue, Mike, 77
Meghna, C.M. 34
Mehta, Pratap Bhanu, 403
Messman, Jack, 101
Mitsuishi, Tamon, 181, 182
Mohamed, Mahathir, 416
Mohamed, Jalid Sheij, 459, 460, 464
Motev, Mohamed, 482, 483
Moussaoui, Zacarías, 461, 462
Mullis, Ina, 288
Mundie, Craig J., 62, 63, 65, 85, 90, 110-112, 175, 230
Mussolini, Benito, 411
Myers, Richard, 48

Naím, Moisés, 339
Naqvi, Mujteba, 430
Neeleman, David, 47, 459, 460, 462, 463
Nehru, Jawaharlal, 59, 114
Neland, Glenn E., 438
Nilekani, Nandan, 15-17, 37, 153, 253, 445, 463, 487
Nixon, Richard M., 300

O'Bannon, Frank, 219
Ohmae, Kenichi, 42, 43, 128
O'Keefe, Sean, 272
Ortiz, Guillermo, 325, 326, 339
O'Sullivan, Fran, 223
Otellini, Paul, 247

Page, Larry, 166, 167
Pasteur, Louis, 124
Paul, Vivek, 40, 41, 115, 119, 261, 372, 400, 442-444, 487
Pearl, Danny, 448
Pearlstein, Steven, 279
Perkowski, Jack, 127, 131-133, 135, 136
Perry, Matthew Calbraith, 150, 151
Pickering, Thomas R., 207-210
Pol Pot, 380, 412
Powell, Colin, 225, 226
Powers, Pat, 137
Premji, Azim, 474
Prickett, Glenn, 314, 428, 438

Qusti, Raid, 342

Rajan, Raghuram, 249, 374
Ramanathan, Ramesh, 404
Rao, Jaithirth, 21-26, 89, 119, 341, 443
Rao, Rajesh, 39, 198, 199, 200-204
Rashid, Richard A., 290, 291
Rather, Dan, 52, 53, 103
Reagan, Ronald, 61, 64
Reynolds, Glenn, 54
Reynolds, Jerry, 159
Ricardo, David, 239-241
Ride, Sally, 410
Roberts, Scott, 429
Robinson, Shane, 179
Rogers, Will, 352
Romer, Paul, 188, 191, 243-245, 305, 306, 322, 355
Rose, John, 183, 184, 224, 370-372
Rosen, Daniel H., 350, 351
Rosenfeld, Jason, 381
Rothkopf, David, 55, 56, 254, 467
Rubio, Luis, 352
Rumsfeld, Donald, 450
Rushdie, Salman, 420, 421

Salem, Ali, 416
Sandel, Michael J., 214-218
Santana, Joe, 308

Sarkar, Mónica, 316
Sathini, A., 434
Schacht, Henry, 76, 123, 124, 176
Schieffer, Bob, 52-54
Schirrmacher, Frank, 325
Schleifer, Abdallah, 412, 413
Schlesinger, David, 30
Schmidt, Eric, 165, 169, 488
Schroeder, Gerhard, 224
Scott, Lee, 149, 488
Seidman, Dov, 171, 377-379
Sen, Amartya, 60, 488
Shenkar, Oded, 128
Schultz, Howard, 366
Sifry, Micah, L., 54
Simpson, O.J., 419
Singh, Dinakar, 115, 221, 292, 293, 344, 488
Singh, Manmohan, 59, 117, 330, 345, 400
Smith, Adam, 212
Solow, Robert, 190
Somaiah, Nitu, 34
Sophary, 383
Soto, Hernando de, 334, 337
Spitzer, Eliot, 29, 261
Stallman, Richard, 107
Steinberg, Hattie M., 322
Sternad, Ken, 161
Steyn, Mark, 389
Straw, Jack, 225
Stross, Randall, 109
Subramanian, Arvind, 476
Sundaram, Natarajan, 374, 375
Sunder, Sophie, 34
Swainson, John, 99, 100

Tas, Jeroen, 23
Tata, Ratan, 249
Tefla, Sa'd Bin, 420
Tharrington, Jeannie, 147
Thatcher, Margaret, 330, 349
Tian Xu, 262
Timm, David, 250
Tolstoi, Vladimir, 179
Torvalds, Linus, 107

Tropiano, Laurie, 373, 374
Twain, Mark, 171

Ugarte, José, 279

Vajpayee, Ata Bihari, 443
Vashistha, Atul, 254, 255, 475, 488
Verleger, Phillip K, Jr., 427, 428, 488
Volpi, Mike, 178

Waitman, Claudia, 178
Wales, Jimmy, 104, 105
Walsh, Patrick, 174
Walton, Sam, 142-144, 148, 149, 228
Wang, Winston, 440
Ward, Steve, 223
Warrior, Padmasree, 181
Watanabe, Osamu, 130, 131, 438, 439
Wee Then Tan, 281
Weinmann, Gabriel, 449
Welch, Jack, 116

Wertz, William, 142, 488
Whitman, Meg, 87, 469-471, 488
Williams, Candace Lee, 465, 466
Win Liu, 44
Winnick, Gary, 76
Wladawsky-Berger, Irving, 488
Wrighton, Mark, 206

Xia Deren, 44
Xu Jun, 149

Yamani, Ahmed Zaki, 421
Yang, Jerry, 166, 170, 281, 391, 400, 488
Yang Yuanqing, 223
Yiting Liu, 206

Zaun, Todd, 173, 183
Zayat, Taha, 327
Zedillo, Ernesto, 313, 329, 348-350, 488
Zhao, Michael, 424